金水年鉴

JINSHUI NIANJIAN

2022

郑州市金水区地方史志办公室　编

方志出版社

图书在版编目(CIP)数据

金水年鉴. 2022 / 郑州市金水区地方史志办公室编. —
北京 : 方志出版社, 2022.12
ISBN 978-7-5144-5396-6

Ⅰ. ①金… Ⅱ. ①郑… Ⅲ. ①区(城市)－郑州－2022－年鉴 Ⅳ. ①Z526.14

中国版本图书馆CIP数据核字(2022)第243423号

责任编辑：陈　菁
责任校对：刘玉霞
责任印制：梅中英
出 版 者：方志出版社
地　　址：北京市朝阳区潘家园东里 9 号（国家方志馆4层）
邮　　编：100021
网　　址：http://www.zgfzcb.cn
发　　行：方志出版社图书营销中心（010-67110500）
印　　刷：河南瑞之光印刷股份有限公司
开　　本：889毫米×1194毫米 1/16
印　　张：21
字　　数：531千字
版　　次：2022年12月第1版
印　　次：2022年12月第1次印刷
定　　价：280.00元

· 版权所有 侵权必究 ·
（如有印装质量问题，请与我社图书营销中心联系）

金水区政区图

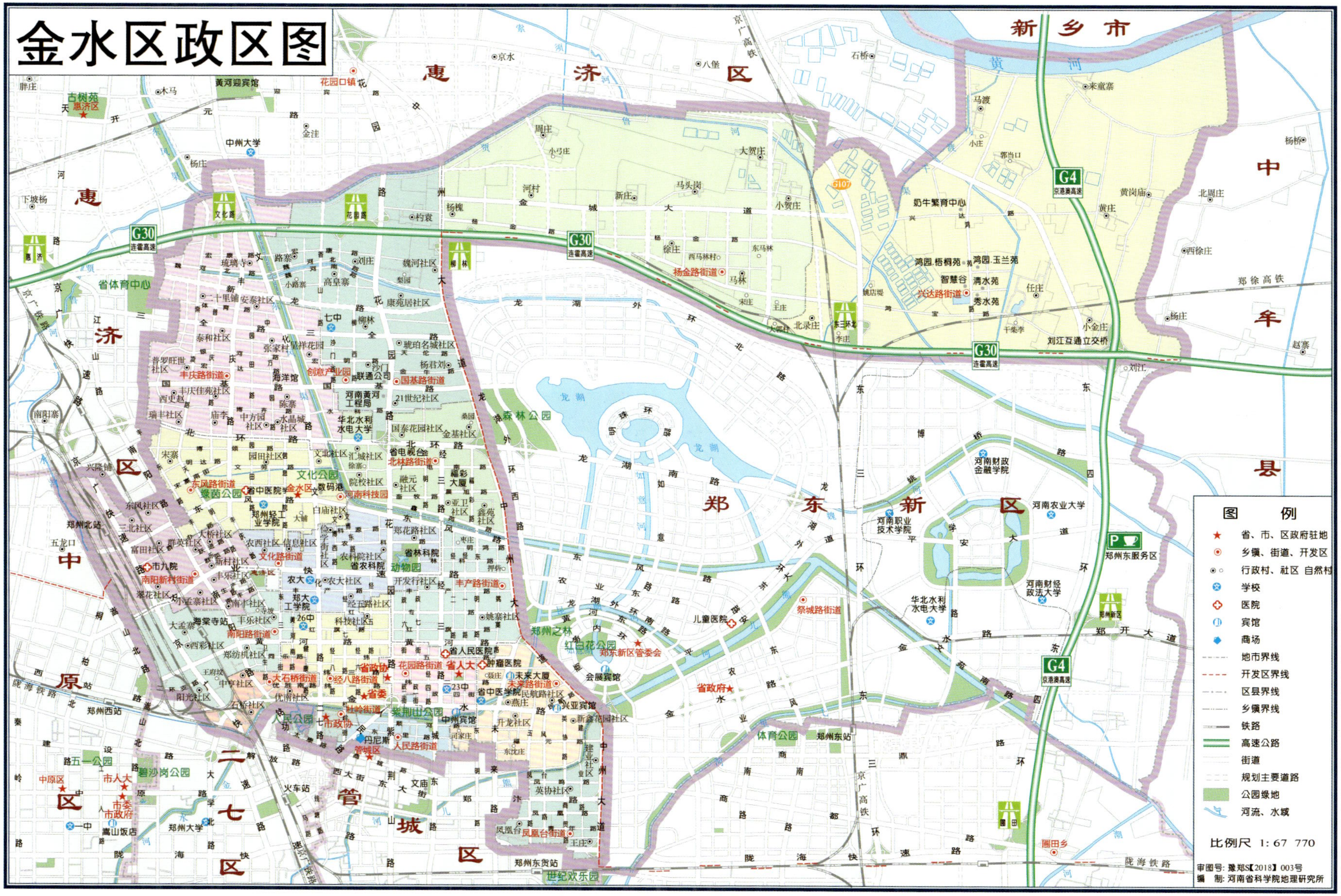
新乡市
惠济区
中牟县
郑东新区
管城区
二七区
中原区
金水区
G30 连霍高速
G4 京港澳高速
郑州东服务区
郑州东站
郑州北站
郑州西站
火车站
省人大
省政府
省委
省政协
市人大
市委
市政府
龙湖
如意湖
黄河
图例
省、市、区政府驻地
乡镇、街道、开发区
行政村、社区 自然村
学校
医院
宾馆
商场
地市界线
开发区界线
区县界线
乡镇界线
铁路
高速公路
街道
规划主要道路
公园绿地
河流、水域
比例尺 1:67 770
审图号：豫郑S【2018】003号
编　制：河南省科学院地理研究所

▲ 东风路街景（2021年，中共金水区委宣传部/供图）

正弘城（2021年，中共金水区委宣传部/供图）

3月29日，中国共产党郑州市金水区第十一届纪律检查委员会第六次全体会议召开
（区纪委监委办公室/供图）

4月29日，“永远跟党走 奋进新征程”第六届金水区最美劳动者表彰大会暨庆“五一”职工文化进工地汇演活动现场（金水区总工会/供图）

4月27日，中国少年先锋队郑州市金水区第四次代表大会（共青团金水区委/供图）

3月7日，金水区人民法院召开党史学习教育暨政法队伍教育整顿动员会（金水区人民法院/供图）

6月30日，金水区直机关庆祝中国共产党成立100周年表彰会暨“永远跟党走·奋进新征程”主题党日活动（中共金水区委组织部/供图）

11月，优胜路小学开展专家讲“双减”主题讲座（金水区教育局/供图）

9月30日，国旗下讲故事（金水公安分局/供图）

2021年金水区庆六一艺术展演（中共金水区委宣传部/供图）

5月8日，2021中西部消费电子博览会暨第12届中西部IT产品博览会现场
（河南科技园区/供图）

6月8日，2021金水科创大会现场，图为2021金水区专家人才引进签约仪式
（中共金水区委组织部/供图）

2021年，全国大众创业万众创新活动周现场（金水区科技局/供图）

9月27日，在科教园区举办郑州市软件产业税收优惠政策宣贯培训会（金水区工信局/供图）

5月12日，“金水自贸十条”产业扶持政策推介会暨项目集中签约活动现场（金水区自贸办/供图）

9月13日，金水区承办2021年河南省全国科普日主场活动，图为启动仪式现场（金水区科协/供图）

8月2日，区红十字会组建“红十字”医疗转运服务队（金水区红十字会/供图）

8月9日，街道党员志愿者、工作人员在郑州七中核酸检测点现场开展工作（大石桥街道/供图）

1月7日，警医共抗疫（金水公安分局/供图）

8月，新冠疫情防控期间，银基花园社区“三色”战斗员合照（未来路街道/供图）

7月，红十字志愿服务队深入社区楼院、公共场所、校园开展防疫消杀

（金水区红十字会/供图）

6月18日，金水区产业培育工作推进会召开（金水区工信局/供图）

10月13日，金水区召开优化营商环境企业家座谈会（金水区工商联/供图）

4月，金水区政府采购中心组织党员干部到任长霞同志先进事迹陈列展参观学习

（金水区政府采购中心/供图）

4月19日，金水区事管局组织党员干部参观任长霞同志先进事迹陈列展（金水区事管局/供图）

6月22日，中共金水区委党校组织干部职工参观出彩河南——红色文化展（中共金水区委党校/供图）

10月28日，中共金水区委老干部局开展金水区离退休干部“学党史 颂党恩 跟党走 我看建党百年新成就”主题活动（中共金水区委老干部局/供图）

3月9日，金水河派出所民警走进社区开展普法宣传（金水公安分局/供图）

智慧城市管理中心工作剪影（2021年，金水区智慧城市管理中心/供图）

2021年，全国大众创业万众创新活动周，图为火炬创业导师郑州行参会现场（金水区科技局/供图）

6月29日，南阳路街道召开“两优一先”表彰大会，图为表彰大会现场（南阳路街道/供图）

“芯基地”项目（2021年，金水科教园区/供图）

金桂小学（文化路一小分校）（2021年，郑州金达建设发展有限公司/供图）

5月9日，2021年郑州市金水区全民健身月暨“千村百镇”系列体育活动·广场舞比赛现场（金水区文化旅游体育局/供图）

7月13日，南阳新村街道党群服务中心开展“鲜花献给党 百年绽芳华”活动（南阳新村街道/供图）

经八路街道党群服务中心展示（2021年，中共金水区委城乡社区发展治理委员会/供图）

6月10日，新村社区举办“五色新丝缠角粽 端阳文化颂家国”活动（南阳新村街道/供图）

市民中心俯瞰图（2021年，郑州金达建设发展有限公司/供图）

S312示范性绿道绿化建设（2021年，金水区城市管理局/供图）

城东路主干道综合改造绿地游园（2021年，人民路街道/供图）

环岛公园俯瞰图（2021年，金水区城市管理局/供图）

环岛公园近景（2021年，金水区城市管理局/供图）

花园路正弘城商圈灯火辉煌（2021年，文化路街道/供图）

瀚海海尚商业广场（2021年，东风路街道/供图）

飞机楼夜景（2021年，郑州金达建设发展有限公司/供图）

改造后的花园路16号（2021年，中共金水区委宣传部/供图）

马渡观河广场（2021年，中共金水区委宣传部/供图）

农科路特色街区掠影（2021年，文化路街道/供图）

编辑说明

一、《金水年鉴》以马克思列宁主义、毛泽东思想、邓小平理论、“三个代表”重要思想、科学发展观、习近平新时代中国特色社会主义思想为指导，坚持唯物主义和历史唯物主义立场、观点和方法，继承和发扬我国优秀文化传统，认真学习宣传贯彻中共十九大精神，为各级党政机关、研究部门和社会各界人士及中外投资者了解金水、研究金水、建设金水提供丰富的地情资料。

二、《金水年鉴》是中共郑州市金水区委、郑州市金水区政府领导下，郑州市金水区地方史志办公室编辑的年度地情书。《金水年鉴（2022）》全面、系统地记述2021年度内金水区政治、经济、文化等方面的基本情况。

三、《金水年鉴（2022）》采用分类编辑方法，主要内容划分为篇目、类目、条目三个层次。篇目、类目标题使用不同的字体、字号。条目是记述的基本单位，其标题用黑体字外加【】表示。正文后设置主题词索引，主题词索引标目按汉语拼音声母音序分类排列。

四、《金水年鉴（2022）》共设23篇，即特载、大事记、区情概览、中共金水区委、金水区人民代表大会、金水区人民政府、政协郑州市金水区委员会、纪检监察、群众团体、法治、军事、农业和农村经济、工业和信息化、商贸、财政·税务、经济管理与监督、交通管理、城乡建设与管理、科教文卫、社会事业、园区建设、街道、附录。除文字内容外，为增强实用性、资料性，书中还载录领导活动、城乡面貌及辖区特色彩色图片，力求图文并茂，形象生动。

五、《金水年鉴（2022）》由区直各部、委、办、局、各垂直单位及各街道办事处组织供稿，并经各单位领导审核签字后编辑入鉴，少数内容为编者收集资料自撰，力求编辑内容准确可靠。

六、《金水年鉴（2022）》中有些数据由于来源和使用角度不同，统计方法和项目内涵不同，因而不完全一致。在引用书中数据时，应以金水统计公报资料为准。

七、数字用法、标点符号用法分别采用国家标准《出版物上数字用法》（GB/T 15835—2011）、《标点符号用法》（GB/T 15834—2011）。计量单位采用国家技术监督局1993年12月发布的《量和单位》系列国家标准。

《金水年鉴2022》编辑部

名誉主编　　张　超

主　　编　　杨宇峰

副 主 编　　向天燕　武丽娜

编　　辑　　何金星　谢雨诺　万　萌

校　　对　　谢雨诺　万　萌

特　载

在区委十二届三次全会上关于区委常委会2021年工作的报告 …… 1
政府工作报告 …… 9

大事记

1月 …… 20
2月 …… 22
3月 …… 24
4月 …… 26
5月 …… 31
6月 …… 35
7月 …… 38
8月 …… 40
9月 …… 42
10月 …… 44
11月 …… 47
12月 …… 50

区情概览

自然环境

概况 …… 54
地形地貌 …… 54
气候降水 …… 54
水系资源 …… 54
生物资源 …… 54

建置与区划

建置沿革 …… 55
行政区划 …… 55

人文历史

区名故事 …… 56
文物古迹 …… 56
纪念景观 …… 56

经济社会发展

概况 …… 56
产业转型升级 …… 57
重大项目建设 …… 57
开放创新高地 …… 57
“金质”营商环境 …… 57
民生福祉保障 …… 57

中共郑州市金水区委

综　述

概况 …… 59
经济发展 …… 59
城区品质 …… 60
民生福祉 …… 61
民主法治建设 …… 62
全面从严治党 …… 62
文秘政研 …… 63
信息工作 …… 64
公文处理 …… 64
深化改革 …… 64
外事工作 …… 64
档案工作 …… 64
督查工作 …… 65
国家安全 …… 65
机要保密 …… 65
党史工作 …… 65
目标考评 …… 65
综合协调 …… 65
应急处置 …… 66
“7·20”特大暴雨灾害应急处置及灾后重建 …… 66
新冠肺炎疫情防控 …… 67

区委重要会议

区委十一届十二次全会暨区委经济工作会议 …… 67
金水区新冠肺炎疫情防控领导小组会议 …… 68
2021年深化以案促改工作暨廉政谈话会 …… 68
2020年度党建工作责任制述职评议会 …… 68
党史学习教育动员大会 …… 68
政法队伍教育整顿动员部署会议 …… 68
区委中心组第一次党史学习教育专题集中（扩大）学习 …… 69
中国共产党郑州市金水区第十一届纪律检查委员会第六次全体会议 …… 69
党史学习教育专题集中学习研讨会 …… 69
区委全面深化改革委员会第七次会议 …… 69
全区领导干部学习党的十九届五中全会精神集中教育活动 …… 70
金水区委常委会扩大会议 …… 70
中国共产党郑州市金水区第十一届委员会第十三次全体会议 …… 70
党史学习教育第二次专题集中学习研讨会 …… 70
金水区打造高品质现代化城区高端讲堂（第七期） …… 70
党史学习教育集中学习暨打造高品质现代化城区高端讲堂 …… 70
区委理论学习中心组党史学习教育第三次集中学习研讨会 …… 71
金水区“两优一先”表彰大会 …… 71
区委审计委员会第三次会议 …… 71
中共金水区委外事工作委员会召开第二次会议 …… 71
金水区直机关庆祝中国共产党成立100周年表彰会暨“永远跟党走·奋进新征程”主题党日活动 …… 71
全区防汛工作会 …… 71
政法队伍教育整顿总结暨“回头看”工作部署会议 …… 71
全区防汛救灾工作调度会 …… 72
全区统筹灾后全面恢复重建和疫情防控工作会 …… 72
新冠肺炎疫情防控工作专题会 …… 72
金水区防汛救灾工作会议 …… 72
金水区防汛工作调度会 …… 72
中国共产党郑州市金水区第十二次代表大会 …… 72
区委常委会（扩大）会议 …… 73
全区防汛应急、安全生产、疫情防控及“双节”党风廉政建设工作视频会议 …… 73

区委工作会 …… 73
全区防汛工作会议 …… 73
中共金水区第十二届委员会常委会第六次（扩大）会议 …… 73
中共金水区第十二届委员会常委会第八次（扩大）会议 …… 74
全区疫情防控工作会议 …… 74
疫情防控工作领导小组专题会 …… 74
区委安全工作专题会议 …… 74
金水区委常委会扩大会议 …… 74
省委巡视专项“回头看”问题整改专题会议暨安置房建设工作推进会 …… 74
金水区全面依法治区委员会第三次会议 …… 74
党史学习教育“我为群众办实事”养老服务高质量发展观摩讲评活动 …… 75
常委会议军会议 …… 75
区委常委会（扩大）会议暨省委巡视“回头看”整改落实工作专题会 …… 75
中共金水区第十二届委员会常委会第十五次（扩大）会议 …… 75
区委常委会扩大会议 …… 75
区委理论学习中心组党史学习教育第七次集体学习 …… 75
中共金水区第十二届委员会常委会第十七次（扩大）会议 …… 75
“能力作风建设年”活动动员部署会议 …… 76

组织工作

概况 …… 76
党建工作 …… 76
干部队伍建设工作 …… 77
人才工作 …… 77
自身建设 …… 77

宣传工作

概况 …… 78
思想理论建设 …… 78
意识形态工作 …… 78
宣传引导 …… 78
文化发展 …… 79
精神文明建设 …… 79

统战工作

概况 …… 79
思想政治引领 …… 79
非公经济领域人士统战工作 …… 79
新的社会阶层人士统战工作 …… 80
港澳台工作 …… 80
侨务工作 …… 80
干部队伍建设 …… 80
新冠肺炎疫情防控 …… 80

档案工作

概况 …… 81
档案查阅利用 …… 81
档案馆业务建设 …… 81
档案馆新馆建设 …… 81
档案宣传工作 …… 81
党建工作 …… 81
“7·20”特大暴雨灾害应急处置及灾后重建 …… 82
新冠肺炎疫情防控 …… 82

老干部工作

概况 …… 82
老干部政治待遇 …… 83
老干部生活待遇 …… 83
老干部活动中心 …… 83
老干部发挥作用 …… 84
“7·20”特大暴雨灾害应急处置及灾后重建 …… 84
新冠肺炎疫情防控 …… 84

机构编制

概况 …… 84
机构编制管理 …… 84
事业单位重塑性改革 …… 85
机构编制监督检查 …… 85
事业单位登记管理 …… 85
干部队伍建设 …… 85

党校工作

概况 …… 86
干部教育 …… 86
科研咨政 …… 87
服务基层 …… 87

社区发展治理

概况 …… 87
“数智金水”建设 …… 88
党群服务中心建设 …… 88
社区楼院整治提升 …… 88
社区社会组织培育发展 …… 89
社区发展治理（慈善）基金建设 …… 89
“无疫社区（村）”创建 …… 89
建党百年宣传文化活动 …… 89

金水区人民代表大会

综　述

概况 …… 90
代表议案及建议办理情况 …… 91
人大代表视察活动 …… 91

重要会议

人大全体会议 …… 92
人大常委会会议 …… 93

金水区人民政府

综　述

概况 …… 98
高质量发展 …… 98
改革开放创新 …… 98
精细化管理 …… 99
民生福祉保障 …… 99
信息调研工作 …… 100
督查工作 …… 100
电子政务工作 …… 100
议案提案办理工作 …… 100
法治政府建设工作 …… 100
“7·20”特大暴雨灾害应急处置及灾后重建 …… 100
新冠肺炎疫情防控 …… 100

区政府重要会议

收听收看全国疫情防控工作电视电话会议 …… 100
收听收看全省全市疫情防控工作电视电话会议 …… 101
收听收看全国全省安全生产电视电话会议和全市安委会全体（扩大）电视电话会议 …… 101
区政府第二次全体（扩大）会议 …… 101
2021年春季科级干部主体班开班典礼 …… 102
收听收看全省深入实施百城建设提质工程推动城市高质量发展三年行动暨文明城市创建工作动员视频会 …… 102
国家卫生城市复审推进工作会 …… 102
国家卫生城市复审工作推进会 …… 102
收听收看国务院第四次廉政工作电视电话会议 …… 103
全区安全生产暨消防工作会议 …… 103
迎接国家卫生城市复审工作推进会 …… 103
“千企万户”支持计划启动仪式 …… 103
学校安全工作专题会议 …… 104
收听收看国家和省市安全生产电视电话会议 …… 104
安全生产重点领域隐患排查整治工作专题会议 …… 104
安全生产扩大会议 …… 104
收听收看全市防汛救灾工作调度会 …… 105
区政府党组（扩大）会议 …… 105
收听收看全市灾后重建、受灾群众转移安置及疫情防控工作电视电话会 …… 105
全区经济运行分析会 …… 105
重点人群核酸检测工作推进会 …… 105
城改工作会议 …… 106

重点项目推进会 …… 106
收听收看全市第五轮全员新冠病毒核酸检测工作电视电话会 …… 106
收听收看市安委会2021年第三次全体（扩大）会议 …… 106
应急防汛工作视频调度会 …… 107
收听收看全市防汛工作调度会 …… 107
信访工作推进会 …… 107
“大干一百天　奋力保全年”工作会议 …… 107
信访工作推进会 …… 107
收听收看全市疫情防控工作电视电话会 …… 107
收听收看全市防汛工作电视电话会 …… 108
收听收看市安委会2021年第四次全体（扩大）会议 …… 108
区政府常务会议 …… 108
收听收看全市防汛调度会议 …… 109
收听收看市政府第三次全体（扩大）会议 …… 109
区政府党组（扩大）会议 …… 110
全区九月份经济运行暨重点项目推进会 …… 110
全区安全生产、消防安全和防汛工作调度会 …… 110
防汛工作会商调度会 …… 110
全区7—8月15个重大专项月度综合督查评比工作推进会 …… 110
招商引资工作推进会 …… 111
区政府第三次全体（扩大）会议召开 …… 111
收听收看全省全市黄河防汛视频会议 …… 111
市交办风险防控信访案件专题推进会 …… 111
“火炬创业导师郑州行”活动 …… 112
全区安全生产和信访工作推进会 …… 112
全区新冠肺炎疫情防控工作会议 …… 112
全区“125计划”专项暨高质量招商项目大比拼活动推进会 …… 112
新冠肺炎疫情防控工作推进会 …… 113
黄河防汛工作总结会 …… 113
全区新冠肺炎疫情防控领导小组工作例会 …… 113
区政府党组（扩大）会议 …… 113
全区新冠肺炎疫情常态化防控指挥部工作例会 …… 113
消防隐患排查整治工作推进会 …… 114
收听收看全市火灾隐患排查整治推进会议 …… 114
消防隐患排查整治暨疫情防控工作视频调度会 …… 114
区政府常务会议 …… 114
收听收看全市“双减”工作会议 …… 115
收听收看市安委会第五次全体（扩大）会议 …… 115
消防隐患排查整治暨疫情防控工作视频调度会 …… 116
区政府召开党组（扩大）会议 …… 116
区安委会第五次全体（扩大）会议 …… 117
全区经济运行分析会 …… 117
消防隐患排查整治暨安全生产工作视频调度会 …… 118
全区2021—2022年秋冬季大气污染防治攻坚动员会 …… 118
全区招商引资重点项目推进暨经济运行分析视频调度会 …… 118
全区安全生产暨信访工作调度会 …… 118
全区政务服务工作暨优化营商环境工作专题会议 …… 118
收听收看全省农村人居环境集中整治行动电视电话会议 …… 119
全区安全生产暨信访工作调度会 …… 119
全国城镇燃气安全排查整治动员部署会议 …… 119
全区10月份15个重大专项月度综合督查评比暨经济运行分析工作会 …… 119
全区欠薪治理暨安全生产信访工作会议 …… 119
安全生产、消防安全、信访和疫情防控工作会议 …… 120
收听收看全省深入打好污染防治攻坚战动员部署电视电话会 …… 120
收听收看全市安全生产暨燃气及危化品安全工作电视电话会 …… 120
全区信访、问题楼盘暨安置房建设工作推进会 …… 120
教育工作专题会议 …… 121
金水区“1+N+X”产业政策统筹工作专题会议 …… 121

政务服务

概况 …… 121
实体平台建设 …… 121
政务服务改革 …… 121

重点领域改革 …… 121
多样化便利服务 …… 122
新冠肺炎疫情防控 …… 122

机关事务管理

概况 …… 122
精神文明建设 …… 123
机关食堂建设 …… 123
办公用房、公务用车管理 …… 123
公共机构节能建设 …… 123
机关后勤保障建设 …… 124
干部队伍建设 …… 124
新冠肺炎疫情防控 …… 124
“7·20”特大暴雨灾害应急处置及灾后重建 …… 124

政府采购

概况 …… 125
政策功能发挥 …… 125
营商环境优化 …… 125
政府采购廉政建设 …… 125
干部队伍建设 …… 125

接待工作

概况 …… 126
公务接待 …… 126
“7·20”特大暴雨灾害应急处置及灾后重建 …… 126
新冠肺炎疫情防控 …… 126

金融服务

概况 …… 126
服务实体经济 …… 127
优化营商环境 …… 127
多层次资本市场 …… 127
防范金融风险 …… 127

信访工作

概况 …… 127
案件化解工作 …… 127
基层创建 …… 127

政协郑州市金水区委员会

综　述

概况 …… 128
政治建设 …… 128
建言资政 …… 129
“两个队伍”建设 …… 130

重要会议

政协全体会议 …… 130
政协常委会会议 …… 130

纪检监察

综　述

概况 …… 133
队伍建设 …… 133
区纪委十一届六次全会 …… 133
区纪委十二届一次全会 …… 133

监督工作

政治监督 …… 134
作风建设 …… 134
体制改革 …… 134
维护群众利益 …… 134
一体推进“三不” …… 135

巡察工作

概况 …… 135
推进整改清零 …… 135
巡察成果运用 …… 135

群众团体

工会

概况 …… 136
组织建设 …… 136
职工思想引导 …… 136
帮扶机制建设 …… 137
构建和谐劳动关系 …… 137
“7·20”特大暴雨灾害应急处置及灾后重建 …… 137
新冠肺炎疫情防控 …… 138

共青团金水区委

概况 …… 138
美丽乡村建设 …… 138
基层组织建设 …… 138
青少年思想引领 …… 138
亮点工作 …… 139
“7·20”特大暴雨灾害应急处置及灾后重建 …… 139
新冠肺炎疫情防控 …… 139

妇女联合会

概况 …… 139
妇联组织建设 …… 140
妇女儿童发展规划 …… 140
“巾帼心向党”行动 …… 140
“巾帼建新功”行动 …… 140
“巾帼暖人心”行动 …… 140
运营推广妇联金品牌 …… 141
重点做好政府十件实事 …… 141
“7·20”特大暴雨灾害应急处置及灾后重建 …… 141

科学技术协会

概况 …… 142
青少年科学素质 …… 142
“全国科普日”系列活动 …… 142
社区科普工作 …… 142
“全国科技工作者日” …… 143
反邪教宣传教育 …… 143
科普教育 …… 143
“7·20”特大暴雨灾害应急处置及灾后重建 …… 143
新冠肺炎疫情防控 …… 143

工商业联合会

概况 …… 143
改善投资营商环境 …… 143
亮点工作 …… 144
“7·20”特大暴雨灾害应急处置及灾后重建 …… 144

残疾人联合会

概况 …… 144
残疾人社会保障 …… 144
残疾人服务 …… 145
康复工作 …… 145
教育及就业培训工作 …… 145
助残工作 …… 145
“7·20”特大暴雨灾害应急处置及灾后重建 …… 146
新冠肺炎疫情防控 …… 146

红十字会

概况 …… 146
红十字“救在身边” …… 146
志愿服务 …… 146
应急救护培训 …… 147
“三献”工作 …… 147
人道救助 …… 147
红十字宣传 …… 148
“7·20”特大暴雨灾害应急处置及灾后重建 …… 148

法治

政法委及综治

概况 …… 149

"三零"平安单位创建 …… 149
法治化营商环境 …… 150
政法队伍整顿 …… 150
新冠肺炎疫情防控 …… 150

公 安

概况 …… 150
安全工作 …… 150
打防犯罪 …… 150
改革强警 …… 151
优化营商环境 …… 151
队伍建设 …… 151
"7·20"特大暴雨灾害应急处置及灾后重建 …… 151
新冠肺炎疫情防控 …… 151

检 察

概况 …… 151
刑事检察 …… 151
民事行政检察 …… 152
公益诉讼检察 …… 152
控告申诉检察 …… 152
队伍建设 …… 152
"7·20"特大暴雨灾害应急处置及灾后重建 …… 153

法 院

概况 …… 153
刑事审判 …… 153
民商事审判 …… 153
行政审判 …… 153
执行工作 …… 154
优化营商环境 …… 154
便民措施 …… 154

司法行政

概况 …… 155
党建工作 …… 155
队伍整顿 …… 155
依法治区 …… 155
法制工作 …… 155
人民调解 …… 156
公共法律服务 …… 156
法律援助 …… 156
新闻宣传 …… 157
新冠肺炎疫情防控 …… 157

军 事

人民武装

概况 …… 158
练兵备战 …… 158
国防动员 …… 158
基层建设 …… 158
国防教育 …… 159
双拥共建 …… 159
"7·20"特大暴雨灾害应急处置及灾后重建 …… 159

人民防空

概况 …… 159
工作流程规范化 …… 159
早期人防工程安全管理 …… 159
人防宣传教育 …… 160
新冠肺炎疫情防控 …… 160

农业与农村经济

综 述

农 业

概况 …… 162

农业生产工作 …… 162
农业龙头企业培育 …… 162
水产养殖 …… 162
“大棚房”问题专项整治清理行动 …… 162

畜　牧

概况 …… 163
重大动物疫病防控 …… 163
禁养区排查整治 …… 163

水　利

概况 …… 163
河长制工作 …… 163
水资源管理制度 …… 163
涉水生态建设项目 …… 163
水旱灾害防御及应急处置工作 …… 164

生　态

概况 …… 164
美丽乡村建设 …… 164
农村人居环境整治 …… 164
城乡接合部综合改造 …… 164

审批监管

概　况 …… 165
涉农行政审批 …… 165
农资行业监管 …… 165
农产品质量安全监管 …… 165

农村集体经济

概况 …… 165
农村合作经济 …… 165
农村“三资”专项检查 …… 165

其他工作

信访突出问题化解 …… 165
结对帮扶 …… 165
“7·20”特大暴雨灾害应急处置及灾后重建 …… 166

工业和信息化

工业和信息化

概况 …… 167
经济平稳运行 …… 167
产业培育工作 …… 167
“万人助万企”活动 …… 167
助企服务 …… 168
“7·20”特大暴雨灾害应急处置及灾后重建 …… 168
新冠肺炎疫情防控 …… 168

中小企业服务

概况 …… 168
完善优质中小企业梯度培育体系 …… 168

商　贸

商贸服务

概况 …… 169
招商引资 …… 169
促进消费 …… 169
特色街、商圈建设 …… 170
夜间经济 …… 170
优化营商环境 …… 170
助企惠企 …… 171
新冠肺炎疫情防控 …… 171

粮食流通

概况 …… 171

区级储备粮销售出库任务 …… 171
2020粮食安全区县（市）长责任制考核 …… 171
安全生产责任制 …… 172
年度考评工作 …… 172

楼宇经济

概况 …… 172
工作计划完善 …… 172
数智管理 …… 172
优势产业 …… 172
特色培育 …… 172
营商环境 …… 172
“7·20”特大暴雨灾害应急处置及灾后重建 …… 173
新冠肺炎疫情防控 …… 173

财政·税务

财　政

概况 …… 174
财政管理改革 …… 174
财政收支预算执行情况 …… 174
预算绩效管理 …… 175
税源管理 …… 175
保障和改善民生 …… 175
重点项目保障 …… 175
规范土地出让金管理 …… 175
投融资工作 …… 176
会计业务管理 …… 176
国有资产管理 …… 176
财政监督检查 …… 176
干部教育培训 …… 176
人大和社会监督 …… 176
“7·20”特大暴雨灾害应急处置及灾后重建 …… 177

税　务

概况 …… 177
智慧税务 …… 177
组织收入 …… 177
队伍建设 …… 177
作风整治 …… 178
党建工作 …… 178
“7·20”特大暴雨灾害应急处置及灾后重建 …… 178
新冠肺炎疫情防控 …… 178

经济管理与监督

发展改革

概况 …… 179
产业发展情况 …… 179
“十四五”规划编制工作 …… 179
重点项目建设情况 …… 180
优化营商环境 …… 180
黄河流域生态保护和高质量发展核心示范区 …… 181
政策体系方面 …… 181
助企工作 …… 181
“双创”工作 …… 182
“7·20”特大暴雨灾害应急处置及灾后重建 …… 182

统计工作

概况 …… 183
统计法治建设 …… 183
统计调查工作 …… 183
统计基础建设 …… 184

市场监督管理

概况 …… 184
优化营商环境 …… 184
省级食品安全示范区创建 …… 184

创卫复审工作 …… 185
市场安全监管 …… 185
市场监管执法 …… 185
企业信用信息公示 …… 186
消费维权 …… 186
知识产权 …… 186
大气污染防治 …… 186
政府信息公开 …… 186
人民来信来访 …… 186
“7·20”特大暴雨灾害应急处置及灾后重建 …… 186
新冠肺炎疫情防控 …… 186

应急管理

概况 …… 187
安全生产 …… 187
应急管理体系和能力建设 …… 188
“7·20”特大暴雨灾害应急处置及灾后重建 …… 188

消防工作

概况 …… 188
消防安全责任 …… 188
队伍建设 …… 189
岗位练兵 …… 189
便民服务 …… 189
火灾防控 …… 190
宣传培训 …… 190
队站建设 …… 190
“7·20”特大暴雨灾害应急处置及灾后重建 …… 190

市场发展管理

概况 …… 191
农贸市场建设 …… 191
市场规范化管理 …… 191
安全生产责任 …… 191
商贸市场提质发展 …… 192
其他市场服务 …… 192
“7·20”特大暴雨灾害应急处置及灾后重建 …… 192
新冠肺炎疫情防控 …… 192

审 计

概况 …… 193
财政审计 …… 193
政府投资审计 …… 193
经济责任审计 …… 194
内部审计 …… 194
金水区委审计委员会第三次会议 …… 194
临时交办工作 …… 195

投资评审

概况 …… 195
评审业务 …… 195
创新评审方法 …… 195
“7·20”特大暴雨灾害应急处置及灾后重建 …… 196
新冠肺炎疫情防控 …… 196

交通管理

综 述

概况 …… 197

交通基础设施建设

农村公路建管养 …… 197
大气污染防治 …… 197
安全生产工作 …… 198
“7·20”特大暴雨灾害应急处置及灾后重建 …… 198
新冠肺炎疫情防控 …… 198

行业服务管理

淘汰国三及以下排放标准营运柴油货车 …… 199
行政审批 …… 199
驾培市场整治 …… 199
运输服务业 …… 199
扫黑除恶专项工作 …… 199

交通发展新理念 …… 199
廉政建设 …… 199

城乡建设与管理

资源规划

概况 …… 201
土地资源 …… 201
项目规划服务 …… 201
耕地与基本农田保护 …… 202
项目用地服务 …… 202
土地执法监察 …… 202
国土绿化工作 …… 202
不动产登记 …… 202
安全生产 …… 203
新冠肺炎疫情防控 …… 203

住房和城乡建设

概况 …… 203
城区路网打通 …… 203
城市提升 …… 204
行业监管 …… 204
建筑业市场管理 …… 204
审批服务 …… 205
“7·20”特大暴雨灾害应急处置及灾后重建 …… 205
新冠肺炎疫情防控 …… 205

保障工作

概况 …… 205
老旧小区综合改造 …… 205
问题楼盘 …… 205
既有住宅电梯加装 …… 206
回购安置房用作租赁住房 …… 206
住房保障 …… 206
物业管理 …… 206
房屋租赁 …… 206
房屋安全 …… 206
承灾体调查 …… 207
公有房屋管理 …… 207
公租房后期管理 …… 207
房地产经济运行 …… 207
“7·20”特大暴雨灾害应急处置及灾后重建 …… 207

环境保护

概况 …… 207
大气污染防治攻坚 …… 208
水污染防治攻坚 …… 208
土壤污染防治攻坚 …… 208
危险废物规范化处置 …… 208
辐射事故零发生 …… 208
营商环境优化 …… 209
环境保护宣传 …… 209
“7·20”特大暴雨灾害应急处置及灾后重建 …… 209
新冠肺炎疫情防控 …… 209

城市管理

概况 …… 209
规范城市立体空间秩序 …… 209
增绿扩绿 …… 209
环境卫生精细化管理 …… 210
“7·20”特大暴雨灾害应急处置及灾后重建 …… 210
新冠肺炎疫情防控 …… 210

城市综合执法

概况 …… 210
舆情处置 …… 211
市容环境整治 …… 211
交通秩序综合治理 …… 211
大气污染防治 …… 211
安全生产整治 …… 212
违法建设拆除 …… 212
行政执法保障 …… 212
执法规范化建设 …… 212

新冠肺炎疫情防控 …… 213
“7·20”特大暴雨灾害应急处置及灾后重建 …… 213

城市改造

概况 …… 213
安置房建设 …… 213
土地规划等手续办理 …… 213
安置房群众回迁 …… 213
安置房网签 …… 213

房屋征收与补偿

概况 …… 214
房屋征收工作 …… 214
依法行政 …… 214
依法治区 …… 214
征收工作 …… 214
新冠肺炎疫情防控 …… 215

智慧城市管理

概况 …… 215
核心案件处置 …… 216
精品路段创建 …… 216
智慧城管建设 …… 216

郑州金达建设发展有限公司

概况 …… 217
重点项目 …… 217
“7·20”特大暴雨灾害应急处置及灾后重建 …… 218
新冠肺炎疫情防控 …… 218

郑州市金水建设综合开发有限公司

概况 …… 218
重点工程项目 …… 218
城市开发 …… 219
城市运营 …… 220
公共事业 …… 220
资产管理 …… 220
改革创新 …… 220
“7·20”特大暴雨灾害及灾后重建工作 …… 220

科教文卫

科 技

概况 …… 221
科技企业培育 …… 221
创新平台建设 …… 221
人才体系构建 …… 221
创新创业服务 …… 221
研发投入 …… 222

教 育

概况 …… 222
“双减”工作 …… 222
教育教学质量 …… 222
体卫艺工作 …… 222
学前教育 …… 223
师资队伍 …… 223
教育资源优化配置 …… 223
教育信息化 …… 223
惠民便民服务 …… 223
供餐和课后服务 …… 224
教育督导检查 …… 224
教育宣传工作 …… 224
安全稳定工作 …… 224
“7·20”特大暴雨灾害应急处置及灾后重建 …… 225
新冠肺炎疫情防控 …… 225

文化、旅游、体育

概况 …… 225
公共文化服务体系建设 …… 225
送文化进基层 …… 225
文物及非遗保护 …… 226

图书馆工作 …… 226
旅游产业 …… 226
体育事业发展 …… 226
招商引资 …… 227
新冠肺炎疫情防控 …… 227

医疗卫生

概况 …… 227
疾病防控 …… 227
民生服务 …… 227
发展健康服务 …… 228

社会事业

人力资源和社会保障

概况 …… 229
城镇就业再就业 …… 229
技能培训 …… 230
大学生创业园建设 …… 230
人才服务 …… 230
人事管理 …… 230
构建和谐劳动关系 …… 230
社会保障 …… 231

民政工作

概况 …… 231
完善养老服务体系 …… 231
社会工作 …… 232
民生保障和民政服务 …… 232

爱国卫生

概况 …… 234
国家卫生城市复审 …… 234
爱国卫生 …… 235
城市管理工作 …… 236

退役军人事务

概况 …… 237
双拥工作 …… 237
移交安置 …… 238
退役军人服务工作 …… 238
就业创业 …… 238
“社工+义工+军休军工”三级联动 …… 238
“一中心两站”建设 …… 238
“7·20”特大暴雨灾害应急处置及灾后重建 …… 238

医疗保障

概况 …… 238
服务优化 …… 239
基金监管 …… 239
保障民生 …… 239
“7·20”特大暴雨灾害应急处置及灾后重建 …… 240
新冠肺炎疫情防控 …… 240

园区建设

科教园区

概况 …… 241
招商引资 …… 241
项目建设 …… 241
集群打造 …… 241
科技创新 …… 242
基础设施 …… 242
合村并城 …… 242
规划编制 …… 243
土地报批 …… 243

河南科技园区

概况 …… 243
编制规划 …… 243

"万人助万企"工作 …… 244
人才服务 …… 244
创新招商模式 …… 244

国家知识产权创意产业试点园区

概况 …… 244
知识产权运营服务 …… 245
知识产权保护 …… 245
发展新路径 …… 245
营商环境 …… 245

金水自贸区块

概况 …… 245
总体思路和战略定位 …… 245
总体布局 …… 246
规划建设 …… 246
制度创新 …… 246
对外开放与国际合作 …… 246

街 道

丰庆路街道

概况 …… 248
产业项目培育 …… 248
城区品质建设 …… 248
民生服务 …… 249
营商环境 …… 249
平安建设 …… 249
基层党建 …… 250

国基路街道

概况 …… 250
城市品质提升 …… 250
民生事业 …… 251
安全监管 …… 251
基层党建 …… 251

经八路街道

概况 …… 251
城市管理 …… 252
为民服务 …… 252
基层党建 …… 253
新冠肺炎疫情防控 …… 253

文化路街道

概况 …… 253
经济建设 …… 254
城市管理 …… 254
民生事业 …… 254
平安建设 …… 254
基层党建 …… 255

人民路街道

概况 …… 255
重点项目建设 …… 255
城区环境提升 …… 255
社会治理 …… 256
基层党建 …… 256
"7·20"特大暴雨灾害应急处置及灾后重建 …… 256
新冠肺炎疫情防控 …… 256

花园路街道

概况 …… 256
重点项目建设 …… 257
城市精细化管理 …… 257
民生保障 …… 257
基层党建 …… 258
"7·20"特大暴雨灾害应急处置及灾后重建 …… 259
新冠肺炎疫情防控 …… 259

杜岭街道

概况 …… 259
重点项目建设 …… 259
城市精细化管理 …… 259
民生保障事业 …… 260

社会管理服务 …… 260
基层党建 …… 260
新冠肺炎疫情防控 …… 260

南阳路街道

概况 …… 261
重点项目建设 …… 261
城市高品质建设和管理 …… 261
污染防治攻坚 …… 261
民生实质性改善 …… 262
平安建设 …… 262
组织建设 …… 262
“7·20”特大暴雨灾害应急处置及灾后重建 …… 262
新冠肺炎疫情防控 …… 263

大石桥街道

概况 …… 263
城市管理 …… 263
民生实事 …… 263
安全工作 …… 263
大气污染防治 …… 264
市政工程 …… 264
组织建设 …… 264
“7·20”特大暴雨灾害应急处置及灾后重建 …… 264
新冠肺炎疫情防控 …… 264

南阳新村街道

概况 …… 265
城市管理 …… 265
大气污染防治 …… 265
社会安全稳定 …… 265
社会保障和民生实事 …… 266
党政工作 …… 266
“7·20”特大暴雨灾害应急处置及灾后重建 …… 266
新冠肺炎疫情防控 …… 266

丰产路街道

概况 …… 266
招商引资 …… 267
社会服务体系建设 …… 267
“三项工程、一项管理”经验 …… 267
民生服务 …… 267
社会稳定 …… 268
党建工作 …… 268
新冠肺炎疫情防控 …… 268

东风路街道

概况 …… 269
项目建设 …… 269
城区建设与管理 …… 269
民生事业 …… 269
社会稳定 …… 270
新冠肺炎疫情防控 …… 270

未来路街道

概况 …… 270
营商环境 …… 270
项目建设 …… 270
民生服务 …… 271
城市管理 …… 271
平安建设 …… 272
基层党建 …… 272
新冠肺炎疫情防控 …… 273

北林路街道

概况 …… 273
经济建设 …… 273
城市环境治理 …… 273
民生服务 …… 274
平安建设 …… 274

凤凰台街道

概况 …… 274
经济建设 …… 275
城市管理 …… 275
民生服务 …… 275

党的建设 …… 275

杨金路街道

概况 …… 275
重点项目建设 …… 276
大棚户区改造 …… 276
平安建设 …… 276
城乡接合部综合治理 …… 276
民生事业 …… 276

兴达路街道

概况 …… 276
美丽乡村建设 …… 276
基础设施建设 …… 277
生态环境改善 …… 277
社会治理 …… 278
新冠肺炎疫情防控 …… 278

附 录

组织机构

中共金水区委 …… 279
区委工作机构 …… 279
中共郑州市金水区纪律检查委员会、郑州市金水区监察委员会 …… 280
中共金水区委巡察工作领导小组办公室 …… 281
区委直属各单位 …… 282
金水区人大常委会 …… 282
区人大常委会工作机构 …… 282
金水区人民政府 …… 282
区政府工作机构 …… 282
区政府直属事业单位 …… 286
政协金水区第九届委员会 …… 287
区政协工作机构 …… 287
金水区人民武装部 …… 287
区人民检察院 …… 287
区人民法院 …… 287
群众团体 …… 288
派出机构 …… 288
垂直管理单位 …… 292

荣 誉 …… 294

2021年区人大常委会文件 …… 299

郑州市地方志工作规定 …… 302

索 引 …… 305

在区委十二届三次全会上
关于区委常委会2021年工作的报告

金水区委书记　张红伟

（2022年2月22日）

今天我们召开区委十二届三次全会暨区委经济工作会议，会议的主要任务是，全面贯彻党的十九大和十九届历次全会及中央经济工作会议精神，深入贯彻省委十一届二次全会暨省委经济工作会议和郑州市委十二届二次全会暨市委经济工作会议精神，落实区十二次党代会部署，总结2021年经济工作，分析当前经济形势，部署今年经济工作，动员全区上下锚定目标全面发力，奋力实现今年经济工作开门红、全年红，开门稳、全年稳，以优异成绩迎接党的二十大胜利召开。

首先，我受区委常委会委托，向全会作工作报告。

2021年，是极不平凡的一年。我们亲历了党和国家历史上具有里程碑意义的大事，胜利实现了第一个百年奋斗目标，迈上向第二个百年奋斗目标进军的新征程。一年来，面对疫情汛情的严重冲击，在省委、市委的坚强领导下，我们坚持以习近平新时代中国特色社会主义思想为指导，全面贯彻党的十九届六中全会和省市党代会精神，紧抓郑州国家中心城市现代化建设、中部地区崛起、黄河流域生态保护和高质量发展战略机遇，聚焦打造“创新智城·品质金水”、建设国家一流现代化国际化中心城区的总体目标，强化统筹、精准发力，推动疫情防控取得重大成果，保持经济稳定增长，民生事业协调发展，社会大局和谐稳定，党的建设进一步加强，各项工作都取得了新的成效。

一、突出政治引领，坚定自觉推进中央和省市委决策部署落地见效

区委常委会认为，政治建设是第一位的建设，必须把政治原则、政治要求、政治标准贯穿始终，把增强“四个意识”、做到“两个维

护”落实到具体行动上。

（一）在党史学习教育中不断坚定政治自信。及时制定方案、召开会议，动员组织全区党员干部学党史、悟思想、办实事、开新局。发挥“头雁效应”，区委常委班子将学教活动纳入区委巡察、列入党建考核、建立“1+5+10”推进机制，开展集中学习12次、交流研讨7次、观摩教学2次，带头走进校园讲思政课，以普通党员身份参加所在支部专题组织生活会，带动学教活动扎实开展。广泛宣传宣讲，深化完善“专题授课领学、走进群众送学、线上线下联学、领办实事践学”的“四学”模式，创新实施“千场学习悟初心、千场活动聚民心、千名干部心连心、千件实事暖民心”等“四个千”工程，扎实开展“百姓宣讲团、云端E课堂、军地联合创红歌”等“十个一”主题活动，累计举办各级各类专题宣讲618场，平均参学率达95%，让党的创新理论“飞入寻常百姓家”。把“我为群众办实事”实践活动贯穿始终，县处级干部领办工程性项目、科级干部主办“微幸福”事项，项目化清单管理、台账化跟踪落实，2685件民生实事、1158件“微实事”全部办结完毕，高质量居家养老服务体系项目入选全省百例群众最满意的民生实事榜单，学教活动受到中央第三巡回指导组的充分肯定。在全市总结大会上，我区代表全市六区作典型发言。

（二）在学习贯彻党的十九届六中全会精神中不断增强政治自觉。把学习贯彻六中全会精神作为重大政治任务，深入践行“五种学习方式”，举办“打造高品质现代化城区高端讲堂”3场、“万名党员进党校充电计划”42期，实现辖区2109个基层党组织、45942名自管党员全覆盖，引导党员干部准确把握“两个确立”的决定性意义，增强“四个意识”、做到“两个维护”，不断提高政治“三力”。围绕习近平总书记重要讲话、指示批示精神，坚持常委会“第一议题”制度，全年47次召开区委常委会，研究部署事关中央和省市委决策部署落实、事关全局、事关民生的大事要事。认真落实重大事项请示报告制度，全年向市委呈报15项年度报告和12项专项报告，及时反馈工作落实成效。强化“一个党委、三个党组”工作制度，定期听取区人大、区政府、区政协和区法院、区检察院党组工作报告，成立区委财经委，充分调动各方面积极性，统一步调、凝心聚力，汇聚起推动发展的强大合力。

（三）在落实中央和省市委决策部署中不断强化政治担当。学习贯彻中央精神、省委部署和市委要求，围绕“绘出好蓝图、选出好干部、配出好班子、树立好导向、形成好气象”的目标，胜利召开区十二次党代会，锚定“两个确保”、落实“十大战略”、围绕郑州“四个高地”建设，确立了高水平打造“创新智城·品质金水”、建设国家一流现代化国际化中心城区的总体目标，理清了创建“四个城区”、实现“三个突破”的发展路径，完善了特大城市中心城区创新驱动高质量发展的实践体系，选举产生了新一届区委领导集体。紧扣中部崛起战略，制定《关于在新时代中部地区高质量发展中出重彩成高峰的实施意见》；融入黄河战略和乡村振兴战略，系统编制沿黄15平方公里整体规划，加快推进美丽乡村精品村建设，扎实落实中央生态环境保护督察整改，把“两个维护”落实到行动中、体现到工作实效上。

二、坚持人民至上、生命至上，打好打赢防汛抗疫大战大考

面对历史罕见的特大暴雨灾害和疫情反弹，区委常委会坚决贯彻落实习近平总书记重要指示精神，落实中央和省、市部署，把维护人民群众生命财产安全放在第一位，组织全区干部群众严防死守，最大限度减少灾情疫情影响。

（一）打赢了防汛抢险救灾攻坚战。面对“千年一遇”的特大暴雨，即时启动应急响应，组织全体县处级干部下沉街道、14.4万名党员干部和志愿者奔赴一线，落实“6+N”分片包干机制，实施“五个一”行动，开展“进万家门、访万户情、聚万民心”活动，成功处置贾鲁河漫堤、连霍高速滑坡、丰产路燃气泄漏、正弘城群众被困等

102处险情，安全转移群众19725人，最大限度保护群众生命安全。同步开展“四通一排”“两清一消”，仅用6天时间，辖区266个地下空间严重积水楼院、603个停电小区、1170个停水小区全部修复，87.5万受灾群众基本生活恢复正常。面对新中国成立以来最严重的黄河秋汛，扛牢“保障黄河安澜”重大政治责任，建立黄河抗洪抢险前线指挥部，连续31天驻守马渡险工第一线，24小时巡堤坝、查河势，有效应对3场编号洪水，及时消除52次河堤险情，取得了“不死人、不漫滩、不跑坝”的最终胜利。坚持把做好灾后重建作为重大民生工程，在全市率先出台灾后重建“助企九条”，为5493家小微企业、“三农”主体提供金融担保9.66亿元，谋划实施74个总投资5.7亿元的灾后重建项目，以最快速度恢复生产生活秩序。

（二）打赢了多轮疫情防控阻击战。针对常态化疫情防控，建立“平战结合”快速转换长效机制，健全AB角、三人小组、“11333”等运行模式，搭建涵盖社会防控、卫生防治、校园疫情防控、冷链、信息排查等五大数据研判、20大数据模块的常态化疫情防控综合指挥平台，强化人、物、环境的全覆盖、全流程、数字化闭环管理，时刻保持多点触发、灵敏反应、有效处置的应急状态。针对多轮疫情反弹，建立扁平化指挥调控体系，落实“八包一”防控责任，强化“三公一大”协同作战、流调溯源，第一时间管住重点人群、重点场所、重点区域，零误差完成160多万常住居民、2709万人次的核酸检测，专业化、人性化实施5000余人的集中隔离服务措施，以最快的速度锁定圈住传染源、扑灭疫情。去年7月底疫情在一个月内得到控制，去年11月和今年1月疫情均实现一个潜伏期“清零”，三轮疫情在辖区内未发生一起二次传播，牢牢守住了群众健康安全的“生命线”。相关做法被中央电视台连续报道、经验在全市推广，得到了国务院联防联控机制督导组的充分肯定。

三、完整准确全面贯彻新发展理念，推动经济发展提质增效

区委常委会始终坚持以经济建设为中心，紧盯“目标不降、力度不减”的要求，坚决顶住经济下行的压力，努力克服汛情疫情的影响，充分调动市场和政府的积极性，继续做好“六稳”“六保”工作，推动经济发展稳中有进。2021年，在全国高质量发展百强区和投资竞争力百强区中，金水强势晋级至第22位和第11位，均比2020年前进了4个位次，荣登中国智慧城市百佳县市第14位，跻身全国市辖区高质量发展百强榜第19位。

（一）抓培育、调结构，城区经济发展稳中向好。聚焦发展五型经济、培育五大产业，以深化“万人助万企”活动破难题，以实施“千企万户”支持计划保主体，以出台“1+N+X”产业扶持政策激活力，强力推进“四个三”建设，扎实开展“大干一百天、奋力保全年”攻坚行动，加快数字赋能、企业上云，全力以赴对冲汛情疫情影响。全年新增规上企业309家、总量达2388家，现代金融、商贸服务、信息科技等主导产业增加值完成1113亿元，对经济增长的贡献率超过85%。以信息安全、软件服务为代表的数字经济核心产业完成增加值162.6亿元、增长16.2%，总量和增速居全市六区首位。突出“项目为王”，滚动实施“三个一批”，新开工省市区重大项目54个、完成投资750亿元，以项目建设的主动轮带动经济运行的所有轮子一起转。全年实现地区生产总值1879亿元、增长3.1%，一般公共预算收入121亿元、增长1.8%，社会消费品零售总额1034亿元、增长5.5%，成为市内五区唯一一个财政收入实现正增长的城区、全市唯一一个社会消费品零售总额破千亿的区县（市）、全省唯一一个发展战略性新兴产业成效明显受到国务院督查激励的区县（市）。

（二）抓智汇、聚人才，创新驱动活力加速释放。以建设国家人才创新发展高地为引领，着力推进“四个一流”创建。出台《金水区促进科技创新高质量发展专项扶持办法》，投用“数智金水产业大脑”系统，“数据免报即清、政策免查即至、奖励免申即享、发展全

息画像”服务覆盖全区科创企业。实施“人才+项目+资金”的“双招双引”工作模式，新增本土“两院”院士1名，新引进培育郑州市高层次人才5人、创新创业团队（项目）10个，辖区各类领军型优秀人才存量超过1300名，全年登记技术合同成交额达到51.9亿元、占全省总量的1/10，万人发明专利拥有量达23件、是全省平均值的5.7倍。推进“四个百分百”研发攻坚，组建河南省人工智能产业研究院，揭牌运行嵩山、黄河、神农3家省级实验室，汇聚院士工作站46个、国家级孵化载体19家，拉动全社会研发投入强度达2%，同比增长38.8%，超过全省平均水平。开展“十百千”科技企业梯次培育行动，众诚信息获评全省创新龙头企业、信大捷安入选国家级重点“小巨人”企业，全年新增科技型企业337家、总量超过2000家，占全市的1/5；新增高新技术企业330家、占全省增量近1/10，坚定走好创新驱动高质量发展“华山一条路”。

（三）抓要素、强功能，发展支撑平台持续巩固。把平台建设作为经济主战场，优化要素配置，加快功能拓展，持续强化载体支撑功能。金水科教园区“车规级芯片检测综合生产线”建成投产，金冠同利、36氪等90家重点企业签约落户，成功举办2021金水科创大会、2021世界数字产业博览会，两项科研项目分获2021数博会领先科技成果优秀奖、河南省科技进步一等奖。国家知识产权创意产业试点园区实践“科学家知识产权经纪人”服务模式，组建全国首支知识产权服务官队伍，依托世界知识产权组织技术与创新支持中心，开辟全市创新主体获取全球信息服务主渠道，获评“2021年度中国设计产业100强十佳设计园区”。河南科技园区主营业务收入突破180亿元，同比增长10%。全区260幢商务楼宇，税收超千万楼宇达到55幢，税收超亿元楼宇达到14幢，全年楼宇经济完成区级税收30亿元、同比增长8%，获评“2021中国楼宇经济发展特别推动奖”。

（四）抓改革、促开放，经济发展环境不断优化。把激发市场活力、提高资源配置效率作为深化改革、扩大开放、优化环境的努力方向。以全面深化改革为动能，统筹推进9大领域、53项重点改革事项，科技体制改革、区属企业改革、财税体制改革加快实施，自贸区块制度创新、国家知识产权创意产业试点园区运营改革模式全省推广，改革创新工作获省委改革办红榜通报。以拓展开放平台为导向，推动自贸区块注册企业突破2000家，“一带一路”经贸产业园获批省市电子商务示范基地，全区跨境电商交易额达到107亿元、外贸进出口突破130亿元，均居全市六区首位。新落地中钢网等67个总金额332.3亿元的优质产业项目，其中百亿级头部企业、主导产业链项目8个，超额完成市定“125计划”任务。以优化营商环境为保障，率先在全市推出“企业变更”“一件事”服务，社保、车驾管等110个事项实现街道社区“就近办”，税务等400项业务实现24小时“自助办”，区政务服务办事大厅顺利通过“省级社会管理和公共服务标准化示范项目”验收。优质的营商环境带动市场主体逆势新增4.7万户、达到27.7万户，总量占全市近1/5、全省近1/30。

四、坚持内外兼修系统推进，持续提升城区品质内涵

我们坚持“两带引领、三区提质、区域联动”总体布局，以“三项工程、一项管理”和核心板块规划建设为抓手，统筹生产、生活、生态、安全需要，深入推进城市有机更新，全面提升城区经济品质、人文品质、生态品质、生活品质。

（一）持续增强承载功能。建成安置房194万平方米，回迁群众7371人，挂牌出让土地突破2700亩，创历史新高。金水区大型生活垃圾分拣中心试车运行，16条新建道路6条断头路全线贯通，7289个公共停车泊位建成投用，全区居民垃圾分类覆盖率达到98%、无害化处理率达到100%，市政设施日趋完善。强化核心板块规划建设，郑州国际金贸港控规编制、城市设计、土地出让、EPC招标全部完成，正在加快施工，完成年度投资

22亿元。金科智慧城控制性详规通过市政府联审联批，河南省信息安全产业示范基地全面建成投用，板块区域内总长8.2千米的“四横四纵”交通路网，已建成通车6.5千米，占总任务量的80%。

（二）持续提升城区品位。发扬“工匠精神”，严把设计、施工、成本、管控“四道关口”，综合改造花园路、三全路等12条72.2千米主干道，系统提升纬一路、政七街等11条15.7千米支路背街，先后完成81条道路75.8千米架空通信线缆入地，打造“飞机楼”等城市新景观80余处，行政片区顺利通过国家级城市更新建设标准化示范项目验收。狠下“绣花功夫”，坚持一院一设计、一院一专班，对176个210.34万平方米老旧小区进行“片区式”改造，直接惠及群众7万余人。文化路5号院、丰产路47号院等一批精品楼院改造经验被住建部充分肯定、全国推广。做足“乡村文章”，聚焦15平方千米沿黄区域，高起点编制系统规划，强力实施人居环境集中整治，全面落实农户“四改”，仅用42天就将73万平方米违章建筑、安全隐患一扫而光，彻底实现旱厕、黑臭水体、乱堆垃圾动态清零。完成马渡提升，来童寨、黄岗庙美丽庭院、精品庭院改造74户、新建庭院117户，“金水稻”项目、马渡梦想科创小镇等首批26家公司顺利落户，青少年教育实践基地、国家氢能源产业示范区项目加快推进，黄河沿岸美丽乡村聚落初见雏形，接受全市美丽乡村建设推进会现场观摩。

（三）持续优化生态环境。打好污染防治攻坚战，金水区涉气工业企业管控平台上线运行，90家重点排污单位纳入实时监管，188个工地完成智慧化改造，$PM_{2.5}$、PM_{10}分别下降19.6%和9.6%，全年优良天数达到236天，创2016年以来新高。落实落细“河长制”责任，深化“四水同治”，推进“五水综改”，全线河道可视化系统投入使用，东风渠综合提升工程基本完工，马渡污水处理厂提标改造工程全面完成，来童寨、黄岗庙污水处理站建成运营，辖区污水处理实现全覆盖。中央生态环境保护督察交办案件全部办结销号，S312沿黄示范性绿道圆满竣工。新建公园游园17处，新增绿化面积88.7万平方米，辖区群众开窗见绿、四季有景。

五、坚持以人民为中心的发展思想，持续巩固广大人民群众的幸福感获得感安全感

我们坚持“政府过紧日子、群众过好日子”，以街道“五个一”工作重点为抓手，推动公共财政持续向民生领域倾斜，不断增进人民福祉。全年累计投入62.3亿元用于改善民生，占区级财力的76.48%，切实让改革发展成果更多惠及群众。

聚焦劳有厚得，深入推进“人人持证、技能河南”建设，举办“春风行动”等线上线下招聘会40场，组织职业技能培训452期3.6万人次，新增就业3.9万人，城镇登记失业率控制在4%以内，城镇居民和农村居民人均可支配收入分别达到53471元和32068元，位居全省第一。聚焦老有颐养，搭建智慧健康养老云平台，建成投用街道养老服务中心12个、社区日间照料中心136个，覆盖率达85%。探索建立的“三级联动、线上线下、以大带小、延伸居家”社区养老服务体系建设，得到省委书记楼阳生调研肯定和全省现场观摩会肯定。聚焦学有优教，认真落实“双减”任务，依法取缔无证培训机构910所，新投用小学3所、幼儿园6所，新增普惠性幼儿园37所，“5+2”课后服务经验、劳动教育课程入选教育部典型案例，经验向全国推广。聚焦病有良医，建成投用社区卫生服务中心22个，全部落实“四有”保障标准，金水总医院顺利通过三级综合医院执业评审验收。聚焦食有所安，推进“互联网+透明车间”建设，实施校园食品安全守护行动，累计新建改造街道高标准农贸市场（农产品超市）14个，完成食品安全监督抽检18883批次，合格率达99.98%。聚焦乐有所依，12个街道级党群服务中心建成投用，500平方米以下社区党群服务中心全部清零，1000平方米以上社区党群服务中心占比达到50%。聚焦本质安全，深化

"三零"创建活动，建立区委安全稳定工作定期会商制度，组织实施安全隐患排查和消防安全集中整治月行动，强力推进问题楼盘攻坚化解，严厉打击网络电信诈骗，进一步巩固了安全稳定社会局面。统筹推进"数智金水"城市大脑建设，积极开展"最多跑一次、一码解纠纷"矛盾纠纷多元化解机制试点，高标准建成全市首个实体化运行的"金水区社会治理综合服务中心"，群众反映诉求实现"一站式受理、一条龙服务、一网式跟踪、一体化研判"，中央联席办移交案件、问题楼盘等一大批矛盾纠纷和风险隐患得到有效化解。

六、坚持全过程人民民主，不断提高城区治理体系和治理能力现代化水平

始终把发展社会主义民主法治作为推动各项事业发展的重要保障，坚持党的领导、人民当家做主、依法治区有机统一，巩固和发展安定团结、生动活泼的政治局面。

（一）支持人大履行宪法法律赋予的各项职责。区人大及其常委会依法行使监督、决定、任免等职权，紧紧围绕区委中心工作，全面深化街道居民议事会议制度试点工作，扎实开展民生实事项目专项监督，积极推进代表"连心桥"主题活动，创新探索居民议事厅建设新机制，全年听取和审议"一府两院"专项工作报告29个，审查批准民生领域重点项目69项，开展视察、执法检查132次，助力全区重点工作有效落实。市委、市人大常委会先后两次在我区召开现场会，推广我区基层民主工作经验。

（二）充分保障区政协依章履行职能。支持区政协及其常委会充分发挥政治协商、民主监督、参政议政作用。在全省率先出台《关于进一步推进"有事好商量"协商议事工作的意见》，以"有事好商量"协商议事平台为依托构建三级协商体系，创建全国"首届人民政协优秀委员工作室"，围绕"优化营商环境"等课题开展调研协商22次，为党委决策施策提供了一大批有价值、有分量的建议案，代表全省区县（市）接受了全国政协张庆黎副主席的调研视察，获得充分肯定。

（三）巩固发展最广泛的爱国统一战线。组织民主党派人士、无党派人士、新阶层人士和侨胞侨属强化"四史"学习，切实增强听党话、跟党走的政治自觉。开展"两个健康"示范区创建，举办"强信心、挖潜力、促增长"活动，支持非公经济健康发展。成立新阶层联谊会党支部，实现联络处、工作站党建指导员全覆盖。深入贯彻中央民族工作会议精神，实施宗教治理三年行动计划，铸牢中华民族共同体意识。工会、共青团、妇联等群团组织作用有效发挥，党管武装进一步加强，顺利获评双拥创建先进区。

（四）全面深入推进依法治区。深入贯彻习近平法治思想，充分发挥区委全面依法治区委员会统筹协调作用，系统推进法治政府建设，全面落实"司法为民八件实事"，深入实施"法律九进"普法宣传，顺利创建全国模范司法所1个、省级五星司法所7个，全区司法所全部达到省级三星以上标准，获评"河南省法治县（市）区创建活动先进单位"。深入开展政法队伍教育整顿，紧扣"三个环节"，聚焦"四项任务"，开展"六大活动"，整治顽瘴痼疾1819个，处理处分56人，进一步净化了政法队伍，促进了司法公正。

七、坚持党要管党、全面从严治党，党的各项建设全面加强

区委常委会坚决扛稳管党治党主体责任，深入贯彻新时代党的建设总要求，坚持严的主基调不动摇，推进全面从严治党不断向纵深发展，为经济社会高质量发展提供坚强保证。

（一）抓机制促落实，扛稳管党治党主体责任。建立区党政领导班子直接联系群众制度，坚持"三级联述联评联考"，常态化开展基层党建逐社区（村）观摩，组织在职党员到社区报到服务1.2万人次，落实落地各级党建责任。把服务省委巡视"回头看"和抓好巡视整改，作为解决全区管党治党突出问题、推动全面从严治党向纵深发展的重要抓手，成立区委整改落实

工作领导小组及8个专项小组，先后召开3次区委常委会、4次领导小组会议，系统制定整改方案，分解细化反馈意见，坚持台账管理、对账销号，举一反三、标本兼治，扎实推动巡视整改。在一个月的集中整改阶段，16项整改任务办结12项，办结率达75%，剩余4项正在按时序加快推进。省委巡视第十三工作组向市委反馈巡视整改工作时，对我区巡视整改成效给予高度评价。

（二）抓宣传重引导，维护意识形态领域安全。强化正面宣传引导，疫情防控、抢险救灾“双线作战”的关键时期，72小时内在央视滚动播出12篇新闻稿件，向全国人民展示了金水万众一心抗疫情、战灾情的良好形象。中秋佳节，“金水创新发展”宣传片登上纽约时代广场“中国屏”，吸引新华社、《欧洲时报》等国际媒体的密集关注，大幅提升金水的知名度和美誉度。全年在各级各类媒体上发布新闻稿件20542篇，其中中央级媒体1071篇，制作的《你好，同学》大型融媒体思政课收看超过500万人次，“金水发布”获评2021年度中国优秀政务新媒体。落实意识形态工作责任制，成立全市首个县级网络舆情处置中心，建立健全舆情监测、上报、处置、反馈闭环管理机制，全天候实时监测网络舆情，累计处置负面舆情552条，推动意识形态领域态势持续向好。

（三）抓基层打基础，加强新时代功能性党组织建设。以实施“头雁工程”为抓手，高质量完成社区（村）“两委”换届，新任“两委”干部学历、年龄实现“一升一降”。以农村发展党员违规违纪问题排查整顿为契机，规范全区各级各类党组织党员发展工作，严把党员质量关口。以基层党建重点任务集中攻坚行动为载体，扎实推进党建引领城市治理、乡村振兴、营商环境优化三大行动，出台党建引领美丽乡村建设“九条措施”，实施农村人居环境整治“九项行动”，优化完善214个社区（村）党组织、956个三级网格“一长六员”，645个无主管楼院全部建立了党组织，实现机关干部联系分包全覆盖。以提升基层党组织组织力为重点，开展“亮、赛、比”活动53场，举办“百名社区书记到通信花园社区跟班学习”14期，树立大抓基层、争先创优的鲜明导向。信大捷安党总支、杲村党总支获评省级基层党建示范点，通信花园社区党委被中共中央授予“全国先进基层党组织”荣誉称号。

（四）管好人用对人，全面加强干部队伍建设。坚持“干部是干出来的、不是熬出来的”，结合区委、区纪委换届以及事业单位机构改革，科学合理调配科级领导班子。统筹做好省委“墩苗育苗”和市委“双百工程”优秀年轻干部的岗位安排工作，选派560余名年轻干部到疫情防控、灾后重建、城区“双改”、大气污染防治等急难险重岗位历练，累计培训干部5400人次，让年轻干部有更多机遇得到锻炼成长。合理使用公务员职级职数，晋升科级公务员290余人次，盘活岗位资源，激励干部担当作为。进一步完善动态化干部监督电子系统，加强规范领导干部配偶、子女及其配偶经商办企业行为的日常管理，严格落实因私出国（境）管理，持续深化干部日常监管，实现从严监督管理干部常态化。

（五）抓纪律转作风，营造风清气正政治生态。全面压实党组织主体责任、书记“第一责任人”责任、班子成员“一岗双责”，一体推进“三不”体制机制建设，持续巩固风清气正的政治生态。坚持正风肃纪，常态化开展“四风”突出问题监督检查，深入推进机关效能大提升活动，全年查处违反中央八项规定及其实施细则精神问题7件8人，督促整改机关效能问题477个，帮助企业纾困354项，推动辖区营商环境持续优化。坚持从严监督，制定出台《充分发挥监督作用为“十四五”规划实施提供坚强保障的意见》，保障“十四五”顺利开局。深化警示教育和全程监督，维护风清气正的换届环境。加快“1+N+E”智慧监督平台建设，聚焦卫生城市复审、安全隐患整改、问题楼盘处置、老旧小区改造开展专项监督，深入防汛救灾和疫情防控一线靠前监督，推动解决一大批疑难问题，保障了区委中心工作的有效落实。十一届区委巡察发现问题整改全部清零，十二届区委首轮巡察高标完成。坚持无禁区、全覆盖、零容忍惩治腐败，贯通运用监督执纪“四种形态”，其中第一、二种形态占比82.9%。全年立案审查调查95件，给予党纪政务处分116人，组织处理109人，依法移送审查起诉9人，持续形成不敢腐的强大震慑。

一年来，区委常委会切实加强自身建设，带头加强学习，坚定做到“两个维护”；带头严肃党内政治生活，高质量召开班子民主生活会，坚持民主集中制，严格按程序办事、按规矩办事；带头改进作风，密切联系群众，深入一线调研指导、推动工作；带头廉洁自律，自觉抵制“四风”，严格遵守廉洁自律各项规定，自觉接受各方面的监督，以勤政廉政的实际行动树立区委常委班子的良好形象。

在看到成绩的同时，区委也清醒认识到工作中的不足和差距，特别是在现代产业培育、创新能力提升、防范重大风险、提高干部队伍领导现代化能力等方面都有待进一步加强。下一步，区委常委会将始终高举习近平新时代中国特色社会主义思想伟大旗帜，全面贯彻党的十九届六中全会和中央经济工作会议精神，全面落实省委十一届二次全会暨经济工作会议、市委十二届二次全会暨经济工作会议精神，按照区第十二次党代会部署，坚持稳字当头、稳中求进、以进促稳，聚焦高水平打造“创新智城·品质金水”、建设国家一流现代化国际化中心城区，以“两大一争”为抓手，全面开展“三标”活动，深入推进“十大战略”行动，奋力实现“四个城区”创建开局起势，在服务省市发展大局中争头彩、攀高峰、创一流，以优异成绩迎接党的二十大胜利召开。

政府工作报告

——在郑州市金水区第十四届人民代表大会第一次会议上

金水区人民政府区长　张艳华

（2022年6月28日）

一、2021年及本届政府工作回顾

2021年是党和国家历史上具有里程碑意义的一年，也是金水发展史上极不平凡、极其艰难、极为关键的一年。一年来，面对复杂严峻的发展环境和超出预期的风险挑战，全区上下在市委、市政府和区委的坚强领导下，坚持以习近平新时代中国特色社会主义思想为指导，深入贯彻落实习近平总书记视察河南及郑州的重要讲话重要指示，聚焦打造“创新智城·品质金水”、建设国家一流现代化国际化中心城区的总体目标，高效统筹防汛救灾、疫情防控和经济社会发展，一以贯之绘蓝图，一心一意抓落实，各项事业取得显著成绩，历史性迈进全国百强区前十强，位列全国创新百强区第8、投资竞争力百强区第11、智慧城市百佳县市第14、市辖区高质量发展百强榜第19、高质量发展百强区第22，“十四五”迈好了第一步、见到了新气象。

这一年，我们迎难而上、逆向而行，在大战大考中彰显一往无前的“金水担当”。去年7月下旬以来，我区遭遇极端强降雨，最大小时雨量突破我国内陆观测记录历史极值，黄河连续24天保持每秒4800立方米大流量行洪状态；多轮新冠肺炎疫情接连突袭，严重威胁人民群众生命财产安全。面对历史罕见“雨情”、百年不遇“汛情”、突如其来“疫情”，我们迅速启动防汛应急响应，果断处置丰产路道路塌陷及燃气管道泄漏等重大险情，安全避险转移19725人，用2天时间恢复移动通信网络，6天时间完成1170个停水、603个停电、266个积水严重小区的通水、通电、排涝任务，快速恢复了群众生产生活；组建黄河抗洪抢险前线指挥部，连续31天驻守马渡险工一线，坚定守护了黄河沿岸安定安澜。我们“一键切换”平急指挥体系，率先在全市落实“八包一”防控责任，“零延时”精准锁定风险人员2.1万人，“零投诉”隔离服务5000余人，“零失误”核酸检测1246万人次、占全市1/10以上，三轮疫情均在一个周期内圈住封死，得到国务院联防联控机制督导组充分肯定。各位代表，一个个逆行出征的背影，一串串排查值守的足迹，一幕幕舍身救人的情景，一场场艰苦卓绝的奋战，刻骨铭心的每个日夜，成为162万金水人民心中永志不忘的共同记忆。

这一年，我们顶压前进、高位竞发，在质效双升中夯实硬核支撑的“金水实力”。面对汛情疫情双重冲击，坚持稳中求进、难中求成，扎实开展“大干一百天、奋力保全年”活动，冲刺三季度、单季打平，决战四季度、强势转正，全年实现地区生产总值1878.8亿元、同比增长3.1%，社会消费品零售总额1033.3亿元、增长5.5%，一般公共预算收入121.1亿元、增长1.8%，是市内五区唯一一个财政收入逆势正增长的城区，是全省唯一一个社消零破千亿的县（市）区，是全省唯一一个战略性新兴产业受到国务院督查激励的县（市）区。突出产业迭代、倒逼转型，大力发展数字经济，“数智金水产业

大脑”正式投用，国内最大“车规级安全芯片综合测试产线”顺利投产，信大捷安等2家企业入选中国网络安全“综合实力百强”，近万家企业“上云”发展、占全市1/5，数字经济核心产业完成增加值162.6亿元、增长16.2%，总量、增速均居市内六区首位。信息科技、现代金融、高端商务、商贸服务、文化创意5大重点产业增加值突破1100亿元，区级税收超千万楼宇达到55幢，全口径税收超亿元楼宇达到14幢，荣获“中国楼宇经济发展特别推动奖”。狠抓恢复重振、提质发展，深入开展“万人助万企”活动，全面实施“千企万户”专项支持计划，系统出台“1+N+X”产业政策和“助企九条”扶持政策，帮助5493家中小微企业，获得担保贷款9.7亿元，市场主体逆势增长4.7万户，总量达到27.7万户、占全市近1/5。扎实推进“三个一批”，国电投综合智慧能源等67个优质项目顺利落地、签约额突破330亿元，220个重大项目完成投资750亿元、再创新高。精心谋划实施灾后恢复重建项目，学校修复、市政设施修复、充电桩建设等工程基本完工。连续举办“促消费”活动110场，激发大众消费290亿元，花园路商圈获评“全国国庆消费热门商圈”第三名。金水经济以强大韧性和蓬勃生机，成为全市全省高质量发展的“风向标”。

这一年，我们唯实求实、守正出新，在动能转换中激发更加澎湃的“金水活力”。创新高地聚势成峰。成功举办2021金水科创大会，新培育国家重点“小巨人”企业2家、“专精特新”企业140家；新增高新技术企业330家、科技型中小企业337家，分别占全市1/4、1/6；登记技术合同成交额51.9亿元、占全省1/10，科技创新“关键变量”正转化为高质量发展“最大增量”。嵩山、黄河、神农种业3家省实验室正式揭牌，许为钢研究员成功当选中国工程院院士，各类领军人才突破1300名，国家“双创示范基地”评估考核优秀档次全国第二。科教园区吸引入驻信大网御等90家科创企业，聚方科技园等3个园区被认定为全市首批小微企业园；科技园区创新“园区+公司”模式，企业培育数量、企业营收总量均实现两位数增长；国家知识产权创意产业试点园区探索“知识产权科学家经纪人”模式，组建全国首支知识产权服务官队伍，荣获中国设计产业十佳园区称号，快步迈入全国一流行列。开放高地乘势而上。以自贸区建设为引领，并联运行海外办事处30个、海外仓43万平方米，全区跨境电商交易额达到107亿元、进出口总额突破130亿元，均居市内六区第一；以“自贸十条”政策为引导，设立人才发展专项资金池，自贸区块注册企业2385家，“一带一路”经贸产业园获批省市电子商务示范基地，柳东路自贸创新产业园营业收入超过100亿元。重点改革顺势而为。区属国有企业等重点领域改革加快推进，创意园区、金水自贸区运营模式改革等2项改革成果，被省委改革办红榜通报；政务服务改革持续深化，1315个事项“申请一张网、只进一扇门”，829个事项“联审一个窗、联批一张表”，703个事项“双休可办、随时申办”，448个事项“就近代办、掌上云办”，区政务服务大厅顺利通过“省级社会管理和公共服务标准化示范项目”验收。

这一年，我们统筹联动、系统整治，在精建细管中塑造城靓乡美的“金水品质”。突出提升功能重里子，23条道路提档升级，176个老旧小区焕发新颜，70千米地下管线顺利迁改，142千米雨污水管网深度疏挖，2.1万个窨井高效整治，行政片区顺利通过国家级城市更新建设标准化示范项目验收。6条“断头路”全线贯通，16条道路建成通车，7289个公共停车泊位投入使用，群众出行更顺畅、生活更舒心。突出提升形态重品质，高起点规划沿黄15平方千米区域，强力实施人居环境集中整治，旱厕、黑臭水体、乱堆垃圾“动态清零”，73万平方米违章建筑全面拆除，191户美丽庭院精彩呈现，首批26家企业入驻马渡梦想科创小镇，美丽乡村建设得到全市观摩肯定。突出提升环境重实效，S312沿黄示范性绿道圆满完工，79个中央生态环境保护督察交办案件全部销号，90家重点排污单位实时监管，188个工地智慧化改造，133万平方米生态绿地点缀城区，236个优良天数刷新纪录，河流断面水质稳定达标，“天空蓝”“生态绿”成为金水最亮丽底色。

这一年，我们真情为民、服务惠民，在践行初心中传递普惠民生的“金水温度”。坚持“政府过紧日子、群众过好日子”，在收支压力极大的形势下，民生领域支出达62.3亿元，占一般公共预算支出的76.5%。社会保障提质扩面。扎实开展“我为群众办实事”实践活动，109项省市区民生实事、1158件“微实事”高质量办结，“12345”市民服务热线工作全市领先。举办线上线下招聘会47场，组织职业技能培训3.6万人次，新增就业3.9万人，居民人均可支配收入达到51526元、全省第一。建成安置房194万平方米，网签安置房1.2万套，7371名群众回迁新居。坚持应助尽助、应补尽补，发放各类救助补助资金6827万元，困难群众感受到更多温暖。社会事业亮点纷呈。严格落实“双减”政策，新建成学校9所，新增普惠性幼儿园37所，课后服务模式、劳动教育课程入选教育部典型案例，经验向全国推广。深入践行全民健康理念，家庭医生签约服务突破80万人，区总医院顺利通过三级综合医院执业评审验收。智慧健康养老云平台全面投用，“三级联动、线上线下、以大带小、延伸居家”社区养老服务体系，得到省委楼阳生书记调研认可和全省现场会观摩推广。“金水文旅云”上线运营，公共文化一体机实现街道全覆盖，发布文化活动790场，“金图学堂”“金言金讲”成为群众喜闻乐见的人文课堂。社会治理扎实有效。深入开展安全生产和消防安全排查整治，2.2万个安全隐患对账销号，227家重点企业双重预防机制系统建成，安全防控水平不断提高。大力推进食品安全“互联网+”行动，创新“四检联动”模式，有效守护了群众“舌尖上的安全”。全面开展“三零”创建，强力攻坚化解问题楼盘，创设全省首个区级“社会治理综合服务中心”，上三级万人信访量创历年最低。

这一年，我们从严治政、依法行政，在作风转变中巩固风清气正的“金水生态”。始终把政治建设摆在首要位置，严格落实“第一议题”学习制度，持续营造学的氛围、严的氛围、干的氛围，全区党员干部的“四个意识”更加自觉、“四个自信”更加坚定、“两个维护”更加坚决。扎实开展党史学习教育，隆重举办建党100周年系列庆祝活动，不断从党的百年奋斗历程中汲取奋进力量。始终把依法行政作为第一准则，严格执行区人大及其常委会的决议决定，自觉接受人大法律监督、工作监督和政协民主监督，认真办理人大建议156件、政协提案165件，办结率100%。全面落实“司法为民八件实事”，深入实施“法律九进”普法宣传，成功创建全国模范司法所1个、省级五星司法所7个。始终把廉洁勤政作为第一操守，认真落实党风廉政建设责任制，强化重点领域监督，严格财政资金监管，为民务实清廉的政府形象进一步树立。大力弘扬真抓实干作风，健全“四不两直”闭环督查机制，事不避难、义不逃责，“马上就办、办就办好”成为政府工作新常态。同时，工会、共青团、红十字、残疾人、妇女儿童等事业健康发展，民族宗教、地方史志、外事侨务、粮食流通、国防动员、人民防空、双拥共建、民兵预备役、退役军人事务等工作都取得新成绩。

各位代表，耕耘才有收获，奋斗创造美好！过去五年，是艰难险阻中不断奋进的五年，也是经济社会发展取得显著成绩的五年。五年来，我们坚持一张蓝图绘到底、一任接着一任干，顺应大势、抢抓机遇，锐意进取、狠抓落实，与全区人民一道，共同谱写了高水平打造“创新智城·品质金水”的精彩篇章，合力开启了全面建设国家一流现代化国际化中心城区的崭新征程。

五年赶超跨越，我们牢记“奋勇争先、更加出彩”的殷殷嘱托，时不我待争朝夕，交出了一份走在前列的高分答卷。我们始终紧盯“四个城区”创建任务，在拉高标杆中争先进位，在加压奋进中开创新局，地区生产总值连跨7个百亿台阶，是2016年的1.7倍，占全市比重提高1.9个百分点；一般公共预算收入越过百亿关口、五年实现翻番；社会消费品零售总额超过千亿体量、连续20年全省第一；完成固定资产投资2518亿元、累计增长25%；全社会研发投入144亿元、实现翻倍式增长，年均增速达17%。一串串闪光的数字，一份份耀眼的成绩，充分展现了金水赶超发展、跨越发展的强劲势头，更彰显了全区干部群众“争头彩、攀高峰、创一流”的昂扬斗志。

五年接续奋斗，我们遵循“改革者进、创新者强”的方向指引，敢想敢干为人先，闯出了一片生机勃勃的崭新天地。我们走好创新驱动高质量发展“华山一条路”，汇聚科技型中小企业2058家、五年接近翻两番，培育高新技术企业723家，增长8倍，万人发明专利拥有量达32.9件，是全市1.7倍，获评国家双创示范基地、国家网络安全创新应用先进示范区、国家知识产权强县工程示范区。我们用好改革开放关键一招，金水自贸区率先出台集群注册办法，海外运营体系覆盖“一带一路”沿线国家和地区，走出了一条“小区块”带动“大开放”的新路子；率先在全市实现商事登记秒申秒批，“金小二”全程帮办代办，净增市场主体13万户，平均每9个人拥有一家企业、每20分钟净增一家市场主体，一大批企业在金水扎下根来、成长壮大，唱响了“创业到金水”的时代最强音。

五年阔步奋进，我们树牢“项目为王、产业为基”的鲜明导向，凝心聚力提能级，开创了一片高质量发展的生动局面。我们从项目入手、以项目推动、用项目支撑，招引亿元以上产业项目126个，完成项目投资3517亿元、实现翻倍增长，省信息安全产业示范基地等一批重大项目建成投用，项目招引、项目建设均创历史最高水平。我们充分发挥产业基础优势，“四上”企业年均增加224家、总量达2388家，农科路酒吧一条街创成全省唯一一条“中国特色商业街”，大卫城、正弘城入围全国购物中心前50强，信息安全产业打通“芯片+终端+软件+服务”全链条，人工智能、5G等新兴产业呈现爆发增长态势，信息科技、商贸服务、现代金融、高端商务、文化创意等5大重点产业对经济增长的贡献率超过85%，“5+5+X”城区经济体系撑起全区高质量发展的“四梁八柱”。

五年匠心实干，我们倡导“有机更新、韧性安全”的科学理念，持之以恒提品质，打造了一方生态宜居的美丽家园。我们坚守“里子工程、全面提升”的原则，统筹生产、生活、生态，深入推进城市有机更新，84条道路建成通车、畅通路网，212千米地下管网迁移改造、系统疏挖，3个美丽乡村各美其美、留住乡愁，565个老旧小区提质升级，占全市1/3，小广告等城市顽疾得到有效治理，“主城宜居、乡村宜游”的品质城区形象全面彰显。我们坚持“治标、治本”双统筹，“补绿、增绿、透绿”三并举，278家重点企业纳入智慧监管，8条河渠“长治久清”，11条生态绿道环绕城区，140个公园游园遍布街巷，绿化覆盖率提升至42.4%，人均公园绿地面积增加至10.8平方米，“城在林中、路在绿中、房在园中、人在景中”的大生态体系全面升级。

五年初心如磐，我们秉承“以人为本、共建共享”的为民情怀，久久为功增福祉，绘就了一幅幸福和谐的民生画卷。我们坚持以人民为中心的发展思想，民生支出累计达到269.2亿元，占一般公共预算支出比例超过70%，高标高效办结省市区民生实事243项。我们注重民生服务从普惠向优享迈进，22个社区卫生服务中心全部纳入“四有”保障，25个农贸市场标准化升级改造，148个养老服务中心智慧化联网运营，6.5万个优质学位惠及千家万户，500平方米以下社区党群服务中心全面扩容升级，“五个一”“四个三”公共服务设施基本实现全覆盖，获评全国智慧健康养老示范基地、国家级信息化教学实验区、国家流动人口基本公共卫生计生服务均等化示范区、国家农产品质量安全区。我们推动社会治理从“补短板”向“塑亮点”转变，微型消防站均衡布局，食品安全动态监管，治安防控实时响应，矛盾纠纷跟踪化解，“15分钟应急救援圈”“外卖秒下线”监管模式、“党建+网格+警格”治理机制、“一码解纠纷”化解机制，成为金水治理体系和治理能力现代化的鲜活注脚。

各位代表，历经天华成此景，人间万事出艰辛！这些成绩的取得，离不开以习近平同志为核心的党中央举旗定向、掌舵领航，得益于省市和区委的正确领导、科学决策，凝聚着全区广大干部群众的聪明才智、辛勤汗水。实践证明，金水是一座英雄的城区，金水人民是英雄的人民，没有任何艰难险阻，能够阻挡金水勇往直前的步伐。金水是一座创新奋斗的城区，金水人民是创新奋斗的人民，没有任何困难问题，能够阻挡金水勇毅发展的坚定步伐。在此，我代表区人民政府，向奋斗在各条战线的干部群众，向人大代表、政协委员和各民主党派、工商联、无党派人士、人民团体以及辖区机关、部队、企事业单位，向为金水繁荣发展作出贡献的同志们、朋友们，表示衷心的感谢，并致以崇高的敬意！

赓续过往、展望前路，我们必须清醒看到，全区发展仍然存在一些不足：疫情防控形势复杂严峻，稳增长压力依然较大；对标深圳南山、杭州滨江等先进城区，重大科创项目、龙头企业数量偏少，创新能力有待进一步提升；城区管理、生态环境、乡村振兴还存在一些短板，应急管理体系还需进一步完善；部分干部专业素养、担当意识、攻坚能力，与发展要求尚有差距。对此，我们将高度重视，认真研究，采取有效措施，切实加以解决。

二、今后五年主要目标

各位代表，今后五年，是金水厚植优势、乘势而上的机遇期，也是转型升级、奋楫争先的关键期。我们将切实把思想和行动统一到中央和省市区委决策部署上来，始终胸怀“国之大者”、心系“民之向者”、紧盯“城之安者”、抓牢“政之要者”，拿出更大决心勇气，凝聚更多智慧力量，付出更多辛劳汗水，一步一个脚印把美好蓝图变成现实图景，在新时代新征程上创造出无愧于时代、无愧于历史、无愧于人民的新业绩！

今后五年政府工作的总体要求是：以习近平新时代中国特色社会主义思想为指导，深入贯彻落实习近平总书记视察河南及郑州的重要讲话重要指示，认真落实中央和省市区委决策部署，完整、准确、全面贯彻新发展理念，锚定“两个确保”、深入推进“十大战略”，聚焦“全面开展‘三标’活动”，紧盯“四个城区”创建，以加快高质量发展为主题，以创造高品质生活为导向，以推进高效能治理为基础，以改革开放创新为根本动力，统筹发展和安全，高水平打造“创新智城·品质金水”，加快建设国家一流现代化国际化中心城区，努力在郑州国家中心城市现代化建设、河南实现“两个确保”、中原更加出彩、中部地区崛起、黄河流域生态保护和高质量发展中，争头彩、攀高峰、创一流。

今后五年的主要目标是：认真落实区第十二次党代会部署要求，全力创建集聚创新活力的经济高质量发展先行区、富有都市形态的城市高品质建设典范区、充满数智理念的社会高效能治理引领区、彰显美好生活的民生高标准供给标杆区，主要指标增速领先全省、全市水平，产业竞争力和科技创新力大幅提升，共同富裕取得明显进展，社会文明程度达到新高度，高质量发展走在全省前列，加速迈向全国先进城区第一方阵。

实现以上目标追求，有压力、有挑战，但我们更有信心、有底气。我们将树牢“百强之上再攀高”的赶超意识，全面拉高发展坐标，看齐深圳南山、杭州滨江等先进城区，与最优者“对标”，与最强者“比拼”，与最快者“赛跑”，进一步放大自身优势，补齐发展短板，全力冲刺全国高质量发展百强区十强。我们将树牢“高质量发展看金水”的标杆意识，保持“抓项目、抓招商、抓产业、抓经济”强劲势头，理念提标、工作提标、作风提标、发展提标，加快构建科技创新“策源地”、千亿产业“集群地”、改革开放“新高地”，不断增强吸引力、竞争力、影响力，打造郑州国家中心城市现代化建设核心引擎。我们将树牢“没有走在前列就是落后”的争先意识，强化“对标一流、干在实处、走在前列”工作导向，保持清醒头脑和归零心态，聚焦经济发展、营商环境、城区建管、生态环保、民生事业等各个领域，探索性发展、创新性发展、引领性发展，使更多指标“排第一”、更多工作“创唯一”。我们将树牢“居安思危不懈怠”的底线意识，坚持人民至上、生命至上，按照稳定大局、统筹协调、分类施策、精准拆弹的方针，主动排查风险点，全面消除隐患点，持续提升本质安全水平，以金水一域之稳定，为全市全省全国大局稳定尽责任、作贡献。

三、对2022年政府工作的建议

2022年是党的二十大召开之年，也是新一届政府的起始之年，做好各项工作意义重大。全区经济社会发展主要预期目标是：地区生产总值增长7.5%，地方一般公共预算收入增长5%，社会消费品零售总额增长10%，全社会固定资产投资增长10%，全社会研发投入强度达到2.6%，居民收入增速与经济增长保持同步；城镇登记失业率控制在4%以内，单位生产总值能耗强度与“十四五”控制目标统筹衔接，力争取得“六项标志性成果”、实现“七个突破性进展”。

围绕上述目标，我们将以“两大一争”为抓手，全面开展“三标”活动，深入推进“十大战略”行动，全力抓好以下八个方面工作。

（一）加速蓄势聚能，奋力夯实经济稳定增长新根基。聚焦国内国际双循环，全面发挥区位发展优势、产业基础优势、内需市场优势，抓项目、攻招商、促消费，培育更强经济增长点。

扭住项目建设“牛鼻子”。树牢项目为王鲜明导向，滚动开展“三个一批”活动，全力推进233个省、市、区重点项目，力争9月底前金科数字经济产业园等123个项目全部开工，年底前新科技市场二期等80个项目建成投用，完成项目投资520亿元以上，切实以今天的高质量投资，形成明天的先进生产力。加大项目储备力度，积极谋划专项债券项目，分类建立“储备、拟开工、在建和竣工”四个项目库，力争储备省市重点项目170个以上。坚持要素跟着项目走，并联审批、容缺办理、“零时限”办结、“一站式”服务，确保项目落地率、项目开工率、投资完成率走在全市前列。

抓牢招商引资“生命线”。聚焦“六新”领域，围绕信息科技、商贸服务、现代金融、高端商务、文化创意、科技服务、新零售、网络信息安全、互联网、人工智能、氢能及相关产业、高端建筑业、健康医疗等重点产业，紧盯税源型企业、总部型企业、科创型企业、引领型企业，深入开展产业链招商、政策招商、以商招商、专家招商、股权招商、资本招商、基金招商，力争新引进优质项目200个以上，签约额突破500亿元。树立“人人都是招商员”理念，产业招商“一张图”、招商政策“一本通”、招商项目“三个库”，形成“商务统筹、部门参与、街道（园区）联合”三位一体招商格局。

建设国际消费“新地标”。突出“老金水、郑州味、国际范”，集中打造大卫城、花园路两大国际化核心商圈，重振重塑紫荆山、文化路北环等老商圈，谋划建设金水北、金科智慧城等新兴商圈，提档升级农科路酒吧一条街、健康路网红夜消费、海滩街历史风情等特色街区，加快落地华润万象天地、“这有山”文旅等大型商业综合体，打造国际消费中心城市引领区。突出智能化、场景化、体验式消费，支持折扣牛等新零售企业示范推广，建设新零售产业基地起步区，举办“2022中国（金水）新消费品牌产业峰会”，引进新消费企业50家以上。突出沿黄文旅资源、老字号品牌价值、老厂区城市记忆，加快推进大象文创园等文创项目，延伸“文博+文创+美食”产业链，推广“非遗+旅游”“博物馆+旅游”“农业+旅游”，打造金水文创体验街区、“金水老字号”美食一条街。

（二）强化科创赋能，奋力激发创新驱动发展新活力。坚持创新第一动力、人才第一资源，完善科技创新体系，打造一流创新生态，推动“五链”共生耦合，增强科技硬实力、经济创新力。

打造创新资源强磁场。以全域创新为引领，加快建设金水创新中心，推动思维创新、观念创新、理念创新，形成人人支持创新、参与创新、投身创新的新局面。深度融入嵩山、黄河、神农种业等省实验室建设，对接中国电子科技集团等一流科研院所，共建研发平台，共享科技资源，共促成果转化，再设立一批研究院、实验室等分支机构。围绕生物医药、区块链等前沿领域，重点引进美兰生物、金丹科技等头部企业，在金水设立研发中心，支持中科新兴产业技术研究院建设国家级重点实验室，金惠计算机、信大壹密等重点企业建设省级新型研发机构，新增省级以上研发平台15家。

打造创新主体新雁阵。实施创新企业树标引领行动、高新技术企业倍增计划和科技型中小企业春笋计划，筹建全省高新技术企业孵化认证中心，完善梯次培育机制，重点培育引进省级创新龙头企业3家，力争新增高新技术企业300家、科技型中小企业400家。用好研发费用加计扣除政策，支持重点企业组建协同创新联合体，承担国家重大科技项目和省、市专项，规上企业研发活动覆盖面突破60%，全社会研发经费投入达到52亿元以上。

打造创新人才首选区。扎实开展青年创新创业行动，深入实施金水人才计划，提升7家大学生创业园功能，优化“拎包入住”“拎包办公”服务，力争引进高层次人才10名、创新创业团队10个，引培大学生1.5万人，打造青年人才创业就业“最温暖城区”。用好“双创基地”国字招牌，借鉴“智慧岛”双创服务模式，完善“众创空间+孵化器+加速器+专业园区”全生命周期孵化体系，办好金水科创大会、金水青创大赛等系列活动，吸引更多英才聚集金水、创业金水、圆梦金水。

（三）突出能级跃升，奋力构筑现代产业发展新高地。坚持把产业高质量发展作为主攻方向，加快推动产业基础高级化、产业链现代化，构建更加完善的“5+5+X”城区经济体系。

以产业集聚提升发展能级。培育壮大新兴产业集群。突出产业数字化、数字产业化，抢抓郑州建设国家新一代人工智能创新发展试验区战略机遇，大力推进北斗导航数据中心河南分中心等53个重点项目，支持发展新一代信息技术、网络信息安全、人工智能、生物医药、新能源等新兴产业，加快形成千亿级数字产业集群，数字经济核心产业占地区生产总值比重达到10%。依托沿黄科创带、郑汴洛濮“氢能走廊”建设，加快推进国家级氢能源产业示范区，积极布局氢能、量子科技、区块链、元宇宙等前沿产业，争创国家未来产业先导区。集中打造先进制造业集群。聚焦都市型工业、智能制造产业，强化“专精特新”企业支撑、数字赋能、配套完善，加快推进郑州数字智造港等5个小微企业园，力争“专精特新”企业突破300家，构筑都市型产业新高地。做大做强传统优势产业集群。大力发展新兴金融、高端商贸、研发设计、法律会计等生产性服务业，持续提升养老、托幼、家政、体育等生活性服务业，积极培育科技服务、商务服务、文化创意等新兴服务业，力争现代服务业增加值突破1400亿元。

以园区经济丰富产业形态。坚持以产业发展为核心，统筹优化园区载体功能，着力打造优势更优、强项更强、特色更特的园区经济。金水科教园区加快科创企业聚集效应，高标准建设金科智慧城、金科智汇谷、沿黄美丽乡村三个板块，推进华中生物科技产业园等22个重点项目，建成产业空间107万平方米，争创国家级网络安全产业示范园区。国家知识产权创意产业试点园区扩大品牌效应，按照“一中心、一大道、一区多园”产业空间布局，以知识产权经济为引领，积极申建国家级生物农业知识产权运营中心，申报实用新型专利快速预审试点，增设商标业务受理窗口，拓展知识产权信托、拍卖、担保等多元化金融服务，努力建设国家知识产权强国建设示范园区。河南科技园区提升产业吸附效应，全力推进科技市场二期开发，促进“智汇城”多元化运营，吸引更多电子信息企业入驻发展，打造中部电子信息产业集聚区。金水自贸区块突出示范带动效应，加快建设总部经济产业园、新兴金融产业园、高新技术产业园和商务服务产业园4个园区，年内投资达到25亿元以上，新签约总部企业20家以上，整体产值突破300亿元。楼宇经济提高高质高效带动效应，实施楼宇经济高质量发展三年行动计划，以楼聚产、以产兴城，培育特色楼宇6幢，提升改造楼宇5幢，打造区级税收超百万元楼宇173幢、全口径税收超亿元楼宇15幢。

以企业培育筑牢产业根基。深入开展“万人助万企”活动，扎实开展“八个深化”专项行动，建立重点企业培育库，助力企业“升规入统、提档升级、创新转型”，力争“四上”企业突破3000家、市场主体总量突破30万户。持续实施“千企万户”专项支持计划，用好“1+N+X”“助企暖心双十条”“抗疫助企26条”等“一揽子”扶持政策，探索“创业贷”“以投代补”新模式，帮助1万家企业，获得担保贷款20亿元，新增上市企业2~3家。组织开展“区长质量奖”等评先推优活动，激励企业提高核心竞争力。

（四）抢抓战略机遇，奋力构建改革开放发展新格局。突出改革系统集成，着力扩大开放优势，为高质量发展提供更优机制、打开更广空间、注入更强动能。

更高水平推动开放发展。以全域自贸发展为引领，深化“一区多园”空间布局，积极申建自贸区拓展区，再挂牌运营2个协同发展区，通过仅0.28平方千米的金水自贸区块，辐射带动全区136.66平方千米开放发展。以高能级总部经济为重点，依托中钢网等龙头企业，引进河南物产集团等总部企业，打造工业互联网产业集群、新兴金融产业集群，汇聚产业链企业50家以上、产值突破200亿元。以提升服务能级为方向，深化“区内注册、区外运营”集群注册模式，用好“自贸十条”和“人才十条”政策，力争注册企业超过3000家。深度对接“一带一路”和RCEP，壮大企业出海服务联盟，拓展海外运营体系，助力河南优势产品出口升级。

更大力度优化营商环境。聚焦提升企业满意度，搭建“金企通”服务平台，开通“13710”服务专线，上线“码上通”服务模块，公布“码上管”二维码，实行“一张单告知、两渠道收集、三专链办理”，实现政策发布、查询、受理、兑现“一口对接、一网通办、免申即享”。聚焦提升企业感受度，建立“面对面”常态化沟通机制，精心组织“上门走访企业日”“企业家恳谈日”活动，全面走访辖区各类企业，做到有诉即接、有诉即应、有诉必办。聚焦提升“金质”营商环境，紧盯“六最”标准，持续优化开办企业等服务流程，全力抓好企业权益保护、市场监管等重点工作，争创全省优化营商环境创新示范城区。

更深层次推进重点改革。持续推进“放管服效”改革，强力推进“清、减、降”专项行动，完善“一次告知、一表申报、一窗受理、一次办好”，流程再造、系统重构、材料互认，500个事项“即来即办”，100个事项“双免办”，100个事项3个工作日办结。突出创建国家级标准化示范项目，在产业园区、重点楼宇、主要商圈，投放24小时服务驿站，提供300项智能便民服务，打造“5G+全景式智慧政务服务”新模式。深化国有企业改革，通过资产整合、资源盘活等方式，支持区平台公司，提升为AA+主体信用评级，不断增强竞争力、创新力、影响力。

（五）聚焦整治提升，奋力开创韧性城区建设新局面。坚持以大概率思维应对小概率事件，认真对照《河南郑州“7·20”特大暴雨灾害调查报告》，把教训变教材、教材变方案、方案变行动，答好题、交好卷，不断提升现代化防灾减灾救灾能力水平。

以最高效率推进排险除患。坚持把老旧危房治理作为首要任务，深入排查房屋隐患，加快实施加固拆除措施，全面保障群众安置过渡，高标准完成危旧住房整治任务。坚持把“城市病”治理作为重要内容，全面普查自然灾害综合风险，雷达探测区管道路桥涵，实时监测工地深基坑，强化地下空间关键设备安全保护，建立全区风险隐患数据库，一险一策、一险一案，限时整改销号，从根本上消除安全隐患。同时，全面落实灾后恢复重建总体规划和总体方案，加快推进灾后恢复重建项目，高质量完成灾后恢复重建各项工作任务。

以最大力度强化防洪设施。围绕提高城区行洪能力，定期检查雨水管道，精准诊断积水成因，综合治理积水点，深入疏挖明沟、雨水井（收水井），确保管网贯通、排水畅通。围绕提高内河行洪能力，加大河长巡河频次，常态化排查河道水利设施隐患，全线规范警示标志，各类隐患动态清零。围绕提高黄河行洪能力，全方位开展根石探测，因地制宜采取工程性措施，系统实施堤防加固，确保安全度汛。

以最实举措完善应急体系。突出抓基层、打基础，深入推进“一办一队一库一平台”和“一站三员”，规范建设应急避难场所，系统开展防灾、减灾、救灾宣传教育，全面达到“六有”标准。突出抓防范、强应对，科学完善防汛应急预案和紧急避险安置预案，强化区—街道—社区（村）应急救援队伍建设，动态储备防汛物资，实战推进应急演练，打造贯通各层级的应急救援网络。突出抓指挥、强调度，围绕“五预”有机衔接，建立定期会商、专题会商机制，高标准改造区应急指挥中心，健全“空天地”应急指挥通信系统，形成覆盖全领域的一体化指挥体系。突出抓整改、促长效，高标高效抓好“7·20”特大暴雨灾害问题整改和以案促改，持续强化防灾减灾救灾的基层基础，全面提升思想认识、组织能力、应急水平，着力建设更加安全的韧性城区。

（六）围绕空间重塑，奋力树立城区环境提升新标杆。坚持“人、城、境、业”融合发展，持之以恒抓业态、塑特色、提功能，努力让金水成为居者乐享、行者牵挂、创业者向往的现代化城区。

全力打造宜居之城。做好“老城新韵”文章。聚焦城市有机更新，突出民生优先、延续文化、用好空间、市场运作，积极争取政策性金融支持，建立城市更新项目库，系统提升杜岭片区、油脂化学厂片区等老街区、老厂区，传承历史文化，融入现代气息，导入复合型业态，重塑街区风貌，让老片区焕发新活力，争创国家级城市更新建设标准化示范城区。妥善推进既有住宅加装电梯，推行区域化物业管理，实现物业服务居民楼院全覆盖。做好“功能提升”文章。加快畅通城区路网“微循环”，实施基础设施“微修复”，积极推进“亮灯”行动，扩大“多杆合一”智慧灯杆覆盖面，新增公共停车泊位6500个，打通“断头路”5条，建成道路18条。做好“大城细管”文章。深入实施“序化、洁化、绿化、亮化”提升行动，完善“五室一庭”行政执法保障机制，推进智慧城管建设，常态化整治施工围挡，保持治违高压态势，不断把管理服务触角，延伸到城区每一个角落，让城区更干净整洁、更规范有序。做好“回迁安置”文章。紧盯安置房建设三年行动目标，积极申报棚改计划，多元筹措资金，加快回迁安置工作，年内回迁群众8000人。坚持政府主导、群众自愿、分类施策，以枣庄等为试点，运用“四议两公开一监督”工作法，统筹推行货币化安置，缩短安置周期，提高安置效率，推动群众安居宜居优居。持续开展问题楼盘攻坚化解，“一楼一策”“一案一策”，专班推进、系统解决，坚决保障群众合法权益。

着力彰显乡村之美。突出“产业兴旺”，聚焦科技文化创新型、慢享康养体验型、非遗引导研学型，优化沿黄村庄产业布局，加快推进黄河青少年教育实践基地等重大项目，马渡梦想科创小镇入驻企业突破50家，构建乡村美丽经济新业态。突出“安全宜居”，深化“治理六乱、开展六清”集中整治，加快建设邻里中心、游客服务中心、社区卫生服务中心、日间照料中心和学校、幼儿园，系统改造道路、雨污水、电力、通信、燃气等基础设施，全力创建全国生态文化村、全国美丽宜居示范村。突出“治理有效”，抓紧抓实“基层十件事”，搭建数字乡村治理平台，健全村务民主决策机制，严格村务财务公开，形成“综治中心+网格化+大数据”的基层治理新格局。

聚力提升生态之质。坚持

$PM_{2.5}$与臭氧“双控双减”，深化面源、移动源和工业源“三源齐控”，推动抑尘、治企、管车、增绿“协同发力”，确保完成市定空气质量改善任务。深入推进“四水同治”“五水综改”，压实“河湖长+警长+检察长”责任，强化河道雨水涵排查，黑臭水体动态为“零”，河流断面水质稳定达标。严格建设用地准入管理，有序调查疑似地块状况，创新危险废物物联网智能监管，土壤环境质量持续向好。扎实推进生态城区建设，新建公园游园4个，提升道路绿廊5条，创建省市园林式小区6个以上，新增绿地25万平方米以上，为市民创造更多“亲绿”空间。全力推进绿色低碳发展，试点屋顶分布式光伏发电，科学布局新能源汽车充电设施，积极推进氢能及相关产业发展，持续增强绿色经济新动能，不断提高经济发展“含绿量”“含金量”。

（七）紧盯美好生活，奋力谱写民生保障改善新篇章。以“一老一小一青壮”为重点，加快实现街道“五个一”公共服务设施高标准全覆盖，着力打造全龄友好包容型城区、共同富裕先行示范区。

强化兜底保障能力。坚持就业优先战略，全面推进“人人持证、技能河南”建设，加强技能培训和政策支持，让更多群众长技能、就好业。加大困境儿童、残疾人等特殊群体救助力度，进一步完善街头露宿人员帮扶机制，鼓励社会力量共同开展帮扶救助，让城区更有温度、生活更加温情、市民更感温暖。坚持实物保障与租赁补贴并举，加快建设青年雅居等10个公租房项目，优化公租房运营，让更多群众“住有所居、住有宜居”。

扩大金水教育优势。高质量推进名校集团化办学，大力支持民办幼儿园普惠性转化，有序规范民办义务教育发展，让孩子们好上学、上好学。深化教育综合改革，推进党组织领导的校长负责制、校长职级制，创新教师“区管校聘”模式，培养更多的“名校、名师、名校长”。持续巩固“双减”成果，探索智慧教育手段，做优“5+2+N”课后服务，促进学生全面发展、健康成长。

提升健康服务水平。深化紧密型医疗联合体建设，标准化升级22家社区卫生服务中心，智慧化完善医疗服务体系，规范化提升家庭医生签约服务，争创国家慢性病综合防控示范区。突出“居家养老协同发展”，大力推进区敬老养老院建设，实施居家适老化改造和智慧化升级，新增家庭养老床位2220个，让老年人享有幸福美满晚年。

繁荣发展文体事业。深入实施文化惠民工程，精心组织“舞台艺术进乡村、进社区”，建成开放海洋生物博物馆，打造非遗项目传承基地，让群众在家门口就能享受到优秀文化滋养。深化全民阅读，持续开展“金图荐书”等活动，打造更高品质的书香金水。持续推进全民健身计划，开展“全民健身月、全民健身日”系列活动，新建一批健身设施，让运动健康成为生活新风尚。

（八）坚持系统治理，奋力打造共建共治共享新体系。牢固树立大安全观，强化系统思维、底线意识，下好先手棋、打好主动仗，推动社会治理由“稳得住”向“管得好”转变。

筑牢疫情防控“防火墙”。坚持“外防输入、内防反弹”总策略和“动态清零”总方针，对照全省2.0版常态化疫情防控工作方案要求，不断健全“一键切换”平急转换机制，牢牢守住长周期不发生规模性疫情反弹的底线。坚持关口内置、防线前移，发挥哨点预警作用，严格“场所码”应用，统筹储备集中隔离场所，构建“15分钟核酸采样圈”，持续提升常态化疫情防控水平。坚持划小单位、群防群控，发挥“三人小组”和网格员作用，综合运用“数字化+网格化+社会化”手段，严防人员密集场所隐匿传播，筑牢疫情防控防线。

打好隐患整治“攻坚战”。持续深化安全生产三年专项整治行动，严格执行“强化安全生产责任落实、坚决防范遏制重特大事故”十五条硬措施，狠抓房屋建筑安全隐患排查整治，强化安全检查闭环管理，不断提升本质安全水平。紧盯高层建筑、“九小”场所等重点领域，常态化开展消防安全检查，全力消除消防安全隐患。扎实推进燃气安全专项整治行动，更新改造老旧燃气管网，筑牢生命安全屏障。突出“互联网＋食品安全”，强化食品药品源头控制，抓好市场流通环节监管，争创国家食品安全示范城区。

创新风险化解“新手段”。坚持稳字当头，持续开展“三零”创建，全力解决农民工欠薪问题，集中化解信访积案，健全风险隐患“周调度、周研判、周例会”制度，努力把不稳定因素化解在基层、消除在萌芽。深入推进社会治安防控体系建设，严厉打击各类违法犯罪行为，建设更高水平的平安金水。围绕社会治理一体化建设，依托“数智金水”城市大脑，工作场景“一屏掌控”、工作指令“一键智达”、工作监督“一览无余”，构建智慧城市运行图，打造数字化协同工作模式，全面提升社会治理网格化、网络化、智能化水平，争创国家智能社会治理综合实验基地。

同时，抓好国防动员、人民防空、双拥共建、民兵预备役、退役军人事务等工作，支持工会、共青团、妇联、残联、工商联、红十字会等群团组织更好发挥作用，推动统计、审计、外事、侨务、粮食、民族宗教、地方史志、机关事务等工作再上新台阶。

四、全面加强政府自身建设

新时代新征程新使命，对政府自身建设提出新的更高要求。我们将以“能力作风建设年”活动为抓手，践行初心使命，忠诚履职尽责，努力建设人民满意的服务型政府。

（一）以赤诚之心，书写使命担当。坚持以政治能力建设为统领，坚决捍卫“两个确立”，切实增强“四个意识”、坚定“四个自信”、做到“两个维护”，不断提高政治判断力、政治领悟力、政治执行力，始终在思想上政治上行动上同以习近平同志为核心的党中央保持高度一致。坚持把党的领导贯彻到政府工作各领域、全过程，时刻对标对表中央和省、市、区委决策部署，确保条条落实、件件落地、事事见效。

（二）以法治之力，护航改革发展。深入贯彻习近平法治思想，常态化开展学法活动，统筹运用法治思维，推动重点领域改革、妥善化解风险，确保政府工作在法治轨道上规范运行。认真执行区人大及其常委会决议决定，自觉接受人大法律监督、工作监督和政协民主监督，主动接受舆论监督和群众监督，加强审计和统计监督，高质量办好人大代表建议和政协委员提案，切实把代表、委员的“金点子”，转化为政府工作的“金钥匙”。

（三）以实干之举，磨砺创业斗志。始终把“抓项目、抓招商、抓产业、抓经济”作为首要任务，开展大学习大培训大练兵大提升，着力提高政策运用能力、项目谋划能力、产业发展能力、改革创新能力，不断创造更多引领性、标志性、突破性成果。大力弘扬“干事干练干净”作风，深化“13710”工作机制，知责于心、担责于身、履责于行，项目化、台账化、清单化推进，闭环式、跟踪式、全程式督导，持续提升政府系统执行力、落实力。

（四）以廉洁之风，涵养清正生态。认真履行全面从严治党政治责任，深入推进政府系统党风廉政建设，严格落实中央八项规定及其实施细则精神，强化重点领域关键岗位监管，严肃整治损害群众利益问题，永葆清正廉洁的政治本色。树牢“过紧日子”思想，大力推进节约型机关建设，强化财政资金监管，严控非急需、非刚性支出，把更多资金用于保民生、补短板。

各位代表，潮平岸阔催人进，风劲扬帆正当时。让我们更加紧密地团结在以习近平同志为核心的党中央周围，在区委的坚强领导下，埋头苦干、勇毅前行，奋力开创“创新智城·品质金水”新局面，谱写国家一流现代化国际化中心城区建设新篇章，以优异的成绩迎接党的二十大胜利召开！

大事记

1月

7日　金水区13家企业入选河南省中小企业公共服务示范平台名单。省工信厅公布2020年度河南省中小企业公共服务示范平台名单，全省共有75家单位入选。其中郑州市28家、金水区13家，占全市的46.4%，占全省的17.3%，占比位居全省、全市第一。

9日　中国共产党郑州市金水区第十一届委员会第十二次全体会议暨区委经济工作会议召开。全会审议通过《中共金水区委关于制定金水区国民经济和社会发展第十四个五年规划和二〇三五年远景目标的建议》，表决通过中国共产党郑州市金水区第十一届委员会第十二次全体会议决议。区委书记张红伟就建议讨论稿向全会作说明，并就2021年经济工作进行安排部署。

11日　区委书记张红伟主持召开听取2021年金水区重大项目及政府投资计划情况的汇报会。会议听取2021年金水区重大项目及政府投资计划情况的汇报。

是日　区委书记张红伟主持召开金水区支路背街综合改造项目设计方案汇报会，会上听取东华大学设计团队及中建八局关于纬三路、纬五路、政七街3条支路背街综合改造设计方案的汇报。区领导魏东、张艳华、杨洁、曹可艳、闵武杰出席会议。

是日　区政协召开全体会议，第一时间集中传达学习区委十一届十二次全会暨区委经济工作会议、区委书记张红伟在区委全会上的讲话精神，安排部署全区政协系统贯彻落实工作。区政协党组书记、主席余遂盈主持会议。

是日　区委书记张红伟在区机关主持召开金水区新冠肺炎疫情防控领导小组会议，深入贯彻落实近期上级关于新冠肺炎疫情防控工作的会议精神，综合辖区各类潜在风险因素，分析研判当前疫情防控面临的新形势、新任务，对金水区疫情防控工作进行再安排、再部署。

12日　金水区举办第五届“创赢未来”大学生创业资助项目选拔赛暨上市挂牌企业颁奖仪式。河南省科技厅副厅长陈志强，河南省委高校工委专职委员何秀敏，郑州市人力资源和社会保障局党组书记、局长李德耀，郑州市教育局副局长葛飞，郑州大学软件学院院长李宗坤，区委书记张红伟，区委副书记、区政府区长魏东等省市区领导，以及各园区负责人，河南牧业经济学院、郑州大学、华北水利水电大学等高校代表，大赛合作创业园区、金融单位有关负责人，中央驻豫新闻媒体、省内各大媒体代表，创业导师代表及创业青年代表近百人参加颁奖仪式。

12—15日　金水区分别在省实验幼儿园、艺术小学宏康校区举行以“凝心聚力　携手共进”为主题的2020年度中小学（幼儿园）教学德育工作汇报交流活动。

13日　区红十字会组织志愿者筹募的2.5吨消毒液、6万只一次性医用外科口罩等防疫物资，由君鹏爱心医疗服务队运往河北石家庄抗疫一线。

是日　省政协副主席、省网络安全产业链链长张震宇一行到郑州金水科教园区调研网络安全产业发展情况。实地走访郑州信大捷安信息技术股份公司和郑州金惠计算机系统工程有限公司。郑州市副市长史占勇，市工信局局长范建勋，市发改委党组成员张幼明，区委书记张红伟，区委副书记、郑州金水科教园区管理委员会主任张艳华，副区长吴怀广，区政协副主席王浩等参加调研。

14日　金水区在区机关一楼东厅收听收看全国疫情防控工作电视电话会议。区领导魏东、张艳华、杨林、卢书选、曹可艳、燕建华、赵高翔、赵德武、张川、王珂出席会议。区直各相关部门、各街道办事处主要负责人参加会议。

是日　区委书记张红伟主持召开金水区美丽乡村建设工作推进会。会议听取全区美丽乡村建设工作情况汇报和关于“黄河农业湿地项目方案及马渡险工设计方案修改意见”“马渡、来童寨、黄岗庙村庄规划设计方案”“来童寨村村庄概念性规划及户型设计方案”“黄岗庙村村庄概念性规划及户型设计方案”“碳减排微藻产业化养殖微藻资源的开发和综合利用项目”等汇报。区领导张艳华、曹可艳，国家发改委国经中心城市发展中心规划处处长陈光辉，市专班领导许志广及相关单位主要负责人参加会议。

15日　金水区与郑州一中教育集团签订教育合作项目。郑州一中教育集团理事会主席、郑州一中校长韩松，区政府领导王珂出席签约仪式。签约仪式共签订2项合作办学协议。

是日　金水区在区机关一楼东厅收听收看全省全市疫情防控工作电视电话会议。区领导魏东、张艳华、杨林、卢书选、曹可艳、赵高翔、赵德武、张川、王珂出席会议。区疫情防控指挥部各部门、区直相关部门、各街道办事处主要负责人参加会议。省、市会议结束后，金水区立即召开专题会议，贯彻落实国家和省、市会议精神，安排部署全区疫情防控工作。会上，副区长张川通报了金水区近期疫情防控重点工作进展情况；区委副书记张艳华提出具体要求；区长魏东作重要讲话。

16日　河南省电子商会2020年理事年会暨优秀企业表彰大会在辖区新科技市场会议厅召开。省电子商会专家潘正运、副区长吴怀广、科技园区管委会主任张双喜出席活动。省电子商会及郑州、南阳、新乡、濮阳等地区代表参加会议。

17日　浙江新想科创副总经理李凯一行到金水科教园区调研并座谈，区委副书记、金水科教园区主任张艳华，区政协副主席王浩及相关负责人参加。

18日　金水区事管局通过复查，蝉联“全国文明单位”荣誉称号。

20日　区人大常委会常务副主任李贻忠带领驻区市、区两级人大代表对金水区2020年国民经济和社会发展计划执行情况与2021年国民经济和社会发展计划（草案）报告及国民经济和社会发展第十四个五年规划和二〇三五年远景目标纲要（草案）进行初步审查。常务副区长杨洁、二级调研员潘杰昌陪同。

21日　金水区召开2021年深化以案促改工作暨廉政谈话会，深入学习习近平总书记重要讲话精神，贯彻落实全省一体推进不敢腐、不能腐、不想腐深化以案促改工作会议和全市深化以案促改暨领导干部廉政谈话会议精神，推进全区以案促改工作制度化、常态化开展。区委书记张红伟出席会议并讲话，区委副书记、区长魏东主持会议。

22日　金水区召开2020年度党建工作责任制述职评议会，区委书记张红伟主持会议并作总结讲话，市委组织部三级调研员、组织员魏诗剑，市委党建办干部范琳培到会指导。区委常委，区委党建工作领导小组成员，区纪委监委领导班子成员，区直各单位党组织负责人，各街道党工委书记、纪工委书记、组织委员、宣传委员，部分“两代表一委员”和基层党员群众代表参加会议。

是日　金水区召开2021年领导干部报告个人有关事项工作专题学习会议。区委书记张红伟主持会议并讲话，有关县处级领导干部及二级调研员参加会议。

23日　金水区在区机关组织收听收看全国全省安全生产电视电话会议和全市安委会全体（扩大）电视电话会议。区政府领导魏东、杨洁、赵高翔、赵德武、竟新宇、张川、闵武杰、何守华、王珂、许忠、江涛出席会议。区安委会成员单位、各街道办事处主要负责人参加会议。会议传达学习了习近平总书记关于安全生产重要指示精神和李克强总理批示精神，总结分析了2020年安全生产工作，研究部署了2021年安全生产重点工作和春节、两会期间安全防范工作。

26日　区委书记张红伟主持召开沿黄生态廊道金水段详细规划设计方案汇报会暨项目建设推进会，区领导魏东、张艳华、杨洁、竟新宇、张川等参加会议。会议听取沿黄生态廊道金水段详细规划设计方案的详细解读和汇报，与会领导对该项目方案设计存在问题分别点评。

是日　区委书记张红伟主持召开沿黄生态廊道金水段项目建设情况汇报会，区领导魏东、张艳华、杨洁、曹可艳、竟新宇、张川出席会议，相关单位主要负责人参加会议。

是日　区委书记张红伟主持召开张砦、大孟砦项目进展情况汇报会，区领导魏东、卢书选、杨洁、曹可艳、赵德武、竟新宇、张川出席会议，相关单位主要负责人参加会议。

27日　区委书记张红伟主持召开花园路城市道路综合改造设计方案汇报会，区领导曹可艳、闵武杰出席会议，相关单位和设计单位主要负责人参加会议。

28日　辖区内30余家企业共获得省市研发费用专项资金补助726万元。其中，众诚科技、慕华教育科技、飙风科技等20家入孵企业获得省级研发费用补助专项资金163万元；11家入孵企业获得市级研发费用补助专项资金563万元。

是日　阿里巴巴集团战略发展部大区总经理张斌、总监张刘林及旗下阿里云、支付宝、盒马、钉钉等业务板块的河南区域负责人一行到访郑州金水科教园区并开展座谈。区委副书记、金水科教园区管委会主任张艳华，区政协副主席王浩及相关单位主要负责人参加会议。

是日　副市长吴福民到金水区调研安全生产工作。

29日　金水区被评为2020年度河南省法治县（市、区）创建活动先进单位，为全市唯一上榜单位。

是日　郑州市总工会副主席宋少丹到金水区疫情防控一线开展送温暖慰问活动。区政协党组成员、区总工会主席李劲松参加慰问。

2月

1日　科技部发布《关于公布2020年度国家级科技企业孵化器的通知》，金水区启迪之星（郑州）孵化器入选。全区共有国家级科技企业孵化载体19家。

2—3日　中国人民政治协商会议郑州市金水区第九届委员会第五次会议在省人民会堂召开。会议表决通过了政协郑州市金水区第九届委员会第五次会议关于常务委员会工作报告的决议、政协郑州市金水区第九届委员会提案委员会关于政协九届五次会议提案审查情况的报告、政协郑州市金水区第九届委员会第五次会议政治决议。

3日　金水区415家企业获得河南省2020年度企业研发费用补助专项资金3652万元。

是日　由区人社局主办，丹尼斯集团和郑州市博颂职业技能培训学校承办的金水区“稳岗留工送培训”职业技能电子商务（线上营销）培训班开班。

3—5日　郑州市金水区第十

三届人民代表大会第六次会议在省人民会堂召开。大会表决通过了2020年度民生实事项目实施情况满意度测评办法、2021年度民生实事项目区人大代表票决办法。会议以票决的方式，对2020年度10件民生实事项目实施情况进行了满意度测评，测评结果均为满意或基本满意。会议票决出区人民政府2021年度民生实事项目。1.深化老旧小区综合改造。2.增加优质教育资源供给。3.推进党群服务中心建设。4.持续稳定扩大就业。5.增加园林绿化休闲场地。6.持续缓解群众停车难题。7.持续完善城市道路基础设施。8.增加社区养老服务设施。9.推动搬迁群众回迁安居。10.持续加强卫生基础建设。会议以举手表决的方式，依次通过了金水区人民政府工作报告的决议、金水区国民经济和社会发展第十四个五年规划和二〇三五年远景目标纲要的决议、金水区2020年国民经济和社会发展计划执行情况与2021年国民经济和社会发展计划的决议、金水区2020年财政预算执行情况和2021年财政预算的决议、金水区人大常委会工作报告的决议、金水区人民法院工作报告的决议、金水区人民检察院工作报告的决议。

5日　河南省市场监管召开2020年度全省市场监管系统先进集体表彰大会，授予金水区市场监督管理局河南省市场监管系统先进单位荣誉称号。

8日　金水区在区机关召开区政府第二次全体（扩大）会议。区政府副县级以上领导出席会议。区政府各工作部门、直属事业单位、垂直单位主要负责人参加会议。会上，区委常委、区政府常务副区长杨洁，区政府副区长赵高翔、赵德武、竟新宇、张川、闵武杰、吴怀广分别就分管领域重点工作进行安排部署；区长魏东作重要讲话。

9日　区四大班子领导分别看望慰问辖区困难党员、困难群众、优抚对象、离退休老干部和春节期间坚守岗位的工作人员，为他们送去党和政府的关怀和温暖，并致以节日的问候和新春祝福。

18日　区委书记张红伟主持召开“数字金水”建设工作领导小组第一次会议，区领导魏东、杨洁、曹可艳、吴怀广及相关单位主要负责人参加会议。会议传达省委常委、市委书记徐立毅在“数字郑州”建设工作领导小组会议上的讲话精神，听取关于成立金水区“数字金水”建设工作领导小组、金水区“数字金水”建设工作领导小组方案起草及工作推进情况的汇报。

19日　金水区召开全区信访突出问题攻坚化解活动专题会。区委书记张红伟出席并讲话。区领导张艳华、杨洁、曹可艳、赵德武、竟新宇、张川及区6个专项工作组牵头部门、区纪委监委、各街道主要负责人及区攻坚办主要负责人参加会议。会议由区委副书记、金水科教园区管委会主任张艳华主持。

20日　市政府副市长高永到金水区调研沿黄生态廊道建设工作。区长魏东、副区长竟新宇陪同。

是日　副市长李喜安到金水区调研指导美丽乡村精品村建设工作。市区领导冯卫平、樊惠林、张红伟、曹可艳、张川参加调研。李喜安实地察看了黄岗庙村违建拆除、来童寨村示范区以及马渡村精品村建设情况。

是日　金水区召开2021年度武装工作会议，深入学习贯彻习近平强军思想，传达河南省军区、郑州警备区党委扩大会议精神，总结2020年工作，部署2021年任务。郑州警备区司令员徐军，区委书记、人武部党委第一书记张红伟出席会议并讲话。会议由区委常委、区人武部政委高国全主持。

21日　区委书记张红伟主持召开金水区“一环十横十纵”城市主干道三期改造项目设计方案汇报会。会议听取了同济大学设计团队关于中州大道和金水路2条道路综合改造项目设计方案的汇报，相关街道就设计方案涉及的相关工作分别提出了合理化建议。

22日　区委书记张红伟主持召开郑州国际金贸港建设工作专题推进会。区领导魏东、杨洁、曹可艳、王珂及相关单位主要负责人参加会议。

28日　金水区召开黄河民兵连成立大会，区委常委、区人武部政委高国全出席大会。会议宣读了民兵干部任职命令，开展了民兵集体宣誓，随后民兵代表进行发言，老民兵讲授民兵传承故事。

3月

2日　沈阳市高新区管委会主任、浑南区区长闫占峰，副区长王铁兵一行到金水区考察学习城市管理工作。区长魏东、区政府副区长闵武杰陪同考察。

3日　团区委开展“学党史国史　话青春担当”文明实践主题日活动。共有来自郑州地铁站务中心4号线的30余名团员青年参加活动。

3—5日　沈阳市沈河区区长林宇航、和平区区长马原、沈北区区长吴军分别带领各区相关部门负责人到金水区考察学习。区政府领导魏东、闵武杰、吴怀广陪同。

5日　团区委联合区政务服务中心、区红十字会组织20余名青年志愿者在区政务服务中心开展“传承雷锋精神　献暖暖爱心”志愿服务活动。

6日　金水区召开全区优化营商环境工作推进会，学习贯彻习近平总书记和党中央国务院的重大要求，全面落实省委、省政府和市委、市政府关于优化营商环境的工作部署，树立大抓营商环境的鲜明导向，将其放到全局工作的突出位置，贯穿到建设高品质现代化城区的全过程，为顺利实现“十四五”规划和“两率先一争当”总体目标提供坚实保障。区委书记张红伟出席会议并讲话。区委副书记、区长魏东对全区优化营商环境工作做总结和安排部署。

是日　金水区召开党史学习教育动员大会。学习贯彻习近平总书记在党史学习教育动员大会上的重要讲话精神和党中央《关于在全党开展党史学习教育的通知》要求，落实全省、全市党史学习教育动员大会精神，安排部署全区党史学习教育工作，动员全区上下在学习党史中砥砺初心、践行使命，以担当实干和优异成绩迎接中国共产党成立100周年。区委书记张红伟出席并讲话，区委副书记、区长魏东主持会议。

是日　金水区召开政法队伍教育整顿动员部署会议。认真贯彻习近平总书记关于加强政法队伍建设的重要指示和训词精神，落实全国、全省、全市政法队伍教育整顿动员部署会议精神，对全区政法队伍教育整顿进行动员部署。区委书记、区政法队伍教育整顿领导小组张红伟出席会议并讲话。

8日　由区文化旅游体育局、郑州大象陶瓷博物馆联合举办的“太平有象——汉唐乐舞展”开幕。展览持续至2021年8月31日，共展出汉至唐各个时期的乐舞陶器100余件（套）。

9日　金水区组织开展城市道路综合改造观摩讲评活动。全区副县级以上领导干部、各街道党政正职以及有关区直单位主要负责人参加观摩。

10日　市委常委、市委秘书长牛卫国到金水区接访。市委办公厅副主任陈凯，市信访局三级调研员时代，区委书记张红伟，区委常委、区委办主任曹可艳，副区长赵高翔参加接访。

12日　金水区2021年“春风行动”大型招聘会在瀚海北金广场举行。招聘会吸引求职者4000余人，发放政策宣传材料2000余份，现场达成用工意向1000余人。同时，现场还提供了求职登记、职业介绍、就业培训、劳动维权等政策咨询服务。

是日　2020年度河南省科学技术奖获奖名单正式公布，金水区共获得省科学技术奖66项（人），占全市的38.2%。其中，1人获省科学技术杰出贡献奖，1人获省科学技术合作奖，64项科技成果分获省自然科学、技术发明和科技进步奖（一等奖6项、二等奖35项、三等奖23项）。

是日　金水区开展2021年春季义务植树活动。

14日　区民政局采取加班办理、延长办公时间、增加窗口、帮办引导等措施，应对结婚登记高峰。当天共办理结婚登记197对，登记数量为全市最多。

15日　由省工信厅、省计算机协会、河南科技园区、区市场监管局、区税务局联合举办的“2020年度河南省计算机行业诚信企业颁奖典礼”在辖区科技园区智汇城一楼大厅举办。副区长吴怀广、科技园区管委会主任张双喜、创意园区副主任崔文修等出席活动。园区50家电子信息诚信企业代表参加活动并接受表彰。

16日　金水区2020—2021学年第二学期体卫艺工作会在艺术小学宏康校区召开。辖区中小学、公办幼儿园负责人、学科教研员及教师共400余人参加会议。

是日　金水区宣传思想工作会议召开。会议以习近平新时代中国特色社会主义思想为指导，深入贯彻落实中共十九大和十九届二中、三中、四中、五中全会精神和习近平总书记关于宣传思想工作的重要论述，贯彻落实全国、全省、全市宣传部部长会议和区委十一届十二次全会精神，总结工作、分析形势，安排部署2021年全区宣传思想文化工作。区委常委、宣传部部长杨林出席会议并讲话。

是日　副省长霍金花调研金水区义务教育优质均衡发展、减轻中小学教师负担和学生课业负担情况。

是日　金水市场发展中心联合区市场监管局、农委、文明办、爱卫办、相关街道办事处等部门对金水区农贸市场提升改造情况进行了评审验收。文化路农贸市场、红星农贸市场、寺坡农贸市场、多之彩农贸市场4家市场通过标准化农贸市场评审。

17日　市政府副市长陈宏伟到金水区调研金水路综合改造提升工作。区长魏东、副区长闵武杰陪同调研。

是日　金水区2021年春季科级干部主体班开班典礼在区委党校举行。区长魏东出席开班典礼并讲话。

是日　金水区人大常委会机关党史学习教育动员大会在区机关召开。会议深入学习贯彻习近平总书记在党史学习教育动员大会上的重要讲话精神，以及张红伟书记在全区党史学习教育动员大会上的讲话精神，动员区人大常委会机关全体党员干部高标准、高质量开展党史学习教育，为推动新时代基层人大工作创新发展、助力金水区建设高品质现代化城区凝聚强大合力。区人大常委会党组书记、主任薛燕出席会议并讲话，区人大常委会常务副主任李贻忠主持会议。

是日　管城区区长张艳敏一行到金水科教园区考察交流。区领导魏东、张艳华、王浩、唐成山陪同。

是日　区委书记张红伟主持召开支路背街综合改造EPC项目设计方案汇报会。区委常委、常务副区长杨洁，副区长闵武杰及相关单位和街道主要负责人参加会议。

是日　金水区统战工作会议召开。会议下发2021年度《全区统战工作要点》，传达了全国统战部长会议、全省、全市统战工作会议精神，听取全区民族宗教工作报告。区委常委、统战部部长付建峰出席会议并讲话。

18日　金水区组织收听收看全省深入实施百城建设提质工程推动城市高质量发展三年行动暨文明城市创建工作动员视频会。区长魏东，区委常委、宣传部部长杨林，副区长竟新宇出席会议。区直各有关部门、各街道办事处主要负责人参加会议。

是日　金水区召开农村“三变改革五大合作”试点工作动员会。邀请全国“三农”问题专家、江苏省政府研究室顾问卢水生教授进行专题授课。区委书记张红伟出席并讲话，区委副书记、金水科教园区管委主任张艳华主持会议。

19日　陈砦村文化路东区域部分村民房屋实施爆破拆除。爆破工作采用延时起爆网络铺设实现逐栋定向倾倒，有效降低爆破振动并精确控制楼体的塌落顺序和倒塌范围。爆破共涉及12栋房屋，面积约4万平方米。

是日　区委书记张红伟主持召开金水区招商引资重点项目工作推进第一次例会。区领导张艳华、杨洁、赵高翔、吴怀广及相关区直单位主要负责人参加会议。

23日　全国政协副主席张庆黎调研金水区贯彻落实中央政协工作会议精神情况。省政协主席刘伟，省委常委、市委书记徐立毅，省政协副主席周春艳，市政协主席张延明，区委书记张红伟，区委副书记、区长魏东，区委副书记、金水科教园区管委会主任张艳华，区政协主席余遂盈等领导陪同调研。

24日　由金水区承办的2021世界数字产业博览会开幕。博览会以“数链世界　出彩河南”为主题，涵盖数字城市、物联网、云计算、大数据、区块链、人工智能、5G、量子技术、软件、电子信息、数字技术等多个领域。区委书记张红伟出席并致辞。博览会共吸引20多个省份的500多家企业参展，展位规模达30000平方米，华为、百度大脑、中国联通等500多家优秀数字企业在博览会上展示新技术、新产品、新成果。开幕式上，河南省数字产业创新中心正式揭牌。

是日　区长魏东主持召开国家卫生城市复审推进工作会。副区长张川、闵武杰出席会议。区政府各相关部门和街道办事处主要负责人参加会议。

25日　区委书记、区政法队伍教育整顿领导小组组长张红伟以《听党指挥　忠诚履职　为建设高品质现代化城区　实现“两率先一争当”保驾护航》为题为全区政法干警讲授专题党课。

是日　沈阳市沈北新区区委书记、沈阳辉山经济技术开发区党工委书记闻然带领考察团到金水区学习考察城市管理工作。区委书记张红伟，区委常委、常务副区长杨洁，区政协副主席王浩陪同考察。

是日　区科技局被评为河南省2020年度技术市场先进技术合同登记处。

是日　全国政协常委、社会和法制委员会驻会副主任吕忠梅一行到金水区调研社会救助工作。调研组实地参观调研凤凰台街道社会工作服务站，并就《中华人民共和国社会救助法》专题开展座谈。

26日　区委书记张红伟主持召开“数字金水”建设工作领导小组第二次会议，区领导魏东、杨洁、赵高翔、吴怀广及相关单位主要负责人参加会议。

是日　金水区召开政法队伍教育整顿征求意见座谈会。区委常委、政法委书记、区政法队伍教育整顿办主任李力出席会议并讲话。会议邀请辖区人大代表、政协委员、企业家代表、律师代表、人民陪审员代表、特邀监督员代表、案件当事人代表、公司代表、普通群众代表共19人参与座谈。区检察院、区法院、区司法局、金水公安分局有关负责人参加会议。

是日　由金水区党史学习教育领导小组办公室、金水区委宣传部主办的“百人百天讲党史”活动在辖区范围内全面开展。

27日　金水区组织召开区委中心组第一次党史学习教育专题集中（扩大）学习。中共河南省委党校哲学教研部主任田宪臣以《学习百年党史　汲取奋进力量》为题深刻阐述了学习党史的重要意义。会议由区委书记张红伟主持并讲话。

29日　中国共产党郑州市金水区第十一届纪律检查委员会第六次全体会议召开。区委书记张红伟出席会议并作重要讲话。

是日　区委书记张红伟主持会见美团交通出行政府事务部副总裁叶鹏飞一行。

是日　区委书记张红伟主持召开全区小微企业园规划建设工作推进会，深入学习贯彻习近平总书记系列重要讲话精神，完整、准确、全面贯彻新发展理念，传达学习全市小微企业园规划建设推进会会议精神，深化认识、理清思路、完善举措，全力推进小微企业园建设。

是日　金水区政协召开党史学习教育动员大会。区政协主席余遂盈出席会议并讲话，区政协副主席张华主持会议。

30日　金水科普大学以丰乐分校为试点，开展“丝竹笛韵”科普葫芦丝公益课堂，受众人群150余人次。

31日　中国人民解放军河南省军区党委书记、政委徐元鸿到金水区调研民兵连建设。

4月

1日　省商务厅公布第五批河南省品牌消费集聚区名单，金水区正弘城名列其中。

是日　金水区召开2020年度目标总结表彰暨2021年重点工作推进会。区委书记张红伟出席会议并讲话，区委副书记、区长魏东主持会议。会上，区委常委、常务副区长杨洁宣读有关表彰决定，受表彰的先进单位代表和先进个人代表上台领奖，兴达路街道、丰庆路街道、区发改委、区城管局、区保障办、区住建局表态发言。大会以视频会议形式召开。

是日　教育部学校规划建设发展中心未来学校研究院副院长张翔一行到金水区督导中小学建设工作。区政府领导王珂陪同。

2日　由河南省文化和旅游厅主办的“2020年‘寻找村宝’颁奖典礼暨2020年河南省文化志愿服务乡村行‘寻找村宝’交流展示活动”举行。金水区“寻找村宝”工作获多项殊荣，其中，区文化旅游体育局荣获最佳组织奖；区文化馆选送的合唱曲目《我美丽的白庙村》荣获10大“最响亮村歌”称号及10佳“网红人气奖”。

是日　中国少年先锋队郑州市金水区经八路街道第一次代表大会在经八路街道党群服务中心顺利举行。团市委四级调研员王鑫、团区委主要负责人、区教育局及团区委相关负责人出席会议，经八路街道相关负责人及6个学校代表团、各街道团委列席人员参加会议。

是日　当天为第十四届“世界孤独症日”，由区残联主办的“护童行动之‘无条件的爱你’暨2021年世界孤独症日系列公益活动”在郑州知了康复医院进行。活动除包括孤独症儿童文艺演出外，还特别邀请河南省儿童青少年心理健康协会会长霍继红为孤独症家长排解日常生活和康复训练中所遇到的困惑、心理困境等问题。

4日　区长魏东在区机关主持召开国家卫生城市复审工作推进会。副区长闵武杰出席会议。区政府办、爱卫办、市场监管局、城管局、执法大队、卫健委、住建局、农委、文化旅游局、市场发展中心、保障办和各街道办事处主要负责人参加会议。

6日　省工信厅公布2021年河南省新型信息消费示范项目遴选结果，辖区信大捷安的智能交通证书认证系统（ITS-CA）、山谷网安的面向新型信息消费的电子社保卡应用服务平台、智云数据的基于红外热成像技术的AI人体温度智能监测系统和安冉云的新网络信息运营服务管家平台4个项目榜上有名。

是日　区政协主席余遂盈到文化路街道督导调研国家卫生城市复审准备工作。

6—7日　区司法局组织各司法所集中举行“一村（居）一法律顾问”签约仪式。全区211个村（居）与112名律师和法律服务工作者签订法律顾问协议，1名法律顾问最多对接服务3个村（居），实现了村（居）配备法律顾问全覆盖。

7日　金水区举办微电影《我和我的社区》观影仪式。该电影是由金水区委宣传部、金水区文明办联合河南广播电视台都市频道，历经5个月的时间策划、拍摄、制作而成。

是日　金水区委理论学习中心组举行党史学习教育专题集中学习研讨会，区委中心组成员围绕学习党史和学习贯彻习近平总书记在党史学习教育动员大会上的重要讲话精神进行了研讨交流，结合各自工作实际分享学习心得体会。区委书记张红伟主持并讲话。区委中心组成员、各街道办事处党（工）委书记、优秀党员代表等参加会议。

是日　金水区收听收看郑州市迎接中央第五生态环境保护督察组督查动员视频会。区领导张红伟、魏东、张艳华、杨林、付建峰、杨洁、李力、陈勇、赵德武、竟新宇、张川、吴怀广、潘杰昌及相关单位主要负责人参加会议。

8日　区委书记张红伟听取科技馆二、三层装修设计方案汇报。区领导魏东、杨洁、赵高翔、吴怀广及相关单位主要负责人、设计公司相关人员参加会议。张红伟对科技馆二、三层装修设计方案给予肯定，他要求，各部门加强协调，完成相关手续办理，加快推进科技馆二、三层体验场馆建设，争取早日运营。

是日　共青团金水区九届三次全委扩大会议在区机关三楼多功能厅顺利召开。区委常委、组织部部长陈勇出席会议并讲话。

9日　金水区委理论学习中心组全体成员赴登封任长霞同志先进事迹陈列展参观学习，并观看专题片《永恒的彩霞》。

10日　区委书记张红伟主持

召开金水区支路背街综合改造（EPC）项目设计方案汇报会。区委副书记、金水科教园区管委会主任张艳华，区委常委、常务副区长杨洁，副区长闵武杰及相关单位主要负责人参加会议。

是日　区委书记张红伟听取河南科技园区产业发展规划汇报。区委常委、常务副区长杨洁，副区长吴怀广，科技园区管委会主任张双喜参加会议。

12日　金水区召开迎接国家卫生城市复审工作推进会，传达学习全市国家卫生城市复审工作领导小组第十次会议精神，总结通报前段时间全区复审工作开展情况，安排部署下步重点工作，并以此为契机，进一步查找问题、补齐短板，进一步提高标准、强化整治，全力以赴打好复审工作攻坚战，确保金水区顺利通过国家卫生城市复审。区委书记张红伟出席会议并讲话，区委副书记、金水科教园区管委会主任张艳华主持会议。

13日　金水区纬五路第二小学入选省级首批“小小科学家科技创新操作室”建设单位。

是日　区轨道交通项目指挥部召开协调会，解决轨道交通8号线东风路站征迁红线涉及纳帕酒庄建筑问题。该建筑物的拆除标志着轨道交通8号线东风路站征迁红线涉及建筑物征迁任务全部完成，征迁工作大头落地。

是日　金水区召开村（社区）党组织书记第一季度“亮赛比”工作交流会。区委书记张红伟出席会议并讲话，市委组织部驻村办主任张明辉到会指导，区委常委、宣传部部长杨林，区委常委、组织部部长陈勇出席会议。

是日　苏豫社会工作“牵手计划”框架协议签约仪式在金水区举行。省、市、区领导尚英照、童金玺、吴艳君、冯明杰、司红军、张川出席签约仪式。

15日　市科技局公示郑州市拟提名2021年度河南省科学技术奖项目名单，金水区7家企事业单位共7个项目获得省科学技术奖提名。其中，1项获省技术发明奖一等奖提名，6项获省科技进步奖二、三等奖提名。

是日　2020—2021年度郑州市“市长杯”青少年校园足球联赛第二阶段小学超级组比赛结束。金水区学校在比赛中名列前茅。金水区金桥学校获得小学女子组冠军，农业路小学和丰庆路小学包揽小学男子甲组比赛冠亚军，农科路小学夺得小学男子乙组亚军。

是日　区政协主席余遂盈到文化路街道督导国家卫生城市复审工作。余遂盈一行实地察看了俭学街社区楼院卫生整治、轨道交通8号线河南农业大学站工地及周边交通秩序情况，并了解街道近期工作开展情况。

是日　区委全面深化改革委员会第七次会议召开，深入学习近期中央、省委、市委全面深化改革相关会议精神，研究金水区贯彻落实意见及相关改革事项，安排部署2021年改革工作。

16日　由区科技局、UFO·WORK联合举办的“金水创客领袖200”加速培育计划第五期开营。

是日　省信访局副局长姜晓萍带领省信访局相关处室负责人，在市信访局副局长金爱江的陪同下，到金水区就省信访局党员干部分包化解的12起信访案件进行实地督导。区委书记张红伟，区委常委、区委政法委书记李力和信访案件的区级包案领导及相关单位主要负责人参加督导。

是日　上海社科院课题专家组一行到金水区走访调研信息科技类龙头企业并召开座谈会。区发改委相关负责人陪同。

17日　河南科技园区联合市人社局、区人社局、区人才办等多部门在东风路街道办事处智汇城一楼举办“2021年春季大型应往届毕业生人才招聘会”。招聘吸引了河南信合海电子科技、郑州天威电子科技、河南聚星源电子科技等65家用工单位，涉及科技、计算机、电子、通信等多个行业，提供各类岗位7900余个。

是日　由河南省击剑协会主办的2021年河南省击剑俱乐部联赛在驻马店市举办。金水区黄河路第一小学、第二实验小学、艺术小学宏康校区分别组队参赛。金水区少年在U10、U12各组别中斩获28项荣誉，其中金牌5枚、银牌8枚、铜牌6枚。

18日 金水区召开高品质城市建设管理暨迎接国家卫生城市复审推进工作会。区委书记张红伟出席会议并讲话，区委副书记、区长魏东主持会议。

19日 金水区在希望杯暨金硕杯课堂教学展评中新增加“学生管理”类学科展评。

是日 辖区河南省鼎信信息安全等级测评有限公司、山谷网安科技股份有限公司2家企业入选河南省工业控制系统信息安全技术支撑单位（第二批）。

20日 金水区召开2021年第一季度区直部门工作交流会。区委书记张红伟出席并讲话。区委副书记、区长魏东总结全区第一季度工作，安排部署第二季度工作。

21日 市科技局、财政局联合下达郑州市2020年度基础研究及应用基础研究专项资金，辖区19家单位获得补助共计2394.4万元，占全市下达资金总量的45.3%，获得资助单位占全市总量的50%，在全市所有县市区中排名第一。

是日 郑州市知识产权宣传周启动仪式在郑州市金水区国家知识产权创意产业试点园区举行。活动中，国家知识产权创意产业试点园区与河南博物院签订战略合作协议，中国郑州（创意产业）知识产权快速维权中心工作站、河南博物院文创基地同时揭牌；由国家知识产权创意产业试点园区、河南电影电视制作集团有限公司、郑州郑大眉湖创业投资管理有限公司三方共建的“中原文化数字资产产业园项目”签约。现场还举行了2020年度国家知识产权优势企业代表颁奖仪式。

是日 金水科教园区“金科大讲堂”开讲仪式在金科智汇谷举行。区委副书记、金水科教园区管委会主任张艳华主持会议，园区管委会领导班子成员，园区各部门及平台公司、杨金路街道、兴达路街道干部职工，园区骨干企业、占地类产业项目相关负责人200余人参加活动。

22日 金水区在区政府一楼东厅开展媒体看金水“双改”采风活动启动仪式。区委常委、宣传部部长杨林主持仪式，副区长闵武杰代表区委、区政府致辞，河南广播电视台做媒体代表发言，区领导为媒体代表颁发义务监督员聘书，区委副书记、金水科教园区管委会主任张艳华为活动授旗，并宣布活动正式启动。

是日 市纪委信访室主任吴晓梦一行3人到金水区督导信访突出问题化解攻坚工作。区委常委、政法委书记李力，副区长赵德武陪同督导。区攻坚化解七大专班牵头单位、区纪委督导组和区信访局主要负责人参加督导。会议由副区长赵德武主持。

是日 区政协党组成员、区总工会主席李劲松带队深入到区重点建设项目场地，现场走访慰问劳动模范和一线职工，送去党和政府及工会组织的关心与温暖，向全区辛勤工作的劳动者致以节日的问候。

23日 金水区教育系统安全工作会议在郑州市第二十三中学召开。区政府领导王珂出席会议。区教育局主要负责人，辖区中小学、幼儿园负责人和分管安全工作负责人共同参加会议。会议通报了前一阶段春季校园安全大检查情况，详细部署了下一阶段安全工作任务，重点要求做好校园食品卫生安全和生命安全教育工作，从源头上把好食材关、加强食堂环境卫生监管，教育学生尊重生命、珍惜生命、敬畏生命。

是日 郑州市各级人大代表“连心桥”主题活动推进会议在金水区召开，市人大常委会主任胡荃出席会议并讲话，市人大常委会副主任王福松主持会议，区委书记张红伟致辞，区人大常委会党组书记、主任薛燕作主题发言。市人大常委会秘书长周亚民，市人大常委会副秘书长、办公厅主任潘冰出席会议，区人大常委会领导李贻忠、许贵舟、燕建华、杜艳洁、张涛、杨旗及机关全体人员参加会议。

是日 金水区召开迎接国家卫生城市复审工作推进会。会议贯彻落实郑州市国家卫生城市复审工作推进会会议精神，动员全区上下迅速进入攻坚状态，以必胜的决心和勇气，集中力量解决难点、乱点问题，集中时间补短板、强弱项，集中精力全域排查、全面整治，确保高质量、一次性通过国家卫生城市复审。区委书记张红伟出席会议并讲话，区委副书记、金水科教园区管委会主任张艳华主持会议。

24日　金水区第十三届全民读书节启动仪式暨“诗韵黄河”系列活动颁奖典礼在区图书馆多功能厅举办。区政府领导王珂出席活动。仪式上，四月天小学、中方园小学、文化馆朗诵艺术团的志愿者及获奖选手代表进行了朗诵、课本剧等表演，并为荣获“诗韵黄河”系列活动优秀组织奖的团体、在朗诵大赛和手抄报大赛中获奖的184名选手颁发证书。

24—25日　由国家体育总局体操运动管理中心主办、河南省啦啦操委员会协办的2021年中国（郑州）少儿啦啦操精英赛暨2021年中国（郑州）啦啦操挑战赛在郑州市芝麻街公园汉森足球俱乐部举办。金水区作为全国啦啦操示范区，共派出24支队伍、700余名学生参加比赛，最终获得36个冠军、14个亚军、1个季军。

26日　由河南省航空学会主办，郑州航空工业管理学院、金水区第二实验小学承办的“河南省航空特色学校”授牌仪式暨“航空科普进校园”活动在区第二实验小学顺利举行，同时进行了首场科普课堂。河南省国防科工局原巡视员、河南省航空学会名誉会长李钢，河南省航空学会无人机专业委员会名誉会长赵敏，河南省航空学会秘书长何晓聪，郑州航空工业管理学院科研处处长刘兆瑜，民航学院院长李广春，区教育局相关负责人及来自20多个省份的中国航空学会代表参加活动。

是日　金水区在区机关一楼东厅收听收看国务院第四次廉政工作电视电话会议。区政府领导魏东、杨洁、赵德武、竟新宇、张川、闵武杰、吴怀广、潘杰昌、何守华、许忠、杨玉坤出席会议。

是日　区长魏东在区机关召开全区安全生产暨消防工作会议。会上，副区长赵德武总结分析了金水区2020年以来全区安全生产和消防工作情况，安排部署下一阶段工作重点；各街道办事处代表向大会递交2021年度安全生产目标责任书和消防工作目标责任保证书；凤凰台、南阳路街道办事处和区保障办主要负责人分别作表态发言；区长魏东作重要讲话。

27日　郑州飞菱物联科技有限公司作为智能制造领域龙头企业武汉智菱物联科技有限公司在河南设立的全资控股公司落户河南省信息安全产业示范基地。区委副书记、金水科教园区管委会主任张艳华，副区长赵高翔、区政协副主席王浩，武汉智菱物联科技有限公司董事长黄辉出席落地仪式及智能感知新产品发布会。

是日　由省委宣传部、省文化和旅游厅、郑州市人民政府、中国合唱协会主办的2021中国郑州黄河合唱周在郑州四中黄河艺术中心成功举办。金水区女子教师合唱团、纬五路第一小学金莺合唱团、文化路第一小学乐之灵合唱团与来自全国各地的合唱爱好者相聚黄河之畔，共唱新时代黄河文化的壮丽乐章，为中国共产党成立100周年献礼。金水区3支参赛队伍分获项目组一等奖。

是日　由中共郑州市金水区委宣传部、河南文化影视集团奥斯卡硅谷影城在金水区硅谷广场奥斯卡影城共同举办的金水区党史学习教育红色电影展映厅揭牌仪式暨主题党日活动举行。现场百余名共产党员重温入党誓词，用铮铮誓言彰显永恒初心。仪式结束后，参会人员共同观看庆祝中国共产党成立100周年优秀展映影片《金刚川》。

是日　中国少年先锋队郑州市金水区第四次代表大会胜利召开。市、区领导王鑫、杨洁、陈勇、李贻忠、徐建军出席会议。会议听取并审议通过了《中国少年先锋队郑州市金水区第三届工作委员会工作报告》。选举产生了中国少年先锋队郑州市金水区第四届工作委员会委员。闭幕后，金水区立即召开了中国少年先锋队郑州市金水区第四届工作委员会第一次全体会议，选举产生了新一届工作委员会主任、常委副主任、副主任。

28日　市统计局副局长张庆华一行到金水区调研统计工作。区长魏东，区委常委、常务副区长杨洁陪同调研。调研组一行先后走访了郑州蔚然汽车销售有限公司、郑州猿辅导信息科技有限公司、河南正弘商业管理有限公司，详细了解了企业经营情况，认真听取了金水区一季度经济运行情况及存在问题的汇报。

29日　区人大常委会党组书记、主任薛燕率区人大常委会领导班子及机关全体赴中原豫西抗日纪念园开展党史学习教育主题党日活动。

是日　省发改委发布河南省第一批战略性新兴产业优质路演企业（项目）名录，其中，辖区企业郑州博尔易技术服务有限公司成功入选。

是日　“永远跟党走　奋进新征程”第六届金水区最美劳动者表彰大会暨庆“五一”职工文化进工地会演活动在大铺城中村改造项目工地举行。市总工会党组成员、副主席宋少丹，区领导杨林、陈勇、李贻忠、徐建军、李劲松出席活动，并为第六届金水区最美劳动者颁奖。

5月

6—7日　2019年、2020年全国青少年校园足球工作年度总结系列活动在四川省内江市举行。金水区作为优秀代表参加会议，并作典型经验发言。

7日　金水区被评为2019年、2020年全国青少年校园足球优秀试点县（区），区长魏东和副县级干部王珂分别被评为2019年、2020年优秀试点县（区）长；区教育局获评2019年“优秀满天星训练营”；金水一幼教师李博雅被评为2019年优秀足球特色幼儿园教师；金桥学校学生马震、马硕卉分别获评2019、2020年校园足球未来之星。

是日　由省农业农村厅主办，省绿色食品发展中心、市农业农村工作委员会、区人民政府承办的河南省绿色食品宣传月暨产销对接活动在金水区文博广场举办。省、市、区领导申延平、赵耕、陈兆云、张立新、张川出席会议。来自全省农业系统和品牌农产品企业代表参加活动。

是日　区长、区总河长魏东巡查黄河。区政府、河长办、农委及兴达路街道办事处、市自然资源和规划局金水分局、惠金河务局主要负责人陪同。

8日　在第74个“世界红十字日”，区红十字会以“关爱生命‘救’在身边”为主题开展纪念“世界红十字日”系列活动。活动期间，共有182人参加无偿献血，献血量56000毫升，其中41人加入中国造血干细胞资料库。

是日　2021中西部消费电子博览会暨第12届中西部IT产品博览会在郑州国际会展中心盛大开幕。区委书记张红伟、区政协主席余遂盈、中国电子商会副会长柳玉峰、中关村天合科技成果转促中心主任朱希铎、中国自贸区联盟国际数字经济研究院院长夏雪敏、河南科技园区管委会主任张双喜等嘉宾出席开幕仪式。

是日　金水区在区机关三楼301会议室召开迎接国家卫生城市复审工作第十二次推进会。区领导魏东、张艳华、闵武杰出席会议。区直各有关部门、各街道办事处主要负责人参加会议。

9日　金水区妇联联合郑州市妇女儿童活动中心开展以“颂百年风华　传红色基因”为主题的“看电影学党史，心里有话对党说”观影活动。

是日　2021年金水区全民健身月暨“千村百镇”系列体育活动启动仪式在区市民文化活动服务中心举办。市体育局局长李红轩、区政府领导王珂出席活动。

10日　无锡市副市长周常青带领第五届全球跨境电子商务大会无锡代表团一行到金水区考察“一带一路”经贸产业园。市、区领导曹宏伟、祝遵、魏东、赵高翔陪同考察。

11日　区民政局、区慈善总会联合区妇联、各街道办事处针对辖区患宫颈癌和乳腺癌的因病致困妇女举办“善行金水、关爱女性”两癌慈善救助金发放仪式。

是日　金水区2021年第二季度重点项目集中开工仪式在金水区智贸新城·陈砦片区升级改造项目现场举行。区领导魏东、张艳华、薛燕、杨林、付建峰、王爱辉、杨洁、李力、陈勇、李贻忠、赵高翔、竟新宇、张川、徐建军、蔡理亮、王青、潘杰昌、何守华、王珂、江涛、杨玉坤出席开工仪式。

是日　区委书记张红伟会见盘石集团总裁、智慧城市创新事业部CEO章海江一行。

12日　区人大常委会副主任燕建华带领区人大代表20余人对金水区科技型企业培育工作开展情况进行专题视察，副区长吴怀广陪同视察。

是日　金水区举行“金水自贸十条”产业扶持政策推介会暨项目集中签约活动，北京中钢网等20个重大招商引资项目签约入驻金水自贸区块，签约企业注册资本金超35亿元，活动现场对2家入驻企业发放“金水自贸十条”第一批产业扶持奖补资金400万元。区委书记张红伟出席活动并致辞，区领导魏东、赵高翔、王珂出席活动。

13日　金水区在机关三楼多功能厅设立分会场，集中收看全市党的十九届五中全会精神集中教育培训开班动员会暨专题讲座。中共中央党校经济学部教授、博士生导师、政治经济学教研室主任李鹏以《建设社会主义现代化国家——“十四五”规划解读》为题做专题授课。全区县处级领导干部、区直各单位主要负责人以及各街道党工委书记、办事处主任共140余人参加学习。

是日　由金水区教育团工委主办、郑州市第七初级中学协办的“‘学党史　强信念　跟党走’学习教育主题团日暨金水区中学生14岁集体生日示范活动”在郑州市第七初级中学校园举行。团市委学校部副部长杜铮，团区委、教育团工委相关负责人，郑州市第七初级中学领导及八年级师生共同参加活动。局属各中学团委书记及家长代表受邀观摩。

14日　由河南科技园区及市、区工信局联合举办的“郑州市小微企业园高质量发展论坛”在弘润华夏酒店举行。各县（市）区工信系统负责人员及全市各小微企业园代表共150余人参加。会上，中国自贸区联盟国际数字经济研究院院长夏雪敏、中国产业园区国策委员会智库专家颜海军围绕产业园区发展分别做了题为《数字经济时代产业园数字化发展方向》和《新时期产业园高质量发展》的主题分享；与会人员就郑州市小微企业园如何高质量发展等问题进行深入探讨。

是日　区妇联开展“大手拉小手　永远跟党走”群众性主题宣讲活动暨“巾帼心向党　爱家共成长”主题活动。各基层妇联干部、辖区志愿者代表、最美母亲代表等共100余人参加了活动。

是日　由市工信局主办、区工信局承办、河南省芯互联创业孵化器有限公司协办的“郑州市小微企业园高质量发展论坛”在金水区举办。市、区领导谷振风、吴怀广、张双喜、崔文修出席会议。各区（县）市工信部、河南科技园区、金水科教园区、创意产业园区、区发改委、区科技局、区商务局、区楼宇办、区自贸办及入库小微企业园负责人参加会议。

是日　副市长陈宏伟到金水区调研“断头路”打通工作。区政府领导魏东、何守华陪同。

14—15日　市人大常委会教科卫工委副主任于鸿带领市政府教育督导检查团第一评估组一行，对2020年履行教育职责情况进行督导评价。区领导魏东、燕建华、王静、王珂陪同督导，区教育局及相关部门负责人参加督导。

17日　中国共产党郑州市金水区第十一届委员会第十三次全体会议召开。会议由区委书记张红伟主持，区委委员、候补委员出席会议。会前，大家集中观看了警示教育片《镜鉴》；会上由区委组织部有关负责人宣读《关于召开中国共产党金水区第十二次代表大会的决议（草案）》；区委常委、组织部部长陈勇就《决议（草案）》作说明；大会表决通过《关于召开中国共产党金水区第十二次代表大会的决议（草案）》。

是日　金水区委常委会召开扩大会议，传达学习习近平总书记在推进南水北调后续工程高质量发展座谈会上的重要讲话和视察河南时的重要指示精神，传达省、市领导干部会议精神，安排部署金水区贯彻落实工作。

18日　国家新冠病毒疫苗接种督导组组长、国家卫生健康委监督中心二级巡视员贾玉萍一行到金水区督导新冠病毒疫苗接种工作。

省、市、区领导戴柏华、黄红霞、徐淑雷、肖占沛、周富强、孙晓红、付桂荣、段新国、王德序、魏东、张川等陪同督导。

是日　区委书记张红伟主持召开“数智金水”建设工作领导小组第四次会议，区领导魏东、杨洁、李力、赵高翔、吴怀广及相关单位主要负责人参加会议。会议主要听取区社会治理综合服务中心工作推进情况的汇报、“数智城市运行管理中心”场馆设计方案的介绍和“数智金水”建设工作推进情况的汇报。

是日　全市2021年“舞台艺术进乡村、进社区”活动在金水区凤凰台街道办事处凤凰城社区的幸福城广场举办。演出以经典豫剧《抬花轿》拉开序幕，同时展演了《单娘》《绣花女传奇》《风流才子》等优秀剧目。

19日　区长魏东在区政府会见屈臣氏中国副总裁雷建国一行。区商务局、文化路街道办事处主要负责人陪同会见。

是日　由区人民政府主办，区文化旅游体育局、丰产路街道办事处、区文化馆联合承办的“绿色发展　美好生活——文明旅游　畅享金水”金水旅游惠民系列活动启动仪式在金成时代广场中心举办。市文化广电和旅游局党组成员王道远、区政府领导王珂出席活动。

是日　由区商务局、金水科教园区管委会联合主办的商贸服务业招商推介活动在河南省信息安全示范基地召开。区政协副主席王浩出席会议并发表致辞，会议由区商务局负责人主持，金水科教园区招商局、兴达路街道、杨金路街道相关负责人参会。该次区推介活动邀请到丹尼斯、世纪联华、711、麦当劳、巴奴毛肚火锅、星巴克、喜茶、大河书局等13家商贸服务业连锁品牌企业相关负责人参加。

20日　由区民政局、慈善总会主办，金水区总医院承办的“健康金水，点亮康复梦”儿童康复慈善救助项目在总医院门诊楼四楼学术报告厅正式启动。副区长、区慈善总会会长张川出席启动仪式。区政府办、民政局、卫健委、总医院相关负责人参加活动。

是日　由金水科教园区管委会、区总工会主办，金水科教园区管委会工会委员会、新科技产业园承办，杨金路街道、兴达路街道、河南金水金科建设发展有限公司等20余家单位协办，辖区企事业单位近千人参加的第二届“金科杯”四分马拉松友谊赛正式鸣枪开赛。区委副书记、金水科教园区管委会主任张艳华为活动致辞，区总工会主席李劲松，杨金路、兴达路街道相关负责人和新科技产业园董事长李军出席活动。

21日　由郑州市金水区人民政府、中原再担保集团共同主办的“千企万户”支持计划启动仪式在河南外包产业园会议中心成功举行，区委书记张红伟出席活动并致辞。省、市相关单位负责人，区领导魏东、张艳华、余遂盈、杨洁出席活动。

是日　市人大常委会副主任宋书杰到金水区调研基层立法联系点工作，区委书记张红伟、副区长闵武杰参加调研。

是日　河南省妇联党组书记、主席郜秀菊到金水区凤凰台街道党群服务中心、河南慧丰教育科技有限公司、3Q儿童商学院开展家庭家教家风建设及妇女儿童发展规划实施情况进行调研。郑州市妇联党组书记、主席马斐颖，区委常委、组织部部长陈勇参加调研。

22—24日　由河南省科技厅、洛阳市人民政府主办的2021年河南省科技活动周启动仪式暨第三届军民科技协同创新成果推介会在洛阳举行，金水区获评大会优秀组织奖，是全市唯一获奖的县市区单位。

22—28日　区科技局组织开展主题为“百年回望：中国共产党领导科技发展”的科技活动周系列活动。

25日　副区长赵高翔会见巴奴毛肚火锅有限公司副总经理关珏一行。区商务局、金融办、税源办、河南省重点产业知识产权运营基金相关负责人参加会见。

是日　副区长赵高翔在区政府会见星空华文国际传媒有限公司副总裁王磊一行，双方就未来音乐城项目合作事宜进行深入交流。区商务局、教育局、文旅体局、自然资源规划金水分局及南阳路、南阳新村、经八路街道办事处相关负责人陪同会见。

是日　金水区总工会主席李劲松一行对辖区内因病致困的省劳模鲁会友、市劳模丁秀兰等进行看望和慰问，区总工会带上了牛奶、鸡蛋及慰问金送去党和政府及工会组织真挚的关爱和祝福。

是日　区委理论学习中心组召开党史学习教育第二次专题集中学习研讨会，集中学习习近平总书记在福建考察和在庆祝中国共产党成立95周年大会上的重要讲话精神，交流学习心得体会。区委书记张红伟主持会议并讲话。

是日　由国家药品监督管理局主办，省药品监督管理局、市市场监管局共同承办的全国“5·25”爱肤日科普宣传主会场活动启动仪式在金水区举行。市场监管局总局化妆品监管司副司长戚柳彬、国家药监局药品评价中心副主任曹国芳、省药监局局长章锦丽等领导出席活动，市市场监管局相关负责人及化妆品生产经营企业代表等200余人参加启动仪式。

是日　民政部社会救助司副司长张再刚一行到金水区调研社会救助工作。

是日　“‘学党史　强信念　跟党走’主题队日活动暨2021年入队仪式集中示范活动”在郑州丽水外国语学校举行。团区委、区教育团工委相关负责人，局属各中小学德育主任，市级少先队名师工作室主持人，郑州丽水外国语学校一年级全体少先队员和优秀少先队员代表参加活动。

26日　金水区在区机关召开区政府第五次廉政工作会议。区政府领导魏东、杨洁、赵高翔、竟新宇、张川、闵武杰、吴怀广、潘杰昌、何守华、王珂、许忠、杨玉坤出席会议。会上，区财政局、市场监管局主要负责人分别围绕财政资金直达、加强市场监管和优化营商环境工作作表态发言；区委常委、区政府常务副区长杨洁就廉政建设工作进行安排部署；区长魏东作重要讲话。

是日　市政协副主席王万鹏率市政协提案委到金水区调研提案工作，区政协主席余遂盈、党组成员徐建军、秘书长张书林，区政协提案委、区政府督查室、政务办、保障办主要负责人陪同。

是日　市科协主席吴予红到金水区慰问科技工作者。区委常委、组织部部长陈勇参加慰问。吴予红一行到黄河勘测规划设计研究院向黄河勘测规划设计研究院党组书记、董事长张金良送上节日的问候和祝福。

是日　辖区郑州中科新兴产业技术研究院、河南省农科院等单位承担的16个项目获得2021年河南省重大公益专项项目经费支持，共计支持经费2100万元，获得支持数量占全省支持总量的42.1%。

27日　市委常委、市委秘书长牛卫国在金水区调研党史学习教育开展情况并接待来访群众。区委书记张红伟参加活动。

是日　区十三届人大常委会第三十四次会议在区机关举行。会议由区人大常委会党组书记、主任薛燕主持，区人大常委会领导李贻忠、许贵舟、燕建华、杜艳洁、冯景义、张涛、杨旗及其他常委会组成人员共35人出席会议。

28日　金水区举办庆祝中国共产党建党100周年“讲红色故事　学百年党史”主题演讲比赛，区委常委、宣传部部长，区委党史学习教育领导小组办公室主任杨林，区委常委、组织部部长陈勇等出席活动，并为获奖选手颁奖。

是日　市总工会党组成员、工会副主席宋少丹率调研组到金水区进行调研走访慰问。区政协党组成员、区总工会主席李劲松参加。

是日　副区长赵高翔会见国电投（河南）综合智慧能源有限公司总经理田永昌一行。区直各有关部门负责人陪同会见。

是日　金水区在区艺术小学举行“国防教育进中小学”启动仪式。活动由金水区人武部、区委宣传部、区教育局、区国防教育办公室共同主办，金水区艺术小学承办。河南省军区政治工作局国教双拥组组长王莹，郑州警备区政治工作处主任焦景宏，区委常委、区人武部政委高国全，区人武部部长刘岩出席启动仪式。辖区幼儿园、中小学负责人，部分学生代表共计300余人参加仪式。

是日　副区长赵高翔在区机关

召开全区商务暨市场提质发展工作会。区商务局、市场监管局、执法大队、农委、应急局、消防救援大队及各街道办事处分管副职参加会议。

是日 副区长赵高翔会见上海均和产业发展中心副总裁肖锐一行。双方就大宗商品贸易平台以及小微产业园建设等相关事宜进行了讨论。区商务局、财政局、工信局、自然资源和规划局金水分局相关负责人参加会见。

是日 区科协与黄河路第三小学联合举办“童心向党 童画祖国”绘画展和“童心飞扬 登太空 畅游未来”科幻画展活动。

是日 郑州市社区社会组织孵化平台建设及服务运营工作推进会在金水区社区社会组织孵化基地举行。全市16个县（市）区委社治委、开发区社会事业局分管领导和业务科长40余人参加会议。

29日 “童心永向党 童梦正飞扬”2021年金水区庆“六一”艺术展演在金水区艺术小学举行，喜迎“六一”国际儿童节，庆祝中国共产党成立100周年。活动还通过“金水发布”公众号视频号进行同步直播，与全区少年儿童共同欢度节日。

31日 “六一”国际儿童节到来之际，受省委、省政府主要领导委托，副省长霍金花到金水区纬五路第一小学看望慰问少年儿童，向孩子们送上节日祝福。省政府副秘书长尹洪斌、省教育厅厅长郑邦山、团省委书记王艺、省妇联主席部秀菊、省教育厅副厅长毛杰、团省委副书记王笃波、区委书记张红伟参加慰问。

是日 辖区河南拓普计算机网络工程有限公司“剑鱼标讯智脑项目”、山谷网安科技股份有限公司“人工智能辅助的软件安全漏洞检测平台项目”、郑州金惠计算机系统工程有限公司“基于5G的工业制品在线智能检测管理平台”3个项目入选河南省“人工智能·领创之星”名单。

6月

1日 金水区妇联举办“童心向党 献礼百年”六一儿童节表彰大会暨观影活动。区委常委、组织部部长陈勇出席活动。区教育局、团区委、区妇联以及各街道妇联干部、十佳儿童、十佳家长代表等100余人参加活动。活动为获得表彰的“十佳儿童”“十佳家长”颁发了证书和奖杯。“十佳儿童”“十佳家长”代表以“学党史 颂党恩 跟党走”为题进行了宣讲发言，并在仪式表演后，观看了电影《匹诺曹》。

5日 区长魏东召开学校安全工作专题会议。区政府领导王珂出席会议。会上，区教育局、金水公安分局、市场监管局依次汇报了现阶段学校安全工作情况；区政府领导王珂就贯彻落实会议精神和下步工作进行安排部署；区长魏东作重要讲话。

7日 全国政协常委、省政协副主席高体健，全国政协委员、省政协副秘书长张广东带领部分省政协委员到金水区视察高考工作。省、市、区领导刘刚、孙晓红、王珂陪同视察。高体健一行深入郑州回民高级中学、郑州市第七初级中学考点，实地察看了考务办公室、视频监考室、试卷保管室、隔离考场等场地，认真听取了相关工作汇报。

8日 由金水区委、金水区人民政府主办，金水科教园区管委会和36氪传媒共同承办的“2021金水科创大会”举行。大会以“创新智城·品质金水”为主题。大会现场举行2021金水区重点科创产业落地项目50+、重点人才专家50+和2021年创业投资联盟成立签约仪式。金水区区长魏东在“金水机会发布”环节，正式发布金水区“1+N+X”政策体系。

9日 金水区打造高品质现代化城区高端讲堂（第七期）专题讲座举行。国务院参事室特约研究员、国务院参事室社会调查中心理事长、国家统计局原总经济师兼新闻发言人姚景源受邀到金水授课。该次高端讲堂以视频网络教学的形式，在区机关设1个主会场，在各街道设立17个分会场，全区县处级、科级、机关干部共1700余人参加讲座。由区委常委、宣传部部长杨林主持。

是日　省侨联党组书记、主席王喜云到花园路街道侨胞之家与辖区侨胞共度佳节，为老党员、老干部、老归侨侨眷、广大侨界群众送去节日的问候和美好的祝愿。省侨联二级巡视员刘合生及花园路街道主要负责人参加走访慰问。

11日　2021年金水区教育艺术节艺术品牌比赛暨班级合唱比赛圆满结束。艺术节共选拔出10支声乐优秀学校代表团队和100幅美术优秀作品代表金水区参加全市艺术节比赛。

是日　郑州市2021年“文化和自然遗产日”非遗宣传展示活动启动仪式在辖区绿荫公园举办。市政府副秘书长李慧芳、区政府领导王珂出席活动。

是日　副市长陈宏伟到农业路调研“一环十横十纵”主干道综合改造工作。陈宏伟一行实地察看了农业路沙口路道路节点现状，并详细询问了项目情况，对施工过程中重点区域进行现场办公。

是日　金水区举办《中国共产党统一战线工作条例》专题辅导报告会暨区委理论学习中心组集中（扩大）学习会议，市委统战部副部长刘红梅应邀作专题辅导报告，区委副书记、金水科教园区管委会主任张艳华出席并主持报告会。

14日　区委书记张红伟听取京广路、农业路桥区综合改造设计方案汇报。会上，听取西北设计院、森和集团、朝阳建筑设计有限公司设计方案汇报，与会人员围绕方案进行了研究讨论，提出意见建议。

是日　区委书记张红伟听取丰产路（文化路—花园路）环境整治提升方案汇报。副区长闵武杰参加会议。区城管局、文化路街道、设计单位负责人参加会议。

15日　市科协、区科协、金水区艺术小学金科校区联合开展“科学幻想画优秀作品”展示活动。

是日　在焦作市举行的2021年“中国体育彩票杯”河南省幼儿基本体操锦标赛中辖区第一、第四、第六幼儿园代表参赛，共斩获11个项目一等奖。

16日　河南省技术市场（郑州片区）工作推进会在金水区召开。省科技厅技术市场管理办公室主任李明凤出席会议。郑州、开封、平顶山、许昌、商丘等地市科技部门相关负责人参加会议。

17日　区科技局联合UFO·WORK共同举办的第五期“金水创客领袖200”加速营活动圆满落幕。

是日　金水区在区机关组织收听收看国家和省市安全生产电视电话会议。区政府领导魏东、杨洁、竟新宇、张川、吴怀广、何守华、许忠、杨玉坤出席会议。国家和省、市电视电话会议结束后，金水区立即召开全区安全生产工作专题会议。

18日　金水区第四期中青年干部培训班开班仪式在区委党校举行，区委副书记、区委党校校长、金水科教园区管委会主任张艳华出席仪式并作党史专题党课。第四期中青年干部培训班48名学员参加开班仪式。

是日　金水区举办党史学习教育集中学习暨打造高品质现代化城区高端讲堂。讲堂邀请中国人民大学习近平新时代中国特色社会主义思想研究院副院长、北京市高校思想政治理论课特级教授王向明做专题辅导。区委理论学习中心组成员参加讲座，讲座由区委常委、组织部部长陈勇主持。

19日　区长魏东在区机关一楼东厅召开安全生产重点领域隐患排查整治工作专题会议。区领导刘岩、李贻忠、赵高翔、竟新宇、张川、闵武杰、吴怀广、何守华、许忠、毛国安、杨玉坤出席会议。区安全生产专业委员会各牵头单位、安全生产综合督导组、各街道办事处和金水公安分局主要负责人参加会议。

是日　区政协主席余遂盈到文化路街道调研国家卫生城市复审、安全生产工作，并深入农科路社区托老站开展“‘我为群众办实事——金水在行动’实践活动‘微实事’”活动。

20日　区委书记张红伟带领有关部门负责人实地督导国家卫生城市复审暨安全生产工作。区领导杨洁、闵武杰、吴怀广、杨玉坤参加督导。

21日　区委书记张红伟参加郑州市第六初级中学党史学习教育

座谈会，与师生一起深入学习贯彻习近平总书记关于党史学习教育的重要讲话指示精神，交流党史学习心得体会，勉励师生扎实开展好党史学习教育，坚定信心，克难攻坚，贡献力量，矢志奋斗。

是日 金水区人大常委会街道居民议事会议制度工作推进会议召开。区人大常委会党组书记、主任薛燕出席会议并讲话，区人大常委会常务副主任李贻忠主持会议。

是日 由中国领创新赛道路演大赛组委会、中国领创新赛道路演大会组委会联合主办，由中原独角兽企业总部基地、中原未来独角兽企业发展联盟、河南省数字产业创新中心、郑州市人民政府驻上海联络处等多方参与承办的第一届中国“领创新赛道”路演大赛启动仪式暨长三角赛区选拔赛在上海举办，金水区受邀出席该次大赛。

22日 “中国文物学会工匠技艺专业委员会传拓技艺研习基地”在辖区郑州仁清金石传拓艺术博物馆正式揭牌。

23日 教育部遴选确定首批23个义务教育课后服务典型案例单位，并在系统内推广有关创新举措和典型经验。其中河南省郑州市金水区的课后服务模式入选，并成为河南省唯一入围单位。

是日 区人大常委会举办庆祝中国共产党成立100周年主题党日活动。区人大常委会党组书记、主任薛燕出席活动并为全区人大工作者讲授党史学习教育专题党课，区人大常委会常务副主任李贻忠主持活动。区人大常委会机关举行了“光荣在党50年”纪念章颁发仪式，薛燕为参加活动的党龄50年以上的老党员代表颁发“光荣在党50年”纪念章。

是日 团区委在文博广场开展未成年人权益保护宣传活动。团区委主要负责人带队参加活动。团区委结合共青团工作特点，通过发放宣传资料、组织现场咨询等形式，向群众普及未成年人保护相关知识，共发放宣传资料500余份，接受咨询200余人。

24日 河南省总工会、郑州市总工会、金水区总工会、文化路街道工会联合会在金水区文博广场开展“国际禁毒日”宣传志愿服务活动。

是日 区委理论学习中心组召开党史学习教育第三次集中学习研讨会，围绕新民主主义革命时期历史、社会主义革命和建设时期历史、改革开放新时期历史、中共十八大以来的历史开展集中学习研讨。区委书记张红伟主持会议，市委党史学习教育第三巡回指导组到会指导。会上，中心组成员、街道和局委代表作交流发言。

是日 省政府按照《国务院办公厅关于对2020年落实有关重大政策措施真抓实干成效明显地方予以督查激励的通报》文件精神，为表彰先进，发挥示范带动作用，促进形成担当作为、干事创业的良好局面，对金水区等地区予以表彰，并给予配套激励。

25日 区农委加挂“金水区乡村振兴局”牌子，金水区乡村振兴局正式挂牌成立。

是日 区政协举行“光荣在党50年”纪念章颁发仪式。区政协党组书记、主席余遂盈出席仪式并致辞，仪式由区政协党组成员、政协机关党总支书记徐建军主持。区政协副主席王居良、王静，秘书长张书林，“光荣在党50年”纪念章获得者，老党员代表及机关全体党员干部参加活动。

26日 区长魏东在区机关一楼东厅召开安全生产扩大会议，贯彻落实全省全市安全生产电视电话会议精神，分析研判当前全区安全生产形势,安排部署安全生产重点工作。区政府领导赵高翔、竟新宇、闵武杰、吴怀广、何守华、王珂、许忠、江涛出席会议。区长魏东作了重要讲话。

27日 耀胜体育总部在金水区正式揭牌。区政府领导赵高翔、王珂出席活动。省、市、区相关部门负责人参加活动。

28日 金水区“智慧党建”平台正式上线运行，开启党建“智慧时代”。金水区四大班子领导、科大讯飞公司相关领导出席发布会。区委书记张红伟、科大讯飞公司副总裁姜殿洪分别致辞，并共同启动智慧党建平台。

是日 金水区“两优一先”表彰大会召开。区委书记张红伟出席并讲话，市委党史学习教育第三巡回指导组参加。

29日　区委审计委员会第三次会议召开，传达学习习近平总书记在中央审计委员会第三次会议上的重要讲话精神及2021年全国审计工作会议、省委、市委审计委员会第三次会议精神，研究部署2021年审计工作。区委书记、区委审计委员会主任张红伟出席会议并讲话。

是日　金水区教育系统庆祝中国共产党成立100周年暨“七一”表彰大会在金水区艺术小学举行。区委书记张红伟，市委党史学习教育第三巡回指导组组长、二级巡视员张福清出席活动。

是日　中共金水区委外事工作委员会第二次会议召开。区委书记、区委外事工作委员会主任张红伟主持会议并讲话。会议传达学习了习近平外交思想及关于对外工作的重要论述，通报了《金水区委外事工作委员会组成人员调整名单》，以书面形式报告了2020年以来金水区委外事工作情况，介绍了金水区2021年对外工作要点起草情况，审议并原则通过了《2021年金水区对外工作要点》。

30日　区长魏东到东风路街道办事处慰问困难党员。区政府办、东风路街道办事处主要负责人陪同慰问。区长魏东一行深入绿财社区和豫教社区，走访慰问困难党员窦立民和张慧玲。

是日　金水区直机关庆祝中国共产党成立100周年表彰会暨“永远跟党走·奋进新征程”主题党日活动举行，区委常委会组成人员出席活动，区直机关各单位党组织书记、副书记、党员代表等350人共同参加了活动。区委常委、组织部部长陈勇致辞。

是日　由市民政局主办、区民政局承办的郑州市乡镇（街道）社工站建设推进会在金水区凤凰台街道办事处社工站召开。市、区民政局相关负责人参加会议。会议通报了各县（市）区社工站建设工作推进情况，听取了金水区社工站建设工作典型发言。

7月

1日　区总工会、团区委、区妇联、区残联、区科协联合在瀚海海尚嘉辰影院举办“群心向党　共创辉煌”庆“七一”主题活动，区委组织部相关负责人，区总工会、团区委、区妇联、区残联、区科协主要负责人，党员干部及部分群团代表190余人参加活动。

是日　辖区河南众诚信息科技股份有限公司成功入选国家级专精特新“小巨人”企业名单(第一批第一年)。

是日　金水区产业大脑上线启动仪式举行。省、市、区领导刘辉、马全志、吴怀广、王浩出席活动，区工信局、科技局相关负责人及30余家辖区骨干企业参加活动。活动中，金水区与河南区块可信链技术研究院、盛见云链签署了《金水产业大脑生态共建战略合作协议》。

3日　区委书记张红伟主持召开全区招商引资重点项目工作推进会。区领导张艳华、王爱辉、杨洁、赵高翔、吴怀广、王浩、刘运泽及相关区直单位主要负责人参加会议。

5日　花园路街道举办通信花园社区党委荣获“全国先进基层党组织”称号表彰会。会上宣读了对通信花园社区全体工作人员的表彰决定，曹阳、张美荣、宁丹丹、安宁敏等社区两委工作人员依次上台领奖。

7日　区长魏东在区机关一楼东厅召开全区“九小”场所及重点行业领域消防安全“大排查大整治”行动动员部署会。区长魏东作重要讲话。

是日　区政协主席余遂盈分别到河南科学技术出版社河南综合楼项目、河南拓普计算机网络工程有限公司实地调研，国基路街道、金水科教园区管委会有关负责人陪同调研。

是日　区委书记张红伟主持召开区政协重点提案协商座谈会，并领衔督办167号提案《推动沿黄片区美丽乡村建设，助力区域高质量发展》。区政协主席余遂盈，副区长张川，区政协副主席王静、党组成员徐建军，部分政协委员和区农委等9个相关单位主要负责人参加会议。

9日　区政协召开九届二十二次常委会会议，围绕优化营商环境进行专题协商议政。区政协主席余遂盈主持会议并讲话，区委常委、常务副区长杨洁参加会议。会议传达学习了习近平总书记在庆祝中国共产党成立100周年大会上的讲话精神、省委书记楼阳生调研郑州时的讲话精神，通报了全区优化营商环境发展现状，听取了《优化金水区营商环境研究》调研报告的起草情况，讨论了议题相关内容，审议通过了有关人事事项，并对党史学习教育、重点提案领办督办、委员队伍建设等工作进行了安排部署。

是日　郑州市人大常委会党组书记、主任胡荃深入“万人助万企”联系分包企业河南众诚科技股份有限公司进行调研。金水区人大常委会党组书记、主任薛燕，金水区人民政府区长魏东陪同调研。胡荃一行实地参观了金水区华为云创新中心、河南众诚信息科技股份有限公司研发中心、新创适配中心，并进行座谈。

10日　辖区山谷网安科技股份有限公司互联网多源大数据安全平台、中电云科信息技术有限公司智慧交通大数据应用平台系统等10个项目入选2021年河南省大数据产业发展试点示范项目。

12日　辖区郑州赛欧思科技有限公司的网络空间地图智能应用平台、河南智业科技发展有限公司的智业云终端入选省工业控制系统信息安全新技术新产品，郑州信大捷安信息技术股份有限公司的工业空调物联网安全监控和管理解决方案入选省工业控制系统信息安全优秀解决方案。

是日　2021年河南省啦啦操锦标赛在郑州西亚斯学院举行。金水区作为全国啦啦操示范区，共派出13支队伍、近700名学生参加比赛。共获得13项冠军、6项亚军、2项季军。

13日　在收听收看全省、全市防汛工作电视电话会议后，金水区立即召开全区防汛工作会，对主汛期防汛工作进行安排部署。区委书记张红伟出席会议并讲话。

是日　国家知识产权局电学部部长肖光庭一行到金水区调研。创意园区管委会主任王爱辉，管委会副主任刘运泽、王友光陪同调研。

15日　辖区河南省电子规划研究院有限责任公司等13家公司获批2020年郑州市制造业高质量发展专项资金2081.73万元。

16日　由区人民政府主办，区文化旅游体育局、文化路街道办事处共同承办的“美丽金水　暑我精彩”暑期旅游惠民宣传活动在正弘城负一楼下沉广场举办。

是日　由郑州市人民政府主办，金水区人民政府承办的郑州市第二届“醉美·夜郑州”消费季暨嘉年华启动仪式在金水区建业凯旋广场举行。郑州市人民政府副市长史占勇，秘书长王义民，市商务局局长张波，区委书记张红伟出席启动仪式。

是日　郑州市政协主席张延明到金水区调研政协基层协商工作。郑州市政协副主席岳希荣、秘书长宋建国参加调研。金水区委副书记、金水科教园区管委会主任张艳华，区政协主席余遂盈，区政协副主席王居良、党组成员徐建军、秘书长张书林，丰庆路、未来路街道有关负责人陪同调研。

是日　郑州市君鹏爱心医疗服务中心通过区红十字会定向捐赠给郑州公交集团第二运营公司287个红十字应急救护箱。

18日　金水区召开政法队伍教育整顿总结暨“回头看”工作部署会议，贯彻落实全省政法队伍教育整顿领导小组第六次会议和全市政法队伍教育整顿整改意见反馈暨总结会议精神，梳理总结全区政法队伍教育整顿工作成果，安排部署整改落实和“回头看”工作，推动教育整顿不断走深、走实，取得更大成效。区委书记、区政法队伍教育整顿领导小组组长张红伟主持会议并讲话。

19日　工信部公示了2021年新型信息消费示范项目，辖区企业山谷网安科技股份有限公司的“面向新型信息消费的电子社保卡应用服务平台”成功入选。

20—22日　区委书记张红伟深入一线组织开展防汛抢险工作。

22日　区委副书记、区长候选人张艳华到丰庆路街道办事处督导抢险救援工作。

23日　金水区组织收听收看全市防汛救灾工作调度会。区领导张艳华、张超、李明刚、王政英、王志鸿、潘杰昌出席会议。

24日　区委书记张红伟深入一线实地督导灾后通水、通电、排水“两通一排”工作开展情况。

是日　区委副书记、区政府党组书记张艳华主持召开区政府党组（扩大）会议。

25日　区委书记张红伟实地督导“两通一排”工作，看望慰问消防救援人员、解放军指战员及社区党员志愿者。

是日　市政协主席张延明在金水区走访慰问到郑州支援防汛救灾队伍，并调研灾后“四通一排”工作进展情况。市政协党组成员、秘书长宋建国参加走访慰问，区政协主席余遂盈，区应急局和文化路街道、花园路街道负责人陪同慰问调研。

26日　区委副书记、区政府党组书记张艳华深入杨金路、北林路街道办事处督导抢险救灾工作。区政府办主要负责人陪同。

是日　区委副书记、区政府党组书记张艳华到杨金路街道办事处走访慰问安徽阜阳消防救援支队。

是日　省政府发布《第五批河南省非物质文化遗产代表性项目名录》。金水区官瓷烧制技艺、古琴斫制技艺、中医正骨疗法（王氏捏骨正筋疗法）3个非遗项目入选第五批河南省非遗名录。

是日　区民政局联合金水慈善总会共募集非定向善款15.692万元；收到矿泉水、面包、八宝粥、方便面等生活物资，折合人民币约55万元；向各街道拨付专用善款340万元；购买米、面、油、矿泉水、牛奶、方便面等生活物资约56.2万元。

是日　三门峡市卢氏县官道口镇组织专业队伍向金水区捐赠约5000千克新鲜蜜桃和16万元爱心捐款。

27日　区财政局拨发救灾资金合计2618万元，主要用于应急处置、受灾群众救助、城市基础设施、农业生产及水利恢复。

是日　区委书记张红伟主持召开全区防汛抢险工作调度会，深入贯彻落实中央和省、市防汛救灾和灾后恢复重建工作有关部署要求，听取相关情况汇报，分析研判当前形势，部署下步防汛救灾和灾后恢复重建各项工作任务。

28日　区委书记张红伟实地督导灾后重建和复工复产工作。区领导杨洁、潘杰昌参加调研。

是日　中国法律援助基金会秘书长张建华一行到金水区调研法律援助工作。省司法厅、市法律援助中心、区司法局相关负责人陪同。

30日　西北师范大学教育技术学院院长郭绍青一行到金水区指导教育信息化工作。区教育局相关负责人陪同。

是日　区委书记张红伟一行看望慰问郑州市警备区、区人武部、解放军郑州联勤保障中心救援部队。区领导张艳华、黄国彦、王志鸿参加慰问。

31日　金水区组织收听收看全市灾后重建、受灾群众转移安置及疫情防控工作电视电话会。会议结束后，区委副书记、代区长张艳华立即召开专题会议，安排部署有关工作，全力推动各项工作落实、落细、落到位。

8月

1日　区委书记张红伟实地察看督导核酸检测采样工作。

2日　区委副书记、区政府代区长张艳华主持召开全区经济运行分析会，研究听取1—7月经济运行整体情况。区领导张超、吴怀广出席会议。

3日　全区统筹灾后全面恢复重建和疫情防控工作会召开。区委书记张红伟出席会议并讲话。会议听取灾后恢复重建各工作组工作汇报。区委副书记、代区长张艳华安排部署全区统筹灾后全面恢复重建和疫情防控工作。

4日　金水区应急联动机制新冠肺炎疫情防控工作第五次例会召开。区领导张红伟、张艳华、杨洁等区级有关领导13人，区疫情防控领导小组成员单位、“一办四部四专班”副主任、副部长，督查组组长、各街道党工委书记参加会议。会议集中收听收看了全国疫情防控电视电话会、全市疫情防控电视电话会。会后，区委书记张红伟主持召开区应急联动机制新冠肺炎疫情防控工作第五次例会，对疫情防控工作进行安排部署。

是日　应急联动机制新冠肺炎疫情防控工作第六次例会召开，分析当前疫情形势，调度全区疫情防控工作。区委书记张红伟主持会议并讲话。

5日　区委书记张红伟主持召开新冠肺炎疫情防控工作专题会。区领导张艳华、杨洁及相关负责人参加会议。

是日　区委书记张红伟主持召开金水区应急联动机制新冠肺炎疫情防控工作第七次例会。会议贯彻落实市调度会议精神，传达学习习近平总书记关于疫情防控工作重要指示，落实李克强总理批示和孙春兰副总理讲话要求及省委常委会会议精神，并对下一步工作进行部署安排。

6日　区委书记张红伟主持召开金水区应急联动机制新冠肺炎疫情防控工作第八次例会。

是日　省长王凯到金水区督导检查疫情防控和稳价保供工作。省商务厅厅长马健，区委副书记、区政府代区长张艳华陪同。

是日　区委书记张红伟主持召开金水区应急联动机制新冠肺炎疫情防控工作第九次例会。

7日　区委书记张红伟主持召开金水区应急联动机制新冠肺炎疫情防控工作第十次例会。

8日　区委书记张红伟主持召开金水区应急联动机制新冠肺炎疫情防控工作第十一次例会。

9日　区委副书记、区政府代区长张艳华召开重点人群核酸检测工作推进会，传达落实市级关于开展重点人群新冠病毒核酸检测工作有关要求，进一步明确检测采检对象、责任分工和注意事项。区领导杨洁、陈勇、竟新宇出席会议。

10日　区委书记张红伟主持召开金水区应急联动机制新冠肺炎疫情防控工作第十二次例会。

14日　区委书记张红伟主持召开金水区应急联动机制新冠肺炎疫情防控工作第十三次例会。

15日　区委书记张红伟主持召开金水区应急联动机制新冠肺炎疫情防控工作第十四次例会。

是日　区委副书记、代区长张艳华主持召开重点项目推进会。区领导张超、冉建军、吴怀广、王浩出席会议。

18日　区委书记张红伟主持召开金水区应急联动机制新冠肺炎疫情防控工作第十五次例会。

是日　区委书记张红伟督导全区防汛度汛工作。区领导黄国彦、张超参加督导。

21日　区委书记张红伟主持召开金水区防汛救灾工作会议。与会人员收听收看了省市防汛工作视频会议；各局委和办事处就值班值守、地下空间疏散、沿黄河段等防汛准备工作进行了汇报；对做好新一轮强降雨的防汛救灾工作进行安排部署。

22日　区委书记张红伟在区委值班调度室主持召开金水区防汛工作调度会。会议以视频形式召开。区防汛指挥部相关负责人在现场参加会议，各街道党工委书记在分会场参加会议。与会人员收听收看了市防汛工作视频会议；各街道就值班值守、“关停封转撤”等各项防汛准备工作进行了汇报；并对防汛工作进行再安排、再部署。

是日　市人大常委会副主任孙黎、区委书记张红伟实地检查督导金水区防汛工作。区委常委、副区长李明刚参加督导。

是日　副市长陈宏伟，区委副书记、代区长张艳华实地督导检查金水区防汛抢险工作。

24日　金水区组织收听收看全市第五轮全员新冠病毒核酸检测工作电视电话会。区领导张艳华、陈勇、竟新宇出席会议。区核酸检测部相关负责人参加会议。在收听收看全市电视电话会议后，区委副书记、代区长张艳华立即召开续会，深入贯彻落实会议精神，研究部署全员第五轮核酸检测工作重点。

是日　金水区组织收听收看市安委会2021年第三次全体（扩大）会议。区领导张艳华、张超、冉建军、王政英、王志鸿、吴怀广出席会议。区安委会成员单位、各有关部门、各街道办事处主要负责人参加会议。在收听收看全市电视电话会议后，区委副书记、区政府代区长张艳华立即召开续会，深入贯彻落实会议精神，研究部署安全生产工作重点。

28日　区委书记张红伟主持召开二七路道路整治提升方案汇报会。会上，详细听取了上海同济设计院关于二七路道路整治提升设计方案的汇报，与会领导和相关单位进行了深入讨论，提出意见建议。

30日　区委副书记、区政府代区长张艳华主持召开应急防汛工作视频调度会。

是日　金水区委统战部召开工作会议，学习传达习近平总书记在中央民族工作会议上的重要讲话精神。金水区委常委、统战部部长、区委办主任黄国彦出席并讲话。

是日　在收听收看省委新冠肺炎疫情防控工作第六次专题会议及市委有关常态化疫情防控工作的安排部署后，金水区召开区应急联动机制新冠肺炎疫情防控工作例会，区委书记张红伟出席会议并讲话。

31日　召开全区经济运行暨重点项目推进会。区委书记张红伟出席并讲话。会上深入分析了1—8月经济指标完成情况、主要特点、发展趋势以及存在的问题。区委副书记、代区长张艳华安排部署下一步经济运行暨重点项目工作。

9月

1日　区委副书记、区政府代区长张艳华督导检查防汛抢险工作。区政府办主要负责人陪同。

是日　区委书记张红伟督导检查防汛工作。区领导李明刚、王政英、王志鸿全程或部分参加督导。

2日　2021年“慈善周”暨99公益日冲刺动员大会召开。副区长王志鸿出席会议。

3日　区委书记张红伟主持召开金水区推进养老服务高质量发展工作领导小组第一次会议。区领导张艳华、黄国彦、王志鸿及相关区直单位和各街道主要负责人参加会议。会上，通报了全区养老服务工作开展情况，听取了《关于推进养老服务高质量发展的意见》配套的12个政策办法制定情况汇报及部分街道、区直单位养老服务工作情况汇报。

5日　在第37个教师节即将到来之际，金水区以“赓续百年初心，担当育人使命”为主题，举行庆祝第37个教师节座谈会。座谈会由区委副书记、代区长张艳华主持。座谈会上，纬五路第二小学教师作为金水区2021年优秀教师代表进行了典型发言。

是日　区委副书记、代区长张艳华在区机关一楼东厅召开信访工作推进会。区领导张超、李明刚、王志鸿、蔡理亮出席会议。

7日　中共郑州市金水区第十二次代表大会开幕。来自全区各条战线的党代会代表参会。区委书记张红伟代表中共金水区第十一届委员会，向大会作题为《高水平打造创新智城品质金水，为建设国家一流现代化国际化中心城区努力奋斗》的工作报告。大会书面印发了区纪委工作报告及全区党费收缴、使用和管理情况的报告。

15日　区委副书记、代区长张艳华会见统一标识代码注册管理中心（河南）总经理张广林一行。区领导冉建军、吴怀广、王浩陪同会见。

16日　区委书记张红伟召开全区防汛应急、安全生产、疫情防控及“双节”党风廉政建设工作视频会议。会上，通过视频调度系统查看询问了各街道的值班值守情况，区长张艳华结合市气象局发布的重要天气预报，对近期的防汛重点工作进行再强调、再安排、再部署。

17日　由区科技局、UFO·WORK联合举办“金水创客领袖200”加速营第六期暨“三区联动”科创专题班启动仪式在紫荆山百货5楼UFO·WORK路演厅举行。

18日　辖区企业郑州市时空隧道信息技术有限公司基于大数据下的同城即时服务创新应用（UU跑腿）入选2021年国家大数据产业发展试点示范项目。

是日　区委副书记、代区长张艳华主持召开区政府常务会议，传达学习国家和省市安全生产会议精神，研究部署“双节”安全生产、消防安全等工作。会议传达学习了习近平总书记在陕西榆林考察时的重要讲话、副省长武国定在全省加强安全生产执法暨水上安全防范工作视频会议上的讲话。会议研究部署了“双节”期间消防安全各项工作。会议审议了《金水区2021年“中秋”“国庆”节日期间安全生产工作方案》和《金水区关于进一步加强安全生产工作的十条措施》。

是日　金水区在区应急局会议室组织收听收看全市防汛工作电视电话会。在收听收看全市电视电话会议后，区委副书记、代区长张艳华立即召开续会，迅速贯彻会议精神，对新一轮强降雨应对工作进行安排部署。

是日　金水区组织收听收看市安委会2021年第四次全体（扩大）会议。在收听收看全市电视电话会议后，区委副书记、代区长张艳华立即召开续会，深入贯彻落实会议精神，研究部署安全生产工作重点。

22日　金水区召开区委工作会，区委书记张红伟出席并讲话。区委副书记、代区长张艳华主持会议。会上，各街道分别递交了目标承诺书；区发改委、区住建局、区商务局、丰庆路街道、丰产路街道、未来路街道代表作表态发言。

23日　副区长冉建军会见了河南北斗卫星导航平台有限公司副总经理白金发一行。区商务局、未来路街道办事处主要负责人参加会见。

24日　在收听收看全省、全市中央生态环境保护督察整改工作推进会议后，区委书记张红伟主持召开全区生态环境保护督察整改推进会，区领导张艳华、唐莉军、黄国彦、张超、李明刚、王政英、王志鸿、蔡理亮、王青，相关区直单位及各街道主要负责人参加会议。

是日　在收听收看全省防汛工作视频会议、全市防汛工作会议后，区委书记张红伟主持召开全区防汛工作会议。会上，区长张艳华结合市气象局发布的重要天气预报，对防汛重点工作进行再安排、再部署。

是日　金水区组织收听收看全市防汛调度会议。区委副书记、区政府代区长张艳华，区委常委、区政府常务副区长张超出席会议。在收听收看全市调度会议后，张艳华立即召开续会，逐一调度各街道办事处应急值班值守情况，全面听取辖区防汛物资储备、群众转移安置、重点部位值守等工作汇报。

是日　副区长冉建军会见北京每日优鲜投资业务总经理张岚一行。区商务局、金水市场发展中心、花园路街道办事处相关负责人参加会见。

26日　市“十四五”网上丝绸之路发展规划编制调研组到金水区调研“一带一路”经贸产业园内跨境电商工作。区商务局相关负责人陪同调研。

29日　在紫荆山人民广场举行“招才助企　情暖金秋”大型招聘会。活动现场吸引了69家企业，共提供近6700个岗位供求职者选择。

是日　金水区组织收听收看市政府第三次全体（扩大）会议。区领导张艳华、张超、李明刚、赵德武、冉建军、王志鸿、吴怀广出席会议。

是日　区委副书记、代区长张艳华会见奇安信集团副总裁陈华平一行。区领导唐莉军、冉建军、段亚丽一同会见。

30日　区政协主席余遂盈带领区政协常委、部分委员和机关干部100余人，到郑州升达艺术馆参观“旗帜飘扬——党旗国旗军旗诞生珍贵史料展”。该展览由政协委员会办公厅、政协河南省委员会主办。区政协领导付建峰、王居良、王静、王浩、徐建军、李劲松、张书林一同参观展览。

是日　区政协召开九届二十三次常委会会议。余遂盈主持召开会议。会议听取了区委副书记、代区长张艳华关于2021年以来全区经济社会发展情况的通报；听取了区教育局关于教育系统秋季开学及疫情防控工作情况的报告；传达学习了习近平总书记在中央党校（国家行政学院）中青年干部培训班开班式上的重要讲话、在党外人士座谈会上的重要讲话精神，省委、市委、区委工作会议精神，市十二次党代会、区十二次党代会精神；审议通过了有关人事事项。

是日　区委副书记、代区长张艳华在区政府712会议室主持召开区政府党组（扩大）会议，传达学习习近平总书记近期重要讲话精神、应急管理部部长黄明在全国中秋国庆假期安全防范工作视频会议上讲话要求及市十二次党代会精神，研究部署国庆期间安全生产、消防安全、应急防汛等工作。

是日　在收听收看省市安全稳定工作电视电话会议后，区委书记张红伟主持召开续会，就认真贯彻落实省市会议精神，进行再安排、再部署。

是日　区委副书记、代区长张艳华主持召开全区九月份经济运行暨重点项目推进会。区领导张超、李明刚、冉建军、吴怀广、段亚丽出席会议。区直各有关部门和各街道办事处主要负责人参加会议。

10月

4日　区委副书记、代区长张艳华主持召开全区安全生产、消防安全和防汛工作调度会。副区长吴怀广出席会议。

5日　区委副书记、代区长张艳华在马渡观河广场召开防汛工作会商调度会。

8日　区委副书记、代区长张艳华主持召开全区7—8月15个重大专项月度综合督查评比工作推进会。会上，区政府督查室通报了7—8月15个重大专项月度综合督查评比总体情况；各专项牵头单位依次进行表态发言；各专项分管区级领导分别就有关工作进行点评；区委副书记、代区长张艳华作重要讲话。

是日　省教育厅党组书记、厅长宋争辉到金水区调研指导义务教育学校课后服务工作开展情况。省、市、区领导毛杰、胡全胜、楚惠东、王海花、赵德武陪同。

9日　区委副书记、代区长张艳华主持召开招商引资工作推进会。

是日　区委书记张红伟会见航天宏图公司董事长王宇翔一行。区领导张艳华、黄国彦、冉建军、吴怀广及区商务局、科技局、工信局、社治委主要负责人参加会见。

是日　市政务服务办公室主任王新、副主任王奕勇一行到金水区调研政务服务工作。区委副书记、代区长张艳华，区委常委、副区长李明刚陪同调研。

是日　市政协主席张延明到金水区黄河马渡险工段，察看黄河防汛工作，强调要扛稳、扛牢保障黄河安澜重大政治责任，落实、落细各项防范应对措施，全力做好各项防御工作，确保黄河安澜。市防指副指挥长、市政府副秘书长冯卫平，市防指副指挥长兼防办主任、应急管理局局长任立公，区委书记张红伟，副区长王政英，二级调研员潘杰昌，科教园区管委会副主任董青丽等陪同视察。

是日　区委书记张红伟主持召开全区重点招商引资项目推进会。会上，金水科教园区、区自贸办、创意园区、商务局、河南金科发展投资有限公司先后汇报了近期重点招商引资项目推进情况，与会人员就重点招商引资项目存在的问题进行了深入讨论。

11日　区委副书记、代区长张艳华会见正星科技股份有限公司董事长李浩杰一行。

是日　由区工信局、省中小企业公共服务机构联盟主办的“万人助万企”联企赋能“专精特新”专项行动公益“云”课堂，进行第一次线下录制。

是日　区委书记张红伟主持召开盘活安置房用于租赁住房工作推进会。

12日　2021年“出彩金水”艺术广场舞大赛暨“祖国颂”郑州市第六届中老年舞蹈比赛金水区选拔赛，在区市民文化活动服务中心成功举办，来自辖区各街道办事处的21支文艺团队参加比赛。金水区文化馆康乃馨艺术团《玄音鼓舞》、金水区文化馆群星艺术团《盛世长鼓》、国基路街道办事处国舞飞扬艺术团《石榴红了》、未来路街道办事处天韵艺术团《欢腾伎乐》获得一等奖。

是日　区委书记张红伟会见华为技术有限公司、河南政企业务总经理石艳东一行。副区长吴怀广及科技局、工信局、商务局主要负责人参加会见。

是日　区政府第三次全体（扩大）会议召开。会上，区委常委、常务副区长张超传达省委、市委工作会议及市十二次党代会会议精神；区发改委、商务局、工信局、科教园区及兴达路、未来路街道办事处就重点工作进行汇报；区委副书记、代区长张艳华作重要讲话。

13日　市政协主席张延明到金水区调研“有事好商量”基层民主协商平台建设工作，市政协副主席岳希荣参加调研。区委书记张红伟，区政协主席余遂盈陪同调研。

是日　中共金水区第十二届委员会常委会第六次（扩大）会议召开。传达学习习近平总书记近期重要讲话精神和重要文章，安排部署下步重点工作。区委书记张红伟主持会议并讲话。会议传达学习了习近平总书记在纪念辛亥革命110周年大会、中央政治局第三十三次集体学习时的重要讲话精神以及在《求是》杂志发表的《用好红色资源、赓续红色血脉，努力创造无愧于历史和人民的新业绩》重要文章。会议听取并研究金水区关于全市“15个重大专项”工作。会议研究了《金水区推进养老服务高质量发展的实施意见》。会议听取并研究了全区深化全国文明城市创建工作，研究通过了《金水区文明委成员单位精神文明建设工作职责》。会议听取了市委党史学习教育第三巡回指导组指导金水区党史学习教育情况汇报。

是日　市委常委、宣传部部长陈明到金水区调研全国文明城市创建工作，区委书记张红伟，区委副书记杨洁，区委常委、统战部部长、区委办公室主任黄国彦参加调研。

14日　市委副书记杜新军到东风路街道走访慰问离退休老人，市政协副主席、市卫健委党组书记王万鹏，区委书记张红伟，副区长赵德武参加慰问活动。

是日　金水区深化全国文明城市创建工作推进会召开。传达落实郑州市深化全国文明城市创建工作推进会精神，全面安排部署全区创建工作。区委书记张红伟出席并讲话，区委副书记杨洁主持会议。区委副书记、代区长张艳华就深化全国文明城市创建工作进行安排部署。

15日　区委副书记、代区长张艳华主持召开市交办风险防控信访案件专题推进会。在逐一听取交办风险案件办理情况汇报后，张艳华针对案件进行分析研判，明确办理意见，并就下步工作提出要求。

是日　区委书记张红伟主持召开信访工作联席会。会议通报了近期全区信访情况，凤凰台、丰产路、国基路等街道先后汇报了辖区安置房建设、过渡费发放、拖欠农民工资等信访问题处置情况。副区长王志鸿传达了市委副书记杜新军工作要求，并就近期市下达的攻坚化解任务进行了强调，并要求切实做好应急处置和依法处理工作。

16日　辖区河南科技园区智汇城在中国（郑州）商贸物流大会暨第五届中原批发商大会上荣获“2021年度文明诚信市场”的称号。

18日　由辖区企业河南讯飞人工智能科技有限公司牵头组建的河南省人工智能研究院荣获首批省级产业研究院称号。

是日　第十九届2021中国商业街区行业暨第七届商旅文产业年会在西宁举行。年会上，“中国城市商业网点建设管理联合会步行商业街工作委员会”对全国10个政府机构进行表彰，区商务局获评“2020年—2021年全国商业街先进集体”称号。

19日　由科技部火炬中心、河南省科技厅主办，金水区人民政府、创头条承办的“新时期科技双创高质量发展论坛”在河南农业大学（龙子湖校区）举行。论坛由河南省科技厅厅长陈向平主持。科技部党组成员、副部长邵新宇，河南省副省长霍金花，郑州市委常委、市政府党组成员虎强等领导出席论坛并致辞，金水区区委书记张红伟向与会来宾做金水推介报告。金水区区长张艳华、副区长吴怀广作为重要嘉宾参会。

2021百家特色载体评选活动在论坛期间启动，金水区共有3家孵化载体参与评选。论坛期间同步举办了“科技创新成果展”巡展活动。金水区推荐的高精度三维传感器、神舟航天服出舱面窗、智能减压太空舱等12项优秀成果参展。

20日　辖区企业河南众诚信息科技股份有限公司成功入选“2021年河南省技术创新示范企业”认定名单。

是日　河南科技园区众诚孵化器扶持创业项目“年产三千吨高容量长循环锂电池硅碳负极材料的研

发”在“郑创汇”九月月赛中荣获二等奖，在2021年“郑创汇”国际创新创业大赛年度总决赛中荣获三等奖。

是日　河南省战略性新兴产业急需紧缺人才需求发布暨郑州中原科技城推介会在郑州中原龙子湖学术交流中心举行。区长张艳华代表金水区与绿盟科技集团股份有限公司签约。

是日　“火炬创业导师郑州行”活动在金水科教园区信息安全产业示范基地召开。区长张艳华，区委常委、科教园区管委会党工委书记、主任唐莉军，副区长吴怀广参加会议。活动以“新时期科技双创高质量发展”为主题，由科技部火炬中心与河南省科学技术厅主办，金水区人民政府承办，中国技术创业协会、河南金科发展投资有限公司、中国网创新频道等多家机构联合协办共同举行。

是日　辖区企业河南讯飞人工智能科技有限公司牵头组建的河南省人工智能研究院荣获首批省级产业研究院称号。

是日　金水区积极组织选派辖区各类企事业单位人员和在校学生组队参加郑州市第七届职业技能竞赛。金水区参赛选手勇夺大数据工程技术团体第一、汽车维修工和云计算团体第三、网络与信息安全管理员个人第二及铣工个人第三的优异成绩。

是日　辖区企业河南众诚信息科技股份有限公司在2020年度河南省智能建筑行业质量诚信创建活动中，被评为“2020年度诚信示范企业”，其中河南省取消高速公路省界收费站工程荣获“2020年度智能建筑优秀工程”称号。

是日　区退役军人事务局举办“建功军营归故乡，就业创业再起航”——迎接2021年夏秋季退役军人返乡暨双选会活动。区直各有关部门相关负责人及退役士兵代表参加活动。

23日　区长张艳华在区机关一楼东厅召开全区新冠肺炎疫情防控工作会议。

是日　区长张艳华先后主持召开全区安全生产和信访工作推进会。会议传达了省、市有关会议文件精神，听取各职能部门关于近期安全生产、消防安全、问题楼盘等工作进展情况；区长张艳华作讲话。

26日　辖区聚方科技园、新科技产业园、河南杨金科技产业园（河南外包产业园）被郑州市认定为首批小微企业园。

27日　区长张艳华在区政府712会议室召开新冠肺炎疫情防控工作推进会。

是日　区长张艳华在黄河大堤前线指挥部会议室召开黄河防汛工作总结会。

是日　区长张艳华主持召开全区“125计划”专项暨高质量招商项目大比拼活动推进会。

是日　金水区在新科技市场承办了市级2021年度高新技术企业申报工作专题培训活动，郑东新区、经开区、中牟、航空港区等全市8个辖区的科技工作人员和科技型企业共计300余人参加培训会。

是日　路砦村城中村改造项目安置房一期分配工作圆满完成。

28日　区楼宇经济服务中心与UFO·WORK共享办公党组织举行了“结对共建”签约仪式，共同签订了《结对共建协议书》。

是日　全省法治政府建设培训班暨服务型行政执法比武活动在濮阳市召开。区执法大队荣获河南省服务型行政执法标兵单位称号。

是日　省科学技术厅面向全省征集“十四五”期间拟建设、命名中试基地。经初步征集及二次筛选，金水区最终选定4家拟建设、命名中试基地并上报至省厅。

是日　郑州市落实“双减”工作暨课后服务工作交流研讨会在金水区召开。市教育局局长楚惠东，市教育局副处级专职督学王海花，区政府领导王珂出席会议。

是日　区长张艳华在区机关一楼东厅召开全区新冠肺炎疫情防控领导小组工作例会。

29日　辖区河南省电子规划研究院有限责任公司搭建的河南省软件和信息化咨询设计测评公共服务平台被认定为国家中小企业公共服务示范平台。

是日　河南省暨省会郑州“安全用药月”启动仪式在辖区建业凯旋广场举行。活动围绕“安全用药、坚守初心”主题，重点展示建党百年药品监管领域成果、呈现改革创新成果、进行安全用药科普。

31日　中共金水区第十二届委员会常委会第八次（扩大）会议召开。专题学习、讨论、贯彻省十一次党代会精神，研究贯彻落实措施。区委书记张红伟主持会议并讲话。

是日　金水区召开全区安全生产暨消防安全工作会议，深入学习贯彻习近平总书记关于安全生产的重要论述，深刻汲取“10·30”火灾事故教训，举一反三，对做好下一步安全生产和消防安全工作进行再安排、再部署，全力保护人民群众生命财产安全，营造安全稳定的社会环境。区委书记张红伟出席会议并讲话。

11月

1日　区长张艳华主持召开区政府党组（扩大）会议，传达学习习近平总书记在深入推动黄河流域生态保护和高质量发展座谈会上的讲话精神、省第十一次党代会精神、省委书记楼阳生到郑州调研讲话精神，研究全区安全生产和消防安全工作。

是日　由阿里巴巴集团主办、市商务局指导的“郑州—天猫双11理想之城”活动启动仪式在金水区举行。市商务局二级调研员郑利忠、副区长冉建军出席活动。

2日　由省住房和城乡建设厅、省建设工会联合举办的河南省首届城市管理执法职业技能竞赛在郑州举行。区执法大队展示的“‘互联网+’助力城市治理服务型执法温暖民心”执法模拟演练，代表郑州城市管理系统参加比赛，并取得第一名。

3日　区委书记张红伟主持召开全区疫情防控工作会议，贯彻落实郑州市会议精神。要求全区上下坚决贯彻郑州市工作会议要求，全面动员、紧紧行动，从严、从快、从细、从实做好各项防控工作，坚决打好疫情防控这场硬仗。

4日　区委书记张红伟督导检查疫情防控工作并召开疫情防控指挥部工作例会。区领导张艳华、杨洁、李力、陈勇、黄国彦、张超、赵高翔、赵德武参加会议或督导。

是日　区长张艳华支持召开消防隐患排查整治工作推进会。区领导张超、李明刚、时军亮、王友光出席会议。

5日　金水区组织收听收看全市火灾隐患排查整治推进会议。区长张艳华出席会议。在收听收看全市电视电话会议后,区长张艳华立即召开续会,深入贯彻落实会议精神,研究部署安全生产工作重点。

6日　区委书记张红伟主持召开疫情防控工作领导小组专题会。传达贯彻落实11月5日晚郑州市疫情防控工作专题会会议精神及省委办公厅省政府办公厅下发的《关于进一步严格措施加强疫情防控的通知》文件精神。

7日　金水区召开区委安全稳定专题会议。区委书记张红伟出席会议并讲话。会议听取了社会稳定、安全生产、消防安全和社会安全等风险情况汇报，对金水区安全稳定形势进行分析研判，安排部署相关工作。

是日　区委书记张红伟主持召开金水区联动机制新冠肺炎疫情防控工作例会，对金水区进一步做好疫情防控工作进行了安排部署。区委书记张红伟主持讲话。

9日　区长张艳华主持召开消防隐患排查整治暨疫情防控工作视频调度会。区领导王志鸿、时军亮出席会议。

是日　金水区新增3家省级技术创新示范企业。辖区山谷网安科技股份有限公司、郑州金惠计算机系统工程有限公司、河南众诚信息科技股份有限公司3家企业被认定为2021年河南省技术创新示范企业。

是日　在全市技术交易市场建设工作推进会议上，金水区技术合同登记工作以144.57%的完成率位居所有开发区、区县（市）第一名。

10日　区委书记张红伟听取全区盘活安置房用作租赁住房工作汇报。区领导黄国彦、张超、李明刚、何守华及相关街道、区直单位主要负责人参加会议。

是日　金水区新增1家市级科普示范基地。辖区河南广瀚云商信息技术有限公司被市科技局认定为2021年度郑州市科普示范基地。

11日　区长张艳华在区机关712会议室召开区政府常务会议。会议传达学习习近平总书记重要讲话精神和重要文章，研究安全生产、消防安全集中整治等有关工作。

12日　区委书记张红伟主持召开金水区安全稳定专题会议。会议传达学习了市委政法委《关于成立安全稳定专题会议交办问题工作专班的通知》文件精神，听取了安全稳定、安全生产、消防安全和社会安全等风险情况汇报，对金水区安全稳定形势进行分析研判，安排部署相关工作。

是日　金水区组织收听收看市安委会第五次全体（扩大）会议。会议通报了近期安全生产工作情况，部署了下一步重点工作。

是日　金水区组织收听收看全市“双减”工作会议。区领导张艳华、赵德武、王珂出席会议。

是日　区长张艳华主持召开消防隐患排查整治暨疫情防控工作视频调度会。区领导张超、王志鸿、时军亮、王友光出席会议。

13日　金水区召开全区“双减”工作会议。区委书记张红伟出席会议并讲话。区委副书记、区长张艳华主持会议。会上，区委副书记杨洁介绍了“双减”工作背景，分析了当前工作形势，并对全区“双减”工作进行安排部署。

是日　金水区委常委会召开扩大会议，传达学习中共十九届六中全会精神，动员全区上下统一思想、凝聚力量、指导实践、推动发展，努力开创金水各项工作新局面。区委书记张红伟主持会议并讲话。区委、区人大、区政府、区政协部分领导围绕学习贯彻全会精神作了交流发言。

15日　区政府召开党组（扩大）会议，传达学习中共十九届六中全会精神，安排部署政府系统学习贯彻工作，动员大家统一思想、凝聚力量、昂扬精神、推动发展，努力在新时代展现新担当、在新征程开创新局面。区政府党组书记、区长张艳华出席会议并主持。

是日　区长张艳华主持召开区安委会第五次全体（扩大）会议。区领导张超、赵德武、冉建军、王志鸿、吴怀广、王珂、江涛、毛国安、杨玉坤、段亚丽出席会议。区安委会各成员单位、区直各有关部门、各街道办事处主要负责人参加会议。

是日　金水区召开“万人助万企”重点问题协调推进会。区委书记张红伟出席并讲话，区领导唐莉军、黄国彦、李明刚以及相关单位负责人参加会议。

16日　区长张艳华主持召开全区经济运行分析会。区领导张超、段亚丽出席会议。区统计局、商务局、住建局、城改办、工信局、财政局、保障办，税务局等单位主要负责人参加会议。

是日　金水区召开核心板块建设推进会。总结了1—10月核心板块建设推进工作成效，安排部署了下一阶段核心板块建设推进工作。区委书记张红伟出席会议并讲话。区领导张艳华、唐莉军、张超、李明刚、冉建军、段亚丽出席会议。

是日　金水区新增3家市级孵化载体。辖区的“河南省信息安全基地科技企业孵化器”“郑州一零二四众创空间”“橙子众创空间”3家孵化载体获得市级认定。

是日　金水区新增2家市级企业技术中心。金水区河南省科学院应用物理研究有限公司、河南海利未来科技集团有限公司2家企业被认定为市级企业技术中心。

是日　辖区企业入选河南省第一批5G场景应用示范项目。金水区企业郑州金惠计算机系统工程有限公司研发的“5G+机器视觉工业智能缺陷检测平台”项目入选河南省第一批5G场景应用示范项目。

17日　金水区“恒爱行动—百万家庭亲情一线牵”公益活动在南阳新村街道党群服务中心正式启动，区妇联向前期报名的爱心编制团队老妈妈服务队、中方园钰苑手工艺术团及爱心家庭、爱心人士发放87.5千克爱心毛线，用来编织175件爱心毛衣。

是日　区长张艳华会见杭州珍医智能科技有限公司华中区总经理贾英娜一行。区商务局、科技局主要负责人参加会见。双方就有关事宜进行了深入洽谈。

是日　区委书记张红伟主持召

开省委巡视专项“回头看”问题整改专题会议暨安置房建设工作推进会。会议传达学习了市委书记徐立毅在《省委常委、省委巡视工作领导小组组长曲孝丽在省委巡视办〈十届省委巡视整改专项“回头看”综合情况报告〉上的批示》的批示精神，分别听取了全区安置房建设整体情况和全区安置房建设（政府主导项目）推进情况的汇报，对每个项目逐一进行分析研判，研究化解方案。

17—18日　金水区3支代表队在全国新世纪小学数学第十六届基地教学设计与课堂展示活动荣获团体一等奖。

18日　区长张艳华主持召开消防隐患排查整治暨安全生产工作视频调度会。区领导张超、王志鸿、刘运泽出席会议。

是日　区委全面依法治区委员会第三次会议召开，区委书记、区委全面依法治区委员会主任张红伟主持会议并讲话。会议听取了全面依法治区工作汇报；审议通过了《关于对2020年金水区全面依法治区工作先进单位和先进个人的通报》和《金水区2021年优化法治化营商环境专项行动方案》等文件。区委全面依法治区委员会副主任、委员参加会议。

是日　省司法厅副厅长王海云到金水区执法大队调研指导服务型行政执法工作、“五室一庭”行政执法保障机制、执法规范化建设等相关工作，省市领导陈晓伟、夏新军，黄坤、唐青春、张振峰，区领导张红伟、王政英参加调研座谈。王海云对执法大队在服务型行政执法工作中的积极探索和取得的成效进行了肯定。

19日　金水区10个项目入选“金水区创新创业团队项目”。金水区林成招、李玲玲等10个人才团队项目入选“金水区创新创业团队项目”。

是日　金水区首笔惠民惠农财政补贴资金通过“一卡通”系统由中国银行花园路支行成功发放。首笔发放项目为卫健委老年乡村医生生活补助，补贴对象20人，金额115200元，开启了金水区惠民惠农财政补贴通过“一卡通”系统发放至社会保障卡的新模式。

是日　金水区组织开展党史学习教育“我为群众办实事”养老服务高质量发展观摩讲评活动。观摩组　行利用　天时间，对全区17个街道养老服务工作逐个进行了实地观摩，现场点评、现场打分，成绩计入各单位年终综合考核成绩。

21日　金水区科技型企业备案超额完成全年任务。第四批郑州市科技型企业名单公布，金水区此次新增37家。

22日　金水区青年工作联席会议第二次全体会议召开。区委常委、组织部部长陈勇出席会议并讲话。会议传达学习了市青年工作联席会议第二次全体会议精神，听取了金水区规划实施意见贯彻落实情况。

是日　区长张艳华主持召开金水区2021—2022年秋冬季大气污染防治攻坚动员会。区委常委、常务副区长张超通报金水区2021年以来空气质量目标完成情况和大气污染防治攻坚工作进展，安排部署秋冬季大气污染防治攻坚各项工作。

是日　辖区586家企业获得2021年省企业研发财政补助专项资金支持，共计获得3212万元。

23日　区委书记张红伟深入企业开展“万人助万企”活动。张红伟在鸿宝集团通过实地走访、开展座谈、听取汇报等方式，详细了解企业经营情况，企业发展存在的难题，并探讨研究解决方案，帮助企业解决实际困难。

是日　区长张艳华主持召开全区招商引资重点项目推进暨经济运行分析视频调度会。区领导冉建军、张双喜、刘运泽、段亚丽出席会议。

24日　区长张艳华主持召开全区政务服务工作暨优化营商环境工作专题会议。张艳华指出，要坚持以“人民为中心”发展思想，围绕推动高水平打造“创新智城　品质金水”，建设国家一流现代化国际化中心城区发展目标，持续深化“放管服”改革，加大政策支持力度，激发市场主体活力，以精益求精的眼光抓思想、抓工作、抓问题，积极创建全国一流政务服务智慧大厅，全力打造“金质”营商环境。

是日　区长张艳华主持召开全区安全生产暨信访工作调度会。区领导杨晋、张超、王志鸿出席会议。

25日　金水区召开村（社区）党组织书记第三季度“亮赛比”工作交流会。区委书记张红伟出席会议并讲话，区委常委、组织部部长陈勇主持会议，市委组织部非公经济组织和社会组织工作处处长宋紫谦到会指导。会上，花园路街道农业院社区、兴达路街道来童寨村等10位村（社区）党组织书记，围绕发挥区域化党建优势、“红色物业”创建、常态化疫情防控和美丽乡村建设等主题，交流先进经验。随后，区委书记张红伟逐一进行点评并提出了具体要求。

是日　区委书记张红伟会见浙大城市学院河南项目筹备组组长王杰一行。区长张艳华参加会见。

是日　区委书记张红伟主持召开省委巡视整改专项“回头看”问题整改专题会议暨全区安置房建设（社会企业参与项目）推进会。会议先后听取了全区安置房建设整体推进情况及部分社会企业参与项目进展情况，与会人员就每个项目存在的问题逐一讨论研究，并明确了初步解决办法。

是日　副区长冉建军会见上海华羊生物科技有限公司董事长王富山一行。区商务局、河南金发投、科教园区相关负责人参加会见。

是日　金水区2个项目荣获第四届“绽放杯”5G应用大赛河南区域赛决赛一等奖。辖区企业信大捷安建设的“助力公安移动执法让城市更安全智能信大捷安基于5G自主安全芯片的执法平台”项目、金惠科技建设的“5G加成机器慧眼，质检平台服务千行百业”项目，在第四届“绽放杯”5G应用大赛中荣获河南区域赛决赛一等奖。

26日　金水区2021年公共租赁住房首次实行系统自动配租。金水区2021年公租房第1期、第2期系统自动配租启动，全区596套公租房一键完成分配。

是日　金水区组织收听收看全省农村人居环境集中整治行动电视电话会议。区领导张艳华、杨洁、毛国安、段亚丽出席会议。在收听收看省市电视电话会议后，区长张艳华立即召开专题会议，安排部署有关工作，全力推动各项工作落实落细落到位。

28日　市属10所高中建设项目举行集中开工仪式。区领导张艳华、唐莉军、李明刚、王珂在分会场出席活动。开工仪式上，市教育局通报市属10所高中建设项目整体情况，与会领导和嘉宾共同为项目开工奠基。

29日　金水区召开区委常委会（扩大）会议暨省委巡视“回头看”整改落实工作专题会，学习贯彻习近平总书记关于巡视工作特别是巡视整改工作的重要讲话指示精神，以及中央和省委、市委有关巡视巡察整改工作部署要求；传达省委巡视整改专项“回头看”反馈意见，审议通过《十届省委巡视整改专项“回头看”反馈意见整改落实工作方案》，研究部署省委第十三工作组对金水区开展巡视整改专项“回头看”反馈意见的整改落实工作。区委书记张红伟主持会议并讲话。

30日　金水区召开区人才工作领导小组2021年度第二次全体会议，区委书记张红伟主持会议并讲话。会议深入学习了习近平总书记在中央人才工作会议上的讲话精神，讨论审议了金水区建设国家人才发展高地实施方案、关于进一步加强党委联系服务专家工作的实施方案、自贸区人才政策等有关事项，并对下一步工作进行安排部署。

是日　经郑州市大数据管理局、市发改委、市财政局、市工信局等有关部门联合评审，辖区金鹏信息被认定为2021年“郑州市大数据企业”。

12月

1日　区长张艳华在区机关716会议室会见郑州思念食品有限公司总经理李伟一行。区领导冉建军陪同会见。

是日　区长张艳华在区机关712会议室召开全区安全生产暨信访工作调度会。在认真听取与会单位关于安全生产及信访工作汇报后，张艳华作讲话。

是日 金水区在经三路广电南路交叉口游园开展《郑州市城市生活垃圾分类管理办法》实施两周年宣传活动。共派发垃圾分类宣传手册300份、可降解垃圾袋400余个。

2日 金水区申报的郑州市测绘地理信息系统工程研究中心等10家单位获得2021年郑州市工程研究中心认定。

是日 金水区组织收听收看全国全省全市城镇燃气安全排查整治动员部署电视电话会议。在收听收看全市电视电话会议后，张艳华立即召开专题续会，深入贯彻落实会议精神，安排部署开展燃气安全排查整治和做好全区安全生产工作重点。

3日 区长张艳华会见君联资本副总裁纪海泉一行。副区长冉建军陪同会见。会见中，张艳华对纪海泉一行的到访表示热烈欢迎，并详细介绍了金水区经济、社会发展情况。

是日 中共金水区委城乡社区发展治理委员会依托金水区社区社会组织孵化基地开展“美好社区品质金水”金水区2021年社区社会组织项目微创投决赛，从报名的45个项目中遴选出26个项目参与决赛路演，最终评选出20个涉及扶危济困、为老服务、社区教育、文化营造、矛盾调解、平台建设等领域的服务项目。

4日 区长张艳华主持召开全区10月15个重大专项月度综合督查评比暨经济运行分析工作会。会上，区政府督查室通报了10月15个重大专项月度综合督查评比总体情况；区科技局、住建局作典型发言；区统计局、商务局、信访局、卫健委作表态发言；区长张艳华作讲话。

是日 金水区组织开展冬季义务植树活动。区委书记张红伟、区长张艳华带领全区副县级以上领导，与区直单位、街道干部群众以及青年志愿者代表一起，在金水区冬季义务植树主现场，用实际行动号召和引领全区人民参加造林绿化。

6日 金水区总工会正式启动“冬送温暖”活动，深入到黄家庵城中村改造项目等10个区重点建设项目工地,现场走访慰问一线职工、农民工和新就业形态劳动者代表。

7日 市委书记徐立毅深入金水区调研督导常态化疫情防控工作，强调要坚持人民至上、生命至上，充分认识疫情防控的长期性、复杂性，增强责任感、紧迫感，持续完善常态化疫情防控措施，从严从实从细织密基层防控网络，科学精准高效做好常态化疫情防控工作。

8日 中共金水区第十二届委员会常委会第十五次（扩大）会议召开。会议传达学习了习近平总书记近期重要讲话精神和重要文章。会议传达学习了习近平总书记在全国宗教工作会议上的重要讲话精神及省委民族工作会议精神。会议传达学习了12月7日市委书记徐立毅到金水区调研督导常态化疫情防控工作有关指示精神，并原则通过了金水区常态化疫情防控工作机制。会议听取了金水区全面推行河长制工作情况汇报。会议审议并原则通过了《金水区2021年度综合考评工作方案(讨论稿)》。会议听取了全区关于党史学习教育“我为群众办实事”项目进展情况的汇报。

10日 区长张艳华会见新华三集团安全产品线总裁孙松儿一行。副区长冉建军一同会见。区商务局、科技局、工信局主要负责人参加会见。

是日 区长张艳华主持召开全区欠薪治理暨安全生产信访工作会议。会议传达了《金水区欠薪治理工作方案》，逐一听取了区住建局、教育局、金达公司、应急局、信访局、消防大队及相关街道办事处的表态发言和工作汇报，安排部署了下一阶段各项工作重点和要求。

是日 金水区关工委在李丙需革命教育展览馆召开青少年爱国主义教育基地授牌仪式活动。

13日 金水区非学科类校外培训机构管理体制调整移交仪式举行。区政府领导王珂出席会议。区教育局分别与区文旅体局、区科技局签订了移交协议书。

14日 金水区召开全区平安建设工作推进会议。会议深入学习贯彻习近平总书记关于平安中国建设的重要论述讲话指示精神，全面落实省市平安建设工作会议精神，总结2021年平安建设情况，分析研判全区形势，对建设更高水平的平安金水安排部署重点工作。区委书记张红伟出席会议并作讲话，区委副书记、区长张艳华主持会议。

是日　金水区组织召开深化全国文明城市创建观摩点评会。区委书记张红伟出席会议并讲话。

是日　“中国楼宇经济2021全球合作大会”在成都开幕，金水区作为全省唯一代表参加此次大会，并在“中国楼宇经济城市（区）合作交流会”上荣获“2021楼宇经济发展特别推动奖”荣誉称号。

15日　区科技局与商丘美兰生物工程有限公司达成战略合作并签订协议。双方共同筹建以研发中心、销售中心为主的集团总部，打造生物医药高端人才基地。

是日　无锡市国联证券股份有限公司一行到金水区考察企业融资和上市工作。区工信局主要负责人陪同。

是日　金水区委常委会召开扩大会议，传达学习中央经济工作会议、省级党员领导干部会议和市委常委会会议精神，研究金水区贯彻落实意见。区委书记张红伟主持会议并讲话。

是日　区委理论学习中心组举行党史学习教育第七次集体学习。主要是围绕学习贯彻党的十九届六中全会精神开展交流研讨。区委书记张红伟主持会议。

16日　区司法局会同区法院、金水公安分局面向社会公告，选任人民陪审员。

是日　郑州市“幼小科学衔接”实验区推进会在文化路第一小学金桂校区举行。省、市领导陈峰、贾祎祺、周宝荣、张琳、郝江玉、周晋娜、任保国出席会议。

是日　金水区在金水区文化馆举办非遗项目参观体验活动。活动由区文旅体局主办，由区文化馆和郑州市康达能力训练中心共同承办。截至12月16日，金水区共有非遗项目42项，其中，省级9项，市级15项，区级18项。

是日　市政协副主席、市卫健委党组书记王万鹏一行到花园路街道“飞机楼”进行现场调研。区委书记张红伟陪同调研。

17日　辖区5家企业入选2021年河南省工程研究中心名单。

21日　郑州市总工会为金水区国家知识产权创意产业试点园区管理委员会“全国工会职工书屋示范点”授牌。郑州市总工会党组成员、副主席宋少丹，带领市总工会宣教部负责人调研职工书屋建设工作。宋少丹为创意园区“全国工会职工书屋示范点”授牌。

23日　金水区推荐申报的“郑州市电力大数据工程技术研究中心”等23家市级工程技术研究中心（重点实验室）获得郑州市科技局认定。

26日　团中央书记处书记、全国青联副主席徐晓到金水区UFO·WORK共享办公调研青年创新创业，全国青联常委、省青联副主席、省青年企业家协会会长徐胜杰，区委常委、组织部部长陈勇，全国青联委员、省青年企业家协会副会长戴继涛，省青联委员、省青年企业家协会副秘书长罗忠惠，省青年企业家协会副秘书长陈琦，团区委相关负责人参加调研。

27日　金水区开展“能力作风建设年”活动动员部署会议召开。会议传达贯彻省市相关会议精神，深入落实省市区党代会部署要求，安排“能力作风建设年”活动，动员全区上下进一步提升能力、锻造作风、躬身入局、担当作为，为建设国家一流现代化国际化中心城区和高水平打造“创新智城·品质金水”，提供坚强保障，以优异成绩迎接中共二十大胜利召开。区委书记张红伟出席会议并讲话。

是日　金水区组织收听收看全省深入打好污染防治攻坚战动员部署电视电话会。在收听收看省市电视电话会议后，区长张艳华立即召开续会，深入落实会议精神，研究部署相关工作。

是日　河南省文化和旅游厅发布《关于公布第五批河南省非物质文化遗产代表性传承人的通知》，公布河南省第五批省级非遗代表性传承人名单，其中，金水区新增3名省级非物质文化遗产代表性传承人，涉及传统技艺和传统医药2种非遗项目门类。

28日　金水区妇联联合“金智优家”家庭社会工作项目组开展“迎元旦，送温暖，爱同行”巾帼志愿服务主题活动。

29日　金水区小黄帽路队制

启动仪式在文化绿城小学举行。省新联会副会长、省学生安全救助基金会常务副理事长兼秘书长苏军辉，省学生安全救助基金会副理事长王丽丽出席活动。仪式上，苏军辉为文化绿城小学捐赠了5300顶附带有15万元学生交通意外险和绿色救助通道的小黄帽，交警五大队负责人向学生发出佩戴安全小黄帽文明出行的倡议，并现场开展交通安全宣传教育。

是日　市统计局党组书记陈平山一行到金水区调研经济运行情况。区领导张艳华、冉建军陪同调研。

是日　区长张艳华召开全区信访工作、问题楼盘暨安置房建设工作推进会。区领导张超、李明刚、何守华出席会议。

30日　金水区十三届人大常委会第三十八次会议举行。会议由金水区人大常委会党组书记、主任薛燕主持。会议深入学习贯彻习近平总书记近期重要指示精神。会议表决通过了批准调整2021年度区财政收支预算的议案，听取和审议了区政府关于2020年度区本级预算执行和其他财政收支审计查出问题整改情况的报告、关于国务院《优化营商环境条例》和《河南省优化营商环境条例》贯彻执行情况的报告、关于招商引资工作情况的报告，听取和审议了区人大常委会执法检查组关于检查国务院《优化营商环境条例》和《河南省优化营商环境条例》贯彻执行情况的报告，听取和审议了区人大常委会规范性文件备案审查工作情况的报告。会议同时形成了有关议题的审议意见。会议审议通过了关于表彰2021年度人大代表优秀建议、批评和意见的通报，关于表彰2021年度办理代表议案、建议、批评和意见先进单位的通报。会议听取了关于金水区选举产生的市十五届人大代表2021年度履职情况的报告。会议依法通过了“一府一委两院”有关人员的任命。

是日　区长张艳华主持召开教育工作专题会议。会议听取了全区教育工作情况汇报，通报了当前教育发展面临的形势和国家及省、市对教育工作的具体要求，安排部署了下一阶段工作重点。

是日　区长张艳华带队走访慰问疫情防控工作人员。张艳华一行实地察看了五洲大酒店健康关爱中心，详细听取疫情防控措施落实和后勤物资保障工作汇报，并亲切慰问了坚守一线的防疫医务人员与志愿者。

是日　辖区237家企业被认定为2021年高新技术企业，其中179家企业为首次认定，58家企业为到期重新认定，占全市新认定高企总数量的17.9%。新增数量、增长幅度为历年最高。

31日　区长张艳华主持召开金水区“1+N+X”产业政策统筹工作专题会议。在集中学习国家相关文件，逐一听取与会单位关于“1+N+X”产业政策落实和执行情况、当前工作存在的问题和下步工作意见建议的汇报后，张艳华指出，各单位要树牢“全区一盘棋”思想，紧紧围绕国家战略需求和省、市优势特色领域，不断推动市场化运作，提高资金使用效益，以前瞻眼光、战略思维，不等不靠、积极谋划，绘好招商“图谱”，打造投资“热土”，为“创新智城·品质金水”高质量发展奠定坚实基础。

区情概览

自然环境

【概况】 金水区地处华北沉降带开封坳陷区西南边缘过渡地带，地理坐标为北纬30°50′~34°57′、东经113°40′~113°47′。金水区是郑州市中心城区，位于郑州市东北隅，东临郑东新区，南连管城回族区、二七区，西接中原区，北靠惠济区。辖区东西最大距离22.9千米，南北最大距离17.2千米，总面积136.66平方千米。

【地形地貌】 金水区地处黄河冲积扇形平原南翼的顶端。全区属平原洼地，局部有盐碱和风成粉细沙丘堆积。地势西高东低，西南高东北低，最高点为紫荆山公园紫荆阁（海拔109米），最低点为柳园口村（海拔82.4米）。

【气候降水】 金水区地处北温带和亚热带气候的过渡带，属半干旱、半湿润大陆性季风气候，四季分明，日照时间长，热量充足，自然降水偏少。主要特征是：春旱多风，冷暖无常；夏炎多雨，水热同期；秋凉清爽，日照充足；冬季干燥，风多雪少。年平均气温14.8℃，年降雨量586.1毫米，全年无霜期213天，全年日照2052.6小时。

【水系资源】 金水区水资源丰富，境内共有7条河流。其中，黄河流经马渡、来童寨、三坝等村，入中牟县境，境内河段长7千米。贾鲁河境内长度23千米，流域面积63平方千米。东风渠境内长度25千米，流域面积37平方千米。金水河境内长度8.64千米，流域面积22平方千米。熊儿河境内长度8.1千米，流域面积31平方千米。七里河境内长9.2千米，流域面积16平方千米。贾鲁支河境内长度25千米，流域面积77平方千米。金水辖区水资源总量为31330万立方米，人均水量450.7立方米，每公顷农田平均用水量为12750立方米。年平均利用黄河水2523万立方米。地表水年径流深为90毫米，年径流量为2179.8万立方米。地下水以浅层水为主，埋藏深度0.5~10米，年允许开采量20万米³/平方千米~50万米³/平方千米。单井出水量约50吨/小时。全年黄河侧渗补给量700万立方米。全区地下水年允许开采量13876万立方米。

【生物资源】 金水区生物种类繁多，在农业生产中利用价值较高，并呈现养殖种类增加，农业役用大牲畜数量明显减少的趋势。养殖动物主要有黄牛、水牛、奶牛、马、骡、驴、山羊、绵羊、猪、犬、鸡、鸭、鹅、鸽等；特种养殖动物有海狸鼠、珍珠鸡、肉鸽、梅花鹿、小香猪、北京填鸭、小尾寒羊等。奶牛养殖业发展较为迅猛。由于辖区地处中原，靠近城市，境内缺少山、河、湖泊，野生动物资源相对稀少，境内野生动物主要有鸟类、鱼类、飞鼠类及刺猬、黄鼠狼（黄鼬）、野兔、野鸡等。鸟类主要有喜鹊、斑鸠、麻雀、布谷鸟、乌鸦、莺鸟、大雁、猫头鹰、燕子、黄莺、啄木鸟等。境内栽培植物主要有粮食作物、油料作物、蔬菜、林木、果树、花卉、药材7大类。其中粮食作物以小麦、水稻、玉米、大豆、绿豆、红薯等为主。

建置与区划

【建置沿革】 1960年4月，金水人民公社成立，由七一、紫荆山、人民路、杜岭、黄河路、文化区、郑纺机、岗杜、南阳新村9个街道分社和1个农业分社组成。1961年8月，金水人民公社改成金水区，9个街道分社改成杜岭、人民路、花园路、经八路、文化路、南阳路、南阳新村7个街道办事处，农业分社改建成金水农业公社。1980年，刘寨街道办事处成立。1984年，大石桥街道办事处成立。1987年，郑州市进行区划调整，撤销金海区、新密区和郊区，成立邙山区（今惠济区），金水区刘寨街道办事处划归邙山区。原郊区的柳林乡、祭城乡、姚桥乡，原金海区的庙李乡划归金水区。2000年5月，金水区撤销海滩寺乡，成立丰产路街道办事处。2000年9月，区四大班子机关由文化路106号迁至东风路16号新址办公。2002年8月，金水区进行区划调整，成立未来路、北林路、东风路3个街道办事处。2002年底，金水区辖杜岭、人民路、花园路、文化路、南阳路、南阳新村、大石桥、丰产路、未来路、北林路、东风路、经八路12个街道办事处，136个社区居民委员会；庙李镇、柳林镇、祭城镇、姚桥乡4个乡镇，70个行政村村民委员会，175个自然村。2005年11月，撤销姚桥乡，设立龙子湖街道办事处。2006年6月，撤销祭城镇，同时设立祭城路街道办事处、凤凰台街道办事处。2010年11月，调整祭城路街道办事处、龙子湖街道办事处行政管辖区域，将祭城路、龙子湖街道办事处管辖范围内连霍高速公路以北区域的北录庄村、任庄村、马渡村、来童寨村、黄庄村、黄岗庙村、小金庄村以及连霍高速以南、京港澳高速以东区域的刘江村、马楼村、柳园口村、贾陈村、徐庄村共12个行政村整建制划出，设立兴达路街道办事处。2010年11月，将祭城路街道办事处、龙子湖街道办事处划出，划至郑东新区。2011年4月，撤销柳林镇，设立杨金路街道办事处、国基路街道办事处。2011年4月，金水区辖庙李镇、文化路、南阳新村、经八路、大石桥、人民路、花园路、杜岭、南阳路、丰产路、北林路、未来路、东风路、兴达路、国基路、凤凰台、杨金路16个办事处。2011年7月，撤销庙李镇，设立丰庆路街道办事处。2012年4月至今，金水区辖文化路、南阳新村、经八路、大石桥、人民路、花园路、杜岭、南阳路、丰产路、北林路、未来路、东风路、兴达路、国基路、凤凰台、杨金路、丰庆路17个街道办事处。

【行政区划】 至2021年底，金水区共辖文化路街道办事处、南阳新村街道办事处、经八路街道办事处、大石桥街道办事处、人民路街道办事处、花园路街道办事处、杜岭街道办事处、南阳路街道办事处、丰产路街道办事处、北林路街道办事处、未来路街道办事处、东风路街道办事处、兴达路街道办事处、国基路街道办事处、凤凰台街道办事处、杨金路街道办事处、丰庆路街道办事处17个街道办事处，金水科教园区、河南科技园区、国家知识产权创意产业试点园区3个产业园区，40个行政村、174个社区，总面积136.66平方千米，其中城区面积78.37平方千米，常住人口133.32万人。

人文历史

【区名故事】 金水区因流经辖区的金水河而得名。相传，金水河这一名字和古代郑国丞相子产有关。春秋战国时期，郑国政治家子产，在执政期间，励精图治，治国有方，使得郑国路不拾遗、夜不闭户，故深受百姓爱戴。郑定公八年（前522），子产逝世，老百姓纷纷捐献珠宝玉器，帮助他的家人办理丧事，子产的儿子不肯接受，百姓们便将这些财物统统抛入子产封邑的那条河中，以此悼念子产。珠宝玉器在河水中放射出绚丽的光彩，泛起了金色的斑斓，从此这条河被称为金水河，金水河流经本辖区，故地称金水区。

【文物古迹】 金水区历史悠久，文化底蕴深厚，是中华文明的重要发祥地之一。1964年，在辖区大河村与杨槐村接壤处的一座自然土岗上，发现大河村遗址。经考古发掘，该遗址包含仰韶文化、龙山文化和夏商文化3个时期的内容，出土有大量彩陶，彩陶中绘制的太阳纹、日晕纹、星座纹等天象图案，体现了中原彩陶文化的独特神韵，其中最具代表的属中国古代彩陶之冠“双连壶”（发掘出土的唯一单件国宝酒器）。1974年，辖区杜岭街道办事处张砦南街出土2件商代乳钉纹青铜方鼎，比著名的后母戊鼎还早，是商王室的“重器”，属稀世瑰宝，更是研究商代前期青铜冶铸的宝贵资料。其中，大的铜方鼎通高100厘米，重86.4千克，方形，深腹，双耳四足，上腹部与四足上部饰饕餮纹，两侧及下部饰乳钉纹，形体质朴庄重，被命名为“杜岭一号”，现藏于中国国家博物馆；小的铜方鼎通高87厘米，重64.25千克，被命名为“杜岭二号”，收藏于河南博物院，被誉为“九大镇院之宝”之一。

【纪念景观】 燕庄毛主席纪念亭：为纪念毛泽东主席1960年5月11日视察辖区燕庄村，1970年5月11日，燕庄村民修建了一座纪念亭，亭高10米，底座直径5米，座高1.2米，亭中央是六角形砖结构柱体，周围有6根红漆木柱，亭顶是琉璃瓦六角挑檐。千年皂角树：兴达路街道辖区北来童寨村，现存有一棵约30米高的千年皂角树，树围3.85米，需3名成年人合抱方能围住，其枝繁叶茂的树冠向四周伸展，罩地约2亩。据当地世代相传，这棵皂角树与宋代赵构有关。北宋靖康元年（1126），康王赵构出使金国途经该处，把马拴在一棵皂角树上稍作休息，康王拴马的这棵树长于黄河岸边，现已长成参天大树，成为当地人世代敬仰的神树。凤台荷香：凤凰台村，位于凤凰台街道办事处辖区，过去这一带被称为“东湖”，明、清以前的凤凰台，不仅因盛产大米、莲藕而有凤台荷香之称，也是一个布满亭台楼榭，宛如仙境的游览胜地，曾被誉为郑州八景之一。王府坟：明代南陵王朱睦模（周定王的五世孙），其墓址位于王府坟村，墓碑碑文记录南陵王生平事迹，多达1400余字。胡公祠：位于杜岭街道辖区西太康路人民公园南门。1936年，爱国将领冯玉祥为纪念胡景翼（曾追随孙中山参加辛亥革命）而修建。彭公祠：又称铭功园，位于杜岭街道辖区西太康路人民公园西门，为纪念民国11年（1922）保卫郑州的将领彭象乾团长及其他阵亡将士而建。

经济社会发展

【概况】 2021年，金水区生产总值完成1879亿元，增长3.1%；一般公共预算收入完成121.1亿元，增长1.8%，是市内六区唯一正增长的城区；社会消费品零售总额达到1033亿元，是全省唯一超千亿元的区县（市）；新增市场主体4.7万户，总量达到27.7万户，占全市的1/5、全省的1/30；现代服务业增加值突破1300亿元，对经济增长贡献率达到85%。在全国高质量发展百强区和投资竞争力百强区中分别位居第22位、第11位，较2020年均提高4个位次；跻身中国智慧城市百佳县市（区）14位，获评

“2021中国楼宇经济发展特别推动奖”，成为全省唯一一个发展战略性新兴产业成效明显受到国务院督查激励的区（县、市）。

【产业转型升级】 坚定不移实施创新驱动发展战略，始终把构建现代城区经济体系作为加快转型升级、扩大领先优势的重要支撑。战略性新兴产业发展成效显著，成为全省唯一一个受到国务院督查激励的区（县、市）。科教园区信息安全产业集群规模持续扩大，新增云诚信息等链条骨干企业19家，信大捷安、山谷网安分别入选2021年中国网络安全百强报告竞争者和挑战者；人工智能产业集群依托讯飞人工智能研究院及加速器，产业链条骨干企业加速集聚。创意园区集聚知识产权服务机构200余家，拥有可运营专利2.7万件、商标2.2万件，全省首家知识产权宣教中心展馆建成落地。科技园区全力打造电子信息产业集群，全年主营业务收入超过187亿元，同比增长10%。商圈经济炙手可热，核心商圈21家大型商业综合体总营业额超过100亿元，年吸引客流量超过2亿人次，花园路商圈获评“全国国庆消费热门商圈TOP10”第3名。楼宇经济发展质量显著提升，全年楼宇经济完成区级税收30亿，入驻企业2.77万家，全口径税收超亿元楼宇14幢、超5千万元楼宇20幢，成为全区高质量发展重要的经济形态和新增长点。

【重大项目建设】 有针对性地在先进制造业、新基建、创新能力提升、产业结构升级、开放创新、生态环保、城区名片塑造、民生保障等领域谋划重大项目373个，总投资5681.6亿元，“十四五”期间计划投资3012.8亿元；其中，亿元以上项目244个，形成“十四五”重大建设项目库，为未来五年建立规划先行、项目支撑的发展机制，形成统筹有序、科学合理的建设发展格局。全年新开工省市区重大项目54个，开工率65.9%（省市重点项目开工11个，开工率100%；其中省重点项目开工3个，开工率100%；市重点项目开工8个，开工率100%），全年完成项目投资749.6亿元、占全年任务104.1%（其中49个省市重点项目完成投资421.9亿元、占年度目标的106.3%；区重点项目完成投资327.7亿元、占年度目标的101.4%），市下达48项联审联批事项已于4月底全部办结。市政府1—12月省市重点项目建设综合考评省重点项目位居全市第7（市内六区第3），市重点项目位居全市第3（市内六区第2）。

【开放创新高地】 突出自创区创新引领，新引进大院名所1家，培育国家级孵化器1家，累计达到19家；新增科技型企业337家，累计达到2058家；新增高新技术企业330家，累计达到723家。以“科技型企业—高新技术后备企业—高新技术企业”为梯次的创新主体不断集聚，全区登记技术合同成交额达51.9亿元，助推创新成为金水高质量发展重要标识。突出自贸区开放带动，以最好环境、最惠政策、最优服务吸引更多优质创新要素集聚，出台“金水自贸十条”扶持政策，持续深化“区内注册、区外运营”创新实践，新增注册企业达到1000家，新增注册资金突破100亿元，成为金水实现更高水平开放的展示窗口。

【“金质”营商环境】 在河南省2020年度营商环境评价中以总分83.5的成绩，在全省54个市辖区中排名第4位，有效激发了市场主体活力和社会创造力。全区逐渐形成了“区—街道—社区”三级政务服务平台，以及6个专厅的“3+6”服务平台及分层级服务体系。1214项政务服务事项实现“网上办”“一次办”，位居市内第一。梳理整合“一件事”50项，“掌上办”300项。建立1400个政务服务标准，持续打造“金小二”服务品牌，获2020年度郑州市政务服务改革“十大精品案例”第一名。

【民生福祉保障】 顺应人民群众对于美好生活的向往，坚持将财力最大限度向民生倾斜。聚焦劳有厚得，新增就业35482人，占年度目标的145.42%；下岗失业人员实现就业4499人，占年度目标的126.73%。聚焦学有优教，新增普惠性民办幼儿园37所，建成投用幼儿园6所；建成投用区实验小学科教园校区等中小学3所，新增教学班108个、优质学位4860个。聚焦“病有良医”，在全区17个街道建成投用22个社区卫生服务中心，实现了辖区社区卫生服务全覆盖。聚焦“老有颐养”，建成投用街道级养老服务中心9个、社区养老服务设施12个。聚焦“住有宜居”，完成安置房网签3251套、16万平方米，回迁群众7371人。

综　述

【概况】　2021年，是极不平凡的一年。金水区亲历了党和国家历史上具有里程碑意义的大事，胜利实现了第一个百年奋斗目标，迈上向第二个百年奋斗目标进军的新征程。一年来，面对疫情汛情的严重冲击，在省委、市委的坚强领导下，区委坚持以习近平新时代中国特色社会主义思想为指导，全面贯彻中共十九届六中全会和省市党代会精神，紧抓郑州国家中心城市现代化建设、中部地区崛起、黄河流域生态保护和高质量发展战略机遇，聚焦打造“创新智城·品质金水”、建设国家一流现代化国际化中心城区的总体目标，强化统筹、精准发力，推动疫情防控取得重大成果，保持经济稳定增长，民生事业协调发展，社会大局和谐稳定，党的建设进一步加强，各项工作都取得了新的成效。

【经济发展】　2021年，在全国高质量发展百强区和投资竞争力百强区中，金水晋级至第22位和第11位，均比2020年前进4个位次，荣登中国智慧城市百佳县市第14位，跻身全国市辖区高质量发展百强榜第19位。

抓培育、调结构，城区经济发展稳中向好。聚焦发展五型经济、培育五大产业，以深化“万人助万企”活动破难题，以实施“千企万户”支持计划保主体，以出台“1+N+X”产业扶持政策激活力，强力推进“四个三”建设，扎实开展“大干一百天、奋力保全年”攻坚行动，加快数字赋能、企业上云，全力以赴对冲汛情疫情影响。全年新增规上企业309家，总量达2388家，现代金融、商贸服务、信息科技等主导产业增加值完成1113亿元，对经济增长的贡献率超过85%。以信息安全、软件服务为代表的数字经济核心产业完成增加值162.6亿元，增长16.2%，总量和增速居全市六区首位。突出“项目为王”，滚动实施“三个一批”，新开工省、市、区重大项目54个，完成投资750亿元，以项目建设的主动轮带动经济运行的所有轮子一起转。全年实现地区生产总值1879亿元，增长3.1%，一般公共预算收入121亿元，增长1.8%，社会消费品零售总额1034亿元、增长5.5%，成为全市唯一一个社消零破千亿元的区县（市）、全省唯一一个发展战略性新兴产业成效明显受到国务院督查激励的区县（市）。

抓智汇、聚人才，创新驱动活

力加速释放。以建设国家人才创新发展高地为引领，着力推进“四个一流”创建。出台《金水区促进科技创新高质量发展专项扶持办法》，投用“数智金水产业大脑”系统，“数据免报即清、政策免查即至、奖励免申即享、发展全息画像”服务覆盖全区科创企业。实施“人才+项目+资金”的“双招双引”工作模式，新增本土两院院士1名，新引进培育郑州市高层次人才5人、创新创业团队（项目）10个，辖区各类领军型优秀人才存量超过1300人，全年登记技术合同成交额达到51.9亿元，占全省总量的1/10，万人发明专利拥有量达23件，是全省平均值的5.7倍。推进“四个百分百”研发攻坚，组建河南省人工智能产业研究院，揭牌运行嵩山、黄河、神农3家省级实验室，汇聚院士工作站46个、国家级孵化载体19家，拉动全社会研发投入强度达2%，同比增长38.8%，超过全省平均水平。开展“十百千”科技企业梯次培育行动，众诚信息获评全省创新龙头企业、信大捷安入选国家级重点“小巨人”企业，全年新增科技型企业337家，总量超过2000家，占全市的1/5；新增高新技术企业330家，占全省增量近1/10，坚定走好创新驱动高质量发展“华山一条路”。

抓要素、强功能，发展支撑平台持续巩固。把平台建设作为经济主战场，优化要素配置，加快功能拓展，持续强化载体支撑功能。金水科教园区“车规级芯片检测综合生产线”建成投产，金冠同利、36氪等90家重点企业签约落户，成功举办2021金水科创大会、2021世界数字产业博览会，2项科研项目分获2021数博会领先科技成果优秀奖、河南省科技进步一等奖。国家知识产权创意产业试点园区实践“科学家知识产权经纪人”服务模式，组建全国首支知识产权服务官队伍，依托世界知识产权组织技术与创新支持中心，开辟全市创新主体获取全球信息服务主渠道，获评“2021年度中国设计产业100强十佳设计园区”。河南科技园区主营业务收入突破180亿元，同比增长10%。全区260幢商务楼宇，税收超千万元楼宇达到55幢，税收超亿元楼宇达到14幢，全年楼宇经济完成区级税收30亿元，同比增长8%，获评“2021中国楼宇经济发展特别推动奖”。

抓改革、促开放，经济发展环境不断优化。把激发市场活力、提高资源配置效率作为深化改革、扩大开放、优化环境的努力方向。以全面深化改革为动能，统筹推进9大领域、53项重点改革事项，科技体制改革、区属企业改革、财税体制改革加快实施，自贸区块制度创新、国家知识产权创意产业试点园区运营改革模式全省推广，改革创新工作获省委改革办红榜通报。以拓展开放平台为导向，推动自贸区块注册企业突破2000家，“一带一路”经贸产业园获批省市电子商务示范基地，全区跨境电商交易额达到107亿元，外贸进出口突破130亿元，均居全市六区首位。新落地中钢网等67个总金额332.3亿元的优质产业项目，其中百亿级头部企业、主导产业链项目8个，超额完成市定“125计划”任务。以优化营商环境为保障，率先在全市推出“企业变更”“一件事”服务，社保、车驾管等110个事项实现街道社区“就近办”，税务等400项业务实现24小时“自助办”，区政务服务办事大厅顺利通过“省级社会管理和公共服务标准化示范项目”验收。优质的营商环境带动市场主体逆势新增4.7万户，达到27.7万户，总量占全市近1/5、全省近1/30。

【城区品质】 持续增强承载功能。建成安置房194万平方米，回迁群众7371人，挂牌出让土地突破180公顷，创历史新高。金水区大型生活垃圾分拣中心试车运行，16条新建道路6条断头路全线贯通，7289个公共停车泊位建成投用，全区居民垃圾分类覆盖率达到98%、无害化处理率达到100%，市政设施日趋完善。强化核心板块规划建设，郑州国际金贸港控规编制、城市设计、土地出让、EPC招标全部完成，正在加快施工，完成年度投资22亿元。金科智慧城控制性详规通过市政府联审联批，河南省信息安全产业示范基地全面建成投用，板块区域内总长8.2千米的“四横四纵”交通路网，已建成通车6.5千米，占总任务量的80%。

持续提升城区品位。发扬“工匠精神”，严把设计、施工、成本、管控“四道关口”，综合改造花园路、三全路等12条72.2千米主干道，系统提升纬一路、政七街等11条15.7千米支路背街，先后完成81条道路75.8千米架空通信线缆入地，打造“飞机楼”等城市新景观80余处，行政片区顺利通过国家级城市更新建设标准化示范项目验收。狠下“绣花功夫”，坚持一院一设计、一院一专班，对176个210.34万平方米老旧小区进行“片区式”改造，直接惠及群众7万余人。文化路5号院、丰产路47号院等一批精品楼院改造经验被住建部充分肯定、全国推广。做足“乡村文章”，聚焦15平方千米沿黄区域，高起点编制系统规划，强力实施人居环境集中整治，全面落实农户“四改”，仅用42天就完成73万平方米违章建筑、安全隐患整治工作，彻底实现旱厕、黑臭水体、乱堆垃圾动态清零。完成马渡提升，来童寨、黄岗庙美丽庭院、精品庭院改造74户、新建庭院117户，“金水稻”项目、马渡梦想科创小镇等首批26家公司顺利落户，青少年教育实践基地、国家氢能源产业示范区项目加快推进，黄河沿岸美丽乡村聚落初见雏形，接受全市美丽乡村建设推进会现场观摩。

持续优化生态环境。打好污染防治攻坚战，金水区涉气工业企业管控平台上线运行，90家重点排污单位纳入实时监管，188个工地完成智慧化改造，$PM_{2.5}$、PM_{10}分别下降19.6%和9.6%，全年优良天数达到236天，创2016年以来新高。落实落细“河长制”责任，深化“四水同治”，推进“五水综改”，全线河道可视化系统投入使用，东风渠综合提升工程基本完工，马渡污水处理厂提标改造工程全面完成，来童寨、黄岗庙污水处理站建成运营，辖区污水处理实现全覆盖。中央生态环境保护督察交办案件全部办结销号，S312沿黄示范性绿道圆满竣工。新建公园游园17个，新增绿化面积88.7万平方米，辖区群众开窗见绿、四季有景。

【民生福祉】 全年累计投入62.3亿元用于改善民生，占区级财力的76.48%，切实让改革发展成果更多惠及群众。聚焦劳有厚得，深入推进“人人持证、技能河南”建设，举办“春风行动”等线上线下招聘会40场，组织职业技能培训452期、3.6万人次，新增就业3.9万人，城镇登记失业率控制在4%以内，城镇居民和农村居民人均可支配收入分别达到53471元和32068元，位居全省第一。聚焦老有颐养，搭建智慧健康养老云平台，建成投用街道养老服务中心12个、社区日间照料中心136个，覆盖率达85%。探索建立的“三级联动、线上线下、以大带小、延伸居家”社区养老服务体系建设，得到省委楼阳生书记调研肯定和全省现场观摩会肯定。认真落实“双减”任务，依法取缔无证培训机构910所，新投用小学3所、幼儿园6所，新增普惠性幼儿园37所，“5+2”课后服务经验、劳动教育课程入选教育部典型案例，经验向全国推广。建成投用社区卫生服务中心22个，全部落实“四有”保障标准，金水总医院顺利通过三级综合医院执业评审验收。推进“互联网+透明车间”建设，实施校园食品安全守护行动，累计新建改造街道高标准农贸市场（农产品超市）14个，完成食品安全监督抽检18883批次，合格率达99.98%。12个街道级党群服务中心建成投用，500平方米以下社区党群服务中心全部清零，1000平方米以上社区党群服务中心占比达到50%。深化“三零”创建活动，建立区委安全稳定工作定期会商制度，组织实施安全隐患排查和消防安全集中整治月行动，强力推进问题楼盘攻坚化解，严厉打击网络电信诈骗，进一步巩固了安全稳定的社会局面。统筹推进“数智金水”城市大脑建设，积极开展“最多跑一次、一码解纠纷”矛盾纠纷多元化解机制试点，高标准建成全市首个实体化运行的“金水区社会治理综合服务中心”，群众反映诉求实现“一站式受理、一条龙服务、一网式跟踪、一体化研判”，中央联席办移交案件、问题楼盘等一大批矛盾纠纷和风险隐患得到有效化解。

【民主法治建设】 支持人大履行宪法法律赋予的各项职责。区人大及其常委会依法行使监督、决定、任免等职权，紧紧围绕区委中心工作，全面深化街道居民议事会议制度试点工作，扎实开展民生实事项目专项监督，积极推进代表“连心桥”主题活动，创新探索居民议事厅建设新机制，全年听取和审议“一府两院”专项工作报告29个，审查批准民生领域重点项目69项，开展视察、执法检查132次，助力全区重点工作有效落实。市委、市人大常委会先后2次在金水区召开现场会，推广金水区基层民主工作经验。

充分保障区政协依章履行职能。支持区政协及其常委会充分发挥政治协商、民主监督、参政议政作用。在全省率先出台《关于进一步推进“有事好商量”协商议事工作的意见》，以“有事好商量”协商议事平台为依托构建三级协商体系，创建全国“首届人民政协优秀委员工作室”，围绕“优化营商环境”等课题开展调研协商22次，为党委决策施策提供了一大批有价值、有分量的建议案，代表全省区县（市）接受了全国政协张庆黎副主席的调研视察，获得充分肯定。巩固发展最广泛的爱国统一战线。组织民主党派人士、无党派人士、新阶层人士和侨胞、侨属强化“四史”学习，切实增强听党话、跟党走的政治自觉。开展“两个健康”示范区创建，举办“强信心、挖潜力、促增长”活动，支持非公经济健康发展。成立新阶层联谊会党支部，实现联络处、工作站党建指导员全覆盖。深入贯彻中央民族工作会议精神，实施宗教治理三年行动计划，铸牢中华民族共同体意识。工会、共青团、妇联等群团组织作用有效发挥，党管武装进一步加强，顺利获评双拥创建先进区。

全面深入推进依法治区。深入贯彻习近平法治思想，充分发挥区委全面依法治区委员会统筹协调作用，系统推进法治政府建设，全面落实“司法为民八件实事”，深入实施“法律九进”普法宣传，顺利创建全国模范司法所1个、省级五星司法所7个，全区司法所全部达到省级三星以上标准，获评“河南省法治县（市）区创建活动先进单位”。深入开展政法队伍教育整顿，紧扣“三个环节”，聚焦“四项任务”，开展“六大活动”，整治顽瘴痼疾1819个，处理处分56人，进一步净化了政法队伍，促进了司法公正。

【全面从严治党】 抓机制促落实，扛稳管党治党主体责任。建立区党政领导班子直接联系群众制度，坚持“三级联述联评联考”，常态化开展基层党建逐社区（村）观摩，组织在职党员到社区报到服务1.2万人次，落实落地各级党建责任。把服务省委巡视“回头看”和抓好巡视整改作为解决全区管党治党突出问题、推动全面从严治党向纵深发展的重要抓手，成立区委整改落实工作领导小组及8个专项小组，先后召开3次区委常委会、4次领导小组会议，系统制定整改方案，分解细化反馈意见，坚持台账管理、对账销号，举一反三、标本兼治，扎实推动巡视整改。在1个月的集中整改阶段，16项整改任务办结12项，办结率达75%，剩余4项正在按时序加快推进。省委巡视第十三工作组向市委反馈巡视整改工作时，对金水区巡视整改成效给予高度评价。

抓宣传重引导，维护意识形态领域安全。强化正面宣传引导，在疫情防控、抢险救灾“双线作战”的关键时期，72小时内在央视滚动播出12篇新闻稿件，向全国人民展示了金水万众一心抗疫情、战灾情的良好形象。中秋佳节，金水创新发展宣传片登上纽约时代广场“中国屏”，吸引新华社、《欧洲时报》等国际媒体的密集关注，大幅提升金水的知名度和美誉度。全年在各级各类媒体上发布新闻稿件20542篇，其中中央级媒体1071篇；《你好，同学》大型融媒体思政课收看人次超过500万，“金水发布”获评2021年度中国优秀政务新媒体。

抓基层打基础，加强新时代功能性党组织建设。以实施“头雁工程”为抓手，高质量完成社区（村）“两委”换届，新任“两委”

干部学历、年龄实现“一升一降”。以农村发展党员违规违纪问题排查整顿为契机，规范全区各级各类党组织党员发展工作，严把党员质量关口。以基层党建重点任务集中攻坚行动为载体，扎实推进党建引领城市治理、乡村振兴、营商环境优化三大行动，出台党建引领美丽乡村建设“九条措施”，实施农村人居环境整治“九项行动”，优化完善214个社区（村）党组织、956个三级网格“一长六员”，645个无主管楼院全部建立党组织，实现机关干部联系分包全覆盖。以提升基层党组织组织力为重点，开展“亮、赛、比”活动53场，举办“百名社区书记到通信花园社区跟班学习”14期，树立大抓基层、争先创优的鲜明导向。信大捷安党总支、杲村党总支获评省级基层党建示范点，通信花园社区党委被中共中央授予“全国先进基层党组织”荣誉称号。

管好人用对人，全面加强干部队伍建设。坚持“干部是干出来的、不是熬出来的”，结合区委、区纪委换届以及事业单位机构改革，科学合理调配科级领导班子。统筹做好省委“墩苗育苗”和市委“双百工程”优秀年轻干部的岗位安排工作，选派560余名年轻干部到疫情防控、灾后重建、城区“双改”、大气污染防治等急难险重岗位历练，累计培训干部5400人次，让年轻干部有更多机遇得到锻炼成长。合理使用公务员职级职数，晋升科级公务员290余人次，盘活岗位资源，激励干部担当作为。进一步完善动态化干部监督电子系统，加强规范领导干部配偶、子女及其配偶经商办企业行为的日常管理，严格落实因私出国（境）管理，持续深化干部日常监管，实现从严监督管理干部常态化。

抓纪律转作风，营造风清气正政治生态。全面压实党组织主体责任、书记“第一责任人”责任、班子成员“一岗双责”，一体推进“三不”体制机制建设，持续巩固风清气正的政治生态。坚持正风肃纪，常态化开展“四风”突出问题监督检查，深入推进机关效能大提升活动，全年查处违反中央八项规定及其实施细则精神问题7件、8人，督促整改机关效能问题477个，帮助企业纾困354项，推动辖区营商环境持续优化。坚持从严监督，制定出台《充分发挥监督作用为“十四五”规划实施提供坚强保障的意见》，保障“十四五”顺利开局。深化警示教育和全程监督，维护风清气正的换届环境。加快“1+N+E”智慧监督平台建设，聚焦卫生城市复审、安全隐患整改、问题楼盘处置、老旧小区改造开展专项监督，深入防汛救灾和疫情防控一线靠前监督，推动解决一大批疑难问题，保障区委中心工作的有效落实。十一届区委巡察发现问题整改全部清零，十二届区委首轮巡察高标完成。坚持无禁区、全覆盖、零容忍惩治腐败，贯通运用监督执纪“四种形态”，其中第一、二种形态占比82.9%。全年立案审查调查95件，给予党纪政务处分116人，组织处理109人，依法移送审查起诉9人，持续形成不敢腐的强大震慑。

【文秘政研】　以解决经济社会发展过程的重点问题为抓手，以提高调研成果转化率为关键，主动介入、长期关注、深入思考热点问题，围绕“五个一”、“四个三”、安全稳定、社会治理、党的建设等夯基固本重点工作进行调查研究，为区委把握情况、正确决策提供了大量有价值的参考素材。主动站位全区工作大局谋划思路、推进对策，超前思考，深度研究，精雕细琢，着力提高文稿服务水平，先后围绕全区科技创新、城区经济、产业转型、改革开放、社会治理、民生保障、能力作风、党的建设等重大工作部署，完成区委重要文稿960余篇，为区委一系列重大决策部署的形成与出台提供了高质量的文稿服务。特别是在谋划筹备区第十二次党代会文稿工作中，进行了大量的创新性、创造性工作，勇于打破以往结构框架、语言风格、工作举措等写作惯例，紧扣区委战略构想、思路方向、部署要求，在总结市委主要领导调研金水指示精神和“两率先一争当”的基础上，结合金水发展阶段性特征和规律，形成高水平打造“创新智城·品质金水”、建设国家一流现代化国际化中心城区的总体目标，明确了创建经济高质量发展先行区、城市高品质建设典范区、社会高效能治理引领区、民生高标准供给标杆区“四个城区”的发展路径，为区委准确高效落实省市委各项决策部署提供了充分参考。

【信息工作】 注重在紧贴思路、拓宽视野、延伸触角上下功夫，坚持高效与高质相统一，围绕区委领导关注点，通过深度挖掘、组合采编、全景呈现等方式，提供及时高效的决策服务，全年在机关网《金水报道》栏目刊发信息900余条，编发《金水信息》《工作情况交流》共31期。中办综合采用1条，市委书记徐立毅对《金水区在“双改”工作中着力构建宣传引导和舆情处置新机制》作出批示，较好发挥了党委信息工作的“耳目”作用。

【公文处理】 认真贯彻中央、省委、市委各项新要求新部署，大力推进“流程化、精细化、标准化”建设，坚决防止文件“带病”出台，2021年共核发可精简类文件60件，发文数量明显下降；备案规范性文件8份，连年保持报备率100%，公文质量显著提高。

【深化改革】 充分发挥议事协调机构作用，积极跟进市委改革工作部署，坚持把改革工作融入全区中心工作安排部署，组织统筹改革向基层延伸和基层改革制度集成双向发力，出台《区委全面深化改革委员会2021年改革事项预安排》及配套措施，安排部署九大领域、53大项重点改革事项，带动上级改革任务在金水落地见效。

【外事工作】 认真履行外事职能，推动各项工作取得新进展。召开中共金水区委外事工作委员会第二次会议，传达中央、省委、市委外事会议精神，研究部署辖区外事工作，审议通过《金水区2021年对外工作要点》。认真做好邀请外国人来郑审批的初审工作，助力外向型企业加快复工复产。2021年共办理16家涉外企业邀请外国人来郑州入境初步审核手续43人。对金水区在非洲企业面临的风险隐患进行摸底排查，重点对省市要求排查的4家企业进行风险评估，提醒企业注意在海外与当地使馆保持联系，妥善处置突发事件。妥善处理省市外办交办的5起涉外事件，并及时向市委外办报告情况，有力维护了金水区的对外形象。加大领事保护宣传力度，组织全区各街道、各园区管委会、商务局、自贸办等相关单位开展春节预防性领事保护宣传，筑牢群众思想防线；多渠道、多形式组织开展金水区海外领事保护宣传活动，设置宣传版面，发放宣传手册200余份、宣传手提袋5000个、宣传标语136幅、宣传资料6660多份、宣传品5800多份，并采取线上线下联动宣传模式，进一步扩大宣传覆盖面。协助做好外国记者服务和管理。扎实做好涉外人员疫情防控服务，建立信息台账，积极指导街道对返郑州外国人开展政策宣讲，使其配合辖区疫情防控政策和要求。做好外事接待工作。较好完成了柬埔寨驻华使馆商务参赞一行考察科教园区对接安排工作；精心筹备感知黄河活动，筛选5个参观点，谋划好方案，力争通过该活动锻炼和提高外事活动能力，向国际友人展示金水形象。组织参观“奋斗百年路 启航新征程”河南对外交往暨习近平思想在河南的实践展。进一步深化党史学习教育成效，推进全区领悟习近平外交思想走向深处。

【档案工作】 持续提高档案管理服务水平。先后多次对疫情档案的归档整理工作进行指导，要求做到边形成边收集，要做到疫情防控工作开展到哪里，文档资料就跟进到哪里，确保档案资料“应收尽收”“应归尽归”。在第14个国际档案日来临之际，以“档案话百年，永远跟党走”为主题在档案馆门前开展集中宣传活动，提高全民档案法治意识，使档案的法律法规更加深入人心，积极助推全区档案事业发展。在档案绩效考核中，积极探索绩效考核机制，以绩效考核为抓手，促进效能提升，努力做到以考核促进工作开展、以工作成效体现考核成果，充分调动工作人员的积极性、主动性，从而推动各项工作稳步落实。

【督查工作】 突出中心抓督查。以落实区委十一届十二次全会、区委第十二次党代会的各项任务目标为督查工作主线，结合市委十一届十三次全会精神、重大决策部署进行责任分解，将任务量化细化、责任到人、限时办结、跟踪督办，以金办文、金办网形式下达市委、区委重点工作任务分解5期、277项任务，形成各项工作落实情况报告和台账12期，其中，年度报告1期，季度报告和台账6期，周报告5期，向市委共上报9期，有效确保了市委、区委重大决策部署在金水落地生根。突出重点抓落实。坚持统筹力量，专事专班，跟踪问效的工作原则，把督促检查贯穿到各专项重点工作任务落实的每个方面、每个阶段、每个环节，确保各责任部门不折不扣地贯彻执行。2021年以来，先后对全区优化营商环境、疫情防控、防洪抗灾、国家卫生城市复审和安全生产、重大节假日值班等10余项重点专项工作开展了线上线下相结合的专项督促检查。开展专项督查10余次，现场督办60余次，下发督查通知60余份，线上交办568件，下发督查通知90余份，形成各类督查报告10余份。突出民生抓成效。针对“五个一、四个三”，老旧小区改造，示范道路改造提升两侧绿化工程，区道路管线综合改造，沿黄科创带芯基地项目建设以及区委重要会议议定事项和市委、区委主要领导在辖区调研发现的现场问题，深入开展督查调研，形成了一批督查调研成果，为区委决策提供了有价值的参考。

【国家安全】 强化底线思维，统筹做好各领域防范化解重大风险工作。增强国家安全意识。区委国安办将习近平总书记关于国家安全工作重要讲话精神和国安法、生物安全法等内容，列入区委中心组、全区科级中心组理论学习计划，有效增强全区党员干部国家安全工作意识。强化国家安全宣传教育。出台相关工作方案，对各类宣传活动的开展提出了明确要求。并在辖区内各大商圈、交通主干道和公交场站等人员密集场所，设置国家安全知识宣传展板300余块、悬挂国家安全宣传条幅400余条，发放各类宣传资料10万余份，利用1000多处LED屏通过播放宣传视频和标语等形式，广泛深入、持续不断地宣传国家安全教育知识。出台相关工作方案和工作制度，明晰各成员单位工作职责，明确各街道副书记为分管领导。严格危机管控化解。为进一步加强国家安全危机管控工作，建立了金水区2021年度防范化解重大风险台账，实行市、区两级动态更新、对照跟踪、协同问效。

【机要保密】 认真贯彻落实全国、全省、全市有关要求，成立保密委员会和保密办，制定《电子政务内网安全保密管理制度》，持续抓好定密管理、网络保密管理和涉密人员管理“三大管理”工作，全面提高了密码通信、机要管理和党委信息化建设工作水平。

【党史工作】 高度重视党史的资政服务功能，扎实开展党史学习教育，充分发挥党史研究部门“存史、资政、育人”的职能。2021年征集编纂金水区委大事记和书记大事记、《金水年鉴2021》区委部分，配合市委完成《郑州市委工作纪实》，撰写《金水区委党史研究室关于党史工作建设情况的报告》，为全面提高党史工作科学化水平提出了思路和对策。

【目标考评】 制定出台《2021年度综合工作考核评价办法》，为全区17个街道、68个区直单位开展考核工作提供有力遵循；根据市考评办有关要求，高质量完成2021年度特色创新目标申报工作。充分发挥了综合考评工作“风向标”“指挥棒”作用，进一步改进和完善了综合工作考核评价制度，综合运用目标考核手段，助推区委、区政府中心重点工作落实。

【综合协调】 强化“内外融合、资源整合、整体配合”理念，按照“涉区事项主动协调、多头实现牵头协调、重大事项深入协调”工作模式，建立健全与省直机关和各级驻区单位、四个班子办公室、区级重点工作领导小组、各街道和区直各单位的对接机制及重大会议活动联动协调机制，实现“上下左右协调到位、中心工作高效运转”。集中力量抓好区委重要会议、重大活动、重要接待的统筹协调。严格标准、规范程序、协调各方，保障区委重要会议和重大活动的顺利开展。圆满完成了市委、市政府主要领导到金水区调研视察的接待服务工作。全年承办区十二次党代会、区委全会、全区领导干部会、区直部门工作交流会等大型会议20余次，区委常委会会议42次。集中力量抓好区委领导政务活动的统筹协调。积极做好区四大班子领导工作的协调安排，定期编排区领导活动安排表，每周向市委办公厅上报区委主要领导工作安排。全年服务保障领导出席全区城市道路综合改造工作观摩、高品质城市建设管理工作暨创建国家卫生城市复审工作观摩推进会等临时性会议和基层调研活动152余次。集中力量抓好中心工作、重点任务的统筹协调。主动加强与发改委、科技局、商务局、民政局等有关部门和金水科教园区、河南科技园区、国家创意园区等三大园区的沟通协调，建立健全联审联批、工作部署、信函问政、召开协调会等工作机制，落细落实区级层面重点工作月观摩讲评、区直单位季度座谈交流、社区（村）“亮赛比”活动等常态化工作机制，为区委充分发挥党“总揽全局、协调各方”的领导核心作用发挥了积极作用。

【应急处置】 立足打造统一指挥、反应灵敏、部门联动、处置有力的快速反应机构和综合处置平台，充分整合街道、部门值班室力量，有效利用各种资源，实现办公室应急处置工作由单打独斗向整体作战转变。高标准建立区视频联调系统。高标准高规格建立专用调度视频会议室，安装云视讯视频会商系统，连接全区17个街道、26个区直单位，构建区级值班工作视频会商系统，为应急协调联动处理应急性工作提供了有力保障。特别在2021年“7·20”特大暴雨抢险救灾和下半年疫情防控工作中发挥了重要作用。提升办公室值班工作规范化水平。对标省委、市委值班室工作标准，修订完善区委值班工作规范化制度及流程，健全带班制度、请示报告制度、交接班制度等10项工作制度，细化、完善了紧急信息处置、文件流转工作流程、收文操作指南，使值班管理工作更加规范化科学化，确保三级值班制度的贯彻落实，保障区委24小时政令畅通。保障全区值班工作运转有序。整理制定“全区单位节假日值班表”“节假日期间查岗表”，按要求开展节假日期间值班查岗工作；节日期间每天编辑《值班日报》，2021年国家法定节假日期间，共编发34期，节后编发《值班通报》对全区各单位值班工作中存在问题的单位及个人进行集中通报。规范突发事件报送工作。遇到重大突发事件、重要社会动态、紧急灾情以及其他重要紧急情况，在30分钟内掌握情况口头上报上级领导和部门，1小时内形成文字，整理上报，做到及时、准确报送。及时收集各单位工作推进中存在的问题、遇到的难题、对上级的有关建议和重大紧急突发事件上报主要领导。区委办公室主动加强与省委、市委值班室，省直、市直各部门和区维稳办、信访局、公安局等职能部门的协调配合，反应速度和危机处置能力显著提升。

【“7·20”特大暴雨灾害应急处置及灾后重建】 打赢了防汛抢险救灾攻坚战。面对“千年一遇”的特大暴雨，即时启动应急响应，组织全体县处级干部下沉街道、14.4万名党员干部和志愿者奔赴一线，落实“6+N”分片包干机制，实施“五个一”行动，开展“进万家门、访万户情、聚万民心”活动，成功处置贾鲁河漫堤、连霍高速滑坡、丰产路燃气泄漏、正弘城群众被困等102处险情，安全转移群众19725人，最大限度保护群众生命安全。同步开展“四通一排”“两清一消”，仅用6天时间，辖区266个地下空间严重积水楼院、603个停电小区、1170个停水小区全部修复，87.5万名受灾群众基本生活恢复正常。面对新中国成立以来最严重的黄河秋汛，扛牢“保障黄河安澜”重大政治责任，建立黄河抗洪抢险前线指挥部，连续31天驻守马渡险工第一线，24小时巡堤坝、查河势，有效应对3场编号洪水，及时消除52次河堤险情，取得了“不死人、不漫滩、不跑坝”的最终胜利。坚持把做好灾后重建作为重大民生工程，在全市率先出台灾后重建“助企九条”，为5493家小微企业、“三农”主体提供金融担保9.66亿元，谋划实施74个总投资5.7亿元的灾后重建项目，以最快速度恢复生产生活秩序。

【新冠肺炎疫情防控】 打赢了多轮疫情防控阻击战。针对常态化疫情防控，建立“平战结合”快速转换长效机制，健全AB角、三人小组、“11333”等运行模式，搭建涵盖社会防控、卫生防治、校园疫情防控、冷链、信息排查五大数据研判、20大数据模块的常态化疫情防控综合指挥平台，强化人、物、环境的全覆盖、全流程、数字化闭环管理，时刻保持多点触发、灵敏反应、有效处置的应急状态。针对多轮疫情反弹，建立扁平化指挥调控体系，落实“八包一”防控责任，强化“三公一大”协同作战、流调溯源，第一时间管住重点人群、重点场所、重点区域，零误差完成160多万名常住居民、2709万人次的核酸检测，专业化、人性化实施5000余人的集中隔离服务措施，以最快的速度锁定、圈住传染源、扑灭疫情。2021年7月底疫情在一个月内得到控制，2021年11月疫情实现一个潜伏期“清零”，牢牢守住了群众健康安全的“生命线”。相关做法被中央电视台连续报道，经验在全市推广，得到了国务院联防联控机制督导组的充分肯定。

（撰稿：刘　静　审阅：拜　祎）

区委重要会议

【区委十一届十二次全会暨区委经济工作会议】 1月9日，中国共产党郑州市金水区第十一届委员会第十二次全体会议暨区委经济工作会议召开。全会高举习近平新时代中国特色社会主义思想伟大旗帜，深入贯彻中共十九届五中全会、中央经济工作会议和习近平总书记视察河南、郑州重要讲话精神，全面落实省委十届十二次全会暨省委经济工作会议、市委十一届十三次全会暨市委经济工作会议精神，总结过去、谋划未来，动员全区上下立足高质量、面向现代化，打造高品质现代化城区、创造高品质现代化生活，展现“率先出彩”更好形象，体现“率先崛起”更大作为，呈现“争当排头兵”更强位势，坚定走好特大城市中心城区高质量发展之路。会议由区委常委会主持。区委书记张红伟讲话。区委副书记、区长魏东安排部署当前工作。

全会听取和审议了区委书记张红伟受区委常委会委托作的工作报告，审议区委常委会2020年抓党建工作情况专题报告，审议通过了《中共金水区委关于制定金水区国民经济和社会发展第十四个五年规划和二〇三五年远景目标的建议》。表决通过了中国共产党郑州市金水区第十一届委员会第十二次全体会议决议。张红伟就《建议（讨论稿）》向全会作了说明，并就2021年经济工作进行安排部署。

全会充分肯定了2020年区委常委会的工作；高度评价“十三五”时期金水发展取得的重大成就；深入分析了金水区发展面临的新机遇新挑战；提出到二〇三五年实现“四优五化”现代化金水的远景目标：高水平建成高品质现代化城区，创造高品质现代化生活；提出了“十四五”时期金水发展的“一一三四六”目标路径。

十一届区委委员、区委候补委员出席会议。不是区委委员、区委候补委员的区四大班子领导，区法院院长，区检察院检察长，其他副县级以上领导，区委办公室常务副主任，区人大常委会、区政府办公室主任，区政协秘书长，区政协办公室主任，区四大班子办公室副主任，区委各部委由区委常委担任正职的部门常务副职，各街道党政正职，区直机关各单位主要负责人，由区级领导担任正职的区直机关单位常务副职；区纪委、监委班子成员，区委巡察办主任、巡察组组长，区人大、政协各工作（专门）委员会主要负责人，金水区税务局、金水区消防救援大队、金水市场发展中心、市生态环境局金水分局、金水公安分局、郑州交巡警一大队、郑州交巡警四大队、郑州交巡警五大队主要负责人，部分金水区第十一次党代会基层一线代表，辖区重点企业代表列席会议。

【金水区新冠肺炎疫情防控领导小组会议】 1月12日上午，区委书记张红伟主持召开金水区新冠肺炎疫情防控领导小组会议，深入贯彻落实近期上级关于新冠肺炎疫情防控工作的会议精神，综合辖区各类潜在风险因素，分析研判当前疫情防控面临的新形势、新任务，对金水区疫情防控工作进行再安排、再部署。会议听取了区疫情防控领导小组“一办四部四专班”近期疫情防控工作开展情况，魏东、张艳华分别就“一办四部四专班”和冬春季疫情防控工作进行安排部署。区领导魏东、张艳华、杨林、卢书选、杨洁、曹可艳、赵高翔、赵德武、张川、王珂，金水公安分局主要负责人，“一办四部四专班”组长、副组长及区直有关单位、各街道主要负责人参加会议。

【2021年深化以案促改工作暨廉政谈话会】 1月21日，金水区召开2021年深化以案促改工作暨廉政谈话会，深入学习习近平总书记重要讲话精神，贯彻落实全省一体推进不敢腐、不能腐、不想腐深化以案促改工作会议和全市深化以案促改暨领导干部廉政谈话会议精神，推进全区以案促改工作制度化常态化开展，让“严”的总基调更加鲜明，让风清气正的政治生态持续巩固，在全区上下进一步凝聚起干事创业的强大正能量，拉高标杆、加压奋进、提质发展，为“十四五”规划高质量发展开好局、起好步，为加快建设高品质现代化城区，实现“两率先一争当”营造更好环境、提供坚强保证。区委书记张红伟出席会议并讲话，区委副书记、区长魏东主持会议。

与会人员集体观看了《高压线下的疯狂——那磊案件警示录》警示教育片。

会议采取视频会议形式召开，主会场参会人员有区四大班子领导、全区副县级以上领导、区委各工作部门主要负责人、区直机关各单位主要负责人、区纪委监委领导班子成员、区委巡察机构负责人。同时，在各街道设立了分会场，街道领导班子成员、机关中层以上干部和村（社区）书记在分会场参加会议。

【2020年度党建工作责任制述职评议会】 1月22日上午，金水区召开2020年度党建工作责任制述职评议会，区委书记张红伟主持会议并作总结讲话，市委组织部三级调研员、组织员魏诗剑，市委党建办干部范琳培到会指导。

会上，各街道党工委和区财政局党组、区市场监管局党组书记分别就2020年落实基层党建、党风廉政建设、意识形态责任制情况依次进行了述职。张红伟对现场述职逐一进行点评，市委组织部三级调研员、组织员魏诗剑作统一点评。参会人员对述职人进行了现场测评。

区委常委，区委党建工作领导小组成员，区纪委监委领导班子成员，区直各单位党组织负责人，各街道党工委书记、纪工委书记、组织委员、宣传委员，部分“两代表一委员”和基层党员群众代表参加会议。

【党史学习教育动员大会】 3月6日下午，金水区召开党史学习教育动员大会。学习贯彻习近平总书记在党史学习教育动员大会上的重要讲话精神和党中央《关于在全党开展党史学习教育的通知》要求，落实全省、全市党史学习教育动员大会精神，安排部署全区党史学习教育工作，动员全区上下在学习党史中砥砺初心、践行使命，以担当实干和优异成绩迎接中国共产党成立100周年。区委书记张红伟出席并讲话，区委副书记、区长魏东主持会议。

全区副县级以上领导，区委办公室常务副主任，区人大常委会办公室主任，区政府办公室主任，区政协秘书长，区政协办公室主任，由区级领导担任正职的部门常务副职，区委各部委，区直各单位党政主要负责人，各街道党政主要负责人参加会议。

【政法队伍教育整顿动员部署会议】 3月6日下午，金水区召开政法队伍教育整顿动员部署会议。认真贯彻习近平总书记关于加强政法队伍建设的重要指示和训词精神，落实全国、全省、全市政法队伍教育整顿动员部署会议精神，对全区政法队伍教育整顿进行动员部署。区委书记、区政法队伍教育整顿领导小组组长张红伟出席会议并讲话。

区委副书记、区政法队伍教育整顿领导小组常务副组长张艳华主持会议，区政法队伍教育整顿领导小组副组长杨林、曹可艳、赵德武、蔡理亮、王青、何汝伟出席会议。

【区委中心组第一次党史学习教育专题集中（扩大）学习】 3月27日上午，金水区组织召开区委中心组第一次党史学习教育专题集中（扩大）学习，以“示范效应”推动党史学习教育不断往深里走、往实里落。中共河南省委党校哲学教研部主任田宪臣以《学习百年党史 汲取奋进力量》为题深刻阐述了学习党史的重要意义。会议由区委书记张红伟主持并讲话。

报告会上，田教授结合自己的学习思考和体会，系统讲解了学习党史的重大意义，围绕学好、用好党史基本著作，系统回顾了百年来中国共产党团结带领人民走过的光辉历程，取得的辉煌成就，全面介绍了开展党史学习教育的主要内容和学习目的，为大家学习领会习近平总书记关于党史学习的重要论述，组织开展好党史学习教育，做了一次重要的辅导和很好的动员。

区委中心组成员，区委常委所在部门常务副职，区人大办公室主任，区政府办公室主任，区政协秘书长、办公室主任，各街道党政正职，区直各单位主要负责人，街道基层党组织负责人300余人参加会议。

【中国共产党郑州市金水区第十一届纪律检查委员会第六次全体会议】 3月29日上午，中国共产党郑州市金水区第十一届纪律检查委员会第六次全体会议召开。区委书记张红伟出席会议并作重要讲话。区委常委、区纪委委员、区监委委员出席会议；区人大常委会、区政府、区政协领导班子成员，区人民法院院长，区人民检察院检察长，其他区级领导干部，区委办公室常务副主任，区人大常委会办公室、区政府办公室、区政协办公室主任，区委常委所在部门常务副职，区直各单位党组书记，各街道党工委书记，区委巡察办主任、副主任，区委巡察组组长、副组长、副科级巡察专员，各街道纪工委书记，区纪委监委机关各部门副主任以上人员，区纪委监委各派驻纪检监察组组长，部分特约监察员列席会议。

【党史学习教育专题集中学习研讨会】 4月7日下午，金水区委理论学习中心组举行党史学习教育专题集中学习研讨会，区委中心组成员围绕学习党史和学习贯彻习近平总书记在党史学习教育动员大会上的重要讲话精神进行了研讨交流，结合各自工作实际分享学习心得体会。区委书记张红伟主持会议并讲话。魏东、张艳华、薛燕、余遂盈、杨林、付建峰、王爱辉、杨洁、李力、陈勇、高国全等分别发言，围绕“学党史、悟思想”主题，回顾党的历史，结合金水发展，聚焦当前全区转型升级高质量发展大局，深刻阐述个人的学习体会。区委中心组成员、各街道办事处党（工）委书记、优秀党员代表等参加会议。

【区委全面深化改革委员会第七次会议】 4月15日，区委全面深化改革委员会第七次会议召开，深入学习近期中央、省委、市委全面深化改革相关会议精神，研究金水区贯彻落实意见及相关改革事项，安排部署2021年改革工作。区委书记张红伟主持会议并讲话。

会议传达学习了中央全面深化改革委员会第十八次会议、省委常委会改革相关指示、市委全面深化改革委员会第九次会议精神。研究审议了区委全面深化改革委员会组织架构调整，研究了区委深改委2021年重点改革事项谋划安排情况。会议还听取了全区国有平台改革、产业园区改革专题汇报，研究审议了全区部分改革创新项目。

魏东、张艳华、杨林、付建峰、王爱辉、杨洁、陈勇、高国全、赵德武、竟新宇、张川、闵武杰、吴怀广等区委深改委组成人员出席会议。区委深改委各专项小组牵头单位和区直有关单位负责人列席会议。

【全区领导干部学习党的十九届五中全会精神集中教育活动】 5月13日上午，金水区在机关三楼多功能厅设立分会场，集中收看全市党的十九届五中全会精神集中教育培训开班动员会暨专题讲座。中共中央党校经济学部教授，博士生导师，政治经济学教研室主任李鹏以《建设社会主义现代化国家——“十四五”规划解读》为题做专题授课。全区县处级领导干部、区直各单位主要负责人以及各街道党工委书记、办事处主任共140余人参加学习。

【金水区委常委会扩大会议】 5月17日，金水区委常委会召开扩大会议，传达学习习近平总书记在推进南水北调后续工程高质量发展座谈会上的重要讲话和视察河南时的重要指示精神，传达省、市领导干部会议精神，安排部署金水区贯彻落实工作。会议强调，要全面落实习近平总书记关于河南及郑州的重要讲话和指示精神，把总书记关心关注的事放在心上、抓在手中，把总书记的关心厚爱、殷切期望转化为推动工作的强大动力，加快建设高品质现代化城区、实现“两率先一争当”，为郑州国家中心城市现代化建设、中原更加出彩、中部地区崛起、黄河战略实施作出新的更大贡献。区委书记张红伟主持会议并讲话。会议传达了习近平总书记在推进南水北调后续工程高质量发展座谈会上的重要讲话和视察时的重要指示精神。

【中国共产党郑州市金水区第十一届委员会第十三次全体会议】 5月17日下午，中国共产党郑州市金水区第十一届委员会第十三次全体会议召开。会议由区委书记张红伟主持，区委委员、候补委员出席会议。

会前，大家集中观看了警示教育片《镜鉴》；随后由区委组织部有关负责人宣读《关于召开中国共产党金水区第十二次代表大会的决议（草案）》；区委常委、组织部部长陈勇就决议（草案）作说明；最后，大会表决通过《关于召开中国共产党金水区第十二次代表大会的决议（草案）》。

【党史学习教育第二次专题集中学习研讨会】 2021年4月16日，《求是》杂志全文发表习近平总书记在庆祝中国共产党成立95周年大会上的讲话。根据中央和省市区委关于开展党史学习教育的工作要求，按照金水区党史学习教育的整体安排，5月25日，区委理论学习中心组召开党史学习教育第二次专题集中学习研讨会，集中学习习近平总书记在福建考察和在庆祝中国共产党成立95周年大会上的重要讲话精神，交流学习心得体会。区委书记张红伟主持会议并讲话。

研讨会上，区委副书记、金水科教园区管委会主任张艳华领学习近平总书记在福建考察时的重要讲话精神和庆祝中国共产党95周年大会上的重要讲话精神。杨林、陈勇、李贻忠、闵武杰、吴怀广、徐建军、张双喜7名区委理论学习中心组成员，经八路街道党工委书记李华、通信花园社区书记曹阳等基层代表，围绕学习贯彻习近平总书记重要讲话精神，结合工作实际作交流发言。

【金水区打造高品质现代化城区高端讲堂（第七期）】 6月9日上午，金水区打造高品质现代化城区高端讲堂（第七期）专题讲座举行。国务院参事室特约研究员、国务院参事室社会调查中心理事长、国家统计局原总经济师兼新闻发言人姚景源受邀到金水授课。该次高端讲堂以视频网络教学的形式，在区机关设1个主会场，在各街道设立17个分会场，全区县处级、科级、机关干部共1700余人参加讲堂。讲堂由区委常委、宣传部部长杨林主持。

【党史学习教育集中学习暨打造高品质现代化城区高端讲堂】 6月18日上午，金水区举办党史学习教育集中学习暨打造高品质现代化城区高端讲堂。讲堂邀请中国人民大学习近平新时代中国特色社会主义思想研究院副院长、北京市高校思想政治理论课特级教授王向明做专题辅导。区委理论学习中心组成员参加讲堂，讲堂由区委常委、组织部部长陈勇主持。

高端讲堂以视频网络教学的形式，在区机关设1个主会场，在各街道设立17个分会场，此外还在“金水发布”微信公众号、视频号、抖音、微博同步直播。全区县处级、科级、机关干部共1700余人参加。

【区委理论学习中心组党史学习教育第三次集中学习研讨会】　按照区委党史学习教育总体安排，6月24日，区委理论学习中心组召开党史学习教育第三次集中学习研讨会，围绕新民主主义革命时期历史、社会主义革命和建设时期历史、改革开放新时期历史、中共十八大以来的历史开展集中学习研讨。区委书记张红伟主持会议，市委党史学习教育第三巡回指导组到会指导。会上，中心组成员、街道和局委代表作交流发言。

【金水区“两优一先”表彰大会】　在中国共产党成立100周年之际，6月28日，金水区“两优一先”表彰大会召开，共同庆祝党的百年华诞，讴歌党的百年伟绩，动员全区各级党组织和广大党员干部振奋精神、务实重干、砥砺前行，为实现“十四五”良好开局，为金水打造高品质现代化城区、实现“两率先一争当”的奋斗目标提供坚强的组织保证。区委书记张红伟出席并讲话，市委党史学习教育第三巡回指导组参加。

会议表彰了为金水作出突出贡献的优秀党员、优秀党务工作者和先进基层党组织，张红伟为老党员代表颁发了“光荣在党50年”纪念章，部分受表彰的先进集体和个人代表作了发言。

【区委审计委员会第三次会议】　6月29日，区委审计委员会第三次会议召开，传达学习习近平总书记在中央审计委员会第三次会议上的重要讲话精神及2021年全国审计工作会议、省委、市委审计委员会第三次会议精神，研究部署2021年审计工作。区委书记、区委审计委员会主任张红伟出席会议并讲话。

会议听取了2020年全区审计工作开展情况和2021年审计工作谋划建议，审议通过了《2021年度统一组织审计项目计划（草案）》《中共金水区委审计委员会办公室会议制度》《中共金水区委审计委员会成员单位工作协调推进机制》。

区委常委、常务副区长杨洁，区人大常委会常务副主任李贻忠出席会议。

【中共金水区委外事工作委员会召开第二次会议】　6月29日上午，中共金水区委外事工作委员会第二次会议召开。区委书记、区委外事工作委员会主任张红伟主持会议并讲话。

会议传达学习了习近平外交思想及关于对外工作的重要论述，通报了《金水区委外事工作委员会组成人员调整名单》，书面报告了2020年以来金水区委外事工作情况，介绍了金水区2021年对外工作要点起草情况，审议并原则通过了《2021年金水区对外工作要点》。

【金水区直机关庆祝中国共产党成立100周年表彰会暨“永远跟党走·奋进新征程”主题党日活动】　6月30日下午，金水区直机关庆祝中国共产党成立100周年表彰会暨“永远跟党走·奋进新征程”主题党日活动举行，区委常委会组成人员出席活动，区直机关各单位党组织书记、副书记、党员代表等350人共同参加了活动。

【全区防汛工作会】　7月13日，在收听收看全省、全市防汛工作电视电话会议后，金水区立即召开全区防汛工作会，对主汛期防汛工作进行安排部署。区委书记张红伟出席会议并讲话。区领导魏东、杨洁、张川、闵武杰、杨玉坤及各街道、区直有关部门主要负责人参加会议。

【政法队伍教育整顿总结暨“回头看”工作部署会议】　7月18日，金水区召开政法队伍教育整顿总结暨“回头看”工作部署会议，贯彻落实全省政法队伍教育整顿领导小组第六次会议和全市政法队伍教育整顿整改意见反馈暨总结会议精神，梳理总结全区政法队伍教育整顿工作成果，安排部署整改落实和“回头看”工作，推动教育整顿不断走深走实，取得更大成效。区委书记、区政法队伍教育整顿领导小组组长张红伟主持会议并讲话。

区政法队伍教育整顿领导小组副组长、成员，区委政法委、区法院、区检察院、金水公安分局、区司法局班子成员，区政法队伍教育整顿领导小组“一办四专班”有关人员，各街道政法委员、司法所所长参加会议。

【全区防汛救灾工作调度会】 7月27日，区委书记张红伟主持召开全区防汛抢险工作调度会，深入贯彻落实中央和省市防汛救灾和灾后恢复重建工作有关部署要求，听取相关情况汇报，分析研判当前形势，部署下步防汛救灾和灾后恢复重建各项工作任务。会议听取了区级专班和凤凰台街道等6个街道办事处防汛救灾工作进展情况。

【全区统筹灾后全面恢复重建和疫情防控工作会】 8月3日下午，金水区召开全区统筹灾后全面恢复重建和疫情防控工作会。深入贯彻习近平总书记重要指示精神，落实李克强总理近期关于防汛救灾的指示要求和省市工作部署，动员全区上下进一步发扬斗争精神，保持战斗状态，坚定信心、连续作战，以对党和人民高度负责的态度，坚持一手抓灾后恢复重建，一手抓疫情防控，打好打赢恢复重建、疫情防控“双线战”，有力、有序推动复工复产。对全区统筹灾后全面恢复重建和疫情防控工作再安排、再细化、再落实。区委书记张红伟出席会议并讲话。

会议听取了灾后恢复重建各工作组工作汇报。区委副书记、代区长张艳华安排部署全区统筹灾后全面恢复重建和疫情防控工作。

【新冠肺炎疫情防控工作专题会】 8月5日，区委书记张红伟主持召开新冠肺炎疫情防控工作专题会。区领导张艳华、杨洁及相关负责人参加会议。

【金水区防汛救灾工作会议】 8月21日，区委书记张红伟主持召开金水区防汛救灾工作会议。会议收听收看了省、市防汛工作视频会议；各局委和办事处就值班值守、地下空间疏散、沿黄河段等防汛准备工作进行了汇报；对做好新一轮强降雨的防汛救灾工作进行安排部署。

【金水区防汛工作调度会】 8月22日，区委书记张红伟在区委值班调度室主持召开金水区防汛工作调度会。会议以视频形式召开。区防汛指挥部相关负责人在现场参加会议，各街道党工委书记在分会场参加会议。会议收听收看了市防汛工作视频会议，各街道就值班值守、“关停封转撤”等各项防汛准备工作进行了汇报，并对防汛工作进行再安排、再部署。

【中国共产党郑州市金水区第十二次代表大会】 9月7日，中共郑州市金水区第十二次代表大会开幕。

区委书记张红伟代表中共金水区第十一届委员会，向大会作了题为《高水平打造创新智城品质金水，为建设国家一流现代化国际化中心城区努力奋斗》（以下简称《报告》）的工作报告。

《报告》提出，中国共产党郑州市金水区第十二次代表大会是在我国全面建成小康社会、阔步迈上全面建设社会主义现代化国家新征程的时代背景下，召开的一次事关金水发展全局、开创金水发展未来的重要会议。大会主题是：高举习近平新时代中国特色社会主义思想伟大旗帜，深入贯彻习近平总书记视察河南及郑州重要讲话指示精神，全面落实中央和省委、市委各项决策部署，回顾总结过去五年工作，研究部署未来五年全区经济社会发展和全面从严治党目标任务，动员全区党员干部群众，站位新发展阶段，树牢新发展理念，融入新发展格局，全面推进高质量发展，高水平打造“创新智城·品质金水”，为建设国家一流现代化国际化中心城区努力奋斗。

到2025年，全区生产总值年均增长9%以上，突破3000亿元人民币，人均GDP突破3万美元，财政总收入突破500亿元人民币，社会消费品零售总额达1500亿元人民币以上，固定资产投资年均增长11.5%以上，全社会研发投入强度达3%以上，每万人发明专利拥有量达35件以上，优质均衡便利的公共服务体系更趋完善，市场化、法治化、国际化的一流营商环境初步形成，城市总体绿量、生态景观效果大幅提升，经济治理、社会治理、城市治理统筹推进和有机衔接的智慧治理体系充分构建，党的建设全面加强，政治生态更加风清气正。

大会书面印发了区纪委工作报告及全区党费收缴、使用和管理情况的报告。

【区委常委会（扩大）会议】　9月7日，区委常委会充分利用区十二次党代会既定议程间隙，分两个阶段召开扩大会议，学习讨论省委书记楼阳生在省委工作会议上的讲话精神，进一步统一思想、凝心聚力，研究贯彻落实工作举措。区委书记张红伟主持会议并讲话。张艳华、杨洁、薛燕、余遂盈、王爱辉、牛满仓、胡光程、李力、唐莉军、陈勇、高国全、黄国彦、张超、李明刚、赵德武、冉建军、王政英、王志鸿等出席或列席会议。

【全区防汛应急、安全生产、疫情防控及“双节”党风廉政建设工作视频会议】　9月16日下午，区委书记张红伟召开全区防汛应急、安全生产、疫情防控及“双节”党风廉政建设工作视频会议，区领导张艳华、张超、李明刚、王政英，区防汛抗旱指挥部主要成员单位及各街道主要负责人参加会议。

会上，通过视频调度系统查看询问了各街道的值班值守情况，区长张艳华结合市气象局发布的重要天气预报，对近期的防汛重点工作进行再强调、再安排、再部署。

【区委工作会】　9月22日，金水区召开区委工作会，会议坚持以习近平新时代中国特色社会主义思想为指导，深入学习贯彻习近平总书记关于河南及郑州重要讲话指示精神，全面落实9月7日省委工作会议、9月15日市委工作会议部署要求，总结2021年以来的工作，分析形势，明确任务，安排部署“大干一百天、奋力保全年”攻坚行动，动员全区上下提振精神、坚定信心，发扬连续作战、敢于胜利的顽强作风，高质量完成全年各项目标任务，确保在“十四五”开局之年迈好第一步、见到新气象，为高水平打造“创新智城·品质金水”、建设国家一流现代化国际化中心城区奠定坚实基础。区委书记张红伟出席并讲话。区委副书记、区长张艳华主持会议。

会上，各街道分别递交了目标承诺书；区发改委、区住建局、区商务局、丰庆路街道、丰产路街道、未来路街道作表态发言。

【全区防汛工作会议】　9月24日下午，在收听收看全省防汛工作视频会议、全市防汛工作会议后，区委书记张红伟主持召开全区防汛工作会议。会上，区长张艳华结合市气象局发布的重要天气预报，对防汛重点工作进行再安排、再部署。区领导张艳华、张超、李明刚、王政英、刘岩，区防汛抗旱指挥部主要成员单位及各街道主要负责人参加会议。

【中共金水区第十二届委员会常委会第六次（扩大）会议】　10月13日下午，中共金水区第十二届委员会常委会第六次（扩大）会议召开。传达学习习近平总书记近期重要讲话精神和重要文章，安排部署下步重点工作。区委书记张红伟主持会议并讲话。

会议传达学习了习近平总书记在纪念辛亥革命110周年大会、中央政治局第三十三次集体学习时的重要讲话精神以及在《求是》杂志发表的《用好红色资源、赓续红色血脉，努力创造无愧于历史和人民的新业绩》重要文章。会议听取并研究金水区关于全市“15个重大专项”工作、《金水区推进养老服务高质量发展的实施意见》、全区深化全国文明城市创建工作，研究通过了《金水区文明委成员单位精神文明建设工作职责》，听取了市委党史学习教育第三巡回指导组指导金水区党史学习教育情况汇报。会议还研究了其他事项。

【中共金水区第十二届委员会常委会第八次（扩大）会议】 10月31日下午，中共金水区第十二届委员会常委会第八次（扩大）会议召开。专题学习、讨论、贯彻省十一次党代会精神，研究贯彻落实措施。区委书记张红伟主持会议并讲话。区委副书记、区政府区长张艳华，区委副书记杨洁，区人大常委会党组成员杨旗，区政协党组成员、副主席王浩，科教园区管委会副主任、区发改委主任段亚丽，区科技局局长郝庆丰，兴达路街道党工委书记孔之见作学习交流发言。

【全区疫情防控工作会议】 11月3日晚，区委书记张红伟主持召开全区疫情防控工作会议，贯彻落实郑州市会议精神。要求全区上下坚决贯彻郑州市工作会议要求，全面动员、紧紧行动，从严、从快、从细、从实做好各项防控工作，坚决打好疫情防控这场硬仗。

【疫情防控工作领导小组专题会】 11月6日下午，区委书记张红伟主持召开疫情防控工作领导小组专题会。传达贯彻落实11月5日晚郑州市疫情防控工作专题会会议精神及省委办公厅、省政府办公厅下发的《关于进一步严格措施加强疫情防控的通知》文件精神。区领导张艳华、杨洁、胡光程、李力、陈勇、黄国彦、张超及“一办四部八专班”、金水总医院、区疾控中心、金水公安分局主要负责人参加会议。会议听取了“一办四部八专班”工作汇报，对金水区进一步做好疫情防控工作进行了安排部署。

【区委安全工作专题会议】 11月7日上午，金水区召开区委安全工作专题会议，贯彻落实省委、市委专题会议精神，要求全区上下要进一步统一思想认识，明确目标任务，落实工作责任，对近期工作进行再部署、再安排，以最高标准、最严措施、最实作风，全力做好防风险、保安全各项工作。会议听取了安全生产、消防安全和社会安全等风险情况汇报，对金水区当前形势进行分析研判，安排部署相关工作。区委书记张红伟出席会议并讲话。区领导张艳华、杨洁、胡光程、李力、张超、赵德武、王志鸿及各街道、相关区直单位主要负责人参加会议。

【金水区委常委会扩大会议】 11月13日，金水区委常委会召开扩大会议，传达学习中共十九届六中全会精神，动员全区上下统一思想、凝聚力量、指导实践、推动发展，努力开创金水各项工作新局面。区委书记张红伟主持会议并讲话。区委、区人大、区政府、区政协部分领导围绕学习贯彻全会精神作了交流发言。

【省委巡视专项“回头看”问题整改专题会议暨安置房建设工作推进会】 11月17日下午，区委书记张红伟主持召开省委巡视专项“回头看”问题整改专题会议暨安置房建设工作推进会。会议传达学习了市委书记徐立毅在《省委常委、省委巡视工作领导小组组长曲孝丽在省委巡视办〈十届省委巡视整改专项“回头看”综合情况报告〉上的批示》的批示精神，分别听取了全区安置房建设整体情况和全区安置房建设（政府主导项目）推进情况的汇报，对每个项目逐一进行分析研判，研究化解方案。区领导张艳华、杨晋、杨洁、王爱辉、胡光程、高国全、黄国彦、张超、李明刚、杜艳洁、闵武杰、燕建华、赵德武、王静、徐建军、何守华、江涛及相关区直单位和街道主要负责人参加会议。

【金水区全面依法治区委员会第三次会议】 11月18日，区委全面依法治区委员会第三次会议召开。会议听取了全面依法治区工作汇报；审议通过了《关于对2020年金水区全面依法治区工作先进单位和先进个人的通报》和《金水区2021年优化法治化营商环境专项行动方案》等文件。区委书记、区委全面依法治区委员会主任张红伟主持会议并讲话。区委全面依法治区委员会副主任、委员参加会议。

【党史学习教育“我为群众办实事”养老服务高质量发展观摩讲评活动】 11月19日，金水区组织开展党史学习教育“我为群众办实事”养老服务高质量发展观摩讲评活动。开展养老服务高质量发展观摩讲评活动，是按照党史学习教育“我为群众办实事”工作安排，学习贯彻习近平总书记关于养老服务工作的重要指示批示精神，深入落实省委楼阳生书记调研讲话精神，安排部署当前和下一阶段养老服务工作，进一步动员全区上下，提高认识，明确目标，多措并举，狠抓落实，推动养老服务事业高质量发展。

观摩组一行利用一天时间，对全区17个街道养老服务工作逐个进行了实地观摩，现场点评、现场打分，成绩计入各单位年终综合考核成绩。

【常委会议军会议】 11月29日下午，金水区常委会召开议军会议。会议传达学习习近平主席关于国防和军队建设的有关重要指示精神，集中学习有关法律法规，听取国防动员和后备力量建设工作情况汇报，研究民兵基层建设有关问题。会议听取并研究河南省军区政治工作局在金水区建立《机关联系指导民兵机制》有关工作，讨论审议《关于加强新时代民兵基层建设的意见》，研究关于民兵应急应战装备器材仓库建设、征兵办事大厅和涉军维权服务大厅、国防教育经费等问题。区委书记、区人武部党委第一书记张红伟主持并讲话。

【区委常委会（扩大）会议暨省委巡视“回头看”整改落实工作专题会】 11月29日下午，金水区召开区委常委会（扩大）会议暨省委巡视“回头看”整改落实工作专题会，学习贯彻习近平总书记关于巡视工作特别是巡视整改工作的重要讲话指示精神，以及中央和省委、市委有关巡视巡察整改工作部署要求；传达省委巡视整改专项“回头看”反馈意见，审议通过《十届省委巡视整改专项“回头看”反馈意见整改落实工作方案》，研究部署省委第十三工作组对金水区开展巡视整改专项“回头看”反馈意见的整改落实工作。区委书记张红伟主持会议并讲话。

【中共金水区第十二届委员会常委会第十五次（扩大）会议】 12月8日上午，中共金水区第十二届委员会常委会第十五次（扩大）会议召开。会议传达学习了习近平总书记近期重要讲话精神和重要文章、12月7日市委书记徐立毅到金水区调研督导常态化疫情防控工作有关指示精神，并原则通过了金水区常态化疫情防控工作机制，听取了金水区全面推行河长制工作情况汇报，审议并原则通过了《金水区2021年度综合考评工作方案（讨论稿）》，听取了全区关于党史学习教育“我为群众办实事”项目进展情况的汇报。会议还研究了其他事项。

【区委常委会扩大会议】 12月15日，金水区委常委会召开扩大会议，传达学习中央经济工作会议、省级党员领导干部会议和市委常委会会议精神，研究金水区贯彻落实意见。区委书记张红伟主持会议并讲话。

【区委理论学习中心组党史学习教育第七次集体学习】 12月15日，区委理论学习中心组举行党史学习教育第七次集体学习。主要是围绕学习贯彻中共十九届六中全会精神开展交流研讨。区委书记张红伟主持会议。市委党史学习教育第三巡回指导组组长张福清到会指导。薛燕、余遂盈、陈勇、张超、吴怀广、付建峰等区委理论学习中心组成员围绕学习主题作了交流发言。

【中共金水区第十二届委员会常委会第十七次（扩大）会议】 12月25日上午，中共金水区第十二届委员会常委会第十七次（扩大）会议召开。会议传达学习了习近平总书记近期重要讲话精神和重要文章，审议并原则通过了《金水区全面推进林长制工作方案（讨论稿）》《中国（河南）自由贸易试验区郑州片区金水区块人才发展专项资金池管理办法（讨论稿）》，听取了金水区人民代表大会换届选举工作情况的汇报，并原则通过了

《关于做好金水区人民代表大会换届选举工作的意见（讨论稿）》《关于进一步推进“有事好商量”协商议事工作的意见》，听取了金水区国家知识产权创意产业试点园区知识产权保护运营创新情况的汇报。会议还研究了其他事项。

【“能力作风建设年”活动动员部署会议】　12月27日下午，金水区开展“能力作风建设年”活动动员部署会议召开。会议传达贯彻省市相关会议精神，深入落实省、市、区党代会部署要求，安排“能力作风建设年”活动，动员全区上下进一步提升能力、锻造作风、躬身入局、担当作为，为建设国家一流现代化国际化中心城区和高水平打造“创新智城·品质金水”，提供坚强保障，以优异成绩迎接中共二十大胜利召开。区委书记张红伟出席会议并讲话。

组织工作

【概况】　2021年，在市委组织部的正确指导下，在区委的坚强领导下，中共金水区委组织部坚持以习近平新时代中国特色社会主义思想为指导，深入践行新时代党的组织路线，围绕中心大局、聚焦主责主业、强化担当作为，狠抓基层组织建设、干部队伍建设和人才队伍建设，不断推动组织工作高质量发展，为实现“十四五”规划良好开局和高水平打造“创新智城·品质金水”、建设国家一流现代化国际化中心城区提供坚强组织保证。

【党建工作】　持续推广运用两项制度和两项机制，推动解决城市基层治理难题；深化“四议两公开一监督”工作机制，完善村务民主决策、公开、监督工作机制，构建了群众充分参与、决策民主科学、监督落实有效的农村基层治理新格局；持续实施非公党建“321工程”和“一二六”工作法，推进非公有制企业及社会组织党建工作“两覆盖”。持续推行“一编三定”“党员积分管理”等制度，确保党员管理融入日常、抓在经常；建立专题党课“菜单”，持续深化“党课开讲啦”等活动，全区讲师库吸纳优秀讲师243名，精品党课87个；全年累计举办党课672场次，受众2.8万余人。开展“百名社区书记到通信花园社区跟班学习”活动，选派96名优秀社区书记分批到先进社区跟班学习，通过研讨、交流、实践，不断提升工作能力；开展村（社区）党组织书记“亮赛比”活动，通过村（社区）“亮晒承诺”、街道“观摩比拼”、区委“专场比学”，激发基层党组织书记对标看齐、奋勇争先的意识。全区210个小区、629个物业项目全部实现物业企业“双向进入、交叉任职”，建立物业服务企业党组织148个，同时，严格落实机关党组织和党员“双报到”制度，推动全区65个区直机关党组织与街道结对联建，共选派647名党员干部下沉小区楼院全覆盖分包，推动“红色物业”创建工作全面铺开、持续深化。起草下发党建引领美丽乡村建设“九条措施”，组织召开专题工作座谈会，扎实推进“三年强村

7月5日，区委组织部举行金水区“百名社区书记到通信花园社区跟班学习”活动启动仪式　（区委组织部/供图）

计划”，盘活农村资源，壮大农村集体经济，建立健全街道党工委领导，村党组织主导，群众自治组织、经济组织、社会组织、服务组织充分发挥作用的农村发展治理新模式。

【干部队伍建设工作】 组建4个专项调研组，对17个街道领导班子，以个别谈话和优秀干部无任用推荐形式开展实地调研，切实了解掌握各街道干部队伍建设和科级干部现实表现情况，为区委科学使用干部提供准确依据。结合全区实际，于5月、11月分2批开展首次职级晋升工作，通过民主推荐、考察等程序，完成250余名公务员职级晋升，充分激发干部干事创业热情。全面做好资格审查、档案材料审查，高质量完成谈话调研，合理做好岗位安排工作；积极开展任前对接，认真做好“双百工程”“墩苗育苗”下半篇文章，通过加强岗位历练，为干部的健康成长创造条件、提供保障。建立完善“党政正职重点培训、区委党校集中轮训、高端讲堂专题特训”三位一体的干部培训体系，在全市率先高规格开展学习中共十九届五中全会精神集中轮训，高质量举办科级干部春季主体班、优秀中青年干部培训班、社区书记培训班等各类主体班次6期，培训党员干部1300人次；举办3期“金水区打造高品质现代化城区高端讲堂”，培训领导干部3800余人次。严格做好换届风气监督，市换届风气督导组对金水区相关工作给予了充分肯定；处理区委巡察办反馈的日常监督事项57项、问题线索1件；完成1100余名科级干部个人信息采集；完成17个街道、36个区直单位的中层选任预审备案工作。

5月23日，区委组织部举办金水区打造高品质现代化城区高端讲堂（第六期）

（区委组织部/供图）

【人才工作】 由区委、区政府以及区人才工作领导小组领导带队，分头走访慰问了辖区10名创新创业专家人才代表，发放慰问金5万元，营造了良好的“人文关怀”氛围；组织48名专家人才、企业代表在上海复旦大学举办高层次人才“爱国奋斗”主题教育培训班，不断激发广大人才的爱国情怀；发挥市级人才政策优势，累计引进“两院”院士6人，国家“万人计划”同层次专家22人，入选全市前四批高层次人才95名，引进博士384名，入选创新创业项目75个，各项数据均位列市内五区第一。制定完善《金水区人才工作领导小组议事规则》《金水区建设国家人才发展高地实施方案》《关于进一步加强党委联系服务专家工作的实施办法》等制度，建立定期召开人才工作领导小组专题会议制度，及时研究解决相关问题，不断提升人才工作的科学化、高效化水平。围绕“人才”和“创新”两大核心，突出“人才+”服务模式，构建以“区人才创新服务中心”为中枢，17个街道党群服务中心为支撑，N个商务经济区为补充的“1+17+N”的人才服务体系，打造人才服务十分钟“生活圈”，完善人才创新创业“全生命周期”服务，截至年底，项目建设方案正在进行初步设计。

【自身建设】 以台账管理为抓手，加强各项工作任务的统筹管理，高标准抓好《区委组织部2021年工作要点》《服务保证“十四五”高质量发展开好局起好步十项行动》《区直机关党组织落实市委优化营商环境100件事实施方案》等全年重点任务的落实。举办17期“组工讲坛”，每期紧盯1个专题学深学透，不断提升组工干部的政治素养与业务能力；编发7期《金水组工参阅》；创新编印《组织工作的历史发展》。拍摄制作的沙画微视频《时代更迭　初心不改》，作为全市唯一作品、全省12部作品之一参加中组部举办的第十六届全国党员教育电视片观摩交流活动，展现了全区组织工作风采；在“郑州党建”发稿80篇，采纳量位居全市前列；在《郑州组工通讯》《郑州工作》等党刊党报累计发文46篇；“金水区红色家园”微信公众号共推送信息158期612条。

（撰稿：靳朝义　审阅：陈文静）

宣传工作

【概况】　中共金水区委宣传部是区委主管意识形态工作的综合职能部门。2021年，金水区委宣传部坚持以习近平新时代中国特色社会主义思想为指导，以高质量开展党史学习教育为主线，以开展庆祝建党百年活动为抓手，守正创新、务实奋进，较好地承担起“举旗帜、聚民心、育新人、兴文化、展形象”的使命任务。

【思想理论建设】　不断健全学习制度、丰富学习内容、创新宣讲形式，较好完成理论学习各项任务，不仅有效提高了各级领导干部的理论修养和领导水平，而且丰富了辖区广大干部群众的精神食粮，营造了人人学党史的浓厚氛围。发挥领导干部表率示范作用。深入学习习近平新时代中国特色社会主义思想，及时跟进学习上级重要会议精神，强化“五种学习方式”，开展“讲思政课”“专题研讨会”“专家讲座”“三会一课”等活动，积极探索“领导讲学+专题授课+现场教学+学员互动”的“四位一体”模式，形成自上而下的学习自觉。截至年底，区委理论学习中心组共开展11次集体学习、7次集体研讨。扩大理论学习“覆盖面”。组建“深悟党史、砥砺前行”区委宣讲团和“永远跟党走”理论宣讲团，深入社区、农村、学校、企业、军营等场所进行宣讲，更好地推动党史学习教育深入基层、深入群众、深入人心。利用新媒体开展云宣讲，创新研发“金水e起学党史”党史学习教育小程序，充分满足辖区群众随时随地线上学习党史的使用需求。推广运用好“学习强国”学习平台。截至年底，累计被采用稿件110余篇，策划的《我与党旗合个影》等原创短视频得到了社会的良好反响。

【意识形态工作】　高度重视意识形态工作，着力防范化解意识形态风险，筑牢坚守意识形态阵地防线，意识形态工作责任持续夯实扛稳。2021年，召开3次季度意识形态联席会议，先后对全区意识形态工作、网络意识形态管理、灾后重建和疫情防控情况进行分析研判。自我加压，建立意识形态工作旁听机制，每季度对部分党工委（党组）召开的意识形态联席会或分析研判会进行旁听。严格落实“两清单一报告”工作制度，累计下发提示清单5次、督办清单2次。完成对全区17个街道的意识形态专项督查工作，有效提升辖区意识形态工作日常管理效能。强化意识形态各阵地建设。

【宣传引导】　以“十四五”规划开局之年、省市区党代会、防汛救灾、疫情防控等重点工作为着力点，秉承以人民为根基的工作原则，不断创新思路、凝聚媒体资源、强化议题设置能力、拓展创新新闻宣传渠道和方式，让新闻宣传舆论引导工作切实在群众中引起共鸣、产生反响。其中在市党代会期间，率先播发了《阔步新征程　县区先担当》书记访谈的稿件。注重唤醒宣传活力，加强同民生类栏目和监督类栏目的沟通交流，对“双改”等工作提前研判、有效引导，在化解群众矛盾、消除群众误解、打破社会谣传方面起到了正面积极作用。注重创新宣传思路，在全市范围内率先提出了“媒体活动日”“媒体集中采风”和“书记媒体座谈会”等活动，通过媒体的眼光角度审视工作中易出现的问题，客观见证金水区城区环境的有机更新。截至年底，全区在各级各类媒体上发布涉及金水区的新闻稿件18892篇，其中中央级媒体994篇。注重提高宣传层级，不断加强同中央级媒体的沟通合作，在重点时段、关键节点加大刊发力度，面对防汛救灾、疫情防控双重“战场”，72小时内在央视共计滚动推出12篇新闻稿件。

【文化发展】 实施文化惠民工程，丰富辖区人民群众文化生活，推进文化产业创新发展，全力提升金水文化竞争力。统筹安排“出彩金水”群众文化系列活动和庆祝中国共产党成立100周年系列活动，满足辖区人民群众的精神文化需求。推动街头艺术点亮“夜经济”，2021年共开展街头艺术表演近3000场，吸引观众约50万人次，其中，展现金水街头艺术发展的创新案例被中宣部选中，拟入选《2021年宣传思想文化工作案例选编》。发挥资源优势举办首届文化创意年货节、打造泛娱乐生态圈等，推动文化品牌建设。作为全市文化产业增加值唯一百亿元区，截至年底，全区共认定规模以上文化企业169家，实现营业收入107.5亿元，占全市27.1%，实现了辖区文化产业的繁荣发展。

【精神文明建设】 坚持为群众营造优质生活环境，用完善管理制度促文明城市创建走向纵深。积极开展文明单位等创建活动，推选“饺子哥”王孝力登上“中国好人榜”。创新未成年人思想道德建设工作，推出大型融媒体思政课——《你好，同学》收看者超过500万人次。探索志愿服务组织建在楼组，延伸“社区党建+志愿服务”模式，截至年底已开展试点工作。制作6万份证书表彰参与抗汛救灾、疫情防控的志愿者。

（撰稿：李　江　审阅：秦　伟）

统战工作

【概况】 中共金水区委统战部是区委主管统一战线工作的职能部门，挂金水区宗教事务局、金水区政府侨务办公室、中共金水区委台湾工作办公室（金水区政府台湾事务办公室）牌子。部机关下设办公室、党外代表人士联络科、民族宗教科、新阶层人士联络科、港澳台和海外联络科、侨务科等职能科室。2021年，获得全市统战工作先进单位、全市宗教事务管理工作成绩突出单位、全市新的社会阶层人士统战工作成绩突出单位、全市民营经济统战工作成绩突出单位、全市统战宣传工作成绩突出单位等称号。

【思想政治引领】 以党史学习教育为契机，做好对党外代表人士的思想政治引领。开展体验式“见学”。组织各民主党派基层组织负责人、新阶层人士及非公经济人士、机关干部赴二七纪念馆、豫西抗日根据地、任长霞纪念馆开展学党史、悟思想红色教育活动。举办特色活动。在民族宗教界开展学党史爱国主义实践活动；在新的社会阶层人士中举办“奋斗百年路、启航新征程”读书分享会；在港澳台侨等领域开展“圆梦百年　见证辉煌”网络知识大赛等活动。组织专题宣讲。邀请统战成员参加《中国共产党统一战线工作条例》宣讲培训会。宣传党的发展史、改革史、统战史，为全区统一战线凝聚最广泛的思想共识和价值认同。

【非公经济领域人士统战工作】 推进“一联三帮”和“万人助万企”融合工作，持续服务民营经济高质量发展。抓精准服务，聚焦解决问题。深入企业走访调研，解决企业疫苗“接种难”问题，协调组织专门力量深入企业，为597名员工成功接种；积极帮助企业解决用工难问题，组织3家企业参加郑州市2021年招才引智产业人才招聘会；破解企业“融资难”“融资贵”问题，共上报8家企业，涉及资金1.5亿元；搭建金水区受理拖欠民营企业中小企业账款问题投诉渠道，帮助民营中小企业回笼资金。开展非公经济人士综合评价，累计评价9人次。抓人才培训，激活发展动能。认真开展区级培训，成立金水区企业家学院，以专题培训、普惠培训、线上线下相结合等方式，累计培训12场次、537人次；积极推荐优秀企业家参加市级培训，先后推荐辖区企业家60余人参加“第三届郑州市优秀企业家领航计划论坛”等6个培训班次。抓平台建设，提升工作质效。积极宣传诉求响应智慧平台，调动企业入驻平台积极性，发挥工商联组织引导作用，做到应驻尽驻，平台已入驻职能部门34家、企业总量3101家，协调涉企部门解决问题18起。

【新的社会阶层人士统战工作】 围绕新阶层人士统战工作“三年行动计划”，持续创新金水新阶层人士统战工作举措。成立全省首家新联会妇联，举办“巾帼新风采，奋斗新征程”主题诗会，注重对女会员的发现、培养、使用。建立第四家区级实践创新基地——启迪孵化器，帮助年青一代提高创业成功率。新联会理事分组分包街道，助力“全覆盖”工作。利用“金水新声”公众号吸纳代表人物218名，筛选重点人物59名，推动了“归队伍”目标完成。以党史学习教育为契机，举办《中国共产党简史》专题读书会和“新阶层·先锋说”主题沙龙；组织新联会会员赴巩义、兰考、确山等红色教育基地参观；开展以“我为群众办实事、映照闪亮初心”为主题的优化营商环境讲座。与商丘市睢阳区、江苏省宜兴市新联会开展文化交流、善款捐助等活动，金水新联会影响力逐步提高。通过发放抗疫补贴、减收会费、对接低息贷款、线上政策宣讲等形式助力复工复产，讲好救灾抗疫“新故事”。

【港澳台工作】 做好港澳台工作。夯实基础，更新台胞台属、留学人员数据库；开展涉台知识宣传活动，累计参与1万余人次；强化服务，开展政策宣讲和座谈恳谈活动，办结涉台纠纷2件，帮助落难台胞顺利返台1人。

【侨务工作】 做好侨务工作。夯实基础，更新侨胞侨属和侨资企业数据库；创新载体，建立3个“侨胞之家”（其中省级1个），1个联合调解平台；开展涉台知识宣传活动，累计参与1万余人次。

【干部队伍建设】 以党建工作为统领，不断提高统战部机关战斗力、向心力、凝聚力。认真组织党史学习教育。成立部机关党史学习教育领导小组，明确责任分工。按照党史四个时期，分别由班子成员带头领学。认真撰写学习笔记，积极开展“学党史 办实事”活动，为群众办理民生实事9件。开展学习教育以来，累计举办实地参观、集中观影、播放专题片、网络答题等活动50多场次（其中专题研讨4场，集中观影6场，举行专题党课4场，参加学习培训累计600余人次）。抓好党建“责任田”。落实“三会一课”和党员活动日制度，每周二开展党员集中学习活动。分派5名党员每周下沉社区开展无主管楼院和老旧小区综合治理。夯实“一岗双责”和党风廉政建设责任制。常态化开展谈话谈心和以案促改学习，做好区委第14轮巡察整改工作。落实机构改革要求。按照“三定”方案和区委组织部要求开展竞争上岗，公开、公平、公正做好中层干部选任。整合科室，进一步优化人财物配置。

【新冠肺炎疫情防控】 统战干部下沉社区助力疫情防控。区委常委、统战部部长率先垂范、靠前指挥，深入分包街道及风险防控区指导灾后重建和疫情防控工作。统战部干部全员下沉沈庄、康复社区开展卡点值守和志愿服务活动。积极协助企业复工复产。区委常委、统战部部长深入分包联系项目、企业，实地调研统战人士所在公司、单位，广泛开展恳谈交流、谈话谈心活动，了解企业痛点、难点问题，全力服务企业高质量发展。区委统战部组织、指导区工商联和相关政府部门，以“一联三帮”及“万人助万企”为抓手，通过“金水新声”等各类媒体宣传“助企九条”惠企政策，累计走访辖区企业16家，召开座谈会7场。引导党外人士积极投身救灾、抗疫工作。发挥各界党外人士在医疗、应急救援等方面独特优势，积极投身疫情防控和救灾、重建等工作中；引导党外人士开展捐助活动履行社会责任。辖区商会、非公企业负责人、宗教界人士、新阶层人士捐款捐物折合人民币4000余万元，开展各类救助志愿服务300多场次。

（撰稿：吕　勇　审阅：王　展）

档案工作

【概况】　郑州市金水区档案馆为区委直属事业单位。截至2021年11月底，馆藏档案共计23614盒，572486卷（件）。其中文书档案9895盒、106702卷（件），照片档案1盒，会计档案200盒、650卷，图书1066册；婚姻档案、计生档案、宅基地档案、建筑许可证档案、死亡干部档案、公证档案、医疗救助档案、招工表等民生档案13518盒、465134卷（件）。

【档案查阅利用】　服务民生、助力社会发展。在查阅利用中，以群众查阅各类民生档案居多，群众利用档案主要是解决子女上学、户口申报、房屋买卖、银行贷款、诉讼、公证、析产等20多项民生问题。截至2021年11月底，档案馆接待查档到访群众6215人次，受疫情的影响，在网上申请查阅利用档案643人次，共利用档案6180卷次。

【档案馆业务建设】　为加强全省县级综合档案馆业务建设，全面提升档案馆业务水平，推动全省档案馆事业科学规范、可持续发展，郑州市县级综合档案馆业务建设评价工作领导小组到档案馆检查指导，档案馆高度重视，整理完善工作资料，做实做细各项迎检工作，为县级综合档案馆业务建设评定工作提供全方位保障。

【档案馆新馆建设】　档案馆积极为档案馆新址搬迁做准备。每周多次到新址工地察看工程进度和家具安装情况，发现问题，及时沟通协调解决。积极对接涉及新址建设的相关部门，筹划新馆的软硬件建设。申请金水区智慧存储服务项目专项债券，为进入新馆做准备。

【档案宣传工作】　2021年6月9日是第14个国际档案日，为进一步宣传档案价值、增强档案意识，金水区档案馆围绕“档案话百年”主题，浓墨重彩讲好党的百年故事，大力营造隆重庆祝中国共产党成立100周年浓厚氛围。活动使社会公众进一步关注档案、走近档案、认识档案、了解档案，提高全民档案法治意识，使档案的法律法规更加深入人心，积极助推全区档案事业发展。

【党建工作】　2021年，金水区档案馆强化担当实干，坚持上下一条心，始终坚持以习近平新时代中国特色社会主义思想为指导，坚持科学管档、依法治档。

开展党史学习教育，学习成效走深走实。为确保党史学习教育落到实处，区档案馆认真贯彻落实习近平总书记在党史学习教育动员大会上的讲话精神，成立了党史学习教育工作领导小组。结合“三会一课”先后开展了红色故事诵读、听抗美援朝老兵周学田讲上甘岭战役、书记专题讲党课、党校老师讲党课等，召开党史专题研讨5次，观看电影《千顷碧波的时代》《1921》《我的父亲焦裕禄》等，深入贯彻学习庆祝中国共产党成立100周年大会精神等，组织党员干部参观了晋冀豫野战军第九纵队司令部旧址等丰富多彩的活动，扎实开展党史学习教育。

一岗双责，加强党风廉政建设。金水区档案馆将党风廉政工作列入重要议事日程，落实全面从严治党要求，牢固树立“四个意识”，坚决把中央和省、市、区委决策部署落实到行动、体现在工作、彰显于业绩。领导班子严格落实《中国共产党廉洁自律准则》和《中国共产党纪律处分条例》，签订了《党风廉政建设目标责任书》，加强和规范党内政治生活，落实党内监督责任，并强调“一岗双责”责任落实到人，在抓好分管业务工作的同时抓好分管部门的党风廉政工作，按照组织分工，明确班子成员在党风廉政建设中的责任，把加强党风廉政建设与业务工作同部署、同考核。同时积极推行“党组织统一领导，党政齐抓共管，部门各负其责，依靠群众支持和参与反腐”的领导体制和工作机制，努力营造人人肩上有担子、个个身上有责任的齐抓共管的工作格局。

认真学习，加强廉政警示教育。严格落实意识形态工作责任制，金水区档案馆切实履行意识形态工作主体责任和分管责任，始终秉承“打铁还需自身硬”的工作理念，把学习成果和工作实践紧密结合起来，切实做到学习、工作和生活中都能始终坚持正确的政治方向、舆论导向和价值取向。为巩固巡察成果，从严从实、坚持不懈，不断健全完善工作机制，构筑全面从严治党长效机制，切实将巡察成果转化为推动档案事业发展的强大动力。2021年，学习“以案促改”案例12次，组织观看警示教育影片5部，用“身边的事”教育“身边的人”，加强正面典型激励和反面警示教育，切实筑牢拒腐防变的思想防线。结合重要时间节点，组织开展作风建设提醒警示教育和常态化监督检查，使大家做到防微杜渐、警钟长鸣，真正做到知敬畏、存戒惧、守底线。

【“7·20”特大暴雨灾害应急处置及灾后重建】 区档案馆自接到上级救灾通知后，高度重视，第一时间成立救灾工作领导小组，统筹安排，紧急部署相关工作，购买防汛沙袋等应急物资以应对汛期灾情，除必要人员留守岗位外其余人员均下沉到金水区国基路街道办事处风雅颂社区，协助社区工作人员一同清理树枝、污泥及生活垃圾、排查安全隐患、慰问受灾群众、向辖区各商铺宣传防范四害的重要性，发放消除四害药物及消毒用品。

【新冠肺炎疫情防控】 在2021年疫情严峻时期第一时间下沉到金水区未来路街道办事处名门世家社区及升龙社区，担负起疫情联防联控的第一道防线，协助社区工作人员维持全民核酸现场秩序，对分管的无主管楼院居民进行信息登记、测量体温、维护秩序等，金水区档案馆下沉人员战高温、抢时间，确保不漏一人一车，形成防控闭环，用自己的坚守为小区居民把好疫情防控的“放心门”。发挥党支部战斗堡垒作用，积极应对灾情和疫情，确保所有工作落实到位，真正做到了勇于担当，以实际行动践行初心使命，把各项工作做实做细，落实主体责任，为全区灾情应急和疫情防控工作作出贡献。

（撰稿：王智慧　审阅：孙俊美）

老干部工作

【概况】 中共金水区委老干部局是区委主管全区老干部工作的工作机关，归口区委组织部管理。2021年，为扎实推进党史学习教育，切实做到学史明理、学史增信、学史崇德、学史力行，区委老干部局有效推进党史学习教育开展，组织全体党员观看红色影片《建党伟业》《长津湖》等；组织全体党员干部参观了在河南省博物院举办的“出彩中原——河南红色文化陈列展”；组织离退休干部召开“我看建党百年新成就”专题座谈会；组织离退休干部参观任长霞同志先进事迹陈列展，重温了任长霞的感人事迹；组织老干部参观河南省网络安全科技馆，让老干部了解网络安全知识，提高了网络安全意识等，并引导老干部参观了“新空间红色故事会”主题临展，用革命故事串起红色通信历史传承，组织老干部参观新密豫西抗日纪念园，感受抗战期间中原地区人民艰苦卓绝的革命风采等。结合工作实际，扎实推进“我为群众办实事”实践活动开展，切实帮助辖区群众解决急难愁盼等50多件问题。通过多种形式组织全局党员干部职工学习《中国共产党地方组织选举工作条例》《中国共产党党员权利保障条例》等28余次；认真做好离退休干部意识形态工作，做好巡察反馈整改工作，切实把整改转化为改进作风，推动工作，加快发展的实际行动。组织召开组织工作暨老干部工作会议，深入践行新时代党的组织路线，紧紧围绕落实区委各项决策部署，推动各项工作取得重要进展和显著成效。

【老干部政治待遇】 坚决维护以习近平同志为核心的党中央权威和集中统一领导，在离退休干部党员中深入开展学习习近平新时代中国特色社会主义思想，中共十九届五中、六中全会精神和习近平总书记治国理政的新思想、新理念，学习习近平总书记在中国共产党成立100周年大会上的重要讲话精神，学习习近平总书记关于河南及郑州系列重要讲话指示精神和省党代会第十一次会议精神，市委工作会议精神，学习金水区第十二次党代会会议精神，区委全会精神，结合离退休干部党员实际情况，采取集中学习、座谈讨论、专题辅导和送学上门等多种方式，使广大离退休干部党员真正自觉树牢跟党走、听党话的思想；组织召开党史学习教育动员大会，通过线上与线下融合等方式，带领全体党员干部开展常态化学习，学党史、知党恩、跟党走，向中国共产党成立100周年献礼；组织四大班子离退休干部及机关党员到红色教育基地任长霞同志先进事迹陈列展参观学习。为老干部征订报刊2000余份，定期组织老干部阅读上三级文件，使老干部进一步了解党和国家的相关政策和精神。

【老干部生活待遇】 着力推动离休干部“三个机制”建设；不折不扣地保障了“两费”、护理费和生活补贴的按时发放；建立走访慰问和在职干部联系老干部制度，做到节日必访、生病必访、大事必访。并利用春节、中秋节、重阳节等重大节日逐家逐户上门走访慰问老干部300多人次，到医院探视住院老干部100多人次，及时妥善处理老干部逝世后有关善后事宜，帮助病故老干部家属解除思想顾虑。按照政策及相关要求，及时解决老干部住房拆迁安置、高龄津贴发放等信访问题40多件，做到了件件有回音，事事有落实，有效地稳定了全区老干部队伍。建立离退休干部困难帮扶专项资金，依照特困老干部帮扶标准，全面精准帮扶生活困难老干部15人，帮扶资金近49000元，有效解决特困离退休干部后顾之忧，让特困离退休干部切实感受到党和政府的温暖。

【老干部活动中心】 以老干部活动中心为平台，定期开展丰富多彩的活动。区委老干部局在重阳节组织开展书法、摄影、扑克、麻将、门球、跳棋等文体活动，活跃老干部文化娱乐生活。利用国庆等重大节日在全区离退休干部中相继组织开展“我看改革开放新成就”“我和我的祖国”“我为河山赋能助力”“我看建党百年新成就”以及“迎接新时代展示新风采老年文艺大赛”等主题活动。为进一步发挥老年大学的阵地优势，不断地完善老年大学教师队伍建设。创新课程设置，利用线上教育多层次、多角度组织老干部学习党的方针政策、学习习近平总书记在庆祝中国共产党成立100周年大会上的重要讲话精神等。按照省市局要求，利用“离退休干部工作”微信公众号组织全区离退休干部收听收看全国离退休干部网上专题报告会、“大别山精神及其时代价值”、“豫老云课堂”《民法典》解读专场报告会，在课程设置上从老年人实际出发，

4月25日，区委老干部局组织开展金水区离退休干部“我看建党百年新成就”专题调研 （区委老干部局/供图）

把每节课都上成“精品”，使老干部“听得懂、学得会、有兴趣”；精心开设手工制作、书画培训、老年合唱、葫芦丝演奏、养生保健、科普知识等兴趣爱好教学班，达到了寓教于乐的目的，进一步丰富老干部的精神文化生活，区老干部葫芦丝表演队在省市文艺会演活动中多次获奖。

【老干部发挥作用】 积极组织离退休干部围绕法律咨询、调解纠纷、卫生整治、青少年帮教、关爱困难群体等开展社会公益服务活动，打造金水老干部志愿服务品牌，得到上级有关领导的充分肯定。以关工委为平台，充分发挥“五老”人员的优势和作用，利用假期和重大节日期间，对青少年进行党史国史、爱国主义、传统文化等教育。2021年，五老宣讲团在辖区作报告30多场次，举办“传承红色基因，争做时代新人”“老少同乐庆重阳”“最爱母亲河”等形式各样的青少年教育活动70多次，受教育青少年2万余人次。全区关心下一代工作被评为全省先进集体，2名“五老”人员分别被评为全国和全省关心下一代工作先进个人。省市关工委领导先后到金水区参观指导，对金水区关心下一代工作都给予高度赞扬。组织离退休干部参观金水区老旧小区改造和部分道路改造提升等工作，进一步引导老干部为金水高质量发展献计献策，增添正能量。

【“7·20”特大暴雨灾害应急处置及灾后重建】 7月20日特大暴雨后，区委老干部局领导班子根据区委、区政府统一安排，第一时间组织党员干部深入经八路街道办事处文联社区开展灾后重建工作，对所辖老旧小区居民楼院安全隐患进行走访排查，入户了解群众的所需所求所盼等事宜。在灾后重建工作中，区委老干部局共帮助社区居民协调解决生产生活用水用电等实事60余件，受到辖区群众的一致好评。

【新冠肺炎疫情防控】 全市疫情防控工作打响后，老干部局领导班子组织党员干部在开展灾后重建的工作基础上，按照区委、区政府工作要求，进一步协助街道社区做好疫情防控工作，党员干部不畏风险、闻令而动，迅速到达指定岗位，积极配合社区开展疫情防控宣传、卡点值守等工作，并协助街道社区完成2次，共10多轮、20多万人次的全民核酸检测任务。在疫情防控工作中，全体党员主动担当，领导干部率先垂范，坚守一线，让党旗飘在一线、堡垒筑在一线、党员冲在一线，凝聚起众志成城抗疫的强大合力，有效保障辖区群众的健康和安全。

（撰稿：王亚楠　审阅：郑福海）

机构编制

【概况】 中共金水区委机构编制委员会办公室是中共金水区委机构编制委员会的办事机构，为区委工作机关，归口区委组织部管理，挂金水区事业单位登记管理局牌子。2021年，区委编办在区委、区政府的正确领导下，围绕全区中心工作，认真落实上级部门和区委、区政府决策部署，持续完善机构职能体系，不断提升机构编制资源使用效益，全面加强机构编制队伍建设，为全区经济社会发展提供了有力的机构编制保障。2021年8月，被国家机关事务管理局、中共中央直属机关事务管理局、中华人民共和国国家发展和改革委员会、中华人民共和国财政部联合授予“节约型机关”称号。2021年，在金水区年度综合考评工作中荣获优秀等次，区委编办党支部获得“金水区先进基层党组织”称号。

【机构编制管理】 机构编制资源配置持续优化。在区农业农村工作委员会加挂区乡村振兴局牌子，不再挂区扶贫办公室牌子；在区文化旅游体育局加挂区文物局牌子；明确区体育类、文化艺术类校外培训机构的监督管理工作由区文化旅游体育局负责，科技类校外培训机构的监督管理工作由区科学技术局负责。

稳步推进街道综合行政执法改革。区委编办联合区司法局先后到杭州下城区、南京秦淮区学习街道综合执法改革先进经验。在对区市场监管、城管、应急等执法部门实地调研摸底的基础上，按照“既能放得下，又能用得上”的原则，与区司法局一同筛选出260余项高频、小微、民生急需的行政处罚事项。

助推美好教育均衡发展。整合现有机构编制资源成立小学4所、幼儿园7所；根据上级下达的全区最新教职工编制总量，按照师生比，结合全区各中小学在校学生数、实有教师数、教职工编制等，合理为全区各中小学核定教职工编制；为促进全区学前教育事业持续健康发展，缓解幼儿园编制紧缺问题，研究制定金水区公立幼儿园员额制管理实施意见，探索公立幼儿园实行员额制管理。健全动态管理调整机制的相关配套制度体系，建立与生源增长相适应的教师用编保障机制，印发《关于全面推进中小学教师“县管校聘”管理改革的实施意见》，对中小学教职工编制实行总量管理、动态调整。

持续加强民生领域保障。结合黄河流域生态保护和高质量发展、县域治理“三起来”、防汛救灾、灾后恢复重建、疫情防控、应急管理、社会治理、消防安全、疾病预防控制等工作，积极对相关部门机构编制事项和专业人员力量进行优化调整，为民生领域发展提供机构编制保障。例如：从机构职能整合设置、人员配备上加强基层消防力量建设；通过内部挖潜，收回部分职能弱化事业单位空余编制，加大对疾控队伍、应急管理队伍和市场监管队伍的编制保障；将区楼宇经济服务中心与职能弱化的区滨水产业带管理委员会进行整合，并由区商务局管理调整为区政府直属事业单位，推动区楼宇经济工作高质量发展。

【事业单位重塑性改革】 高质量摸清家底，准确掌握细致翔实的基础数据。依据机构编制台账及实名制管理系统，结合调研座谈、督导检查等方式，按照隶属关系、公益类别、机构规格、经费形式等指标，全面理清了事业单位基础数据，精准掌握了功能定位、布局结构、编制配置等方面问题。高起点重点突破，积极优化部分事业单位职能定位。按照“成熟一家、理顺一家、推进一家”的原则，积极优化机构设置和职能配置。2021年，将区社区公共服务中心更名为区数字城市运行管理中心，并重新核定相关职能，加快推进“数字金水”城市大脑建设；将区互联网信息中心更名为区互联网宣传指导中心，核定了相应职能和科室，进一步加强了全区正面引导宣传、网络信息安全等工作，对宣传、住建等领域事业单位机构编制事项进行优化调整，进一步强化了相关服务保障、支持辅助、技术性公益职能。高标准整体性重塑，调集资源激发经济社会发展活力。

【机构编制监督检查】 持续开展机构编制责任审计工作。全年开展离任、任中审计8次，机关、事业单位35家，涉及行政人员68人、事业人员799人，出具机构编制审计报告8份。深入开展占用中小学教职工编制和抽调借用中小学教师专项治理“回头看”工作。截至2021年底，涉及的抽调教师已全部返回教学岗位。积极开展机构编制核查工作。印发《金水区机构编制核查实施方案》，核清机构编制资源的数量、结构、分布等实际配置情况。

【事业单位登记管理】 圆满完成事业单位法人年度报告及公示工作。截至2021年底，完成全区245家已登记事业单位的年度报告工作，变更登记83家，注销58家，并在“事业单位在线”网站进行一键公示。及时完成机关、群团统一社会信用代码赋码变更工作。截至2021年底，完成19家机关、群团单位社会信用代码赋码换证工作。高效开展事业单位法人信息抽查工作。随机对10家事业单位法人公示信息进行抽查，确保单位登记信息的合法性和真实性。

【干部队伍建设】 扎实开展党建规范提升工作。通过党建引领，对标一流，持续加强编办品牌建设，

8月，区委编办组织全体干部职工下沉轻院社区协助开展核酸检测（区委编办/供图）

积极打造“阳光编办、活力编办”，淬炼了一支政治坚定、能力过硬、作风优良的机构编制队伍，为推进机构编制工作提质增效提供了坚实保障。全年开展党员干部理论学习50余次，开展主题党日、参观学习12次，意识形态分析研判4次，警示教育、提醒谈话6次，专题以案促改2次；召开党员大会7次、支委会13次，讲党课4次，组织生活会2次；在各类网站、媒体刊登信息及宣传稿件68篇。深入推进党史学习教育走深、走实。全年组织党史学习24次、交流研讨8次、下社区宣讲1次，完成民生实事20余件。在干与行中发挥先锋模范作用。在防汛抗疫期间，全体党员第一时间下沉轻院社区参与抢险救灾、困难群众慰问、核酸检测和楼院卡点值守等工作。“7·20”特大暴雨灾害期间，累计筹集矿泉水2350箱、方便面700箱、火腿肠300箱、防水彩条布600卷、照明装置（头灯）3000副、雨鞋100双，用于轻院社区和金水区统筹救灾使用；全年协助轻院社区开展全员核酸检测19轮、13万余人次，核酸检测间隙全员投入科技市场社区富景花园小区卡点值守、扫码测温。积极开展人居环境整治、创文志愿服务活动，参与社区“党员群众齐出力 文明粉刷环境美”活动，组织“小红象·周周行”“文明交通岗”等志愿活动60余次。

（撰稿：贯海波　审阅：陈占胜）

党校工作

【概况】　中共金水区委党校是在区委直接领导下培养党员干部的学校，是党委的一个重要部门，是培训轮训党员干部的主渠道。2021年，区委党校以习近平新时代中国特色社会主义思想为指导，紧紧围绕区委中心工作，按照建设中部城区“一流党校”的目标要求，坚持党校姓党根本原则，真抓实干，开拓创新，积极克服疫情带来的影响，务实高效完成各项培训任务。同时，区委党校以提升教育培训质量为重点，以制度化、规范化建设为保障，以党史学习教育工作为抓手，充分发挥党校教育培训干部与理论宣讲主阵地作用，为全区党员干部素能提升和金水区社会经济建设做出了应有贡献。

【干部教育】　2021年，区委党校在区委的支持和区委组织部的指导下，积极克服疫情影响，务实高效完成各项培训任务。共圆满完成11期主体班次，累计培训学员1604人次。包括一期春季科级干部主体班，45人；第四期中青年干部培训班，48人；新一届村（社区）党组织书记培训班，228人；5期党员发展对象培训班，975人；区直机关入党积极分子培训班，225人；基层党员培训班，44人；“两新”党组织书记培训班，39人。

结合党史学习教育，提高教师素质，提升教学质量。党史学习教育开展以来，区委党校积极加强自身学习。组织全体党员参加“中共党史”专题培训、参观红色文化展览，组织教师集体备课，打造党史

6月30日，第四届中青年干部培训班集体过“政治生日”为党庆生

（区委党校/供图）

精品课5节。在主体班次的课程设置上，邀请8位区委领导到党校主体班授党史专题党课。在教学体系中增加党史教学专题，组织科级班学员围绕“学好百年党史，为群众办实事”开展交流研讨。

规范教学管理，提升服务品质，严格落实防疫政策。培训期间严格落实防疫政策，人员实行封闭管理，进出扫码测温，统一食宿，分组对学员进行考勤。配备专职班主任规范管理，对所有参训人员统一编号，设置座签，严格考勤，确保到课率。编印《学员手册》，明确培训纪律和各项管理制度。实行专职班主任制度，每期培训班安排一名专职班主任跟班听课，严格管理，随时抽查考勤，并于课后对无故缺勤的学员进行通报，确保出勤率。培训结束后进行结业考试，并将出勤情况和考试成绩报组织部备案，考勤、考试不合格者转下期继续培训。

【科研咨政】　在科研方面，2021年共申报调研课题13项，其中，省委党校1项，市社科联4项，市委党校4项，区情社情调研课题4项；立项6项，其中，省委党校1项，市社科联2项，市委党校3项。2020年课题结项10项，其中，省社科联1项，市委党校5项，市社科联4项，1项课题获市社科联二等奖。2021年，区委党校调研课题“河南省营商环境建设的制约因素及对策研究——以政商关系为视角”被全省党校（行政学院）系统和“三学院三基地”科研课题项目立项。在咨政方面，区委党校以区委年度工作重点、区委全会精神、党史学习教育为主题，内容上及时跟进区委重大决策部署，印发《区情研究》3期，对区委、区政府工作起到了决策咨询作用。

【服务基层】　2021年，区委党校共有5名教师加入区委党史学习教育宣讲团，分别到61家单位开展宣讲报告，受众4000余人次。同时，在面对“7·20”特大暴雨灾害时，区委党校迅速响应上级号召，组织全体教职工下沉到国基路街道办事处国基社区，积极参与防汛抢险救灾。在随后的新冠肺炎疫情防控中，又积极组织全体教职工下沉到国基路街道办事处，配合核酸检测、卡点值守等疫情防控工作。区委党校不但发挥了培训的主阵地作用，也充分发挥了党支部基层堡垒作用，通过实际行动取得了良好的社会效益。

（撰稿：白鹏飞　审阅：瓮翔宇）

社区发展治理

【概况】　中共金水区委城乡社区发展治理委员会，成立于2019年1月，是区委主管城乡社区发展治理工作的职能部门。2021年9月15日，更名为郑州市金水区数字城市运行管理中心。2021年，区委社治委聚焦深化数智赋能社会治理改革，全面落实“党建引领、服务至上”发展理念，深入实施“制度创新、能力提升”治理机制，努力完善“多方参与、共建共享”服务模式，通过抓重点、补短板、强弱项、推改革、优治理，实现金水区城乡社区“硬件上有改观，软件上有提升，服务上有亮点，场景上有呈现”，打造更具活力、更有温度的社区发展治理事业新高地。

【"数智金水"建设】 按照区委、区政府安排，区委社治委牵头"数智金水"建设工作，通过强化顶层设计、完善工作机制全面推动建设工作开展。以"创新智城·品质金水"为引领，按照"一盘棋、一体化"思路，打造"一中心五平台"的数智治理体系，探索具有金水特色的"二级平台三级网格四级联动五级协同"数字城区新路径，着力构建更聪明、更智慧，人民生活更加美好的现代化城区。2021年，制定下发《金水区"数字金水"建设实施方案》《金水区以一件"事"和一"事件"为牵引深入推进"一网通办，一网统管"改革工作实施方案》等15个文件，进一步明确"数智金水"建设思路方向，规范"数智化"项目的建设管理；牵头建立"数智金水"组织架构，构建"区级—局委—街道"层层落实的"数智金水"组织架构体系；深入推进一"事件"改革工作，完成3个区级试点"事件"(群租房治理、独居老人居家安全、新增违法查处）相关职责、流程梳理，形成流程图和职责清单，同步完善系统开发，为一"事件"上线打好基础。

【党群服务中心建设】 加快推进金水区各级党群服务中心建设工作，通过明确工作任务，分类建立台账，制定详细计划，倒排工期节点，明确责任到人，及时出台指导意见，规范建设流程，加强督导检查，全力推动社区服务阵地升级。2021年，金水区17个街道级党群服务中心中12个已建成投用，5个正在稳步推进建设；500平方米以下社区党群服务中心已全部清零；1000平方米以上社区党群服务中心已达87个，占比50%；完成12个亲民化改造项目；按照"一有七中心"标准，36个社区完成省级规范化社区创建；金水区"十大民生实事"中的24个党群服务中心建设任务已全部完成。

彭公祠社区党群服务中心活动现场　（2021年，区委社治委/供图）

【社区楼院整治提升】 无主管楼院整治提升。2021年区委社治委联合组织部对全区645个无主管楼院重新进行干部分包调整，彻底解决过去一人分包多个楼院的情况；对320个楼院自管会按照要求进行整改，保证了自管会负责人由本楼院居民担任，确保自管会的规范化运行。借助老旧小区改造，解决无主管楼院基础设施不足、配套功能不全、环境相对较差等问题，推进楼院建设有机更新。金水区645个无主管楼院中276个楼院完成了老旧小区改造，94个楼院引进了专业化物业提供服务。进一步强化无主管楼院治理长效机制建立，完善楼院管理规约制定，对比全年目标40%的无主管楼院管理规约制定完成数259个，截至2021年底完成544个，覆盖率达到了84.3%。城乡接合部社区环境综合整治工作。全面落实市、区两级党委、政府"三项工程、一项管理"工作的安排部署，2021年，区委社治委对涉及的兴达路街道智汇谷、鸿苑2个点位社区进行了专项整治提升，2个社区两委组织健全，共成立社区社会组织21个，有志愿者队伍10支；社区党群服务中心均已挂牌成立；所辖10个楼院，楼院红色物业全覆盖。杨金路街道级党群服务中心和大贺庄景观工程2个工程类项目已建成投用。

【社区社会组织培育发展】 加强社区社会组织人才培养，强化社区社会组织项目开发能力。2021年，围绕公益项目筹款、公益创投、服务项目开发等主题，在金水区社区社会组织孵化基地共开展社区社会组织专题培训20余场。采取公益创投的方式，通过建立“资金、管理、专业”的支持体系，激活更多社区社会组织参与社区服务与治理，组织开展公益创投，征集项目56个，并进行公益项目创投项目路演活动。2021年，新成立街道级社区社会组织孵化中心3个，杨金路街道社区社会组织孵化中心、国基路街道社区社会组织孵化中心、丰产路街道社区社会组织孵化中心。金水区孵化50人以上社区社会组织162支，为老服务型社区社会组织181支。

【社区发展治理（慈善）基金建设】 积极探索创新社会资源参与社区治理的工作机制，引导街道设立“社区发展治理（慈善）基金”，主要用于关爱救助弱势群体、为老敬老、楼院治理等民生实事，为实现可持续性发展提供平台。2021年，金水区杜岭、花园路、经八路、人民路、大石桥、凤凰台、兴达路、杨金路、国基路、南阳路、文化路11个街道成立了街道级社区发展治理（慈善）基金，丰庆路街道四月天社区成立了1个社区级社区发展治理（慈善）基金，总体覆盖面达到70%。

【“无疫社区（村）”创建】 组建创建活动领导小组和工作专班，细化出台《金水区“健康郑州 无疫社区（村）”创建工作实施方案》，印发《金水区“健康郑州 无疫社区（村）”创建倡议书》6000余份，通过线上线下等形式，开展形式多样的健康教育宣传活动，引导居民群众相信科学、主动配合，提高核酸检测和疫苗接种的积极性，构建全民免疫屏障，打造防疫“绿色”社区。2021年，完成创建社区174个。

【建党百年宣传文化活动】 2021年区委社治委以庆祝中国共产党成立100周年为契机，开展“党旗红、社区美”社区书画摄影展评比活动，收集优秀书画摄影作品235幅，组织省内知名书画、摄影专家紧扣党建引领社区发展、红色记忆红色文化传承等方面进行初步评选，最终评选出区级优秀书法作品12幅、绘画作品8幅、摄影作品12幅，报送市委社治委进行市级评选、宣传，最终共有15幅作品获得市级奖项，并在全市进行巡展，进一步通过社区居民优秀文艺作品展现了建党百年的辉煌历程。为突出展现区委社治委自成立以来，广大党员干部在市委、区委重点中心工作的担当作为，以做好为民服务的最后一公里为切入点，进行微电影《一公里的美好》的拍摄，大力宣传党建引领下的居民自治成效，献礼中国共产党成立100周年，通过参加观摩交流活动的评选，获得金水区二等奖。

（撰稿：任　博　审阅：敖　娜）

金水区人民代表大会

综 述

【概况】 2021年，在中共金水区委的坚强领导下，区人大常委会高举习近平新时代中国特色社会主义思想伟大旗帜，深入学习贯彻习近平总书记关于河南、郑州的重要讲话指示精神，始终发扬敢于担当、追求卓越的精神，始终秉承以民为本、为民尽责的理念，始终保持开拓进取、创新发展的活力。

严格落实“第一议题”学习制度，扎实开展党史学习教育，及时跟进学习习近平总书记重要讲话、重要指示和中央召开的重要会议精神，一年来开展集体学习42次、交流研讨9次，形成学习心得94篇、专题调研报告2篇。严格执行请示报告制度，就人大工作中的重大事项、重要工作向区委请示报告31次，确保人大工作在区委领导下沿着正确的方向不断向前推进。区委高度重视人大工作，张红伟书记31次对人大工作作出指示批示，12次参加人大专题活动，进一步激发了全区人大工作者干事创业的热情和活力。

坚持正确监督有效监督，助力发展的针对性、实效性进一步增强。听取和审议计划、财政、审计、国有资产管理和债务管理工作报告，开展招商引资、楼宇经济发展、优化营商环境、科技型企业培育工作情况视察，督促区政府以保促稳、稳中求进、进中蓄势，不断拓展回稳向好发展态势，累计开展视察132次，听取专项工作报告29个，形成审议意见50余项；组织驻区各级人大代表参与各类履职为民活动1600余人次，收集反映意见建议500余条，督促解决了一批群众关心关注的热点问题，在党委政府和人民群众之间架起了一座“连心桥”。

坚决贯彻党委决策部署。自金水区确定为全市唯一的街道居民议事会议制度试点区以来，区人大常委会坚持组织领导、建章立制、阵地建设“三统一”，推动代表推选、会议流程“双规范”，实现了全区17个街道全覆盖。聚焦市委、区委工作重点，确定科技创新、产业培育、民生实事等56项监督议题，采取区人大常委会、人大街道工委上下联动，专题视察与分散视察有机结合，专项监督与专题调研协同推进等形式，提出各类建议400余条，通过“分类梳理、转呈督办、跟踪回访”，推动全区重点工作有效落实、民生事业不断改善。面对突如其来的灾情、疫情，先后向驻区四级人大代表发出积极投身防汛救灾、疫情防控工作的倡议，各级人大代表立足本职、发挥优势，情牵群众、无私奉献，在灾情、疫情“大考”中践行了“人民选我当代表、我当代表为人民”的庄严承诺。

【代表议案及建议办理情况】 在区十三届人大六次会议上，大会主席团共收到区十三届人大代表提出的议案1件，经大会主席团审议通过，转作建议办理。会议期间，区十三届人大代表还提出建议162件，以上合计收到建议163件。根据内容，163件建议分别转交区人民政府办理156件，转交其他有关机关、组织办理7件。此外，在闭会期间，收到代表建议1份，移交区人民政府办理。截至12月底，164件代表建议已经办理完毕。为进一步了解代表对建议办理的落实情况，自8月初起，区人大常委会代表联络工委分别向提出议案、建议的代表发出《金水区人大代表议案建议办理情况反馈意见表》164份，收回代表反馈意见表164份，对于承办单位的办理态度、办理结果，代表表示满意的164件，满意率达到100%。

【人大代表视察活动】 4月20日，区人大常委会党组书记、主任薛燕带领部分常委会组成人员及驻区人大代表视察金水区迎接国家卫生城市复审工作，区人大常委会领导许贵舟、燕建华、杜艳洁、张涛、杨旗参加视察。

4月28日，区人大常委会党组成员杨旗带领驻区人大代表检查《中华人民共和国老年人权益保障法》实施情况，区人大常委会副主任杜艳洁参加执法检查。

5月12日，区人大常委会副主任燕建华带领驻区人大代表视察科技型企业培育发展工作。

5月21日，区人大常委会副主任许贵舟带领驻区人大代表检查《河南省物业管理条例》贯彻执行情况。

6月25日，区人大常委会党组成员杨旗带领驻区人大代表视察黄河防汛工作开展情况。

6月25日，区人大常委会副主任许贵舟带领驻区人大代表视察城市防汛工作开展情况。

7月8日，区人大常委会副主任燕建华带领驻区人大代表检查《中华人民共和国公共文化服务保障法》实施情况。

7月19日，区人大常委会常务副主任李贻忠带领驻区人大代表视察金水区2020年度本级预算执行和其他财政收支审计工作情况。

7月19日，区人大常委会常务副主任李贻忠带领驻区人大代表视察金水区2020年财政决算和2021年上半年财政预算执行情况。

7月19日，区人大常委会常务副主任李贻忠带领驻区人大代表视察金水区2021年上半年国民经济和社会发展计划执行情况。

9月15日，区人大常委会党组成员闵武杰带领驻区人大代表视察大气污染防治工作。

9月15日，区人大常委会党组成员杨旗带领驻区人大代表视察区人民检察院服务保障民营经济发展工作。

9月16日，区人大常委会党组成员杨旗带领驻区人大代表视察区人民法院民事诉讼程序繁简分流改革工作。

9月16日，区人大常委会党组成员冯景义带领驻区人大代表视察美丽乡村精品村建设工作开展情况。

9月23日，区人大常委会党组成员冯景义带领驻区人大代表视察区十三届人大六次会议代表建议办理情况。

9月23日，区人大常委会党组成员杨旗带领驻区人大代表检查《中华人民共和国消防法》和《河南省消防条例》实施情况。

9月23日，区人大常委会领导赵高翔带领驻区人大代表视察食品药品安全监督管理工作情况。

9月24日，区人大常委会党组成员闵武杰带领驻区人大代表视察2020年度国有资产管理情况。

9月24日，区人大常委会党组成员杨旗带领驻区人大代表视察社会治安管理工作。

9月28日，区人大常委会党组成员闵武杰带领驻区人大代表检查国务院《优化营商环境条例》《河南省优化营商环境条例》实施情况。

10月22日，区人大常委会党组成员冯景义带领驻区人大代表视察美丽乡村精品村建设工作。

10月27日，区人大常委会副

主任闵武杰带领驻区人大代表视察城乡接合部综合改造工作。

10月28日，区人大常委会副主任赵高翔带领驻区人大代表视察金水区民办幼儿园发展情况。

11月3日，区人大常委会党组成员冯景义带领驻区人大代表视察招商引资工作。

12月7日，区人大常委会副主任闵武杰带领驻区人大代表视察金水区老旧小区改造工作。

12月9日，区人大常委会党组书记、主任薛燕带领驻区郑州市十五届人大代表开展集中视察，区人大常委会党组成员冯景义参加视察。

12月16日，区人大常委会副主任闵武杰带领驻区人大代表视察断头路打通工作。

12月21日，区人大常委会常务副主任李贻忠带领驻区人大代表视察全国文明城市创建工作情况，区人大常委会领导赵高翔、杜艳洁、杨旗、竞新宇参加视察。

12月22日，金水区人大常委会副主任竞新宇带领驻区人大代表视察2021年度财政收支预算调整情况和金水区2020年度区本级预算执行和其他财政收支审计查出问题整改情况。

重要会议

【人大全体会议】 郑州市金水区第十三届人民代表大会第六次会议 2月3日上午，郑州市金水区第十三届人民代表大会第六次会议在省人民会堂开幕，来自全区各行各业、各条战线的区人大代表参会。大会由区委书记、主席团常务主席张红伟主持。大会主席团常务主席张红伟、薛燕、张艳华、李贻忠、许贵舟、燕建华、杜艳洁、冯景义、张涛、杨旗在主席台前排就座。魏东、余遂盈、杨洁、曹可艳、刘岩、张华、王居良、王浩、徐建军、蔡理亮、王青、李劲松、杨发群、常新河、梁平等在主席台就座。郑州市金水区第十三届人民代表大会第六次会议应出席代表298人，出席262人，出席人数符合法定人数。会议听取了区人民政府区长魏东所作的金水区人民政府工作报告、关于金水区2020年度民生实事项目实施情况及2021年度民生实事候选项目情况的报告，听取了区人大常委会主任薛燕所作的区人大常委会工作报告，听取了区人民法院院长蔡理亮所作的区人民法院工作报告，听取了区人民检察院检察长王青所作的区人民检察院工作报告。大会书面听取了金水区国民经济和社会发展第十四个五年规划和二〇三五年远景目标纲要（草案）、关于郑州市金水区2020年国民经济和社会发展计划执行情况与2021年国民经济和社会发展计划（草案）的报告、关于郑州市金水区2020年财政预算执行情况和2021年财政预算（草案）的报告。大会表决通过了2020年度民生实事项目实施情况满意度测评办法、2021年度民生实事项目区人大代表票决办法。在主席台就座的还有大会主席团其他成员。出席区政协九届五次会议的政协委员列席会议。地方组织法第十七条规定的列席人员，有关机关、团体负责人，在分会场收听收看大会网络视频直播。

2月4日下午，郑州市金水区第十三届人民代表大会第六次会议第二次全体会议在省人民会堂举行。在圆满完成大会预定的各项议程后，区十三届人大六次会议胜利闭幕。大会主席团常务主席张红伟、薛燕、张艳华、李贻忠、许贵舟、燕建华、杜艳洁、冯景义、张涛、杨旗在主席台前排就座。魏东、余遂盈、曹可艳、刘岩、蔡理亮、王青、李劲松、杨发群、常新河、梁平等在主席台就座。大会由薛燕主持。郑州市金水区第十三届人民代表大会第六次会议出席代表258人，出席人数符合法定人数。会议以票决的方式，对2020年度10件民生实事项目实施情况进行了满意度测评，测评结果均为满意或基本满意。会议票决出区人民政府2021年度民生实事项目：1.深化老旧小区综合改造；2.增加优质教育资源供给；3.推进党群服务中心建设；4.持续稳定扩大就业；5.增加园林绿化休闲场地；6.持续缓解群众停车难题；7.持续完善城市道路基础设施；8.增加社区养老服务设施；9.推动搬迁群众回迁安居；10.持续加强卫生基础建设。会议通过了金水区人民政府工作报告的决议、金水区国民经济和社会发展第十四个五年规划和二〇三五年远景目标纲要的决议、金水区2020年国民经济和社会发展计划执行情况与2021年国民经济和社会发展计划的决议、金水区2020年财政预算执行情况和2021年财政预算的决议、金水区人大常委会工作报告的决议、金水区人民法院工作报告的决议、金水区人民检察院工作报告的决议。区委书记张红伟，区人大常委会主任薛燕先后在闭幕会上讲话。

郑州市金水区第十三届人民代表大会第七次会议　10月18日—19日，金水区第十三届人民代表大会第七次会议召开。大会主席团常务主席张红伟、薛燕、张艳华、杨洁、李贻忠、赵高翔、杜艳洁、冯景义、张涛、杨旗、竟新宇、闵武杰、许贵舟参会。10月18日下午，会议听取大会主席团常务主席、区委副书记杨洁作关于提名金水区人民政府区长、金水区监察委员会主任、金水区第十三届人民代表大会常务委员会副主任候选人情况的说明，表决通过大会选举办法。

10月19日上午9时，区十三届人大七次会议举行第二次全体会议。大会主席团常务主席、区委书记张红伟主持会议并讲话。会议表决通过总监票人、监票人名单，进行大会选举。张艳华当选为金水区人民政府区长，胡光程当选为金水区监察委员会主任，赵高翔、竟新宇、闵武杰当选为金水区第十三届人民代表大会常务委员会副主任。张艳华、胡光程、赵高翔、竟新宇、闵武杰进行了宪法宣誓。

【人大常委会会议】　区十三届人大常委会第三十一次会议　2021年1月18日上午，区十三届人大常委会第三十一次会议举行。会议由区人大常委会党组书记、主任薛燕主持，金水区人大常委会领导李贻忠、许贵舟、杜艳洁、冯景义、张涛、杨旗及其他常委会组成人员共34人出席会议。

会议深入学习贯彻习近平总书记在省部级主要领导干部学习贯彻中共十九届五中全会精神专题研讨班开班式上的重要讲话精神。会议要求，全区人大工作者要学深悟透、对标对表，把学习贯彻习近平总书记重要讲话精神同贯彻落实中共十九届五中全会精神贯通起来，与做好2021年各项工作结合起来，推动中央和省、市、区委关于“十四五”时期发展的重大决策部署不折不扣落到实处。

会议审议通过区人民代表大会常务委员会关于接受柴栓庆等5人辞去郑州市第十五届人民代表大会代表职务的决定，并依法补选了汪勇为金水区出席郑州市第十五届人民代表大会代表。

区十三届人大常委会第三十二次会议　2021年1月26日上午，区十三届人大常委会第三十二次会议在区机关一楼西厅会议室举行。会议由区人大常委会主任薛燕主持，区人大常委会领导李贻忠、许贵舟、燕建华、杜艳洁、冯景义、张涛、杨旗及其他常委会组成人员共34人出席会议。

会议传达习近平总书记在十九届中央纪委五次全会上发表的重要讲话精神。会议决定于2021年2月2—4日召开区十三届人大六次会议，通过了关于区第十三届人民代表大会第六次会议议程、日程草案和有关建议名单、草案，研究、审议了区十三届人大六次会议的有关事项。

依次通过关于区十三届人大六次会议召开时间的决定（草案）；代表辞补事项；会议议程、日程草案和有关建议名单、草案。研究审议了区人大常委会工作报告稿、郑州市金水区2020年国民经济和社会发展计划执行情况与2021年国民经济和社会发展计划（草案）的报告、郑州市金水区2020年财政预算执行情况和2021年财政预算（草案）的报告、金水区2020年度民生实事项目实施情况及2021年度民生实事候选项目情况的报告、金水区2020年度民生实事项目实施情况满意度测评办法（草案）、金水区2021年度民生实事项目区人大代表票决办法（草案）；审议了大会筹备组关于区十三届人大六次会议筹备工作情况的报告。

区十三届人大常委会第三十三次会议　2021年3月25日，区十三届人大常委会第三十三次会议举行。会议由区人大常委会党组书记、主任薛燕主持，区人大常委会领导李贻忠、燕建华、杜艳洁、张涛、杨旗及其他常委会组成人员共31人出席会议。

区人民政府常务副区长杨洁、区监察委员会副主任刘建伟、区人民法院常务副院长王琴、区人民检察院常务副检察长谷伟东、人大各街道工委主任、区人大常委会各委室副主任、区纪委监察委驻人大机关纪检监察组组长、区发展和改革委员会有关负责人以及1名市人大代表、2名区人大代表列席会议。

会议深入学习贯彻习近平总书记近期重要讲话精神和重要文章精神、十三届全国人大四次会议精神。会议要求，全区人大工作者要提高政治站位，认真履行职责，增进民生福祉，持续做好民生实事项目专项监督、推行街道居民议事会议制度、星级代表联络站创建等工作。

会议审议批准区政府2021年政府投资项目年度计划。会议要求，区政府注重项目安排的科学性，不断提升政府投资项目的经济效益和社会效益；要加强部门之间的协同性，健全工作机制，完善要素保障，凝聚工作合力；要突出项目建设的规范性，以高水平的项目建设助力金水区经济社会高质量发展。

会议同时审议通过了区人大常委会2021年工作要点，确定了2021年度向区人大常委会述职并接受评议的金水区选举产生的郑州市十五届人大代表。

区十三届人大常委会第三十四次会议　2021年5月27日，区十三届人大常委会第三十四次会议举行。会议由区人大常委会党组书记、主任薛燕主持，区人大常委会领导李贻忠、许贵舟、燕建华、杜艳洁、冯景义、张涛、杨旗及其他常委会组成人员共35人出席会议。

会议深入学习贯彻习近平总书记近期重要讲话精神和重要文章精神。会议指出，全区人大工作者要切实提高政治站位，深刻把握丰富内涵，以习近平总书记重要讲话精神为根本遵循，紧扣全区中心工作，加强依法监督，深入开展调研，提升履职实效；要注重理论联系实际，把学习习近平总书记重要讲话精神，同党史学习教育结合起来，同推动基层人大工作创新发展结合起来，高质量完成各项工作任务，以优异成绩庆祝中国共产党成立100周年。

会议听取和审议区政府关于《中华人民共和国老年人权益保障法》和《河南省老年人权益保障条例》实施情况的报告。会议要求，区政府及其有关部门要进一步深化思想认识，加大政策扶持力度，丰富普法宣传形式，推动我区老龄事业快速发展；要进一步提升服务水平，坚持以居家为基础、社区为依托、机构为支撑，加快形成制度完善、组织健全、服务优良、监管到位的老年人权益保障体系；要进一步强化队伍建设，引进专业人才，鼓励社会机构参与，注重从业人员技能培训，为老年人权益保障工作提供有力支撑。

会议听取和审议区政府关于《河南省物业管理条例》实施情况的报告。会议要求，区政府及其有关部门要深化宣传教育，全面构建齐抓共管的良好氛围；要坚持严格执法，探索建立物业企业准入制度，提高物业管理活动的规范化水平；要创新服务机制，认真研究新形势下强化物业管理、完善物业服务、规范物业运作的新模式，不断增强辖区群众的获得感、幸福感、安全感。

会议听取和审议区政府关于科技型企业培育发展情况的报告。会议要求，区政府及其有关部门要优化顶层设计，推进服务平台科学布局，构建更加完善的科技人才服务体系；要强化要素保障，为科技人才创新创业提供全方位支持和保障；要提升发展水平，持续增强科技创新能力，不断积蓄全区经济发展后劲。

区人民政府常务副区长杨洁，区人民政府副区长张川、吴怀广，区人民政府副县级干部何守华，区纪委常委赵建英，区人民法院院长蔡理亮，区人民检察院副检察长王水，人大各街道工委主任，区人大常委会各委室副主任，区纪委监察委驻人大机关纪检监察组组长，区民政局、区卫健委、区保障办、区科技局有关负责人，以及1名市人大代表、2名区人大代表列席会议。

区十三届人大常委会第三十五次会议　2021年7月29日，区十三届人大常委会第三十五次会议举行。会议由区人大常委会党组书记、主任薛燕主持，区人大常委会领导李贻忠、许贵舟、燕建华、杜艳洁、冯景义、张涛、杨旗及其他常委会组成人员共35人出席会议。

区人大常委会领导赵高翔、竟新宇、闵武杰，区人民政府副区长赵德武、区人民政府副县级干部王珂，区监察委员会委员胡睿，区人民法院院长蔡理亮，区人民检察院检察长王青，人大各街道工委主任，区人大常委会各委室副主任，区纪委监察委驻人大机关纪检监察组组长，区发展和改革委员会、区财政局、区审计局、区文化旅游体育局、区人民政府办公室、区纪委监察委有关负责人列席会议。

会议深入学习贯彻习近平总书记近期重要讲话精神、重要指示精神。会议要求，全区人大工作者要认真学习领会、坚决贯彻落实习近平总书记就防汛救灾工作作出的重要指示精神，履职尽责、担当作为，主动到群众最需要的地方，冲锋在一线、战斗在前沿，当好先锋表率，为全区防汛救灾工作发挥人大作用，贡献人大力量。

会议听取和审议区政府关于2021年上半年国民经济和社会发展计划执行情况的报告。会议要求，区政府要围绕“创新智城、品质金水”建设目标，科学研判经济形势，完善动态监测体系，加大项目建设力度，推动产业结构升级，确保金水区“十四五”实现良好开局。

会议听取和审议区政府关于2020年度财政决算和2021年上半年财政收支预算执行情况的报告，批准了金水区2020年度财政决算。会议要求，区政府要紧紧围绕区委中心工作，进一步加强预算管理，规范预算执行，加大统筹力度，优化支出结构，为金水区经济社会高质量发展提供有力的资金保障。

会议听取和审议区政府关于2020年度本级预算执行和其他财政收支的审计工作报告。会议要求，区政府要进一步强化监督意识，突出审计重点，提高审计质量，对审计发现的问题，加强跟踪督查，实行台账管理，确保整改实效。

会议听取和审议区政府关于《中华人民共和国公共文化服务保障法》实施情况的报告。会议要求，区政府要进一步创新服务方式，整合优质资源，引入社会力量参与，稳步实施文化惠民工程，让辖区群众享有更加充实、更为丰富、更高质量的精神文化生活。

会议依法通过区人民政府、区监察委员会有关组成人员的任命，并举行了宪法宣誓仪式。会议要求，新任命的人员要坚持以习近平新时代中国特色社会主义思想为指导，在中共金水区委的坚强领导下，牢记誓词，践行使命，认真学习宪法法律，自觉接受人大监督，做到信念坚定、为民服务、勤政务实、敢于担当、勤政廉洁，为金水区打造高品质现代化城区、实现“两率先一争当”做出积极贡献。

区十三届人大常委会第三十六次会议　2021年8月18日，区十三届人大常委会第三十六次会议举行。会议由区人大常委会党组书记、主任薛燕主持，区人大常委会领导李贻忠、杜艳洁、冯景义、张涛、杨旗及其他常委会组成人员共31人出席会议。

区人大常委会领导赵高翔、竟新宇、闵武杰、许贵舟、燕建华，区人民政府常务副区长张超，区监察委员会主任委员胡光程，区人民法院院长蔡理亮，区人民检察院检察长王青列席会议。

会议深入学习贯彻习近平总书记近期重要讲话、重要文章精神。会议要求，全区人大工作者要认真学习、深刻领会，与灾后重建、疫情防控工作有机结合，与依法履行人大职权有机结合，推动人大各项工作创新发展。

会议听取和审议区政府关于金水区2021年度民生实事项目实施情况的报告。会议要求，区政府及其有关部门要深化思想认识。深入贯彻落实市委、区委关于民生实事项目人大代表票决制工作的决策部署，充分认识推进民生实事项目的重大意义，强化组织领导，完善实施方案，健全工作机制，明确责任主体，确保项目有序推进。要提升建设质量。以人民满意为最高标准，聚焦民生，践行承诺，科学推动项目实施，充分彰显民生实事项目的公益性、普惠性，真正赢得人民群众的认可和拥护。要自觉接受监督。主动向区人大及其常委会、人大代表、辖区群众通报项目进展情况，听取群众意见，把握群众需求，集中力量把民生实事办好、办实。要坚持常态长效。在项目实施、后期监管过程中，顺应群众意愿，加强质量监督，注重管理维护，切实增强辖区群众的获得感、幸福感和安全感。

会议听取和审议关于推行街道居民议事会议制度工作情况的报告。会议要求，区人大常委会机关有关委室、人大各街道工委要深入贯彻市委、区委决策部署，围绕深化居民议事会议制度试点工作，进一步探索服务群众新方式、助推发展新载体、基层治理新实践，稳步推进代表联络站、居民议事厅融合建设，逐步建立完善人大代表、议事代表共同接待群众、联系群众的方式方法，组织引导辖区群众积极参与管理街道公共事务，推动形成“居民事、居民议、居民办、居民享”的良好局面。

会议依法通过区人民政府有关领导人员的任命，并举行了宪法宣誓仪式。

会议依法通过区人民法院提请的任命，并举行了宪法宣誓仪式。

区十三届人大常委会第三十七次会议　2021年10月15日，区十三届人大常委会第三十七次会议举行。会议由区人大常委会党组书记、主任薛燕主持，区人大常委会领导李贻忠、杜艳洁、冯景义、张涛、杨旗及其他常委会组成人员共33人出席会议。

区人大常委会领导赵高翔、闵武杰、许贵舟，区人民政府常务副区长张超，区人民政府副区长王政英，区人民政府三级调研员江涛，区监察委员会副主任刘艳萍，区人民法院院长蔡理亮，区人民检察院副检察长王水，人大各街道工委主任，区人大常委会各委室副主任，区财政局、区人民法院、区人民检察院、区农委、区政府办、区市场监管局有关负责人以及1名市人大代表，2名区人大代表，3名街道居民议事代表列席会议。

会议深入学习贯彻习近平总书记在纪念辛亥革命110周年大会上的重要讲话精神和习近平总书记在中央人大工作会议上发表的重要讲话精神。会议要求，各位常委会组成人员、全区人大工作者要提高政治站位。深入学习贯彻习近平总书记重要讲话精神，不断提高政治判断力、政治领悟力、政治执行力。要强化责任担当。紧紧围绕党委决策部署，发挥人大职能作用，推动中央决策部署在金水落地生根。要主动履职尽责。在助推改革发展中担当作为，在推动人大工作高质量发展中开拓创新，为建设国家一流现代化国际化中心城区作出新的更大贡献。

会议听取和审议区人民政府、区人民法院、区人民检察院有关工作情况的报告，提出了审议意见。会议要求，区人民政府、区人民法院和区人民检察院要提高思想认识，明确工作责任，按照审议意见要求，认真落实整改，推动各项工作不断取得新实效。

会议批准区政府提请的2021年度金水区民生实事项目调整计划。会议要求，区政府及其有关部门要坚持民生至上，强化推进措施，提升建设质量，自觉接受监督，确保民生实事项目有序推进、顺利实施。

会议决定于2021年10月18—19日召开区十三届人大七次会议。会议要求，大会筹备组要以高度的政治责任感和历史使命感，认真做好各项筹备工作，确保区十三届人大七次会议圆满成功。

区十三届人大常委会第三十八次会议　2021年12月30日，区十三届人大常委会第三十八次会议举行。会议由区人大常委会党组书记、主任薛燕主持，区人大常委会领导李贻忠、赵高翔、杜艳洁、冯景义、张涛、杨旗、竟新宇、闵武杰及其他常委会组成人员共31人出席会议。

区人民政府常务副区长张超，

区人民政府副区长冉建军，区监察委员会副主任刘艳萍，区人民法院院长蔡理亮，区人民检察院检察长王青，区财政局、区审计局、区发改委、区司法局、区商务局、区政府办、区监察委员会、区人民法院、区人民检察院有关负责人列席会议。

会议深入学习贯彻习近平总书记近期重要指示精神。

会议表决通过批准调整2021年度区财政收支预算的议案，听取和审议了区政府关于2020年度区本级预算执行和其他财政收支审计查出问题整改情况的报告、关于国务院《优化营商环境条例》和《河南省优化营商环境条例》贯彻执行情况的报告、关于招商引资工作情况的报告，听取和审议了区人大常委会执法检查组关于检查国务院《优化营商环境条例》和《河南省优化营商环境条例》贯彻执行情况的报告，听取和审议区人大常委会规范性文件备案审查工作情况的报告。会议同时形成了有关议题的审议意见。会议要求，区政府要提高思想认识，明确工作责任，按照审议意见要求，认真落实整改，推动各项工作不断取得新实效。

会议审议通过关于表彰2021年度人大代表优秀建议、批评和意见的通报，关于表彰2021年度办理代表议案、建议、批评和意见先进单位的通报。

会议听取关于金水区选举产生的市十五届人大代表2021年度履职情况的报告。

会议依法通过“一府一委两院”有关人员的任命。

（撰稿：徐继竞　审阅：臧跃鹏）

金水区人民政府

综　述

【概况】　2021年，全年实现地区生产总值1878.8亿元，同比增长3.1%；社会消费品零售总额1033.3亿元，增长5.5%；一般公共预算收入121.1亿元，增长1.8%。金水区是全省唯一一个社消零破千亿的县（市）区，是全省唯一一个战略性新兴产业受到国务院督查激励的县（市）区。历史性迈进全国百强区前十强，位列全国创新百强区第8、投资竞争力百强区第11、智慧城市百佳县市第14、市辖区高质量发展百强榜第19、高质量发展百强区第22。

【高质量发展】　突出产业迭代、倒逼转型，大力发展数字经济，“数智金水产业大脑”正式投用，国内最大“车规级安全芯片综合测试产线”顺利投产，信大捷安等2家企业入选中国网络安全“综合实力百强”，近万家企业“上云”发展，数字经济核心产业完成增加值162.6亿元，增长16.2%，总量、增速均居市内六区首位。信息科技、现代金融、高端商务、商贸服务、文化创意等5大重点产业增加值突破1100亿元，区级税收超千万楼宇达到55幢，全口径税收超亿元楼宇达到14幢，荣获“中国楼宇经济发展特别推动奖”。狠抓恢复重振、提质发展，深入开展“万人助万企”活动，全面实施“千企万户”专项支持计划，系统出台“1+N+X”产业政策和“助企九条”扶持政策，帮助5493家中小微企业，获得担保贷款9.7亿元，市场主体逆势增长4.7万户，总量达到27.7万户。扎实推进“三个一批”，国电投综合智慧能源等67个优质项目顺利落地、签约额突破330亿元，220个重大项目完成投资750亿元、再创新高。精心谋划实施灾后恢复重建项目，学校修复、市政设施修复、充电桩建设等工程基本完工。连续举办“促消费”活动110场，激发大众消费290亿元，花园路商圈获评“全国国庆消费热门商圈”第三名。金水经济以强大韧性和蓬勃生机，成为全市全省高质量发展的“风向标”。

【改革开放创新】　创新高地聚势成峰。成功举办2021金水科创大会，新培育国家重点“小巨人”企业2家、“专精特新”企业140家；新增高新技术企业330家，科技型中小企业337家；登记技术合同成交额51.9亿元、占全省1/10，科技创新“关键变量”正转化为高质量发展“最大增量”。嵩山、黄河、神农种业3家省实验室正式揭牌，许为钢研究员成功当选为中国工程院院士，金水区各类领军人才突破1300名，国家“双创示范基地”评估考核优秀档次全国第二。科教园区吸引入驻信大网御等90家科创企业，聚方科技园等3个园区被认定为全市首批小微企业园；科技园区创新“园区+公司”模式，企业培育数量、企业营收总量均实现两位数增长；国家知识产权创意产业试点园区探索“知识产权科学家经纪人”模式，组建全国首支知识产权服务官队伍，荣获中国设计产业十佳园区称号，快步迈入全国一流行列。开放高地乘势而上。以自贸区建设为引领，并联运行海外办事处30个、海外仓43万平方米，全区跨境电商交易额达到107亿元、进出口总额突破130亿元，均居市内六区第一；以“自贸十条”政策为引导，设立人才发展专项资金池，自贸区块注册企业2385家，“一带一路”经贸产业园获批省市电子商务示范基地，柳东路自贸创新产业园营业收入超过100亿元。重点改革顺势而为。区属国有企业等重点领域改革加快推进，创意园区、金水自贸区运营模式改革2项改革成果，被省委改革办红榜通报；政务服务改革持续深化，1315个事项“申请一张网、只进一扇门”，829个事项“联审一个窗、联批一张表”，703个事项“双休可办、随时申办”，448个事项“就近代办、掌上云办”，区政务服务大厅顺利通过“省级社会管理和公共服务标准化示范项目”验收。

【精细化管理】　突出提升功能重里子，23条道路提档升级，176个老旧小区焕发新颜，70千米地下管线顺利迁改，142千米雨污水管网深度疏挖，2.1万个窨井高效整治，行政片区顺利通过国家级城市更新建设标准化示范项目验收。6条“断头路”全线贯通，16条道路建成通车，7289个公共停车泊位投入使用，群众出行更顺畅、生活更舒心。突出提升形态重品质，高起点规划沿黄15平方千米区域，强力实施人居环境集中整治，旱厕、黑臭水体、乱堆垃圾“动态清零”，73万平方米违章建筑全面拆除，191户美丽庭院精彩呈现，首批26家企业入驻马渡梦想科创小镇，美丽乡村建设得到全市观摩肯定。突出提升环境重实效，S312沿黄示范性绿道圆满完工，79个中央生态环境保护督察交办案件全部销号，90家重点排污单位实时监管，188个工地智慧化改造，133万平方米生态绿地点缀城区，236个优良天数刷新纪录，河流断面水质稳定达标，“天空蓝”“生态绿”成为金水最亮丽底色。

【民生福祉保障】　坚持“政府过紧日子、群众过好日子”，在收支压力极大的形势下，民生领域支出达62.3亿元，占一般公共预算支出的76.5%。社会保障提质扩面。扎实开展“我为群众办实事”实践活动，109项省、市、区民生实事，1158件“微实事”高质量办结，“12345”市民服务热线工作全市领先。举办线上线下招聘会47场，组织职业技能培训3.6万人次，新增就业3.9万人，居民人均可支配收入达到51526元、位居全省第一。建成安置房194万平方米，网签安置房1.2万套，7371名群众回迁新居。坚持应助尽助、应补尽补，发放各类救助补助资金6827万元，困难群众感受到更多温暖。社会事业亮点纷呈。严格落实“双减”政策，新建成学校9所，新增普惠性幼儿园37所，课后服务模式、劳动教育课程入选教育部典型案例，经验向全国推广。深入践行全民健康理念，家庭医生签约服务突破80万人，区总医院顺利通过三级综合医院执业评审验收。智慧健康养老云平台全面投用，“三级联动、线上线下、以大带小、延伸居家”社区养老服务体系，得到省委楼阳生书记调研认可和全省现场会观摩推广。“金水文旅云”上线运营，公共文化一体机实现街道全覆盖，发布文化活动790场，“金图学堂”“金言金讲”成为群众喜闻乐见的人文课堂。社会治理扎实有效。深入开展安全生产和消防安全排查整治，2.2万个安全隐患问题对账销号，227家重点企业双重预防机制系统建成，安全防控水平不断提高。大力推进食品安全“互联网+”行动，创新“四检联动”

模式，有效守护了群众“舌尖上的安全”。全面开展“三零”创建，强力攻坚化解问题楼盘，创设全省首个区级“社会治理综合服务中心”，上三级万人信访量历年最低。

【信息调研工作】 紧紧围绕省、市、区工作重点，聚焦全区高质量发展的战略性问题和热点问题，累计采编《政府工作》《区长工作日志》28期，编发区级政务信息1793篇，上报省市政务信息626篇，形成《关于金水区高新技术企业发展现状及问题对策的调查报告》等一批高质量调研成果。

【督查工作】 回复落实上级交办的督查通知99件、督查活动8次、“国务院+督查”平台留言线索12期，做到件件有落实，事事有回音。坚持“六清六定”清单化管理方式，全面落实民生实事项目人大代表票决制，扎实推进“我为群众办实事”实践活动，103高级中学迁建等94个民生实事项目高质量办结，一批事关群众切身利益的问题得以有效解决。认真梳理分解省、市、区政府工作报告重点任务，对群众关心的热点、难点问题专项督查，有效推动109项省、市、区重点工作落实、落细、落到位。

【电子政务工作】 坚持以公开促落实、强监管功能，持续深化“互联网+政务服务”，扎实推进基层政务公开标准化规范化建设，通过郑州市集约化平台和金水区机关信息网，公开政府信息9295条，及时答复信息公开申请392件，进一步提升政府工作透明度，增强政府公信力。

【议案提案办理工作】 着力在办理人大代表建议和政协委员提案中，帮助群众排忧解难，切实增强群众获得感、幸福感。进一步规范工作制度，印发《金水区办理人大代表建议政协委员提案工作若干规定》，细化要求，完善措施，提升办理工作能力和水平。突出提高建议提案落实率、满意率，组织开展专题交办会、协调会、工作督查9次，认真办理人大建议156件、政协提案165件，办结率100%。

【法治政府建设工作】 始终把依法行政作为第一准则，全面落实“司法为民八件实事”，深入实施“法律九进”普法宣传，成功创建全国模范司法所1个、省级五星司法所7个。树牢法治思维，提升依法行政能力，办理行政复议案件156件、行政诉讼案件375起和行政复议应诉案件42起，全力实现案结事了、矛盾化解。

【“7·20”特大暴雨灾害应急处置及灾后重建】 2021年7月下旬以来，金水区遭遇极端强降雨，最大小时雨量突破我国内陆观测记录历史极值，黄河连续24天保持每秒4800立方米大流量行洪状态。面对历史罕见“雨情”、百年不遇“汛情”，迅速启动防汛应急响应，果断处置丰产路道路塌陷及燃气管道泄漏等重大险情，安全避险转移19725人，用2天时间恢复移动通信网络，6天时间完成1170个停水、603个停电、266个积水严重小区的通水、通电、排涝任务，快速恢复了群众生产生活；组建黄河抗洪抢险前线指挥部，连续31天驻守马渡险工一线，守护黄河沿岸安定。

【新冠肺炎疫情防控】 2021年，多轮新冠肺炎疫情接连突袭，严重威胁人民群众生命财产安全。面对突如其来“疫情”，“一键切换”平急指挥体系，率先在全市落实“八包一”防控责任，“零延时”精准锁定风险人员2.1万人，“零投诉”隔离服务5000余人，“零失误”核酸检测1246万人次，占全市1/10以上，三轮疫情均在一个周期内“圈住封死”，得到国务院联防联控机制督导组充分肯定。

（撰稿：杨鑫磊　审阅：宋振永）

区政府重要会议

【收听收看全国疫情防控工作电视电话会议】 1月14日上午，金水区组织收听收看全国疫情防控工作电视电话会议。区领导魏东、张艳华、杨林、卢书选、曹可艳、燕建华、赵高翔、赵德武、张川、王珂出席会议。区直各相关部门、各街道办事处主要负责人参加会议。

会议深入贯彻落实习近平总书记重要指示精神和党中央、国务院关于疫情防控的决策部署，要求各级各部门要始终绷紧疫情防控这根弦，进一步压实“四方责任”，毫不放松地做好冬春季防控工作，确保疫情不出现反弹。

会议强调，当前全国疫情总体得到有效控制，但防控任务依然艰巨繁重。各级各部门要把疫情防控作为头等大事，严格按照各项政策规定和部署要求，保持指挥体系24小时运行状态，实行“零报告”制度；要常态化抓好预防措施，落实戴口罩、勤洗手、不聚集等要求，加强人员、物资、技术储备，降低疫情反弹风险。同时，要把农村地区疫情防控作为重中之重，进一步压实社区、乡镇、村委会等责任，加强机场周边、城乡接合部等地区防控，做好务工返乡人员信息登记和健康监测；村卫生室、个体诊所、药店等要落实首诊报告制度；发现疑似病例，立即按照要求进行报告，严格控制庙会等民俗活动，暂停宗教场所聚集性活动，减少人群聚集，做到专群结合、群防群控，共同筑牢疫情防控的坚固防线。

【收听收看全省全市疫情防控工作电视电话会议】 1月15日下午，金水区组织收听收看全省全市疫情防控工作电视电话会议。区领导魏东、张艳华、杨林、卢书选、曹可艳、赵高翔、赵德武、张川、王珂出席会议。区疫情防控指挥部各部门、区直相关部门、各街道办事处主要负责人参加会议。

省市会议结束后，金水区立即召开专题会议，贯彻落实国家和省市会议精神，安排部署全区疫情防控工作。会上，区政府副区长张川通报了金水区近期疫情防控重点工作进展情况；区委副书记张艳华提出了具体要求；区长魏东作了重要讲话。

魏东强调，各级各部门要坚持人民至上、生命至上，深入贯彻党中央决策部署，全面落实国家和省市疫情防控工作要求，强化底线思维，增强忧患意识，毫不放松抓好各项防控工作，坚决筑牢人民群众生命健康安全的坚固防线。

【收听收看全国全省安全生产电视电话会议和全市安委会全体（扩大）电视电话会议】 1月23日上午，金水区组织收听收看全国全省安全生产电视电话会议和全市安委会全体（扩大）电视电话会议。区政府领导魏东、杨洁、赵高翔、赵德武、竟新宇、张川、闵武杰、何守华、王珂、许忠、江涛出席会议。区安委会成员单位、各街道办事处主要负责人参加会议。

会议传达学习了习近平总书记关于安全生产重要指示精神和李克强总理批示精神，总结分析了2020年安全生产工作，研究部署了2021年安全生产重点工作和春节、两会期间安全防范工作。

电视电话会议后，金水区立即召开专题会议，迅速贯彻落实全国和省市安全生产视频会议精神，并对下一阶段工作进行再安排、再部署。魏东指出，安全生产事关人民群众生命财产安全，事关经济社会发展和谐稳定大局，全区上下要把安全生产摆到重要位置，坚决树牢安全发展理念，以更加坚定的决心、更加有力的举措、更加务实的作风，持之以恒抓好安全生产各项工作，推进全区安全生产形势持续稳定向好。

【区政府第二次全体（扩大）会议】 2月8日下午，区政府第二次全体（扩大）会议召开。区政府副县级以上领导出席会议。区政府各工作部门、直属事业单位、垂直单位主要负责人参加会议。

会上，区委常委、区政府常务副区长杨洁，区政府副区长赵高翔、赵德武、竟新宇、张川、闵武杰、吴怀广分别就分管领域重点工作进行安排部署；区长魏东作重要讲话。

魏东强调，区政府各部门要深入贯彻落实省、市、区全会、经济工作会和两会精神，切实把思想统一起来，紧紧围绕“抓执行保落地”工作要求，旗帜鲜明讲政治、细化分解定责任、攻坚克难抓落实，以决战决胜的姿态和敢战能胜的信心确保各项工作开好局、起好步。

【2021年春季科级干部主体班开班典礼】 3月17日上午，金水区2021年春季科级干部主体班开班典礼在区委党校六楼会议室举行。区长魏东出席开班典礼并讲话。

魏东指出，全体党员干部要深入贯彻学习习近平总书记重要讲话精神，充分利用好学习机会，学有所思、思有所悟、悟有所得、得有所用，切实发扬为民服务孺子牛、创新发展拓荒牛、艰苦奋斗老黄牛的精神，全面树立良好的学风学纪和干部形象，以良好的学习成效转化为攻坚克难的强大动力和推动工作的突出实效，以优异成绩庆祝中国共产党成立100周年。

【收听收看全省深入实施百城建设提质工程推动城市高质量发展三年行动暨文明城市创建工作动员视频会】 3月18日上午，金水区组织收听收看全省深入实施百城建设提质工程推动城市高质量发展三年行动暨文明城市创建工作动员视频会。区长魏东，区委常委、宣传部部长杨林，副区长竟新宇出席会议。区直各有关部门、各街道办事处主要负责人参加会议。

会议指出，百城建设提质工程是河南省推动城市建设管理的重要抓手和推进精神文明建设的重要载体，实施4年多来成效显著。各地各部门要贯彻以人民为中心的发展思想，坚持存量改造提升和增量结构调整并重，统一思想、把握重点，完善机制、提升质量，确保三年行动计划落到实处，推动城市高质量发展，让城市更有温度、更有品质。

会议强调，要深入实施城市更新行动，推动城市结构调整优化，解决好城市发展中的问题；要抓好城市基础设施建设，注重公共服务配套设施建设，持续推动老旧小区和棚户区改造，积极推进城市生态修复，着力塑造城市特色风貌，让人民群众在城市生活更方便、更舒心；要紧盯难点、重点，营造良好的城市秩序，积极运用智能化技术建设智慧城市，守牢城市安全底线、增加城市韧性，推动百城建设提质工程再上新台阶。

【国家卫生城市复审推进工作会】 3月24日晚，区长魏东主持召开国家卫生城市复审推进工作会。副区长张川、闵武杰出席会议。区政府各相关部门和街道办事处主要负责人参加会议。

会议传达了郑州市督导暗访情况反馈会议精神；闵武杰对近期国家卫生城市复审工作进行了安排部署；区长魏东作讲话。

魏东强调，做好国家卫生城市复审工作，关乎城市综合竞争力，关乎广大群众切身利益。全区各部门要高度重视，进一步提高认识，举一反三，主动出击，迅速补齐工作短板，杜绝麻痹思想、侥幸心理，及时发现问题、整改问题；要进一步突出重点，持续做好整改，在全区开展“垃圾大清理、旱厕大清理、食品三小大排查”三大攻坚行动和“农贸市场、建筑工地、社区楼院和公共单位”三个专项整治工作，对城乡接合部、工地、社区楼院、集贸市场、铁路沿线开展集中清理，坚决取缔旱厕和违规市场；要紧盯目标、主动作为，抓好落实，严肃问责，全力以赴做好国家卫生城市复审工作。

【国家卫生城市复审工作推进会】 4月4日上午，区长魏东主持召开国家卫生城市复审工作推进会。区政府副区长闵武杰出席会议。区政府办、爱卫办、市场监管局、城管局、执法大队、卫健委、住建局、农委、文化旅游局、市场发展中心、保障办和各街道办事处主要负责人参加会议。

会议传达了郑州市国家卫生城市复审工作推进会议精神，听取了各街道近期复审工作进展情况的汇报；区政府副区长闵武杰对下一步工作重点进行了安排部署，并通报了各街道一周工作成绩，发放了“红黑旗”；区长魏东作讲话。

魏东强调，全区上下要提高认识，树牢人民至上理念，强化问题导向和结果导向，主动出击，主动作为，扎实开展工作，绝不能有任何麻痹思想、侥幸心理；要突出重点，狠抓整改，补短板堵漏洞，加大巡查力度，延长保洁时间，确保全覆盖无盲区；要协调联动，全力以赴，及时发现问题、整改问题，狠抓工作落实，严格督查问责。

【收听收看国务院第四次廉政工作电视电话会议】 4月26日下午，金水区组织收听收看国务院第四次廉政工作电视电话会议。区政府领导魏东、杨洁、赵德武、竟新宇、张川、闵武杰、吴怀广、潘杰昌、何守华、许忠、杨玉坤出席会议。区直各有关部门、各街道办事处主要负责人参加会议。

会议强调，各级政府要坚持以习近平新时代中国特色社会主义思想为指导，增强“四个意识”、坚定“四个自信”、做到“两个维护”，扎实开展党史学习教育，不断提高政治判断力、政治领悟力、政治执行力，落实党风廉政建设主体责任。坚决反对形式主义、官僚主义，坚持实事求是，坚持发展是解决中国一切问题的基础和关键，切实为群众办实事解难题，强化廉洁自律，推动政府系统党风廉政建设不断取得新成效，促进经济社会持续健康发展。

会议指出，要不断加强廉洁政府建设是做好经济社会发展工作的重要保障，深入学习贯彻习近平总书记在十九届中央纪委五次全会上的重要讲话精神，按照中央纪委五次全会和《政府工作报告》有关部署要求，持续加强政府系统党风廉政建设和反腐败工作，为统筹推进疫情防控和经济社会发展提供有力保障；要充分发挥全面从严治党引领保障作用，强化责任落实，推动政府系统党风廉政建设不断取得新成效，确保完成经济社会发展重点任务，以优异成绩庆祝中国共产党百年华诞。

【全区安全生产暨消防工作会议】 4月26日下午，区长魏东主持召开全区安全生产暨消防工作会议。区政府领导杨洁、赵德武、竟新宇、张川、闵武杰、吴怀广、潘杰昌、何守华、王珂、许忠、江涛、杨玉坤出席会议。各街道办事处及区安委会、防火委员会成员单位主要负责人参加会议。

会上，副区长赵德武总结分析了金水区2020年以来全区安全生产和消防工作情况，安排部署下一阶段工作重点；各街道办事处代表向大会递交2021年度安全生产目标责任书和消防工作目标责任保证书；凤凰台、南阳路街道办事处和区保障办主要负责人分别作表态发言；区长魏东作讲话。

魏东指出，各有关部门要充分认识安全生产工作的艰巨性和紧迫性，严格按照国家和省市要求，以铁的手腕抓安全，以铁的措施保安全，以铁的纪律管安全，坚决做好安全发展各项工作，全力维护辖区群众生命财产安全和社会大局安全稳定，努力为高品质现代化城区建设和实现“两率先一争当”总体目标提供更加坚实的安全保障。

【迎接国家卫生城市复审工作推进会】 5月8日下午，迎接国家卫生城市复审工作第十二次推进会召开。区领导魏东、张艳华、闵武杰出席会议。区直各有关部门、各街道办事处主要负责人参加会议。

会上，区交通秩序治理工作组、杨金路街道办事处相关负责人作表态发言；副区长闵武杰通报了近期国家卫生城市复审流动红黑旗，并点评了近期工作；区委副书记、金水科教园区管委会主任张艳华就下一步工作进行再安排、再部署；区长魏东作讲话。

魏东指出，全区上下要严格按照市委、市政府和区委、区政府部署要求，围绕“复审必过”的工作目标，认识再提升，标准再提高，力度再加大，对标一流、奋勇争先，全员上阵、全面排查、全域整治、全力落实，坚决打赢创卫复审攻坚战。

【“千企万户”支持计划启动仪式】 5月21日上午，由郑州市金水区人民政府、中原再担保集团共同主办的“千企万户”支持计划启动仪式在河南外包产业园会议中心成功举行，区委书记张红伟出席活动并致辞。省、市相关单位负责人，区领导魏东、张艳华、余遂盈、杨洁出席活动。

张红伟在致辞中表示，当前正处于打造“创新智城·品质金水”城区品牌的关键时期，金水区将一如既往地发展更高质量、更有效率、更加普惠的金融供给体系，把破解民营和中小微企业融资难、担保难这个“最先一公里”问题作为切入口和关键点，推动政、银、担、企等深化合作，重构政府性融资担保机制体系，用最高效率、最惠政策、最优服务营造金融生态、抓好“精准滴灌”，为市场主体、产业发展、民生改善提供更适宜的“阳光、雨露和土壤”，坚定走好现代化国家中心城市核心城区转型升级高质量发展的成功之路。热切期盼更多企业选择金水、入驻金水，衷心希望更多企业在“千企万户”专项支持计划的帮助下，早日在金水这片热土上收获财富、收获成功。

活动现场宣介了“千企万户”支持计划的惠企相关举措，签订了“千企万户”支持计划合作协议及金水区代偿补偿资金池托管协议。首批签约了13个协议，覆盖科技与知识产权类、园区类、乡村振兴类、文化教育类、“互联网+供应链”类、批量产品类六大类别。

“千企万户”支持计划由区政府提供财政支持，建立担保机构资本金注入、担保代偿补偿和保费补偿机制，联合多元化金融资源，支持小微企业和经营主体发展壮大。融资担保金额2021年计划达到20亿元、2025年计划达到200亿元以上。

【学校安全工作专题会议】 6月5日上午，区长魏东主持召开学校安全工作专题会议。区政府领导王珂出席会议。区委政法委、区政府办、教育局、卫健委、市场监管局、执法大队、金水公安分局及各街道办事处主要负责人参加会议。

会上，区教育局、金水公安分局、市场监管局依次汇报了现阶段学校安全工作情况；区政府领导王珂就贯彻落实会议精神和下步工作进行安排部署；区长魏东作讲话。

魏东强调，做好学校安全工作，责任重大，任务艰巨。各有关部门要切实把思想行动统一到中央和省市区委的决策部署上来，以更加奋发有为的精神状态、更加精准精细的安全措施，全力维护好校园安全，努力为全区教育事业高质量发展奠定坚实的安全基础。

【收听收看国家和省市安全生产电视电话会议】 6月17日下午，金水区组织收听收看国家和省市安全生产电视电话会议。区政府领导魏东、杨洁、竟新宇、张川、吴怀广、何守华、许忠、杨玉坤出席会议。各街道办事处和区安委会成员单位主要负责人参加会议。

国家和省市电视电话会议结束后，金水区立即召开全区安全生产工作专题会议，认真学习习近平总书记关于安全生产重要论述精神，深入贯彻落实国家和省市安全生产工作部署，全面安排部署当前全区安全生产工作重点。

结合全区当前安全生产形势，区长魏东强调，各单位要提高站位，认清形势，高度重视安全生产各项工作，时刻绷紧安全生产这根弦，认真落实落细重点领域防控措施，坚决筑牢安全生产防线，为全区经济社会发展创造良好的安全环境。

【安全生产重点领域隐患排查整治工作专题会议】 6月19日上午，区长魏东主持召开安全生产重点领域隐患排查整治工作专题会议。区领导刘岩、李贻忠、赵高翔、竟新宇、张川、闵武杰、吴怀广、何守华、许忠、毛国安、杨玉坤出席会议。区安全生产专业委员会各牵头单位、安全生产综合督导组、各街道办事处和金水公安分局主要负责人参加了会议。

魏东强调，高度重视，凝聚共识。突出重点，聚焦聚力。夯实责任，落实落细。加强督导，力求实效。

【安全生产扩大会议】 6月26日上午，区长魏东主持召开安全生产扩大会议，贯彻落实全省全市安全生产电视电话会议精神，分析研判当前全区安全生产形势，安排部署安全生产重点工作。区政府领导赵高翔、竟新宇、闵武杰、吴怀广、何守华、王珂、许忠、江涛出席会议。区安委会成员单位主要负责人、各街道办事处主要负责人及分管副职参加会议。

会上，与会人员观看了《生命重于泰山——学习习近平总书记关于安全生产重要论述》专题片；区政府副区长赵高翔通报了近期省市区领导关于安全生产工作的批示精神，对当前安全生产工作进行了再安排、再部署；区长魏东作讲话。

魏东强调，各级各部门要坚决守住安全发展的红线和底线，切实担起政治责任，守牢安全生产的生命线、高压线和保障线，全面抓好安全隐患排查整治，确保全区安全生产万无一失，为庆祝中国共产党成立100周年营造安全、稳定的社会环境。

【收听收看全市防汛救灾工作调度会】 7月23日晚，金水区组织收听收看全市防汛救灾工作调度会。区领导张艳华、张超、李明刚、王政英、王志鸿、潘杰昌出席会议。

张艳华指出，各级各部门要深入贯彻习近平总书记就河南、郑州防汛救灾工作的重要指示，树牢人民至上、生命至上理念，统筹整合多方力量，加大抢修力度，全力以赴推进通行、通水、通电、通信和居民小区地下空间排涝等“四通一排”工作，着力保供电、保供水、保通信、保供应、保交通、保稳定，确保城市运行秩序恢复；要增强风险意识、忧患意识，严密防范建筑工地基坑、路基塌陷等风险隐患，确保群众生命安全；要强化“点对点”服务群众，管好用好捐赠物资和资金，确保群众满意、社会稳定。

【区政府党组（扩大）会议】 7月24日上午，区委副书记、区政府党组书记张艳华主持召开区政府党组（扩大）会议。

张艳华强调指出，要深刻领会市委和区委干部人事调整的重要意义，切实把思想统一到市委和区委的决策部署上来，提高政治站位、强化使命担当，高效对接、无缝衔接，全力营造“团结、担当、干事”的良好氛围，全面打响“创新智城　品质金水”的城市品牌，努力让金水的“金”字更“金”、“新”字更“新”。

区政府党组副书记张超，区政府党组成员李明刚、刘岩、赵德武、冉建军、王政英、王志鸿、杨宇峰出席会议，吴怀广、潘杰昌、王双列席会议；区政府各工作部门、直属事业单位、垂直单位、各街道办事处负责人和区政府办公室班子成员参加会议。

【收听收看全市灾后重建、受灾群众转移安置及疫情防控工作电视电话会】 7月31日晚，金水区组织收听收看全市灾后重建、受灾群众转移安置及疫情防控工作电视电话会。区领导张艳华、张超、李明刚、赵德武、冉建军、王政英、王志鸿、吴怀广、潘杰昌、何守华、王珂、江涛、毛国安出席会议。区直各有关部门主要负责人参加会议。

会议结束后，区委副书记、代区长张艳华立即召开专题会议，安排部署有关工作，全力推动各项工作落实落细落到位。

张艳华指出，金水区面临灾后重建和疫情防控双重压力，时间紧、任务重，各有关单位要树牢人民至上、生命至上理念，始终保持昂扬斗志，发扬连续作战作风，带头下沉、一线推进，全天在岗、全员在岗，统筹推进疫情防控、灾后重建、安全生产、复工复产等各项工作，确保经济社会大局平稳有序。

【全区经济运行分析会】 8月2日，区委副书记、代区长张艳华主持召开全区经济运行分析会，研究听取1—7月经济运行整体情况。区领导张超、吴怀广出席会议。区发改委、统计局、财政局、商务局、工信局、住建局、城改办、税务局、住房保障办和金水资源规划分局等单位的负责人参加会议。

在认真听取工作汇报、深入分析研判经济运行态势后，张艳华强调，各单位要聚焦落实区委、区政府各项决策部署，着眼当前纾困，立足长远谋划，进一步摸清底数、分析形势、找准问题、理清思路、明确目标，不断创新工作理念、拓宽工作视野，形成善于抢、敢于冲、勇于拼的干事创业热情，以钉钉子的精神推动各项工作条条落实、件件落地、事事见效，全力以赴推进经济发展晋位升级。

【重点人群核酸检测工作推进会】 8月9日晚上，区委副书记、代区长张艳华主持召开重点人群核酸检测工作推进会，传达落实市级关于开展重点人群新冠病毒核酸检测工作有关要求，进一步明确检测采检对象、责任分工和注意事项。区领导杨洁、陈勇、竟新宇出席会议。区政府办、各街道办事处、区社会防控部、健康关爱中心、核酸检测部及金水区总医院相关负责人参加会议。

张艳华强调，全区上下要进一步统一思想，坚定信心，加快节奏，全面落实国务院联防联控机制组合组河南工作组指导意见，细化执行省市应对新冠肺炎疫情工作最新决策部署，彻底排查潜在人群感染者，加强重点人群新冠病毒核酸检测工作，切实圈住封牢传播源，坚决阻断传播链，打赢打好疫情防控阻击战。

【城改工作会议】 8月14日上午，区委副书记、代区长张艳华主持召开城改工作会议。区委常委、常务副区长张超，区委常委、副区长李明刚出席会议。区城改办、财政局、保障办、开发公司、规划服务中心、金水资源规划分局和南阳路、文化路和国基路街道办事处等单位负责人参加会议。

在认真听取工作汇报，分析研判城改工作难题后，张艳华强调，各有关部门要坚持以人民为中心的发展思想，强化风险防范意识，在加快推进中心城区棚户区改造安置房建设的同时，积极稳妥化解问题楼盘，切实保障群众利益和社会大局稳定。要突出顶层设计、政策先行，谋划推进城改工作，坚持市场化运作，全面摸清底数，强化资金测算，拓宽融资渠道，周密研究制定改造方案和相关政策，确保谋而后动、有序推进。要突出政府主导土地收储，认真贯彻新发展理念，着力统筹产业空间、布局新兴产业和重大产业项目，牢牢把握土地开发主动权，确保实现土地管理最优化和价值最大化。

【重点项目推进会】 8月16日上午，区委副书记、代区长张艳华主持召开重点项目推进会。区领导张超、冉建军、吴怀广、王浩出席会议。区发改委、工信局、科技局、商务局、楼宇办、自贸办及各园区管委会、市自然资源规划局金水分局相关负责人参加会议。

在分别听取与会单位关于重点项目及近期工作进展情况汇报后，张艳华指出，各部门要牢固树立系统思维和危机意识，厚植一体化工作思路入脑入心，提高站位、前瞻谋划，形成合力、不等不靠，统筹推进经济运行、产业发展、疫情防控和灾后重建等各项工作齐步走，以钉钉子的坚韧毅力和敢抢敢冲敢拼的干事热情，推动“创新智城 品质金水”城市品牌提档升级。

【收听收看全市第五轮全员新冠病毒核酸检测工作电视电话会】 8月24日上午，金水区组织收听收看全市第五轮全员新冠病毒核酸检测工作电视电话会。区领导张艳华、陈勇、竟新宇出席会议。区核酸检测部相关负责人参加会议。

在收听收看全市电视电话会议后，区委副书记、代区长张艳华立即召开续会，深入贯彻落实会议精神，研究部署全员第五轮核酸检测工作重点。

张艳华指出，在之前多轮核酸检测中，全区上下以高度的责任感和使命感，多次获得央视点赞和省市点名表扬，这既是对金水的充分肯定，也是给金水提出了更高要求。各有关部门要全面落实国务院联防联控机制综合组河南工作组和省市决策部署，牢固树立人民至上、生命至上理念，彻底排查潜在人群感染者，有效切断传播链，坚决防止疫情反复，确保全面打好打赢这场疫情防控阻击战。

【收听收看市安委会2021年第三次全体（扩大）会议】 8月24日晚上，金水区组织收听收看市安委会2021年第三次全体（扩大）会议。区领导张艳华、张超、冉建军、王政英、王志鸿、吴怀广出席会议。区安委会成员单位、各有关部门、各街道办事处主要负责人参加会议。

在收听收看全市电视电话会议后，区委副书记、代区长张艳华立即召开续会，深入贯彻落实会议精神，研究部署安全生产工作重点。

张艳华指出，2021年以来，全区上下深入贯彻落实习近平总书记关于安全生产重要论述，勠力同心、接续奋战，慎终如始、毫不放松，推动全区安全生产形势整体平稳。在肯定成绩的同时，要清醒认识当前处于多种风险叠加期，安全生产工作形势严峻、意义重大，各级各部门要始终把人民群众生命财产放在第一位，未雨绸缪、主动作为，坚决守住大灾大疫之后不发生其他次生灾害和安全生产事故的底线。

【应急防汛工作视频调度会】 8月30日下午，区委副书记、代区长张艳华主持召开应急防汛工作视频调度会。区政府办、农委、保障办、人防办、惠金河务局相关负责人参加会议。

在逐一调度各街道办事处应急值班值守情况，全面听取辖区防汛物资储备、群众转移安置、重点部位值守等工作汇报后，张艳华指出，要深入贯彻习近平总书记关于防汛救灾工作的重要指示精神，牢固树立人民至上、生命至上理念，始终坚持把人民群众生命财产安全放在首位，快速行动、充分准备、严加防范、连续作战，积极应对持续降雨，全力保障群众生命财产安全。

【收听收看全市防汛工作调度会】 9月3日晚上，金水区组织收听收看全市防汛工作调度会。区领导张艳华、张超、王政英出席会议。区人武部、保障办、住建局、农委、人防办、城管局、消防救援大队、惠金河务局相关负责人参加会议。

在收听收看全市调度会后，区委副书记、代区长张艳华立即召开续会，深入贯彻会议精神，逐一调度各街道应急值守情况，研究部署防汛抢险应急措施。

【信访工作推进会】 9月6日上午，区委副书记、代区长张艳华主持召开信访工作推进会。区领导张超、李明刚、王志鸿、蔡理亮出席会议。区直有关部门、各街道办事处负责人参加会议。

在认真听取相关街道办事处重点信访案件的进展情况汇报后，张艳华针对案件进行分析研判、明确办理意见，并就下步工作提出要求。张艳华指出，全区上下要坚持以人民为中心，抓好经济运行和安全稳定两条工作主线，存公心、去私心，坚决扛稳维护群众利益的政治责任，全心全意解决好群众关心关注的热点、难点问题，坚定信心、迎难而上、通力合作、不等不靠，全力保障全区社会大局整体平稳。

【“大干一百天 奋力保全年”工作会议】 9月10日下午，区委副书记、代区长张艳华主持召开“大干一百天 奋力保全年”工作会议。区领导张超、李明刚、赵德武、冉建军、王政英、王志鸿、吴怀广出席会议。区直各有关部门主要负责人参加会议。

在认真听取辖区全年各项目标预期情况汇报后，张艳华指出，全区上下要完整、准确、全面贯彻新发展理念，深入贯彻省委工作会和区十二次党代会精神，聚焦“四优五化”战略目标和“一一三四六”目标路径，进一步统一思想、振奋精神、加压奋进、负重前行，确保实现年度各项目标任务“满堂红”，为金水区高水平打造“创新智城·品质金水”，建设国家一流现代化国际化中心城区贡献力量。

【信访工作推进会】 9月11日上午，区委副书记、代区长张艳华主持召开信访工作推进会。区领导王志鸿、蔡理亮出席会议。区直有关部门、各街道办事处负责人参加会议。

在认真听取重点信访案件的进展情况汇报后，张艳华针对案件逐一梳理、明确意见，并就下步工作提出要求。张艳华指出，要深入贯彻习近平总书记关于平安中国建设的重要论述，完整、准确、全面理解新发展理念，进一步强化底线思维和危机意识，聚焦问题楼盘、投资担保、拆迁安置等重点领域，筑牢织密平安建设防线，鼓舞精神、昂扬斗志、振奋精神，以“大干一百天 冲刺保全年”的工作热情为金水区高水平打造“创新智城·品质金水”，建设国家一流现代化国际化中心城区营造良好发展环境。

【收听收看全市疫情防控工作电视电话会】 9月13日晚上，金水区组织收听收看全市疫情防控工作电视电话会。区领导张艳华、杨洁、李力、陈勇出席会议。区疫情防控一办十部及三专班执行部长参加会议。

在收听收看全市电视电话会议后，金水区立即召开续会，深入贯彻落实会议精神，研究部署常态化疫情防控措施，突出强调防控执行标准、应急值班值守等工作重点。

区委副书记、代区长张艳华强调，中秋、国庆“双节”即将来临，各大中专院校及中小学幼儿园开学在即，全区上下要深入贯彻习近平总书记关于疫情防控工作的重要讲话和指示批示精神，扛稳压实政治责任，落实落细防控措施，切实守护好、维护好群众生命健康安全，确保社会大局整体平稳、各项工作稳步推进。

【收听收看全市防汛工作电视电话会】 9月18日上午，金水区组织收听收看全市防汛工作电视电话会。区领导张艳华、黄国彦、张超、李明刚、王政英、王志鸿出席会议。区直各有关部门、各街道办事处相关负责人参加会议。

在收听收看全市电视电话会议后，区委副书记、代区长张艳华立即召开续会，迅速贯彻会议精神，对新一轮强降雨应对工作进行安排部署。

张艳华指出，全区上下要深入贯彻习近平总书记关于防汛救灾工作重要讲话和指示批示精神，继续发扬连续作战、不怕疲劳的精神，积极应对新一轮降雨的不利天气，全面落实各项防范措施，全力保障群众生命财产安全。

【收听收看市安委会2021年第四次全体（扩大）会议】 9月18日下午，金水区组织收听收看市安委会2021年第四次全体（扩大）会议。区领导张艳华、张超、赵德武、冉建军、王政英、王志鸿、吴怀广出席会议。区安委会成员单位、各有关部门、各街道办事处主要负责人参加会议。

在收听收看全市电视电话会议后，区委副书记、代区长张艳华立即召开续会，深入贯彻落实会议精神，研究部署安全生产工作重点。

张艳华指出，“双节”将至，群众出行和各类文娱活动增多，交通运输、生产经营和建筑施工等进入旺季，安全生产不确定、不稳定因素进一步增多。各级各部门要全面贯彻习近平总书记关于安全生产的重要讲话精神和指示批示，切实担起政治责任，时刻绷紧安全生产这根弦，不遗余力，全面排查，确保辖区群众度过一个安静祥和的节日。

【区政府常务会议】 9月18日上午，区委副书记、代区长张艳华主持召开区政府常务会议，传达学习国家和省市安全生产会议精神，研究部署“双节”安全生产、消防安全等工作。

会议传达学习了习近平总书记在陕西榆林考察时的重要讲话、副省长武国定在全省加强安全生产执法暨水上安全防范工作视频会议上的讲话，强调要深入学习贯彻习近平总书记关于安全生产的重要论述，统筹抓好发展和安全两件大事，始终把人民生命安全摆在首位；要深入分析当前安全生产形势，严格按照“党政同责，一岗双责”和“三管三必须”要求，压紧压实属地管理责任、部门监管责任和企业主体责任，督促企业落实“七必须、七确保”要求，切实将灾后恢复重建和企业复工复产暨中秋、国庆期间安全防范措施落实到位；要聚焦重点领域，以安全生产专项整治三年行动为抓手，狠抓建筑施工、交通运输、消防安全、危化品、城镇燃气等重点行业，建立健全覆盖管理和操作岗位的安全生产责任制，提高安全监管执法效能，抓好人员素养、科技支撑、标准化建设等基础保障，着力化解存量安全风险、遏制增量风险、防范变量风险，确保全区安全生产形势稳定。

会议研究部署了“双节”期间消防安全各项工作，强调要始终保持高压态势，加强安全隐患排查，突出“九小”场所、高层建筑及易燃可燃夹芯彩钢板等重点领域、重点部位消防安全专项整治，立即组织开展“六个一”活动，集中拆除一批、曝光一批违规使用行为，查封关停一批消防问题严重单位，确保各类问题早发现、早处置，坚决守住消防安全底线红线，让群众度过一个平安祥和的“双节”。

会议审议了《金水区2021年“中秋”“国庆”节日期间安全生产工作方案》和《金水区关于进一步加强安全生产工作的十条措施》，强调要坚持党政同责、强化履职尽责，严格落实安全生产责任制，落实落细各项措施，为经济社会营造安全稳定的发展环境。会议还研究了其他事项。

【收听收看全市防汛调度会议】 9月24日晚上，金水区组织收听收看全市防汛调度会议。区委副书记、代区长张艳华，区委常委、常务副区长张超出席会议。区直各有关部门负责人参加会议。

在收听收看全市调度会议后，张艳华立即召开续会，逐一调度各街道办事处应急值班值守情况，全面听取辖区防汛物资储备、群众转移安置、重点部位值守等工作汇报。

张艳华指出，要深入贯彻习近平总书记关于防汛救灾工作的重要指示精神，坚决克服松懈心理、疲惫思想、厌战情绪，时刻绷紧绷牢防汛防涝这根弦，压实、压牢防汛措施，确保全区安全度汛。要严格落实省委书记楼阳生提出的“金标准”和“四个确保、一个降低”要求，始终坚持生命至上、避险为要，盯紧桥梁涵洞、地下空间、汛期风险小区等重点区域，强化C级危房检测值守，加大D级危房转移排查，坚决防止群众回流，坚守防汛安全红线底线。要坚决扛牢防汛主体责任和属地责任，强化值班值守，做好应急处置，科学调度值守抢险人员，坚持日报告制度落实，并密切关注雨情、水情、汛情，加强会商分析和预报预警，及时上报辖区汛情动态，充分准备、严加防范，积极应对新一轮强降雨天气，全力保障群众生命财产安全。

【收听收看市政府第三次全体（扩大）会议】 9月29日上午，金水区组织收听收看市政府第三次全体（扩大）会议。区领导张艳华、张超、李明刚、赵德武、冉建军、王志鸿、吴怀广出席会议。

会议指出，市十二次党代会明确了今后五年的目标任务，为当前和今后一个时期高质量发展指明了方向。全市政府系统把学习贯彻党代会精神作为重要政治任务，在总结成绩中坚定信心，在展望未来中砥砺前行，站位当好“国家队”、提升国际化，出重彩、起高峰，以前瞻30年的系统思维研究落实举措，不断厚植高质量发展新优势。要科学研判面临的新形势，清醒认识存在的新问题，牢牢把握发展新机遇，在识变应变求变中育先机开新局，推动态势稳、运行稳、大局稳、民生稳，确保党代会各项部署落地落实。

会议强调，要坚持工作目标、工作基调、工作抓手“三个不变”，紧盯全年目标任务抢时间抓进度，加快灾后恢复重建，构建“1+N+X”实施方案，简化项目审批手续，抓好灾损房屋修复重建等重点工作，推动群众生产生活尽快回到正常轨道。树牢“项目为王”导向，以滚动实施“三个一批”项目为带动，加快推进省市重点项目建设，着力以项目强投资、调结构、惠民生。落细、落实服务企业，扎实开展“万人助万企”活动，加快建设小微产业园，抓好企业统计入库，以市场主体蓬勃发展支撑经济平稳健康运行。要把创新摆在发展逻辑起点，依托中原科技城建设、实验室体系整合重组、支持研发投入等，加快构建一流创新生态。要推动“四条丝路”联动发展，借助重大赛会平台落地一批高质量项目，多措并举稳定外贸发展，为高质量发展蓄势集能。要从严整改中央生态环境保护督察交办问题，统筹做好秋冬季污染防治，持续改善生态环境质量。要推进“三项工程一项管理”提速增效，推动巩固拓展脱贫攻坚成果与乡村振兴有效衔接，解决好“一老一小一青壮”民生问题，让广大群众拥有更多幸福感。要高度重视国庆期间安全生产，紧盯防汛、交通、旅游、消防等领域，压实安全责任链条、落细各项管控措施，确保群众度过一个欢乐祥和的节日。

会议要求，全市政府系统要擦亮担责担难担险的鲜明底色，躬身入局、担当实干，带头讲政治、提能力、转作风、一线干、促廉洁，沉到底发现问题，静下心研究政策，出实招解决难题，全力以赴完成全年目标任务。

【区政府党组（扩大）会议】 9月30日上午，区委副书记、代区长张艳华主持召开区政府党组（扩大）会议，传达学习习近平总书记近期重要讲话精神、应急管理部部长黄明在全国中秋、国庆假期安全防范工作视频会议上讲话要求及市十二次党代会精神，研究部署国庆期间安全生产、消防安全、应急防汛等工作。

张艳华指出，全区上下深入学习贯彻落实习近平总书记关于安全生产和防灾减灾的重要论述，立足“两个大局”、坚持“两个至上”、全面统筹好安全和发展“两件大事”，全力抓好安全生产各项工作落实，确保节日期间全区安全形势整体平稳。

区政府党组成员张超、李明刚、刘岩、赵德武、冉建军、王政英、王志鸿、杨宇峰出席会议。区政府领导吴怀广、潘杰昌、王双、王珂、许忠、江涛、毛国安列席会议。

【全区九月份经济运行暨重点项目推进会】 9月30日下午，区委副书记、代区长张艳华主持召开全区九月份经济运行暨重点项目推进会。区领导张超、李明刚、冉建军、吴怀广、段亚丽出席会议。区直各有关部门和各街道办事处主要负责人参加会议。

在分别听取全区1—9月重点项目工作推进情况、建筑业经济运行情况及各项目标预期情况汇报后，张艳华指出，全区上下要完整准确全面贯彻新发展理念，深入贯彻省委工作会、市十二次党代会及区十二次党代会精神，进一步坚定信心、提振精神、加压奋进、不等不靠，为金水区高水平打造“创新智城·品质金水”，建设国家一流现代化国际化中心城区作出积极贡献。

【全区安全生产、消防安全和防汛工作调度会】 10月4日上午，区委副书记、代区长张艳华主持召开全区安全生产、消防安全和防汛工作调度会。区政府副区长吴怀广出席会议。区政府办、应急局、住建局、商务局、市场监管局、农委、文化旅游体育局、消防救援大队相关负责同志参加会议。

在全面调度区政府各部门、各街道办事处应急值班值守情况，分别听取部分单位关于安全生产、消防隐患排查及防汛物资储备、重点部位值守等工作汇报后，张艳华指出，要认真学习贯彻省市会议精神和重要指示批示，深入汲取各地事故教训，坚决克服松懈心理和麻痹大意思想，时刻绷紧绷牢安全生产和防汛防涝这根弦，务必在思想上再重视，责任上再压实，隐患排查再细致，问题整改再严格，督导督查再深入，应急值守再压实，以“宁可听其骂，不可听其哭”的责任担当，确保全区社会大局安全稳定。

【防汛工作会商调度会】 10月5日，区委副书记、代区长张艳华主持召开防汛工作会商调度会。区政府办、交通局、执法大队、市场监管局、农委、自然资源局、文化旅游局、环保局、应急局和杨金路、兴达路、国基路、丰庆路街道办事处主要负责人参加。

在详细听取堤坝水库等重点部位巡查值守、防汛物资储备及防洪工程除险加固等工作汇报后，张艳华指出，此轮降雨过程长、雨量大，水库河道水位高，出现各类险情灾害的风险增加，防汛形势严峻复杂。各有关部门要深入贯彻习近平总书记关于防汛救灾工作重要指示，认真落实省市决策部署，坚决克服麻痹大意思想，毫不放松抓实抓细防汛救灾各项工作，科学调度、靠前指挥，坚决打好打赢防汛救灾这场硬仗，全力保障黄河安澜。

【全区7—8月15个重大专项月度综合督查评比工作推进会】 10月8日下午，区委副书记、代区长张艳华主持召开全区7—8月15个重大专项月度综合督查评比工作推进会。区领导张超、李明刚、赵德武、冉建军、王政英、王志鸿、吴怀广、潘杰昌、张双喜、何守华、王珂、许忠、江涛、毛国安、高学峰、崔文修、杨玉坤、刘运泽、钟雨、段亚丽出席会议。区直各有关部门、各街道办事处负责人参加会议。

会上，区政府督查室通报了

7—8月15个重大专项月度综合督查评比总体情况；各专项牵头单位依次进行表态发言；各专项分管区级领导分别就有关工作进行点评；区委副书记、代区长张艳华作重要讲话。

张艳华指出，全区上下要完整准确全面贯彻新发展理念，树牢“项目为王”工作理念，不断创新工作理念、拓宽工作视野，上下一心抓经济，凝心聚力促发展，持续推动“万人助万企”和“三个一批”滚动发展，以钉钉子的精神推动各项工作条条落实、件件落地、事事见效，全力以赴推进经济发展晋位升级。

【招商引资工作推进会】 10月9日上午，区委副书记、代区长张艳华主持召开招商引资工作推进会。区领导王爱辉、唐莉军、张超、冯景义、冉建军、王浩、张双喜、段亚丽出席会议。区直各有关部门、各街道办事处及各园区管委会相关负责人参加会议。

在认真听取与会单位关于招商项目及近期工作进展情况汇报后，张艳华指出，全区上下要完整准确全面贯彻新发展理念，进一步强化“项目为王”鲜明导向，切实增强危机意识和忧患意识，转变观念、调整思路、创新方法，迅速形成“全区抓产业、全员抓项目、聚力谋发展”的工作合力，为高水平打造“创新智城·品质金水”，建设国家一流现代化国际化中心城区做出积极贡献。

【区政府第三次全体（扩大）会议召开】 10月12日上午，区政府第三次全体（扩大）会议召开。区领导张艳华、张超、李明刚、冉建军、王政英、王志鸿、吴怀广、潘杰昌、张双喜、何守华、许忠、江涛、毛国安、刘运泽、高学峰、崔文修、王友光、钟雨、段亚丽出席会议。区政府各工作部门、直属事业单位、垂直单位、各园区管委会、各街道办事处负责人及区政府办公室班子成员参加会议。

会上，区委常委、常务副区长张超传达省委、市委工作会议及市十二次党代会会议精神；区发改委、商务局、工信局、科教园区及兴达路、未来路街道办事处就重点工作进行汇报；区委副书记、代区长张艳华作重要讲话。

张艳华指出，省委、市委、区委接连召开工作会议，市第十二次党代会、区第十二次党代会先后胜利闭幕，系统总结了当前工作，客观分析了存在问题，明确了当前和今后一个时期的指导思想、目标任务和主要举措，为建设国家一流现代化国际化中心城区提供了方向指引和行动指南，明确了时间表、任务书和路线图。全区上下要深入贯彻有关会议精神，深入研判分析面临的新形势，找准四季度工作发力点，以等不起的紧迫感，慢不得的危机感，坐不住的责任感，舍我其谁的使命感，坚持敢字为先、干字当头，勇于担当、善作善成，用实实在在的行动，扎扎实实的业绩，高质量完成全年各项目标任务，不断开创“创新智城·品质金水”新局面，确保高质量完成全年各项目标任务，实现“十四五”规划良好开局。

【收听收看全省全市黄河防汛视频会议】 10月14日晚上，金水区组织收听收看全省全市防汛工作视频会。区领导张艳华、张超、王政英出席会议。区政府办、应急局、农委、交通局、消防救援大队、兴达路街道办事处、惠金河务局及金水自然资源规划分局、金水公安分局有关负责人参加会议。

视频会议结束后，区委副书记、代区长张艳华立即召开续会，迅速贯彻省市会议精神，积极部署各项措施，有效应对新一轮降雨天气。

张艳华指出，全区上下要深入贯彻习近平总书记关于防汛救灾工作重要讲话和指示批示精神，全面落实省市黄河防汛视频会议要求，树牢“人民至上、生命至上”的工作理念，扛稳保卫黄河安澜的政治责任，继续发扬连续作战、吃苦耐劳的奋斗精神，目标不变、责任不减、标准不降、人员不撤，积极应对新一轮降雨的不利天气，全力保障群众生命财产安全。

【市交办风险防控信访案件专题推进会】 10月15日下午，区委副书记、代区长张艳华主持召开市交办风险防控信访案件专题推进会。区领导李力、李明刚、赵德武、王志鸿出席会议。区委政法委、区法院、信访局、教育局、凤凰台、东风路、南阳路街道办事处和金水公安分局主要负责人参加会议。

在逐一听取交办风险案件办理情况汇报后，张艳华针对案件进行分析研判，明确办理意见，并就下步工作提出要求。

张艳华指出，要树牢以人民为中心工作思想，坚持问题导向、目标导向、效果导向，把解决信访突出问题作为“我为群众办实事”的重要内容，作为对干部政治素养、工作水平的现实检验，扭住核心不放松，抓牢抓好经济发展和信访两条主线，确保社会大局和谐稳定、经济发展整体平稳。

【“火炬创业导师郑州行”活动】 10月20日上午，“火炬创业导师郑州行”活动在辖区科教园区信息安全产业示范基地召开。区长张艳华，区委常委、科教园区管委会党工委书记、主任唐莉军，区政府副区长吴怀广参加会议。

活动以“新时期科技双创高质量发展”为主题，由科技部火炬中心与河南省科学技术厅主办，金水区人民政府承办，中国技术创业协会、河南金科发展投资有限公司、中国网创新频道等多家机构联合协办共同举行。

本次活动聚焦企业发展，设置了圆桌沙龙、项目路演、导师访企等多种与企业发展相关的互动环节。创业导师以亲身经历讲述创业心得，面对面对参会企业问诊把脉，为大家答疑解惑，并针对现场创业项目路演进行点评，对创业青年在创业中面临的问题和挑战，提出合理化建议，帮助创业项目更好成长，实现“并肩同行、精准帮扶”。

【全区安全生产和信访工作推进会】 10月23日下午，区长张艳华先后召开全区安全生产和信访工作推进会。区领导王爱辉、李力、唐莉军、张超、李明刚、赵德武、冉建军、王政英、王志鸿、吴怀广、潘杰昌、张双喜、何守华、王双、王珂、许忠、毛国安、江涛出席会议。区直各有关部门、各街道办事处负责人参加会议。

会议传达了省、市有关会议文件精神，听取各职能部门关于近期安全生产、消防安全、信访、问题楼盘等工作进展情况；区委常委、区委政法委书记李力，区委常委、常务副区长张超分别就分管领域及工作重点进行再安排、再部署；区长张艳华作重要讲话。

张艳华指出，全区上下要时刻绷紧思想之弦，进一步统一思想、提高站位、强化措施，狠抓落实，掌握“基本盘”，瞄准“发力点”，把牢安全“闸门”，筑牢稳定“防线”，持续保持社会大局安全稳定向好态势，坚决防止各类事故发生。

【全区新冠肺炎疫情防控工作会议】 10月23日下午，区长张艳华主持召开全区新冠肺炎疫情防控工作会议。区领导李力、张超、赵高翔、赵德武、王志鸿、王静、王珂、何汝伟出席会议。区疫情防控指挥部一办、两部、三专班，区直各有关部门及各街道办事处相关负责人参加会议。

会议传达国家、省市疫情防控工作会议精神及省市领导批示，安排部署当前疫情防控各项工作。

张艳华指出，全区上下要认真贯彻落实党中央和省市区决策部署，慎终如始，常抓不懈，落实好常态化防控措施，确保全区疫情形势总体平稳，为经济社会发展奠定坚实的健康基础。

【全区“125计划”专项暨高质量招商项目大比拼活动推进会】 10月27日上午，区长张艳华主持召开全区“125计划”专项暨高质量招商项目大比拼活动推进会。区领导王爱辉、冉建军、张双喜出席会议。区商务局、发改委、工信局、科技局、金发投、楼宇服务中心、自贸办、创意园区、科技园区以及各街道办事处相关负责人参加会议。

在认真听取与会单位关于“125计划”专项完成情况及谋划、在谈项目推进情况汇报后，张艳华指出，全区上下要完整准确全面贯彻新发展理念，认真落实省市各项部署，进一步坚定信心、提振精神、只争朝夕、开拓进取，为金水区高水平打造“创新智城·品质金水”，建设国家一流现代化国际化中心城区做出积极贡献。

【新冠肺炎疫情防控工作推进会】 10月27日上午，区长张艳华主持召开新冠肺炎疫情防控工作推进会。区领导王爱辉、冉建军、张双喜出席会议。区直各有关部门、各街道办事处相关负责人参加会议。

在深入传达省、市疫情防控工作会议精神及省市领导批示，安排部署下步疫情防控各项工作后，张艳华指出，当前国内疫情呈现周边多点散发状态，同时秋冬季又是呼吸道疾病高发期，全区上下要深入贯彻习近平总书记关于疫情防控工作的重要讲话和指示批示精神，认真落实党中央和省、市、区决策部署，时刻绷紧疫情防控这根弦，坚决克服麻痹思想、侥幸心理、放松心态，慎终如始，抓常抓小，责任不缺位、工作不断档，严而又严、细而又细、实而又实抓好常态化防控工作，坚决防止疫情反弹。

【黄河防汛工作总结会】 10月27日下午，区长张艳华在黄河大堤前线指挥部会议室召开黄河防汛工作总结会。区领导刘岩、王政英、潘杰昌、毛国安出席会议。区直各有关部门、相关街道办事处及惠金河务局主要负责人参加会议。

在认真听取惠金河务局主要负责人关于黄河秋汛情况汇报后，张艳华指出，连日来，全区上下深入贯彻习近平总书记关于防汛救灾工作重要讲话和指示批示精神，迅速落实省市会议精神和重要指示精神，扛稳扛牢保卫黄河的政治责任，推动黄河防汛常态化应急值守，确保目标不变、责任不减、标准不降、人员不撤。

【全区新冠肺炎疫情防控领导小组工作例会】 10月28日下午，区长张艳华主持召开全区新冠肺炎疫情防控领导小组工作例会。区领导李力、赵高翔、赵德武、王志鸿、王静出席会议。区疫情防控指挥部一办、两部、三专班，区直各有关部门，各街道办事处相关负责人参加会议。

会议传达省市疫情防控工作会议精神及省市领导批示，安排部署当前疫情防控各项工作。

张艳华指出，全区上下要认真贯彻落实国家、省市关于疫情防控的工作部署，进一步统一思想、提高站位、凝聚合力、常抓不懈，坚守筑牢防控底线，抓牢抓实防控措施，以金水一域之稳定，保障全市、全省、全国之稳定，为全区经济社会发展奠定坚实基础。

【区政府党组（扩大）会议】 11月1日下午，区长张艳华主持召开区政府党组（扩大）会议，传达学习习近平总书记在深入推动黄河流域生态保护和高质量发展座谈会上的讲话精神、省第十一次党代会精神、省委书记楼阳生到郑州调研讲话，研究全区安全生产和消防安全工作。

张艳华指出，要深入学习贯彻落实习近平总书记关于安全生产和防灾减灾的重要论述，深入分析当前安全形势，深刻汲取事故教训，举一反三，警钟长鸣，压实责任，抓实措施，坚决遏制事故多发态势，确保全年安全形势整体平稳。

区政府党组成员李明刚、刘岩、赵德武、冉建军、王政英、王志鸿、杨宇峰出席会议。区领导王爱辉、唐莉军、潘杰昌、何守华、许忠、江涛、毛国安列席会议。会议还研究了其他事项。

【全区新冠肺炎疫情常态化防控指挥部工作例会】 11月1日下午，区长张艳华主持召开全区新冠肺炎疫情防控领导小组工作例会。区领导李力、赵高翔、赵德武、王志鸿出席会议。区疫情防控指挥部一办、两部、三专班，区直各有关部门、各街道办事处相关负责人参加会议。

在分别听取一办两部三专班关于当前疫情防控工作进展情况，安排部署下步工作重点后，张艳华强调，要充分清醒认识当前疫情防控工作的严峻形势，时刻绷紧疫情防控这根弦，坚决克服麻痹思想、疲惫情绪、放松心态，紧盯疫情发展变化，加强问题预警分析，从严从紧抓好疫情防控各项工作，确保全区疫情防控形势整体稳定。

【消防隐患排查整治工作推进会】 11月4日下午，区长张艳华主持召开消防隐患排查整治工作推进会。区领导张超、李明刚、时军亮、王友光出席会议。区应急局、执法大队、保障办、住建局、教育局、民政局、卫健委、商务局、市场监管局、消防大队、文旅体局，各街道办事处及各园区管委会、公安分局相关负责人参加会议。

在认真听取与会单位关于消防隐患排查整治工作汇报后，张艳华指出，全区各单位要深入学习贯彻习近平总书记关于安全生产重要论述，树牢“人民至上、生命至上”工作理念，绷紧绷牢安全生产这根弦，坚决克服畏难情绪和侥幸心理，深刻汲取事故教训，时刻保持高度警觉，不怕难、不怕险、不避事，全面消除安全隐患，坚决守牢安全底线，全力保障社会大局安全稳定，以干部的辛苦指数换群众的幸福指数。

【收听收看全市火灾隐患排查整治推进会议】 11月5日下午，金水区组织收听收看全市火灾隐患排查整治推进会议。区长张艳华出席会议。区直各有关部门、各街道办事处相关负责人参加会议。

在收听收看全市电视电话会议后，区长张艳华立即召开续会，深入贯彻落实会议精神，研究部署安全生产工作重点。

【消防隐患排查整治暨疫情防控工作视频调度会】 11月9日下午，区长张艳华主持召开消防隐患排查整治暨疫情防控工作视频调度会。区领导王志鸿、时军亮出席会议。区应急局、执法大队、保障办、住建局、教育局、民政局、卫健委、商务局、市场监管局、消防大队、文旅体局，各街道办事处及各园区管委会、金水公安分局相关负责人参加会议。

在认真听取与会单位关于消防隐患排查整治与疫情防控工作汇报后，张艳华指出，各单位要深入学习贯彻习近平总书记关于安全生产工作的重要论述，树牢“人民至上、生命至上”工作理念，深刻吸取教训，时刻警钟长鸣，尽快印制发放口袋书、明白卡等规范化指导资料，广泛宣传安全知识法律法规，统筹做好消防隐患排查整治与疫情防控各项工作，全力保障群众生命健康安全和社会大局平安稳定；要严格落实部门“三管三必须”工作要求，提高检查标准，优化工作流程，压实主体责任，强化动态管理，强化公安、消防、办事处等部门联合执法，将日常督查与随机抽查相结合，加大力度，克难攻坚，以铁的措施、铁的手腕、铁的心肠和铁的纪律，推动消防安全隐患排查规范化、专业化，问题整治台账化、持续化；要有序开展安全隐患问题“回头看”，盯紧“九小”场所、高层建筑、商业综合体、建筑工地、飞线充电、易燃可燃夹芯彩钢板、群租房、出租屋等重点领域安全监管，梳理汇总、对账销号，下真功夫、花大力气，从严从细查处消防安全违法行为，坚决筑牢消防安全红线底线。

张艳华强调，要坚决克服麻痹思想和侥幸心理，发扬连续作战的攻坚精神，抓实抓细疫情防控各项措施，树牢风险意识，强化底线思维，压实工作责任，持续巩固扩大来之不易的防控成果；要严格落实闭环管理，迅速查明密接、次密接者活动轨迹，实行有效管控和流调排查，确保应隔尽隔、应检尽检；要严格遵守疫情防控工作指南，建立完善常态化疫情防控和局部应急处置相结合的工作机制，强化常态化监测措施，落实人、物、环境同防工作举措，确保疫情防控工作各环节响应快、决策快、处置快。

【区政府常务会议】 11月11日上午，区长张艳华主持召开区政府常务会议。会议传达学习习近平总书记重要讲话精神和重要文章，研究安全生产、消防安全集中整治等有关工作。

张艳华指出，要深入学习贯彻习近平总书记关于安全生产和防灾减灾的重要论述，时刻把消防安全责任扛在肩上、抓在手上，强化源头管控，深化专项整治，坚决筑牢防范消防安全事故“防火墙”，全力保障群众生命财产安全。

区领导张超、李明刚、刘岩、赵德武、冉建军、王政英、王志鸿、吴怀广、何守华、王珂、许忠、江涛、毛国安、杨玉坤出席会议。

会议还研究了其他事项。

【收听收看全市“双减”工作会议】 11月12日上午，金水区组织收听收看全市“双减”工作会议。区领导张艳华、赵德武、王珂出席会议。区“双减”工作领导小组成员单位及各街道办事处主要负责人参加会议。

会议总结研判了郑州市“双减”工作推进情况，安排部署了下一步重点工作。会议强调，“双减”工作是贯彻中国共产党的教育方针的一项政治任务，各级各部门要深入学习贯彻习近平总书记关于教育工作的重要论述，以促进教育高质量发展为目标，坚持校内提升与校外减负两手抓、两手硬，扎实推进“双减”各项任务落地落实，努力办好人民满意的“美好教育”。要把抓好“双减”工作作为深化教育改革、净化教育生态的重要抓手，坚持质量、服务、管理协同推进，构建学校、社会、家庭三位一体育人格局，探索形成一批可复制可推广的经验，走出一条具有郑州特色的“双减”路子，不断提升群众的教育满意度和获得感。

会议指出，“双减”工作是社会关注、群众关切的民生工程，要按照一年内有效减轻、三年内成效显著要求，坚持治乱、减负、防风险和改革、转型、促提升齐抓共管，着力疏堵点、解难点、创亮点，确保“双减”工作平稳有序推进。要扩大优质教育资源，发挥好学校的主渠道主阵地作用，通过硬件建设和软件提升，扩大优质教育资源的使用率和覆盖面。要提升育人质量，在提高教学质量、作业管理水平上下功夫，让学生享受到更多优质的课后服务资源。要强化家校联动，打造家、校、社共同育人机制，让学生和家长愿意减负、敢减负。要严管校外培训机构，坚持严格压减、从严审批、依法监管，推进校外培训机构规范有序发展。要高度重视教育领域消防、疫情、培训机构等风险，切实把隐患化解在萌芽状态，确保安全第一、质量第一、满意第一。

【收听收看市安委会第五次全体（扩大）会议】 11月12日上午，金水区组织收听收看市安委会第五次全体（扩大）会议。区领导张艳华、张超、李明刚、赵德武、王政英、吴怀广。区安委会各成员单位、区直各有关部门、各街道办事处主要负责人参加会议。

会议通报了近期安全生产工作情况，部署了下一步重点工作。

会议强调，要深入学习贯彻习近平总书记关于安全生产的重要论述，统筹好发展和安全两件大事，以最坚决的态度、最严格的要求、最扎实的举措，抓细抓实抓好各项安全防范工作，为国家中心城市现代化建设营造安全稳定环境。要深度研判分析，在总结已发生事故中查漏洞、补短板、防风险，切实从根本上消除事故隐患、从根本上解决问题；要在真抓真督上见成效，落实落细郑州市《关于进一步加强安全生产工作的十条措施》，让最严措施成为最严约束，有效防范遏制安全事故发生，保障好人民群众生命财产安全。

会议指出，要聚焦重点，在抓实专项整治中精准施策，突出抓好消防安全，拉网式开展“九小”场所等重点领域隐患排查整治，严格落实火灾防控责任体系、执法检查机制和常态化督办制度，做到防范在先、抓早抓小。切实管好建筑领域安全，落实高空作业监管、岗前安全培训等安全措施，高质量推进灾损房屋修复重建，确保安全责任到人到岗。扎实开展道路交通领域安全专项整治行动，深化重点源头治理，加大交通违法治理力度，让群众安全顺畅出行。要高度重视冬季供气供暖安全，加强燃气管道、供暖锅炉等设备监测排查，保障群众平安温暖过冬。要严管煤矿和非煤矿山安全，严格落实包保责任和专人驻矿盯守等制度，坚决守住安全生产底线。

会议要求，各级各部门要齐抓共管，以强大合力推动安全生产形势持续稳定向好，落实隐患整改销号清零制度，形成交办、治理、督查、反馈闭环，切实把隐患消除在事故发生前。要压实安全生产责任链条，坚持“党政同责、一岗双责”，严格落实“三管三必须”要求，筑牢安全生产坚固防线。要持续提升本质安全水平，强化源头防控、过程把控、应急管控，加快建设双重预防体系，推进安全生产治理体系和治理能力现代化。

【消防隐患排查整治暨疫情防控工作视频调度会】 11月12日下午，区长张艳华主持召开消防隐患排查整治暨疫情防控工作视频调度会。区领导张超、王志鸿、时军亮、王友光出席会议。区应急局、执法大队、保障办、住建局、教育局、民政局、卫健委、商务局、市场监管局、消防救援大队、文旅体局，各街道办事处及各园区管委会、金水公安分局相关负责人参加会议。

在逐一调度各街道办事处工作开展情况，认真听取与会单位关于消防隐患排查整治与疫情防控工作汇报后，张艳华指出，要深入学习贯彻习近平总书记关于安全生产的重要论述，深刻认识安全工作的艰巨性、复杂性、紧迫性，统筹好经济运行、社会稳定、疫情防控等重点工作，持续提升本质安全水平，全力保障群众生命健康安全和社会大局平安稳定。要提高思想认识，压实工作责任，细化工作举措，以目标倒逼责任，严格落实“三管三必须”工作要求，完善街道、消防、公安三位一体联动排查机制，加大宣传力度，突出宣传重点，提高群众自我防护意识，形成人人参与、群防群治的良好局面，层层传导压力，把成效体现在扎实工作上。要坚持目标导向、结果导向，集中力量攻坚克难、分类施策，强化“四不”原则，落实“四铁”要求，紧盯“九小场所”、高层建筑、商业综合体、建筑工地、飞线充电、易燃可燃夹芯彩钢板、群租房、出租屋等重点部位，用挑刺的眼光发现隐患，建立台账、科学施策，从严从细查处消防安全违法行为，坚决筑牢消防安全红线底线。

就进一步做好疫情防控工作，张艳华强调，要坚决克服麻痹思想和侥幸心理，树牢风险意识，强化底线思维，严格遵守疫情防控工作指南，扛稳压实工作责任，抓牢抓细防控措施，织牢织密防控网络，全力守护群众生命健康安全。要加强沟通协作，强化闭环管理，科学划分监管网格，确保责任目标落实到人，高效完成信息筛查和核酸检测、转运等工作。要加大宣传力度，突出宣传重点，提高群众自我防护意识，形成人人参与、群防群治的良好局面。要强化人文关怀，及时开展心理干预疏导，科学细致做好隔离管控，耐心解释说明，规范文明用语，提高群众安全感和幸福感。

【区政府召开党组（扩大）会议】 11月15日下午，区长张艳华主持召开区政府召开党组（扩大）会议，会议传达学习中共十九届六中全会精神，安排部署政府系统学习贯彻工作，动员大家统一思想、凝聚力量、昂扬精神、推动发展，努力在新时代展现新担当、新征程开创新局面。

区政府党组书记、区长张艳华出席会议并主持，区政府党组成员张超、刘岩、赵德武、冉建军、王政英、王志鸿、杨宇峰出席会议，区领导吴怀广、江涛、毛国安、杨玉坤列席会议。

会议指出，这次全会是在党成立一百周年的重要历史时刻，在党和人民胜利实现第一个百年奋斗目标、全面建成小康社会，正在向着全面建成社会主义现代化强国的第二个百年奋斗目标迈进的重大历史关头召开的重要会议。希望政府系统全体党员干部要深度学习、全面领会中共十九届六中全会精神，真正把党苦难辉煌的过去、日新月异的现在、光明宏大的未来贯通起来，不断增强对马克思主义、共产主义的信仰，增强对中国特色社会主义的信念，增强对实现中华民族伟大复兴中国梦的信心，躬身入局、勇毅前行，用实实在在的行动，扎扎实实的业绩，不断开创“创新智城·品质金水”新局面。

会议强调，要突出“深”字引领，深度学习中共十九届六中全会的精神，充分认识全会重大现实意义和深远历史意义，在政府系统上下，迅速掀起学习宣传贯彻热潮，真正学深悟透、学懂弄通，创造性推动习近平总书记重要讲话指示精神和中央、省市决策部署，在金水条条落实、件件落地、事事见效，以更加坚定的信心奋进新征程、建功新时代，在全面建成社会主义现代化强国、实现中华民族伟大复兴的新征程上交出新答卷、作出新贡献。

会议指出，要突出“悟”字为要，准确把握中共十九届六中全会的精神，深刻感悟、准确把握中国共产党的百年奋斗“四个重要阶段”和重大成就，不断增强“四个意识”、坚定“四个自信”、做到“两个维护”，坚定沿着总书记指引的方向奋进新征程、建功新时代。深刻领悟、准确把握中国共产党的百年奋斗“五个方面”历史性贡献和历史经验，全面理解党团结带领人民开辟的伟大道路、建立的伟大功业、创造的伟大贡献，坚定信仰信念信心，真正把思想和行动统一到中央决策部署上来。深刻领悟、准确把握中国共产党的百年奋斗“十个坚持”宝贵经验和历史使命，勇敢担起新时代赋予的使命担当，以更加昂扬的姿态奋进新征程、建功新时代，在“郑州当好国家队、提升国际化，出重彩、成高峰”征程中，争头彩、攀高峰、建高地、成高原、筑高楼。

会议要求，要突出“实”字当头，精心推动中共十九届六中全会的精神落地见效，在思想政治建设上落地落实，牢牢把握中共历史发展的主题主线、主流本质，注重把培养历史眼光和肩负时代使命贯通起来，真正把“两个确立”转化为做到“两个维护”的思想自觉、政治自觉、行动自觉。在高质量发展上落地落实，坚定不移地完整准确全面贯彻新发展理念，围绕高水平打造“创新智城·品质金水”、建设国家一流现代化国际化中心城区的总体目标，突出推动经济转型升级核心任务，全面强化“抓经济、抓项目、抓招商、抓产业”主责主业意识，紧盯年度各项指标任务，深化“大干一百天、奋力保全年”攻坚活动，努力实现“全年红”。在维护安全稳定上落地落实，牢牢守住安全稳定底线，从严从紧抓好流调、检测、封控、隔离、治疗等工作，坚决在最短时间内打赢疫情阻击战。同时，坚持以“三零”行动为抓手，严格落实“四铁”要求，从实从细抓好安全隐患排查整改、消防安全专项行动、“双减”工作推进落实、信访问题化解、食品药品农产品安全、农民工工资支付等各项工作；树牢“以人民为中心”发展思想，高质量推进灾后恢复重建，高效率完成各项民生实事，高度关注市场保供和物价稳定，深化困难群众帮扶，确保群众基本生活有效保障，努力让群众安居乐业、社会安定有序。

【区安委会第五次全体（扩大）会议】 11月15日下午，区长张艳华主持召开区安委会第五次全体（扩大）会议。区领导张超、李明刚、赵德武、冉建军、王政英、王志鸿、吴怀广、王珂、江涛、毛国安、杨玉坤出席会议。区安委会各成员单位、区直各有关部门、各街道办事处主要负责人参加会议。

张艳华指出，要深入学习贯彻习近平总书记关于安全生产的重要论述，认真落实市安委会第五次全体（扩大）会议，始终把“人民至上、生命至上”理念，落实在安全生产各领域、各环节、各方面，找准安全生产事故的发生规律，补齐存在的问题短板，切实把安全生产责任放在心上、扛在肩上，着力提升全区本质安全水平，为实现各项目标任务“全年红”和2022年“开门红”奠定坚实的安全基础。

【全区经济运行分析会】 11月16日下午，区长张艳华主持召开全区经济运行分析会。区领导张超、段亚丽出席会议。区统计局、商务局、住建局、城改办、工信局、财政局、保障办，税务局等单位主要负责人参加会议。

在认真听取工作汇报、深入分析研判经济运行态势后，张艳华指出，要深入贯彻中共十九届六中全会精神，聚焦落实区委区政府各项决策部署，紧抓构建新发展格局战略机遇，紧盯目标任务，创新工作理念，坚定发展信心，全面强化“抓经济、抓项目、抓招商、抓产业”主责主业意识，全力以赴推动经济高质量发展，确保全年目标任务顺利完成。

【消防隐患排查整治暨安全生产工作视频调度会】 11月18日上午，区长张艳华主持召开消防隐患排查整治暨安全生产工作视频调度会。区领导张超、王志鸿、刘运泽出席会议。区直各有关部门、各街道办事处、各园区管委会及金水公安分局相关负责人参加会议。

在逐一调度各街道办事处工作开展情况，认真听取与会单位关于消防隐患排查整治暨安全生产工作汇报后，张艳华指出，要深入学习贯彻习近平总书记关于安全生产的重要论述，始终坚持“人民至上、生命至上”工作理念，切实将安全生产责任放在心上、扛在肩上、抓在手上、落实在行动上，持续提升全区本质安全水平，全力保障群众生命健康安全和社会大局平安稳定。

【全区2021—2022年秋冬季大气污染防治攻坚动员会】 11月22日下午，区长张艳华主持召开全区2021—2022年秋冬季大气污染防治攻坚动员会。区领导张超、李明刚、潘杰昌、段亚丽出席会议。区直各有关部门、各街道办事处、金水公安分局及交警一、四、五大队相关负责人参加会议。

会上，区委常委、常务副区长张超通报全区2021年以来空气质量目标完成情况和大气污染防治攻坚工作进展，安排部署秋冬季大气污染防治攻坚各项工作；区住建局、金水生态环境分局、杨金路街道办事处、国基路街道办事处分别作表态发言；区长张艳华作讲话。

张艳华指出，全区上下要坚持以习近平生态文明思想为指引，认清当前大气污染防治工作的严峻形势，切实增强紧迫感和责任感，进一步统一思想，提高站位，真抓实干，攻坚克难，坚决打赢秋冬季大气污染防治这场硬仗，确保完成年度空气质量改善目标、秋冬季大气污染防治目标、冬奥会联防联控目标。

【全区招商引资重点项目推进暨经济运行分析视频调度会】 11月23日上午，区长张艳华主持召开全区招商引资重点项目推进暨经济运行分析视频调度会。区领导冉建军、张双喜、刘运泽、段亚丽出席会议。区政府各有关单位、各街道办事处、各园区管委会相关负责人参加会议。

在认真听取与会单位关于招商引资重点项目推进暨经济运行工作汇报后，张艳华指出，全区上下要清醒认识当前经济发展形势，围绕“创新智城·品质金水”发展目标，坚持全域谋划、持续转型、加压奋进，全面统筹经济运行、安全生产、疫情防控等各项工作，不断增强经济竞争力、创新力、抗风险能力，确保全区经济实现“十四五”首年“全年红”。

【全区安全生产暨信访工作调度会】 11月24日下午，区长张艳华主持召开全区安全生产暨信访工作调度会。区领导杨晋、张超、王志鸿出席会议。区住建局、交通局、市场监管局、信访局、应急局、开发公司、各街道办事处及区政府办安全生产第三、四、六督导组主要负责人参加会议。

在认真听取与会单位关于安全生产及信访工作汇报后，张艳华指出，各有关部门要深入学习贯彻习近平总书记重要论述和讲话精神，树牢“人民至上、生命至上”的理念，始终把人民放在心中最高位置，深刻认识当前金水区安全生产和信访工作的严峻形势，进一步提高认识，落实责任，全力推动各项措施落实落细落到位，持续提升本质安全水平，确保全区社会大局安全稳定。

【全区政务服务工作暨优化营商环境工作专题会议】 11月24日上午，区长张艳华主持召开全区政务服务工作暨优化营商环境工作专题会议。区领导张超、冉建军、段亚丽出席会议。区直各有关部门、金水公安分局、金水自然资源和规划分局、金水生态环境分局负责人参加会议。各街道办事处主要负责人以视频会议方式在分会场参会。

在逐一听取区政务办、发改委、市场监管局、卫健委、商务局关于各自承担政务服务改革工作情况汇报后，张艳华指出，要坚持以“人民为中心”发展思想，围绕推动高水平打造“创新智城 品质金水”，建设国家一流现代化国际化中心城区发展目标，持续深化“放管服”改革，加大政策支持力度，激发市场主体活力，以精益求精、苛求责备的眼光抓思想、抓工作、抓问题，积极创建全国一流政务服务智慧大厅，全力打造“金质”营商环境。

【收听收看全省农村人居环境集中整治行动电视电话会议】 11月26日下午，金水区组织收听收看全省农村人居环境集中整治行动电视电话会议。区领导张艳华、杨洁、毛国安、段亚丽出席会议。区直各有关部门及相关街道办事处负责同志参加会议。

在收听收看省市电视电话会议后，区长张艳华立即召开专题会议，安排部署有关工作，全力推动各项工作落实落细落到位。张艳华指出，全区各单位要深入贯彻落实习近平总书记关于生态文明建设重要论述综述，牢固树立以人民为中心的发展思想，完整准确全面贯彻新发展理念，切实把思想和行动统一到省市决策部署上来，提高政治站位，强化使命担当，处理好发展与保护的关系，以生态环境高水平保护推动经济高质量发展。

【全区安全生产暨信访工作调度会】 12月1日下午，区长张艳华主持召开全区安全生产暨信访工作调度会。区政府副区长王志鸿出席会议。区直各有关部门、各街道办事处及区政府安全生产第二、七、八督导组负责人参加会议。

在认真听取与会单位关于安全生产及信访工作汇报后，张艳华指出，各有关部门要深入学习贯彻习近平总书记重要论述和讲话精神，清醒认识金水区安全生产和信访工作面临的复杂严峻形势，坚定信心、持续发力，鼓足干劲、加压奋进，统筹抓好安全稳定和社会发展两件大事，确保全区社会大局持续安全稳定。

【全国城镇燃气安全排查整治动员部署会议】 12月2日上午，金水区组织收听收看全国城镇燃气安全排查整治动员部署电视电话会议。区领导张艳华、张超、李明刚、赵德武、冉建军、王政英、王志鸿、吴怀广出席会议。区安委会成员单位及各街道办事处负责人参加会议。

在收听收看全市电视电话会议后，张艳华立即召开专题续会，深入贯彻落实会议精神，安排部署开展燃气安全排查整治和做好全区安全生产工作重点。

张艳华指出，燃气安全涉及千家万户，事关群众生命财产安全，事关全区社会大局和谐稳定，各有关部门要深入贯彻落实习近平总书记关于安全生产重要论述，深刻汲取事故教训，树牢“人民至上、生命至上”理念，坚定全区“一盘棋”思想，扛稳安全生产政治责任，标本兼治、综合施策，有效防范化解重大燃气安全风险，为全区经济社会发展、打造“创新智城·品质金水”城市品牌营造安全稳定的发展环境。

【全区10月份15个重大专项月度综合督查评比暨经济运行分析工作会】 12月4日上午，区长张艳华主持召开全区10月份15个重大专项月度综合督查评比暨经济运行分析工作会。区领导张超、李明刚、赵德武、冉建军、王政英、王志鸿、吴怀广、潘杰昌、张双喜、何守华、王珂、许忠、毛国安、刘运泽、高学锋、杨玉坤、段亚丽出席会议。区直各有关部门、各街道办事处相关负责人参加会议。

会上，区政府督查室通报了10月15个重大专项月度综合督查评比总体情况；区科技局、住建局作典型发言；区统计局、商务局、信访局、卫健委作表态发言；区长张艳华作讲话。

张艳华指出，全区上下要统筹抓好经济发展和信访两件大事，树牢“项目为王”工作理念，深入分析研判，找准问题短板，转变工作思路，保持工作韧劲，抢未来、争机会，过好眼前“紧日子”，立足未来“好日子”，以钉钉子的工作韧劲推动金水经济发展争先进位。

【全区欠薪治理暨安全生产信访工作会议】 12月10日下午，区长张艳华主持召开全区欠薪治理暨安全生产信访工作会议。区领导张超、李明刚、冉建军、王政英、王志鸿、吴怀广、时军亮出席会议。区直各有关部门、各街道办事处、金水公安分局相关负责人及区政府安全生产各督导组组长参加会议。

会议传达了《金水区欠薪治理工作方案》，逐一听取了区住建局、教育局、金达公司、应急局、信访局、消防大队及相关街道办事处的表态发言和工作汇报，安排部署了下一阶段各项工作重点和要求。张艳华指出，全区上下要深入贯彻落实中央及省市关于欠薪治理、安全生产和信访工作会议要求和指示批示精神，始终坚持以人民为中心的发展思想，绷紧绷牢安全稳定这根弦，全面抓好经济运行、安全生产、消防安全、信访、意识形态、民生实事、疫情防控等重点工作，坚决扛稳维护群众利益的政治责任，科学统筹、不等不靠、综合施策，全力以赴保民生、保稳定、保安全，确保社会大局整体平稳有序。

【安全生产、消防安全、信访和疫情防控工作会议】 12月24日下午，安全生产、消防安全、信访和疫情防控工作会召开。区领导张艳华、杨晋、李力、张超、赵德武、王志鸿出席会议。区直各有关部门、各街道主要负责人参加会议。

张艳华指出，要认真学习贯彻习近平总书记重要讲话指示批示精神，树牢“人民至上、生命至上”工作理念，坚定全区“一盘棋”思想，充分清醒各项工作复杂形势，加强预警分析，研判潜在风险，科学谋划方案，做到防范在先、抓早抓小、持续发力，确保全区安全形势整体稳定。

【收听收看全省深入打好污染防治攻坚战动员部署电视电话会】 12月27日下午，金水区组织收听收看全省深入打好污染防治攻坚战动员部署电视电话会。区领导张艳华、张超、潘杰昌出席会议。区直各有关部门、各街道办事处主要负责人参加会议。

在收听收看省市电视电话会议后，区长张艳华立即召开续会，深入落实会议精神，研究部署相关工作。

张艳华指出，要深入践行习近平生态文明思想，切实把生态环境保护作为转方式、调结构、惠民生的重要抓手，突出精准治污、科学治污、依法治污，全力攻坚短板弱项，全面提升环境质量，以高水平保护推动高质量发展、创造高品质生活，让群众拥有更多获得感、满足感。

【收听收看全市安全生产暨燃气及危化品安全工作电视电话会】 12月28日下午，金水区组织收听收看全市安全生产暨燃气及危化品安全工作电视电话会。区领导张艳华、杨晋、张超出席会议。区直各有关部门、各街道办事处主要负责人参加会议。

在收听收看全市电视电话会议后，区长张艳华立即召开续会，深入落实会议精神，研究部署相关工作。

张艳华指出，全区上下要深入学习贯彻习近平总书记关于安全生产的重要论述，全面落实省市燃气及危化品安全工作会议要求，逐字逐句领会，时时刻刻贯彻，以更加严肃的态度、更加务实的作风、更加有力的措施，树牢底线意识、强化红线思维，全力抓好安全生产工作，切实保障群众生命财产安全，让群众拥有更多获得感、满足感、幸福感。

【全区信访、问题楼盘暨安置房建设工作推进会】 12月29日下午，区长张艳华主持召开全区信访工作、问题楼盘暨安置房建设工作推进会。区领导张超、李明刚、何守华出席会议。区委政法委、区法院、信访局、财政局、保障办、住建局、城改办、资源规划分局、规划服务中心、开发公司及南阳路、文化路、国基路、丰产路街道负责人参加会议。

在逐一听取与会单位关于问题楼盘案件化解、安置房建设工作汇报后，张艳华指出，要树牢以人民为中心工作思想，坚持问题导向、目标导向、效果导向，把解决信访突出问题作为我为群众办实事的重要抓手，作为对干部政治素养、工作水平的现实检验，扭住核心不放松，统筹推进各项工作，全力抓牢抓好经济发展和信访两条主线，确保社会大局和谐稳定、经济发展整体平稳。

【教育工作专题会议】 12月30日下午，区长张艳华主持召开教育工作专题会议。区领导赵德武、王珂、段亚丽出席会议。区直各有关部门主要负责人参加会议。

会议听取了全区教育工作情况汇报，通报了当前教育发展面临的形势和国家及省市对教育工作的具体要求，安排部署了下一阶段工作重点。

张艳华指出，教育是民生之本，是群众关切、社会关注的热点问题，是群众幸福感体验的重要指标，全区教育系统勇于担当、积极进取，在提升教育管理服务能力、推动“双减”等工作中取得了显著成效，成为金水区一张靓丽的名片。各有关部门要深入贯彻习近平总书记关于教育工作的重要论述，充分认识教育工作是实现高水平打造“创新智城·品质金水”的核心和基础，全面落实好全国和省市教育工作会议精神，发扬作风、教书育人，融合发展，协同发展，以“钉钉子”的不懈韧劲落实落细各项工作，用实实在在的成果提升辖区群众的教育获得感和幸福感。

【金水区“1+N+X”产业政策统筹工作专题会议】 12月31日上午，区长张艳华主持召开金水区“1+N+X”产业政策统筹工作专题会议。区领导张超、李明刚、冉建军、王志鸿、吴怀广、刘运泽、段亚丽出席会议。区发改委、财政局、司法局、住建局、工信局、科技局、商务局、人社局、楼宇服务中心、自贸办、人才办、金融工作服务中心及科教园区、创意园区相关负责人参加会议。

在集中学习国家相关文件，逐一听取与会单位关于“1+N+X”产业政策落实和执行情况、当前工作存在的问题和下步工作意见建议的汇报后，张艳华指出，各单位要树牢“全区一盘棋”思想，紧紧围绕国家战略需求和省、市优势特色领域，不断推动市场化运作，提高资金使用效益，以前瞻眼光、战略思维，不等不靠、积极谋划，绘好招商“图谱”，打造投资“热土”，为“创新智城·品质金水”高质量发展奠定坚实基础。

（撰稿：王　帝　审阅：李　姗）

政务服务

【概况】 区政务服务办公室是区人民政府工作部门，所属事业单位为金水区政务服务中心，位于郑州市金水区市民中心A座，办公面积约1万平方米。

【实体平台建设】 以三全路办事大厅投入使用为节点，全区逐渐形成了“区—街道—社区”三级政务服务平台，6个专厅的“3+6”政务服务平台及分层级服务体系。区级政务服务办事大厅进驻职能部门33家（其中市直单位5家、区直单位28家），进驻政务服务事项1214项（其中市级193项、区级1021项），真正实现了政务服务“进一扇门，办所有事”。2021年，累计受理接待办事群众70.6万人次，受理办结各类审批服务事项495700件，按时办结率100.00%，是2020年总办件量9.8万件的5.05倍；共开展“肩并肩”咨询辅导十余万次，受到办事群众不同形式的表扬363件次，得到辖区各界的广泛认可。

【政务服务改革】 2021年，梳理认领事项1214项，事项省网录入完成率、整改率、事项压缩办事时限情况均位列郑州市前列，最好成绩市内五区第一。以“郑好办”金水分厅项目建设为载体，新梳理出跨部门、跨层级、跨领域“一件事”50项，利企便民“掌上办”300项，达到线上线下同步融合办理。企业开办“一件事”从2个工作日压缩至0.5个工作日，在市内五区率先实现企业（个体）营业执照现场“一次办成”“秒批秒办”。下放街道110个高频事项，群众就近可办。全面推行免费邮寄、复印打印、自助上网及“肩并肩”辅导等措施，赢得了群众普遍“点赞”。

【重点领域改革】 推行企业开办注册登记“一条龙”服务，申报材料减少76%，填报表单减少46%，环节流程减少80%，最快2小时可完成企业营业执照办理、公章刻制和银行开户。社会投资一般住宅项目（出让类用地）工程建设项目全部流程审批压缩至最快45天完成，合并立项用地规划许可、工程建设许可和施工许可阶段，从项目备案到不动产登记，审批时间压缩至5.5个工作日。22项不动产单办业务从原先的40小时压缩至1小时办结，13项联办业务从原先40小时缩短至8小时办结，涉企业务1个工作日办结，全面实现“当场办、当天办”。

【多样化便利服务】 推行“无差别一口受理”的服务模式。对受理窗口进行调整优化，设备、设施按照标准化配置；对窗口受理人员进行全领域的业务培训、轮训，熟练掌握各类业务的办理流程，所需材料，受理流程；出台首问负责制度、一次性告知制度、帮办代办制度等一系列工作措施，所有窗口无差别平行受理区直28个部门的829项业务，使现有政务服务资源得到了充分利用，做到让前来办事的企业群众“少跑一趟路、少跨一个门槛、少走一道程序”，率先在全市实现“无差别一口受理”。

全力推进24小时“自助办”。引进政务服务自助终端15台，分别涵盖了税务、社保、不动产、公安（出入境、治安）、住房公积金、综合政务、绿城通等业务，可自助办理领取发票、临时身份证打印等400项业务。

持续推进民生事项“就近办”。17个街道便民服务中心建成总面积超过3500平方米，174个社区便民服务站建成总面积超过1.8万平方米；街道“就近办”事项已达110项，同时在经八路、凤凰台街道便民服务中心率先试点推行企业开办、车驾管业务下沉办理，已经打造为全市亮点。

全面推进“适老化”工作进程。按照省市要求，积极完善相关服务设施，在大厅共设置8个“老年人服务专窗”、10个“老年人辅导席”和“老年人服务专区”、30个“老年人爱心专座”，并配备专职“金小二”为老年人提供一对一帮办代办服务。同时开通“老年人服务专线”，不动产、残联试点推行上门服务。

坚持推进周末不打烊。持续开展“周末不打烊”延时服务，社保、不动产、公积金、出入境、车驾管五大类民生事项在双休日均可办理，2021年累计办理事项19690件。

【新冠肺炎疫情防控】 在大厅设置4个疫情防控点，张贴电子健康码，对进入大厅所有职工和前来办事、咨询群众严格要求，扫码、测温、佩戴口罩，严格实行预约办理。同时，通过金水发布、微信朋友圈等媒介，广泛宣传预约分段办理制，倡导群众通过河南省政务服务网，“豫事办”“郑好办”App或部门业务系统网上申报、自助办、邮寄办等方式申办业务，降低大厅人员聚集风险；购置84消毒液、消毒泡腾片、消杀工具、口罩、红外线体温器等防控物资，厅内公共及办公区域上班前及下班后全面消杀，上班期间定时消杀4次以上，外围重点区域每小时消杀1次；严格执行重点人群核酸检测上报、每日全员体温检测上报及节假日返岗行程上报制度。疫情防控期间，网上预约26839件，线上办理6409件。

（撰稿：葛寅鹏　审阅：李书乐）

机关事务管理

【概况】 郑州市金水区直属机关事务管理局是区级机关后勤事务管理职能部门。主要履行机关国有资产管理、机关文明创建、机关公共机构节能、机关绿化、会议服务、安全保卫、消防监控、基础设施建设等后勤管理保障工作。2021年，金水区事管局党组在区委、区政府的正确领导下，深入贯彻习近平总书记视察河南及郑州重要讲话指示精神，重点在学懂弄通总书记视察河南和郑州重要讲话精神及省第十一次党代会、市第十二次党代会和区第十二次党代会精神上下功夫、求实效、做表率。全面落实区委、区政府各项决策部署，团结奋进、务实重干，开拓创新、担当作为，不断提高机关事务工作服务保障水平，先后荣获了“国家级节约型机关”“全国文明单位”“郑州市节水型单位”等荣誉称号，实现了“对标一流、干在实处、走在前列”的工作导向。

【精神文明建设】　区事管局作为全省机关事务系统唯一一家荣获全国文明单位殊荣的单位，始终坚持以创建全国文明单位工作总揽全局，通过高标准设计、硬措施推进、严要求落实、精细化服务，全面提升机关文明创建工作水平与机关后勤服务保障水平。2021年共走访慰问困难群众50余人次，参与环境整治200余人次，文明交通志愿服务200余人次、防汛抗疫工作300余人次。2021年12月，区事管局以优异的成绩顺利通过全国文明单位考核组检查验收。

【机关食堂建设】　区事管局坚持每季度组织专人向区直各单位征求服务意见，推进服务满意率提升；坚持“安全、健康、时令、丰富”这一宗旨，根据季节调整菜品花色，积极打造“舌尖上的机关餐厅”。同时，为贯彻落实习近平总书记关于坚决制止餐饮浪费行为，切实培养节约习惯的重要指示精神，区事管局在区机关餐厅常态化开展“吃忆苦思甜饭·做奋进金水人”专项行动，通过各种制止餐饮浪费专项举措，使全区干部职工自觉把勤俭节约、艰苦奋斗的理念内化于心、外化于行，金水机关餐厅坚决制止餐饮浪费行为专项行动已先后被河南省机关事务管理局门户网站、《大象新闻》、《郑州观察》等媒体多方报道。

【办公用房、公务用车管理】　办公用房方面。区事管局围绕“管好在用房、整合分散房、预留调配房”的工作思路，持续推进办公用房租赁专项整治，对原东风路1号、2号、3号楼、工程学院办公区迁出的单位配套办公用房，为新冠肺炎疫情防控指挥部、执法大队等单位改造办公用房，全年共规范办公用房3945平方米，节约财政资金550万元。公务用车方面。区事管局对全区94家单位、115辆公务用车安装GPS定位系统，设置32个公务用车专用停车位、张贴公务用车专用标识115套、整合临时停车位350个，努力构建金水区公务用车统一标准、统一编制、统一审批、统一管理的新局面。

【公共机构节能建设】　为进一步做好公共机构节能目标考评工作，区事管局先后编制印发《2021年度金水区公共机构节约能源资源考评办法》《金水区公共机构能源审计管理实施细则》《金水区公共机构能源资源消费统计工作管理办法》等一系列制度规定，明确了公共机构节能工作总纲，提高了公共机构能源利用效率。抓好荣誉创建。区事管局积极引导全区各级公共机构积极开展创建活动，成功指导全区20余家单位创建郑州市节约型示范单位和郑州市节水型单位，2021年9月，区事管局成功荣获“国家级节约型机关”称号。抓好节能活动。区事管局深入贯彻建设节约型社会的要求，扎实开展公共机构节能宣传月、“绿水青山、节能增效”主题活动、“135”绿色出行体验日等活动，努力提高区直

12月13日，郑州市文明办考核组一行指导金水区创建全国文明单位工作

（区事管局/供图）

机关干部职工节能意识。

【机关后勤保障建设】 区事管局坚持“安全第一、预防为主”的安全生产理念，常态开展机关安全生产隐患大排查，定期开展应急演练，推进安全生产措施提升；围绕“文明服务我出彩，群众满意在窗口”活动，邀请讲师对会务服务人员、餐厅接待人员开展文明服务礼仪专题培训，努力提升机关事务服务保障水平。区事管局对机关大院环境进行提升改造，新增绿地面积560平方米、绿植741株、路面更新5350平方米；对楼体进行亮化改造，点亮金水区机关；对供电设备进行升级改造，有效解决跳闸、停电等问题，同时增设充电桩，为职工提供充电服务；对使用多年的会议室进行升级改造，加装LED大屏和数字音响；更换电梯6部。

【干部队伍建设】 加强政治思想建设。2021年，区事管局通过每周一、三、五常态化组织全局干部职工开展“不忘初心、牢记使命”主题教育、党史学习教育，引导广大党员干部职工学党史、悟思想、办实事、开新局。2021年，事管局先后集中学习《习近平总书记在全国抗击新冠肺炎疫情表彰大会上的讲话》《习近平总书记在建党100周年庆祝大会上的讲话》等讲话精神，集中观看《党史故事100讲》《戍边英雄先进事迹》等教育纪录片，全年共组织开展集中学习活动94次。履行抓基层党建第一责任人职责。2021年，事管局党组书记主持召开党组集中学习会13次，参加党员活动日专题活动12次，围绕党史学习教育和中国共产党成立100周年向全局讲授党课2次，带队前往登封市任长霞先进事迹纪念馆现场教学1次，党组书记能够带领全局党员干部职工做到知责而学明方向，笃信而行促发展。区事管局严格按照《党支部工作条例》，落实党员日常管理，认真执行“三会一课”、谈心谈话、民主评议等党内制度，能够确保事管局基层党组织建设做到年度有计划、季度有安排、每月有主题；按照上级党组织要求，区事管局召开党史学习教育专题组织生活会，要求班子成员以普通党员身份对自身进行检查剖析，查找存在的问题、明确改进方向；党组成员定期开展谈心谈话，及时关注党员思想动态，2021年完成预备党员转正1人，为党组织注入了新鲜血液；持续开展“弘扬劳动精神、争当出彩先锋”系列活动。区事管局在机关和外包服务公司范围内评选出74名“防汛抗疫出彩先锋”模范，全面激发事管局和下属物业公司干事创业的巨大热情，打造爱岗敬业、勤奋工作、勇于奉献的生动局面。

【新冠肺炎疫情防控】 区事管局落实疫情防控工作常态化管理，贯彻进入机关一律佩戴口罩、一律扫健康码、一律测量体温、外来人员一律询问登记的管理机制；定时对机关大院公共区域集中消毒，重点加强废弃口罩等特殊有害垃圾的单独收运处置；有序组织2万余人次机关工作人员开展核酸检测，分批次组织机关干部职工注射新冠疫苗，严格落实机关疫情防控工作主体责任；疫情暴发后，先后抽调全局2/3人员下沉分包办事处协助开展核酸检测、卡点值守、服务保障健康关爱中心等工作。

【“7·20”特大暴雨灾害应急处置及灾后重建】 “7·20”特大暴雨灾害发生以来，区事管局认真贯彻落实区委、区政府各项防汛救灾工作部署，分析研判区机关面临的各种汛情灾情，统筹推进了机关各办公区防汛救灾工作。汛期到来前夕，区事管局已于6月组织施工人员对区机关大院各排水管道进行提前疏通，有效保障灾害期间倒灌积水顺利排出；“7·20”灾害到来前夕，区事管局已于7月20日上午及时挂网《关于在气象灾害期间加强机关安全用电的通知》，提前预警干部职工应远离施工场地，绕行大树、线杆、灯杆等障碍物，提前切断公共场地照明设备电源，有效防止机关人员触电事故发生；“7·20”特大暴雨到来前，区事管局积极设置防汛沙袋、危险区域标识物，维护机关干部职工生命财产安全；同时，区事管局克服停水、停电等困难，协调机关大院周边机关餐厅为大院干部职工提供保障就餐，灾害期间平均每日为大院干部职工、民间救援队、解放军指战员、武装部民兵、医护人员配送套餐900余份，有效保障了救灾工作顺利开展。

（撰稿：李一曼　审阅：张　旗）

政府采购

【概况】　2021年，金水区政府采购中心积极发挥政府采购职能作用，围绕全区经济社会建设大局，高质量完成区政府采购项目。全年完成政府采购项目40项（由于受新冠肺炎疫情和经济形势影响，中心接到的政府采购项目数量与往年同期相比下降约70%），政府投资预算总金额为5600万元，实际采购金额为5415.2万元，资金节约率为3.3%。共向各大相关媒体网站发布采购信息300余条。采购范围涉及办公设备、制式服装等货物和规划编制、物业等服务，先后完成了区国民经济和社会发展“十四五”规划纲要编制服务、区智慧党建平台建设等重点项目。2021年，在各级网站和刊物上发表宣传报道60余篇，对中心各项工作和先进做法做好宣传。

【政策功能发挥】　2021年，国家、省、市相继出台《关于印发〈政府采购需求管理办法〉的通知》《关于切实做好政府采购合同资金支付优化政府采购营商环境有关事项的通知》《关于印发郑州市政府采购领域信用体系建设工作实施方案的通知》，中心将政府采购政策功能落实贯穿于工作的始终，在政府采购项目运行中及时落实国家、省、市、区各项法规政策，完善中心政府采购业务工作制度建设，严格规范操作，推行合同融资，扶持中小微企业发展，确保政策全面落地，惠及更多市场主体。

【营商环境优化】　区采购中心积极推进“互联网+政府采购”的深度融合，逐步实现参与政府采购活动各主体全流程电子化办理。政府采购项目“不见面开评标”已进入常态化实施阶段，按照省政府采购系统、公共资源交易系统互联互通的要求，进一步提升政府采购电子平台服务，方便供应商在线高效参与政府采购。在后疫情时期，保障市场主体参与政府采购活动便捷高效，通过信用管理规范供应商投标行为，确保供应商投标“零费用”，切实降低供应商投标成本。持续做好“六稳”“六保”工作，激发政府采购市场活力。

【政府采购廉政建设】　采购中心严格遵守政府采购行业规范和内部各项规章制度、工作要求。把内部管理制度和廉政风险防控措施贯穿采购流程全过程，结合作风纪律整顿优化营商环境专项整治活动，根据最新法律法规对原采购文件范本、相关格式模板进行了调整，推进政府采购制度标准化建设。按照要求做好信息公开，主动接受社会各界的监督，在采购文件制作中杜绝倾向性、指向性的条款，保障各类市场主体平等参与政府采购活动，增强市场主体发展信心。

【干部队伍建设】　加强机关干部队伍建设，营造浓厚氛围。建立健全党员志愿服务长效机制，积极参

7月，区政府采购中心参加“学史爱党·百年辉煌”党史学习教育知识竞赛

（区政府采购中心/供图）

与全区创卫创文工作，扎实开展分包无主管楼院工作，定期到基层开展党员志愿服务活动，切实为群众办好事、办实事、解难事。开展机关效能提升、中央八项规定精神自查自纠，转变工作作风，为中心营造风清气正的良好氛围。“7·20”特大暴雨灾害和新冠肺炎疫情期间，中心党组第一时间安排部署，领导干部及全体党员全员上岗，全力参与南阳路街道办事处防汛救灾和疫情防控工作，战斗在疫情防控指挥部、隔离酒店关爱中心、防疫卡点等岗位50余天，把开展防汛救灾和疫情防控工作转化为党史学习教育“我为群众办实事”的实际行动，充分发挥了支部的战斗堡垒作用和党员干部的先锋模范作用。2021年持续参与全区疫情防控工作，扎实做好机关疫情防控常态化工作，在新冠肺炎疫情、暴雨等历史性大考中，用党员干部的勇气和担当交出了合格答卷。

（撰稿：董小霞　审阅：岳　娜）

接待工作

【概况】　金水区接待办公室为区政府直属事业单位。2021年，先后服务保障郑州市委换届考核组、区委换届综合考核工作组、省委巡视专项整改“回头看”工作组等；接待沈阳市沈河区、佛山市顺德区、南昌市东湖区等各类党政考察团。圆满完成区两会、季度重点工作观摩会、区第十二次党代会等会议的服务保障工作，周到细致的服务受到与会人员的一致好评。

【公务接待】　积极贯彻落实中央八项规定及其实施细则精神，在公务接待中进一步落实习近平总书记关于“厉行节约，反对餐饮浪费”重要指示精神，强化节俭意识，加强公务接待用餐管理，科学合理点餐，杜绝公务接待用餐浪费。积极对接黄河饭店等接待宾馆，派驻服务保障人员深入学习接待礼仪细节，加强接待人员培训，提升接待水平。加强车辆管理，保障行车安全。严格用车审批程序，完善派车单审批制度。统一调度，认真做好用车登记、出车记录、车辆消杀、清洁、日常维护等工作，确保公务用车及时、安全。对司机师傅加强业务培训和行车安全教育，每次出车都要积极和相关人员沟通，做好行车路线规划等，做到用车安全、出车安全。建立长效管理机制，健全管理制度，强化日常监督和管理，对公务用车张贴专门公车标识，加装GPS定位，定车定卡加油、定点维修和派修单制度。实行节假日公车封存和回单位停放制度，堵塞公务用车管理使用方面的漏洞，使公务车辆管理进一步规范化、制度化。2021年度，共保障区委、区政府用车243次。

【“7·20”特大暴雨灾害应急处置及灾后重建】　区接待办第一时间召开紧急会议，深入贯彻落实习近平总书记关于防汛救灾工作的重要指示精神，全面落实区委工作部署，抽调全办2/3人员下沉社区，服从街道社区工作安排，协助社区开展险情排查、救灾物资搬运及发放、走访慰问受灾群众等工作，带动受灾群众坚定信心、战胜困难。

【新冠肺炎疫情防控】　新冠肺炎疫情防控期间，组织全体党员参与疫情防控工作，协助社区开展核酸检测信息采集、秩序维护、重点人员上门检测、卡点值守、宣传保障等工作，受到辖区群众的肯定和好评。

（撰稿：杨　翠　审阅：赵灵妮）

金融服务

【概况】　金水区人民政府金融服务办公室于2019年12月6日正式更名为金水区金融工作服务中心，隶属区人民政府办公室，具体承担辖区金融服务职责。2021年，启动“千企万户”专项支持计划，全年为5493家企业融资9.66亿元；全年全区上市企业6家，其中境内上市企业3家，境外上市企业3家，“新三板”挂牌企业19家，中原股权交易中心挂牌企业925家，上市挂牌企业总量位居全省各县（区）第一。

【服务实体经济】 2021年，为进一步推动金融支持实体经济力度，帮助企业灾后恢复重建，从多方入手，提高企业融资便利度，降低企业融资成本。创新政银企对接模式。组织中国银行、邮储银行等多家金融机构共同录制“共克时艰金融助企”线上银企对接小课堂，并通过“金水发布视频号”上线，企业可随时了解最新的信贷政策和银行产品；同时，建立银企对接微信工作群，大幅提高银企对接的效率和企业信贷的获得率。打破信息不对称。梳理汇总多家银行推出的无抵押、无担保、纯信用信贷产品，并通过“金水发布”微信公众号进行宣传，加强企业对融资服务产品的知晓。2021年帮助郑氏化工、山谷网安、河南润佰佳等484家企业贷款101.05亿元。启动“千企万户”专项支持计划。专项计划通过设立代偿补偿资金池、建立保费补贴等机制，建立政银担合作模式，撬动银行、社会投资等金融资源，为辖区小微企业提供低成本、多元化、全方位的“一揽子”金融服务。2021年“千企万户”专项支持计划已为全区5493家企业提供担保贷款9.66亿元，在全市形成良好的政府性融资担保体系建设示范带动效应。

【优化营商环境】 为优化全区金融营商环境，改善资本市场结构，为辖区金融业注入新动力，按照“十四五”规划的总体目标，依托自贸区块优势，开展新兴金融机构精准招商。2021年，落地河南砥盈私募股权基金、河南水投融资租赁有限公司等4家类金融机构。

【多层次资本市场】 双向发力，不断完善资本市场建设，鼓励企业直接融资。修订出台《金水区鼓励企业上市挂牌融资若干措施》，将奖补重点向境内外上市和再融资企业倾斜，明确奖补申报流程，进一步引导辖区优质企业利用多层次资本市场实现合理化资源配置，提高辖区上市挂牌企业的直接融资规模。积极落实省市上市挂牌奖补政策。为229家上市挂牌企业发放2019年度市级奖补资金1580万元，为1家企业发放2020年度省级奖补资金150万元。2021年，新培育港交所上市企业1家、A股上市在辅导企业3家、新三板创新层企业2家；新引入新三板创新层企业1家。截至2021年年底，全区共有境内外上市企业6家，新三板挂牌企业21家，中原股权交易中心挂牌企业925家，上市挂牌企业总量位居全省各县（市、区）第一。

【防范金融风险】 秉持宏观审慎原则，通过线上数据分析、查看预警，线下定期排查、约谈督办等方式，加强对辖区金融机构、上市企业和地方五类金融组织进行日常监管，对已发行大额企业债、短期票据、短期融资券的企业，在兑付期内进行及时提醒，并督促企业按时履约。成功化解泰康人寿业务员集访，帮助盛润集团顺利完成6.36亿元的“16盛润债”、9亿元的“16盛润债01”的兑付和摘牌工作，督促城发环境完成2021第一季度超短期融资券的兑付。

（撰稿：王　鹏　审阅：杨涵媛）

信访工作

【概况】 金水区信访局为区政府工作部门。2021年，区信访局压实责任，健全机制，推动解决了一大批突出问题。

【案件化解工作】 2021年，根据郑州市开展信访突出问题攻坚化解活动安排，成立领导小组，围绕拖欠农民工工资、问题楼盘等七大领域存在突出问题，组建了7个由主管部门牵头的专项攻坚化解小组，组长分别由主管该领域的区级党政领导担任，集中力量对突出问题开展攻坚化解。

【基层创建】 继续开展人民满意接访窗口创建，有6个街道符合“人民满意接访窗口”条件，受到市委、市政府表彰。

（撰稿：侯冠华　审阅：娄　航）

政协郑州市金水区委员会

综 述

【概况】 政协郑州市金水区委员会是金水区的政治协商、民主监督、参政议政机关。2021年，区政协在区委的坚强领导下，坚持以习近平新时代中国特色社会主义思想为指导，以党史学习教育为主线强化思想政治引领，以建立完善一总三分“有事好商量”协商平台和工作制度为主抓手，通过实施“四个联动”，破解“两个薄弱”，实现“三个重要”，为高水平打造“创新智城·品质金水”、建设国家一流现代化国际化中心城区，实现“十四五”良好开局作出了积极贡献。区政协九届五次会议以来，共收到委员提案218件，立案167件，已全部办理完毕，政协委员智囊团的作用日益增强。

【政治建设】 2021年，常委会始终坚持党的全面领导，持续强化思想政治引领，坚定维护核心，不断筑牢思想基础，确保政协各项工作方向正确、行稳致远。

不断加强思想政治引领。把强化理论武装、增强政治定力放在首要位置，坚持“党组作表率、常委作标杆、机关作榜样”，进一步健全区政协党组会、主席会、常委会会议集体学和专委会街道联合学、委员全员学等分层次、全覆盖的学习格局。以党史学习教育为统领，开展专题学习，接受红色教育，深刻感悟“两个确立”的内涵和决定性意义，以党的创新理论武装头脑、引领方向。全年共组织学习习近平新时代中国特色社会主义思想、中共十九届六中全会以及省、市、区党代会精神等59次、集中研讨6次，班子成员带头讲党课，使机关党员干部、政协委员受到了一次全面深刻的政治教育、思想淬炼、精神洗礼，实现了用百年党史滋养初心、坚定信心、汇聚人心，树牢了“四个意识”，坚定了“四个自信”，做到了“两个维护”。

坚持党对政协工作的领导。把坚持区委领导作为政协党组的思想自觉和行动自觉，做到与区委中心工作同频共振、同向合力。严格落实向区委请示报告制度，一年来政协重要会议、重要事项、重要活动共请示报告11次，重要会议和重大活动均邀请区委领导参加。区委、区政府高度重视，全力支持政协工作，在全市率先下发了区委《关于新时代加强和改进人民政协工作的实施意见》《关于进一步推进“有事好商量”协商议事工作的意见》等文件，落实了机构、编制、经费，“党委真重视、政府真支持、政协真主动”的工作氛围得到全国政协副主席张庆黎的高度评价。坚决落实区委的部署安排，班子成员按照分工积极参与复工复产、“万人助万企”、抗汛防疫、灾后重建以及大气污染防治夜查和全国文明城市创建等重点工作，真正将坚持党的领导贯穿于政协党组工作的全过程。

全力抓好政协党的建设。政协党组切实担负起全面从严治党、党风廉政建设和意识形态工作主体责任。2021年，共召开党组会议17次，就涉及“三重一大”的事项严格按照决策议事程序集体讨论决定。党组成员严格落实“一岗双责”，认真开展年度民主生活会、党史学习教育专题组织生活会，开展批评和自我批评，得到市委第三巡回指导组的肯定；积极参加谈心谈话、民主评议党员活动，过好党内政治生活。定期研究安排机关党建有关工作，与其他业务工作同谋划、同部署、同督促。成立专委会功能型党支部，按照“一方隶属、双重管理、双边活动”原则，将93名党员委员纳入政协组织管理，实现了党的组织对党员委员的全覆盖。

【建言资政】　2021年，常委会紧跟区委、区政府工作节奏，聚焦抓重点、补短板、强弱项等重大问题，深入协商集中议政，强化监督推动落实，在围绕“十四五”规划开局之年全区中心工作上展现新作为。

紧扣发展大局提供政协“方案”。围绕“十四五”规划开局之年全区中心工作精准定题，选择理论水平、专业素养、履职能力优秀的专家委员领衔重点课题，用心打造调研精品。各调研组组织人员深入一线、外出考察、座谈协商，《优化金水区营商环境研究》等6份课题报告立论献策层次高、把向准、建言实，区委、区政府主要领导批示相关党政部门抓好落实，有力推动了协商成果转化。如优化营商环境调研报告结题后，组织召开专题议政性常委会会议审议论证，根据意见建议又进行多次修改完善，提升调研成果的可行性、可操作性、实效性，为金水区跻身投资竞争力全国百强区第11位，打造“金小二”服务标杆贡献政协智慧。

聚焦中心工作提升履职实效。区政协九届五次会议期间，区委、区政府领导与多界别委员面对面协商，委员们聚焦“沿黄流域生态保护和高质量发展”“大力发展数字经济”“提升医疗教育水平”“美丽乡村建设”等方面，提出30多条前瞻性、可行性强的意见和建议。注重发挥党委、政府领导领办重点提案的示范作用，区委书记张红伟主持重点提案协商座谈会，并带头领办第167号提案，通过16件重点提案的领办督办，提案办理由答复型向落实型转变，立案的167件提案已全部办结，实现了办理效率、质量“双提高”。组织委员就“三项工程、一项管理”、大气污染防治、民事检察、全国文明城市创建等工作开展专项视察、协商监督，有力促进了政协的制度优势转化为基层治理的效能。

创新协商机制破解“两个薄弱”。充分发挥政协专门协商机构的作用，在全省区县（市）中率先开展“有事好商量”协商议事工作，建立完善协商平台和议事机制，构建区、园区和街道、社区和重点领域行业三级协商体系，制定印发区政协《“有事好商量”协商议事工作实施办法》，推动政协工作重心下移、委员力量下沉、协商触角下延。组织四级委员开展复工复产、住房保障、养老托育等主题协商22次，做法成效得到上级政协和社会各界好评。李军委员协商工作室获评全国“首届人民政协优秀委员工作室”。郑州电视台《郑在协商》栏目对丰产路街道组织委员协商建言居家社区养老服务体系建设进行了专题报道。

急难险重面前主动担当作为。面对“7·20”特大暴雨汛灾、新冠肺炎疫情反复，率先响应区委号召，政协领导班子全员上阵，第一时间成立机关突击队，26名党员干部下沉文化路街道“双战双抗”第一线，深入161个居民楼院排查处置险情、为居民提供基本保障；配合12个核酸检测点完成6轮、近15万人次的检测；负责无主管楼院卡点值守，全力构筑抵御疫情的严密防线。发动四级委员捐助救援设备100余台、生活用品25000多件，为夺取救灾抗疫斗争决定性胜利交上了完满答卷，金水区的经验做法在省政协召开的交流会上作了典型发言。

【"两个队伍"建设】 2021年，常委会充分发挥委员及专委会作用，加强"两个队伍"建设，充分调动一切积极因素，广泛凝聚各界共识，形成了汇聚同心同向、团结奋斗、共谋发展的强大合力。

着力激发委员活力。按照习近平总书记提出的"懂政协、会协商、善议政，守纪律、讲规矩、重品行"要求，全面做好委员的教育培训，组织委员分批列席党政重要会议和政协常委会会议，促进委员知情明政，引导委员不断提升调查研究、建言献策、传播共识、化解矛盾的能力和水平。不断规范委员履职管理考核，进一步健全委员履职情况统计、评价及激励等机制，完善委员履职档案，落实常委、委员提交履职报告制度，调动委员履职积极性。严格按照政协章程和程序，增补委员6名、辞免委员4名。

全力改进专委会工作。落实中央、省委、市委文件精神和区委意见，进一步完善政协机关机构设置，将政协文教卫生委员会、学习文史提案委员会分别更名为教科卫体委员会、文化和文史委员会，设立提案委员会。全面落实专委会与党委政府对口部门和单位的经常性工作联系制度，密切同工商联和各界人士的联系，更加快捷地了解和反映社情、民情，专委会的基础作用得到了较好的发挥。全年共上报社情民意信息85篇，其中，32篇被市政协采用，2篇被推荐到省政协，被市政协评为反映社情民意信息工作先进单位。

倾力改进机关作风。持之以恒贯彻落实中央八项规定精神和省委、市委、区委有关作风建设规定，全力配合做好省委巡视"回头看"、区委巡察工作，严控"三公经费"，简化公务接待，改进调研方式，狠抓精文减会。加大机关干部素质提升和培养锻炼，树立"一线"思维和"有为"理念，不断提高综合管理、保障服务能力和质量，增强机关生机活力，打造讲政治、守纪律、负责任、有效率的模范机关。

重要会议

【政协全体会议】 政协郑州市金水区第九届委员会第五次会议 2月2—3日，中国人民政治协商会议郑州市金水区第九届委员会第五次会议在省人民会堂开幕。

区委、区人大、区政府、区纪委监委、区人武部、区法院、区检察院的领导应邀出席、参加开幕会。

会议听取并审议了区政协主席余遂盈所作的政协郑州市金水区第九届委员会常务委员会工作报告和区政协党组成员徐建军所作的政协郑州市金水区第九届委员会常务委员会关于九届四次会议以来提案工作情况的报告（书面）；听取了区政协常务委员陈坚、段学哲所作的述职报告；列席金水区十三届人大六次会议，听取并讨论了政府工作报告；听取并讨论了金水区国民经济和社会发展第十四个五年规划和2035年远景目标纲要草案及其他有关报告；区委书记张红伟、区政协主席余遂盈在闭幕会上作讲话。

【政协常委会会议】 区政协九届十九次常委会会议 2月1日，区政协召开九届十九次常委会会议。区政协主席余遂盈主持会议并讲话，区委常委、区政府常务副区长杨洁，区政协领导付建峰、张华、王居良、王静、王浩、徐建军、李劲松，秘书长张书林和区政协常委出席会议。区政协各专门委员会主任、副主任和街道政协工作召集人列席会议。

会议传达学习了中央经济工作会议和省委、市委、区委全会暨经济工作会议精神及省两会精神，听取了区政府关于全区2020年经济社会运行情况及《国民经济和社会发展第十四个五年规划和2035年远景目标纲要（草案）》主要内容的通报，听取了马长春等3位委员以及部分专委会、街道代表的述职，研究了九届五次会议的日期、会期，听取了全会筹备情况的汇报，并协商通过了全体会议的有关文件，协商通过了有关机构设置。

余遂盈在总结讲话中指出，要提升政治站位，聚精会神开好会议；要精心精细组织，确保大会有条不紊；要严守纪律规矩，展示政协委员形象。强调要严格落实疫情防控闭环管理规定，集中精力开好会，提高会议的效率、质量和效果。

区政协九届二十一次常委会会议　3月31日上午，区政协召开九届二十一次常委会会议。区政协主席余遂盈主持会议并讲话，区政协领导付建峰、张华、王居良、王静、王浩、徐建军、李劲松，秘书长张书林和区政协常委出席会议。区政协各专门委员会主任、副主任和街道政协工作召集人列席会议。

会议传达学习了习近平总书记在全国两会期间系列重要讲话精神、十三届全国人大四次会议和全国政协十三届四次会议精神、全国政协副主席张庆黎调研金水区贯彻落实中央政协工作会议精神情况。

余遂盈在总结讲话中指出，全体政协委员要提高政治站位，认真贯彻全国两会期间习近平总书记系列重要讲话、两会主要精神，以及汪洋主席在政协全会闭幕会上的讲话精神，深刻领会核心要义，进一步统一思想、凝聚共识，站位新发展阶段、贯彻新发展理念、构建新发展格局，确立起“三个重要”工作导向。要拉高工作标杆，以此次全国政协到金水调研指导政协工作为契机，认真领会贯彻张庆黎副主席讲话精神，把各级领导给予的荣誉作为奋进的动力，珍惜金水区“三个真”的政协工作良好氛围，进一步总结经验，打造更多的精品点、优质项，力争多个专委会、街道都有工作突破，确保各项工作实现提档升级、全面提质，巩固在全省、全市基层政协中的标杆地位。要提升工作标准，深化“四个联动”机制，从党史学习教育、政协党的建设、做优“协商”品牌、委员队伍建设和破解“两个薄弱”5个方面下功夫，打造具有金水特色的政协工作规范和标准，实现2021年政协工作开新局，为金水建设高品质现代化城区、实现“两率先一争当”做出新的更大贡献，以优异成绩庆祝中国共产党成立100周年。

区政协九届二十二次常委会会议　7月9日，区政协召开九届二十二次常委会会议，围绕优化营商环境进行专题协商议政。

区政协主席余遂盈主持会议并讲话。区政协领导付建峰、张华、王居良、王静、王浩、徐建军、李劲松，秘书长张书林出席会议。区委常委、常务副区长杨洁，区政协优化营商环境课题组成员应邀参加会议。部分区政协委员、街道政协工作召集人以及区政府有关部门负责人列席会议。

会上，杨洁通报了全区优化营商环境发展现状，课题领衔人何泽军委员汇报了课题调研报告起草情况，杨迅周、王桂堂、段学哲、韩一溟、张建顺、郝红、马贞等委员围绕议题，从不同角度做了发言，与会其他委员也进行了充分讨论；会议还传达学习了习近平总书记在庆祝中国共产党成立100周年大会上的讲话精神、省委书记楼阳生调研郑州讲话精神；审议通过有关人事事项。

认真听取大家发言后，余遂盈说，优化营商环境首先要树立一个系统的观念，要从供给侧结构性改革这一端到需求侧管理这一方面综合发力，形成一个循环畅通的国内外大环境、大循环，打通生产、流通、分配、消费这四个环节的堵点和痛点；各位委员要站在金水区打造“品质金水　创新智城”高度来认识这个问题，还要深刻认识到行政所在地、重要厅局的所在地、优质教育资源、文化资源、科研资源、医疗资源都在金水这样的资源，会随着各个地方的竞争、市场化发展，将会逐步实现公平化的危机；金水营商环境方面要对标国内一流，要围绕提高市场主体的获得感和就业者的幸福感为目标，狠抓行政服务、狠抓法制化保障、狠抓市场环境，集合区委政府力量、部门力量、企业力量和群众基层力量，共同发力，打造好金水的营商环境。

余遂盈强调，政协委员要主动作为，为营商环境打造出谋划献策；要利用好政协这个平台，围绕区委、政府的中心工作发挥力量；要按照《关于在全区开展政协“豫事好商量”平台建设工作的意见》（征求意见稿）建好“豫事好商量”的平台；四是街道及相关部门要利用各种平台，共同发力，对营商环境打造里面的痛点、难点、堵点问题进行深入调研，提出有价值的对策建议，变成区委决策、政府政策，以助力金水的高质量发展。

区政协九届二十三次常委会会议　9月30日，区政协召开九届二十三次常委会会议。会议开始前，区政协主席余遂盈带领政协常委会组成人员、部分政协委员和政协机关干部，到郑州升达艺术馆参观“旗帜飘扬——党旗国旗军旗诞生珍贵史料展”。

参观结束后，余遂盈主持召开会议。会议听取了区委副书记、代区长张艳华关于2021年以来全区经济社会发展情况的通报；听取了区教育局关于教育系统秋季开学及疫情防控工作情况的报告；传达学习了习近平总书记在中央党校（国家行政学院）中青年干部培训班开班式上的重要讲话、在党外人士座谈会上的重要讲话精神，省委、市委、区委工作会议精神，市十二次党代会、区十二次党代会精神；审议通过了有关人事事项。

余遂盈在总结讲话中，就下一阶段的工作提出三点要求。要深入学习贯彻近期省、市、区重要会议精神，把学习贯彻会议精神与党史学习教育结合起来，与履行职能结合起来，把思想统一到会议精神上来，把智慧和力量凝聚到落实决策部署上来，创新开拓思路，推动政协工作再上新水平。要对照年度工作计划，按照责任分工和工作要求，组织委员围绕区委提出的“大干一百天　奋力保全年”攻坚行动建言献策、展现作为；要全面推进“有事好商量”协商议事工作，为全市“有事好商量”基层民主协商工作现场会的圆满召开创造条件、打好基础。要全面系统地总结过去五年的工作情况和经验，做好换届准备工作，认真研究提出之后五年工作指导思想和基本任务，为新一届政协打下坚实基础。现任政协常委要强化责任和担当意识，在任期内继续履行好政协常委职责，齐心协力，圆满完成任期内常委会、政协的历史使命。

黄国彦、付建峰、王居良、王静、王浩、徐建军、李劲松、张书林和区政协常委出席会议，部分区政协委员、街道政协工作召集人和区政府有关部门负责人列席会议。

区政协九届二十四次常委会会议　12月31日，区政协召开九届二十四次常委会会议。区政协主席余遂盈主持会议，区委常委、常务副区长张超应邀参加会议。

会上，张超通报了全区2021年经济社会发展情况，会议传达学习了中央经济工作会议精神、中共中央办公厅《关于加强和改进新时代市县政协工作的意见》和中共十九届六中全会精神。余遂盈从真理的力量、中共的伟大、历史的昭示、时代的呼唤和人民的渴望等方面对中共十九届六中全会精神进行了解读，要求政协委员、常委要认真学习领会中共十九届六中全会精神和中共中央办公厅《关于加强和改进新时代市县政协工作的意见》，发挥好智囊团、人才库的优势，自觉将委员履职同党委、政府的工作重心及人民群众的急难愁盼紧密贴合，提出有价值、有分量的建言成果。

关于近期工作，区政协主席余遂盈强调，做好年终收尾和来年工作谋划，对照年度计划，认真梳理、查缺补漏，确保顺利完成全年目标任务，并着手谋划2022年工作，为全区经济社会发展凝心聚智、凝聚共识；统筹推进“有事好商量”协商议事工作，要认真落实区委《关于进一步推进“有事好商量”协商议事工作的意见》，按照《区政协“有事好商量”协商议事工作实施办法》的要求，全面提升、拓展、延伸“一总三分”协商平台建设，完善协商议事规则，拓展协商载体，促进成果转化；全面启动“能力作风建设年”活动，按照区委部署，认真开展“四个专项治理”，自觉躬身入局、担当作为，切实提升能力、锻造作风、实干立身、争先出彩；全面做好区政协十届一次会议筹备的前期工作。

黄国彦、付建峰、王居良、王静、王浩、徐建军、李劲松、张书林和区政协常委出席会议，部分区政协委员、街道政协工作召集人列席会议。

（撰稿：姚美辰　审阅：库光耀）

纪检监察

综　述

【概况】　中共金水区纪委和金水区监察委员会合署办公，履行纪律检查和国家监察两项职责，实行一套工作机构、两个机关名称，向区级党和国家机关派出纪检监察组18个，向街道派出监察办公室17个。

【队伍建设】　坚定不移提升能力素质，打造高素质专业化队伍。大力加强自身建设。扎实开展市纪委内部监督调研反馈意见整改和自身建设百日提升行动，全面查摆问题、认真整改落实，实现了政治能力、业务本领和作风形象“三提升”。修订借调人员管理办法，公开选拔33名股级中层干部，调整52名一般工作人员岗位，建立审查调查、文字综合人才库，促进全委人员有序交流。做实全员培训，组织知识测试4次、培训干部1950人次。持续强化党建引领。制定机关全面从严治党主体责任清单，常态化抓好“三会一课”“党员活动日”等工作。积极开展志愿服务活动，主动承担起所联系街道无主管楼院灾后重建、疫情防控等急难险重任务。组织观看党史学习教育片和红色电影，举办党史、国史知识讲座，激励纪检监察干部坚定理想信念、坚守初心使命。严格规范队伍管理。严格落实“六个严禁”纪律要求，建立全区副科级以上纪检监察干部廉政档案，召开系统内以案促改会和专题组织生活会，做实系统内以案促改。严格落实监督检查、审查调查等权力运行程序规定，确保纪检监察权受监督、严约束。

【区纪委十一届六次全会】　3月29日上午，中国共产党郑州市金水区第十一届纪律检查委员会第六次全体会议召开。金水区委书记张红伟出席会议并作重要讲话。区纪委副书记、区监委副主任刘建伟主持会议，并代表区纪委常委会作题为《适应新形势要求、推动高质量发展，为加快实现“两率先一争当”提供坚强保障》的工作报告，系统总结了2020年全区纪检监察工作，并从8个方面对2021年党风廉政建设和反腐败工作进行了安排。区委常委、区纪委委员、区监委委员出席会议。

【区纪委十二届一次全会】　9月10日上午，中国共产党郑州市金水区第十二届纪律检查委员会第一次全体会议召开，会议选举胡光程为中共郑州市金水区第十二届纪律检查委员会书记，选举刘艳萍、魏建鹏为中共郑州市金水区第十二届纪律检查委员会副书记，选举胡睿、曹振、刘洪超、韦丽云为中共郑州市金水区第十二届纪律检查委员会常务委员会委员。

监督工作

【政治监督】 坚定不移捍卫“两个确立”，确保“两个维护”落实落地。持续强化理论武装。坚持把学习贯彻习近平新时代中国特色社会主义思想作为首要政治任务，及时跟进学习习近平总书记最新重要讲话和指示批示精神，专题学习中共十九届六中全会和省市区党代会精神，扎实开展党史学习教育。持续强化政治监督。研究制定保障“十四五”规划实施的工作意见，围绕黄河流域生态保护和高质量发展、“六稳”、“六保”、环境污染治理等重大战略落实情况开展专项监督检查，问责工作不力人员16人。深化粮食购销领域腐败问题专项整治，查处违纪违法人员5人，移送检察机关审查起诉4人，督促整改问题84个。协助拍摄警示教育片《“硕鼠”现形记》，做实粮食系统以案促改。加强对区委、区纪委和村（社区）“两委”换届纪律监督，强化警示教育和廉政承诺，抓实廉政审核和全程监督，积极营造风清气正的换届环境。助力打赢两场硬仗。成立19个“两防一助”监督组，督促相关职能部门履职尽责、担当作为，推动处置重大防汛安全隐患100余处，督促解决疫情防控问题3000余个。聚焦防汛救灾资金物资管理使用情况开展专项监督检查，推动解决相关问题66个。做好省委巡视专项“回头看”反馈意见整改工作。在高质量完成自身整改任务的同时，履行好巡视整改监督责任，通过开展专项检查、个别谈话等形式，压实各级党组织巡视整改责任，全力推动巡视整改向纵深推进。

【作风建设】 紧盯节假日等重要时间节点，完成对全区各单位落实中央八项规定精神情况监督检查“过一遍”。常态化抽查检查安全生产、防汛备勤、公务接待、公车管理等作风纪律情况，查处违反中央八项规定精神问题7件、8人。聚焦形式主义、官僚主义问题，深入推进区直单位作风纪律大整顿和街道作风纪律大整顿“回头看”，共推动整改问题477个。成立9个联合监督检查组，针对5个方面、21项营商环境问题进行专项治理。开展“万人助万企”专项监督，走访企业129家，督促解决问题354个。围绕卫生文明城市复审、农村人居环境集中整治等重点工作开展专项检查。

【体制改革】 坚定不移深化体制改革，构建协同贯通监督体系。推动形成监督合力。探索完善“室组地”联动监督、联合办案机制，建立起党风室综合协调、纪检监察室统筹推进、派驻组具体落实、巡察组专项跟进的联动监督机制，有力保障了重大决策部署、重大专项治理落实落地。构建突发情况、突发事件应急监督机制，主动靠前监督、突出合作监督、强化精准监督，充分发挥职能部门主责和协同作用。全年共运用监督执纪“四种形态”处理462人次，其中第一、二种形态占比达82.9%，实现了由惩治极少数向管住大多数的转变。加强对“一把手”和领导班子监督。认真做好市纪委对区委“一把手”和领导班子政治监督谈话准备工作。制定对“一把手”和领导班子监督实施方案，对各街道主要负责人和领导班子开展政治监督谈话，督促“关键少数”正视问题、履职尽责、严格自律。强化对各单位班子成员“一岗双责”履行情况的监督检查，问责失职失责领导干部8人。持续深化派驻机构改革。制定派驻机构工作规定、考核办法和重要情况报告办法，进一步理顺工作机制、激发监督活力。各派驻机构坚持问题导向、聚焦廉政风险，探索完善列席监督、专项监督、协同监督等常态化监督机制，共发现和督促整改问题467个、建立健全制度241项。推进纪检监察信息化建设，扎实做好智慧监督平台试点工作。

【维护群众利益】 聚焦群众“急

难愁盼”问题，开展纪检监察干部“千人进千村”走访和信访举报办理“回头看”专项检查，化解疑难信访矛盾22项。加强对群众反映强烈问题的集中整治，督促化解问题楼盘案件23起，协调解决供热和安全隐患问题40项，推动解决老旧小区改造问题51个，查处违纪违法干部3人。开展停车收费管理专项审计和监督检查，督促职能部门及时关停“黑停车场”，推动辖区停车收费规范化信息化透明化。充分发挥职能作用，严肃查处政法系统违纪违法案件，共接收政法干警违纪违法问题线索121件，给予党纪政务处分及组织处理56人。

【一体推进“三不”】　坚定不移一体推进“三不”，保持惩治腐败高压态势。全年共处置问题线索273件，立案95件，给予党纪政务处分116人，组织处理109人，留置8人，移送审查起诉9人。扎实推进以案促改。常态化、分层级、全覆盖开展警示教育，督促指导司法行政、社保、财政等九大系统开展以案促改，对区管国有企业专项开展以案促改，实现了以案促改与完善监督体系、祛除顽瘴痼疾、提升治理效能的有机融合。拍摄的《工资表里的秘密》《“耗”损的人生》《“案”中交易》分别荣获全省优秀警示教育片一、二、三等奖，其中《“案”中交易》被评为全省政法系统以案促改典型教育片。制作的10集“解字话廉”微视频、16集漫画长图《成语话廉》等在省、市纪委监委网站刊播。持续推动清廉金水建设。明确清廉单元建设目标，深入开展廉洁故事征集、最美廉洁家庭评选等活动，打造党史廉政教育馆等一批清廉文化示范点，擦亮金水党风廉政建设“金”字招牌。守好党风廉政建设主阵地，把牢反腐倡廉意识形态工作主导权、话语权，持续增强正风肃纪反腐新动能。

巡察工作

【概况】　2021年，区委巡察机构聚焦全覆盖政治任务，做好十一届区委巡察全覆盖“收官”工作，有序开展第十四轮巡察“后半篇文章”和第十五轮巡察工作，完成对14家单位常规巡察和5家单位巡察“回头看”，共反馈问题271个，提出意见建议57个，移交问题线索7件，首次实现一届任期内巡察监督全覆盖。紧跟区委换届步伐，有序推进十二届区委首轮巡察，进驻区发改委等6家单位开展常规巡察。启动涉粮问题和疫情防控专项巡察，保障专项监督深入推进。

【推进整改清零】　对届内巡察发现的2952个问题，全部录入“1+N+E”智慧监督平台。督促第十三轮、十四轮、十五轮涉及的30个党组织做实做细整改工作，认真总结整改经验，实现届内反馈问题整改全部清零。建立与区纪委监委、区委组织部等单位协作配合办法，对照各自职能履行好整改监督责任。

【巡察成果运用】　针对巡察发现的普遍性、倾向性问题，启动区直部门财务规范化管理、机构改革后中层岗位设置专项整治，启动对开发公司、金达公司全面审计，持续推进公务用车专项整治和道路泊车经营情况专项审计。《精准开展专项整治，用足用活巡察成果》调研文章，作为创新成果在全市系统内推广。助力政法队伍教育整顿，对区委政法委、区法院、区检察院开展常规巡察，移交问题线索23个。

（撰稿：乔得胜　审阅：韦丽云）

群众团体

工 会

【概况】 2021年，区总工会在加强基层工会组织建设、保障和改善职工群众生活、维护职工合法权益、提高工会组织凝聚力和战斗力中不断发力，为全区经济社会发展做出了积极贡献。先后获得了全国基层互助保障工作考核成绩优秀单位、河南省工会系统“七五”普法先进集体、郑州市工会工作先进单位等荣誉称号。

【组织建设】 以非公经济组织、社会组织为重点，不断扩大工会组织覆盖面，完成新建会190家，发展会员7500人；完成建会建制建家项目7项，覆盖职工2876人。加强基层工会组织规范化建设，选树河南省基层工会规范化建设示范点1个、郑州市模范职工7个、模范职工小家4个。指导基层工会组织完成换届、届中增替补等常态化工作。

【职工思想引导】 抓牢职工思想政治建设，开展党史学习教育和中国共产党成立100周年庆祝活动，组织全区职工开展线上党史知识竞赛、“群心向党、共创辉煌”——群团组织庆“七一”主题活动。弘扬劳模精神、劳动精神、工匠精神，开展第六届“金水区最美劳动者”评选，对先进事迹专题专栏进行宣传。举办庆“五一”金水区职工文化进工地会演，各级工会共开展以“永远跟党走、奋进新征程”为主题的“中国梦·劳动美·工会情”文化进基层活动50场。以“百年圆梦·幸福启航”为主题，开

10月，“中国梦·劳动美·工会情”一线职工专场观影活动（金水区总工会/供图）

展“书香三八”女职工读书征文活动，激励广大女性爱党爱国。举办“庆元宵”职工线上猜灯谜、全区职工广播体操工间操培训、“金科杯”四分马拉松友谊赛、女职工手工制作、职工专场观影等活动，活跃了职工文化生活。做好工会宣传教育平台建设，推荐评选1家国家级职工书屋、3家市级职工书屋。

【帮扶机制建设】 结合“工会进万家”活动，继续做优做实“四季帮扶”品牌，聚焦疫情防控、重点工程等急难险重岗位一线职工、劳动模范、困难职工、“八大群体”职工等，走访慰问8560余人次，为38名市级以上劳模和495名一线职工进行健康体检，向14名大病职工发放大病互助保障金，累计发放慰问物资、慰问金306万余元，把党和政府以及工会的温暖送到职工群众中，不断增强职工的获得感、幸福感和安全感。结合党史学习教育“我为群众办实事”实践活动，把“爱心驿站”作为工会服务职工办实事重要平台，不断完善基础设施、拓展创新工作内容。继续开展工会会员“绿色出行”系列普惠活动，发放补贴285.8万元，惠及工会会员57060人。认真落实党中央、国务院关于支持实体经济发展的决策部署，促进小微企业健康发展，让小微企业工会经费支持政策落地见效，已返还447家企业工会经费400余万元。

【构建和谐劳动关系】 开展2021年集体协商“集中要约”行动，在区总工会指导下，各街道、园区结合本辖区实际情况，签订集体合同及工资专项集体合同397份，涵盖各类非公经济组织和社会组织6064家，覆盖职工5.8万人，保障职工的劳动权益和经济权益。开展“尊法守法·携手筑梦”服务农民工公益法律服务行动，组织20余场集中宣传。持续开展重点项目建设劳动竞赛、“三比两降”节能减排、“安康杯”、“工人先锋号”创建等建功立业竞赛活动。完成《金水区产业工人队伍建设改革实施方案》起草。加大企业安全生产培训力度，共开展“百场安全生产培训进企业”活动30余场。认真做好“劳模和工匠人才创新工作室”推荐工作，培养挖掘大工匠候选人，签订师带徒协议。充分发挥工会选树的各级劳模先进人物和先进集体的作用，号召劳模和五一劳动奖章获得者等先进人物、先进集体在助力乡村产业振兴、人才振兴、文化振兴、生态振兴、组织振兴中发挥积极作用。

【“7·20”特大暴雨灾害应急处置及灾后重建】 在抗汛救灾工作方面，区总工会全体党员深入凤凰台街道英协社区，深入沿街商铺和居民家中排查受灾情况，积极参与排查险情、路面清淤、搬运物资、灾后重建等工作。同时，区总工会立即着手摸排辖区企事业单位及职工群众受灾情况，慰问抢险救灾一线职工和受灾群众。协调组织调拨近12万元的救灾物资，并下拨360万元专项资金，助力基层开展抢险救灾工作。为推动受灾群众顺利开展灾后重建、帮助广大群众调整、缓解受灾情绪和心态，区总工会还联合团区委、区妇联发挥各自优势，整合各方资源，联合开展“群团协同 暖心助力”受灾群众帮扶及心理疏导工作，以实际行动为金水区

12月，区总工会走访调研辖区基层企业组织建设工作 （金水区总工会/供图）

灾后重建贡献了群团力量。

【新冠肺炎疫情防控】 在疫情防控工作方面，区总工会全员下沉一线，全程参与全员核酸检测和社区疫情防控。

（撰稿：王卓然　审阅：李　东）

共青团金水区委

【概况】 2021年，共青团金水区委（以下简称团区委）依托“青柠计划”组织青年志愿者约8000人开展各类服务80余次，全力支持创文、创卫、防汛救灾、疫情防控等工作。全年各团支部围绕新民主主义革命、改革开放等6个专题，累计开展学习50380次。在经八路街道成立郑州首家街道少工委，在文化路街道蓝堡湾社区成立全区第一个社区少工委。

【美丽乡村建设】 在美丽乡村建设中，通过村级团组织换届为美丽乡村建设注入“新动能”；打造5支“河小青”队伍，开展保护母亲河活动6次，为美丽乡村生态保护筑起“新屏障”；组织团员青少年800余人次植树1000余棵，造林面积2.67公顷。

【基层组织建设】 把巩固和扩大党执政的青年群众基础作为政治责任，大力加强团的基层组织建设，进一步密切与团员青年的联系，有效活跃团的基层工作。依托智慧团建系统开展对标定级工作，2021年，已有339个团支部完成自评；积极做好毕业学生团关系转接工作，学社衔接率已达99.3%。严格入团标准和程序，严格调控团员发展，做到发展1名团员对应1个编号和1本入团志愿书，2021年发展团员890人，均已录入智慧团建系统。

全区符合换届条件的村（社区）210个，其中村40个、社区170个。共选举委员557人，其中，团组织书记进“两委”班子人数202人，年龄在35岁以下人数182人，学历大专以上人数192人，女性人数159人，平均年龄30.2岁，团组织委员平均年龄（包括书记）28.7岁。

全区现有团员2.7万人（其中区属学生团员2833人）。全区有团组织1080个，其中，团委36个，团工委19个，团总支21个，团支部1004个。团区委以“基石工程”为抓手，持续扩大对青年的联系、服务、引导，将更多团员青年团结凝聚在党的周围。全年新建社会领域团组织110家，累计成立社会领域团组织215家，进一步增强组织覆盖面和影响力。

【青少年思想引领】 构建“线上+线下”工作格局，把团属新媒体打造成青少年摸得着、信得过的好朋友；把实体阵地打造成青少年想得到、愿意去的好地方。

利用微信平台围绕“‘十四五’规划纲要”“习近平总书记在庆祝中国共产党成立100周年大会上的重要讲话”“省、市、区党代会”精神，聚焦国家发展成就、党政中心大局、青年发展实际开展线上宣讲，并结合正面社论引导、亮点工作推送等做好宣传工作，打造青少年思想引领工作的“轻骑兵”，全年共发布信息500余条，阅读点击率突破12万人次。围绕党史学习教育，持续推送学“四史”相关内容，开展“青年大学习”30期，覆盖团员青年约18万人次。拍摄5期《你好，同学！》融媒体公开课，覆盖青少年2.5万余人次，通过实地打卡、青春寻访等青少年喜闻乐见的方式引领青少年学好党史、国史。

打造青春社区阵地，深入开展社区青春行动，聚焦城市社区建设发展规律和青年聚集发展要求，引领广大青少年成为加强和创新社会治理的重要力量，共开展活动30余场，报送信息50余篇；打造青年之家阵地，为青少年群体提供帮扶行动、帮助青年就业创业，打通服务青年“最后一公里”，全年辖区22家青年之家开展各类活动200余场；打造团代表联络站，构建团代表“履职平台”、团员青年“联系平台”，为团干部和优秀团员青年代表直接面向青年开展工作提供支持，全年团代表联络站开展各类活动10场，共接待青年360余人次。

【亮点工作】 召开金水区青年工作联席会议第二次全体会议，为金水青年工作再上新台阶提供有力支持。与“二七”纪念馆签订共建协议，在青少年服务、红色精神传播、志愿服务等方面进行深度合作，共组织团员青年500余人开展“沉浸式”党史学习教育。在大学生返乡实践工作中，共为57名大学生提供实习岗位。

围绕“我为青年做件事”主题，对接市“12355”心理咨询机构，深入推进“六员进校园”活动，护航青少年成长；开展志愿服务高考活动；开展防溺自护教育、保护青少年合法权益等活动10余场，增强青少年自我保护和安全防范意识。针对创业青年需要，开展政策宣传、支持小微企业贷款等活动40余场；针对单身青年，开展黄河徒步行和“遇见爱情”单身青年联谊会活动；针对青年英雄模范，“六一”期间走访慰问抗疫英雄樊树锋的子女，同时为其家属解决工作问题；针对青年志愿者，专门为参加防汛抗疫的志愿者购买人身意外保险。

围绕基层团组织和青年发展现状、青少年权益维护等内容，开展调查研究5次，及时掌握共青团工作和青年发展现状，及时掌握金水区青年工作的特点和发展规律。2021年，迎接团中央调研1次，参加团中央、团省委调研座谈并发言3次。

【“7·20”特大暴雨灾害应急处置及灾后重建】 在防汛救灾工作中，团区委组织慰问孤寡、重疾老人20户，送上生活物资100余件，清理淤积道路2条，排查隐患20处，装填防汛沙袋300余袋，清扫地下室积水面积约1000平方米。招募青年志愿者4000余人，到一线参加防汛工作，开展服务60余次，清理道路10余条，清扫积水面积5500余平方米，搬运配送物资3万余件。与美团优选对接物资30余车连夜送往防汛一线，并对接到省外援助企业价值84万元的消杀物资2675箱。此外，为纬五路二小分校地下室排水40000立方米，为德亿时代城小区和宏康社区等地下车库排水约20000立方米。在灾后重建工作中，发挥团市委“12355”日常热线服务作用，提供24小时热线服务，倾听群众心声，为群众疏导情绪。运用救灾专项资金，整合辖区资源，对贫困学生、儿童、受灾严重家庭进行应急救助。大力宣传金水助企9条，帮助企业成功申报补助资金18万元，助力企业复工复产。

5月21日，2021“因团相遇·为党献礼”青年联谊黄河徒步行

（共青团金水区委/供图）

【新冠肺炎疫情防控】 在疫情防控工作中，熟悉掌握防疫政策要求和注意事项，面向群众做好宣传，做细心的“宣传员”；在核酸检测点疏导、分流群众，营造安全、高效、便民的检测环境，做暖心的“引导员”；配合开展流调排查、体温监测、扫码登记等工作，组织约1000名青年志愿者积极投身到疫情防控工作中。

（撰稿：张文婕　审阅：马　邈）

妇女联合会

【概况】 2021年，金水区妇女联合会创新工作载体、突出特色活动，获得全国节约型机关、“网聚正能量　奋进新时代”网络正能量精品推选活动优秀作品、郑州市“童心向党　颂百年辉煌”少年儿童主题教育活动优秀组织单位、金水区综合工作考核先进单位、先进基层党组织等荣誉称号；推荐马延军家庭、李静家庭荣获省妇联授予的“最美家庭”荣誉称号；金水区三幼、人办顺一社区、文化路二小亲子活动体验基地被郑州市命名为第一批家风家教、亲子活动示范基地。

4月8日，金水区妇联举行“巾帼学党史　奋进新征程”微党课启动仪式

（金水区妇联/供图）

【妇联组织建设】　实施“基层活力提升工程”，全面完成机关党支部换届、街道、村级（社区）妇联组织换届，应建尽建“四组一队”“三新”妇联组织，覆盖面逐步扩大，现有村（社区）级妇联组织214个，执委数达2575人，“四组一队”成员7700余人，“三新”妇联组织新建40家，成立全省首个新联会妇联组织。

【妇女儿童发展规划】　协调推动妇女儿童发展和家庭建设相关内容纳入“十四五”规划；完成2011—2020年妇女儿童发展“两规划”终期评估，为妇女儿童发展工作提供参数和依据，促进两规划科学实施，推动全社会关注优化妇女儿童生存环境、完善妇女儿童保护社会职能。

【“巾帼心向党”行动】　全省入选2名巾帼志愿者参与中宣部大型全媒体主题报道“全国100名女大学生讲党史”活动均为金水区妇联推荐；参与省委组织部《我为母亲唱支歌》视频拍摄；救灾防疫巾帼志愿者纪录片《逆路同行“疫”路花开》入围全国巾帼志愿服务关爱行动微电影大赛；举办“马克思主义进社区”系列讲座，持续开展“党的创新理论万场宣讲进基层”活动、“大手拉小手　永远跟党走”群众性主题宣讲、“群心向党　共创辉煌”群团共庆活动、“党史学习教育进楼院　雷锋精神照我行”广场会演、“趣味党史　益童成长”红色故事宣讲、党史知识竞赛、趣味运动会、红色观影等活动百余场,引导妇女儿童听党话、跟党走。

【“巾帼建新功”行动】　评选表彰三八红旗手30名、三八红旗集体10个、巾帼建功先进个人30名、巾帼建功先进集体10个，组织各行各业优秀职业女性、创业人才，分享在中国共产党的培养教育下建功立业的人生体会,激励广大妇女见贤思齐、争当先进；挖掘推荐传承红色基因家庭及各类最美家庭，评选“最美婆婆”“最美子女”“最美媳妇”“最美母亲”等优秀女性典范，以“家家幸福安康工程”为抓手,推进社会主义核心价值观在家庭生根发芽。

【“巾帼暖人心”行动】　不断推进“我为群众办实事”实践活动，扶危助困深入民心。做好民生实事助困扶贫。联合区卫健委、民政局、慈善总会开展“两癌”“两筛”宣传、救助工作，为辖区因病致困妇女178人发放慈善救助金35.6万元。关爱困境群体化难解忧。为贫困母亲发放“母亲邮包”，为全区困境儿童送去“六一”慰问礼物，开展“为爱助学　益起圆梦”助学活动，慰问灾后困境家庭。为儿童安全保驾护航。开展“防范校园暴力，共筑美好校园”送法治安全到校园主题活动、“安全知识要记牢”宣教活动，开展谨防意外伤害、疫情防控知识、《中华人民共和国反家庭暴力法》、妇女儿童保护法律知识宣传教育活动。深化家庭教育服务所需。邀请新东方家庭教育讲师进行线上专题讲座9场，节假日持续开展“官方带娃”活动组织公益观影及趣味课堂，减少课后“真空期”为家长解忧。问需企业群众优化营商。开展“学党史敬先进　妇联送奖到基层”“礼遇最美家庭”活动，探访企业及优秀女性，迎接省、市妇联，教育，卫生等部门领导到金水区调研家风家教实践基地、家长学校、母婴室设施等建设工作，向企业群众问需问计，助力优化营商环境落到实处。创建“美丽庭院”助力乡村振兴建设。创建“美丽庭院”124户，为农村人居环境治理及美丽乡村建设助力。

10月27日，金水区妇联百姓宣讲员在丰产路街道开展党史教育和未成年安全教育宣讲　（金水区妇联/供图）

【运营推广妇联金品牌】　“金智优家”家庭社会工作项目推进家庭建设。依托“金智优家”家庭社会工作服务项目，搭建家事调解、家庭服务两大平台，开展家庭成长“金百合”、敬老孝亲“金拐杖”、守护儿童“金苹果”三大主题服务，构建“党建引领、妇干社工搭台、社会参与、全面覆盖”的“三金三全一引领”品牌服务模式。婚姻家庭纠纷调解“一站式”服务为群众解忧。联合司法局成立区婚姻家庭纠纷调解委员会，主动对接政法委入驻区社会综合治理服务中心设立家事调解室，提供“一站式”服务，群众办事最多跑一地。推进“儿童之家”“绿城妈妈”基层服务项目。筹措资金对“儿童之家”“绿城妈妈”项目提档升级，规范运营管理，定制家风家教宣传、阅读朗诵课程、亲子互动体验、家庭教育咨询、课后带娃等服务项目，助力“双减”工作落地落实；依托“绿城妈妈”项目倡导践行绿色环保生活理念，助力生态环境建设工作。

【重点做好政府十件实事】　2021年，完成金水区“儿童之家”项目提升1个，并对已建的儿童之家进行走访调研，实地指导工作和开展活动。

【“7·20”特大暴雨灾害应急处置及灾后重建】　紧急成立党员先锋队、组织巾帼志愿者，冲锋一线参与防汛救援、灾后重建、防疫宣传、卡点值守、核酸检测、心理疏导、扶危助困等工作，对接求助电话、物资信息千余次，调配社会各界救灾防疫物资10多批次，确保群众稳定度过特殊时期。扶危助困温暖贴心。重点走访慰问空巢老人、困境家庭、事实无人抚养儿童等弱势群体，帮助解决物资配送、核酸检测、心理辅导等实际困难，联系民政、教育、街道社区、社工及志愿者形成联合帮扶机制，解决事实无人抚养儿童升学教育、日常照料、心理关爱等难题。心理疏导精准有效。保持“12338”妇女维权热线、值班电话24小时畅通，新增8条公益心理服务热线在线解决群众诉求；联合区总工会、团区委组建公益心理咨询师援助突击队，由专业心理咨询志愿者进行线上“一对一”解答及“心理援助小课堂”，帮助大家尽快恢复正常生活。

（撰稿：窦　娟　审阅：王　晓）

科学技术协会

【概况】　2021年，金水区科学技术协会（以下简称科协）荣获2021年全国科普日优秀组织单位、全国节约型机关、2021年河南省全国科普日优秀特色活动组织单位、河南省全民科学素质工作先进集体等荣誉称号。组织全体职工参观红色教育基地3次，开展参观“武汉抗疫展”“在党领导下的科学家展”等主题党日活动12次；与群团部门联合举办“群心向党共创辉煌”庆“七一”主题活动；开展“我为群众办实事”活动60余次。

【青少年科学素质】　举办金水区第二十五届青少年创新大赛；全区38所中小学、幼儿园共计2000余名学生参加大赛；组织金水区35所中小学参加第二十届河南省青少年机器人竞赛，共获省级奖项242个；在郑州市第二十届青少年机器人竞赛暨河南省青少年机器人竞赛郑州分赛区中，共获市级奖项175个；金水区在河南省十四届青少年科学素质大赛中，小学组参赛人数名列郑州市第一，金水区共获各类奖项31个；金水区科协共组织推荐16所学校参加郑州市“创意科学拓展计划”科学实验器材公益捐赠活动；金水区黄河路一小在2020年青少年科学调查体验活动中被评为“优秀学校”；金水区文源小学被评为“省级科技教育特色示范学校”；制作《2021年金水区少年儿童科幻画优秀作品选编》及科幻画电子画册，共发放2000册；组织“携手同行，科普一‘夏’”之创意蜡笔画活动，丰富青少年暑期科普生活；开展“童心向党　童画祖国”绘画展和急救知识进校园科普活动3期。

【“全国科普日”系列活动】　承办河南省暨郑州市全国科普日主场活动，通过多方主体联合、线上线下融合、优质资源整合的方式，区全民科学素质成员单位、17个街道办事处及科普教育基地开展战“疫”心护航心理健康讲座、线上知识答题、卫生健康及疫情防控知识宣传、环保知识宣传等一系列线上线下科普宣传活动共计80余场。

【社区科普工作】　开展社区科普大学主课堂247课时，实践课96节，参加学员17150人次；组织老照片征集、观看红色电影等第二课堂65次，受众12876人次。疫情防控期间，停课不停学，开展“庆中秋月圆，祝国泰民安”线上视频征集大赛、开展“走进安全　走进您”居家安全系列问答活动。把党史学习教育与“我为群众办实事”实践活动紧密结合，组织各分校学员开展了参观村史馆、红色长廊，开展“解读红色照片重温光辉历程”、党史知识答题等系列活动12场。

科协组织科技工作者参观“在党领导下的科技工作者”展（2021年，金水区科协/供图）

【“全国科技工作者日”】“全国科技工作者日”期间，围绕“众心向党、自立自强”主题，举办科技工作者风采展、组织科技工作者观影、走访慰问科技工作者等系列活动；与驻区科技企业开展联建活动3次，联合辖区研究会举办“欢度金秋重阳佳节 关注老人身体健康”义诊活动。

【反邪教宣传教育】开展“筑牢防疫安全线欢度无邪中国年”节前反邪教警示教育宣传活动，组织辖区高校思政课教师培训2期，开展社区反邪教宣传活动10场。

【科普教育】完成辖区省博物院、市动物园等5家河南省科普教育基地的总结评估工作，新增郑州市科普教育基地3家，其中，“河南省网络安全科普教育基地”“金水区未来路街道党群服务中心”同步申创为省级科普教育基地。提高社区科普工作水平和服务能力，凤凰台办事处英协社区被评为河南省科普示范社区。助推辖区学校创建科技特色学校，文源小学被评为河南省科技特色活动学校，黄河路一小被评为河南省科学调查体验活动优秀学校。

【“7·20”特大暴雨灾害应急处置及灾后重建】“7·20”特大暴雨灾害后，区科协全体党员干部下沉社区深入一线，开展垃圾清扫、灾后物资发放、入户调查等工作。向居民发放“洪涝灾害卫生防病科普”、防疫常识及未成年人接种新冠疫苗“十问十答”宣传页2000份、科普挂图200张，向沿街受灾商户免费发放消毒液、环保袋、橡胶手套等消杀物资360份。发挥网络新媒体作用，通过科协公众号、微信群等，及时推送防汛救灾、灾后疫情防控应急科普知识百余条。

【新冠肺炎疫情防控】协助社区做好核酸检测点秩序维护，共完成3.5万人核酸检测。做好居民楼院防控卡点值守。

（撰稿：杜 焕 审阅：左献伟）

工商业联合会

【概况】区工商联是党和政府联系非公有制经济人士的桥梁和纽带，是政府管理非公有制的有力助手。2021年，区工商联紧扣“两个健康”主题，充分发挥桥梁纽带作用，荣获2个国家级奖项：2020—2021年度全国“五好”县级工商联、2021年调查点工作先进基层单位。

【改善投资营商环境】大力加强精准化调研服务能力。全年共开展“企业运行状况和涉企政策落实情况调查”“营商环境调查”“万企评营商环境”等线上精准化调研9次，共300余家企业参与；线下调研以人才引进、企业上市、融资、受灾情况及复工复产为专题，实地走访新创客协会、众诚科技、河南鑫山实业等多家企业，听取意见、收集问题，为新的惠企政策提供理论依据和现实参考。与检察院、法院等多部门合作，在联合签发《服务民营经济加强工作联系工作意见》等构建良好营商环境文件的基础上，探索建立“涉民营企业犯罪预防工作机制”，多次联合组织征求民营企业家意见建议座谈会、涉民营企业

3月19日，区工商联与区检察院联合组织民营企业座谈会（金水区工商联/供图）

案件听证会；开展“宪法进企业”系列宣传活动，入驻全国工商联商会调解服务平台，与司法局、律师协会共同建立“万所联万会”合作机制，由专业律师团队担任调解员，为商会提供法律咨询和指导。

【亮点工作】 宣传打造诉求响应智慧平台。诉求响应智慧平台是集成政策咨询、意见建议、法律维权、困难求助、举报投诉等功能模块的新型服务平台。截至年底，入驻职能部门34家、已认证用户数量3105家，其中民营企业2789家、民营经济人士316人。全年共受理19起诉求，均已办结。该平台的注册用户总量在全市排名第四，诉求完成率远高于河南省80%的要求。实施金水区民营企业家培训计划。组建培训专班，制定培训方案，以“金水区企业家学院”为基地，通过专题培训、普惠培训、线上线下培训相结合的形式，截至年底，已组织党史学习、民法典学习、“献礼建党百年，展现青春风采”等线下培训10次，参加人数501人次；组织“劳动法进民企”“工业互联网创新发展与实践”等线上培训6次，全力扩大培训覆盖面。开展首批郑州市新时代民营经济“两个健康”实践创新示范县申报工作。以此次申报为契机，先后成立“两个健康”实践中心、企业家读书会等线下活动场所，多次开展政策宣讲、读书沙龙等交流活动，在民营经济“两个健康”实践创新行动方面进行了有益探索与尝试。

【“7·20”特大暴雨灾害应急处置及灾后重建】 在“7·20”特大暴雨灾害后及时推送《2021河南洪灾实用法律知识问答》，利用会员企业律师资源，提供灾后法律援助服务，同时开展辖区企业受灾情况统计，对受灾企业建立动态档案，了解企业困难并及时向有关部门反馈，回应企业现实关切。发放700余本《省、市灾后恢复重建助企惠民政策汇编》，积极做好各项纾困解难政策精准落地见效，助企尽快复工复产、恢复秩序。在“7·20”特大暴雨灾害后，第一时间向辖区会员企业发布倡议书，在做好企业自身灾后重建的同时，倡导他们积极捐款捐物，支持防汛救灾。辖区爱心企业蜜雪冰城捐款2500万元，河南豫海汽车销售有限公司捐款30万元，陈砦花卉等多家企业联合为受灾小学捐赠价值5万元的教学器材。据不完全统计，辖区企业灾后共捐资捐物3080.92万元。有46家企业被纳入郑州市防汛救灾红榜名单，17家企业被纳入疫情防控红榜名单。

（撰稿：王　悦　审阅：董泽胜）

残疾人联合会

【概况】 金水区残疾人联合会（以下简称残联）2021年残疾人证总办件量1351人。金水区有视力残疾109人，听力残疾121人，言语残疾17人，肢体残疾732人，精神残疾120人，智力残疾131人，多重残疾106人。

因金水区在“十三五”期间残疾人工作成效显著，7月，金水区政府残工委被国务院残疾人工作委员会授予全国残疾人工作先进单位荣誉称号。12月，荣获中国残疾人联合会颁发的全国残联专职委员知识竞赛组织奖。8月，金水区残疾人联合会被国家机关事务管理局评为第一批节约型机关。

【残疾人社会保障】 区残联一直把各级、各类救助的发放作为工作的重中之重，加大宣传、及时审核、努力做到应补尽补。残疾人“两补”工作常态化推进。2021年重度残疾人护理补贴2885人、困难残疾人生活补贴741人，共发放“两项补贴”112.974万元（区残联审核、民政局发放）。做好重度残疾人特殊生活补贴发放工作，全年为1541名重度残疾人发放特殊生活补贴1133.02万元。临时性救助工作开展顺利。为辖区一户多残、多重一级、临时救助等残疾人家庭107户、465人发放救助57.505万元；为24名“三无”残疾人发放救助补贴14.4万元。为371名残疾人新办乘车“关爱卡”，年审“关爱卡”3297人。为辖区110名贫困重度残疾人提供居家、集中托养服务。发放低保家庭精神病患者医疗救助241人、25.18万元。发放重度精神残疾人监护人“以奖代补”235人、70.5万元（残联审核，政法委发放）。

【残疾人服务】 10月，区残联对全区持证残疾人进行入户调查，广泛征求康复、就业等需求，经汇总分类，掌握残疾人动态信息，进而有针对性地开展辅具配备、就业培训、康复等服务。根据“放管服”改革工作的有关要求，简化办事程序。对于确因身体原因无法到医院进行残疾评定的重度肢体残疾人，协调评残机构上门鉴定26人。配合市大数据管理局梳理、完善“郑好办”App数据终端，残疾人通过登录“河南省政务网”及郑州市“郑好办”App即可进行网上办理残疾人证有关事项。

【康复工作】 落实省市民生实事。对0~14岁残疾儿童实施康复救助，涉及金水区任务180人，审核通过414人，发放康复救助资金310万元；发放残疾人通信消费补贴，6月已完成任务，为金水区1634名16周岁以上视力、听力、言语残疾人发放通信消费补贴56.646万元。精准对接，为金水区居民、街道党群服务中心及养老中心免费发放辅助器具538件。开展残疾人健身示范点建设工作。为东风路街道办事处和文化路街道办事处建设2个残疾人健身示范点，方便残疾人就近进行康复锻炼。

6月10日，在南阳新村街道举办2021年金水区残疾人手工香囊制作培训班
（金水区残疾人联合会/供图）

【教育及就业培训工作】 对在校残疾学生和接收残疾学生的学校给予救助和补贴。全年共救助在校残疾学生287人，共发放救助补贴20.05万元。对金水区利智学校拨付特教和康复经费6.7万元。开展残疾人职业技能培训，先后开办扇面画、烘焙、艺术插花等多种培训班，共培训残疾人210名。

【助残工作】 根据“放管服”改革工作的有关要求，简化办事程序。2021年，共办理残疾人证1336人。对于确因身体原因无法到医院进行残疾评定的重度肢体残疾人，协调评残机构上门鉴定26人。配合市大数据管理局梳理、完善“郑好办”App数据终端，9月26日后，残疾人通过登录“河南省政务网”及郑州市“郑好办”App即可进行网上办理残疾人证有关事项。春节、助残日走访慰问辖区困难残疾人家庭460户；防汛救灾期间慰问残疾人家庭15户；中秋节期间走访慰问困难残疾人家庭200户。开展文化活动，丰富残疾人文化生活。开展残疾人文化进家庭“五个一”及文化周系列活动5场。帮助30名重度残疾人走出家门，参加“游一次园、参观一次展览”等活动，丰富残疾人文化生活。全国“爱耳日”为金水区心达残疾人托养中心和首慈乐康养护院的20位听障残疾老人免费捐赠助听器。4月2日，在知了康复医院举办“护童行动之‘无条件的爱你’暨2021年世界孤独症日系列公益活动”。5月12日，在丰庆路办事处紫薇苑小区开展以“巩固残疾人脱贫成果 提高残疾人生活质量”为主题的全国助残日主题宣传活动。6月24日，在国基路办事处开展红色经典读书会活动。7月8日，组织辖区80余户重度残疾人及家属集体观看红色电影《革命者》。10月28日，组织辖区重度残疾人及家属70余人到开封清明上河园游览。

【“7·20”特大暴雨灾害应急处置及灾后重建】 全力做好灾后重建工作。深入托养机构，帮助解决实际困难，为敬老院及时送去桶装水和发电机。为减轻残疾人的损失，第一时间对辖区残疾人群体进行走访排查。为28户房子进水、生活困难的残疾人申请了临时救助，对部分灾后生活困难的残疾人进行探访慰问，并送去物资。

【新冠肺炎疫情防控】 疫情防控期间，区残联组织全体党员干部下沉到分包联系的凤凰台街道凤凰城社区开展疫情防控工作，班子成员率先垂范，带领全体工作人员扛牢疫情防控政治责任。党员干部充分发挥先锋模范作用，积极克服各种困难，开展入户走访、卡点值守、对重点人员进行隔离等。

（撰稿：杜 立 审阅：青小丽）

红十字会

【概况】 2021年，金水区红十字会不断加强红十字组织建设，聚焦“三救三献”主责主业。2021年，金水区2个单位被中国红十字总会授予中国红十字人道奉献奖章；2名工作人员分别被授予河南省防汛救灾优秀志愿服务工作者、郑州市防汛救灾优秀志愿服务工作者、河南省2021十佳巾帼好网民等荣誉称号；3名志愿者被授予中国红十字总会疫情防控工作先进个人、河南最美家乡人、河南防汛救灾身边好人等荣誉称号以及全国最美家乡人提名奖等奖项。《回家的路 有我们在》荣获郑州市2020年度争做郑州好网民“网聚正能量·奋进新时代”网络正能量精品称号。

【红十字“救在身边”】 打造群众身边的“流动救护站”。联合爱心企业，为郑州287台公交车配备红十字应急救护箱，并为公交车长免费开展应急救护员培训，在公交车上张贴心肺复苏、AED操作流程以及救助基金申报流程等相关宣传资料，切实保障广大市民群众的出行安全。打造郑州公交红十字示范线。联合郑州公交和爱心企业共同开展“3000把共享晴雨伞点亮绿城之光”活动，在28路、93路、70路等共计14条线路的287辆公交车，全线配备“共享晴雨伞”，为市民出行提供方便，让爱心伞成为城市诚信文明的一个流动标签。发起红十字免费爱心转运计划。组织红十字志愿医疗服务队不间断地为辖区及周边地区部分贫困户、残疾人士、退伍老军人等群体开展免费转运服务，2021年，累计免费转运患者116例，总里程达53600多千米。

【志愿服务】 做好志愿者资料库的管理工作，完善志愿者管理办法，对新招募志愿者及时登记造册。2021年，金水区共有红十字志愿者服务队33支，注册志愿者2000余人。先后组织红十字志愿者开展“三救三献”、人道救助、红十字“五进社区”等形式多样的志愿服务和宣传活动。开展节前慰问。在元宵节来临之际，组织志愿者到金水区黄河路消防救援中队开展慰问活动，为消防队员送去精心准备的文艺节目，以及元宵、鲜花、水果等慰问品；在腊八节来临之际，将爱心企业捐赠的100份爱心腊八粥和300箱饮料送往郑州市金水区红十字志愿者之家，用于慰问在抗击疫情做出突出贡献的君鹏爱心医疗服务队和红十字志愿者；在重阳节来临之际，为分包无主管楼院贫困老人们送去米面油等生活用品，同时开展义诊、应急救护知识和养老照护知识宣传。开展爱心捐赠活动。积极联系爱心人士和企业为郑州市康达能力训练中心自闭症儿童捐赠270盒儿童健康益智盒；为金水区中心敬老院、郑州瑞阳养老院等养老机构捐赠价值55000元的口罩、烧伤膏、褥疮膏、痔疮膏等物资；为乡村小学捐赠各类学习资料、工具书、文学作品等书籍2000余册，解决乡村儿童缺少阅读书籍的实际情况；为辖区幼儿园捐赠价值8726元红色绘本册，让孩子们通过阅读经典红色绘本故事，感受小英雄们的爱国情怀；为辖区自闭症、智力障碍等特殊儿童捐赠安全小书包、警示小黄帽、反光背心、求生口哨等爱心出行装备，同时邀请交警以“童画交通”的绘画形式为孩子们带来生动有趣的交通安全课。开展寻亲活动。联合爱心单位举办以“党建+寻亲 团圆行动”为主题的寻亲大会，联合公交公司推出寻子专车，在公交车上张贴近50个走失孩子信息，组织来自河南、广东、贵州、安徽、河北等地30余名丢失孩子的家长参加活动，帮助走失或被拐儿童家长找回孩子。开展关爱志愿者活动，举办“遇见爱情”金水区红十字志愿者之家首届单身联谊会，助力青年志愿者脱单，倡导广大青年加入志愿服务行列；开展“红十字志愿者免费亚健康测评与调理”活动，由爱心企业捐赠价值200万元的爱心体检卡2000张，用于红十字志愿者亚健康测评与调理。开展“红色诵读忆初心 红心向党记使命”读书分享活动。组织110余名红十字志愿者以朗读的形式学党史，重温艰苦卓绝、波澜壮阔的百年历程，从党史中补足精神之钙、汲取奋进之力，并组织志愿者到中原豫西抗日纪念园参观学习，弘扬革命精神。开展助力文明创建志愿活动。组织党员志愿者到无主管楼院开展“四清两美”环境整治志愿服务活动，切实提升分包无主管楼院共驻共建共享治理水平；联合郑州公交在省体育中心场站开设“烟头银行”，开展捡烟头换礼品活动，倡导文明新风尚。

5月12日，防灾减灾日为公交车长和地铁工作人员开展应急救护知识培训

（金水区红十字会/供图）

【应急救护培训】 为提升全区应急救护培训的能力，区红十字会依托区红十字会风马旗应急救援队，先后走进机关、社区、学校、企事业单位，免费为机关干部、学生、社区居民、红十字志愿者开展培训，普及应急救护知识和心肺复苏、排出气管异物、包扎止血、骨折固定等实际操作技能；并对金水区特殊岗位的巡防队员、中小幼教师、区直机关及街道办事处工作人员、红十字志愿者等逐批次开展应急救护员培训。2021年，组织开展救护员培训1650人次，开展群众普及性应急救护知识宣教108场，受益群众4000余人。

【“三献”工作】 积极开展无偿献血、造血干细胞捐献、遗体器官捐献宣传活动，并新增流动献血点2个。2021年，共开展无偿献血活动30余次，有132人加入中国造血干细胞资料库，800余人参加无偿献血，献血量达31万余毫升。金水区“三献”工作先后荣获郑州市无偿献血先进单位、郑州市造血干细胞捐献工作先进集体、郑州市遗体器官捐献工作先进集体称号。

【人道救助】 发起“暖冬行动”，积极动员社会各界爱心力量，捐款捐物，参与“红十字博爱送万家”活动，相继为金水辖区困难群众，金水区对口帮扶的卢氏县官道口镇、杜关镇的贫困家庭，养老院以及红十字结伴同行脱贫路活动对口帮扶的登封市唐庄镇塔水磨村等困难群众捐赠棉被、棉衣、电暖器、米面油、药品、口罩等慰问品，总价值10余万元，受益群众2000余人次。联合中华社会救助基金“大爱清尘”基金登封站负责人，为尘肺病患者捐赠制氧机，积极协调平顶山职业病医院开展免费救治活动，共为塔水磨村21名尘肺病患者减免治疗费21万元，为9名患者捐赠制氧机9台，总价值1.8万元，总计22.8万元。开展“小天使”和“天使阳光”基金救助。2021年，为辖区7名白血病患儿申请“小天使”基金救助，为1名先天性心脏病患儿申请“天使阳光”基金救助。

【红十字宣传】 利用“3·5”学雷锋日、“5·8”世界红十字日、“5·12”防灾减灾日、“6·14”世界献血者日等纪念日，开展无偿献血暨造血干细胞志愿者招募、应急救护知识和技能普及培训、红十字运动知识宣传、人体遗体器官捐献宣传等活动。2021年，在中央级网络媒体刊发稿件27篇，省级、市级及其他网站刊发稿件300余篇。

【“7·20”特大暴雨灾害应急处置及灾后重建】 积极开展物资募捐。面向社会公开募集防汛物资，共募集食品、生活用品、消杀类、药品类、发电机、水泵、皮划艇、暖风机等物资37.64万件，价值2326.95万元。区红十字会将物资交由金水区防汛救灾指挥部统一调配并发放，为金水区受灾群众提供了物资保障。做好捐赠资金管理使用。灾情期间，区红十字会共收到全国各地爱心捐款和上级拨付救灾资金共计4700余万元，并立即请示防汛指挥部，将资金拨付金水区各街道办事处和相关职能部门，用于受灾群众基本生活保障和灾后重建以及灾后防疫消杀，为金水区防汛救灾工作提供了资金支持。开展志愿服务。汛情期间共动员人道救助、医疗转运、应急救援、心理援助等33支红十字志愿服务队的1500余名志愿者主动参与转移疏散群众、运送病人、交通引导、道路救援、救灾物资装卸搬运、联系设置安置点、灾后心理疏导、防疫消杀等任务，共转移疏散群众3000余人、医疗救援2305人次、安置接收被困市民群众5000余人、防疫消杀208万平方米。郑州汛灾稳定后，动员应急救援队伍参与卫辉、新乡等地防汛救灾工作，为安置点群众提供药品21678盒，救治群众13895人，转送救灾物资生活用品20余吨。

（撰稿：黄一洁　审阅：王　倩）

政法委及综治

【概况】　中共金水区委政法委员会是党领导和管理政法工作的职能部门和重要组织形式，金水区委政法委下设办公室、政治部、维稳处突科、维稳风险评估科、综治指导科、基层社会治理科、平安创建科、反邪教协调科、政治安全科、法治信访科、基层防线办，负责管理金水区社区巡防工作中心、金水区社会治安综合治理中心和金水区政法综合事务中心。

2021年，区委政法委把服务保障全区社会经济发展大局作为首要任务，充分发挥协调各方职能、统筹政法工作的作用，深入开展平安金水、法治金水、过硬政法队伍建设等各项工作。

【"三零"平安单位创建】　立足特大城市中心城区特殊区情，发挥公安、信访、应急管理等部门监督和指导作用，联合街道开展信息摸排、走访调研、重点治理等工作，建立属地为主、条块同责、单位主创、各方协同的工作体系。完善"最多跑一地、一码解纠纷"机制。坚持服务和治理相结合，按照"一站式受理、一条龙服务、一网式跟踪、一体化研判"的思路，打造"资源集成、数据引领、三级覆盖"的"全链条""全要素"社会治理机制，高标准建成全市首个实体化运行的"金水区社会治理综合服务中心"。依托"郑好办"App，积极开展"一码解纠纷"试点，构建线上线下联动发力的协同作战模式，推动群众反映诉求由"四处跑""线下跑"向"线上调""掌上办"转变，减少群众表达诉求时间、空间阻隔。构建"五治融合"多元治理格局。发挥政治引领、法治保障、德治教化、自治强基、智治支撑作用，坚持"党组织建在网格上"，开展"三官一师两员进社区"，实行"一格一警""一社区一法律顾问一民调队伍"，推动191名社区民警、辅警兼任社区（村）副书记或副主任。持续巩固"义务巡逻""银发调解""九在楼组"等居民自治品牌，不断丰富居民自治形式，实现"居民事、居民议、居民享"。创新推行"十店联创"等城区五创、"村组同创"等城乡接合部五创"5+5"网格平安创建模式，同"一警一干一专一群"相结合，拓宽创建主体、做强队伍支撑，广泛开展"三零"隐患排查，确保安全防范、排查整治、巡查监管、应急处置、宣传引导"五个到位"。扎实开展平安建设专项工作。持续完善"雪亮工程"建设，扎实开展基层平安创建宣传、"六员进校园”、未成年人防溺亡、严重精神障碍患者管控、铁路护路联防、禁毒、打击治理电信网络诈骗等专项工作。实行“五个一”推进机制。采取“一周一协调、一周一简报、半月一通报、半月一督查、一月一讲评（汇报）”的“五个一”工作机制，根据创建进度，挖掘先进典型，培育特色亮点，总结经验，推进工作。截至年底，全区18555个创建主体，实现“三零”的村（社区）142个，占比66.36%，实现“三零”的企事业单位17854个，占比97.34%，完成2021年底创建工作目标任务。

【法治化营商环境】 积极发挥法治对经济增长助推作用、社会运行调节器作用，坚持维护社会秩序和激发社会活力相统一，持续开展影响法治化营商环境执法司法突出问题专项整治，系统梳理当前影响法治化营商环境的突出问题，分类别、分阶段开展专项整治，共整治各类突出问题82起，规范经济活动和促进经济发展并重，为群众解难，为企业松绑，让企业家专心创业、放心投资、安心经营。

【政法队伍整顿】 聚焦三个环节、紧扣四项任务，扛稳责任担当、落实工作部署，认真开展谈心谈话、“三个规定”宣讲等活动，运用“七查”手段，深挖问题线索，强力整治顽瘴痼疾，做到以学促查、以学促改、边学边改，全力推动政法队伍教育整顿走深走实，努力打造一支党和人民信得过、靠得住、能放心的新时代政法铁军。截至年底，顽瘴痼疾共排查问题1819项，排查率108%，均已全部整改到位。

【新冠肺炎疫情防控】 7月28日及11月3日两轮本土疫情防控期间，充分发挥全面统筹、协调推进的积极作用，组建24小时信息数据排查专班、重点人员管控专班，主导建立重点人员信息全链条处置机制，确保形成数据闭环、管控闭环，实现了重点地区、境内外中高风险地区返回郑州人员信息全掌握、管控无遗漏。

（撰稿：秦莹莹 审阅：邢旭东）

公 安

【概况】 2021年，金水公安在区委、区政府和市公安局党委的坚强领导下，统筹推进疫情防控、防汛救灾、灾后重建和经济社会发展。金水公安分局先后推出先进典型人物49人，全年129人次立功受奖、评优评先。

【安全工作】 2021年，金水公安分局党委始终将维护政治安全作为坚定捍卫“两个确立”、坚决做到“两个维护”的具体实践，以“金水安则省会安、省会安则全省安”的政治站位，坚持稳字当头，强化底线思维，始终把防范政治安全风险置于首位。

【打防犯罪】 2021年，金水公安分局坚持和发扬新时代“枫桥经验”，依托“一村（格）一警”“三零”创建活动，深入开展矛盾纠纷排查调处化解，努力实现“矛盾不上交、平安不出事、服务不缺位”。全面提升“国家反诈中心”App及“金钟罩”反诈平台推广注册。截至年底，辖区人口注册率30.67%，受保护覆盖率52.95%，有效预警劝阻20617次，实现案件同比下降25.99%。持续推进公安信访突出问题攻坚化解，公安部交办的疑难信访案件154起、市委政法委交办的涉法涉诉信访案件12起均已办结。持续保持严打高压态势，共破获各类刑事案件2359起，其中破现行案件1449起、积案910起。破获“两抢一盗”、诈骗等侵财类案件串案36串，共计刑事拘留2092人、逮捕1087人、公诉1478人。常态化开展扫黑除恶专项斗争，接上级下发核查线索46条，线索核查数、办结率全市排名第一。严厉打击严重暴力犯罪，现行命案破案率达100%，破获命案积案2起。严打经济犯罪，刑事拘留122人，逮捕112人，移送起诉186人，挽回经济损失1.8亿元。深入开展打击整治涉黄涉赌违法犯罪“断链”行动，办理行政案件178起，行政拘留689人；办理刑事案件65起，刑事拘留188人，逮捕159人，公诉112人。

【改革强警】 探索建立“情指勤舆”一体化实战化运行机制，摸索推行出以“三合三全”（警种联合、机制耦合、数据融合,全天候运行、全要素支撑、全时空落地）为要素的合成作战模式。2021年，接报流转110警情27.8万起，日均760起，处置各类预警630条，下发工作指令3165条，实现了预测预警、指挥调度更加精准的目标。经过充分调研，成立打击盗窃专业队，抽调专职力量21人，加大对惯犯的打击力度。2021年，金水公安分局打击“两电一扒”共采取刑事强制措施244人、行政拘留93人。

【优化营商环境】 在“优化营商环境暨万警助万企”活动中，金水公安分局深入企业，帮企业办难事、解难题，助力企业健康发展，社区民警及时把企业生产经营一线“急难愁盼”问题“兜”上来。全年走访企业1485家（次），排查隐患69处、化解69处。结合“我为群众办实事”实践活动，累计为企业和群众办实事、解难事、做好事19015件。

【队伍建设】 2021年，在党史学习教育中，深入贯彻习近平法治思想和重要训词精神，以“弘扬长霞精神、筑牢政治忠诚”系列主题教育为载体，先后举办6期全警政治轮训班、40场次专题党课辅导。严格落实“第一议题”和请示报告制度，聚焦“两个维护”，组织党委中心组集中学习40次，不断激发全警铸警魂、守初心、担使命的强大动力。在公安队伍教育整顿中，全警上下全流程参与“挂图作战”、逐任务“对账销号”，全面清理整治顽瘴痼疾4932条。

12月18日，“周末无休”服务群众 （金水公安分局/供图）

【“7·20”特大暴雨灾害应急处置及灾后重建】 面对“7·20”特大暴雨灾害，金水公安全体民辅警迅速按要求启动高等级勤务模式，全员坚守岗位40余天，在分局主要领导带领下，救援队伍到地铁5号线沙口路站参加抢险救援，与各有关部门密切协作，经过数小时连续奋战，成功将500余名被困乘客安全转移。

【新冠肺炎疫情防控】 面对“7·30”“11·03”两轮疫情防控严峻形势，金水公安接收核查流调指令422批、19.7万人次，完成流调溯源、数据协查、隔离酒店执勤等各项任务。

（撰稿：王 丁 审阅：何汝伟）

检 察

【概况】 2021年，区检察院紧紧围绕“绩效考核争第一，品牌工作创唯一”工作目标，积极服务经济社会发展大局，忠诚履行法律监督职责，各项检察工作保持良好态势。全年受理提请逮捕犯罪嫌疑人1350人，受理移送审查起诉2012人；经审查，依法批准逮捕963人，提起公诉1777人。

【刑事检察】 依法惩治各类刑事犯罪，受理提请逮捕犯罪嫌疑人1350人，受理移送审查起诉2012

人；经审查，依法批准逮捕963人、不批捕363人，提起公诉1777人、不起诉168人。起诉监察委移送职务犯罪11人；立案查办损害司法公正职务犯罪1人。积极适用认罪认罚从宽制度，适用率89.05%，量刑建议采纳率97.05%，实现嫌疑人认罪、被害人认可、社会舆论认同，努力把制度优势转化为治理效能。

加强刑事诉讼监督。充分运用“侦查监督平台”，发挥侦查监督与协作配合办公室作用，监督公安机关立案6人、撤案7件。监督立案的史某等13人污染环境案被最高检评为依法惩治危险废物污染环境犯罪典型案例。依法追加逮捕34人，追加起诉5人。强化审判监督，提出抗诉1件。

加强刑事执行监督。针对矫正对象脱管、漏管问题，发出纠正违法通知书16件，纠正脱管、漏管9人。开展“减假暂”专项监督，倒查30年，审查相关案件930件，发现郑州未管所、区法院7起违规违法减刑、暂予监外执行案件，相关人员均受到组织处理。

常态化开展扫黑除恶专项斗争。持续打好扫黑除恶“常规战”，保持对黑恶犯罪高压态势，批准逮捕2件、2人，提起公诉3件、4人。全方位加大民营企业保护力度。依法审慎稳妥办理涉民营企业案件，助力企业刑事合规建设，对1起涉民营企业案件进行合规不起诉。建立“挂案”清理长效机制，排查并清理涉民营企业犯罪“挂案”5件。深入开展中小企业服务月、“万人进万企”活动，致力营造法治化营商环境。

用心呵护未成年人健康成长。依法办理涉未成年人犯罪案件，批捕85人、起诉109人；不批捕涉罪未成年人32人、不起诉7人、附条件不起诉18人，办理的吕某等人附条件不起诉案入选第二十七批指导性案例，是全省第二例最高检指导性案例。深化最高检“一号检察建议”落实，联合区教体局建立从教人员准入制度，积极构建未成年人检察工作社会支持体系，未检部门荣获“全国青年文明号”。

【民事行政检察】 加强民事行政诉讼监督，受理一审民事生效裁判监督案件60件，提请抗诉1件，提出再审检察建议12件，采纳12件。开展民事行政执行案件监督专项活动，与区法院会签《关于深入推进执行监督工作的实施意见》，审查执行案件卷宗500余册，针对发现的立案结案超期、文书送达不规范等6类问题，立案40件，发出检察建议40件，全部收到整改回复，有效督促法院规范执行工作。

【公益诉讼检察】 肩负公益“看护人”职责，摸排线索101件，立案29件，发送诉前检察建议29件。持续完善“河长+检察长”制，深入开展河道违建拆除、“城市黑臭水体”整治等专项行动，立案10件，督促相关单位治污还清，实现碧水长流。针对群众私拉电线充电存在安全隐患问题，向区消防、应急管理、住房保障等部门发送检察建议，督促问题整改。

【控告申诉检察】 深入开展社会矛盾化解工作，扎实开展“群众信访件件有回复”工作，办理来信440件，其中辖内85件，全部由院领导直接办理。全面开展听证工作，召开检察听证会43次，以公开促公正赢公信，努力将信访矛盾化解在基层。深入推进司法救助，为因案致贫返贫和生活困难的10名刑事被害人、民事被侵权人发放救助金18.2万元。

【队伍建设】 加强履职能力建设，引领检察办案提档升级。将“检答网”集萃和指导性案例上传“法律法规掌上学”App，供干警随时随地学习。开展岗位练兵，突出实战、实用、实效导向，1名干警在第三届全国检察机关信息化网上轻应用作品征集活动中荣获一等奖，1名干警被评为全国优秀办案检察官，2名干警被评为全省优秀办案检察官，1名干警被评为全市政法系统“岗位标兵”。抓实做优检察人员业绩考核工作，双向发力，从根本上营造风清气正的检察生态和干事创业的生动局面，不断提升司法公信力。

深入推进政法队伍教育整顿，

3月5日，省教育整顿专班到金水区检察院视察工作 （金水区检察院/供图）

围绕“四大任务”，聚焦“六大顽瘴痼疾”，扎实开展“三个环节”工作，持续健全完善内部监督管理机制。做好十届省委巡视专项“回头看”反馈意见及区委第四巡察组巡察反馈意见的整改落实，主动认领问题，细化整改措施，确保各项任务高标准落实到位。坚决支持派驻纪检监察组工作，积极构建监督新格局。实行可视化考勤，从上下班纪律、会风会纪、警车管理等小事抓起，做实做细日常监督，切实将中央八项规定及其实施细则精神落到实处。持续加强廉政风险领域防控，开展“周周讲纪律”，建立廉政风险“月控季评”工作机制，深入开展廉政家访，有效推进党风廉政建设横向到边、纵向到底。常态化开展政治性警示教育，不断深化以案为鉴、以案促改、以案明纪，切实筑牢拒腐防变的思想道德底线。

【“7·20”特大暴雨灾害应急处置及灾后重建】 面对“7·20”特大暴雨灾害严峻形势，区检察院迅速组织全院干警下沉南阳新村街道，参与垃圾清理、灾后消杀等志愿服务活动380余人次。

（撰稿：赵 晗 审阅：刘和勇）

法 院

【概况】 2021年，郑州市金水区人民法院（以下简称金水区法院）共受理各类案件71792件，审执结各类案件65681件，结案率91.49%。荣获郑州市扫黑除恶专项斗争先进集体、全市法院优化营商环境工作先进集体等荣誉称号，多名干警分别荣获全省法院扫黑除恶专项斗争先进个人、“郑州最美劳动者”、全市法院优化营商环境工作先进个人等荣誉称号，1人荣立二等功，1个集体和6名个人荣立三等功，4名干警在全国、全省调研工作中获奖，全院共获得区级以上嘉奖65个。

【刑事审判】 金水区法院依法惩治各类刑事犯罪，坚决维护人民群众生命健康和财产安全，维护平安稳定的社会秩序，推动更高水平的平安金水建设，全年共受理各类刑事案件1520件，审结1430件。增强群众安全感，审结故意杀人、抢劫、强奸等严重暴力犯罪案件68件。深入推进禁毒斗争，审结毒品犯罪案件40件。加大惩治腐败力度，审结职务犯罪案件28件。常态化开展扫黑除恶专项斗争，审结涉黑涉恶案件5件。

【民商事审判】 金水区法院充分发挥定纷止争职能，依法妥善办理涉民生案件，促进审判效果和社会效果相统一，保障社会和谐稳定和人民安居乐业，全年共受理各类民事案件37283件，审结35076件。审慎确认借贷合同效力，保护合法的民间借贷行为规范运转，审结民间借贷案件4602件。保障婚姻自由，促进家庭和谐建设，审结婚姻家庭纠纷案件1544件。依法保障民生权益，审结涉医疗、住房、教育、就业等民生案件6462件。帮助农民工讨回“血汗钱”500余万元，切实维护劳动者特别是农民工的合法权益。

【行政审判】 金水区法院加强司法与行政机关良性互动，建立经常性工作联系，从源头上减少行政争议和行政诉讼，受理行政案件517件，审结498件。监督和支持行政机关依法行政，加大行政争议协调力度，协调化解行政案件57件，促进行政纠纷实质性化解，实现案结事了政和。行政机关负责人出庭应诉152人次，实现常态化、制度化，发挥尊法守法的良好示范效应，推进了法治政府、法治社会建设。

【执行工作】 金水区法院加强关键节点监督管理，提升执行规范化水平，推动执行工作高质量发展，确保兑现当事人胜诉权益，共受理执行案件29460件，结案25795件，执行到位金额62.76亿元。开展“百日提质增效”“涉民生专项执行”等执行专项活动20余次，共司法拘传拘留235人次，限制高消费19282人次，将255人纳入失信人员名单，审结拒不执行判决、裁定罪12件，12人被判处实刑。

【优化营商环境】 金水区法院贯彻落实新发展理念，着力营造金水区市场化、法治化、国际化营商环境。开展“万人助万企”“集中整顿作风、提升工作效能”等活动，共走访企业、工地、行业协会等1308家，收集意见建议121条，排查问题49项，解决涉企疑难案件9件，对企业反映的执法司法突出问题进行集中整治，实地为企业答疑解惑。严厉打击破坏公平市场秩序犯罪，审结帮助信息网络犯罪活动罪105件，非法吸收公众存款罪41件，生产销售有毒、有害食品罪及不符合安全标准的食品罪29件，合同诈骗罪10件，非法经营罪5件，集资诈骗罪5件。妥善处理商事纠纷，依法平等保护市场主体合法权益，审结买卖、委托、承揽合同纠纷案件3119件，金融借款合同纠纷、融资租赁合同纠纷案件6231件。充分利用网络信息化平台，召开线上债权人会议，确保破产工作有序推进，降低破产案件处理成本和费用支出。积极协调相关部门，规范破产财产拍卖、过户程序，压缩破产财产处置周期，减少破产案件审理时间，审结破产案件8件，确认债权2.3亿元，公开指定管理人8次，处置破产财产21万元。

【便民措施】 金水区法院坚持司法为民，力求推动更加便民利民的诉讼服务改革。强化多元化解纠纷。从新时代人民需求出发，坚持把非诉纠纷解决机制挺在前边，依托“人民调解+司法确认”的无缝对接模式，减少诉讼增量。在省民营经济发展中心、省保险行业协会等派驻联合调解室，进驻区委政法委牵头成立的矛盾调解中心，主动服务群众。有序推进繁简分流改革。出台《简化速裁快审诉讼程序规范（试行）》《关于金融借款合同纠纷案件适用小额诉讼程序的通知》等，确保改革工作一体推进。优化司法确认程序，拓宽适用范围，减少群众诉累，节约诉讼成本。打造一体化小额诉讼模式，明确适用范围，建立绿色通道，做到快立快裁快执。完善专业法官会议案件研讨机制，确保小额诉讼裁判质量。提升网络诉讼服务能力。建设科技法庭，依托智慧法院，进一步完善和推进网上立案、网上缴费、电子送达、网上开庭等网络诉讼服务，通过推行“互联网+诉讼

4月15日，金水区法院少年法庭举行揭牌仪式　（金水区法院/供图）

服务”新模式，做到“信息多跑路，群众少跑腿”，切实打通司法服务便民的“最后一公里”。全年网上立案53919件，网上缴费33291件，网上立案率82.64%，网上开庭9909件，电子送达437993次。及时回应解决群众诉求。开展“我为群众办实事”，公布“为民服务十件实事”，全面优化窗口服务，开通农民工、老人、残疾人维权绿色通道。开展“法官进千家大走访”“与法同行、护佑成长”公众开放日活动，积极走访，解困舒民，送法进社区、工地、乡村、校园12次，出台便民利民服务举措20项。开展“‘八一’送法进军营”活动，慰问省军区部队官兵。开展涉诉信访大接访大化解活动，建立院领导排班接访制度，院领导接访1862人次。

（撰稿：戴　斐　审阅：许程威）

司法行政

【概况】　2021年，金水区司法局围绕实现“两个确保”和郑州建设现代化国家中心城市，统筹推进法治政府、法治社会一体建设，在打造法治化营商环境、加强基层基础建设、服务经济社会发展和保障改善民生上均实现新提升，为高水平打造“创新智城·品质金水”、建设国家一流现代化国际化中心城区提供了坚强法治保障。2021年，金水区被评为“河南省法治县（市、区）创建活动先进单位”“郑州市第七个五年法治宣传教育和依法治理工作先进集体”，区联调委员会被评为全省优秀人民调解委员会，区司法局获评2021年中国普法微信公众号“党内法规专项答题”活动优秀组织奖，花园路司法所被司法部评为全国模范司法所，宋砦法治展览馆获评全省优秀法治宣传教育基地。金水区法律援助中心自2008年以来连续五届获评“河南省优秀法律援助中心”。

【党建工作】　结合政法队伍教育整顿，开展党史学习教育。结合工作职能深入实施“大干一百天　奋力保全年”攻坚行动。召开民主生活会、组织生活会，共组织召开4次支部大会、12次支部委员会议，上党课9次。党组书记带头讲党课，各班子成员均结合政法队伍教育整顿工作及主管工作，精心准备党课内容，效果良好。制作《刮骨疗毒铸铁军　司法公正诚为民》宣传片。工作信息报送数量及质量均在全市系统内位居第一。

【队伍整顿】　3月，开展政法队伍教育整顿，区司法局牢牢把握“三个环节”“四项任务”，对标“延安整风”精神，坚持把政治建设、学习教育、问题查纠和为民办实事贯穿始终，全局政治生态进一步优化、纪律作风进一步好转、素质能力进一步增强、执法司法公信力进一步提升，落实“司法为民八件实事”受到群众肯定，工作得到了省、市整顿办的高度认可。

【依法治区】　印发《2021年金水区全面依法治区工作意见》《2021年金水区法治宣传教育工作意见》，安排部署全年法治宣传教育和全面依法治区工作。印发《关于开展全区领导干部　公务员机关干部学法用法工作的通知》文件，为县处级和科级领导干部发放学法用法书籍。招募普法讲师团成员282名。汛期、疫情防控时期深入社区开展防洪法、基本医疗卫生与健康促进法等法治宣传，组织开展“12·4”国家宪法宣传日及宣传周活动，全年共计开展各类法治宣传活动160余场次。更新34个“普法文化长廊”画面，对宋砦法治展览馆进行升级改造，突出习近平法治思想，增设青少年学法板块，设置多媒体互动区域。时时更新“金水普法网”内容，设置针对个体工商户的普法考试平台、庆祝中国共产党成立100周年移动浮标。建设经四路法治街道。

【法制工作】　制定《金水区2021年法治政府建设工作要点》，统筹推进全区法治政府建设。截至年底，共参与9起立法事项的意见征集。对全区12家单位的763项权责事项调整进行法制审核。共审查行政规范性文件6件。根据上级部署开展关于涉及《中华人民共和国民法典》、《中华人民共和国行政处罚法》、公平竞争方面、计划生育领域的规范性文件专项清理以及规范性文件的全面清理。积极参与“一事件”改革涉及的各项法制审核，做好城市治理“一事件”改革的法制审核。邀请法律顾问全程参与合同的合法性审核，共审核政府合同21件；2021年,共审核申领新办证人员45人，注销55人，截至年底，持证1369人。前三季度共备案具体行政行为252918件，依法备案的重大行政处罚决定42件，已全部完成审查。共收到依法行政申请7件，已依法答复6件；收到公民提出的国家赔偿申请7件，作出国家赔偿决定5起，其中决定赔偿2起、不予赔偿3起，有效化解相关矛盾与纠纷。组织全体执法人员参加《中华人民共和国行政处罚法》知识竞赛；对执法单位贯彻行政执法“三项制度”情况开展监督检查；审查备案重大行政处罚案件38起；共同牵头做好“双随机、一公开”监管工作，及时更新抽查检查执法人员名录库。持续开展服务型行政执法示范点及标兵培育。做好2020年度省依法行政考核存在问题的整改工作。

【人民调解】 2021年是省厅星级规范化司法所建设收官之年，金水区实现三星以上司法所全覆盖，本年度创建省级五星级规范化司法所2个，花园路司法所被评为全国模范司法所。指导全区231个调委会进行换届选举，换届后现有专职调解员547人，兼职调解员757人。花园路、丰庆路司法所分别联合辖区派出所成立警民联调室，进一步充实“三调联动”工作。落实“人民调解+引领”，深入践行新时代“枫桥经验”。“7·20”暴雨及新一轮疫情发生后着力排查因房屋、车辆、设备等毁损引发的损害赔偿、邻里矛盾、物业管理、房屋租赁、劳动争议等纠纷。截至年底，全区累计调解纠纷5808件，调解成功5694件。承担省、市重点民生实事，扩大村（居）法律顾问服务面。制定《金水区村（居）法律顾问服务补贴考核办法》和《金水区村（居）法律顾问工作管理细则》，确保村（居）法律顾问服务有效落实。截至年底，全区211个村（居）与98名律师和5名法律服务工作者签订村（居）法律顾问合同，专业律师担任村（居）法律顾问的比例达到92.8%。年内，接受群众咨询、提供专业法律意见2030条，开展法治讲座304场，参与纠纷调解626件，提供现场法律服务1117次，代群众起草法律文书53件，为村（居）重大事项提供法律意见37条。10月，区公共法律服务中心正式入驻区社会治理综合服务中心。

【公共法律服务】 律师服务业发展迅速。全区现有律所236家，执业律师4848名。2021年，新增律所58家，连续3年增幅超10%，律师占比达到全市的1/3。设立118个党支部，党员律师967名，达到律师党建工作全覆盖。积极开展“尊法守法·携手筑梦”服务农民工公益法律服务行动，代理拖欠农民工案件30件，追回欠薪186.92万元。完成124件涉黑涉恶案件初审报备。年内招商引资取得新突破，2021年，引进北京恒都（郑州）律师事务所和上海新闵（郑州）律师事务所2家所属行业龙头律师事务所。在金水区社会治理综合服务中心（信访矛盾联合调处中心）一楼设立金水区律师调解工作室并投入使用。公共法律服务提质增效。10月，金水区公共法律服务中心进驻区政务服务大厅，借力“郑好办”App“一码解纠纷”智能平台，推行“互联网+矛盾纠纷化解”新模式，将法律服务延伸至8小时之外,让数据多跑路、群众少跑腿。试点工作开展以来，进行线上调解1321起。践行“13710”工作理念，开展“矛盾纠纷‘六防六促’专项行动”，共组织区级集中排查15次，调解纠纷179件，调解成功164件。

【法律援助】 创新工作形式，积极推广“郑好办”App，鼓励群众网上申请法律援助。在区公共法律服务中心每天安排律师到岗值班，在检察院设立法律援助律师值班办公室，负责为没有委托辩护人的犯罪嫌疑人、被告人提供及时的法律帮助。在开展“法律援助全覆盖”

的基础上，进一步优化推进“律师辩护全覆盖”工作。2件法律援助案件被评为省、市精品案件。全年共接待群众来访、来电法律咨询约3391人次，办理法律援助案件1814件，为困难群众挽回经济损失751万元。

【新闻宣传】　结合司法行政工作新职能，精心策划宣传主题，深度挖掘宣传素材，用心讲好司法行政暖心故事，展示队伍昂扬向上的良好形象，积极唱响金水区司法行政工作创新发展的主旋律。7月26日，《法治日报》刊登了金水区司法局在水灾期间为受灾群众积极提供专业法律服务。“学习强国”学习平台刊登了《金水区推动落实“司法为民8件实事”》《小小法律服务卡　司法便民“零距离”》等5篇新闻。

【新冠肺炎疫情防控】　积极参加防汛、抗疫一线工作，全局人员全部下沉，在花园路等各街道开展救灾、防疫各项工作。疫情期间，辖区17个司法所认真落实上级疫情防控各项规定，排查到位、教育到位、管理到位，从严抓好社区矫正工作。成立金水区“抗疫情、助民企”法律服务团、“万人助万企”党员律师公益法律服务团，疫情期间共接到2起企业关于合同纠纷的电话咨询。

（撰稿：朱琳娜　审阅：翟　培）

军事

人民武装

【概况】 2021年，金水区人民武装部（以下简称区人武部）聚焦一流国防动员建设目标，聚力抓备战、勠力战灾情、奋力争一流，在国防动员事业征程上迈出了铿锵步伐，被省军区党委表彰为“全面建设先进人武部”。

【练兵备战】 2021年，区人武部高标准组织完成基干民兵分队编建任务，基干民兵整体布局更加优化。按照“基地化训练、规范化教育、军事化管理、多样化保障”模式，组织基干民兵进行封闭式轮训备勤。采取单位自训与合训的方式，分2个波次组织对口保障训练和专业分队训练，民兵遂行多样化任务能力得到提升。

【国防动员】 2021年，区人武部深挖辖区潜力，逐个对接走访辖区内优质高新企业，推动国防动员建设向精准对接、向市场拓展。坚持把征兵工作作为检验动员能力的重要内容，紧紧围绕提升征兵“五率”硬指标，深入开展征兵工作基础宣传，组织人武、专武干部和职工“一人一高校、一人一街道、一地蹲一周”，分片包干抓督导，做到了辖区适龄青年全覆盖。组织高校征兵工作负责人和应征青年开展恳谈会，分动员宣讲和现场互动2个专题，围绕开展一场征兵政策宣传板长廊参观、组织一场征兵文化氛围展览、发放一批政策资料和“征兵柬”、观看一组征兵和强军MV宣传片、组织一次大学毕业生参军优秀代表现身说法、开展一次集体合影、一次集体签名、一场主旨宣讲“八个一”展开，取得良好效果。依托征兵大数据系统，发挥“五兵”编外指导员队伍作用，跟踪挖掘河南农业大学学生入伍前思想变化过程、入伍后成长发展历程，探索征集一本高校高质量兵员工作新模式和紧贴部队需求精准征兵新模式。2020年春、秋两季，金水区完成新兵征集任务，大学毕业生比例远超省、市规定要求，再次领跑全省，实现征集数量与大学生、大学毕业生征集比例三提升。

【基层建设】 2021年，区人武部认真贯彻落实“一村一警一连”协作机制、“机关联系指导民兵连”机制和省军区、警备区主要首长指示要求，重点抓好民兵连的编建试点工作，探索新时代普通民兵工作的方法路子；组织全区社区（村）民兵连指导员进行专题培训，省军区转发了金水区“融入经济社会建设中心任务编兵、育兵、练兵、用兵”的经验做法；出台金水区《关于加强新时代民兵基层建设的意见》，基层武装工作机构建设更加规范。

【国防教育】 2021年，区人武部结合征兵宣传和“八一”等重大节日，在社区党群活动中心、文化广场、公园、大型商场等公共场所，循环播放强军兴军主题宣传片，举办“强军故事会”“红色经典歌”“军民联欢会”等活动。用好学习国防App教育功能，抓源头、抓全程、抓效果，动员辖区高校学生人人注册、常态学习，鼓舞广大高校学生热爱祖国、携笔从戎、爱军习武、服务人民。以中小学生为主体，广泛开展国防教育进校园活动，联合区委宣传部组织大型国防教育进中小学启动仪式，部领导带头进校园宣讲授课，邀请5名“强军精武河南兵”深入学校演讲，不断强化青少年国防观念。以党员干部为重点，区委党校培训开设国防教育课程，军地领导分别登台授课，引导党员追溯党的初心之源、扎牢强军使命之根。

【双拥共建】 2021年，区人武部针对机场周边鸟类困扰，净空难保证等诸多问题，按照省、市要求，区政府、科教园区有关领导到现场办公领受任务、对接需求。针对辖区内军队干休所多的实际，建立干休所提需求、人武部搞协调、街道办和相关局委抓落实的“助力幸福晚年”活动，协调辖区5个干休所召开座谈会，现地办公解决现实问题。倾尽全力帮助辖区特困军属王瑞排忧解难，其事迹以《尊崇之花绽放光荣之家》为题刊登在《解放军报》头版头条，并收到了边防部队的感谢信。优先安排“7·20”家庭受灾的应征青年和特困青年入伍，收到群众专程送来的锦旗与感谢信。认真贯彻《中华人民共和国军人地位和权益保障法》等有关拥军法律法规。

【“7·20”特大暴雨灾害应急处置及灾后重建】 2021年，区人武部在“7·20”特大暴雨灾害中，完成了正弘城受困群众疏散转移、地铁5号线遇险群众营救、阜外华中心血管医院大营救、郑州东站出行群众纾解排忧等重大行动，营救遇险群众5000余人；组织民兵积极投身灾后重建，完成21世纪社区、正弘城地下停车场、东风路下穿隧道等重点地域的清淤工作，抗洪抢险事迹先后在解放军报客户端、《中国国防报》、《中国民兵》和“中原国防”公众号等多家媒体集中报道。

（撰稿：仝翰林　审阅：付欣文）

人民防空

【概况】 2021年，金水区人民防空办公室（以下简称区人防办）紧紧围绕区工作重心和人防工作要点，脚踏实地、真抓实干、克难攻坚、勇争一流，圆满完成年度各项工作任务，被评为全市人防工作先进单位，并在全省人防工作会上做为唯一区优秀代表做经验交流。截至年底，共组织中心组集中学习46次、党员干部集中学习72次，召开以意识形态工作为主题的党支部专题会议4次、联席会议4次、研判会议4次。

【工作流程规范化】 2021年，区人防办进一步办好文、开好会、理好财、管好人，落实常规工作，服务中心大局；组织学习保密条例及保密法相关知识，年初全办人员签订保密协议，并定期检查落实保密协议情况，涉密文件严格按照密级管理，有效堵塞了失泄密事件的发生；认真组织人员参加全区国家安全知识竞赛，取得优异成绩；加强沟通协调，落实后勤保障，强化安全保卫，明确工作职责，提升服务水平；加强应急值班，畅通信息渠道，建立值班制度和领导带班制度，做好记录登记，保持信息畅通，遇到突发事件立即启动应急机制。同时完善了40多项工作制度，确立“围绕中心，打牢基础，重点突破，规范发展”的工作新方针。

【早期人防工程安全管理】 2021年，区人防办创新建立“统一指挥、分级负责、属地管理”的联动工作模式，立足防大汛、抢大险，采取“看、问、听、走”等多种形式，历经2个多月，对辖区公共单位及社区进行调查落实，摸清了早期人防工程底数，建立了早期人防工程台账及巡查记录。积极与辖区早期人防工程管理单位签订防汛安全责任书和消防安全责任书，及时问讯和提醒。不断完善防汛物资储备，与供应商签订防汛物资供货协议，确保在汛期早期人防工程出现险情时，保障防汛物资充足使用。入夏以来，人防办密切关注气象灾害预警信息，组建了20人的人防防汛应急抢险突击队并进行防汛抢险演练，确保一旦发生灾害，能够及时、有效、有序开展抢险救险，保障人民群众生命财产安全。发生“7·20”特大暴雨时，面临郑州市多处早期人防工程出现不同程度的塌方险情，区人防办4个抢险突击队第一时间冒雨坚守在无主管早期人防工程现场，指挥进行抢险治理，确保无一人员伤亡事故。同时，督促早期人防工程管理单位第一时间治理险情。截至年底，全区出现险情的早期人防工程都已治理完毕。

7月，郑州市沁蕾幼儿园师生参观金水区人防科普教育体验馆

（金水区人民防空办公室/供图）

【人防宣传教育】 2021年，区人防办通过现场咨询、知识宣传讲解和发放人防宣传品等形式，发放宣传资料、宣传品1000余份。结合党史学习教育，向师生宣传中国人民解放军的光辉历史、辉煌成就和优良传统，生动讲解军史、国防建设、人民防空和防灾减灾等相关知识。利用电子屏幕滚动播放征兵入伍、人民防空宣传片，向学生介绍参军入伍相关政策，号召广大学子踊跃参军，备战人防。利用校园各类宣传平台营造“携笔从戎，建功军营”的浓厚思想与环境氛围，扩大人防和国防在师生中的辐射面与影响力，筑牢广大优秀青年国防观念及依法服兵役的思想基础。紧紧围绕“防范化解灾害风险，筑牢安全发展基础”主题，结合党史学习教育，开放人防科普体验馆，组织一系列参观交流活动。按照省、市人防办统一部署，进行防空警报试鸣，鸣响率、统控率均达到100%。

【新冠肺炎疫情防控】 2021年，按照区人防办领导小组分工及疫情防控工作方案和应急预案要求，做到有效预防和杜绝新冠肺炎在单位的发生和流行，实行疫情防控常态化管理。同时，做到在疫情发生时，能够及时、迅速、高效、有序地开展新冠肺炎疫情应急处置和救援工作，确保单位工作正常有序开展。在单位门口设置疫情防控卡点，卡点配有酒精、额温枪、洗手液等防疫物品。要求来访群众佩戴口罩、测量体温，做好个人信息登记。截至上半年，已登记1000余人次。要求保洁人员和单位职工，每天对单位公共区域、办公区域进行消毒与通风，并认真填写消杀登记表，做到每月集中收集。确保办公环境整洁、干净。强化个人防护措施和个人健康监测，要求单位职工外出活动做好个人防护，保持社交距离。如个人出现发热、感冒、咳嗽等症状，要求及时就诊，并按要求及时上报。要求单位职工尽量不出市，如有特殊原因需要离市，须向分管领导报告，并到综合科填写离市外出备案表。开展疫情防控培训，认真组织单位职工学习新冠肺炎基本知识和个人防护措施，切实增强单位职工个人防护的科学性和有效性。按照市、区疫情防控工作要求，下沉到南阳新村办事处大桥社区三栋楼家属院和丰乐社区南阳路57号、62号院进行疫情防控工作监督检查站点值守。在岗期间，对出入小区的车辆和行人进行登记、扫码、测量体温、健康状况询问工作。同时协助社区人员组织辖区居民进行核酸检测。

（撰稿：陈　晨　审阅：许春颖）

农业与农村经济

综 述

2021年，是金水区加速推进乡村振兴，加快农业农村现代化的关键之年。金水区农委立足新形势，面对新机遇，始终坚持党建引领，团结协作、狠抓落实，努力为高水平打造“创新智城·品质金水”，为建设国家一流现代化国际化中心城区持续奋斗。

农 业

【概况】 深入贯彻落实中央和省市涉农政策，围绕农业高质量发展，加快精耕细作、精深加工、精品打造，充分释放农业生产活力，激发农村经济要素。

【农业生产工作】 扛稳压实农业生产责任，聚焦生产任务提升农业发展质量，指导做好疫情期间生产和极端天气防范，落实防灾减灾技术措施。2021年，金水区粮食作物播种面积246.07公顷、总产量1230吨，其中夏粮播种面积137.47公顷、总产量772吨，秋粮播种面积108.6公顷、总产量458吨；蔬菜播种面积72亩、产量118.81吨。发放56.88公顷、126269.16元的耕地地力保护补贴和148.32公顷、329280.76元的种粮农民一次性补贴。2021年，夏粮、秋粮播种面积和总产量与2020年基本持平，蔬菜播种面积和产量较2020年分别增加66.7%和11.1%。

【农业龙头企业培育】 深入企业做好农业产业化龙头企业认定、项目申报、补助政策等宣传工作，金水区市级以上农业产业化经营重点龙头企业23家，涵盖加工、种植、流通服务、市场带动等类型，企业营业收入共计28.32亿，上缴税金共计1242万元。

【水产养殖】 加强村级农产品质量安全协管员队伍建设。2021年，水产品养殖面积67公顷、总产量2210吨，受郊野公园工程占地影响，水产品养殖面积和总产量比2020年分别减少33.6%、22.4%。

【“大棚房”问题专项整治清理行动】 按照“大棚房”问题专项清理整治行动“回头看”会议精神，成立“大棚房”问题专项清理整治行动“回头看”领导小组，制定工作方案，压实工作责任，坚持“零容忍、全覆盖、无遗漏，逢园必进、逢棚必查”的原则稳妥推进，截至年底，阶段性工作已完成，未发现“大棚房”情况。

畜牧

【概况】 坚持维护公共卫生安全，科学防控重大动物疫病，持续巩固畜禽养殖关闭搬迁成效等。

【重大动物疫病防控】 制定科学有效的动物疫病防控措施，监督指导动物经营场所依法依规开展消毒、动物防疫及无害化处理等工作，对全区内的动物诊疗机构开展动物流行病学调查，了解疫病情况并及时处置，组织开展“非洲猪瘟”疫情防控工作，完善重大动物疫情应急反应机制，2021年全区无动物疫情发生。

【禁养区排查整治】 严格按照《中华人民共和国畜牧法》《畜禽规模养殖污染防治条例》等法律，持续完善队伍建设，按照禁养区要求，定期开展畜禽养殖情况排查。结合郑州市创建国家卫生城市工作及美丽乡村建设工作，组织对相关街道办事处进行拉网式排查，加大畜禽养殖禁养政策宣传，持续巩固禁养成效。

水利

【概况】 全面做好生态水系建设和水政水资源管理等工作，坚持水资源、水生态、水环境、水灾害统筹同治的治水新思路，全面推行河长制工作机制，执行最严格水资源管理制度。

【河长制工作】 全面推行河长制工作机制，持续开展“清四乱”“三污一净”和打击河道非法采砂等专项行动，开展区级河长巡河111人次、街道河长巡河2939人次，深入开展“河长+”改革，推广实践“河长+检察长”“河长+警长”“河长+网格长”“河长+巡河员”“河长+互联网”等创新模式，凝聚各方力量，形成河湖共建共治的良好氛围。

【水资源管理制度】 执行最严格的水资源管理制度，加强计划用水和用水定额管理，严格控制水资源开采总量与开采强度，严厉打击未经审批违法取用水行为，全年依法办理违法取水举报案件12起，办理水土保持许可28件，收取水资源税共计218.83万元，有效保障了水资源采补平衡、可持续利用。以节水行动为抓手，结合“3·22”世界水日及“中国水周”，采取短视频等多种形式，组织开展节水、幸福河湖以及水与卫生、水与防疫等相关知识宣传，营造全社会节水护水亲水爱水、建设幸福河湖的良好氛围。

【涉水生态建设项目】 紧盯涉水生态建设，索须河故道综合治理工程初见成效，黑臭水体基本消除，河道疏浚、道路管涵和溢流堰等水利设施建设完成，全年引进黄河水300万立方米对河道进行生态补

3月22日，区农委在纬五路一小开展“世界水日”“中国水周”水育课

（金水区农业农村工作委员会/供图）

水；高标准推进东风渠（三全路至贾鲁河段）综合提升工程总体施工基本完工。开展金水区黄河流域生态水系治理工程，统筹北部河道防洪、生态、景观等综合功能，助力打造郑州北部黄河南岸最美大花园。全面完成辖区7条河道、110个点位的全线河道可视化监控系统建设工程，“云平台”数智化助力河道管理迭代升级，推进辖区河道管理向精准化、数字化、智能化、现代化方向发展。

【水旱灾害防御及应急处置工作】组织开展以河道和水利工程设施为重点的备汛检查，分析研判形势，安排部署任务，为全面做好水旱灾害防御工作打下坚实基础。修订完成《金水区2021年内河防汛应急预案》，建立防汛风险隐患台账，明确责任人和整改时限，督促落实整改措施，及早消除各类隐患。落实值班制度，时刻关注气象信息，遇到灾害性天气，及时通知相关部门及街道办事处，保证汛息及时准确传达。“7·20”特大暴雨期间组织人员力量奔赴贾鲁河小贺庄段，封堵加固漫堤河段，转移群众消除险情；区农委党员干部职工下沉兴达路街道办事处辖区参与河道巡查、道路抢险、积水排涝、复工复产等灾后重建工作；开展马渡、来童寨和黄岗庙3个村消杀防疫、贾鲁河清淤清障等志愿服务活动。

生　态

【概况】　围绕美丽乡村建设、农村人居环境改善等工作为重点，建设生态宜居美丽乡村。

全市13个区县（市）美丽乡村建设专项月度综合督查评比中，金水区取得一次第一、三次第二、一次第三，并在全市美丽乡村上半年观摩会上作典型发言。

【美丽乡村建设】　坚持“政府投资搞基建、群众筹资建庭院、平台公司引产业、社会各方助发展”思路，加快完善基础设施建设，完成水厂南路、石沟河北路、振兴路西段等道路建设和来童寨村污水管网、雨水管网支管、通讯管线改造，黄岗庙村庄道路和来童寨、黄岗庙水电气设施顺利推进。精品村加速建设，马渡村史馆、乡愁广场、生态停车场建设等公共服务配套设施建设已完成，来童寨村示范区党群服务中心和黄岗庙村南示范区邻里中心等一批便民设施从快建设，来童寨村、黄岗庙村美丽庭院、精品庭院累计开工117户、完工74户。积极引入产业，激发乡村建设活力。打造马渡梦想科创小镇，加快推进氢能科技产业园、青少年教育实践基地、产学研基地、“金水稻”、黄河鱼谷建设；上海思勰乡伴文化发展有限公司水稻三产融合项目已落户，碳中和微藻养殖项目等正在积极洽谈。

【农村人居环境整治】　全省农村人居环境集中整治行动自11月开展以来，严格按照省、市工作会议精神，积极行动、精心组织，结合美丽乡村建设、文明城市创建、环境攻坚、安全生产等工作、统筹谋划、全域覆盖，将整治范围扩大到北三环以北4个街道办事处30个村，一体推进清违治乱、服务提升、乡风塑造和治理创新。通过高位推动、上下联动、城乡互动、科学行动、全员发动、奖惩促动，截至年底，累计排查“六乱”问题2641处、整改2010处，拆除各类违建加建约6.36万平方米，清理各类垃圾、杂物约1.05万立方米，辖区乡村环境美、生活美、人文美内涵愈加丰富。

【城乡接合部综合改造】　以“三个清零”工作为切入点，统筹乡村振兴、黄河流域生态保护和高质量发展，从高标准规划建设、改善人居环境、建设美丽乡村、夯实产业发展根基入手，推动工作取得阶段性成效，全年累计拆除各类违建174万平方米，清除积存垃圾25.8万立方米、清理旱厕199处，新建、扩建污水处理厂4座，引入黄河水源300万立方米净化河道水质，新增绿化面积49万平方米，新建、续建道路42千米，铺设雨污水管网14.2千米，基本实现黑臭水体、垃圾、旱厕动态清零。

审批监管

【概　况】　坚持涉农行政审批、农资行业监管、农产品安全监管工作竖到底、横到边、全覆盖、无缝隙，着力打造良好营商环境。

【涉农行政审批】　全力打造优质高效的营商环境，以“宽进、即办、便民、高效”的审批服务模式，累计上门服务800余人次。全面推行“清单制+告知承诺制”，将兽药经营、动物诊疗、生鲜乳准运等许可证核发告知承诺审批纳入承诺事项清单，全年办理告知承诺审批5项。持续强化一次告知、首问负责、收件凭证、限时办结等服务制度，完善预约、全程帮办、联办及错时、延时服务等工作机制，推进行政审批工作规范化建设，全年共受理申请、注销、变更等行政审批事项346项，办结率100%。

【农资行业监管】　以行业监管为突破，扎实开展农资打假专项行动，积极开展农业领域“双随机、一公开”监管抽查工作，检查涉农生产经营单位44家，完成全年不低于20%的监督抽查任务，捣毁农药非法生产黑窝点3处，不断净化农业投入品市场环境，确保农作物生产放心投入，优质产出。

【农产品质量安全监管】　以源头治理为重点，累计抽检产地农产品50个批次，总体合格率100%。以体系建设为保障，筑强“三级四层”农产品质量安全监管体系，积极推行农产品合格证制度，市场环节抽检农产品样品约80.7万个批次，总体合格率达99.9%。

农村集体经济

【概况】　围绕激活农村发展活力，加大制度改革、理顺体制机制、充分释放农村改革动能。

【农村合作经济】　金水区共辖14个涉农办事处，40个行政村、164个村民小组。截至年底，金水区共有2个农民专业合作社，涉及种植业和渔业，其中市级示范社1个。金水区现有宅基地203宗，面积121.8亩。产权制度改革阶段性工作结束后，继续积极指导股份经济合作社依法开展运营，逐步实现独立核算、自主经营、自负盈亏，确保深化完善农村集体产权制度改革工作。

【农村“三资”专项检查】　开展金水区农村“三资”管理专项整治工作，确保农村财务管理工作规范运行。成立农业、审计、财政、民政共同组成的联合检查组，共对14个办事处所辖16村、54组共70个单位2020年1月—2021年5月的账目进行抽查，抽查比例占金水区总村组数（40村、164组）的34.3%，期间共发现附件不规范（主要是“四议两公开”记录以及村务监督委员会签字盖章不规范）、记账手续不全、票据不规范、账务处理不正确4大类、9个方面的问题共计77个，要求各街道针对问题进行整改，确保专项整治成果落到实处。

其他工作

【信访突出问题化解】　坚持问题导向，落实进度日报告、问题周研判、进展半月排的工作机制，做好一案一策、定人定责、集中会商、逐案报告、结案销号等环节，积极协调沟通案件较为集中的兴达路街道、杨金路街道，强化督导，密切配合，形成工作合力，共同做好交办案件化解处置工作，化解率达到94.73%，完成攻坚化解工作任务目标。

【结对帮扶】　2021年，严格落实“摘帽不摘责任、摘帽不摘政策、摘帽不摘帮扶、摘帽不摘监管”的要求，进一步完善帮扶机制、创新帮扶方式、营造浓厚氛围，扩大消费扶贫，继续帮扶卢氏县官道口镇、杜关镇巩固脱贫攻坚成果，着力构建政府、市场、社会互为支撑，同心同向、同力同行的帮扶格局，通过“以购代帮”方式，动员采购两镇及卢氏县特色农副产品，在扶贫“832”平台采购100余万元，积极在辖区布点消费扶贫专柜，有效解决产品销售和增收难题，激发当地发展内生动力。

【“7·20”特大暴雨灾害应急处置及灾后重建】“7·20”特大暴雨灾害发生后，区农委迅速组织农技人员下乡进田，指导农民抓好田间管理，排涝清淤、改种补种、防治虫害、恢复生产，及时发放农业救灾补助资金约13万元，切实加强24.15公顷因雨受灾农田减灾服务，排除积水面积18.67公顷，指导绝收地块及时改种蔬菜5公顷。指导灾后渔业生产恢复，督导养殖户及时抢修和加固塘口堤坝、养殖池埂、进排水渠等设施，开展“7·20”特大暴雨灾后清淤、排除污水并进行水体消毒等工作，妥善做好死亡水产品无害化处理，及时投放水产苗种，科学投喂、用药，发放水产养殖救灾补助资金约20万元，确保养殖产量损失降到最低。

（撰稿：杨英甲、崔　璨
审阅：黄国建）

工业和信息化

【概况】 金水区工业和信息化局（以下简称区工信局）的前身是金水区工业和信息化委员会。2019年1月，金水区工业和信息化委员会更名为金水区工业和信息化局，是金水区人民政府的组成部门。

2021年，全区125家规上软件和信息技术服务业累计完成营收100.5亿元，实现同比增长20%。

【经济平稳运行】 按照以月保季、以季保年、以“半年红”确保“全年红”的工作思路，针对各时间节点，对指标进度、重点企业运行等情况进行分析研究。2021年，全区规上工业增加值同比增长10.6%。以金水区“十四五”规划为指导，强化政策引领支持，助推网络信息产业快速发展。

【产业培育工作】 建立完善工作预警、督办、通报等工作机制，紧盯目标，实行日通报、周汇报，月例会，9至11月在全市产业培育月考评工作中居于前位。加强小微企业园调查研究和前期论证，不断优化小微企业园创建方案，3个升级改造项目（聚方科技园、新科技产业园、河南杨金科技产业园）通过市级小微企业园认定。

【“万人助万企”活动】 按照“13710”工作法进行问题交办督办，在工作中创新开设“万人助万企”活动专栏，开发“助企一码

7月29日，郑州市制造业高质量发展政策宣讲会现场 （金水区工信局/供图）

通”，活动开展情况先后被省、市主流媒体报道超20次，市“万人助万企”专项月考评连续排名全市第一。截至年底，省市交办、区级收集问题共1378个，解决问题1302个，办结率94.5%。其中，省市级交办4个问题和市工作组交办135个问题已全部办结，办结率100%；区级问题1239个，已办结1163个，办结率93.9%。

【助企服务】 全年共组织高质量政策、税务政策、人才政策、银企对接等线上线下宣讲活动36次，帮扶企业申请各类奖励资金近4000万元；开展“联企赋能”专项活动，组织专业队伍，实行“一对一”指导和“精准滴灌”个性化服务，助推产研、产融各项对接，推进山谷网安和轻大，河南讯飞与河工大校企合作，提升企业创新实力。累计帮助百余家企业获评国家、省、市级示范平台和项目，山谷网安、时空隧道2家企业项目入选“国字号”示范项目。

【“7·20”特大暴雨灾害应急处置及灾后重建】 “7·20”特大暴雨灾害发生后，区工信局充分调动各部门、各界力量，积极帮助企业协调解决物资、排涝、用电、场所等问题，帮助企业及时复工达产，降低损失。区工信局加快政策落实、资金拨付，加大惠企政策落地，及时出台助企政策，向11家受灾工业企业拨付400万元。

【新冠肺炎疫情防控】 压实疫情防控常态化责任，督促工业企业和运营商营业厅建立健全应急处置机制。联合区直部门组成专班，共同做好应急物资储备调拨工作，全年累计为全区各相关部门调拨医用外科口罩317余万片、额温枪1300把、防护服4000件。

中小企业服务

【概况】 金水区工信局负责全区中小企业的宏观指导，贯彻执行国家、省、市有关中小企业发展和非国有经济发展的法律、法规及相关政策；指导服务中小企业健康发展;为企业融资搭建平台，引导各类中介组织为中小企业提供服务。

【完善优质中小企业梯度培育体系】 2021年，国家级“专精特新”中小企业新增1家，累计达到4家，省级新增16家，累计达到20家，市级新增124家，累计达到177家；成功申报各级中小企业公共服务示范平台21家，其中，国家级1家，省级11家，市级9家；成功申报各级小型微型企业创业创新示范基地4家，其中，国家级1家，省级1家，市级2家。培育壮大上市后备企业，培养上市新增力量：众诚、信大、山谷、天筑、智云、信大壹密等近十家企业。

（撰稿：刘　博　审阅：罗春阳）

商贸服务

【概况】　2021年，全区社会消费品零售总额累计完成1033.3亿元，同比增长5.5%，是全省唯一总量破千亿的县区。全区实际吸收外资累计完成36269万美元，超目标2.4个百分点，总量位居六区第一，其中部口径完成4503.7万美元，超目标23.2个百分点。自2020年8月份以来，由于海关政策调整，根据辖区进出口企业抽样调查及全市外贸增速情况分析，全区2021年以来外贸进出口整体形势向好，外贸进出口累计完成125亿元人民币，同比增长7.3%，总额位居六区第一。全区跨境电商交易额累计完成107.1亿元，同比增长10%，完成总量排名市内六区第一。全区服务外包执行额累计完成1.92亿美元，同比增长48%，完成总量排名市内六区第一。

【招商引资】　2021年，促成北京中钢网信息股份有限公司全国总部、国家级氢能源产业示范区、国电投综合智慧能源项目、中国广电5G（河南）联合创新中心暨郑州市金水5G微园区、折扣牛全国总部等119个重点项目实现签约，计划投资总额591.5亿元；推动人工智能生态产业园、中能大都荟等6个重大项目实现开工，总投资额199.5亿元，占目标107.3%，排名市内六区第二；超额完成高质量招商“125计划”专项考核，综合排名市内六区第二、全市第二；在区主要领导亲自推动下，全区“谈招引、谋项目、比成效”的热度达到了前所未有的高度，全年拜访、对接客商83家，征集项目线索135条，其中，签约项目67个，签约额545.6亿元，建立重点在谈项目库，并实行动态跟踪管理，为下一步招商及项目建设奠定良好基础。

【促进消费】　2021年，区商务局在疫情防控常态化下把牢“控保稳进抬扛”六字要求，坚持把扩大消费作为化危为机、破局生局的关键之举，积极谋划，引导辖区商贸企业，充分利用重点节假日，发展“假日经济”“夜间经济”等各类消费促进活动，加快促进消费回升和潜力释放，促进形成强大国内市场，畅通国内国际双循环。5月份，围绕“钜惠夏季·火热中原”为主题的2021年郑州消费促进月，结合“五一”劳动节、“五四”青年节、母亲节等重点节日，引导辖区大型商超结合自身实际，利用店庆、周年庆等重要时点和网络消费旺盛时机，开展发放消费券、打折促销、网络直播等多领域、多层次、多元化线上线下相结合的促消费活动，鼓励辖区企业在硬件、品牌优化、文明服务等各方面进行提升，持续举办多形式的促消费活动，培育消费热点和新增长点。

正弘城、丹尼斯、国贸360广场等商贸零售龙头企业陆续举办“红人节”、“肆游国庆”、国潮音乐节、“造梦音乐之夜”等系列促消费活动110余场，销售总额累计突破290亿元。

11月23日，金水区人民政府与国家电投集团签订战略合作协议

（金水区商务局/供图）

【特色街、商圈建设】 全区共有7条市级特色街区，其中农科路酒吧休闲一条街相继荣获“河南省级示范特色商业街区”和“中国特色商业街”称号，万达金水金街、金成时代广场商业街和健康路体育用品一条街等7条特色街区获评“市级特色商业街区”。按照区委第十一届十一次全会提出的“四个三”中的对特色商业街区（及商圈）的工作部署，通过实地查看、与办事处座谈等方式，根据各办事处实际情况和全区的规划发展相结合，制定下发《金水区2021年特色商业街区及商圈商社实施方案》。截至年底，已完成20条特色商业街区和25个商圈片区的建设，整体布局已初具规模。全区22家大型商业综合体全年总营业额超100亿元，花园路商圈获评“全国国庆消费热门商圈TOP10”第三名，获评“市级特色商业街区”。在全区打造23个特色商业街区，并依托各街道的26个商圈片区，逐步辐射形成（花园路商圈、北二七商圈、南阳路商圈、北环商圈、黄河路商圈、紫荆山商圈、东风路商圈、经八路便民商圈等）“金水八大商圈”。

【夜间经济】 7月，郑州市第二届“醉美·夜郑州”消费季暨嘉年华启动仪式在金水区建业凯旋广场隆重举行。7月16日到8月31日期间，结合全市第二届“醉美·夜郑州”消费季活动，组织开展以“炫彩·夜金水”为主题的形式多样、精彩纷呈的系列促消费活动。辖区大型商超、商业综合体、特色商业街区等商企踊跃参与，有50余场丰富多彩、种类繁多的文化娱乐、促消费活动在全区进行。

【优化营商环境】 以“万人助万企”专项活动为引领，对郑州丹尼斯、河南纵横进出口、河南浩丰化工等辖区重点企业，实行“一对一”服务，巩固政企联动机制，建立企业困难问题台账，实现常态化联络，为企业解决难题。同时，联合金水海关、自贸办举办海关政策宣讲会，联合金融办组织银企对接会等政策宣讲活动，为企业讲解政策信息，拓展企业融资贷款渠道。始终坚持“护航者”“店小二”服务理念，帮助签约项目企业解决落地中存在的实质性问题，用服务“软实力”和机制保障“硬实力”，形成亲商、安商、富商的良好营商环境。

完善行政审批事项动态调整机制，35项权责事项、14项权责清单已全部入网，落实“首问负责、限时办结、一次性告知、AB岗”等行政审批服务制度，做到“立办立结、立等可取、最多跑一次”，共办结对外贸易经营者备案登记569件，成品油零售初审1件。妥善处理商贸领域相关投诉案件，建立投诉举报案件台账，对投诉方进行电话或上门回访，限时办结，确保投诉问题“事事有交代、案案有结果”。2021年，通过电话、“金水区网格化社会公共服务管理信息平台”接收的投诉共计386件（单用途商业预付卡投诉203件，汽车市场流通投诉183件）。

【助企惠企】 以“万人助万企”专项活动为引领，深入辖区商贸流通企业及社区，进行暴雨灾情摸底及帮扶、疫情防控督导检查、助企政策宣讲咨询、街道社区救灾及防疫帮扶，工作覆盖3家仓储类物流企业、32家加油站、45家大型商超、609家星级以下宾馆（酒店）及1404家外资外贸企业。灾后恢复和疫情防控“双管齐抓”，积极联系爱心企业“美团”向受暴雨灾情严重街道捐赠紧缺生活物资4000余件；核发城乡小商户帮扶救助资金等各类补贴1095.89万元，惠及1343家商贸企业和个体工商户。

【新冠肺炎疫情防控】 2021年，区商务局全体人员聚焦统筹推进“疫情防控和经济社会发展相结合”这一中心任务，加强组织领导，建立健全机制，压实分工责任，细化目标举措，确保疫情防控与经济发展两不误、两促进。2021年，商务局持续开展对全区45家大型商超及星级以下宾馆酒店疫情防控督查，发现问题963处，已全部整改到位；对其中26家大型超市的生肉、海鲜、冻品（生肉、海鲜）的从业人员以及食品和外环境等开展核酸检测，共采样3943份，对冷链食品从业人员检测1035人次。

（撰稿：王 颖 审阅：刘文奇）

粮食流通

【概况】 金水区粮食流通中心（原金水区粮食局），2019年12月6日更名为金水区粮食流通中心由区发改委管理。

《金水区粮食安全责任制考核工作领导小组》于2021年1月29日印发。开展红色教育，组织党员干部到“中原豫西抗日纪念园”参观学习。深入企业，积极开展志愿者服务活动。在“7·20”特大暴雨灾害后，为防止“灾后有大疫”情况发生，中心协调区卫健委，筹集消毒液、酒精、口罩等防疫消杀物品送至下属企业，确保企业安全稳定运营。

【区级储备粮销售出库任务】 按照《郑州市人民政府办公厅关于印发郑州市粮食储备管理运用集中改革实施方案的通知》中“各区现有储备2022年4月底前出库完毕”的要求，结合中心粮食承储企业实际储粮情况，金水区区级地方储备粮通过省粮食交易平台网上竞拍，做到了公开、公正、透明。截至年底，储备粮出售完毕。

【2020粮食安全区县（市）长责任制考核】 中心作为考核牵头单位，切实担负起协调责任，2月9日召开粮安考核工作组成员单位联席会议，就做好全区粮食安全责任考核工作进行全面安排部署和加压促进。同时，积极与市考核办对接，准确把握考核标准要求，与11个成员单位的沟通协调，切实

10月，区粮食流通中心进行应急供应网点考核 （金水区粮食流通中心/供图）

抓好工作落实，完成考核自评总结和佐证资料上报工作。

【安全生产责任制】 按照区委区政府关于落实安全生产责任制的部署要求，结合中心粮食工作实际，在全系统开展安全生产专项整治三年行动系列检查工作。开展安全生产隐患检查2次，发现、整改安全隐患2处。着重对下属国有企业所辖库区的消防、储存、出入库等工作的安全隐患进行排查，认真抓好安全隐患的排查治理和整改落实，上半年实现安全生产无事故。

【年度考评工作】 为深入贯彻落实粮食安全行政首长责任制，有效规范粮食应急供应网点管理，确保出现应急状态时的粮食供应保障，按照《金水区粮食应急供应网点实施方案》要求，中心组织相关人员对43家应急网点开展2021年度考评工作。通过实地检查验收，评出第一档15名、第二档15名、第三档13名，无不合格网点。

（撰稿：李峰山　审阅：陈　丽）

楼宇经济

【概况】 2021年，金水区楼宇经济服务中心推动了金水区楼宇经济工作，带动了区域楼宇经济发展。截至年底，金水区建成商务楼宇260幢，建筑面积639.8万平方米，入驻率为92.41%；楼宇企业2.78万家，属地纳税率为93.46%；全年楼宇经济完成区级税收30亿，同比增长7.9%。在中国楼宇经济全球合作大会上，金水区获得“2021楼宇经济发展特别推动奖”荣誉称号。

【工作计划完善】 对照区政府年度工作报告，研究制定《2021年全区楼宇经济工作要点》并对2021年全区楼宇经济建设工作目标任务进行量化分解，明确全年工作计划表，列明工作安排及时间节点。先后起草修订《金水区推动楼宇经济高质量发展专项扶持办法（试行）》《2021年楼宇经济“强基计划”》《金水区楼宇经济高质量发展三年行动计划》《金水区老旧商务楼宇改造提升方案》等文件引导楼宇经济科学发展。

【数智管理】 不断提升全区楼宇经济数字化服务管理平台的“五个度”建设（基础数据“鲜活度”、楼宇经济“显示度”、楼宇数据“准确度”、楼宇信息“共享度”、楼宇系统“价值度”），统筹楼宇App、线上“金管家”与“金水发布”公众号互联互通，为政策宣传、楼宇产业特色引导、楼宇资源精准对接、企业服务运营优化等提供科学决策的依据。

【优势产业】 积极推进中国广电5G（河南）暨金水5G微园区重点项目，协助24家企业入驻金水区，引进市外资金6821.25万元。突出项目落地导向，推动国华新能源有限责任公司（央企）旗下项目公司、诺尔建设集团河南分公司、河南中鼓园区运营管理服务有限公司、友邦保险落地金水。厘清因“双减”而腾出的商务楼宇闲置面积，建立商务楼宇闲置资源项目库和特色楼宇培育项目基础信息库。

【特色培育】 按照“一楼一特色、一楼一方案、一楼一品牌”的思路，将46幢楼宇列入特色培育计划，已完成特色培育5幢。立足楼宇空间布局和业态分布现状，明确全区各区域范围内楼宇的功能、定位，开展楼宇经济发展专项研究，精准谋划楼宇经济产业布局，形成若干专业楼宇经济发展圈（带），实现错位发展。探索以标准化推动楼宇经济发展，结合实际拟定《星级商务楼宇评价规范》地方标准，引领全区星级商务楼宇规范化、品质化、高端化发展。

【营商环境】 依托金水发布、政府外网、楼宇App等定时发布更新闲置资源信息，提高楼宇入驻率。开展“楼宇大走访”活动，走访企业2000余家。设立“线上+线下”楼宇经济服务平台（金管家），全方位服务辖区楼宇企业，截至年底服务站选址成功3处。积极参与“助企九条”“万人助万企”等工作全方位服务辖区楼宇企业。

【"7·20"特大暴雨灾害应急处置及灾后重建】 "7·20"特大暴雨灾害发生后，楼宇中心向260幢重点楼宇发放《金水区商务楼宇防汛救灾倡议书》，倡导全区商务楼宇提升防汛意识，建立防汛安全制度，组织隐患排查。协助区发改委出台金水区灾后重建有关政策"助企九条"，受理电话咨询及审核有关资料300余件。

【新冠肺炎疫情防控】 新冠肺炎疫情常态化后，楼宇中心制作了《金水区商务楼宇疫情防控工作指南》，精准投放至140余家商务楼宇物业及楼宇企业。楼宇中心工作人员有序分配至区疫情防控指挥部、隔离酒店专班、关爱中心及分包社区参加人员流调、核酸检测等工作。

（撰稿：程 琳 审阅：于若雨）

财政·税务

财 政

【概况】 金水区财政局设12个内设机构，分别是办公室、组织人事科、预算科、国库科、行财科、农业科、城建科、行政审批服务科(会计科)、财政监督检查科、综合科、政府采购管理办公室、资产管理科。金水区财政局所属事业单位10个，分别是：区国库集中支付中心、区协税中心、区收费服务中心、区财政事务保障所、区预算绩效评价中心、区政府购买服务评估中心、区国有资产管理中心、区投融资服务中心、区非税收入服务中心、区会计服务中心。局辖基层财政所17个，分别是经八路、丰庆路、国基路、杨金路、兴达路、花园路、南阳路、南阳新村、文化路、东风路、大石桥、人民路、杜岭、凤凰台、北林路、丰产路、未来路街道办事处财政所。

【财政管理改革】 坚持树牢“政府过紧日子、群众过好日子”理念，出台金水区《关于进一步贯彻落实过紧日子要求严格财政支出管理的通知》，围绕“压一般、强统筹、硬约束、筹资金”四方面压减资金5954万元，强化统筹兜牢“三保”底线。严格执行常态化财政资金直达机制。对直达资金实行全流程、全覆盖、全链条的精准监控，共收到上级财政直达资金6.33亿元，全部实现直达基层、惠企利民。启动“千企万户”支持计划。搭建政银担企业合作平台，投入资金1000万元建立代偿补偿资金池，累计为全区5493家企业提供担保贷款9.66亿元。全面推进惠民惠农财政补贴“一卡通”工作。扎实落实省、市决策部署，通过出台配套方案、组织开展培训，将现有51项惠民惠农财政补贴全部纳入“一卡通”发放范畴。持续深化政府采购改革。2021年，共审核备案政府采购项目216个，采购预算112080万元，实际采购规模106006万元，节约率5.42%。

【财政收支预算执行情况】 面对“7·20”特大暴雨灾害、新冠肺炎疫情和波动恢复的经济三重因素叠加影响，财政部门完整、准确、全面贯彻新发展理念和以人民为中心的发展思想，创新思路、主动作为，扎实做好“六稳”“六保”工作，全方位做好组织收入、民生保障、城市建设、防汛救灾、疫情防控和灾后重建各项工作任务，有力推动全区经济运行健康发展、社会民生事业稳步向前。

2021年，金水区一般公共预算收入完成1211276万元；一般公共预算支出完成814228万元，收支规模在市内五区位居“双第一”。

【预算绩效管理】 发挥预算绩效管理的引导作用，实现2021年度区级预算项目绩效自评全覆盖，涉及项目768个、资金30.9亿元；建立健全重点绩效评价常态机制，选定10个重点项目、2个部门，涉及资金近7.5亿元，通过引进第三方参与的方式开展重点绩效评价工作，强化结果运用，切实提升资金使用效益。

【税源管理】 科学做好任务分解。针对全年“形稳势紧”的财政工作局面，财政部门统筹强化基础数据研判，科学研判各行业税收预期变化，班子成员全员参与、夯实责任，通过积极谋划、认真分析，及时分解收入目标，将计划指标层层落实，确保收入分解科学、合理、精准。强化措施加快契税入库。出台契税惠民政策，加强房屋交易契税集中缴纳；积极协调上级财政争取资金28亿元，帮扶辖区企业加快土地资金周转效率，实现土地出让契税入库2.8亿元，6月单月共入库沉淀契税7.82亿元。深化街道纳税大户联系走访机制。强化财政同税务、街道的沟通协调，联系街道强化纳税大户服务，常态化帮扶企业解决困难，保持税源稳定。以制度建设促进经济增长。制定出台金水区《街道办事处财政收入考核激励办法（试行）》《支持总部企业发展实施办法》，促进收入稳定增长。

【保障和改善民生】 始终坚持以人民为中心，在收支压力极大的形势下，把财力最大限度向民生领域倾斜，积极落实惠民政策，大力实施民生工程，全年民生支出62.3亿元、占比76.5%。均衡推进美好教育。拨付教育支出23.23亿元，大力支持中小学及幼儿园新建扩建，全面落实学前教育、生均公用经费、义务教育补助等，促进义务教育蓬勃发展、学前教育普惠发展。支持“双减”改革稳步推进，全力推进中小学午餐供餐及课后延时服务扩大覆盖范围、提高供给质量。全面推进医疗卫生。持续完善基本公共卫生服务经费保障机制，拨付资金9334万元，支持基层医疗卫生机构开展基本公共卫生服务；支持常态化疫情防控，拨付疫情防控资金1.04亿元，用心保障人民群众生命健康。统筹强化社会保障。拨付再就业补贴1382万元，认真落实再就业补贴政策；拨付80岁以上老人高龄津贴3711万元、低保资金1734万元，有效维护困难群众切身利益。着力优化公共服务。拨付社区卫生服务体系建设资金12347万元，提升社区服务水平；拨付城镇社区养老服务及服务场所建设资金632万元，加速构建养老服务体系；拨付党群服务中心建设资金747万元、市民文化活动中心建设资金6000万元、社会足球场建设资金818万元，有效提升公共服务水平，满足群众精神文化需求。

【重点项目保障】 合理安排建设资金，确保全区重点项目建设稳步推进，其中：投入资金20亿元，大力支持“三项工程、一项管理”、棚户区改造、道路交通、游园绿化、垃圾分类、环卫基础设施等建设，城市综合承载力持续提高，城市品质显著提升。坚持绿色发展理念，支持打好蓝天、碧水、净土保卫战，拨付资金7471万元，支持黄河生态廊道等生态工程建设，深入实施黄河流域生态保护和高质量发展战略；拨付资金1984万元，支持居民冬季清洁取暖；拨付资金5815万元，支持东风渠、贾鲁河河道综合整治提升，生态环境不断优化。实施乡村振兴战略，拨付建设资金7907万元，加快推进马渡、黄岗庙、来童寨3个美丽乡村精品村建设，建设国际级黄河文化旅游带最美“大花园”。

【规范土地出让金管理】 2021年，金水区涉及棚户改造的项目主要有高皇寨、徐庄等项目，共收到市局拨入土地出让金662699万元，实际支出371487万元，分别用于高皇寨、沙门、徐庄的拆迁安置补偿，确保城中村改造项目的开展实施。

【投融资工作】 持续推动平台公司改革，出台相关制度，整合全区资源，完善体制机制，充实做强公司实力；加快平台公司市场化运作，积极参与全区经济社会发展、各项产业发展，助推全区经济社会建设。积极推进债券申请发行，做好债券发行的牵头、指导、协调工作，加强项目包装和动态储备，积极争取债券额度，2021年累计发行地方政府债券67300万元。

【会计业务管理】 认真贯彻落实《中华人民共和国会计法》《中华人民共和国行政许可法》《代理记账管理办法》，按要求办理各项相关业务，做好会计业务管理服务。2021年，共审核中级会计职称报名工作11293人、会计初级职称报名工作13561人，群众满意率100%；认真做好会计职称初、中级证书发放工作，2021年，共发放6658件；认真做好会计人员信息采集审核工作，2021年，审核通过10340人；严格按照“放管服”文件精神，优化中介机构从事代理记账业务审批工作办理流程，压缩办理时限，加强代理记账许可证的办理及年审，2021年，共审批代理记账机构115家，年审通过235家；按照有关规定，对金水辖区内代理记账机构开展“双随机、一公开”执法检查。

【国有资产管理】 落实受灾情影响减免租金政策，为中小微企业和个体工商户减免房屋租金232.77万元；开展全区行政事业单位资产管理信息系统核查工作；做好国有企业“三供一业”物业分离移交后续相关资产移交工作；开展区属国有企业清廉企业建设和财务会计信息虚假问题专项整治，促进企业持续、健康、高质量发展；大力推动企业整合重组，对重点区属企业开展市场化转型先行试点，支持企业做强做优做大，促进企业持续、健康、高质量发展。

【财政监督检查】 持续巩固近年来财政监督检查成效，联合区审计局开展区直部门财务管理专项整治活动，针对性开展全区财政财务业务培训5次，出台《关于进一步加强财务管理工作的通知》，切实提升全区财务管理水平。为切实履行财政部门会计监督职责，组织对2个区直预算单位开展2021年会计信息质量监督检查。

【干部教育培训】 以党史学习教育为契机，持续推进党员干部学习教育常态化、制度化。多举措开展学习培训。5月组织开展两期中共十九届五中全会精神集中学习培训班，98名在职党员参加培训；8月至9月，开展“党建引领聚合力、共创无疫社区（村）”主题活动；以支部为单位，通过“学习强国”App、微信群等线上渠道和线下自学相结合的形式，深入学习中共十九届六中全会精神、习近平总书记重要讲话精神、省市区委党代会精神等，使财政干部持续深化思想、提振精神、提升站位，不断增强“四个意识”，坚定“四个自信”。严格落实党的组织生活制度。组织党员干部到黄河博物馆和二七纪念馆参观学习、重温入党誓词、观看爱国主义影片《长津湖》、集体过政治生日等；严格按照程序和要求组织召开“三会一课”活动，认真做好党支部书记抓党建工作责任制述职评议、局属4个党支部的换届工作。发挥战斗堡垒作用。疫情期间，局党组坚持身先士卒、率先垂范，带领全局70余名党员干部组成“志愿服务队”，下沉社区开展防汛救灾、疫情防控、核酸检测等工作；在黄河秋汛期间组织财政干部24小时值守黄河坝头。

【人大和社会监督】 认真贯彻《中华人民共和国预算法》和《河南省预算监督条例》等法律法规。年初向区人代会报告上年度财政预算执行情况和本年度财政预算（草案），年中向区人大常委会汇报上年度财政决算和本年度上半年财政预算（草案），年底向区人大常委会报告金水区2021年度财政收支预算调整情况、地方政府债务管理情况和国有资产管理情况，自觉接受人大及常委会的审议和监督，认真听取人大常委会委员和代表的建议，预算报告一经审议通过，严格按照预算执行；按要求公开预算，接受社会和人民群众监督。

【"7·20"特大暴雨灾害应急处置及灾后重建】 加强统筹，确保支出合规高效。加强与应急、民政、住建等部门对接，全面掌握全区灾后重建资金支出需求，积极沟通市财政局了解上级政策要求，强化救灾资金统筹，开通支付绿色通道，科学精细分配资金，出台《金水区防汛救灾捐赠资金使用管理办法》《关于防汛应急采购事项办理指南》等六项救灾资金使用管理办法，坚决杜绝不按规定管理使用、挤占、挪用、截留、滞留资金等现象。强化督导，提升支出进度。加强与慈善总会、红十字会联系，针对部分项目救灾资金支出较慢的情况，深入街道办事处一线调研灾后恢复重建资金使用情况，做好资金使用管理办法相关政策的解读，有针对性地指导资金使用单位加快支出进度，形成实物工作量。全面梳理，汇总灾后重建项目。与发改部门积极配合，结合各单位上报项目情况，聚焦防汛救灾能力提升、道路房屋修复重建、应急物资储备等补短板领域，抢抓政策窗口期，持续梳理、谋划、储备灾后重建重点项目。

（撰稿：王晶晶、李家伟
审阅：袁志刚）

税　务

【概况】 2021年，国家税务总局郑州市金水区税务局（以下简称金水区局）全体干部职工，紧紧围绕全年工作目标，改革创新，结出累累硕果。金水区局荣获"河南省税务系统行政执法责任制示范点"，被省总工会评为"河南省基层规范化建设示范点"，被市总工会评为"模范职工之家"。

【智慧税务】 积极拓展"非接触式"办税模式。电子普通发票开具户数达到27498户，提升比例117%；电子普通发票开具份数达到111万份，增加比例为52%。以丰产路智慧办税厅为样板，对杜岭、未来路办税厅进行"自助式"升级改造。上线"金快办"预约办税小程序，满足纳税人个性化办税需求，实现错峰办税。组建大数据分析团队。加强数字经济税收监管，组建大数据分析团队，逐行业、逐税种、逐项目开展税收风险分析应对。共应对完成12户风险任务，入库税款7848.84万元，滞纳金1507.37万元，合计入库税收9356.21万元。探索新型办税服务模式。持续优化智慧办税服务厅功能，利用人脸识别和无感抓拍技术，直接对进厅纳税人"体检"，实现享受税收优惠政策、纳税服务举措以及税收风险的精准匹配与推送，实现需办理事项快速引导。

【组织收入】 2021年，金水区局累计完成各项税费收入255.28亿元，增幅23.14%。其中：完成税收收入158.06亿元，增幅6.33%；完成社会保险基金92.66亿元，增幅69.89%；完成非税收入4.55亿元，增幅10.48%；完成地方级收入78.64亿元，增幅0.80%；完成区级收入82.01亿元（含区级非税收入4.02亿元），增幅1.91%。面对复杂的经济税收形势，金水区局多次组织召开税收收入形势分析会，对组织收入工作进行有针对性的安排部署，进一步明确的全年组织收入工作的目标和方向。5月起，面对去年疫情的低基数逐步消减、年度汇算减收、涝疫叠加冲击等不利因素，金水区局想方设法组织收入，充分运用后续管理、评估核查手段，防止跑冒滴漏。按期制作欠税管理工作通报，分析全局欠税情况，以清缴欠税推动应收尽收。积极统筹开展非税收入划转工作，推动税费工作有序开展。注重预测强掌控。利用好税收预测模型科学研判经济税源形势，算好税源账、收入账，综合考虑影响收入的各方面因素，积极提升税收预测准确率。

【队伍建设】 高水平、专业化的干部队伍是税收事业发展的保障，金水区局始终把队伍建设放在重要位置。做好公务员职级晋升后的职务任免工作。坚持稳字当头，确保队伍稳定。培养骨干和师资力量。做好人员信息基础数据的维护与审核，确保税务干部基础数据的准确性、完整性。稳妥推进职级晋升工作。按照省市局职级晋升工作安排部署，制定《2021年郑州市金水区税务局公务员职级晋升工作方案》，在广泛谈心谈话的基础上，有序做好职级晋升相关工作，全局共晋升60人，其中晋升三级高级主办3人，一级主办16人，二级主办4人，三级主办37人。高度重视“学习兴税”平台应用，积极推进数字化学习和常态化练兵，依托学习兴税网络平台开展业务培训学习。推进税务文化建设，加强社会主义核心价值观、中国税务精神教育。贯彻落实总局、省市局加强基层建设的意见，进一步推动基层建设工作开展。

【作风整治】 严格落实“一岗双责”，积极探索一体化综合监督体制改革，初步形成党委全面监督、纪检专责监督、部门职能监督、基层组织日常监督、党员群众民主监督的大监督格局，推动“两个责任”同向发力、贯通协同。加压推进纪律作风专项整治。深入开展“找差距、见行动、抓落实”等主题活动，掀起税风税纪、会风会纪和迟到早退整治高潮，切实扭转懒政、庸政、怠政和出工不出力在岗位上“混日子”等不正之风。常态化开展明察暗访，推动金水区局税务干部纪律作风大转变、工作效能大提升。严格纪律审查。把纪律审查放在突出位置，运用监督执纪“四种形态”，坚持抓早抓小。紧盯重点环节，找准税收执法权、行政管理权运行风险点，有针对性地强化权力运行监督。

【党建工作】 金水区局强化组织领导，积极践行“学党史 悟思想 办实事 开新局”，党史学习教育取得显著成效。高起点谋划，学习教育走在前。在上级方案正式下发之前区局机关党委提前拟定《中共国家税务总局郑州市金水区税务局关于开展“学党史 庆百年”系列活动草案》，为下一步党史学习教育各项工作部署快速落实做好充分的准备。高标准落实，以丰富的载体开展党史学习教育。邀请专家学者为党员干部开展党史学习教育专题讲座。组织金水区局党员干部职工以丰富多彩的活动庆祝建党百年。335名在职党员撰写了心得体会。金水区局全体班子成员先后2次深入基层联系点、所在党支部讲专题党课。在总局举办的“永远跟党走”知识竞赛中，以党员参与率百分之百，平均分数98.5分的优异成绩，在全市税务系统中名列前茅。高标准推进，聚力党史学习教育成果转化。推行党员“亮牌”上岗活动，设立“党员示范岗”通过强化税费政策宣传辅导，简化办税流程等方式，为纳税人提供优质高效的金税服务体验。

【“7·20”特大暴雨灾害应急处置及灾后重建】 “7·20”特大暴雨当天，金水区局党委立即启动应急机制，号召广大税务干部积极投身抗汛一线，确保人民群众生命财产安全。省局、市局领导深入金水区局汛情一线，看望干部职工、指导防汛工作，金水区局共组织200多名党员干部投身防汛工作。区局党委班子多次深入企业了解受灾情况，充分掌握企业需求，迅速出台针对性服务措施。一边是“优惠政策支持最大化”，一边是“办税缴费服务最优化”，通过减税降费“组合拳”，有力推动企业复工复产。2021年，区局共办理退税、免税14.68亿元，为企业复工复产提供了有力支持。金水区局党员干部职工自发为“7·20”特大暴雨受灾群众捐款捐物，共计111300元。

【新冠肺炎疫情防控】 金水区局党委积极响应，集结党员干部，积极参与社区疫情防控工作，共同为疫情防控筑起“安全墙”。纳税服务不断档。金水区局开辟“线上”“线下”双绿色通道，组建线上业务团队，拓展“非接触式”办税缴费，以“远程技术支撑、居家办公处理”的方式，依托电子税务局、微信公众号、“豫事办”、“郑好办”App和“金快办”微信小程序等渠道办理业务，196项涉税缴费事项可在网上办理，其中177项可实现足不出户“全程网上办”，切实保障了封控“不断联”，服务“不断档”。

（撰稿：康家宝　审阅：薛新辉）

发展改革

【概况】 金水区发展和改革委员会是区政府工作部门，挂郑州市金水区粮食和物资储备局牌子。辖二级机构4个：金水区重点项目服务中心、金水区价格认定服务中心、金水区价格成本监测所、金水区粮食流通中心。

（撰稿：陈　凯　审阅：张　喆）

【产业发展情况】 抓牢“北部城区战略布局规划”“金水区产业发展整体规划”“未来产业发展规划”。“北部城区战略布局规划”形成初步成果，依托金水区“创新智城·品质金水”的定位，对北部城区提出“智贸新城”的总体定位，以国基路沿线、东风渠沿线、花园路沿线、魏河沿线和贾鲁河沿线为五大战略空间承载“产业转型升级、高端消费引领、地标建筑塑形、文化创意赋能、高效复合开发、多元公共空间”六大产业战略，形成三类精致化提升空间，打造北部城区发展新高地。“金水区产业发展整体规划”规划路径初现，立足金水产业基础和优势禀赋，遵循“创新引领、开放合作、数字赋能、生态培育、品牌塑造”的发展方针，深化“量质双突破、创智双提升、内外双循环、供需双联动、管服双协同”的发展思路，以创新经济为引领，以服务经济为核心，积极做优五型经济，着力发展五大重点产业，全力构建“5+5+X”现代城区经济体系，优化产业发展路径，打造高能级产业载体，努力构筑新时期“金水城区经济”的品牌竞争力和战略新优势。“未来产业发展规划”要充分把握新一轮产业革命和技术革命方向，抢抓未来产业发展新机遇，瞄准未来产业增长点，超前谋划，实现产业价值高效创造和持续创新。

（撰稿：李玲玲　审阅：王　沛）

【“十四五”规划编制工作】 分析研判了新发展阶段金水面临的新机遇和新挑战，在把握金水发展之势的基础上，全程参与，深入对接“十四五”规划编制工作。起草的《中共金水区委关于制定金水区国民经济和社会发展第十四个五年规划和二〇三五年远景目标的建议（讨论稿）》及《关于建议的说明》，阐明区委战略意图、谋划金水区未来五年乃至更长时期发展的重大目标、重大任务、重大举措，经区委十一届十二次全会暨区委经济工作会研究讨论通过。在全面对标对表区委《建议》的基础上，按照全局眼光、国内一流、区域标杆的要求，高起点、高标准、高水平组织实施编制《金水区国民经济和社会发展第十四个五年规划和二〇三五年远景目标纲要（草案）》（以下简称《纲要》）和《纲要》说明，明确《建议》确定的目标任务“怎么落实”“怎么干”。《纲要》由金水区十三届人大六次会议审议通过，已正式印发。

（撰稿：李　灿　审阅：常胜男）

【重点项目建设情况】　全年新开工省、市、区重大项目54个、开工率65.9%（省市重点项目开工11个，开工率100%；其中省重点项目开工3个，开工率100%；市重点项目开工8个，开工率100%），全年完成项目投资749.6亿元、占全年任务104.1%（其中49个省、市重点项目完成投资421.9亿元、占年度目标的106.3%；区重点项目完成投资327.7亿元、占年度目标的101.4%），市下达48项联审联批事项已于4月底全部办结。市政府1—12月省市重点项目建设综合考评省重点项目位居全市第7（市内六区第三），市重点项目位居全市第3（市内六区第二）。参与前两期“开工一批”项目3个，分别是：总投资13亿元的省重点项目中国广电5G（河南）联合创新中心暨郑州市金水5G微园区项目，基站建设，外部墙体施工，内部装修完成40%，机电设备安装完成45%，完成投资30586万元，占年度计划的102%；总投资10.8亿元的金科智慧城（一期）建设项目正在进行土方工程，完成投资0.4亿元，占年度计划的11.4%；总投资4亿元的华中生物科技园项目，围墙已搭建，场地平整已完成。“投产一批”项目3个，总投资12亿元的省重点项目河南省信息安全产业示范园建设项目已建成达效，入驻企业50余家，员工3000余人。总投资1.8亿元的S312沿黄生态廊道绿化工程（金水区段）和总投资3.85亿元的中科新兴产业技术研究院一期项目已竣工。

（撰稿：戴　超　审阅：范新芳）

【优化营商环境】　出台《中共金水区委办公室　金水区人民政府办公室关于印发〈金水区2021年优化营商环境工作要点〉的通知》《郑州市金水区人民政府关于聘请金水区营商环境特邀监督员的通知》《中共金水区委办公室关于印发〈关于开展“集中整顿作风　提升工作效能”进一步优化营商环境专项活动实施方案〉的通知》，构建多位一体的营商环境工作机制，把营商环境工作作为“一把手工程”顶格推进。组织召开金水区2021年优化营商环境工作会，区主要领导对全区营商环境工作做总结和安排部署，要求各单位要围绕国际化、市场化、法治化、数字化的“四化”要求，抓严抓好优化营商环境工作。随后，组织召开营商环境问题交办会议，针对上年度营商环境中有关部门出现的问题，进行梳理，并形成问题清单，要求相关单位列明整改措施，明确责任和整改时限，签订工作承诺书，一并报区委组织部和纪委备案。制定《金水区营商环境特邀监督员制度》，根据制度从辖区人大代表、政协委员、民主党派成员、企业家代表、新闻工作者、行业协会负责

2021年度大众创业万众创新活动周在智慧岛举行

（金水区发展和改革委员会/供图）

人、商会负责人和群众代表中选聘了50位金水区营商环境特邀监督员，并召开“2021年营商环境特邀监督员工作会”，针对如何开展好优化营商环境工作，鼓励监督代表当好“监督员、宣传员、推介员”，搭好政府和企业的桥梁和纽带。

（撰稿：李　峰　审阅：马映军）

【黄河流域生态保护和高质量发展核心示范区】　紧紧围绕以习近平总书记提出的“坚定信心埋头苦干奋勇争先，谱写新时代中原更加出彩的绚丽篇章”为工作理念，树牢“对标一流、干在实处、走在前列”的工作导向，全力打造“创新之城，品质金水”，聚焦生态保护、污染治理、黄河安澜、水资源节约利用、高质量发展、文化传承等重点领域，坚持规划引领，着力推进金水区黄河流域生态保护和高质量发展核心示范区建设。全年共谋划区级黄河流域核心示范区重点项目六大类89个，总投资368.8亿元，年度计划投资80.5亿元，完成投资82.2亿元，占年度计划投资的102.1%。市考核黄河流域核心示范区重点项目5个，总投资25亿元，年度计划投资5.7亿元，完成投资5.8亿元，占年度计划投资的101.8%。按照《重大区域发展战略建设（黄河流域生态保护和高质量发展方向）中央预算内投资专项管理办法》要求，积极争取建设资金，分别于2020年12月和2021年8月组织上报，总投资5.09亿元的“郑州金水沿黄生态综合提升项目”和总投资1.2元的“郑州金水沿黄生态湿地保护修复治理提升项目”，拟争取中央资金共计3.7亿元，截至年底，已报至国家发改委地区司待批。为贯彻落实国家、省、市、区对黄河战略实施相关精神，加快推动金水区黄河流域生态保护和高质量发展核心示范区建设，发改委主要领导先后多次实地深入黄河沿线，督导美丽乡村、生态廊道、沿黄路网等项目进展情况，了解项目推进过程中遇到的问题、难题，并及时协调解决。按照国家《黄河流域生态保护和高质量发展规划纲要》《河南省黄河流域生态保护和高质量发展规划》和省、市建设黄河流域生态保护和高质量发展2021年工作要点的工作要求，根据区委、区政府工作安排部署，为压实责任，狠抓落实，制定出台《金水区建设黄河流域生态保护和高质量发展核心示范区2021年工作要点》，并先后两次组织由区委书记张宏伟召开的小组会议，审议沿黄相关规划及协调解决建设问题。

（撰稿：张晨萧　审阅：张　娜）

【政策体系方面】　依托“万人助万企”活动，46名区级领导对71家企业、46个项目进行分包，着力帮助企业解决“急难愁盼”问题，全面推行“13710”工作制度，探索“点办理、批处理”办结模式，推行“首席服务官”办理专员，助力企业高质量发展，不断将党史学习教育成果转化为“我为群众办实事”实效，累计走访企业2023家，召开企业座谈会341次，办结问题1294个，办结率94.5%。全面落实省十条、市二十条政策，8月15日在全市范围内率先制定出台《金水区“万人助万企”全力推动灾后复工复产的政策措施》（简称“助企九条”），印发政策汇编及宣传页6万余份，分五批拨付资金595.2万元，辐射商户357家，稳定就业4620人。全面推广“1+N+X”产业政策体系，实施系统、全面的精准政策扶持，不断降低企业和人才的创新创业成本，累计为辖区企业发放各级各类奖补资金6.22亿元。针对小微企业融资难问题，通过“千企万户”专项支持计划，对超过4000家小微企业提供担保支持金额7.52亿元。

（撰稿：李　峰　审阅：马映军）

【助企工作】　为助力企业复工达产，在认真执行上级有关要求和相关政策的同时，结合“万人助万企”活动，制定出台《金水区“万人助万企”全力推动灾后复工复产的政策措施》（简称“助企九条”），从支持修缮修复、资助防汛防疫、加大稳岗补助、实施贷款贴息、保障对外贸易、助力达产达效、给予保险补助、减轻企业负担、优化助企服务九个方面，为辖区企业提供全方位的政策扶持和精准服务。截至年底，助企九条公示四批，发放资金4259029.64元，其中，稳岗1190400元，保险382552.64元，达产800000元，防汛防疫1886077元。共涉及企业65家，其中规上30家，1954082.5元；规下35家，2304947.14元。在“助企九条”的宣传和推进过程中，印发宣传资料共计3万余册，发放到辖区企业和相关单位的手中。并不断开拓创新，运用公众号和新媒体宣传，通过读取二维码解读政策、运用小程序汇总上报审核资料等多种形式开展工作，自8月15日发布以来开展网络政策解读直播三场，实时观看人数达到3.5万余人，直播浏览量突破6万次，接听咨询电话2万余次。

（撰稿：李　峰　审阅：马映军）

【“双创”工作】　根据郑州市人民政府办公厅关于印发《郑州市争取国务院督查激励工作方案》的通知要求，区发展和改革委员会积极编制金水区申请国务院督查激励材料并行文逐级报送至国务院。4月底，国务院办公厅印发《通报》，金水区在新一代信息技术领域培育发展战略性新兴产业获得国务院督查激励。为继续发展好金水区战略性新兴产业，通过各种媒体渠道对金水区获得的“金名片”进行宣传，制定文件，成立金水区培育发展战略性新兴产业工作领导小组。积极与国家、省、市发改委对接国家督查激励奖励措施，协调区工信局、科技局以及辖区各街道办事处（园区）等单位充分挖掘辖区资源，梳理辖区战略性新兴产业相关项目、创新创业平台、重点企业名单，为争取国家在相关政策上给予倾斜做足准备。积极通过各种媒体渠道对金水区获得的金名片进行宣传，制定文件成立金水区“双创”示范基地建设领导小组，编制《金水区国家级“双创”基地建设方案》和《金水区国家级“双创”基地建设三年行动计划》为金水区国家级“双创”示范基地建设提供了组织保障。根据国家发改委有关要求，主动作为，制定《金水区创业带动就业专项行动方案》，并深入实施开展创业带动就业专项行动，2021年在全国范围内创造新增就业岗位共计147万个，带动各类重点人群实现有效就业新增27.3万人。根据科技部关于开展创新街区试点工作的相关要求，积极谋划了以文化路为轴线，以河南科技园区0.98平方公里为核心区，以周边文化路办事处和东风路办事处的部分相邻区域为辐射区的“文化路创新街区”。撰写汇报材料和创新街区方案，报送至科技部火炬中心。

（撰稿：赵　磊　审阅：刘　粤）

【“7·20”特大暴雨灾害应急处置及灾后重建】　灾后恢复重建工作开展以来，区委、区政府主要领导深入一线，第一时间成立由区委书记、区长担任双组长的“7·20”特大暴雨灾害灾后恢复重建工作领导小组，明确了工作领导小组名单、成员单位、职责分工及工作规程。领导小组下设12个专项小组，分别负责灾情核查评估、资金政策项目保障、城乡市政基础设施、危旧住房、水利、农业、教育、医疗、复工复产、困难群众救助、应急能力提升、监督考核等专项领域的灾后重建工作推进，抽调人员集中办公，从组织架构上为灾后重建工作提供坚强支撑。区委、区政府主要领导多次召开区委常委会、政府常务会专题学习灾后恢复重建工作精神，系统研究灾后恢复重建工作。区级领导带头分包街道、分包企业、分包项目，各专项小组加强与省市专项小组对接协调，分领域扎实推进灾后恢复重建各项工作。全区共征集市政设施、公共服务设施、老旧小区等8大领域项目74个，45个纳入省市灾后重建项目库，总投资52728.04万元，年度投资45367.67万元。其中，市政项目29个，总投资43075.59万元；住房项目3个，总投资1703.85万元；教育项目1个，总投资4453万元；林业项目1个，总投资850万元；办公用房、业务技术用房等项目6个（均为党群服务中心），总投资762.1万元；文旅项目1个，总投资366万元；应急项目2个，总投资1470万元；其他项目2个，总投资47.5万元。截至年底，30个项目已完工，在建项目11个，完成投资

3.58亿元，完成进度78.9%。

（撰稿：吴晓军　审阅：张　喆）

统计工作

【概况】　2021年，全区上下聚焦高水平打造“创新智城·品质金水”、建设国家一流现代化国际化中心城区，经济社会发展总体呈现稳中向好的良好态势。全年地区生产总值完成1878.8亿元，同比增长3.1%；第三产业增加值完成1659.9亿元，同比增长5.7%；规模以上工业增加值同比增长10.6%；固定资产投资同比下降2.4%；社会消费品零售总额完成1033.3亿元，同比增长5.5%；城镇居民人均可支配收入53471元，同比增长6.0%；农村居民人均可支配收入32068元，同比增长7.9%。

（撰稿：张　鑫　审阅：丛东雷）

【统计法治建设】　2021年，金水区统计局制定《金水区统计局2021年法治宣传教育和依法治区工作方案》，完善《规范性文件审核制度》等文件，为依法行政奠定了基础。组织企业培训，充分利用年报和定报业务培训的有利时机，通过讲解统计法律法规知识和统计执法案例，提高统计调查对象对统计法律法规的认知度，培训人员2000余人次，发放《中华人民共和国统计法》摘录、《中华人民共和国统计法实施条例》、《河南省统计管理条例》和案件通报宣传彩页8000余份。开展法制培训，2021年，4名执法人员参加了全区组织的法律知识培训并全部通过考试，为统计执法工作打下坚实基础。开展统计法律进党校活动，聘请市局专家授课，对全区45名科级干部进行统计法律法规知识培训。开展法律法规宣传活动，两次集中组织统计法律法规大型宣传活动，效果良好。认真组织完成每季度“领导干部违规干预统计工作台账”上报。按照市、区“双随机”抽查工作的通知，本着“用数据说话，为决策服务”的原则，组织“双随机”统计执法检查工作，共抽取35家“四上”企业进行检查，下发责令改正通知书4份，对1家企业进行了行政处罚。同时认真做好规范性文件、合同合法性审核等工作。

（撰稿：宋周艳　审阅：李遂山）

【统计调查工作】　2021年，金水区统计局以习近平新时代中国特色社会主义思想为指导，全面贯彻中共十九届五中全会精神，深入学习领会重要讲话指示批示精神，认真贯彻落实具体要求，加强组织领导，周密部署安排，坚持实事求是，依法实施调查，认真开展各项专项统计调查，严格按照规定程序，狠抓源头数据质量，保证统计资料准确，完成了全年制度内外的各项统计调查任务、国家制度内规定的2020年年报和2021年定期报表任务及“四上”单位上报审批管理任务，完成了名录库更新维护工作，建立健全基本单位名录库及数据库系统，为研究制定发展规划，提高决策和管理水平奠定基础。2021年，金水区共维护法人和产业活动单位新增、变更、注销19137条，全年新增入库“四上”单位289家。作为四大工程之首的基本单位名录库工程建设的承担者，区统计局精心组织、攻坚克难，全面完善覆盖金水区国民经济各行业的基本单位名录库、基础信息数据库和统计电子地理信息系统。进一步夯实统计基础，健全统计工作的部门协调机制和信息共享机制，推动加快构建现代化统计调查体系，为加强和改善宏观调控，加快经济结构战略性调整、科学制定中长期发展规划提供科学准确的统计信息支持。从2021年起，开展新一轮年度人口抽样调查。经过调查2021年金水区常住人口增加至161.86万人。该项统计调查有助于了解全国劳动力供给变化情况，为完善就业政策提供依据；有助于摸清老年人口规模，推动健康养老服务业的发展；有助于掌握流动人口变化情况，推进城乡统筹发展；有助于反映城镇化发展情况，更好地推动新型城镇化发展；有助于摸清人口生育情况，为制定和完善人口政策提供依据。

（撰稿：左　欣　审阅：贾　佳）

【统计基础建设】 金水区统计局认真贯彻落实《河南省统计局办公室关于扎实推进统计基层基础建设的通知》和《河南省乡镇级政府统计基础工作规范》(试行)、《河南省一套表联网直报企业统计基础工作规范》(试行)(以下简称“两个工作规范”)精神，按照《郑州市统计局落实“两个工作规范”实施方案》和《郑州市统计局开展“两个工作规范”三年行动计划方案》要求，进一步促进和推动统计基层基础建设工作持续健康发展，紧紧围绕新时代统计工作高质量发展的总体要求，积极行动、多管齐下、认真开展统计基层基础规范化工作。在建立组织领导小组、目标考核机制、督促检查制度的基础上，进一步加强统计基础保障，强化统计人员队伍，始终坚持以提高统计数据质量为核心，坚持依法行政，确保了源头数据质量，更好地以统计工作高质量助力经济社会发展高质量。截至年底，金水区17个基层街道均达到“两个工作示范”标准，全区“四上”单位2240家，验收达标的有2124家，达标率95%。

(撰稿：左　欣　审阅：贯　佳)

市场监督管理

【概况】 2019年1月29日，按照中央和省委、市委关于党政机构改革的统一部署，将区工商质监局和区食品药品监督管理局合并，并整合区物价局的价格和监督检查职责，区科学技术局的知识产权相关职责，组建区市场监督管理局，为区政府工作部门，是主管金水区市场监督管理、行政执法和质量技术监督行政执法的政府职能部门。

2021年，在区委、区政府的坚强领导下，以习近平新时代中国特色社会主义思想为指导，认真贯彻中共十九大和十九届历次全会精神，深入贯彻落实习近平总书记重要讲话精神，立足市场监管实际，维护市场秩序，保护消费者合法权益，深化商事制度改革，持续优化营商环境，守住食品药品的安全底线，维护公平竞争的市场秩序，保护消费者合法权益，为全区优化营商环境、税源保护、大学生创业及就业再就业等工作均做出了贡献。

【优化营商环境】 积极推进“互联网+政务服务”，大力推广应用全程电子化线上办理业务全面落实“一网办、不见面”，积极推行“四个办”，并开展“延时服务”“预约服务”等各项便民利企服务措施；通过“邮寄办”免费寄递方式发放营业执照，实现业务办理“零见面”，真正做到“一次不用跑”；多点投放商事登记全业务自助一体机，以社会资源便民服务促进“零障碍”，以“就近办”促进“零距离”；从2021年6月1日起开始为全区所有新设立的个体工商户免费提供税务发票章刻制服务，是区市场监管局政务服务利商便民的又一新措施；开辟绿色通道，做好“个转企”工作。遵循“自愿、合法、便利”的原则，积极为“个转企”企业提供优质高效服务。

2021年，全区实有市场主体27.45万余户，共办理各类市场主体设立、变更、注销登记4.27万余户，其中全程电子化办理96%以上。2021年，共办理转型的个体工商户“个转企”130户。

【省级食品安全示范区创建】 坚持高位推进，专项配专班。牵头成立由48个单位为成员的专项工作组，制定创建工作方案等一系列实施意见。形成了党政同责、部门联动、社会共治、全力共建的工作格局。坚持高效协同，专项明专责。对照国家创建标准，建立完善党政同责清单、职责任务清单、时间节点清单。确保任务定到人、责任扛到底。坚持嵌入式管理、穿透式检查、融合式执法，以数据为抓手，实施嵌入式管理。依托数据金水、城市大脑，有序推进“互联网+明厨亮灶”“互联网+透明车间”建设。截至年底，已有10家食品生产企业、3家食品小作坊完成“互联网+透明车间”建设。以自检联动为重点，创新穿透式检查。按照“你点我检”“你买我检”的思路，实行市场自检、机动快检、定期抽检、抽检分离“四检联动”，加大食品安全风险隐患防控力度。截至年底，共完成食品安全监督抽检8244批次，合格率96.65%。以依法严管为导向，开展融合式执法。常态化开展“双随机、一公开”、信息共享、案件会商、联合执法、行刑衔接。2021年，共立案244件，罚没103.77万余元。

【创卫复审工作】 立足市场监管职责，建立监督员包路、所长包片、科室包线、班子成员包块的工作架构，要求全员上岗，放弃周末，对辖区小餐饮店、小食品经营店全部监督检查“过一遍”，确保责任到人、包保到位。严格落实“早七晚十”工作制度，深入背街小巷、老旧社区、农贸市场周边，对照复审标准，全力整改“两小”重点问题和薄弱环节，打造“一眼化工程”。对督导检查发现的食品安全公示栏信息不健全、“三防”设施不到位、环境卫生不达标等问题，采取“回头看”的方式进行现场再督导，做到不漏死角、不留盲区，严防问题反弹。累计检查商户数2.6万余家次，整改问题千余个。

【市场安全监管】 以“四个最严”为行动纲领。突出重点时段、重点领域、重点环节、重点场所监管，组织开展学校食堂及其周边食品安全、桶装饮用水、网络订餐等专项检查，巩固“省级食品安全示范区”创建成果，切实提升食品安全监管能力。统筹推进食品安全“互联网+”行动。以“豫（郑）冷链”“溯本通”为载体，要求“亮码经营”，实现“来源可溯，去向可追”，有效提升智慧监管水平。同时开展“互联网+透明车间”建设工作，全面落实6S现场管理，规范企业生产，保障食品质量安全。强化药化械监管。以规范企业经营行为为目标，健全常态化监管机制，组织开展医疗美容机构、儿童化妆品、中药饮片及打击药品网络销售违法违规行为等专项排查，全年对药化械企业进行6700余家次检查，立案查处21起，罚没12.97万余元，有效维护了人民群众用药用械安全。加强“两品一械”安全性监测工作，确保风险信号及时发现、及时处置、及时化解，上报药品、医疗器械不良反应报告3799份，药品年度抽检24批次。扎实开展基层标准化药房建设工作，先后组织召开基层诊所标准化药房建设动员会、推进会和培训会，对创建标准化药房的基层诊所逐一进行实地指导。全区已有13家诊所达到创建标准。坚守特种设备安全底线。加强对特种设备使用单位的日常监督检查，推进“互联网+电梯”安全监管，发放宣传品及资料9000余份，切实提高定检率，规范特种设备安全行为。抓好质量安全监管。持续做好质量强区工作，围绕“5·20”世界计量日、“6·9”世界认可日等开展系列宣传活动，进行医疗卫生领域强制检定计量器具专项监督检查，宣传认证认可检验检测在助推经济发展和企业质量管理提升中发挥的重要作用，助力小微企业高质量发展。

【市场监管执法】 积极开展打击传销、打击不正当竞争执法行动。进一步加强反不正当竞争执法力度，加强对会议营销、义诊活动的监管，继续加强“铁拳”行动工作力度，针对复工复产后容易发生违法促销问题的重点行业，引导经营者开展自查自纠，充分发挥新闻媒体的舆论监督和宣传引导作用，广泛发动经营户和广大消费者提供案源线索。依法查处涉嫌侵犯“花花牛”牌乳酸菌饮料标识及“花花牛”字号不正当竞争行为，以仿冒混淆、虚假宣传、互联网不正当竞争为执法重点开展专项整治，加强对会议营销、义诊活动的监管。积极开展“抵制传销进校园”活动，提高广大市民自觉抵制传销、防范传销的意识和能力。认真开展打击虚假违法广告专项行动。多次开展严厉打击虚假违法广告专项行动，净化全区广告市场环境。检查社区企业商户2100余户次，查处广告违法案件129起，罚没金额114679.99元。积极开展网络交易监管工作。开展网上野生动物监管巡查工作，加大网站和网络经营者的监测力度，严厉查处野生动物交易和网络商品交易的违法违规行为，支持电商企业规范健康发展，2021年办理涉网案件127起，罚没金额877355.51元。开展扫黑除恶工作。发挥市场监管“主力军”和摸排涉黑涉恶线索“侦察员”作用，实施打治结合，深入推进扫黑除恶专项斗争。摸排涉黑涉恶线索26条。积极开展烟草市场综合治理工作。本部门联合烟草专卖局北城区直属分局执法人员积极开展烟草市场综合治理工作，立案33件，罚没金额51243.55元。

【企业信用信息公示】　充分运用信息公示、信息共享、信用约束等信用监管手段，着力构建和推进企业自律、联动监管、社会共治监管机制，提高监管效能。稳步推进“双随机、一公开”监管工作，推进企业信用信息归集，有关部门或金融机构联动实施相应限制后，主动履行公示义务，申请移出经营异常名录，“一处失信、处处受限”的惩戒效应初步显现。2021年，应报年报146592户，截至年底，已报年报132144户，年报率90.14%。

【消费维权】　围绕重点领域、重点环节、重点时段全面开展无证无照、打击传销、价格监督、虚假广告乱象等整治行动，对全区市场领域实施全方位监管，以高压态势加大对违法违规行为的打击力度，努力维护公平、公正的市场经营环境。同时，畅通维权渠道，通过“12315”投诉举报平台、12345市长热线办等方式，积极开展消费维权工作，做到件件有着落，事事有回音，不断提高消费者满意度。2021年，共接待咨询8.66万余次；接转投诉、举报3.2万余件，处理率100%；共查处违法广告、商标侵权、涉网案件等329件，罚没款104.32万余元。

【知识产权】　组织召开“金水区市场监督管理局知识产权宣传周动员会”，并积极组织全区企业申报第三届河南省专利奖，共推荐上报全区8家单位、9个项目参评。同时开展质押融资企业7家，融资金额1400万元，全区获得市高价值专利培育企业2家。充分发挥监管职能，加强商标行政指导，促进金水区驰名商标和注册商标增量提质。2021年，全区商标有效注册数量16.26万件，同比增长24.86%，占全市30.5%，居全市第一，拥有驰名商标总数5件。

【大气污染防治】　综合运用“督导、暗访、曝光、问责”等方式，督促推进散煤治理各项工作，巩固散煤治理成效。检查居民户、商户4.5万余户，未发现有使用散煤现象。

【政府信息公开】　结合市场监管工作实际，坚持公开为常态、不公开为例外，依法做好政府信息申请公开，积极主动公开各类基础信息，强化市场监管领域信息公开，做好人大代表建议和政协委员提案办理结果公开。2021年，全年主动公开信息198条，并依托基层政务公开平台，主动公开基层政务信息99条。

【人民来信来访】　始终把稳定安全信访工作作为头等大事，强化安全生产大排查，加大重点环节的监管力度。截至年底，受理群众来信来访件，处理率100%；受理省政府信访系统转办件，省长、市长热线件，处理率100%。

【“7·20”特大暴雨灾害应急处置及灾后重建】　严抓灾后食品药品“安全”关。动员农贸市场、超市、餐饮单位、零售药店等经营单位开展自救重建工作，及时清理被洪水浸泡过的物品，严查使用、销售被洪水浸泡过的食品药品。并积极协调疾控中心和辖区街道办事处，组织专业消杀队伍对辖区食品经营单位和药店开展消杀消毒工作。

【新冠肺炎疫情防控】　严抓风险隐患“排查”关。按照分片划区、责任到人原则，以辖区餐饮单位、大型商超、农贸市场、第三方冷库、零售药店等为重点场所，组织开展横到边、纵到底的全面排查，逐家逐户检查商户是否严格落实疫情防控措施，详细掌握经营进口冷链食品的市场主体数量和运营情况，不断健全完善动态监管台账。严抓易感人群“防护”关。坚决落实“人物同检、人物同防”措施，定期联系进口冷链食品、零售药店等经营单位，统计、更新现阶段的从业人员基本信息，进一步强化对从业人员健康监测、个人防护、疫苗接种和定期核酸检测的督促。要求严格落实进口冷链食品从业人员每周一次核酸检测，严禁未接种疫苗人员从事进口冷链食品经营活动。严抓退热药品“登记”。充分发挥药店疫情防控“哨点”作用，持续做好购买感冒类、退热类药品实名登记工作，要求药店详细登记购药人员身份信息，按时按要求上报登记信息，实现发热药品的实名销售和闭环监控，确保疫情防控工作落实落地。严抓进店人员“提示”关。要求各经营单位在店内显著位置张贴“进店扫码、佩戴口罩、保持一米线”等提示内容，并安排专人进行提醒，切实落细落实公共场所防控举措。严抓灾情疫情“重建”。以“我为群众办实事”为契机，深入开展“万人助万企”活动，主动走访受灾企业，摸清企业需求，掌握企业发展，用活用好“万人助万企”相关政策，想方设法为企业办实事、解难题，为企业高质量发展提供更多支撑和保障。

（撰稿：毋秀秀　审阅：王　伟）

应急管理

【概况】　金水区应急管理局成立于2019年1月，为金水区政府组成部门，根据《中共郑州市委办公厅郑州市人民政府关于印发〈郑州市金水区机构改革方案〉的通知》要求，由原来的区安监局改革而成。金水区应急管理内设机构9个，分别为办公室、应急指挥中心（救援协调和预案管理科）、法制和规划科（行政审批服务科）、安全生产综合协调科、宣传训练科（科技和信息化科）、危险化学品安全监督管理科、安全生产基础科、灾害应对科、调查评估和统计科，并设置安全生产监察专员和应急指挥专员各1人。有3个下属事业单位，分别为：郑州市金水区安全生产监察大队、郑州市金水区应急救援保障中心、郑州市金水区应急信息中心。

【安全生产】　深入开展重点行业领域专项整治行动。以安全生产专项整治三年行动为抓手，狠抓建筑施工、消防安全、交通运输、危化品、城镇燃气等重点行业领域专项整治集中攻坚，着力化解存量安全风险、遏制增量风险、防范变量风险，确保安全生产形势稳定。截至年底，全区共组织检查生产经营单位4.4万余家次，排查整治隐患2.23万余处，行政处罚265.9万元，责令停产整顿41家，约谈警示475家，查处黑加油站点35起，刑事拘留38人。加强重要时期安全防范。严格按照国家、省市的安排部署，加强对重要节日、重要活动和重要节点的安全管控，加大隐患排查和督查督导力度，加强对大风、暴雨、冰雹和强对流天气造成的次生事故防范。截至年底，印发工作提示34份，工作通报16次，发布风险预警22次。加强安全生产规范执法。截至年底，共立案74起，完成行政处罚73起，罚款金额共计30.58万元整。加强安全生产督查督导。抽调安全专家，针对发生事故的行业、区域，采取“综合督导+专项督导”的方式督促各单位落实安全生产责任。截至年底，区政府督导组共开展督查督导3轮，实地督导街道办事处、区安委会成员单位84家次，抽查生产经营单位124个，提出整改意见224条。强化宣传教育培训。以“空中课堂”“空中影院”的形式，扎实开展安全教育培训“五进”活动，为全区各单位提供在线安全生产警示教育和应急科普宣传培训，组织观看了《生命重于泰山——学习习近平总书记关于安全生产重要论述》专题片，推动安全生产月活动走深走实，进一步增强公民安全意识，提升公众安全素质；定期编发事故案例学习资料，尤其是“11·15”较大坍塌事故以案促改工作方案，以案说法、以案警示、以案促改；深入开展安全生产“三问三提升”大讨论活动，不断夯实领导、行业、属地和企业监管责任。通过“钉钉”软件组织辖区生产经营单位主要负责人和安全管理人员开展2021年“安全生产大讲堂”

活动。

【应急管理体系和能力建设】 建立健全预案管理体系。邀请省安委会专家，分两批对17个街道编制的突发事件应急预案进行听取专家意见进行逐个讲评、评审。经专题调研论证、广泛征求意见、组织专家评审等程序，印发《金水区突发事件总体预案》，建立健全应急管理制度规范。强化应急演练。9月29日、10月2日组织黄河防汛一、二线队伍紧急拉动开展实兵演练。全区各企事业单位，积极完善预案、加大预案演练力度，共计97场次，参与1735人次，投入装备623台（个），通过强化演练，进一步提高黄河防汛抢险救援实战能力。加强应急能力建设。协调辖区金水蓝天等各类社会应急救援力量参与节假日、重点时段应急备勤工作，确保突发事件应急保障。按照“防大汛、抢大险、抗大灾”要求，提前预置抢险队伍、物资和设备，确保一旦发生险情，拉得出、冲得上、抢得住。建立三级应急值班制度，认真做好24小时应急值班值守。

【“7·20”特大暴雨灾害应急处置及灾后重建】 全力应对“7·20”特大暴雨灾害。面对突如其来的“7·20”特大暴雨灾害，在区委、区政府和区防指的坚强领导下，认真履行区防办职责，快速反应、沉着应战，和全区干部群众一道日夜兼程、风雨同舟，全力组织抢险救灾，全力化解控制险情灾情，紧急转移避险群众19725人，营救被困群众1775人，成功处置较大险情50余处，全力防范危房、深基坑等次生灾害发生。全力迎战灾后多轮强降雨。为有效应对8、9月份6次强降雨，紧盯防汛工作“金标准”，切实加强防汛度汛准备，强化联合会商和指挥调度，及时发布防汛预警信息，提前预置抢险救援力量，把防汛责任制落实到各个环节，扎实细致做好强降雨应对工作。全力打赢黄河秋汛防御战。9月27日，黄河发生历史罕见秋汛后，及时启动黄河防汛Ⅲ级响应，迅速成立黄河抗洪抢险前线指挥部，全面预置工程机械和抢险救援力量，20个单位的352名干部迅速集结，每天由区级领导带队，在黄河大堤分段防守、巡堤查险，经过连续一个月的昼夜奋战，最终取得了黄河秋汛防御战的胜利，确保了黄河安澜。积极做好防灾减灾基础工作。扎实开展自然灾害风险普查。夯实各方责任，做好林火预防，严查野外违规用火，确保各项防控措施落到实处，切实抓好重点时段森林防灭火工作。积极开展安全示范城市创建和综合减灾示范社区创建。持续推进应急避难场所建设，建成各类应急避难场所83处（其中Ⅱ类应急避难场1处、Ⅲ类应急避难场所79处、简易应急避难场所3处），辖区内建成区应急避难场所总面积为258.68万平方米，人均避难场所面积为1.64平方米。

（撰稿：牛　伟　审阅：崔红宾）

消防工作

【概况】 2021年，全区消防队伍共接警出动1352起（其中火灾631起，抢险救援474起，社会救助170起，电力公司参与处置72次，燃气公司参与处置28次，市政绿化洒水车应急供水13次），出动车辆4274次，出动消防员23745人次，营救被困人员600余人，疏散被困人员3572人，抢救财产价值490.69万余元。共检查单位4098家次，查处举报投诉1575起，办理行政许可174家，火灾事故调查104起，立案241家，行政处罚244个，临时查封103个，“三停”73个，拘留59人，罚款368.52万元。

【消防安全责任】 坚决贯彻党中央关于机构改革的战略部署，抓机遇谋发展，引领队伍担起新职责，履行新使命。区政府始终把消防安全工作当作大事、要事，纳入政府总体工作目标管理，区直委局、办事处年度消防安全目标责任书签订率达到100%。区委常委会、区政府常务会多次听取消防工作汇报，召开专题会议18次研究消防工作，对消防工作进行部署，区委、区政府主要领导多次对消防工作作出批示指示、带队开展检查，推进全区消防工作深入开展。向各街道办事处、有关行业委局下发《消防工作提示函》《消防风险提示函》等各类文件40余份，消安委办公室每周一对全区上周的火灾事故情况进行通报，提醒火灾防范工作重点，每周组织联合检查，全力加强基层火灾防控工作。全区各行政部门之间能够协调配合，在重大火灾隐患整改、消防执法和消防宣传、公共消防设施建设维护等方面密切合作，齐抓共管，联合执法，形成合力。

【队伍建设】　始终坚持推进班子建设。坚持用习近平新时代中国特色社会主义思想武装头脑、指导实践，持续抓好总书记授旗训词精神学习，严格落实党委中心组学习制度，不断提升班子理论素质水平。严格执行《落实全面从严治党主体责任清单》《党委议事规则》等规章制度，规范党委“七议”等系列机制，提升班子规范化运行水平，用坚实过硬的班子带领队伍创新发展。持之以恒强化组织建设。抢抓建党百年重大契机，旗帜鲜明大抓党建创新，深入开展基层党建规范化建设达标创优活动，探索党建工作信息化建设。打造“党建联盟”“第二课堂”等党建品牌，推进党建工作和业务建设深度融合，立起融入主业、围绕实战大抓党建的导向。规范工会、共青团等群团组织建设，及时回应指战员现实需求，切实发挥桥梁纽带作用，真正发挥组织作用，凝聚人心士气，汇聚发展合力。紧贴实际做好教育引领。围绕学习党史、践行训词扎实开展主题教育，在教育实践中铸牢政治灵魂，培育指战员忠诚履职、甘于奉献的精神品格。大队先后邀请抗美援朝老战士、退伍老兵等来队讲党史故事，在就餐时间组织观看《郭继承讲党史》视频，组织指战员赴郑州市革命烈士陵园开展“致敬·2021清明祭英烈”实景式的爱国主义教育，到登封任长霞纪念馆、豫西抗日根据地和二七纪念馆参观红色教育展馆。

【岗位练兵】　狠抓全员岗位练兵。坚持党委议训管训，召开12次党委会和54次行政办公会研究执勤训练和灭火救援工作，组建大队全勤指挥部，制定下发岗位练兵奖惩办法，建立完善执勤训练激励机制。每季度举行集中比武考核、区域性执勤队站体能对抗。配齐配全专业救援器材装备，经常性开展专业技能训练和实战拉动演练，全面锤炼和强化了队伍实战化水平。锻造专业攻坚队伍。通过分阶段、分层次、分岗位着力研究提升大跨度厂房施救、水域救人、高层灭火救援、地下空间救援等方面的技战术，南阳路消防救援站作为地下救援专业队伍，在“7·20”特大暴雨期间地铁五号线隧道营救工作中疏散被困群众300余人。三全路消防救援站作为水域救援专业队伍，作为支队级抗洪抢险突击队的主要力量，代表总队完成了部局抗洪拉练任务，完成了南水北调总干渠防汛拉练和郑州市安全生产月应急演练任务。形成联动联勤合力。建立联勤联动、警情通告等机制，将辖区多种形式消防力量纳入调度指挥体系，实现“一键式”、精准化调度指挥。紧盯重大节日、活动，强化前置备勤、流动巡防和现场监护，快速响应、灭早打小。

【便民服务】　坚持“走出去”与“请进来”，2021年，主动深入学校、社区、企业单位开展“开学第一课、消防进军训”活动25场次，并设置队站开放日活动，邀请市民、学生走进消防队亲身体验。坚持“查隐患”与“回头看”，扎实开展消防安全专项整治三年行动，不定期开展隐患“回头看”及媒体曝光工作。2021年，共检查场所4907家，督改隐患7800余处，给社会生产和人民生活营造了安全的消防环境。推行“地摊宣传”，针对老旧城区结合和地摊类经济兴起的特点，譬如：健康路夜市已营业二十余载，承载了大量城市居民的夜生活，也给火灾隐患治理带来了新的盲区。大队创造性开展“地摊宣传”，设立“消防摊位”，开展靶向传导，累计发放宣传资料26300余份，帮助240余家商户清除隐患，解决群众问题2000余条。指导“单位自救”，针对重点单位普遍存在的微消站有“建”未“用”的问题，大队对辖区328个重点单位开展了全员培训，有效解决了消防器材使用不熟练、单位自救能力差的问题。

【火灾防控】 认真贯彻《河南省消防安全责任制实施办法》，不断创新社会管理，深化完善防控体系，有效形成抗御火灾的铜墙铁壁。坚持日常“双随机、一公开”监督抽查和消防安全专项治理相结合，紧盯消防乱点和薄弱点区域防控，以元旦、春节、元宵节及全国、省、市、区“两会”、“建党百年”庆祝活动安保工作为重点，连续部署开展了商场市场、电动自行车、易燃可燃夹芯彩钢板、打通生命通道、高层建筑、九小场所及重点行业领域等10余类专项整治活动。把社区消防工作作为网格精细化管理的突破口和着力点，区消防救援大队30余名文员会同市消防支队40余名文员结合全区“三官一师两员”工作每周利用一天的时间和社区的安全员共同对辖区的居民楼院进行宣传指导。全区各消防救援站在完成应急救援、火灾扑救、安全宣传等本职工作的同时，在阴雨天气中常态化深入辖区居民楼院对电动车违规充电开展专项检查，检查整治电动车违规停放充电问题，撑起雨夜消防安全“保护伞”。

【宣传培训】 深入贯彻《全民消防安全宣传教育纲要》，持续开展消防安全常识宣传普及和消防安全知识提示，深入开展“打通生命通道”“普及消防知识创建平安校园”“创建平安社区”“消防隐患我来拍”“志愿者骑行流动宣传站”等20余次专题活动，协调省电视台等15家官方“双微”推送播发火灾宣教片10万余次。与河南电视台签订火灾警示专栏，高频次曝光火灾隐患，提示群众火灾预防方法，受众群体惠及全市。高标准建成郑州市动物园、三全路站、黄河路站、翰林小学等省级多功能消防体验馆及科普教育基地7处，定期向群众开放，自建成以来已接待群众20万余人。组织线上志愿者招募活动，积极组织开展消防志愿宣传活动，配合消防宣传“五进”工作，全面提升各行业领域消防安全意识。成功打造未来路福元路、未来路纬二路、福元路玉凤路等消防安全示范路7条，建成1个消防文化主题公园，建成一个20平方米高清消防视频宣传屏，全面提升全区消防安全宣传氛围。联合教育局、住房保障办、农委、国资办等行业主管部门联合下发进社区进家庭进企业进校园进农村等指导性文件，针对不同行业部门、不同场所类别组织宣传培训1800余场，开展主题宣传活动610余场，发放各类宣传资料60万余份，受教育人数20万余人。

【队站建设】 对经五路站、三全路站营房整体进行改造提升，建成大队文化活动中心、视频会议中心，升级改造大队指挥中心，完成大队办公区域正规化改造，解决经五路小型站、福彩路小型站、唐人街小型站、凤凰城小型站、丰庆路消防救援站“三热”问题。完成高皇寨消防站建设用地土地手续，完成丰庆路小型站装修工程、金基站营产营具购置及正规化建设。

【“7·20”特大暴雨灾害应急处置及灾后重建】 面对2021年郑州突破历史极值的洪灾，消防大队参与了地铁5号线救援、增援登封抗洪抢险、帝湖爱弥尔幼儿园被困人员营救、郑东新区阜外心血管医院人员疏散转移等重要任务，确保了通信、医疗等重要部门的正常运作。完成了21世纪社区、金城时代广场、广汇PAMA等50余家社区、小区居民的排涝清淤任务，累计营救被困人员480人次，疏散群众2861人，排涝约305.1万立方米，为居民送水近1万立方米。凤凰城小型站救助大巴车被困师生、地铁5号线救援等事迹被央视、省电视台、应急管理部公众号等权威媒体多次报道。

（撰稿：李　冬　审阅：李伟峰）

市场发展管理

【概况】 郑州市市场发展中心金水市场分中心（以下简称金水市场发展中心），是郑州市市场发展中心管理区域市场的派出机构，承担金水区商品交易市场行业运行、管理服务和高质量发展等工作。内设办公室、党建办、人事科、宣传教育科、效能科、市场管理科、发展规划科7个科（室），下设4个区域市场管理所。

【农贸市场建设】 2021年，市定金水区标准化农贸市场建设和提升改造目标任务为1家，实际完成4家，其中新建3家，提升改造1家。同时，完成区委、区政府“五个一”工作和为民办实事工作高标准农贸市场（农产品超市）10家建设任务。充分发挥区级考核督查的促进作用，除将标准化农贸市场建设和提升改造工作纳入区政府每月、年度对办事处的考核外，又与区委“五个一”建设相结合，将该项工作纳入区委每月督查范围，极大推动了此项工作的开展。加大对运营中的标准化农贸市场的考核评价力度，每年通过对市场设施设备完好程度、商户入住数量、业态是否改变、管理人员数量和管理成效等的考核，来确定是否兑现或取消当年区级奖补，2021年取消1家市场区级奖补。持续提高农贸市场建设和改造标准和质量，针对工作中发现的问题不断完善工作程序，不断提高对建设材料和施工工艺要求，适应需求不断完善配套功能。进一步强化农贸市场建设督查。通过工作征得区委区政府主要领导支持，加大对私自建设农贸市场的整治力度，私自建设低标准农贸市场现象得到有效遏制。

【市场规范化管理】 紧扣城市精细化管理有关要求，以创卫复审和创文测评等市场专项治理工作推动市场规范化管理水平持续提升。根据创卫复审创文测评市场治理工作方案，进一步完善市场治理工作机制和细化治理标准，制定《2021年创卫农贸市场治理标准细则》《2021年创卫专业市场治理标准细则》。建立激励约束机制，制定《金水区2021年深化爱国卫生运动巩固国家卫生城市农贸市场治理工作奖惩办法》，促进辖区市场积极开展创卫创文市场治理工作。精心组织推进工作。积极发挥创卫及创文市场治理牵头作用，精心组织部署，不定期召开全区农贸市场和各成员单位工作推进会议，充分发挥辖区办事处属地监管作用，合力开展整治工作。分中心成立四个督导组，班子成员分包辖区，把辖区每个市场的治理责任到人，坚持每天到市场一线督导检查。按“好中差”分别采取不同治理措施，约谈日常管理水平差的市场。集中治理过程中，指导制作各类制度宣传栏、综合信息公示栏等约800余块，共督导检查市场500余次，共排查出问题1070余个，整改到位1054个，整改率98.68%。19家农贸市场中的17家达到良好水平，占农贸市场总数的89.4%。国家检查组共检查金水区3家农贸市场，均取得较好成绩。强化对私自建设低标准市场的集中整治，针对市里通报的农贸便民点问题，与区创建办密切配合，采取关停、提升等措施，经排查发现全区农贸便民点共21家，关停8家，拆除4家，提升8家，转型为其他行业1家。加强宣传培训。印发1400余份《郑州市国家卫生城市复审集贸市场治理工作实操手册》口袋书等，下发各成员单位及辖区市场，同时采取多种方式在各市场加强创卫创文宣传。持续推动市场规范管理常态化。按照市里统一部署，不断完善考评打分办法，组织开展“红黑榜”“星级农贸市场”评定，将市场常态化管理中出现的问题计入各类评分、考核，纳入区城市管理考核，促进集贸市场治理成效常态保持。

【安全生产责任】 积极履行行业监管职责，认真组织开展各项安全生产和消防安全工作。加强辖区市场安全生产及消防安全日常监管。持续推进落实市场安全生产三年行动计划和双重预防体系建设工作，督促辖区市场健全安全生产及消防安全管理组织机构工作机制及制度，完善应急预案，落实建立问题隐患、整改责任和制度措施“三个清单”及“六个一”要求等相关责任，与辖区每个市场签订安全生产和消防安全责任书。开展以用火、用电、用气为重点的安全生产日常检查、隐患排查及整治。全年召开10次市场消防安全工作推进会、约谈会。组织对全区市场负责人进行8次培训。全年共进行48场次消防安全疏散演练和灭火救援演练。认真开展专项治理工作。根据市、区安排部署，认真组织开展了全区燃气安全隐患专项排查整治、易燃可燃夹芯材料彩钢板综合整治、市场房屋建筑安全隐患排查整治，市场电动自行车消防安全专项整治，中秋等传统节日及两会、国庆等重要时间节点，冬春火灾防控、全市消防安全集中整治月、中共十九届六中全会及省、市党代会期间等市场安全生产及消防安全专项治理工作。全年共排查出隐患4703处，下达《整改通知书》640份，整改隐患4612处，整改率98.06%。加强安全生产宣传培训。推进消防安全宣传“进市场”工作，组织3次全区市场消防安全专题学习。组织观看《生命重于泰山》安全生产警示教育片，开展“11·9”消防宣传月等活动。2021年，金水区市场安全生产平稳，未发生较大以上安全生产事故。

【商贸市场提质发展】 2021年，完成市下达金水区2家市场外迁目标任务。与区商务局密切配合，积极推进外迁和商贸市场提质发展工作，拟定年度市场外迁计划，制定金水区市场外迁工作实施方案及相关市场“一场一案”工作方案等。不定期召开工作推进会，联合区委、区政府督查室加强督查指导，推进工作。

【其他市场服务】 认真组织开展市场大气污染防治和“白色污染”治理工作，加强市场重型货车、农用车和非道路移动机械管控，有序推进不可降解塑料购物袋退出使用，在辖区所有农贸市场投放安装环保购物袋自助取袋机。大力推进“细胞工程”创建工作，深入开展“平安机关”“平安市场”创建活动。以“万人助万企”专项活动为抓手，持续开展优化营商环境工作。积极办理区人大代表政协委员提案建议。

【“7·20”特大暴雨灾害应急处置及灾后重建】 推进“7·20”特大暴雨灾后救助恢复重建工作。针对市场受灾情况，分中心成立市场灾后恢复重建工作专班，专班明确任务到人，班子成员分包市场，出台《郑州市市场发展中心金水市场分中心市场特大暴雨灾害灾后恢复重建工作实施方案》，规范指导市场做好灾后重建工作。做好灾情统计汇总、开展市场环境清洁消杀工作。梳理市、区针对性政策措施，加强政策宣传解读，分类开展协助帮扶，召开经验交流会，组织政策对接会，指导市场规范上报受灾情况，辖区上报受灾市场共41家，辖区受灾市场核定市级财政补助合计金额18119.89万元。

【新冠肺炎疫情防控】 建立平急转换机制，严格市场疫情防控监管指导。依据国务院、商务部《农贸（集贸）市场疫情防控技术指南》及市、区其他相关规定，不断完善市场疫情防控制度、措施，指导市场加强工作人员、商户、顾客等人员管理，加强环境卫生清洁、消毒，建立完善疫情防控方案、应急处置预案、台账等。健全完善市场疫情防控督导机制制度，班子成员分包区域，工作人员分包市场，监督指导市场做好疫情防控工作，全年督导市场共出动5640余人次，发现问题2700余条，下发整改通知书950余份，整改率100%。制定《郑州市市场发展中心金水市场分中心新冠肺炎疫情防控应急工作方案》，及时启动市场疫情防控应急工作方案，激活应急工作机制，在市场发展中心和区保供专班统一领导下，在做好农贸市场疫情防控的前提下，组织市场全力做好农产品保供工作。加强防控宣传培训，组织单位全体职工及市场从业人员学习《农贸市场疫情防控指南8月版》，共培训市场从业人员1610余人，发放防控指南1670份、宣传品1100余份，应急状态下发放疫情防控宣传海报230张。

组织监督市场行业人员核酸检测和疫苗接种工作。在区核酸检测专班的统一领导下，组织全区农贸市场和专业市场重点人群积极参加核酸检测。根据安排，及时组织调整市场重点人群范围和检测频次，监督统计检测完成情况，配合疾控部门定期对市场内重点经营品类摊位外环境检测。组织督促市场从业人员积极参加新冠疫苗接种。全年共检测农贸市场43个，“四类人员”核酸检测共4046人次，食品外环境共检测5202份样本。辖区农贸市场、农贸便民点、专业市场疫苗接种人员摸底总数8064人，全部应接尽接。

严格市场进口货物防控督查。在区进口货物监管工作专班的统一领导下，负责辖区市场进口货物、进口冷链食品、进口果蔬花卉的疫情防控监管工作。在抓好常态化疫情防控督导的同时，牵头组织不间断开展市场进口商品情况排查，监督指导市场及经营户严格执行疫情防控相关规定，完善防控流程和措施，及时发现问题，组织相关部门联合执法查处违规行为。全年督查市场共出动2400余人次，发现问题1023条，整改率100%。全年指导全区售卖进口冷链食品的12个农贸市场37家商户，售卖进口水果的5个农贸市场13家商户、售卖进口副食品的3个农贸市场3家商户、售卖进口花卉的2个市场5家商户完善防控流程、措施，定期监督检查执行情况。

（撰稿：张运领　审阅：贾大志）

审　计

【概况】　2021年，审计局共开展审计（调查）项目67个。其中，财政审计1个，经济责任审计项目16个，政府投资工程竣工结算审计项目17个，专项审计17个，各类跟踪审计项目16个。审计期间查处违规金额6696万元，审计核减政府投资项目资金22619万元。提出审计建议70余条，均被相关单位采纳。

【财政审计】　2021年，审计局以保持经济平稳运行，提高财政资金使用绩效为目标，组织开展预算执行和财政投资情况审计，通过大数据关联分析实现了对区本级一级预算单位预算执行审计的全覆盖，审计过程中采用“1+N”的组织方式，以区本级预算执行审计为核心，统筹审计资源和项目计划，将预算执行审计与专项资金审计、经济责任审计、政府投资审计和政策跟踪审计相结合，持续加大对深化财政体制改革、预算绩效管理及民生、教育、科技等重点资金审计力度，同时开展新增财政资金直达市县基层直接惠企利民专项审计、促进财政资金提质增效审计，抗疫特别国债资金管理使用审计及专项债券发行使用管理情况审计。

【政府投资审计】　为切实提升政府投资项目的质量和效益，区审计局持续关注政府投资效益情况，加强对重大投资项目的跟踪审计工作。紧盯实现“两率先一争当”的总体要求，围绕“打造高品质现代化城区”的发展目标，重点关注“三项工程、一项管理”改进城市管理与改善人居环境工作情况，开展“一环十横十纵”城市道路改造工程审计、老旧小区综合改造工程跟踪审计、“十三条支路背街EPC提质”工程跟踪审计、打通断头路项目跟踪审计、东风渠综合提升工程以及辖区绿化提升工程跟踪审计，并对金科智慧城建设、国际金贸港建设等重点项目实行全过程跟踪审计，不断提升财政投入资金的安全性和效益性，促进夯实国家中心城市建设基础。2021年，审计局完成了鸿兴路中学宿舍楼、地下车库、报告厅及风雨操场工程，丰庆路小学建安工程，金水科教园区中央大道工程，金科·智汇谷—建筑装饰（土建）工程等18个政府投资项目的竣工结算审计，超计划完成12个项目。已完成的18个项目报审结算总金额为178576.34万元，审定金额为155956.95万元，审减22619.39万元，平均核减率12.71%。在加大投资项目审计力度的同时，鼓励建设单位通过第三方审计机构对建设项目进行结算审核，形成多方监督的管理体系，推进政府投资项目规范化、科学化管理，提高政府投资效益。

【经济责任审计】 2021年，审计局以促进经济高质量发展和领导干部履职尽责、担当作为、廉洁用权，确保党中央令行禁止为目标，扎实推进领导干部经济责任审计，紧紧围绕区委区政府重点工作，结合区经济责任审计面临的新形势，开展全区党政主要领导干部经济责任审计16个，其中，任中审计11个，离任审计5个。通过审计，客观评价领导干部任职期间经济责任履行情况，重点关注领导干部按照法定职责和程序行使经济决策权、经济政策执行权以及遵守廉政规定等情况。坚持和加强党对审计工作的领导，充分发挥区委审计委员会办公室统筹协调作用，落实重大事项向区委审计委员会报告制度。继续发挥经责审计工作联席会议制度的优势，加强各成员单位的协调联动，形成监督合力。同时，规范审计计划管理，根据干部管理监督需要和审计力量实际情况，制定经责审计五年规划，对全区经责审计监督对象实施分类管理，按部门性质、行业类别划分为十大类。将区属国企、卫生、人力资源等部门的下属重点单位主要负责人纳入监督范围，进一步扩大审计覆盖面。下一步，区审计局将加强审计项目的统筹，以“经济责任+自然资源资产”的项目统筹协调方式，开展经济责任、自然资源资产离任同步审计。通过统一实施、统一管理，实现审计资源集约化利用，审计项目成果相互共享，不断提升审计质量和效率。

【内部审计】 积极开展全区内部审计统计调查工作。按照市审计局内审指导中心的工作安排，区审计局对全区107个单位进行统计调查，通过调查，全面、准确、完整掌握全区各单位内部审计机构设置情况、人员基本信息情况和内部审计工作开展情况，为今后做好新形势下内部审计指导监督工作奠定坚实的基础。指导督促相关单位开展内审工作，为了进一步贯彻落实中共金水区委审计委员会第二次会议精神，更好地发挥内部审计在经济管理和廉政建设中的监督作用，根据《中共金水区委审计委员会关于转发〈中共河南省委审计委员会印发关于进一步加强内部审计工作的意见的通知〉的通知》精神要求，区审计局督促指导全区23个重点单位完善内审机构、建立健全内审机制。

【金水区委审计委员会第三次会议】 为全面落实市委审计委员会第三次会议精神，积极筹备区委审计委员会第三次会议，根据上级审计机关指示和区委区政府重要工作

10月，金水区审计局组织全体干部观看红色电影《我和我的父辈》
（金水区审计局/供图）

部署，制定2021年度审计项目计划。会议听取了2020年全区审计工作开展情况和2021年审计工作谋划建议，审议通过《2021年度统一组织审计项目计划（草案）》《中共金水区委审计委员会办公室会议制度》《中共金水区委审计委员会成员单位工作协调推进机制》。会议强调，要创新思路方法，坚持走科技强审之路，强化大数据运用，大力推进审计方式方法的改革创新，提升审计质量和效率。强化统筹协调，完善审计部门与其他职能部门的贯通协作机制，推动力量、资源、成果共用共享，促进形成有序衔接、互为补充、协调一致的监督体系。

【临时交办工作】 2021年，按照区委区政府工作部署，上级审计机关以审代训的要求，派出审计组积极开展全市基本医疗保险和生育保险基金使用情况专项审计；组织开展党政机关和国有企业使用正版软件审计；参加市审计局业务质量评审工作；参与区委十一届第十五轮巡察工作；区委十二届首轮巡察工作；参加省审计厅组织开展的中共开封市委原书记和开封市人民政府原市长离任经济责任审计项目；参加市审计局对郑州市自然规划局原局长吕安民经济责任和自然资源资产离任审计项目；参加市纪委节前暗访检查组工作；参加省厅安排的柔性援疆计划,并且代表哈密市审计局对木垒哈萨克自治县巩固拓展脱贫攻坚成果同乡村振兴有效衔接进行了跟踪审计；参加省审计厅对河南农业大学党委书记校长任期经济责任审计、参加郑州市人民检察院检察长任期经济责任审计、积极参加24小时黄河防汛值守等各项临时性工作。

（撰稿：任少康　审阅：代红梅）

投资评审

【概况】 金水区政府投资评审中心成立于2005年8月。内设4科、1室，分别为业务一、二、三科、复核科，办公室。

区评审中心的工作职能是承担区政府财政投资计划内工程项目、工程量签证单及临时性政府投资工程项目的评审工作，编制项目预算书，提供政府采购招标价格依据。为政府财政投资资金把关，努力实现政府投资效益最大化。

【评审业务】 评审中心紧盯重点，高效推进。2021年，评审中心共接收政府投资评审项目519个，报审金额732917.48万元。完成评审项目477个，报审金额544741.5万元，审定金额474552.52万元，为政府节约财政资金70188.98万元。2021年，评审中心圆满完成各项职能职责任务，实现了不因项目评审环节影响到政府投资项目及时开工建设的工作目标。

【创新评审方法】 创新评审联动机制。实行评审关口前移，早安排，早准备，早介入，实现项目评审的科学化、精细化管理。建立双重评审机制。针对项目急、造价高、专业性强的项目，采用内部自评+委托造价机构共同评审的方式，保证评审结果的准确性并提高评审效率。贯彻精细评审机制。以提升项目评审质量和效率为切入点，做到评之有据、审之依法、增之有实、减之有理。实施质量保障

区评审中心窗口服务　（2021年，金水区评审中心/供图）

机制。严格实行三级质量复核制度；建立评审预案制和稽核制，确保评审结论科学准确。

【“7·20”特大暴雨灾害应急处置及灾后重建】 7月20日，郑州遭遇特大暴雨袭击，区评审中心紧急成立防汛救灾突击队，下沉南阳路街道办事处开展抗洪救灾工作。先后清理受灾楼院淤泥9处，拆除围挡3处，对社区楼院集中消杀6次。共慰问独居老人25户、受灾企业3家、低保、残疾群众53户。为辖区楼院抽取积水1000余立方米，登记因暴雨家庭受灾群众41户，搬运防汛专用沙袋300多袋，共为700余户受灾居民发放救灾物资。

【新冠肺炎疫情防控】 7月底，郑州市再次出现疫情，区评审中心第一时间下沉南阳路办事处，协助完成核酸检测15000人次。8月上旬，区评审中心下沉南阳路办事处开展疫情防控卡点执勤工作，分包4个无主管楼院，住户538户，每日平均排查出入人员1600人次，支援新冠疫苗接种3500余人次。11月，疫情再次反扑，区评审中心三次下沉南阳路办事处协助开展全员核酸检测，共完成检测12000余人次。

（撰稿：刘　行　审阅：任宗军）

8月，区评审中心党员干部在疫情防控卡点学习防控政策（区评审中心/供图）

交通管理

综　述

【概况】　郑州市金水区交通运输局。内设机构有办公室、行政审批服务科（法制科）、安全信息科、规划建设和海事管理科、综合运输科。

2021年，金水区交通运输局获得国家级节约型机关单位、郑州市交通运输系统安全生产先进单位、全市交通运输行业抗击新冠肺炎疫情先进集体、金水区乡村振兴工作先进单位等荣誉称号。

交通基础设施建设

【农村公路建管养】　扎实开展农村公路养护、路域综合环境提升工作。对辖区13.885千米县道进行科学、全面的养护，共计整修路肩边坡52960平方米，巡路保洁3293千米，处理坑槽1229平方米，沉陷764.5平方米，用土垫路肩水毁29立方米，清理边沟709米，整修排水护坡120米，量验166.62千米，清运垃圾渣土509立方米。重点项目建设平稳推进。公交场站推进情况。金水区2021年计划建设公交场站2个，分别为嵩山路农业路公交场站和东三环公交场站。嵩山路农业路公交场站经过区交通运输局积极协调，确定农业路与桐柏路交叉口东南角作为临时场站用地（场站用地全部由金水区提供），截至年底，该用地已交付公交公司。东三环公交场站经区交通运输局积极与公交公司和科教园区协商，最终确定观礼路与马林西路交叉口地域规模约0.6公顷的场地作为公交场站，截至年底已交付公交公司。区交通运输局对所管辖的X010鸿宝路，X007鸿苑路进行全面整改提升，确保辖区公路达到“路面良好、路肩到位、边沟洁畅、标志齐全、安保完善、绿化美观”二十四字工作要求，保证道路整改提升工作稳健有序开展。

【大气污染防治】　积极参与环境攻坚工作的夜查、重型货车入市检查、散煤运输等多项集中检查工作；对中央环境保护督察组下达的问题积极整改、结案率100%；积极推进国三货车淘汰、新能源运输车辆等工作全面开展；加强对环境违法行为的监督检查力度，对辖区内涉及大气污染攻坚的各项工作开展不间断的巡查、检查；全面做好宣传工作，利用区交通运输局对辖区所管辖的各类企业培训、检查等多环节、多渠道加强大气污染攻坚战的宣传力度，不断增强企业遵守环境保护的意识。

【安全生产工作】 平安交通建设深入开展，积极消除安全隐患。建立完善落实各级安全生产责任制。2021年年初协助局领导分别与各科室、各部门主要领导签订2021年度《安全生产目标责任书》《消防安全目标责任书》，落实“党政双责、一岗同责”负责制，印制并下发2021年度辖区交通运输行业《安全生产工作要点》《安全生产教育培训学习计划》《安全生产监督检查计划》等年度计划与方案；坚持定期或不定期安全生产大检查，将检查工作制度化。结合辖区交通运输行业实际，在“元旦、春节、清明、“五一”、汛期、安全月、“七一”、中秋、国庆、疫情防控、防汛救灾”等重点时期，安排部署行业安全大检查大整治活动，全年共召开专题会议23次，领导带队检查23次，督促各部门检查组各执其责，同时发力，共计检查企业400余家，其中货运312家，驾校88家，发现隐患167处，下发责令限期整改通知书167份，已整改到位167处；巡查所属农村道路、桥梁244次，发现隐患75处，已整改75处；巡查重点水域88次，未发现安全隐患。加强宣传，教育培训“常态化”。先后组织开展辖区从业人员消防安全暨安全生产教育培训会共21次，其中传达贯彻会议精神，学习事故案例12次；开展双重预防培训会5次，邀请专家讲座4次；开展平安建设活动1次；开展“消防安全月”培训会2次，邀请专家讲座2次；开展宣传教育培训对周边居民群众宣传5次；同时以“安全生产月”“五进”活动为契机，累计发放宣传资料4000余份、宣传袋1500余个、风险告知卡7400份、悬挂主题条幅12余幅、张贴宣传海报300余张、展列宣传展板6块，受教育人数达8000余人。通过宣传教育活动，提高干部职工、辖区从业人员和广大群众的安全生产意识，使得安全生产观念得到了增强。6月，金水区交通运输局联合辖区兴达路办事处、柳林中心校到沿黄金水区龙子湖第四、第五小学开展防溺水宣传活动，把水上安全宣传深入村组走进课堂，确保沿黄水域安全防范到位。

【“7·20”特大暴雨灾害应急处置及灾后重建】 鸿宝路贾鲁河大桥受灾及修复情况。区交通运输局对贾鲁河桥开展专项安全检测，对于贾鲁河桥检测出的问题，局领导第一时间上报金水区人民政府，经区政府主要领导批示以应急抢险工程的形式对桥梁进行修复并拨付139万元的专项资金。10月19日，桥梁抢修工作完成。鸿宝路受灾及修复情况。鸿宝路与科教园区在建工地交界处有772平方米塌陷，经过积极抢修，鸿宝路塌陷路段于7月26日完成抢险恢复通行。鸿苑路与科教园区管廊代建路口受灾及修复情况。省财政和市财政第一时间分别拨付5万元和11万元用于该路段抢修，经过连续抢修，该路段已于8月4日恢复正常通行。“7·20”特大暴雨灾害后，区交通运输局在第一时间修复连霍高速鸿宝路下穿京港澳高速至黄岗庙村路口面积达7140平方米的水毁路段。

【新冠肺炎疫情防控】 做好常态化管理。坚持疫情防控常态化，将疫情防控工作列入辖区货运企业和驾培机构重要监管内容，深入货运企业和驾培机构，督促运输企业认真开展疫情防控工作。抓住疫情防控重点，规范工作。截至年底，金水区有41家货运企业从事经营冷藏货物运输，冷链运输车辆228辆，冷链运输从业人员345人。区交通运输局组织货运科骨干人员全方位、无死角逐一排查了辖区冷链运输企业。全力配合做好新冠疫苗接种工作。区交通运输局积极动员职工、辖区货运企业和驾培机构所有从业人员接种新冠疫苗，确保利国利民好举措落到实处。做好卡点值守工作。8月初，新冠肺炎疫情再次侵袭郑州，区交通运输局负责人民路办事处工一街5号、6号、7号、8号院的疫情防控工作，抽调多名人员到卡点值守，并积极组织党员志愿者到核酸检测点开展志愿服务。

行业服务管理

【淘汰国三及以下排放标准营运柴油货车】 自2020年10月20日以来，国三车淘汰工作专班工作人员加班加点对市交通运输局下发的4071辆国三车辆进行排查，认领属于金水辖区车辆共2042台。截至11月30日，共注销登记国三车辆2073辆，完成率101.52%；拆解国三车辆513台，占比25.12%；营运证注销工作已经完成年度目标。截至11月30日，各办事处申报奖补资358台车，应兑付600.58万元。

【行政审批】 截至年底，区交通运输局货运科为辖区业户共办理车辆转出329件。审验车辆道路运输证3397件，重型运输车辆新车备案1851件。货运企业年度质量信誉考核202家。

【驾培市场整治】 截至年底，区交通运输局处理学员投诉电话、市长来电、“12328”及其他形式的投诉近580起。“7·20”特大暴雨后，驾管科统计受灾企业15家，帮扶慰问企业5家，积极向市交通运输局总结上报辖区驾校汛期损失情况。

【运输服务业】 自2019年10月1日开展此项工作以来，接市交通运输局下发需整治车辆共40台，截至12月已转出15台，正规报废18台，私人厂报废7台，大客车清理工作完成。

【扫黑除恶专项工作】 为切实有力推动扫黑除恶工作发展，区交通运输局贯彻落实区扫黑办有关部署要求，开展一系列扫黑除恶活动：多措并举加大扫黑除恶宣传力度。督促辖区内运输企业采用横幅、墙体广告、滚动字幕等形式在道路运输站、货运物流站、驾校等公共场所的醒目位置悬挂、张贴扫黑除恶专项斗争标语，累计悬挂条幅300余幅、张贴海报400余张；结合安全生产各专项行动的开展，深入辖区运输企业开展涉黑涉恶“地毯式”排查和“常态化”宣传。截至年底，共排查企业400家，其中领导带队检查23次。

【交通发展新理念】 强化党的理论武装，深化推进党史学习教育。截至年底，交通局党支部征订党史学习教育指定书籍59套，党员笔记本100本；党史学习教育集中学习累计开展6次，党史学习教育相关主题党日活动2次，及时上报为群众办实事新闻信息、照片，扎实做好“六稳”工作、全面落实“六保”任务，千方百计帮助企业主体纾难解困。2021年，共计开展集中党史学习20余次，观看党史学习教育片4部，发布党史专题简报45期，发布党史学习相关新闻4篇，收到学习心得25篇；开展支部书记上党课1次，科级领导干部上党课4次。加强基层党组织建设，全面提升组织力战斗力。修订出台《中共金水区交通运输局党支部2021年工作要点》《中共金水区交通运输局党组履行全面从严治党主体责任清单》《党史学习教育实施方案》等文件文本。严格按照“三会一课”要求，按时召开支部党员大会、支部委员会，上好党课，确保支部党员全员参与。

【廉政建设】 狠抓干部队伍作风建设。打造一支务实清廉的干部队伍，制订和完善干部职工岗位管理考评办法，严格按照区纪委监委要求，做好科级干部“1+n+e”信息采集，积极汇总中层以上干部履职尽责情况、主体责任落实情况和领导班子成员一岗双责等情况，切实把党员干部的思想和行动统一到党中央决策部署上来。压实“两个责任”。严格落实党风廉政建设“两个责任”和“一岗双责”，建立健全“一岗双责”责任追究制度。与局中层以上干部签订《党风廉政建设“一岗双责”目标责任书》，人人公开作出廉政承诺，自觉接受广大群众监督，切实增强党风廉政建设的责任意识和主动意识。开展廉政专题教育。定期召开党风廉政建设专题研判会，学习以案促改典型案例，观看《高压线下的疯狂》等警示教育片，通过学习研判，进一步丰富了全局党员干部学习教育形式，增强党员党性观念，增强党员干部的廉洁意识，提高拒腐防变能力。每逢春节、清明、“五一”等节假日，对领导班子成员、机关科室及局属单位负责人开展节前集体廉政谈话，做好公车封存工作，营造风清气正的节日氛围。定期开展以案促改工作。及时传达学习以案促改会议精神，认真剖析违纪违法案件发生的根本原因，并结合各自的工作谈体会、谈认识、讲教训、查不足，明确下一步努力方向和措施，全年一共开展以案促改典型案例学习11次。结合工作岗位,认真开展廉政风险重点防控工作,列出权责清单和负面清单,查找风险点,制定防控措施。严格落实值班、考勤制度。严格按照区委、区政府要求，修改完善区交通运输局值班制度，并严格落实。做好节假日人员值班工作，带班领导、值班人员按时到岗在位，每周对全体工作人员在岗情况进行两次不定时抽查，要求各科室各部门严格按照请销假手续做好考勤工作。

（撰稿：刘　畅　审阅：王　峥）

资源规划

【概况】 郑州市自然资源和规划局金水分局（以下简称区资源规划分局）前身是1987年成立的金水区国土资源局，按照国家机构改革有关要求，2019年1月在金水区国土资源局的基础上成立金水区自然资源局。2020年3月，按照郑州市有关要求，在金水区自然资源局的基础上设立了区资源规划分局，作为郑州市自然资源和规划局的派出机构，列区政府工作部门，人财物由区级管理，主要负责人实行双重管理。原郑州市城乡规划金水服务中心连人带编划转至金水区，成为区资源规划分局所属事业单位，并更名为金水区规划服务中心，机构规格为正科级。区资源规划分局主要职责是统一行使全民所有自然资源资产所有者职责、统一行使所有国土空间用途管制和生态保护修复职责，发挥国土空间规划的管控作用，为保护和合理开发利用自然资源提供科学指引。

【土地资源】 金水区总面积为各项和为13405.59公顷，其中，湿地40.21公顷，耕地626.33公顷，种植园用地250.25公顷，林地1120.93公顷，草地381.87公顷，城镇村及工矿用地8818.3公顷，交通运输用地759.67公顷，水域及水利设施用地1360.28公顷，其他土地47.74公顷。

【项目规划服务】 核发《规划设计条件通知书》42件，总用地面积约171万平方米；完成建工证技术审查项目67个，其中建筑类技术审查项目25个，总建筑面积约284万平方米；市政类技术审查项目31个，总长度约28千米；交通类技术审查11个，总长度约7.8千米；办理验线项目136项，其中建

表1 按各街道办事处权属边界调查的土地面积 单位：公顷

名称	面积	名称	面积
经八路街道	333.37	东风路街道	643.64
花园路街道	237.04	北林路街道	577.82
人民路街道	131.71	未来路街道	491.70
杜岭街街道	54.59	凤凰台街道	266.78
大石桥街道	142.80	兴达路街道	3840.68
南阳路街道	391.94	杨金路街道	2219.02
南阳新村街道	641.16	国基路街道	1217.47
文化路街道	521.51	丰庆路街道	1246.99
丰产路街道	447.36	——	——

筑类121个，涉及202栋楼，市政类15个，总长度约11千米；办理规划核实项目21项，核实总建筑面积约282.6万平方米。

【耕地与基本农田保护】 落实耕地与基本农田保护主体责任，金水区（含郑东新区）耕地保有量3017.5公顷（45262.5亩），基本农田保护目标952公顷（14280亩）。购买了补充耕地指标62.76公顷（941.3466亩）。郑州市103高级中学新建项目占用耕地2.5246公顷（37.869亩），通过省厅授权购买的存量指标，实现占一补一、占优补优。

【项目用地服务】 土地资源供给质量与效率持续提高，向上申报建设用地51.52公顷，其中城中村改造和合村并城项目用地43.88公顷、金水区敬老养老院项目0.567公顷、103高级中学项目7.07公顷。完成征收73.01公顷，涉及征地补偿款2.35亿，涉及柳林、杓袁城中村改造项目，马林合村并城项目，以及金水区敬老养老院、省人才公寓、中原高速、金城大道项目。完成供应土地35宗共177.39公顷，成交价款共189.27亿元，涉及金水自贸区、徐庄合村并城、地理信息园、高皇砦城中村改造项目等项目。

【土地执法监察】 开展动态巡查350余次，共下达停建45份，下达处罚决定书27份。2021年度卫片经省厅审核纳入整改违法占地图斑共23个，面积31.674公顷（含耕地20.94公顷），基本农田11.94公顷。已立案查处20个，查处面积114.41公顷（耕地2.17公顷）。国家自然资源督察济南局2019年耕地保护督察发现问题有6个问题图斑未整改到位，面积3.778公顷（含耕地1.69公顷）。2020年土地例行督察问题，金水区有4个问题图斑未整改到位，面积2.27公顷。

【国土绿化工作】 国土绿化工作。完成新造林50亩、京港澳高速两侧防护林带森林抚育任务100亩。沿黄生态廊道（金水段）建设情况。堤北亲水观河生态工程已全部完工；大堤多彩林荫大道工程，于4月下旬已全部栽植完毕；淤背区生态休闲体验带工程已建设完成，绿化景观已全部完成，绿道两侧行道树已全部栽植完毕；延展区防护林提升工程，已按照设计方案全部完成延展区树木的抚育、清杂、提升等工作。森林病虫害防治及审批服务。草履蚧发生27公顷，累计树干喷药防治87公顷。累计防治美国白蛾394.67公顷，监测覆盖率达到90%，配合市林业局进行了20架次飞防，面积达1万余亩。累计防治悬铃木方翅网蝽24公顷，防治效果达到90%以上。野生动植物保护工作。巡查巡护野生动物经营场所50余次，救助保护鸟类6只，三有保护动物刺猬1只，协助森林公安查处非法饲养野生动物场所1起。加大宣传力度，开展“爱鸟周”等专题宣传活动，印发宣传资料1000余份，张贴宣传保护鸟类横幅10幅。

【不动产登记】 在不动产登记工作方面。开展不动产登记“全市通办”工作。截至年底，不仅可以办理市内五区不动产登记，还可以办理经开区、高新区、中牟、荥阳等

3月12日，区资源规划分局组织全体人员开展植树节义务植树活动
（区资源规划分局/供图）

各开发区和县市不动产抵押权登记，实现了全市不动产登记“就近（异地）申请、跨县区办理”的服务目标。2021年，共受理32655件，办结率100%；回复市长热线28件、微信平台18件、局长邮箱3件；证书证明免费邮寄共1004件。不动产登记窗口获得“优质服务标兵”61人、“红旗窗口”58次，上门服务10次，收到表扬信83封、锦旗11面。创新开展“适老化”工作，细化对“特殊群体”的服务方式，设立企业服务窗口，对小微企业和个体工商户实行登记费减免。以“万人助万企”活动为契机，针对企业复工复产以来面临的发展难题全过程跟踪服务，通过“一企一策”解急忧，及时为企业提供精准服务，受到企业好评。

【安全生产】 “7·20”特大暴雨灾害发生后，全体党员干部分工协作，开展防汛救灾和灾后重建工作，到北林路办事处协助抽水排涝、交通疏导、清理垃圾淤泥、慰问帮扶受灾群众；与市供电公司、省内外救援队和各办事处对接，帮助全区603个住宅小区和81个公共单位加快恢复供电，为18.3万户约52.3万居民解决了燃眉之急；在黄河大堤、贾鲁河畔日夜巡查，及时发现并标记土体滑坡、道路塌方地段，防止发生人员伤亡。

在黄河秋汛期间，局领导班子带领兴达路、杨金路、丰庆路、国基路4个基层国土资源所人员们到黄河大堤开展巡查，每处必到，对可能发生的地面塌陷、排水通畅等问题积极开展应对准备，每天深夜会安排值班人员开展夜间巡视，观察黄河水位上涨情况、观察大堤路面情况，劝诫群众勿在大堤附近逗留、远离安全隐患。10月1日以后，与金水区应急管理局、兴达路街道等单位深入对接，面临严峻的防汛形势，放弃一切节假日、休息日，24小时不间断在黄河大堤巡查值守。同时，从局机关抽调2人到金水区应急管理指挥部24小时值班，尽最大努力保障关键信息能够及时传达。

10月5日，区资源规划分局配合河务局开展黄河秋汛值班及巡查工作

（区资源规划分局/供图）

【新冠肺炎疫情防控】 在疫情防控期间，全体党员干部毅然投身疫情防控第一线，全天候下沉丰产路、丰庆路、国基路、杨金路、兴达路等街道，协助开展卡口测温、核酸检测等工作，身体力行筑牢疫情防控的“红色堤坝”。

（撰稿：杨　帆　审阅：王文超）

住房和城乡建设

【概况】 金水区住房和城乡建设局（以下简称区住建局）内设办公室、法制科、行政审批服务科、建筑市场监管科、工程质量安全监管科、市政工程建设科、建设工程消防验收科，下设金水区建设安全监督站、金水区工程质量监督站、金水区工程建设中心。

2021年，区住建局始终坚持以人民为中心的发展思想，贯彻新发展理念，以党建为引领，以项目为抓手，坚持目标导向、问题导向、结果导向，全面推进金水区城市功能品质提升。荣获国家四部委联合颁发的节约型机关、金水区文明单位等荣誉称号。

【城区路网打通】 全年在建道路34条，实际通车或局部通车22条，目标完成率137.5%，超额完

改造后的农业路沙口路楸树公园　　（金水区住房和城乡建设局/供图）

成全年任务目标。

【城市提升】　城市主干道改造方面：全面顺利完成主干道二期项目北三环、陇海路、花园路，三期项目郑汴路、农业路、三全路、中州大道、金水路8条道路改造任务，累计投资8.98亿元。公共停车泊位建设方面：全年辖区新增公共停车泊位7289个，完成率112%，超额完成全年停车泊位建设总目标任务。建筑节能改造方面：对85个老旧小区楼院进行节能改造，完成建筑面积改造109.76万平方米。工人新村片区建筑综合整治。整治内容包括民用建筑75栋、小学1所、厂房1座，共计建筑面积约26万平方米，截至年底，已基本完成A、B、C、D示范区共计14.6万平方米的改造任务。

【行业监管】　建筑安全监管方面：推进双重预防体系建设，全区30家合同额1亿元以上区管工地已全部纳入双重预防体系智慧监管平台系统。全年累计开展各类专项整治活动13次，整改隐患4315处，有效保障在建项目施工安全。成功创建华瑞紫金嘉苑三标、刘庄安置房7号地、金水科教园区道路基础设施工程（中央大道）项目、刘庄安置房5号地、庙李家苑项目5个市级安全生产标准化工地，树立了先进典范，促进金水区建设施工现场管理科学化、规范化、标准化。工程质量监督方面：全面推进建设工程质量标准化管理工作，对区管安置房建设项目、主干道综合改造工程、支线路网建设、老旧小区改造、加装电梯等区管建筑工程开展质量检查及业务指导370余次，下发各类整改通知160余份，出具工程质量监督报告8份，办理92部既有建筑加装电梯工程质量监督登记手续。所监管的泉舜锦泉苑和沙门新苑项目分别荣获“河南省工程建设优质工程”和郑州市“结构商鼎杯”荣誉，对全区建设工程质量的进一步提升，发挥积极的示范引领作用。工地扬尘治理方面：全年按照“工地不停工、企业分类管、指标降下来、空气好起来”的要求，对全区320个工地和524个老旧小区改造楼栋开展巡查，有各类扬尘污染源7200余处，发现扬尘治理不达标问题3260余个，下达整改通知书1250余份，整改率100%。PM_{10}年浓度为75微克/米^3，全市排名第二。

【建筑业市场管理】　从严格招投标监管、落实“一金三制”、积极处理欠薪投诉等方面规范建筑市场管理，促进社会和谐稳定。全年共办理招标备案项目和监督开标30个，受理解决招投标投诉3起，其中移交区综合执法局立案查处1起。检查项目42个，下发风险告知书26份、催缴通知书25份、建设工程劳动用工行政执法事前提示书22份、责令改正通知书13份。核收农民工工资保障金2928万元，其中保函金额2793.99万元；退还保障金438.11万元。已录入平台50个项目“一金三制”落实率达100%。处理各类欠薪投诉31起，涉及农民工762人、金额2142.05万元。按照区委、区政府安排长效开展“万人助万企”活动，走访分包人民路、南阳路、南阳新村3个办事处70家规上企业，召开企业座谈会31次，收集问题38个，全部跟踪解决到位；承接交办问题18个，均已办结，企业反馈满意率100%。累计初审企业资料38家，59个奖项申报市级奖励金额1572万元。通过重点企业走访，主动服务、深挖企业潜力、全年建筑业完成产值995.19亿元，同比增长6.6%，圆满完成年度目标。

【审批服务】　全年办理寺坡、六里屯、桑园、庙李4个安置房项目和孟砦南街等8个市政道路的施工许可证，安置房单体建筑、市政道路和装饰装修等竣工验收备案项目29个，陈砦、保利溪岸一号院幼儿园等6个项目的消防验收，消防备案未抽中项目40个，消防验收备案项目64个，消防设计审查10个。2021年，区住建局共牵头完成陈砦、庙李、沙门等4个安置房项目的联合验收工作，为金水区安置房网签工作提供保障。

【"7·20"特大暴雨灾害应急处置及灾后重建】　"7·20"特大暴雨以来，区住建局第一时间对全区109个积水严重深基坑工地的安全隐患排查，紧急转移周边居民1420人，并专业指导现场排水抢险直至深基坑安全隐患全部消除，最大程度上确保建筑深基坑工地和周边建筑及居民的生命财产安全。

"7·20"特大暴雨后，对辖区39条在建道路修复破损人行道9700平方米，受损沥青150平方米，受损围挡928米，塌陷43处。12条主干道改造道路修复塌陷24处、清理道路积水2.2万平方米、道路清淤7.36万平方米，恢复绿化8.4万平方米。按照区政府安排，负责因暴雨造成的常砦、押砦、西韩寨、姚砦4个房建深基坑工地周边5处损毁道路抢险修复任务。从地质勘查、修复方案、施工管理等方面，科学组织、周密部署、迅速行动，在保证工程质量的前提下，以最短时间完成修复，实现交通畅通，方便群众出行。

【新冠肺炎疫情防控】　坚决落实省、市、区疫情防控要求，筑牢本单位和辖区内建设工程项目的疫情防线。住建局共抽调51名党员骨干和积极分子，参加区疫情防控指挥部、丰庆路办事处等重点区域的疫情防控工作。参加五轮全员核酸检测，完成共计约55万人次的核酸采样。完成金水区重点隔离区域中鼎花园小区513户、1431人次的上门核酸采样任务。11月9日到11月15日，参加全区三轮全员核酸检测，共计完成6万余人次的核酸采样任务。

（撰稿：吕凯歌　审阅：荆云亮）

保障工作

【概况】　金水区保障性住房管理办公室是区住房保障和城乡建设局下设机构，内设17个部门，承担的政府职能主要包括保障性住房、物业行业管理、私房租赁、公有房屋管理、城市房屋安全和防汛工作等。

【老旧小区综合改造】　突出党建引领，注重功能完善，实行专班推进，强化一线攻坚，健全长效管理，积极构建形成了全域提升的一体化工作格局，全年对176个楼院实施了综合改造。截至年底，累计对524个约760万平方米老旧小区进行"片区式"改造，直接惠及群众8.7万户、27万人，打造了文化路5号院、文雅小区等一批"品质金水"楼院，丰产路47号片区改造经验被住建部全国推广。

【问题楼盘】　区综合指导组牵头，落实"五包一"属地办事处责任，严格按照"一楼一专班，一楼一方案，一楼一台账，一楼一专案"原则，切实推进案件化解。建立每周一排名，每月一通报机制，强力推进攻坚。坚决贯彻市专班提出的"从解决一个事到解决一类事"要求，综合运用政策、行政等手段，因案施策、精准发力，推动问题楼盘重点难点案件有效化解，在抓好问题处理和人员息诉罢访的同时，把好的经验做法总结推广，形成长效机制加以坚持和完善。坚持定期例会机制，充分发挥职能部门、各项目工作组、属地街道等各方面的作用，落实领导分包责任制，推动形成工作合力，将区级权限内的问题最大程度化解到位。2021年，共接到市交办问题楼盘案件6批、76起（涉及56个项目）。截至年底，已终结性化解61起，化解率80.26%，完成市定80%化解任务。

【既有住宅电梯加装】 政策宣传。深入社区基层宣传加梯政策9次，发放编印的市、区《既有住宅加装电梯指导手册》10000余份，接受现场咨询和电话咨询百余次。回复人大提案1件，政协提案3件，并配合市加梯办，组织接待南昌城乡建设局一行到金水区现场考察加梯工作。印发《金水区2021年度既有住宅加装电梯工作实施计划》《金水区2021年既有住宅加装电梯工作考核方案》等文件，对各职能部门的职责进行了明确，为完成目标任务提供保障。2021年，共组织召开既有住宅加装电梯联审会议6次，审查34个加梯项目，54部电梯加装方案。建成55部，完成加梯目标任务总量的110%，工作经验被中央电视台新闻联播推广报道。组织和参与召开8次加梯纠纷协调或推进会，解决6起因加梯产生的业主与业主之间的纠纷、业主与加梯企业的纠纷。为民服务。组织召开3次工作座谈会，对加梯工作中出现的难点及时研讨，找出解决办法，做到确实为民、为企服务，解决企业困难。

【回购安置房用作租赁住房】 经过对全区存量安置房深入排查，座谈研判，梳理出有回购意向的项目9个，房源12531套。市盘活安置房工作专班通过实地调研，选定金水区杲村、庙李、新庄、白庙4个回购项目，房源3114套，市财政已预拨金水区中央财政补贴资金16440万元。

【住房保障】 已基本建成棚户区安置住房2340套，完成市定基本建成任务量100%。经济适用房转商品房受理470户，办结445户。全区累计为7042户发放公共租赁住房货币化补贴保障1760928元。完成公租房分配827户，超额完成市定任务。2021年，受理公租房新政策申请2607户，资格退出1651户，经济适用住房资格变更105户，完成19408户动态审核工作，328户区直单位配租审核工作，131户原廉租房货币补贴年审工作。青年人才公寓建设。杲村396套青年人才公寓已完成100%的房款支付，正在进行装修设计，申请奖补资金。沙口城中村改造项目（608套青年人才公寓）已竣工。

【物业管理】 老旧小区物业管理。向各办事处拨付奖励资金573.55万元。梳理出670个老旧小区列入物业管理考核奖补范围，聘请第三方服务机构进行考评打分，每月检查评分一次。“红色物业”综合建设。全区共有237个物业项目通过单独、联合、挂靠等多种形式建立党组织，629个物业服务项目内“双向进入、交叉任职”三方联动机制已全部建立。日常业务开展。办理物业管理区域划分20件；物业服务合同备案22个；开展“双随机、一公开”检查活动两次，检查物业企业26家；处理信访投诉及督查件约4000件。

【房屋租赁】 房屋租赁登记备案。2021年，共办理登记备案2583户。房屋租赁市场监管。共接收处理各渠道信访投诉和纠纷1964起。“群租房”专项整治。率先在全市出台“群租房”专项整治方案，建立“三见四清”机制，实行“572工作法”，排查出群租房968处，并完成整改880处。

【房屋安全】 房屋安全隐患治理。完成金水区房屋建筑安全隐患排查整治专项行动复查验收。排查出207幢房屋隐患，消除106幢。共下达《房屋安全隐患告知书》40份，督促严重隐患房屋产权人采取措施消除危房隐患。房屋安全投诉。接到房屋安全投诉53件，经过现场查勘，下达《整改告知书》28份，所有投诉均已协调处理完毕，处理网络舆情66起。彩钢房安全隐患排查整治。组建专项督导组，深化部门协同联动，坚持“应拆应改”，排查彩钢房屋1206处，发现各类彩钢房隐患936处，已推进整改524处。

【承灾体调查】 制定《金水区房屋建筑安全隐患排查整治专项行动方案》《金水区房屋建筑承灾体普查工作实施方案》等，全区累计调查房屋45816栋，其中城镇住宅19241栋，城镇非住宅19543栋，农村住宅4551栋，农村非住宅2481栋。全区累计调查面积11104.2226万平方米，其中城镇住宅8077.3746万平方米，城镇非住宅2949.4315万平方米，农村住宅56.5567万平方米，农村非住宅20.8598万平方米。

【公有房屋管理】 产权产籍管理。全年收缴租金498万元，其中住宅租金51万元，非住宅租金收入447万元。受灾情疫情影响减免月租金82万元。公房防汛及修缮，全年组织安全排查6次，开展防汛知识宣传2次，组织公房维修201处。公房出售办证，全年协调办理不动产证264户。公房遗留办证问题，协调解决工人新村47号楼22户已购房屋（2009年出售）办证问题。

【公租房后期管理】 截至年底，管理符合保障资格1294户。全年收缴租金550万元，其中办理新入住254户，退出59户。维修屋面漏水、卫生间漏水、瓷砖脱落等127处，全年组织公租房安全排查6次。

【房地产经济运行】 全区商品房销售情况。据市房管局统计，2021年金水区商品房累计销售面积151.30万平方米（不含安置房网签数据），2021年销售面积较2020年（234.90万平方米）下降35.59%。年度销售面积排名居市内五区第一。房地产市场运行分析。按照全区经济运行分析会议要求，每月撰写全区房地产市场运行情况分析材料；全年编印《金水区房地产市场运行情况统计报表》12期。

【“7·20”特大暴雨灾害应急处置及灾后重建】 “7·20”特大暴雨灾害过后，在区委区政府的部署下，迅速投入灾后危旧住房恢复重建工作。核查房屋778处，存在隐患128处、204栋、41万平方米，鉴定房屋50处、13.8万平方米，变形监测房屋43处、50幢。印发《金水区因灾致险既有城镇住宅房屋灾后整治工作实施方案》，召开灾后危旧房屋重建工作推进会，部署推进灾后恢复重建工作。完成修缮类共62处、84栋、21万平方米的整治，加固类完成共60处、105栋、18.3万平方米，拆除类危房完成11处、1.6万平方米。

（撰稿：杨　浩　审阅：王雷道）

环境保护

【概况】 郑州市生态环境局金水分局（以下简称金水分局）前身为金水区环保监理所，成立于1985年，属金水区建设和环境保护局二级机构。2003年，根据《关于区建设和环境保护局更名的通知》文件要求，金水区建设和环境保护局更名为金水区建设局，加挂环境保护局牌子。2007年，根据《关于“郑州市金水区环境保护局”独立设置的通知》要求，独立设置，全供事业单位，隶属区政府。2008年，根据《关于成立“郑州市金水区环境监察大队”的通知》，成立二级机构“郑州市金水区环境监察大队”，全供事业单位。2010年，根据《郑州市金水区人民政府办公室关于印发金水区环境保护局主要职责内设机构和人员编制规定的通知》规定，内设4个职能科（室）：办公室、污染防治科、自然生态与固废辐射科、环境影响评价科。2015年，根据《郑州市金水区人民政府办公室关于印发金水区环境保护局主要职责内设机构和人员编制规定的通知》规定，内设4个职能科（室）：办公室、污染防治科、行政服务科、生态辐射科。2019年，按照生态环境机构垂直管理制度改革有关要求，根据《中共郑州市委办公厅　郑州市人民政府办公厅关于印发〈郑州市生态环境局职能配置、内设机构和人员编制规定〉的通知》，郑州市生态环境局设金水分局，2019年12月12日，郑州市金水区环境保护局正式更名为郑州市生态环境局金水分局，作为郑州市生态环境局的派出机构。2021年，郑州市生态环境局金水分局按照《中共郑州市生态环境局党组关于分局内设机构等有关问题的通知》要求，调整内设机构，共设7个职能科（室）：办公室、综合业务科、组织人事科、法制信访管理科、生态环评科、污染防治科、科技信息监测科。原有二级机构郑州市金水区环境监察大队按照垂直改革要求，合并至郑州市生态环境综合行政执法支队金水执法大队。

2021年，分别获国家机关事务管理局、中共中央直属机关事务管理局、国家发展和改革委员会、财政部颁发的“节约型机关”；河南省普查办颁发的“河南省第二次全国污染源普查表现突出的集体”；郑州市生态环境局和郑州市教育局颁发的“郑州市2021年中小学环境教育工作优秀组织单位”；郑州市生态环境局颁发的“大气污染防治工作先进单位”“水生态环境保护工作先进集体”“土壤污染防治工作先进单位”“生态环境执法工作先进单位”“核与辐射环境安全工作先进集体”“生态保护和创建工作先进集体”“政务信息工作先进集体”“固体废物（危险废物）管理工作先进集体”“信息化管理工作先进集体”“生态环境保护特殊贡献奖先进集体”；金水区委、区政府颁发的“综合工作先进单位”“环境污染防治攻坚工作先进单位”“城乡接合部综合改造工作先进单位”“重点项目建设工作先进集体”等荣誉称号。

污染防治科组织开展全区非道路移动机械尾气抽测工作

（2021年，郑州市生态环境局金水分局/供图）

【大气污染防治攻坚】 坚持“一企一策”，9家涉VOCs企业完成深度治理；完成智能用电监管任务112家，超额完成5家，完成锅炉在线监控任务49家，超额完成2家，完成率均达到104%以上。坚持动态清零，取缔“散乱污”企业13家，油气回收抽测31次，抽测车辆和非移2857辆，清退超标23辆。坚持分类管控，18家企业完成绩效分级，享受豁免政策；11家企业安装大宗物料运输门禁系统；407家企业完成污染源清单填报和ODS系统填报；4家企业完成清洁生产审核。2021年，金水区污染物指数全面大幅下降，优良天数完成市定目标并超额完成6天，年综合指数4.59，全市排名第2，实现“蓝天白云照金水”。

【水污染防治攻坚】 深刻践行“节水优先、空间均衡、系统治理、两手发力”的治水思路，监测河流水质，整治违法排污，推进黑臭水体清零验收、农村生活污水处理，辖区河流水质稳定达标，实现“条条清渠润金水”。

【土壤污染防治攻坚】 严格用地准入，完成8个地块污染状况调查，重金属污染物排放量零增长，污染地块和重点建设用地安全利用率100%。

【危险废物规范化处置】 严格危险废物全程监管，举办各类大型培训会、座谈会10次，14家重点产废单位全部通过考核，摸排废铅蓄电池行业现状，指导办理一类证，全年安全转移危险废物2052吨。

【辐射事故零发生】 组织开展辐射事故应急演练，对110家单位（53个放射源、393台射线装置）开展专项培训暨隐患排查活动，整改问题10处，业务骨干被聘为省厅辐射事故应急队伍成员，指导23家单位办理辐射安全许可证，实现“杜绝风险护金水”。

【营商环境优化】　搭建“1+5+17+N”的“万人助万企”工作体系，解决企业反馈问题建议67件，审批重点项目20家，总量核定10家，备案建设项目238家，指导65个单位完成年度排污许可执行报告。开展“科技治废助发展”系列活动，其间收获4面锦旗和1封感谢信。

【环境保护宣传】　以“六五”环境日、生物多样性、优化营商环境等为重点，拍摄多部宣传片，广泛宣传低碳生活理念和金水分局7条助企政策，联合中小学开展环境教育，使环境保护基本国策薪火相传。通过《人民日报》、《中国环境报》、“绿色郑州”等主流媒体宣传工作经验和优秀事迹38次，群众参与环保更加主动、企业节能减排更加自觉。深入联合市生态环境执法支队金水大队，全年处理信访投诉84件，中央交办件12件，群众满意率100%。

【“7·20”特大暴雨灾害应急处置及灾后重建】　面对突如其来的暴雨灾情，金水分局一周内帮助50余家企业排除积水，十天内助力100余家企业复工复产；面对历史罕见黄河秋汛，出动300余人次，日夜兼程、守险护堤。

【新冠肺炎疫情防控】　面对新冠肺炎疫情，出动500余人次，组织5万余人次接受核酸检测，指导46家医疗机构和健康关爱中心，建设污水处理装置，规范处置医疗废物，避免次生感染，探索形成“三同步”工作机制和“一测三记录”工作方法，受到国务院疫情防控督导组肯定，多次被市局、市疫情防控督导组表扬推广。

（撰稿：周铭凯　审阅：彭金亮）

城市管理

【概况】　金水区城市管理局承担着辖区188条区管市政道路、52处区管桥涵设施的日常管养；承担着辖区228条道路250.2千米的架空通信线缆入地改造；承担着辖区“两河一渠”的黑臭水体动态治理；承担着汛期城市防汛任务、城市道路积水点整治和明沟暗涵疏挖工作；承担着辖区城镇燃气安全问题整治、供热领域问题治理、老旧管网改造工作；承担着污水处理设施建设与管理工作；承担着辖区窨井盖综合整治工作；承担着3个公园、132个游园、79个花坛花带共计281.6万平方米，4条铁路沿线78.6万平方米，7个高速出入口63.6万平方米，共计423.8万平方米的绿化管养；承担着220条道路（包括下放的道路）6.3万棵行道树的补植补栽工作；承担着辖区297条道路1373万平方米的机械化清扫保洁任务，机扫总面积1304万平方米，主次干道机扫率达100%；承担着辖区21座环卫垃圾中转站的日常维护管养任务，保障日处理生活垃圾1000吨；承担着辖区294座开放公厕管养任务；承担着辖区生活垃圾分类、养犬办证管理服务、清除冰雪等工作。

【规范城市立体空间秩序】　加快支路背街有机更新，完成农科路、纬一路等11条道路综合改造，改造面积达19.8万平方米，同步粉饰楼体立面109栋，楼体亮化81栋。整治城区架空通信线缆乱拉乱扯现象，完成红旗路、经二路等81条道路（路段），75.8千米（以清废净空为标准）架空通信线缆入地改造，拔除线杆2775根。落实省民生实事，做好窨井盖专项整治工作，完成农科路、政一街、纬三路等69条道路共计21262座窨井整治提升。协调各行业主管部门对学校、医院、小区等非开放公共区域窨井进行普查建档，并督促各部门对非开放公共区域破损窨井进行整治。

【增绿扩绿】　2021年，新建5000平方米以上公园2个：康桥朗城公园、市民文化公园，新增北三环游园、锦绣花园等游园15个；实现新增绿地共计71.5万平方米。圆满完成涉及区城管局5.7千米近60万平方米的S312示范性道路绿化建设任务，整理地形、种植地被58.3万平方米，栽植乔灌木1.6万棵。完成鸿园等11个省、市级园林单位（小区）创建。

【环境卫生精细化管理】 严格按照“六步作业法”的标准，指导辖区各办事处加强支路背街的人工保洁刷洗作业水平，通过规范作业模式，加大督查力度，建立考评奖惩体系等方式，实现人工+机扫作业路段全覆盖、保洁时间无空档，截至年底，辖区主次干道机扫率达100%。完成市民文化公园半地下大型生活垃圾转运中心主体建设和设备安装，该垃圾转运中心日处理垃圾量达300吨；完成金水区大型生活垃圾分拣中心主体建设，该垃圾分拣中心日处理厨余（果蔬）垃圾150吨。在辖区17个街道办事处、163个社区、1900多个小区全面铺开，辖区累计近60万户居民参与生活垃圾分类，形成分类投放、收集、运输、处理的分类全链条。辖区生活垃圾分类居民户覆盖率达97.56%以上，知晓率达99%，无害化处理率达100%。

【“7·20”特大暴雨灾害应急处置及灾后重建】 区城管局牵头草拟《金水区城区灾后恢复重建及运营管理工作实施方案》，成立8个专班，组建市政设施等21支抢险队伍，建立问题台账，快速反应，对标销号。在连续降雨、道路塌陷持续增加的情况下，集中力量，攻坚克难保道路畅通，修复路面破损、下沉、塌陷等道路病害1263处，共计8592平方米。全力以赴抓绿化恢复，灾后行道树倒伏修复、断枝清理、游园绿地修剪、草花更换、绿篱地被补植补栽等已全部完成修复。循环对辖区街道进行清理淤泥、清理垃圾、保洁消杀，灾后10天内完全恢复辖区所有主次干道、支路背街正常通行秩序，全区21座中转站、自管294座公厕均已正常开放。全年对辖区48条重点区域路段进行隐患探测，累计布设雷达测线221千米，探明病害体9处，已全部修复完毕。

新建的金水垃圾分拣中心　（2021年，金水区城市管理局/供图）

【新冠肺炎疫情防控】 区城管局在防疫攻坚中，创新并推广“五步消毒法”注重道路保洁、环卫基础设施、垃圾清运、绿化养护等防疫措施标准化、常态化；按照区委统一部署，累计抽调近50名机关干部到疫情防控指挥部、机场专班、五洲大酒店健康关爱中心、分包联系经八路街道5个社区、21个小区（楼院）开展疫情防控工作，筑牢疫情防控线。

（撰稿：孙琳洁　审阅：马喜才）

城市综合执法

【概况】 2021年，区执法局荣获首批河南省服务型行政执法标兵单位、河南省“强基础　转作风　树形象打造人民满意城管”表现突出单位、全省首届城市管理执法职业技能竞赛优胜单位、第二批郑州市依法行政示范单位、河南省执法队伍规范化建设模范单位、郑州市2021年度城市管理执法系统队列训练会操比武活动先进单位、郑州市2021年度巩固深化“强基础　转作风　树形象　打造人民满意城管”专项行动表现突出单位、郑州市停车场管理先进单位、郑州市户外广告管理先进单位、郑州市法制工作先进单位、郑州市城市管理执法先进单位、郑州市建筑垃圾处置管理先进单位等荣誉称号。

2021年，开展“万人助万企”活动，办理各类交办问题20余件，满意率100%。纪检高质量发展与城管执法高质量发展结合起来，创新入党积极分子积分制度，全年共发展党员20名。

【舆情处置】 严格按照一件“事”和一“事件”改革要求，对执法事项进行梳理，共纳入一“事件”范围24件。畅通群众办事、投诉办理线上线下双渠道，开通热线“63928110”、数字化、新通桥、市长热线、区长信箱、人民网等投诉全途径，优化升级居民月度投诉举报分析报告，全年共处理各类投诉25000余件；处理人大、政协提案18件，信访案件36件，办结率均为100%；全年发布新闻宣传稿件473篇，省级以上媒体317篇。

【市容环境整治】 严格落实“错时执法”措施，早、晚高峰安排人员开展巡查整治，加强巡查频次，避免日常管理出现空档时段。加大商场、商圈、公园、车站、医院等重点部位监管力度，加大对校园周边食品安全治理力度。充分发挥“路长制”和片区长作用，严格落实“定人、定岗、定责”和片区责任制。在容易出现占道经营反弹的路段、重点部位，安排人员进行盯守，对反复突店经营的商户加大处罚力度，合理利用征信体系进行惩戒。组织相关职能部门开展联合执法活动，针对夜间占道经营、突店经营进行重点治理，巩固日常管理成果，建立长效管理机制。

针对沿街门店严格落实“一店一招”规范要求，治理门头牌匾、LED显示屏等广告32000余处；设置公益广告989处；拆除大型户外广告24处，共计6800平方米。开展施工围挡专项整治，共整改拆除施工围挡554处，共计14.17万平方米。在溜犬相对集中区域设立“犬只粪便垃圾站”，方便市民使用，立案处罚291份，抓捕流浪犬277只。

【交通秩序综合治理】 在保有量不降低的前提下，持续对停车泊位功能、作用优化提升。截至年底，金水区共有停车泊位16630个，经营性停车场备案384家，备案率达到100%。推进智慧停车项目建设，路内停车泊位接入市智慧停车管理平台达11830个，经营性停车场完成数据对接384家；安装高位视频1695个，覆盖道路内停车泊位8721个，完成率约105%。以花园路商圈序化整治为切入点，以“共商共谋、共管共治、共享共赢”的工作思路，压实政府、社会、商户责任，实现与路长制管理、道路交通秩序综合整治深度融合，摸索出以社会化参与共治、标准化管理运行、一体化巡查执法管理新模式，实现了由乱到治、因治而美的改变，道路交通秩序明显改善，城市精细化管理取得了阶段性成效。2021年，共施划非机动车停车点（位）13308处、232855米，规范非机动车及共享单车247448辆，拖移违规停放非机动车371476辆（其中共享单车196678辆），打造非机动车停放示范点30处，共享单车停放示范点30处，发表新闻报道154篇。

【大气污染防治】 餐饮油烟治理。提升管理水平。通过交流座谈、分析研判，优化完善区油烟在线监控平台功能，进一步提升智慧化管理水平；强化督导检查。落实《金水区2020—2021年秋冬季餐饮业油烟净化专项治理行动方案》，对全区摸排检查，督促餐企落实主体责任，压实街道属地管理责任；通过各类媒体平台进行有效宣传，集束式、轰炸式传播油烟防控知识及相关执法行动，形成社会共防共治共识。加快在线监控安装、联网进度，全区17个街道办事处职工食堂全部安装在线监控；强化中小型餐饮企业二维码管理方面，在前期100家试点单位的基础上，扩大至全区5000余家餐饮企业，同时，升级油烟在线监控平台，实现到期自动发送短信提醒餐企清洗。

渣土车治理。启用智慧平台系统，以网上审批的形式简化工作流程；通过加强证件预先审理，与渣土公司形成一个良性的沟通平台，将黑渣土车或其他证件不齐全的车辆直接卡在审批之外；运用手机

App分时段地点监控车辆的运行轨迹，可以调查渣土车是否有违规清运行为。运用手机App实现对辖区出土工地的定位打卡、数据更新。

2021年，对扬尘污染案件立案781起，（拟）处罚金额1735.11万元；渣土车立案213起，共计罚款201.5万元。

【安全生产整治】 安全生产工作持续加强。充分履行安委会第六督导组职责，定期对杨金、北林街道办事处、区交通局等单位开展安全生产督导检查30余次。联合公安部门依法打击瓶装燃气无证经营（黑站点）、非法储存（黑窝点）等违法行为，源头管控安全隐患。共取缔黑站点、黑窝点21处，拆除液化气分销站1处，处置移交案件1起，共计查处及转运液化气罐1768个。深入餐饮门店后厨，严查使用过期罐（未年检、无标识等）行为，及时消除安全隐患。对辖区餐饮门店后厨进行全面执法检查，特别针对使用过期罐未年检等不合格钢瓶行为开展专门治理，全市首创三联单，印发《瓶装液化气安全使用检查记录》三联单2万份，排查使用瓶装燃气餐饮门店3422家，针对检查发现的安全隐患当场签订整改承诺，整改工作扎实推进中。开展瓶装燃气经营企业执法检查，坚决整改安全隐患。对广源液化气公司和汇鑫燃气公司开展执法检查，整治安全隐患10处。

【违法建设拆除】 采用“执法局依法查处，区政府一次性责成，办事处组织拆除”的在建违法建设处置模式，及时处置在建违法建设案件。按照《郑州市2021年度违法建设治理工作实施方案》《金水区2021年度违法建设治理工作实施方案》要求，建立健全违法建设治理和管理机制，落实区、街道、社区三级违法建设治理和监管责任，依托网格化管理，结合“路长制”，强化日常巡查，落实早发现、早处置、早上报，形成高压控违态势；针对重大疑难问题，建立常态化违法建设治理工作专题会机制。结合市区两级政府工作部署，在全区开展房屋建筑安全隐患排查整治工作，热力、燃气管道检修专项排查工作，高层建筑违建隐患排查整治工作，可燃性夹芯彩钢板违建整治工作，群租房排查整治工作，彩钢房安全隐患整治工作等一系列安全隐患排查整治工作，切实消除安全隐患，增强人民群众安全感。

围绕“一网通办、一网统管”中心工作，借助“城市大脑”建设东风，将新增违法建设查处纳入金水区一“事件”平台建设，实现对新增在建违法建设智能发现、自动流转、无缝衔接、迅速处置，做到发现一起，制止一起，拆除一起。实现“坚决遏制新增”的违法建设治理目标。2021年，共拆除违法建设928处，60.2万平方米。

【行政执法保障】 深化“五室一庭”行政执法保障机制。历经7年探索实践，建立起一套“五室一庭”行政执法保障机制，以“公安警务室、公证服务室、法律援助室、行政调解室、检察联络室和城管巡回法庭”为基本框架，将法、检、警、司等司法力量、执法力量引入行政执法环节，规范办案流程，明确办案时限，提高办案效率，形成完整的执法闭环。“五室一庭”行政执法保障机制运行以来，执法局案件办理数量、办理质量、案件执行率均位于全省前列，吸引全国近200家单位莅临观摩学习，被省住建厅推广。

【执法规范化建设】 深化“强转树”专项行动成果，结合全区中层干部调整工作要求和执法局工作实际，开展中层竞聘工作，32名中层干部履职新岗位，220名正式执法队员有序完成岗位轮转。同时，采取执法中队独立组训、划片组训、机关集中组训相结合的方式开展半军事化训练，2021年，累计组织集中组训30次、单独组训550余次，累计参训11000余人次，各类人员的参训率均达到85%以上。加强机关规范化建设。2021年3月机关搬迁新址后，合理规划办公场所，在保障日常内部办公需求的同时，为群众来访咨询、处理案件、备案登记提供便利条件。坚持办案流程规范化。进一步规范执法工作流程，严格执行“三项制度”，完成重大案件讨论30件，行政案件复议答复9件，行政处罚案件听证5起。2021年，共审核行政处罚案件5256件、金额3115.64万元。执法装备配备规范化。按需配备执法记录、摄录取证、便携式办案等执法工具，截至年底，已配备执法车辆55台，执法记录仪352台，购置便携式打印机、无人机等其他执法设备700余件；每三年对所有城管执法队员和协管人员进行一次制服换新，保证基层工作需求，维护城管队伍形象；为全体执法队员购买了人身意外保险，为维护好一线执法队员的基本权益做好坚实保障。9月29日，全省城管执法规范化建设现场观摩会在金水区召开，全省各个地市城管执法系统负责人实地观摩了金水区执法局规范化建设情况。

【新冠肺炎疫情防控】 在疫情发生后，第一时间出台《新型冠状病毒感染的肺炎疫情防控工作方案》，成立疫情防控小组，抽调48名精干力量下沉到人民路街道，值守卡点40个，协助核酸检测797170人次，同时，第一时间组建应急运输车队，协助医护人员进行防疫物资运送，累计出动执法人员5935人次，执法车辆1263台次，协助金水区总医院转运防疫物资12073件，转运医护人员1576人次。

【“7·20”特大暴雨灾害应急处置及灾后重建】 勇于担当，稳定发挥职能作用，坚决打赢防汛救灾和疫情防控“双战役”。在防汛救灾期间，执法局把防汛救灾作为第一要务，积极开展道路清障、路面清淤、垃圾清理、交通疏导、秩序维护、困难救助、次生灾害排查等工作。共帮助商户、群众1235人次，协助发放救灾物资12475件，发现排查各类安全隐患428处，协助运输各类救灾物资168车次，消杀面积约44900平方米。

（撰稿：白军玲　审阅：赵松亮）

城市改造

【概况】 2021年，区城市改造服务中心紧紧围绕区委、区政府的决策部署和上级业务部门的工作安排，压实责任，强化举措，较好地完成了大棚户区改造各项工作任务。

【安置房建设】 2021年，区城市改造服务中心继续把安置房建设摆在首要位置，切实督促拆迁清零、垃圾清运、施工进场等关键节点的落实情况，最大限度加快施工进度。全区共需建设安置房项目65个，截至年底，65个安置房项目已全部开工建设，其中，庙李等42个项目安置房已基本建成，张家村等12个项目安置房主体封顶，枣庄等8个项目正在进行主体施工，柳林等3个项目正在进行基础工程施工。

【土地规划等手续办理】 土地出让：2021年，加强督促项目指挥部和开发企业按照最新要求调整供地计划，合理安排供地时序，有序做好安置地块土地出让，同时主动加大与国土部门的对接协调，牢牢把握土地出让关键环节，协调完成聂庄、庙李陈砦三期等17个项目32宗、152.53公顷（城改用地单独已供15个项目23宗、111.33公顷）土地出让工作，庙李陈砦三期、张家村一期等7个项目部分地块、915亩土地收储工作。控规批复：2021年完成柳林二期、路砦地下空间控规批复。改造方案批复：完成沙口、刘庄2个项目改造方案批复，司家庄改造方案已上政府常务会，大铺、姜砦、柳林改造方案已上区直评审会并报送市直相关单位。

【安置房群众回迁】 始终坚持把“建得好、配套全、早回迁、能办证”作为基本工作原则，不断加大群众回迁力度，真正维护好、保障好群众的切身利益。全区65个安置房项目，共需回迁群众14.6万人。截至年底，累计回迁项目39个、12.5万人。2021年，计划回迁群众6000人，截至年底，已完成西太康、马李庄、路砦、刘庄项目7371人回迁。

【安置房网签】 在做好群众回迁工作的同时，积极做好安置房网签工作，2021年完成安置房网签

3251套、约35.62万平方米。

（撰稿：李　迪　审阅：李　剑）

房屋征收与补偿

【概况】　金水区人民政府城市建设拆迁办公室成立于1993年，于2011年更名为郑州市金水区房屋征收与补偿办公室，隶属于金水区人民政府，单位下设综合科、法制科、人劳财务科、群联科、档案科及两个征收科室。2021年，金水区共作出征收决定1起，征收补偿决定1起，征收补偿决定催告书3起，征收强制执行3起。

【房屋征收工作】　2021年，征收办按照市区两级政府加快推进中心城区市政重点工程建设的总体部署，采取“项目化推进、台账式管理”工作方法，围绕郑州市轨道交通三期建设工程（涉及金水区6号线、7号线、8号线共3条线路8座车站）征迁工作，对照工作确定时限、明确责任人，积极推进问题解决，积极推进征迁交地。

郑州市轨道交通三期建设工程。在金水区共新设车站8座（暂定名为：货站街站、龙门路站、陈砦站、农业大学站、丰庆路站、白庙站、东风路站、枣庄站），分别涉及凤凰台、丰庆路、文化路、东风路、丰产路5个街道办事处。共需征收344户（住宅317户、非住宅27处），征收总面积约3.9万平方米（住宅3.1万平方米、非住宅0.8万平方米），截至年底，已完成全部协议签订工作，涉及金水区台账任务101处，已完成101处，完成率100%。按照市委市政府进度要求，8座车站主体全部进场施工，征收工作圆满完成。

【依法行政】　2021年，金水区征收办以打造法治政府为契机，围绕轨道交通三期工程建设、市政重点工程、旧城改造等重点工程征迁，积极做好征收前期法律手续、程序流程的审核把关，以治理能力和治理体系现代化为目标，真正做到社会协同、公众参与、法治保障的体制机制，让人民群众时刻感受到社会的公平正义，使每一位被征收人得到合理补偿的同时，充分运用法律手段，依法加快推进征收工作进度。在行政诉讼及行政复议过程中，始终坚持以人民为中心的工作理念，规范办案程序，提高办案质量，注重运用调解、和解手段化解行政纠纷，努力做到案结事了，最大限度地减少行政争议的负面效应，提升政府形象，维护群众合法权益，实现了法律效果和社会效果的统一。

【依法治区】　为深入学习宣传贯彻习近平法治思想、中央全面依法治国工作会议和省全面依法治省工作会议精神，紧紧围绕金水区“两率先一争当”总体目标，严格执法、公正司法、全民守法，为金水区经济社会的发展提供强有力的法治保障。为切实加强普法与依法治区工作，推动法治建设，征收办制定了一系列相关措施：强化监督机制、完善考核机制、认真落实领导干部学法机制、建立领导干部学法用法档案制度、实施年度奖惩机制、建立中心组学法制度、建立领导干部法治讲座制度、建立责任追究制度，从而明确工作目标和主要任务，确保法治宣传教育工作健康有序开展，并建立和施行法治宣传教育工作责任制。

【征收工作】　郑州市轨道交通三期建设工程是郑州市市政重点项目，涉及金水区车站8个及5个辖区办事处，共需征收344户，征收总面积约3.9万平方米。受疫情影响，征收法定程序直到3月底才启动，而全市年初确定的6月底全部线路开工的时间节点不变，为克服不利因素影响，把时间抢出来，征收办统筹安排，打破以往征迁常规思路，结合相关办事处抽调精兵强将，在做好前期入户摸底的同时，把征收工作做在前面，改变了在下达征收令后才开展征收协商的做法，把征收过程中遇到的各类问题提前协商解决，拿出问题解决预案和办法，为正式签订协议争取了时间。

由于2021年年初轨道8号线白庙站征收范围规划调整，直到4月底才收到规划红线图，围绕全市轨道三期规划项目全部开工建设的目标，征收办紧扣法定时间，倒排工期，把每个环节以天为单位进行安排，落实到每一个人，细化到每一个细节，做到法定环节一天不能少、其余环节一天也不能多，实现了6月下达征收决定书的目标。

市政重点工程征收工作涉及户数多、情况复杂，为快速、高效推动工作，区里专门成立由区级领导任指挥长的专项指挥部，各相关部门和办事处主要负责人任成员，统筹安排各项工作，明确任务，责任到人，同时各相关办事处抽调骨干力量成立分指挥部，对工作任务层层分解，责任到人。

在攻坚阶段，区指挥部采取挂图作战方法，将各站点责任单位、责任领导、具体责任人、具体任务、完成时限、完成情况制成展板悉数上墙，通过每天一评比、每周一通报，进行红旗榜竞赛，评出每周红旗榜，宣传先进典型；定期召开协调推进会及时协调解决工作中遇到的各类问题，对于遇到的共性疑难问题采取专题会研究等形式，为房屋征收工作的推进提供了组织基础。

在征收工作中，征收办牢固树立以人民为中心的工作理念，加强政策培训，利用前期调查摸底时机，除对被征收房屋权属、房屋性质、建筑面积、附属物等情况进行详细的摸底调查外，多次与被征收人面对面交流，讲清楚政策、算好经济账；在每一个环节都坚持公开、公正、透明的原则，做到“一把尺子量到底”，该是群众得到的一分钱也不能少，不该开的口子坚决不能开的同时，以换位思考的工作方法多从群众的立场去思考问题，帮助群众解决一些生活上的实际困难，把群众当作亲人、朋友。

征收办下沉人员协助社区开展核酸检测

（2021年，金水区房屋征收与补偿办公室/供图）

轨道交通7号线一期陈砦站涉及丰庆路街道辖区油嘴油泵厂家属院征收，作为对口分包的破产企业、无主管楼院单位，2021年疫情防控期间征收办在该小区防控点建立党员示范岗，做好疫情防控的同时加强与小区被征收群众的联系，深入了解情况，为群众排忧解难，以实际行动争得群众的理解与支持，在征收方案确定的签约时间内，已完成全部协议签订工作。

在确保群众利益依法依规不受损害的同时，征收办也更加注重项目要件和各类资料的整理留存，确保程序合法合规，过程透明，结果公正，对于个别期望值过高、诉求过分的被征收人及时、依法申请区政府下达补偿决定，在法定期限内向法院申请强制执行，以少数的依法强制执行来确保高质量、高效率推进项目征迁工作。

【新冠肺炎疫情防控】 疫情防控工作开展以来，征收办党员干部志愿者下沉至丰庆路街道办事处，分为6个流动小组承担6个疫情防控核酸检测点的志愿工作。支部党员主动亮身份，充分发挥先锋模范作用，在核酸检测点建立党员先锋岗6个，24小时不间断工作，认真协助丰庆路街道办事处履行社区疫情防控职责，高效地服务辖区群众。

（撰稿：孙　飞　审阅：贾光辉）

智慧城市管理

【概况】 金水区智慧城市管理中

心前身金水区数字化城市管理指挥中心成立于2007年10月。2008年4月至2010年12月，与区爱卫办（区创建办）合署办公，履行城市管理大督查职能。2010年12月，金水区数字化城市管理指挥中心职能单列，分编后，数字化城市管理指挥中心为正科级事业单位，2019年12月更名为郑州市金水区智慧城市管理中心。根据工作需要，现设有四科一室，分别是办公室、综合科、考评科、督查科、网络科。

【核心案件处置】 金水区智慧城市管理中心的数据采集区域覆盖市区面积136平方公里、17个街道办事处、177个责任网格内的城市管理公用设施、道路交通设施、市容环境、园林绿地、房屋土地及其他六大类城市部件和市容环境、施工管理、突发事件、街面秩序、综合管理五大类城市事件进行采集、上报、复核。并按照郑州市改进城市管理与改善人居环境工作要求，定期对城市道路、老旧小区、城乡接合部综合改造以及施工围挡非机动车整治等阶段性工作进行案件采集。区级指挥中心在接到市级案件派遣后，第一时间根据案件描述内容将案件派遣至所属街道办事处或相关区直部门，并根据案件处置时限，靠前督查、督促各有关单位按时按质处置、回复案件。同时，中心平台坚持24小时接收市、区两级数字城管服务热线反映的市民投诉热点、难点问题及社会各界对城市管理的意见建议，并做好问题处理、反馈工作。2021年，金水区智慧城市管理中心共接收郑州市数字化城市管理指挥中心派遣案件624351件，处置案件601836件，案件结案率达96.31%，完成既定目标任务。

【精品路段创建】 为深化“路长制”工作成效，保持前期“千百十”道路创建成果，根据全市打造1000条精品道路，金水区170条的目标要求，把好“三关”，有序推进。在前期优秀道路基础上，对照14大项、57子项评定验收标准提前摸排，建立台账，并督促责任单位对上报道路设施、城市家具、绿地景观等方面微改提质，确保达到验收标准。对照要求，高标初验，督促责任单位持续做好整治提升和日常管养，确保高质量通过验收。将精品道路创建纳入“双改”专项考核，全面评价上报、管理、验收环节，利用考核杠杆夯实创建单位主责。

【智慧城管建设】 在智慧城管建设方面积极探索，与多家国内头部企业进行意向性接触，为实现智慧化自动派遣提供专业解决方案。同时，建立争议处置联席会议复核制度，并形成初步草案。按照区委、区政府的总体部署，在“一事件”建设工作领导小组的领导下，结合单位实际，第一时间成立由单位“一把手”任组长，分管副职为专职副组长，各科室长为成员的“一事件”专班，制定具体工作方案，细化工作流程，并在具体工作推进中不断完善。同时，进一步加强沟通协调，积极做好与区“一事件”专班和垂直上级“一事件”专班的沟通对接，确保信息联络无缝衔接、任务快速传达、工作配合紧密。截至年底，按照“数字金水”建设工作领导小组办公室工作进度

智慧城市管理中心为街道提供应急物资

（2021年，金水区智慧城市管理中心/供图）

要求，准确及时梳理疑难争议和高频事项，共梳理“一事件”清单四十余件，并就流程完善和争议处置形成有针对性的研究材料，为推进“一事件”工作打下良好基础。

（撰稿：郭　丹　审阅：张耀伟）

郑州金达建设发展有限公司

【概况】　郑州金达建设发展有限公司（以下简称金达公司）。公司注册资金1亿元，具有房地产开发三级资质，主要负责承建金水区政府投资的“一环十横十纵”城市道路（主干道）综合改造工程项目、金水区市民公共文化服务活动中心、郑州国际金贸港、道路、学校、保障性住房、医院等公益性项目。2019年公司获得金水区“强投资”工作现代产业体系构建工作先进单位和交通道路建设及建筑工地扬尘治理工作先进单位。

【重点项目】　“一环十横十纵”道路综合整治提升工程。截至年底，已完成辖区内未来路等12条道路改造任务，改造道路75.4千米，完成投资约22亿元，通过“金水上苑”等十余个重要节点的打造带动，辖区尤其是老城区各条主干道旧貌换新颜，功能不断完善增强，交通通行安全有序，辖区环境提升改善，颜值日益扮靓出彩。

金水区市民公共文化服务活动中心项目。项目建筑面积18.2万平方米，已完成建安投资约11亿元，包括便民服务中心、图书馆、档案馆、体育馆、文化馆、科技馆、青少年活动中心，作为区财政投资最大的单体民生工程，也是中部六省县（区）级层面功能最齐全、设施最先进、服务最完善的综合性服务中心之一，项目已基本建成（部分投用），其中政务服务中心、社会治理综合服务中心、人民来访联合接待中心等窗口单位的陆续入驻运营，已成为区窗口服务的“硬招牌”，让金水服务更加高效便捷。

郑州国际金贸港项目。项目将着力打造新型总部基地和创新金融中心、跨境贸易中心、科技成长中心，形成城区发展新地标、创新经济新引擎、对外开放新门户。总投资135亿元，总建筑面积约168万平方米，综合容积率3.99。项目纳入了全市32个核心板块建设中，截至年底，实际完成投资22.69亿元，新签约项目30个，签约企业注册资本金超50亿元，累计清运土方211.63万立方米，主体工程已全面启动。

道路建设项目。紧紧围绕“断头路打通”这一核心任务，结合服务城中村改造回迁、提升商圈经济，疏通城市交通毛细血管等功能需求，共承担辖区71条道路的建设任务，总长约44.45千米，总投资12.53亿元，截至年底，已完工通车38条，通车里程20千米，完成投资5亿元，在建21条，正在有序推进建设工作和剩余道路的前期工作。

学校建设项目。公司共计代建学校项目25个，共计建成13个，投入使用11个（周庄小学一期二期及鸿兴路中学2所学校未投用），总投资约28.75亿元，为带动区域发展、完善区域配套提供了有力保障。

养老敬老项目。金达公司紧紧

市民中心夜景　（2021年，郑州金达建设发展有限公司/供图）

围绕养老服务体系建设要求，大力推进区养老服务中心和敬老院建设。其中金达公司负责代建的养老服务中心已完成投资3000万元。敬老院及老年康体中心项目，已完成前期设计评审工作。

东风渠综合提升及市民文化公园建设项目。东风渠提升项目已基本完成，完成投资1.39亿元，地下工程已全面完工，市民文化公园项目总投资约3.6亿元，公园建设效果已全面展现，两个项目改造完成后，改善了辖区北部区域生态环境，和金水市民中心共同打造了现代化生活示范区。

【“7·20”特大暴雨灾害应急处置及灾后重建】 7月，郑州市遭受千年难遇的特大暴雨，众多街道瞬间成为一片汪洋。灾情发生后金达公司全体员工冒雨驻守一线，奋力抗灾，危险来临带头向前冲，认真排查安全隐患，对在建工地、低洼积水点、地下空间等重点部位进行拉网式排查，对存在安全隐患部位整改，全面消杀，疫情过后快速复工复产，极大程度上保障了人民生命财产安全。

【新冠肺炎疫情防控】 金达公司严格按照金水区委区政府决策部署，在做好本单位预防和控制的基础上，金达公司全体人员下沉分包未来路街道，积极参与防控、入户排查、卡点执勤工作。公司全体党员干部高度警醒，提高政治站位，每天工作10~12小时，协助完成入户排查工作，做好房前屋后、环境重点区域消毒工作。

（撰稿：张 洋 审阅：赵志浩）

郑州市金水建设综合开发有限公司

【概况】 郑州市金水建设综合开发有限公司（以下简称“开发公司”）作为金水区政府全资国有企业，成立于1988年，2013年成为河南省金水投资管理有限公司的三级企业。2021年6月，开发公司完成市场化转型改革，为后期管理运营提供强有力支撑保障。改革后，开发公司原党支部更名调整为“中共郑州市金水建设综合开发有限公司委员会”，下设两个支部委员会。公司致力于不断优化企业法人治理机构，严格按照现代企业制度要求，厘清董事会、监事会、经理层的权责边界，并按要求完成核心高管选聘及原有职工双向选择分流转聘工作。

公司下属企业14家，总资产111亿。开发公司是金水区专业化发展最久、市场化经营最早、一体化程度最高、产业规模最大的政府全资国有企业。

【重点工程项目】 公司现承担金水区政府主导的路砦、大铺、姜砦、王府坟、司家庄、沙口、城北路、黄家庵、财专片区、张砦街片区、大孟砦、杨君刘共12个安置房建设项目，可建设总用地1272.33亩，总建筑面积334.7万平方米，总建设套数12789套，动迁户数为3955户。总投资约169.10亿元，截至年底已投资约51.39亿元。

路砦项目。项目位于国基路街道办事处东风渠以东，长安路以西，新柳路以北，连霍高速以南，总开发计容建筑面积97.43万平方米，安置35.88万平方米，涉及动迁户348户、1498人，总投资约45.69亿元，已投资约26.87亿元，预计仍需投入18.82亿元。2021年10月，路砦住宅安置项目已完成分房工作，安置商业地块于2017年5月开工建设，截至年底，主体已完工，正在进行配套设施建设。

杨君刘项目。项目位于国基路街道办事处中州大道与金牛路交叉口西侧，安置规模为17.7万平方米，涉及动迁户102户，项目于2016年11月开工建设，截至年底，6栋高层住宅、1栋商业主体结构完工，二次装修完工。

大孟砦项目。项目位于南阳路街道办事处京沙快速路东、孟寨北路南、铁西路西，安置规模为11.9万平方米，涉及动迁户471户，回迁房940套。项目于2015年4月开工建设，2021年11月11日进场施工，截至年底，正在进行水电气绿化配套施工及零星收尾工作。

王府坟项目。项目位于南阳路街道办事处铁西路、黄河路、沙口路、王府坟南街围合区域，安置规模15.8万平方米，涉及动迁户251户、768人。总投资约12.31亿元，截至年底，已投资约1.85亿元，预计仍需投入10.46亿元。项目于2017年3月开工建设，截至年底，项目正处于主体施工阶段，其中1号、2号楼主体已封顶，3号、4号楼施工至14层，5号楼施工至20层。

姜砦项目。项目位于东风路街道办事处东风路以北、信息学院路以西、文劳路以南、园田路以东，安置规模15.7万平方米，涉及动迁户153户，801人。总投资约13.46亿元，截至年底已投资约4.36亿元，预计仍需投入9.1亿元。项目于2017年3月开工建设，截至年底，项目主体封顶、二次结构、主体验收全部完成，供水、供暖合同签订完成，装饰装修同步施工中。

大铺项目。项目位于东风路街道办事处信息学院路以东，文化路以西，东风路以南，农业路以北，安置规模27.1万平方米，涉及动迁户450户1457人。总投资约33.58亿元，截至年底，已投资约7.02亿元，预计仍需投入26.56亿元。项目于2017年3月开工建设，截至年底，A2地块主体封顶、二次结构、室内抹灰全部完成，外墙及窗框安装正在施工；A1地块1号、3号、5号楼已主体封顶完成，二次结构基本完成；A3地块计划2022年8月开工。

城北路项目。项目位于人民路街道办事处紫荆山路与城北路交叉口西南角，总建筑规模为2.2万平方米，涉及动迁户211户738人。总投资约1.92亿元，已投资约0.49亿元（其中：过渡费0.16亿元，建设资金约0.33亿元）。预计仍需投入1.43亿元（过渡费0.02亿元，建设资金0.78亿元，土地费用0.63亿元）。项目于2017年1月开工建设，截至年底，主体已完工，正在进行配套设施建设。

财专项目。项目位于文化路街道办事处信息学院路东、俭学街南、勤工路西、农业路北，总建筑规模为14.49万平方米，涉及动迁户273户，回迁房1240套。总投资约9.92亿元，已投资约0.46亿元，预计仍需投入9.46亿元。项目于2016年10月开工建设，截至年底，1号、2号楼主体已封顶，3号楼施工至14层。

黄家庵项目。项目位于北林路街道办事处金明街东、朝阳街南、经三路西、鑫苑路北，计容面积378549平方米，其中A-01地块71800平方米（安置）、K02-01地块92384平方米（安混）、K01-01地块116600平方米（开发）、K01-02地块5300平方米（开发），涉及动迁户156户661人。总投资约6.63亿元，现已投资约1.84亿元，预计仍需投入4.79亿元。项目于2016年10月开工，截至年底，3栋楼主体已完工，正在进行配套设施建设。

张砦街项目。项目位于杜岭街道办事处西里路以南、北二七路以东、杜岭街以西、华荣街以北，安置规模为60890平方米，涉及动迁户711户。总投资约6.69亿元，已投资约0.23亿元，预计仍需投入6.46亿元。项目于2021年10月15日开工建设，截至年底，项目正在进行基坑支护施工，主体工程未开工。

沙口项目。项目一期位于大石桥街道办事处二环支路北、京广铁路西；项目二期位于金水路南、京广快速路东，总建筑规模为22.18万平方米，其中B-07地块129627平方米，A-06地块92133平方米，涉及动迁户数616户。总投资约15.2亿元，已投资约3.23亿元，预计仍需投入11.97亿元。项目于2017年1月开工建设，截至年底，项目4栋楼主体已完工，正在进行室内装饰装修。

司家庄项目。项目位于未来路街道办事处凌云路与东里路交叉口东南角，总建筑面积31.11万平方米，A-01地块56035.55万平方米（安置）、B-01地块195248.71平方米（安置）、C-02地块59777平方米（开发）。涉及动迁户数213户1100人，总投资约23.68亿元，已投资约5.01亿元，预计仍需投入18.67亿元。项目于2017年1月开工，截至年底，7栋楼正在进行基坑支护施工。

【城市开发】 10月，路砦住宅安置项目完成分房工作，共交付安置房2580套（22.4万平方米），路砦村民乔迁新居。截至年底，姜砦、沙口、城北路、黄家庵、大孟砦、杨君刘、路砦商业、大铺（1、2、3号楼）已全部主体封顶，正在进行配套设施，其余项目主体施工有序推进。

【城市运营】 成立物业公司，以“红色物业”为理念，在稳步推进现有业务的同时，完成全区物业服务市场调研工作，搭建物业专业配套厂家供应库，与国内头部物业公司开展合作意向会谈，参观学习各业态物业管理经验，为下步承接各类物业项目奠定基础。组建租赁运营公司，盘活房屋，增加盈利。公司接收河南警察学院俭学街校区17000平方米办公用房、政府划转的公租房、青年人才公寓共计1262套（79000平方米）开展相关租赁业务，预计全年为公司带来约1400万元的现金流。

【公共事业】 开发公司在承接郑州金水市政建设管理有限公司后，不断完善公司体系，搭建全新组织架构，稳步推进环卫市政业务管养的承接工作。市政公司充分发挥区属企业的灵活性，联合区城管局和15个街道办事处成立专班小组，通过强化部门组织协调，根据不同节点，合理制定承接计划，逐步承接业务。同时以有序核查清点固定资产、推行三方联合考评等方式促进市政环卫体制改革等相关工作快速发展。

【资产管理】 积极整合资金融资现状。积极对现有资产、经营状况、财务、融资情况、资金需求进行全方位盘点与整合；通过有效投资逐步累积属于公司的经营性资产，打造公司可持续的融资能力，实现投融资良性循环。截至年底，公司资产总额约111亿元，资产负债率58.4%。

加快信用评级，打造融资方案。公司积极与国家开发银行、建设银行等十多家政策性银行、商业性银行及投资机构对接，把握融资产品及相关政策，确认融资主体、担保主体，采用流资贷款与项目贷款相结合的方式，确定融资可行性方案。2021年，公司获得中原银行3亿元、中信银行4亿元流动资金贷款授信，已提贷款1.5亿元用于项目建设。为助力融资授信，降低融资成本，公司强化与头部评级公司、券商深入沟通，加快推进企业债发行筹备与AA+信用评级。

【改革创新】 公司通过不断优化产业、资产、产权结构，勇于改革创新，促进公司转型发展，已取得显著成效，为金水区在新时期探索国企改革新路径、促进国有资产保值增值提供经验。

大力开展数字化变革。公司引进数字化平台，借由“变革东风”，科学整合业务，调整、优化公司和二级经营单位管理架构，推动公司现代化管理进程。

创新停车泊位管理。2021年，智慧金水公司创新模式，将传统停车与“物联网+人工智能”相结合，扩大管理范围，实现全区12000个道路停车泊位的智能化管理运营，净盈利额达545万元，较2020年增长171.4%。

【“7·20”特大暴雨灾害及灾后重建工作】 2021年，受暴雨灾害影响，公司进一步提高思想认识，积极采取有效措施，确保各项工作及时落实。

按照区委组织部工作安排部署，结合党史学习教育“我为群众办实事”实践活动，组织党员职工奔赴各街道办事处协助开展道路清障、路面清淤、垃圾清理、交通疏导、秩序维护、困难救助、次生灾害排查、卡点值班、排查管控等防汛救灾工作。2021年，公司下沉社区参加防汛防疫人数累计达166人次。

“7·20”暴雨后，为防止项目基坑出现坍塌，公司积极组织专家进行论证，对基坑进行加固，同时加强各项目地库及屋面渗漏水情况监测，对发现的问题及时进行补修；组织工人清理项目地库淤泥，尽快恢复地库原貌并进行消杀防疫。同时对主楼的水、电进行检查，修复，将安置房建设损失降到最低。

（撰稿：张晓晶　审阅：王　项）

科 技

【概况】 2021年，金水区科学技术局创新工作锚定省委“十大战略”，坚定走好创新驱动高质量发展“华山一条道”，搭一流创新平台，育一流创新主体，汇一流创新人才，推动科技创新“关键变量”成为金水高质量发展的“最大增量”。

【科技企业培育】 突出“科技企业+创新平台+产业集聚”，科技企业集群崛起，深入实施“十百千”高企培育计划，健全“微成长、小升高、高变强”梯次培育机制，330家企业成长为高新技术企业、占全省增量的近10%，高新技术企业总量突破700家、占全市的1/6；337家中小微企业成长为科技型企业，总量超过2000家、占全市的1/5；2家企业成长为省级创新龙头企业。

【创新平台建设】 提“质”增“量”，研发实力迈向一流，技术合同成交总额完成51.88亿元，增长119%，占全省总量的近1/10；各类工程技术中心、重点实验室达到433家、占全市的近1/5，获得省科学技术奖66项、占全市的近40%，为金水参与新兴产业、布局未来产业提供支撑。

【人才体系构建】 围绕信息安全、人工智能、区块链等新兴产业，深化创新“产业+项目+人才团队”模式，先后汇聚各类科技人才5.1万人、中高级职称人才2.2万人，引培高层次创新创业团队（项目）75个，其中高端人才11人（院士4人）。

【创新创业服务】 深化创业孵化带动，构建“大学生创业园—众创空间—孵化器—加速器”四级体系，双创载体达到65家，其中国家级25家。孵化企业3500家，带动各类人才2万人。深化金水双创IP打造，持续做大创新“主体”，做强创新“引擎”，做优创新“生态”，成功举办2021金水科创大会、火炬创业导师郑州行、“创客领袖200”加速营等一系列具有国际国内影响力的双创活动，“双12”中国创客领袖大会会址永久落户金水区，被创投界人士美誉为“南有‘双11’购物节、北有‘双12’创客节”，用高水平打造“创新智城·品质金水”的硬核支撑，为全省建设国家创新高地和重要人才中心，贡献金水智慧、金水力量。

金水创客领袖200加速营开营仪式　（2021年，金水区科技局/供图）

【研发投入】　推进“四个百分百”研发攻坚。成立七个专项工作小组，深入全区694家单位逐一走访，实现“百分之百走访到位、百分之百政策宣讲到位、百分之百财务人员培训到位、百分之百督导督查到位”目标，完成研发投入36.1亿元，总量净增4亿元，同比增长12.5%；全社会研发投入强度达到2%，同比提高0.17个百分点。

（撰稿：付履波　审阅：杨　琳）

教　育

【概况】　金水区教育局是郑州市金水区人民政府管理教育工作的职能部门，现设科室13个：办公室、秘书科、党建办、人事科、宣传外事科、财务科、教育科、体卫艺科、发展计划法规科、科学技术与信息化科、行政审批服务科、党风行风建设工作办公室、校外教育培训监管科。全区现有区属中小学、幼儿园88所，在校生140999人，在职教师7703人。

2021年，建立民办学校党组织31个、联合党支部19个，确定民办学校党建示范点2个。命名表彰15个优秀党建品牌、评选优秀微党课60节、选树各级优秀共产党员标兵24名。

【“双减”工作】　践行“双减”任务，找准贯彻中央和省市区决策部署的对接点、发力点、落脚点。关注“校外规范、校内提质”结构性矛盾和关键性障碍，综合施策，构建“1+2+N”政策体系，出台指导性文件19个。聚力校内提质减负，进一步加强“五项管理”，建立作业总量监测和公示制度，组织开展优秀作业设计案例征集活动，切实减轻学生作业负担；进一步放开中小学各年级、各学科学业评价职权，有效保障各校自主命题质量，促进学生主动发展、全面发展。聚力校外规范治理，积极开展培训机构专项治理，现有机构全部分类审批、分类管理，132所学科类培训机构已压减至9所，压减率93%；深入整治无证机构及地下违规培训行为，取缔910所。严格资金监管，完成退费9692万元。同时，积极利用各类渠道，持续发布政策解读等信息，深入开展“双承诺”、“双签字”、系列主题班队会、典型案例征集等活动，引导学生、家长理性选择校外培训。

【教育教学质量】　深入推进学校课程品质提升项目，新增27所学校课程规划通过区级审议。系统梳理课改20年来课程建设方面的实践探索，《中国教师报》以首版大篇幅刊登金水区课程改革20年成果，金水区荣获全省基础教育教学成果特等奖、全省教材建设先进集体；积极组织第十五届希望杯暨第六届金硕杯、基础教育精品课遴选等教学展评活动，有效提升教师专业能力，金水区8项作品在全国校本课程设计大赛中获奖。全区教师在各级各类教学评比中荣获省级奖励130人、市级奖励544人。开展“从小学党史永远跟党走”主题教育活动，让红色基因、革命薪火代代传承。持续完善劳动教育体系，打造一批优质劳动教育实践基地，文化路一小劳动教育课程入选全国中小学劳动教育典型案例。

【体卫艺工作】　2021年，金水区在郑州市校园篮球联赛中夺得初中男子与女子组、U12男子组3项冠军；在中国（郑州）少儿啦啦操精英赛上获得36个冠军。持续推进校园足球工作，金水区被评为全国青少年校园足球优秀试点区，获评优秀满天星训练营，作为县区优秀代表作典型经验发言；包揽“市长杯”足球联赛小学男子甲组、小学女子组两项冠军；大力开展春季田径运动会、毽球、校园啦啦操等5项学校体育赛事，为学生体育技能展示搭建平台。组织6000余名学生通过线上线下相结合参加2021年教育艺术节、庆“六一”艺术展演、校园合唱周等活动，以美育展示弘扬爱国主义情怀。在第十一届中国魅力校园合唱节、中国郑州黄河合唱周、郑州市职工合唱比赛中，金水区女子教师合唱团均获得一等奖。持续开展学校卫生保健工作，推进70个卫生室（站）新建及改建；完善学校校医人员配备，完成33441名学生健康体检工作。

【学前教育】　新建金水区第八幼儿园等6所幼儿园，都已投用招生。探索幼儿园集团化办学，促进各园区共享管理资源、优质课程、师资培养，着力实现办园水平、保教质量和幼儿素质整体提升。做好普惠性幼儿园转化认定工作，新增37所普惠性民办幼儿园。开展学前教育宣传月活动及幼儿园年检，进一步规范办园行为。金水区被确定为河南省幼小衔接实验区，金水区第六幼儿园等5所幼儿园、纬三路小学等5所小学被评为河南省幼小衔接试点园、试点校。

【师资队伍】　加大教师招聘力度，新招聘各类教师404名，灵活采取多种形式，顺利完成2020年新教师见习培训、2021年新入职教师岗前培训和7300余名教师区级项目培训，初步形成线上线下混合式研修模式。出台第二期教师梯队培育工程实施方案，评选出种子教师、骨干教师、教学名师、领航教育名家1000余名，形成结构合理的教师梯队。出台临聘教师管理办法，开展临聘教师教学能力展评，进一步激发职业责任感和荣誉感。通过座谈会、微视频、树典型、云祝福等形式开展第37个教师节庆祝活动。举办教学德育工作汇报交流、第六期中层干部培训学习活动，促进学校中层干部专业素养与管理能力双提升。开展“金水区师德师风建设提升年”系列活动，10所学校荣获郑州市师德先进集体称号，区教育局被评为郑州市师德管理先进单位。

【教育资源优化配置】　新建区实验小学科教园校区、纬五一东岳校区、优胜孟源校区投用招生，新增教学班108个、优质学位4860个。金水区入选河南省义务教育集团化办学改革县（市、区）典型案例，文化路一小、艺术小学入选河南省义务教育集团化办学改革集团学校典型案例。截至年底，徐寨小学、任庄学校、周庄小学（二期）、金水一中、马林小学、张家村学校、马李庄小学、庙李小学、庙李中学9个项目正在建设。凤翔中学、金水区外国语中学东校区和杏花小学已进场施工，兴达小学、兴达幼儿园和中小学综合实践劳动教育基地项目完成地质勘查。改扩建农科路小学完成方案设计，改扩建第47初中、第6初中完成政府采购审批。南阳路二小等8所学校场地升级项目已完工。积极筹措申请各级各类资金4000余万元，突出规范管理，完成51所学校灾后重建工作。

【教育信息化】　全面推进智慧教育项目，在47初中（全称）等3所试点校有序推进AI智慧课堂实施应用的基础上，制定分四期、21个月完成项目建设的实施步骤，确定第一期实施的39所学校及建设内容，统计师生基础信息及各项设备数量和现状、编撰应知应会手册、制订项目实施方案，完成6.8亿元的项目招标工作，以及第一期项目建设的设备安装、调试工作。丰庆路小学等14所学校智慧校园基础环境建设验收完成。金水区荣获郑州市智慧教育示范区创建区域称号，群英中学、34中荣获郑州市智慧教育示范校创建校称号，26中、71中、文一翰林校区、冠军中学、文化绿城小学、龙门实验学校6所学校荣获河南省中小学数字校园标杆校称号。

【惠民便民服务】　全面落实义务

教育经费保障机制，分别拨付学校公用经费与专项经费1.4亿元、0.57亿元。提升精准资助水平，发放资助金200.3万元，惠及1852名家庭经济困难学生。办理生源地助学贷款565人，发放贷款526.36万元，助力家庭经济困难学生的大学梦。规范招生入学秩序，辖区符合入学条件的23902名适龄儿童全部顺利入学。完成2021年35752名高考考生报名与考试工作和2160名社会人员的教师资格认定工作。

11月，金水区召开无证培训机构及“地下”违规培训行为专项整治工作会议

（金水区教育局/供图）

【供餐和课后服务】 在午餐供餐工作中，持续强化供餐安全管理，严格落实检查和管理制度；推广学生饮用奶计划，金水区经验先后刊登在《郑州信息》《河南教育信息》，面向省市推广。在课后服务工作中，大力推行“5+2+N”（解释）模式，多样化构建课后服务课程，菜单式优化服务项目内容，因材施教分层开展学习辅导和各类社团活动，有效满足学生多样需求。2021年，教育部遴选确定首批23个义务教育课后服务典型案例单位，金水区作为河南省唯一、全国八个县（区）之一的入围单位，被教育部称赞，并向全国推广。

【教育督导检查】 组织专家对2所申报区示范幼儿园进行过程性督导，进一步规范办园行为；深入开展办园行为督导评估工作，督促69所接受督导评估幼儿园认真做好整改；完成2所省级示范幼儿园申报、复验过程性督导工作。深入开展“五项管理”和“双减”专项督导，组织责任督学采用校园巡查、推门听课、查阅资料、走访座谈等多种方式，强化常态督导，推动“双减”政策全面落地，全力确保学生健康成长。

【教育宣传工作】 教育宣传能力提升工程展示新风貌。修订《金水区教育系统新闻宣传工作考核方案》，提高新闻宣传工作制度化、规范化水平。组织观看《你好，同学！》融媒体主题公开课，全区10余万学生上好“开学第一课”；通过新媒体平台直播庆“六一”艺术展演和庆祝中国共产党成立100周年暨“七一”表彰大会，点赞41万次，提高了受众范围和认可度。围绕抗汛救灾、灾后重建、疫情防控、青少年学党史等主题，组织策划24期集中报道，各级各类媒体刊发200余篇。推广金水教育献礼建党100周年宣传片《底色》，广泛宣传金水教育为党育人、为国育才初心使命；深度报道金沙小学微电影《最可爱的人》，点击量达4千万次。紧跟“双减”工作动态，发布22期《金水区双减信息》。

【安全稳定工作】 加强民办教育管理，完成411家民办学校年检，有效促进规范发展。多形式、广覆盖，持之以恒开展普法工作，区教育局获评全国“七五”普法先进单位。完善隐患排查整治长效机制，坚持“日查周报月结”制度，落实责任人及整改时限；建成投用13所试点学校双重预防体系，确保学校风险有效控制、隐患及时消除。持续加强校园人防、物防、技防建设，坚持开展“六员”进校园等活动，全面夯实校园安全责任网络。开展全区校园及校外培训机构安全大检查，限期完成整改，筑牢安全防线。坚持关口前移、风险预控，分层化解矛盾纠纷，区教育局荣获全市教育系统信访工作先进单位。

【“7·20”特大暴雨灾害应急处置及灾后重建】 面对汛情，全区教育系统迅速行动，开展校园抢险排涝，努力减少学校财产损失。第一时间将34所学校设置成临时安置点，组织党员干部636人次下沉社区，24小时坚守卡点，为受灾群众提供保障。积极筹措申请各级各类资金4320万元，加快完成51所学校灾后重建。

【新冠肺炎疫情防控】 面对疫情，区教育局快速反应，组织77所学校承担5轮核酸检测任务，顺利完成5.5万余名师生核酸检测抽检；18所学校作为疫苗接种点，全区各级各类学校加速推进36万余名师生疫苗接种，构筑免疫屏障。同时，严格履行属地管理职责，因校制宜、分类指导，精准施策、联防联控，实现385所学校40.6万余名师生平安开学、开学平安。严格落实常态防控要求，动态调整防控措施，维护师生安全。

（撰稿：陈利璞　审阅：张登高）

文化、旅游、体育

【概况】 区文化旅游体育局下设办公室、文化科、行政审批服务科、旅游科、文物科、体育管理科6个科室。局下属4个二级机构，区文化馆、区图书馆、区广电中心、区公共文化中心。其中图书馆设全国文化信息资源共享工程金水支中心，文化馆设非物质文化遗产保护中心。

【公共文化服务体系建设】 提升市政府重大专项月评“郑州文旅云”公共文化服务效能建设水平，推进文化服务信息化建设，“郑州文旅云”已整合辖区各类文化、旅游、非遗、文物资源，上线公共文化场馆资源70余个，实现在线预约的公共文化场馆资源129个，累计发布各类文化信息6075篇、文化活动955场，访问总量达到36.39万人次，群众参与率达90%以上。拨付34万元资金为辖区17个街道办事处配备公共文化一体机，已于6月底配备安装到位，着力构建“全区一张网、服务全覆盖”的智能化便民文化空间。加强公共文化服务体系建设，拨付扶持资金22万元用于打造南阳路福园社区、经八路文联社区、东风路园田社区、花园路甲院社区、人民路紫荆山路社区5个社区综合性文化服务中心，所有提升建设工作于12月底全部完成。打造精品基层文化服务中心。对筛选出来的19个基层综合性文化中心，进行设备购置、馆室整理等工作。

【送文化进基层】 组织开展“舞台艺术进乡村、进社区”文艺演出活动，由市豫剧院、市歌舞剧院、市杂技团、市曲剧团在金水区的17个街道、32个社区共演出46场，受惠群众达3万余人次。开展金水区文化志愿者文艺骨干培训，培训覆盖全区15个办事处、30余个不同门类的课程，全年共开展培训1559个班次，参加培训4万余人。组织“大爱金水　一路同行”红色文艺轻骑兵暨“送文化进基

10月12日，郑州市第六届中老年舞蹈比赛金水区选拔赛现场

（金水区文化旅游体育局/供图）

层”演出活动75场，受益群众达3万余人；开展以“中国共产党成立100周年”等为主题的演出、展示活动60余场，非物质文化遗产“进校园进社区”展演活动15场，线上线下阅读推广活动200余场。培养优秀文艺人才，辖区现有优秀文化志愿者团队63支，近年来在各级各类大赛中屡获佳绩。区文化馆芭蕾舞团受邀参加央视《星光大道》节目录制。

【文物及非遗保护】 金水区现有文物保护单位6处，其中省级文物保护单位5处，市级文物保护单位1处，纳入第三次全国文物普查不可移动文物名录未定级21处。推进博物馆建设，做好非国有博物馆燕庄村史馆和杲村村史馆的陈展提升工作。12月15日，建成开放郑州翰墨书画艺术博物馆，发掘辖区内围棋博物馆，帮助做好申报准备工作，力争2022年底完成申报手续。辖区“郑州仁清金石传拓艺术博物馆”被授予“中国文物学会工匠技艺专业委员会传拓技艺研习基地”称号，是中国文物学会工匠技艺专业委员会成立以来全国首家技艺传习基地。协助金水区四家非国有博物馆申报2021年博物馆事业扶持资金。

金水区有省级非遗项目9项，省级传承人6人；市级非遗项目15项，市级传承人10人；区级非遗项目22项，区级传承人4人；国家级传习所1个，省级传习所2个，市级传习所3个，其中，“郑州仁清金石传拓艺术博物馆”被中国文物学会授予“传拓技艺研习基地”称号，为全国首家技艺传习基地。3个非遗项目、3位项目传承人，分别入选第五批省级非遗名录及传承人。

【图书馆工作】 坚持贯彻执行国家免费开放政策，全年对外开放，每周开放56个小时，免费开放9个服务窗口。全年到馆人次达到11万人次，外借册次达17万册次。为读者提供更加丰富的文献资源，全年挑选采购馆藏新书4400余册，订购2022年度报纸50种、杂志250种。充实基层图书馆，对经八路、北林路、兴达路3个街道分馆进行图书更新3600余册，已完成加工上架流通。开展“诗韵黄河”朗读大赛、“童心向党”系列比赛作品征集活动、“暖暖爱”绘本公益课堂、非遗向党公益课堂、金图学堂暑期公益课、“金语妙言”研学社等一系列丰富多彩的线上线下活动260场，丰富了辖区群众文化生活。

【旅游产业】 重点开展春节、“五一”、端午节前旅游市场综合检查，确保节假日期间旅游市场的平稳有序、和谐安全。开展旅行社租（使）用车辆安全检查活动，截至年底，已有41家旅行社与符合规定的车辆运营公司签订了租（使）用合同。持续开展旅游景区智慧化建设工作，推动郑州海洋馆二期馆建设，2021年，郑州海洋馆累计接待游客38.78万人次，实现旅游总收入4237万元。充分发挥工作职能，进一步深化文化和旅游融合发展，组织开展“5·19”中国旅游日和“美丽金水　暑我精彩”现场宣传活动，推荐“农科路酒吧一条街”申报“省级旅游休闲街区”，助力金水区旅游市场全面恢复和发展。配合市局圆满完成中国（郑州）国际旅游城市市长论坛、“三座城三百里三千年”系列文化旅游活动、全国“互联网+旅游”发展论坛暨2021河南智慧旅游大会系列活动相关工作。持续开展旅游服务质量提升培训，组织150余家企业法人共同探索如何应对“后疫情时期”的新挑战、“文旅+”资源如何深度融合等课题，着力激发旅游产业发展活力。依托辖区沿黄乡村，紧密结合农业生产、乡村生态和文化资源，积极谋划非遗研学产业园、科创文创产业园等文旅项目，着力把“美丽乡村”转化成为“美丽经济”。开展“三绿”创建活动，大力推进A级旅游景区“禁塑”工作工程，排查辖区内所有星级宾馆、酒店等场所，建立整改台账，积极参加全区“白色污染”联合执法行动3次，“白色污染”治理措施推进良好。

【体育事业发展】 加快市民生实事“体育公共设施项目建设”，新建各类健身活动场地30处，按计划完成50条健身路径的更新维护，20条健身路径的建设任务，3个健身驿站和1个多功能运动场建设，超额完成146%。开展以“全民健身我参与、活力金水我添彩”为主题的全民健身月系列活动，设置4个比赛项目，共72个代表队近1800人参与比赛。对辖区26块足球场地开放情况进行检查，其中，25块对外开放，每天开放时间不少于8个小时。耀胜体育总部在金水区举行揭牌仪式，将为推动金水区体育产业发展、产业创新、生态建设转型升级和提升区域核心竞争力起到积极作用。开展高危险性体育项目（游泳）经营场所安全生产大排查、大整治行动，有效治理了游泳馆安全隐患问题。

【招商引资】 因地制宜，结合金水区实际，实行招商引资。腾讯音乐娱乐集团（TME）和嘻哈帮集团共同投资建设嘻哈帮街舞文创综合体，作为国内首家街舞主题文创综合体，其总装修面积约9900平方米，装修、设备投资、无形资产约1亿元。综合体共5层结构，负1层和1层有街舞沉浸式科技展厅、街舞元宇宙体验中心、嘻哈帮街舞精品店、潮牌文创集合店、无边界影棚、直播基地等；2层至4层主要有国际流行舞蹈研发空间、街舞文化艺术展演空间、霹雳舞运动员体育技术研发中心、嘻哈潮流音乐创作中心、嘻哈帮文化科技集团郑州总部、芳腾文化总部等。

【新冠肺炎疫情防控】 组织党员志愿服务队积极投身防疫一线，26名党员干部积极响应号召，协助国基路办事完成5次近30万人次的全员核酸检测采样工作，同时负责部分社区的日常扫码测温工作。疫情期间，全面排查辖区景区、旅行社、星级饭店、游泳馆、健身房、社会足球场、网吧、KTV、电子游艺场所、非国有博物馆等文化旅游企业共计526家，按照疫情防控要求落实关停政策。协调关爱中心33个，入住4900余人次。积极推进企业复工复产工作，制定《做好文化旅游市场有序开放的通知》，并及时通知辖区文旅企业。截至年底，辖区已有202家文旅企业在做好疫情防控常态化工作的同时有序开放。

（撰稿：杨韫菲　审阅：胡长卿）

医疗卫生

【概况】 2021年，金水区卫生健康委员会始终把保障人民健康放在优先发展的战略位置，围绕“1234”发展路径，强力推进“三个一”工程，着力推动医疗卫生从“以治病为中心”向“以健康为中心”转变，统筹推进卫生健康重点项目、重点工作、民生实事等各项工作，确保疫情防控与卫生健康发展同步推进，融入经济社会发展大格局。

【疾病防控】 坚持属地管单位、行业管人头的原则，科学合理调配疫苗，适时开放接种夜场，提供人性化群众服务，严格接种流程，专职保障安全。2021年，已累计完成接种2859794人次，其中第一剂1481205人次、第二剂1262399人次、第三剂68816人次、加强免疫第三剂47374人次。同时，高标准推进区疾控中心改迁建项目，实行“应急+救治”一体化防控模式，强化突发公共卫生事件监测预警、应急响应机制，健全和优化平战结合、跨部门跨区域、上下联动的联防联控协调机制，并依托辖区二级以上医疗机构专家力量，定期研判分析各类传染病发病趋势，2021年，疾控中心搬迁至公共卫生服务大楼11楼办公，大楼改造建设项目设计招标已经完成。

【民生服务】 认真落实各项民生实事。2021年，完成脑卒中、肺癌筛查各4000例；宫颈癌筛查3003人、乳腺癌筛查3014人；早中期孕妇超声筛查人数16444人，血清学标本采集（唐氏筛查）14909人；新生儿耳聋基因筛查人数16363人，新生儿听力障碍初筛人数20869人，新生儿苯丙酮尿症、先天性甲状腺功能减低症检测共筛查人数20435人，新生儿35种遗传代谢病筛查人数16363人。持续提升公共卫生服务能力。通过机构自评、整改提升、申报复核等程序，南阳路、国基路沙门、经五路、人民路、未来路、丰庆路、丰庆路杲村、国基路8家社区卫生服务中心通过郑州市卫健委复核达到国家基本标准。其中，丰产路街道、杨金路街道2家社区卫生服务中心初审达到国家推荐标准，已申报省卫健委复核验收。提升基层医疗机构运用中医适宜技术防病治病的能力。与以往邀请专家外出举办培训不同，遴选基层骨干医生，采用理论教学和现场演示相结合的教学方式，让专家依据临床实际情况手把手教学，教授中医适宜技术。将中医药融入基本公共卫生、基本医疗之中，不断推进中医药服务内涵建设。将22家社区卫生服务中心打造成“中医综合服务区”，设置中医科、中药房并提供中药饮片、煎药等服务，充分发挥中医“治未病”的优势。

【发展健康服务】　坚持“把健康融入所有政策”理念，加快健康向城市发展、教育、养老等方面横向融入化发展，提升城区发展健康元素和健康内涵。以国家级慢性病综合防控示范区和国家健康促进区双区创建为驱动，梳理完善8个部门健康相关公共政策71条，召开各部门协调会和考核指标培训会，建设各类健康示范点，强化慢性病基础监测，完成市级指标考评，等待省级验收。以22家社区卫生服务中心政府主导“四有”保障为基础，注重社区卫生服务向校园延伸，对辖区79所公办中小学核定90个校医岗位，拨付校医经费268万元（8000元/月），开展中医药文化、传染病防治、健康教育等健康课堂，推动健康文化融入校园。养老服务方面，树立国家级示范建设目标，以社区为单位，探索“社区—机构—居家”的医养结合服务理念，建立“四个一”医养结合新模式（设立1个医疗服务站，建立1份老年健康档案，开通1个绿色就医通道，开展每周1次的健康巡诊），推进医疗健康服务和养老服务融合发展，为老人提供持续性、针对性的医疗、养老、康复等方面的服务，时刻“护航”老人健康幸福生活。2021年，在普罗旺世社区打造河南省中医药大学第一附属医院为全省首个以社区为中心的医养结合健康管理中心，围绕“医、养、康、住、健、悦”6+健康生活理念，打造三甲医院—社区—家庭三级健康养老服务体系。金水总医院南院区作为郑州市医养结合安宁疗护示范区，是金水区首家取得医养结合资质的医疗机构，组建由专业医生、护士、康复师组成的新型养老服务团队，为失能和半失能的老人提供无陪护护理和中医康复理疗服务，着力发展以安宁疗护为主线的医养结合健康养老服务。托育服务方面，协调郑州人民医院联合汇爱托育服务有限公司，推动“托育师+妈妈+护理师+营养师+家庭教育顾问”五位一体的托幼服务，打造金水区第一家公办普惠托育机构“郑医汇爱托育中心”。事业单位利用自有场地开办托育机构（郑州师范学院社区示范性托育中心和河南卫生健康干部学院托育中心）；筹建了由南阳新村街道提供场地，第三方机构建设运营的1家民办公助型社区普惠托育机构（翠花社区正商恒钻小区2层600平方米）；登记备案5家社会力量参与的托育服务机构（郑州市幸福河托育服务有限公司、郑州爱之初托育服务公司、河南普莱尔托育有限公司、森林小象婴幼儿托育园和河南泥豆托育服务有限公司）。

（撰稿：王钟灵　审阅：陈晓清）

社会事业

人力资源和社会保障

【概况】 金水区人力资源和社会保障局（以下简称区人社局）是金水区政府的职能部门，主管全区人力资源和社会保障工作。

2021年，人社局获得省级表彰有：省人社厅颁发的“全省人力资源和社会保障系统先进单位”“2020年度根治拖欠农民工工资工作先进集体”“2020年河南省劳动人事争议仲裁先进单位”称号，省人才交流中心颁发的“基层人才交流服务工作先进集体”称号。获得市级表彰有：市委市政府颁发的“2021年招才引智工作先进集体”“郑州市人民政府失业保险援企稳岗工作先进单位”“构建和谐劳动关系工作先进单位”称号及“郑州市第六届职业技能竞赛一类竞赛电梯安装维修工大赛团体第二名”；市人社局颁发的“2020年度郑州市人力资源和社会保障局工作先进单位”“全市人力资源和社会保障系统信访维稳工作先进单位”“2020年度根治拖欠农民工工资工作先进单位”称号。

【城镇就业再就业】 区人社局通过强化督导，对目标任务进行详细分解，以周督查、月报表、季排名、半年考核、年终总评等方式向各街道进行考评，督促其积极开展就业工作，全力保障就业。2021年共完成新增就业38780人，占全年目标任务的155.12%；其中，下岗失业人员实现就业4705人，占年目标任务的117.63%；就业困难人员实现就业1248人，占年目标任务的124.80%；城镇登记失业率控制在4%以内。城镇“零就业家庭”动态为零。规范就业登记办法，降低新增就业人员失业率。以企业缴纳社保人员为基础，提高新增就业人员登记质量。精准帮扶，突出抓好高校毕业生、下岗失业人员等重点群体就业。针对不同群体的就业诉求，通过岗位推荐、就业见习、公益性岗位、政府购岗、兜底安置和财政补贴等多种形式帮助实现就业。截至年底，共帮扶2696位就业困难人员实现就业，为重点就业群体发放就业补助资金366万元。做好农村劳动力转移。将零就业农民家庭纳入重点帮扶对象，开展有针对性的就业援助服务。截至年底，实现就业转移人数121人，占年目标任务的121%，返乡创业农民工人数408人，占年目标任务的116%；网上申请开业补贴共87家，合格46家。为劳务供求双方搭建沟通桥梁。全年共组织“春风行动”大型现场及各类线上线下招聘会40余场，累计参会企业2413余家，提供就业岗位6万余个。

【技能培训】 2021年，区人社局共完成职业技能提升培训35851人次，占全年培训任务的143%，超额完成全年目标任务。申报培训补贴1241.14万元，其中，线下培训班225期，培训人数10485人次，线上培训班227期，培训人数13216人次，培养高技能人才368人，以工代训培训人数12150人次，以工代训申报补贴243万元。培训范围逐步扩大。将辖区所有有培训意愿的劳动者全部纳入职业培训补贴范围，持续扩大培训规模。培训能力不断提升。全面掌握辖区职业技能培训资源，与74家辖区企业和7家线上平台搭建技能培训合作平台，协助辖区4家企业建立企业培训中心，不断提高全区职业技能培训能力。提高技能培训效果。制订完善的培训计划，加强培训监管，切实提升培训课程质量。营造良好的技能提升氛围。组织辖区70名选手参加第七届郑州市职业技能大赛，最终取得大数据工程技术团体第一、网络与信息安全管理员个人第二、汽车维修工和云计算团体第三的优异成绩。

【大学生创业园建设】 2021年，金水区大学生创业园共引入优秀创业项目138个，7个园区在孵项目300多个，带动就业3000余人。园区2021年在孵项目纳税额近1400万元。有1家园区被认定为国家级科技孵化器。持续优化创业服务，全年共为辖区60家中小微企业申报创业担保贷款近1.69亿元。持续推进大学生创业。充分调动创业项目、孵化机构积极性，加大对优秀项目引进扶持力度，不断提升培育孵化能力。持续优化创业服务。进一步增强服务意识，认真落实以创业促就业的各项扶持政策，为创业者提供创业培训、政策咨询、跟踪扶持等“一条龙”服务，加大对初始创业者的服务和引导，鼓励社会各类人群开展创业。积极为新开业的小微企业申请开业补助。以创业带动就业。按照“1+N”产业扶持政策要求，进一步提升政策执行效率，提高扶持资金使用绩效，加大对优秀项目引进扶持力度，不断提升培育孵化能力。

【人才服务】 做好人才推荐认定。落实“郑州人才”政策，认定高层次人才9人，重点产业紧缺人才59人，推荐省级高层次人才14人。做好人才服务。加强与人才的沟通交流，了解政策落实、人才自主培养、技术引进、科研成果等情况，营造重才、爱才良好氛围。联系重点企业人才260余人，为辖区27家单位发布人才需求信息200余条，入库高层次人才112人。做好职称申报评价。做好事业单位职称评聘计划审核。申报正高级职称32名，副高级职称911名，中级职称1928名，初级职称1334人。完成专业技术继续教育8528人。

【人事管理】 做好公开招聘工作。全年招聘事业单位工作人员332人，与区教体局共同组织金水区教师招聘引进工作，完成教师招聘引进404人。持续规范事业单位岗位管理。为区直各单位、办事处办理岗位设置手续145件，涉及553人次。认真落实机关事业单位工资福利待遇。完成全区工资晋升审批，做好退休人员春节、中秋慰问金统计调拨发放，规范津补贴发放，防止“吃空饷”现象发生。继续规范考核奖励。做好平时考核结果备案，合理安排年度考核，考核13459人，确定优秀等次3212人，不称职等次4人，不定等次44人，未考核16人。

【构建和谐劳动关系】 2021年，区人社局不断推进和谐劳动关系建设，着力解决汛情疫情带来的不利影响，着力解决劳动关系领域的突出问题，正确处理促进企业发展和维护职工权益的关系，充分调动和发挥劳动关系双方主体作用，促进金水区经济持续健康发展和社会和谐稳定。加强劳动监察执法。做好投诉举报工作。畅通投诉渠道，所有受理案件实行首问负责制，建立“欠薪案件台账”。对一般案件快立快处，及时动态办结。对建筑领域案件实行“四步法”，明确责任人、清欠措施、解决时限，做到所有欠薪案件按时清零。对重大疑难案件，定期分析研判，做到“三个查清”并及时向上级汇报。全年共受理欠薪案件4250起，为6080名劳动者追回工资1894万余元。做好农民工工资支付工作。积极开展《保障农民工工资支付条例》宣传。在全区推行标准化工地建设，每个工地明确责任人，定期对所有工地进行欠薪隐患排查，及时发现并处理。将建筑工地按照欠薪风险高、中、低三个等级进行分类监管，落实保障农民工工资支付长效机制。全年受理建筑领域欠薪案件740起，为2491名农民工追回工资1584万余元。提高日常监察及年审工作质量。通过“双随机、一公开”，主动监察用人单位791户，涉及劳动者22950人，审查企业提交的年审资料920家，涉及18061人。工地年审诚信等级评价企业109家，全部通过省农民工工资支付系统对外公示。强化源头预防。重点关注受灾情、疫情及“双减”政策影响的行业及企业，梳理排查风险隐患，提前介入调解。同时高标准开展“万人助万企活动”，在被帮扶企业建立调解仲裁联系示范点，深入宣传劳动法律法规，提高企业自主解决争议能力，畅通劳动者表达渠道。全年立案受理1866起案件，已结案1364起，其中，调解655起、调撤314起，调解率达71%，法定结案率达100%。

【社会保障】　社会保障事关百姓的切身利益，2021年区人社局以优化营商环境为抓手，不断提升社会保障工作服务水平和经办能力，切实提升了人民群众的幸福感、获得感、安全感。积极宣传落实社保阶段性减免、缓缴政策。针对疫情暴雨影响，着力减轻企业负担，运用各种渠道扩大宣传面，提高企业知晓率，支持企业申请享受社保减免、缓缴政策，减轻企业负担。持续提升经办能力和服务质量。统一规范17个办事处、多个银行办事网点的经办服务流程，帮助网点查不足、提能力，有效提升经办能力。开展全民参保计划攻坚行动。建立部门信息共享和工作联动机制，有效地提高了企业参保率和参保面。

（撰稿：袁文蕊　审阅：贾　斌）

民政工作

【概况】　2021年，区民政局在区委、区政府统一安排部署下，强化民本意识，科学谋划，积极部署，民生保障工作开展有序。

【完善养老服务体系】　建设金水区敬老养老院。截至年底，项目已完成可行性研究报告的编制、项目立项、控规批复、土地预审、土地报批、选址意见书批复、控高批复、土壤环境监测、林地手续报批、地质勘探、围挡拉建、施工图设计、预算编制等一系列前期准备工作。社区养老照料设施建设工作。“五个一”17个规范化街道级养老服务设施建设，截至年底，已建设完成9个，剩余8个处于选址、协商、评审、招标、设计、装修等不同阶段。民生实事，新建社区养老服务设施17个，已完成12个，剩余5个处于设计、装修、配置设施等阶段。完成金水区智慧健康养老试点建设工作。利用移动互联网、物联网、大数据、云计算等先进技术，整合各类养老服务资源，建立并运用“线上线下、虚实结合”的方式，将智慧健康养老服务延伸到老年人家庭，实现养老服务需求与服务资源的有效衔接和优化配置，为老年人提供“一键通”紧急救援服务、“助餐、助浴、助洁、助医、助行”生活帮助服务、主动关怀服务、智慧养老服务四大类服务。在具体工作开展上，按照“以大带小、三位一体、科技赋能、智慧养老”的思路，以北林路综合养老服务中心为核心，以辖区内社区养老照料设施为支撑，积极整合辖区的养老服务资源，把“互联网+应用”与“中心+托老站”服务进行深度融合，在组织构建上提高度，在服务保障上升温度，切实形成了具有北林路街道特色的“1+10+N”（1个街道养老服务中心、10个社区居家养老服务站、N项养老服务项目）智慧健康养老服务模式，搭建以“长期托养为基础、兼顾日间照料、延伸居家服务”三位一体的闭环养老服务平台，实现“街道、机构、社区、居家”养老服务形态互补和融合。政府购买居家和社区养老服务工作。通过购买居家养老专项服务，向全区80岁以上中度、重度失能及特困老人提供“助餐、助浴、助洁、助医、助行”五项服务，截至上半年，累计为3968位老人提供专项服务9.8万余单、补贴资金401.8万元。通过购买托老站公共服务的方式，向社区老人提供文体娱乐、主题活动、专题讲座、兴趣娱乐、志愿者服务、巡视服务、健康管理7项服务，全区老年人累计参与各类活动94万人次。积极开展智慧健康养老服务试点建设。利用移动互联网、物联网、大数据等先进技术，搭建金水区智慧健康养老云平台。通过“线上线下、虚实结合、推拉结合”的方式，将智慧健康养老服务延伸到老年人家庭，为老年人提供智慧健康养老服务。2021年，智慧健康养老服务已试点为辖区440余位老人试点安装智能设备，累计提供智能服务3600余人次。

【社会工作】　进一步完善政府购买社工服务体系，及时推进2021年度政府购买社工服务项目和岗位采购工作，经过征集申报、研讨论证等程序，最终确定购买54个社工服务项目、35个社工服务岗位，继续扩大覆盖领域，较2020年相比增加了社工项目数量，缩减了社工岗位数量。同时，与街道自行购买社工服务结合，基本实现“一社区一社工、一部门一岗位、一领域一项目”，逐步健全完善“善治金水”社工助力社会治理创新体系。6月，顺利完成政府购买的评审、采购、招投标等相关工作，共投入经费1619.5万元，其中，社工站及党群项目招标服务周期为3年，拟投入总资金2436万元。截至7月，政府购买工作已完成，各项目派驻人员已全部到岗到位。全区17个街道社工站、26个社工机构、678名社工参与了防汛救灾、疫情防控等工作，在资源链接、应急救援、过渡安置、灾后恢复重建、心理疏导等方面充分发挥了社会工作者的专业作用，为克服灾情和疫情不利影响，尽快恢复居民群众生产生活秩序作出积极贡献。

9月14日，针对全区17个街道社工站项目，组织开展民政业务培训和法律知识讲座，涵盖养老服务政策、儿童福利政策、社会救助政策、《中华人民共和国未成年人保护法》、《中华人民共和国慈善法》等内容，使社工站项目社工对相关服务领域的民政政策和法律知识有了更清晰的认识，为以后的专业服务提供了政策和法律支持。10月12日，组织各机构负责人、骨干、17个街道社工站项目主管及社工，开展“公益慈善行业视角下的多元资方”培训会，指导社工机构以内生动力、内生价值提升机构能力，提升机构竞争力，以主动抓住公益慈善行业中多元资助方来达成长久合作。11月3日，组织开展2021年度郑州市社会工作优秀案例大赛分赛，评选优秀社会工作案例，在社工行业达到以评促建、以评促改、以评促学、以评促优，不断提升社工服务专业水平的目的。

【民生保障和民政服务】　全方位做好社会救助工作。2021年，全区共有低保对象1332户、1711人，当月发放低保金124.6616万元，累计发放低保金1691.7442万元；根据上级要求，全区“低收入家庭”名称统一变更为“低保边缘家庭”，原来已经认定的低收入家庭，直接认定为低保边缘家庭。每月排查低保边缘家庭有无新增，截至年底，全区共有低保边缘家庭64户、137人。做好残疾人两项补贴工作。根据文件规定，困难残疾人生活补贴不低于120元/人·月，重度残疾人护理补贴不低于100元/人·月。截至年底，全区共有重度残疾人2932人，累计发放重度残疾人护理补贴342.4万元。困难残疾人736人，累计发放困难残疾人生活补贴140.34万元。3月，科室对全区享受残疾人两项补贴进行全面摸排工作，截至年底，排查出重复享受的人员已经全部停发，多发资金也已追回。9月，根据民政部下发《民政部　财政部　中国残联关于进一步完善困难残疾人生活补贴和重度残疾人护理补贴制度的意见》及时传达文件精神，根据上级要求做好政策衔接。进一步做好临时救助工作。根据相关文件的规定对流落郑州患重病的台湾同胞、家庭突遭变故患急症的低保家庭以及“7·20”特大暴雨灾害后受灾的困难群众启动了临时救助。灾情发生后，共救助因灾致困群众29591人，累计发放临时生活救助金118.858万元。根据《郑州市人民政府关于印发郑州市特困人员救助供养工作实施细则的通知》《关于调整提高城乡最低生活保障标准和特困人员救助供养基本生活标准的通知》等文件规定，7月1日起基本生活标准（按照低保标准的1.5倍）由1095元提高为1110元每人每月，照料护理标准按照具有生活能力、部分和完全丧失生活自理能力分三档制定，分别按照郑州市最低工资标准1900元的10%为190元、25%为475元、60%为1140元确定。截至年底，全区共有特困人员54人，当月发放救助供养金5.994万元，累计发放特困人员救助供养金71.6655万元。做好家庭经济状况核对工作。截至年底，共核对各类救助申请7359余户、18416余人。持续做好流浪乞讨救助工作。24小时待命，线上救助随时通报动态、线下昼夜巡查。专项救助开展以来，全区累计救助123余人次，出动16527人次、2775车次，发放棉衣61件，棉被17条。2021年慈善工作主要围绕“安老、慈孤、扶残、助学、济困、志愿者发展、慈善文化建设”等领域，截至年底，共开展“爱烛行动”“牵手工程”“温情中秋”“救急难”等救助项目，截至11月底共为辖区困难群众8121人，发放各类救助金553.51305万元。开展“中华慈善日”“99公益日”“郑州慈善日”“2021郑州慈善周”活动。持续抓好社会组织服务工作。提升党组织覆盖率，全区社会组织442家，党组织由原来的105个增长到196个，覆盖率由26%提升至44%。开展庆祝建党百年系列活动，累计捐建书屋66所，开展各类群众服务活动77场，服务群众近万人。成立社会组织党史宣讲团，为85家社会组织开展党史宣讲，组织“我为群众办实事”活动。多措并举开展社会组织年检、等级评估和社会组织“双随机、一公开”检查和审计服务工作。社会组织年检工作，年检通知率达100%，应检单位389家，参检单位366家，年检率达94%；社会组织评估工作，预申报23家，提交资料13家，9月，经过评估专家组初审、现场检查、初评意见，评估委员会定级，评出AAAAA级社会组织1家，AAAA级社会组织3家，AAA级社会组织6家，AA级社会组织3家。社会组织“双随机、一公开”工作，按照4%比例随机抽取了16家社会组织，随机匹配4名执法人员，分两组进行抽查工作，抽检结果已在国家企业信用信息公示系统予以公示。以区社会组织孵化基地为平台，加大社会组织培育和能力提升力度，现实体入孵机构6家，虚拟入孵机构52家，截至年底，为社会组织开展“金”系列品牌服务共计150场，累计服务群众上万人；积极引导社会组织参与防汛救灾和疫情防控等公益活动，累计参加社会组织175家，累计捐款捐物达200余万元，服务群众5万余人。落实优化营商环境工作，开展行业协会商会乱收费专项清理整治工作。共下发社会团体收费自查表22份，社会团体收费自律承诺书22份，“我为企业减负担”专项行动工作情况表5份。5家行业协会商会通过主动减免会费等方式，累计为市场主体减负达26万元。扎实做好民政专项事务工作。有效保障儿童合法权益。截至11月底，全区共有孤儿13人，累计发放救助金8.236万元；艾滋病感染儿童1人，累计发放救助金0.715万元，艾滋病单亲儿童1人，累计发放救助金0.275万元；事实无人抚养儿童72人，累计发放救助金98.8462万元；牵头成立金水区未成年保护工作领导小组，共35个成员单位参与未成年人保护工作；抗洪救灾期间发放各类救助物资，保障辖区困境儿童基本生活；对辖区困境儿童身份认定进行复核，指导督促儿童督导员和儿童主任加强家庭探访，及时了解困境儿童动态。做好殡葬服务工作。联合区文明办在清明节前举行“倡导文明祭祀，树立社会新风”公益宣传活动。与六部门联合开展殡葬服务行业专项整治行动。根据《郑州市殡葬业价格秩序、公益性安葬设施建设经营专项整治方案》要求，积极联合相关部门做好专项整治行动。按照时间节点完成村（社区）“两委”换届工作。全区40个行政村和174个社区的村（居）委会、监委会换届选举和村（居）民小组长、村（居）民代表的推选已于3月底全部完成。做好区划地名管理工作，更新录入《国家地名信息库》信息206条，完成2015年至2020年新增地名信息档案立卷归档共31盒，14册。其中：业务卷20盒，成果卷5盒，其他卷6盒，成果档案12册，成果表2册。继续提高婚姻登记服务质量。按照《民政部关于开展婚俗改革试点工作的指导意见》文件要求，民政局婚姻登记处积极申报并于5月6日通过验收，金水区被确认为河南省婚俗改革实验区。依法开展婚姻登记，试点开展跨省通办，截至年底，共办理婚姻业务20163对，其中办理结婚登记8981对，离婚登记3486对，离婚申请5943对，补领结婚证1142对，补领离婚证611对，登记合格率100%。跨省通办结婚登记347对。通过开展“学党史，为群众办实事”实践活动，相继实行补证免查档、以个人承诺代替证明、老结婚证以证补证、结婚登记高峰日期加班办理、冷静期婚姻危机调节等措施，为辖区群众解决问题。

（撰稿：闫保才　审阅：袁菊娜）

爱国卫生

【概况】　2021年，区爱卫办围绕“三项工程、一项管理”工作部署，将党史学习教育与当前重点工作相融合，深入开展“我为群众办实事”活动，以迎接国家卫生城市复审为抓手，开展爱国卫生运动，倡导健康生活理念，改善环境卫生状况，为做好疫情防控创造良好条件。

【国家卫生城市复审】　区爱卫办承担了金水区迎接国家卫生城市复审工作领导小组办公室的具体工作，受疫情影响复审工作延迟至2021年。根据工作实际，及时修订《金水区迎接国家卫生城市复审工作方案》及考评办法、专项督查方案、宣传工作方案等。做好综合协调、信息沟通、材料上报和督查督办等任务。针对薄弱环节，增加了由区农委牵头的城乡接合部环境卫生工作组，对城乡接合部卫生死角、垃圾积存、违章建筑、旱厕进行专项整治。进一步明确复审工作职责，继续严格执行“日调度、周点评、周红黑旗、月考核”制度。研判解决工作中存在的重点、难点问题，客观体现各单位工作实绩。共召开37次工作推进会议，发放流动红旗35面，流动黑旗30面，纪委诫勉谈话11人，编发工作日报306期。围绕复审各项标准，树立“全面达标、动真碰硬、分厘必争”的工作理念，全力开展“三清零、四达标”行动，重点解决突出问题、难点问题，全面抓好道路、社区楼院、市场、工地、城乡接合部等关键部位的攻坚力度。以复审工作方案明确的整治内容为重点，聚焦重点区域、重点部位、重点环节，紧盯工作进度，强化督导检查，确保各项工作有序推进。对突出的重难点问题，坚持以改促管，进一步提升整治标准，尤其是“一票否决”的六项问题和十一项权重问题，紧紧围绕卫生城市复审标准，全面整改，重点加强市容环境、农贸市场、城乡接合部等区域的整治，切实做到全覆盖，无遗漏。创新“全员混编、突击攻坚”、“党建+网格化管理”等工作模式，构建“区—办事处—社区”三级联动工作机制，抓实复审各项工作的推动，同时充分发挥党建、地理区域优势，结合“三项工程、一项管理”“一环十纵十横”等工作，打造辖区北环道路等精品亮点。重点督导，以督促改。由区纪委牵头，抽调纪委监委机关、派驻纪检监察组以及街道纪工委人员，成立“17+9+2”督查组，立足“监督的再监督”职能定位，对照复审工作标准和相关单位工作职责，紧抓重点领域和关键环节，对复审各项工作实行重点督导、跟踪督导或挂牌督办，通过现场整改和限期整改的方式，累计督导整改问题1530个，以“回头看”的形式，抽查已整改问题3619个，全面准确了解复审工作过程中问题整改和责任落实情况。

【爱国卫生】　根据金水区爱国卫生工作的实际需要，重新调整了区爱卫会组织机构。完善区、街道、社区三级管理体系，从而保证各项目标任务的落实。充分发挥爱卫会组织协调作用，定期召开爱国卫生工作例会，对每个时期、各个阶段爱国卫生工作进行总结、安排和部署，及时研究分析、协调处理爱卫工作中出现的新情况、新问题，提出新要求。为加强长效管理，2021年，区爱卫办先后制定下发《金水区复审办关于强化全区病媒生物防制工作的通知》《2021年度病媒生物防制工作方案》《金水区关于做好汛期病媒生物预防控制工作的通知》《金水区爱卫办关于进一步加强疫情防控期间病媒生物防制工作的通知》《金水区爱国卫生运动委员会办公室关于印发〈金水区防疫期间病媒生物防制工作方案〉的通知》《金水区爱卫办关于进一步加强疫情防控期间病媒生物防制工作的通知》《金水区爱卫办关于印发病媒生物防制工作机制的通知》《金水区爱国卫生运动委员会办公室关于开展2021年冬季灭鼠活动的通知》《金水区爱卫办关于强化春季病媒生物防制工作的通知》《金水区健促办关于做好2021年健康单位创建工作的通知》《金水区爱国卫生运动委员会关于开展第34个世界无烟日活动的通知》《金水区爱国卫生运动委员会关于开展2021年度郑州市无烟党政机关、无烟医疗机构、无烟学校、无烟单位创建的通知》《金水区“全城清洁”行动工作方案》《卫生城市日常管理工作方案》等一系列文件通知，召开爱国卫生工作例会、协调会，编发爱国卫生信息简报，受理办结群众来信、来访和投诉电话。全年共受理“12320”热线和群众投诉228个，已全部整改完毕。

病媒生物预防控制工作。常态化对辖区居民楼院、公厕、垃圾中转站等区域开展消杀，严格控制四害密度。特别是在“7·20”特大暴雨灾害后，坚持“统一组织、依法科学、严明责任、确保效果”的原则，压实属地、部门、单位和个人“四方责任”；对所有环境，居民区、市场、工地，楼道、地下室、电梯间、雨污水井等重点场所重点部位，特别是受灾严重的区域、污染水域、杂物垃圾堆放场地、动物尸体、病媒生物孳生场所以及新冠肺炎确诊病例和无症状感染者的居住场所、隔离点、医学观察场所等进行全方位科学消杀，有效控制病媒生物密度。全年对各街道、社区、辖区单位等分层分场组织培训196场，累计培训4385人次，全区共出动物业人员、环卫人员、社区志愿者、党员志愿者等75476人次，出动消杀器械29178台次，清理孳生地79386处，投放鼠药3333千克，灭蚊蝇药5490.2千克，灭蟑药1233.8千克，对主支道路、门户小道、单元楼道、电梯间、生活垃圾桶、垃圾暂存处等重点部位进行多次消杀，消杀面积累计达8268.92万平方米。在疫情防控期间，坚持时时防、处处防，全覆盖、无死角，开展为期3天的居民楼院防疫消杀专项行动，对居民楼院门户小道、单元楼道等区域和院内外垃圾容器、垃圾暂存点等部位开展防疫消杀，内外结合对辖区1932个居民楼院开展全域环境消杀。同时要求各街道、各中标PCO公司及时对居民楼院、游园（绿地）捕蝇笼设施和毒饵站设施进行常态化检查维护，及时清理蝇笼托盘内积水，投放新鲜诱饵，对浸泡发霉鼠药进行更换。

健康教育和控烟工作。开展大型宣传活动。按照市爱卫办要求积极配合省爱卫办举办河南省“文明健康绿色环保”第三十三个爱国卫生月及五星健康文明家庭建设启动仪式。仪式上金燕小学带来了保护肺部健康的控烟手舞《拒绝二手烟》，金水区总医院被授予省级健康单位称号。强化国家卫生城市复审工作宣传氛围。持续拓宽复审工作宣传渠道，创新室内室外、线上线下等宣传载体，在城市公园、游园、广场、区管医疗机构、市场、居民区等区域设置深化爱国卫生运动、巩固国家卫生城市成果公益广告4000多处，向群众免费发放相关健康教育宣传资料。充分利用金水区主要商圈人流密集区域的大屏幕，循环播放省爱卫办制作的爱国卫生宣传海报，加大加密国家卫生城市成果和公共场所禁止吸烟宣传片播放频次。更新辖区大型工地围挡、围墙爱国卫生宣传版面43处，协同丰庆路街道办事处、国基路街道办事处在出入市口制作“国家卫生城市欢迎您”等大型宣传广告及浮雕文字3处。结合爱国卫生月“文明健康绿色环保”主题，营造全民参与、共治共享的城市卫生的良好氛围，区爱卫办在辖区组织各单位开展各类宣传活动67场，发放“健康素养66条”、健康读本等各类宣传品10000多个，把宣传教育和思想发动贯穿卫生城市复审的全过程，提高群众对复审工作的知晓度和参与度，以最佳状态迎接国家卫生城市复审。强化控烟禁烟工作落实。加大宣传力度，除在各重点地段、场所播放复审宣传广告外，各主要场所内、外部电子屏幕都增加了国家、省市级制作的海报和控烟短片。对金水区下辖245个对外服务窗口单位进行逐一指导，及时更换禁烟标志，增加禁烟劝阻员，对辖区门店加大禁烟管控力度，确保公共场所控烟禁烟落到实处。开展病媒生物预防控制暨健康教育业务知识培训。组织召开2021年病媒生物预防控制暨健康教育业务知识培训会，邀请省疾控中心病媒生物防制工作专家赵奇着重解读了国家卫生城市复审工作标准和暗访千分表中的综合评价、健康教育与健康促进、病媒生物预防控制等内容，相关业务科室还对健康教育专栏的内容、材质规格、设置更新等提出了具体要求。为充分发挥健康教育宣传栏的宣传效能，区爱卫办每两个月统一制作健康教育专栏设计稿模板发放至各街道办事处，并在日常检查督导外，组织4个专业组用10天的时间对全区1894个居民楼院、39个专业市场和20个农贸市场的健康教育专栏设置情况、健康教育宣传栏的规范建设和维护情况进行摸底、检查，并及时将问题全部反馈给相关单位和属地街道办事处，督促其尽快整改。开展争创市级无烟党政机关、市级无烟学校、市级无烟医疗机构及市级无烟单位活动。金水区无烟党政机关申请复审2个，新申报12个。无烟单位申请复审30个，新申报33个，共合计77个。截至年底，区级无烟党政机关获得市级无烟党政机关称号的38家，建成比60%。区管学校获得市级无烟单位称号的75家，建成比81.3%。区管医疗机构获得市级无烟单位称号的23家建成比100%。

健康城市、健康村镇建设工作。动员各街道、辖区单位积极申报省、市级健康单位，通过审查指导，完成3家省级健康单位和6家市级健康单位的申报，并对申报单位进行检查指导，同时对38家新申报的区级健康单位进行检查指导。

市容环境卫生督查检查工作。持续整改陈旧性垃圾、小广告、各类垃圾容器、楼道杂物、病媒防制、死角死面问题，无缝隙、全覆盖整治“十乱”现象，在“7·20”特大暴雨灾害过后，立即下发《关于雨后开展“全城清洁”行动和环境卫生整治的通知》，以“三个突出”问题为导向，在全区组织开展以“清理垃圾、清理杂物、清理淤泥、消除孳生地、消除卫生死角”为主题的环境卫生整治工作，组织各方力量对主次干道、单位居民区、游园（绿地）背街小巷、市场、工地等公共区域进行“四清”（清淤泥、清积水、清杂物、清垃圾）。全年共开展全城清洁行动52次，累计组织全区公共单位和企事业单位8946家，发动沿街商户129968家，出动241400人，全面清洗住宅小区8084个，清洗公共区域8950个，清扫楼顶242000平方米，冲洗地面1580000平方米，冲洗墙体1086000平方米，清理积存生活垃圾9132立方米、建筑垃圾8230立方米、混合垃圾12290立方米，整治各类卫生死角21164处，清理杂物乱堆乱放13750处，清扫保洁182000平方米，清扫施工工地423家，清理施工工地积存垃圾713立方米，施工工地洒水清洁36000平方米。

【城市管理工作】 持续完善改进，确保城市管理工作常态长效。以“为人民管理城市”的工作理念，紧盯城区管理的难点、痛点和乱点，全面夯实基层主体责任。按照“定人、定岗、定责、定时段、定标准”的五定原则，以第三方调研公司参与考评为依据，对全区城市管理工作进行检查评比，有效避免“人情分”现象。加大巡查力度对现阶段城市管理中问题突显的问题，开展专项整治活动。2021年，共编辑红头文件49期，工作简报401篇，日报360期，周报96期，月报11期，人大建议回复1件；同时每月对全区城市管理工作进行检查评比。

城市管理。以“五室一庭”司法保障机制和风险防控机制为依据，严格落实“721”工作法等措施，使辖区内道路干净整洁，车辆停放有序。2021年，共清理占道经营、突店经营24629处，清理乱堆10763处、18293.5平方米；治理门头牌匾、LED显示屏等广告52000余处，设置公益广告919处，拆除大型户外广告25处、共计7949平方米；设置道路停车泊位共16630个，经营性停车场备案386家；规范非机动车及共享单车263028辆，拖移违规停放非机动车393612辆（其中共享单车218689辆）；整改拆除施工围挡123处、共计7.125万平方米；拆除违法建设928处、共计60.2万平方米；修复人行道破损12292处、修复面积14056.1平方米，修复车行道破损2253处、修复面积4150.5平方米；窨井整治累计完成57条道路、13064座；架空线缆入地76条道路、共计70825米。持续开展“全城清洁行动”，确保城市道牙无尘、路无杂物、设施整洁、路见本色，同时以“党建引领，七驾齐驱”垃圾分类宣传新模式，激发居民参与垃圾分类的主动性和积极性。2021年，机械化清扫车队累计出动各类型扫车和水车约52000台次，对辖区道路冲刷作业97000次，辖区机扫率达97%；更换新果皮箱1806个，修复果皮箱2000个，更换、补装内胆921个；新建公厕8座，已全部完成建设；对扬尘污染案件立案797起、（拟）处罚金额1922.1万元；渣土车立案229起、共计罚款221.4万元；签订垃圾分类责任书式协议3055份，开展分类宣传活动320余次，发放分类宣传品8000余件，宣传册5万余份，辖区生活垃圾分类居民户覆盖率达97.56%以上，回收利用率达37%以上，知晓率达99%，无害化处理率达100%。聘请国内一流团队提升全区绿化景观和游园提升设计，做好老城区绿化。2021年，新建公园1个，已完工；新建游园15个，已完工；区管游园提升7个已完工；道路补植补栽绿篱地被22.3万平方米、行道树3449棵；修剪绿篱地被420万平方米，种植行道树5万棵；清除死树断枝6429棵，抢险1043次；游园补植补栽绿篱地被13万平方米、乔灌木5097棵；修剪绿篱地被444万平方米，乔灌木6.2万棵；浇水2550万平方米；清理垃圾3万立方米，清除杂草921万平方米，清除干枯枝3.4万棵。

（撰稿：王　进　审阅：芦燕宇）

退役军人事务

【概况】　2021年金水区退役军人事务局（以下简称区退役军人事务局）以让退役军人满意、让军人成为全社会尊崇的职业为目标，坚持为经济社会发展服务、为国防和军队建设服务的方向，以思想政治统领、党的建设引领、全面落实政策、强化帮扶救助、依法开展工作为抓手，坚持问题导向、计划导向、立足当前、着眼长远，破解难题、标本兼治，综合施治、持续发力，努力开创金水区退役军人事务工作新局面。

【双拥工作】　2021年，区退役军人事务局认真做好郑州市双拥模范城（区）创建工作，金水区被郑州市委、市政府、警备区评为“双拥创建先进区”，事务局被评为“双拥创建先进单位”。春节、“八一”期间，区四大班子领导带队对驻区部队进行走访慰问，并为重点优抚对象、困难企业转业干部、军队离退休干部和无军籍退休退职职工等送去慰问金和慰问品。推荐“市级最美退役军人”7名，其中1名荣获“出彩河南人”第二届河南省最美退役军人荣誉称号。开展情系边海防官兵拥军优属活动，帮助解决坚守戍边的军人家庭实际困难。

【移交安置】 2021年，区退役军人事务局以退役军人为中心，开展政策宣传、技能培训，建立常态化联系制度，更好地为广大退役军人服务。2021年，金水区接收退役士兵档案，接收报到人员，为军转干部随调配偶提供岗位，并积极做好退役士兵遗留问题的处置工作。为增强军人的归属感、幸福感，举办“建功军营归故乡，就业创业再起航”返乡退役士兵欢迎仪式，宣讲当地经济社会发展成果、安置优待政策、退役士兵先进典型事迹，鼓励支持就业创业，激发退役军人积极投身家乡建设、参与地方经济社会发展的使命感、责任感。

【退役军人服务工作】 2021年，区退役军人事务局对人员分类梳理，建立台账，一人一册，一人一档，做到“四个清楚”，即底数清、责任清、措施清、结果清。在各级两会和中国共产党成立100周年庆典等重点时期，全力做好矛盾排查化解、重点领域整治和突出问题处理。

【就业创业】 2021年，区退役军人事务局积极探索大型企业直招专招退役军人模式，建立常态化联系退役军人机制，广泛宣传退役军人就业政策，促进就业政策落实，加强创业扶持。完善退役军人创业就业人才需求数据库，搭建退役军人就业创业网上服务平台。为解决辖区内待就业退役军人的就业需求，切实做好金水区退役军人就业创业服务工作，采取“互联网+政府+品牌人力资源”强强联手模式，启动金水区退役军人线上网络招聘平台，与企业建立常态化联系，提供精准服务。充分利用退役军人就业创业平台和人才库等信息资源，与人力资源等企业合作建立区级退役军人就业基地，通过定期窗口咨询、线上服务、面对面交流等形式，为退役军人提供全方位的服务。

【“社工+义工+军休军工”三级联动】 2021年，区退役军人事务局积极落实相关政策，保障军休干部政治待遇和生活待遇及军人工资津补贴的按时足额发放。为有效解决服务对象基数大、群体广、需求多、服务方式单一等问题，运用社会工作理念，采用定制化服务，进一步提升服务质量。开展庆祝中国共产党成立100周年系列活动，以“红色勋章”为主题，开展“趣味运动庆建党百年”“军休军工快闪”“一针一线绣党旗”“红船志愿服务”“巧手展风采”“弘扬传统文化，承载年节习俗”等活动；以“红色记忆”为主题，开展“百米长卷贺华诞”“老物件老照片征集”活动。

【“一中心两站”建设】 2021年，区退役军人事务局依托各级服务中心（站），加强对退役军人支援服务队伍的组织管理，努力实现“一村（居）一队伍”；加强支援服务品牌建设，积极引导退役军人发挥作用。为了更好地检验示范型退役军人服务站创建工作成果，上半年，组织3个督导组对辖区12个街道示范型服务站和“五有”落实情况进行现场查看督导，全面推进金水区退役军人服务保障体系建设，切实打通服务退役军人的“最后一公里”。

【“7·20”特大暴雨灾害应急处置及灾后重建】 2021年，区退役军人事务局积极开展防汛抗疫志愿服务活动。7月20日，郑州市遭遇罕见特大暴雨，辖区受灾严重，事务局组织全体党员、干部深入杜岭街道张砦街社区，帮助受灾群众尽快恢复生产生活。

（撰稿：姚　军　审阅：季向东）

医疗保障

【概况】 郑州市金水区医疗保障局主要职责是统筹推进城乡居民基本医疗保险、职工医疗保险、生育保险、大病保险工作，建立健全覆盖全民、城乡统筹的多层次医疗保障体系；不断加强基金监管工作，严厉打击欺诈骗保，维护医保基金安全；稳步推进医疗救助工作，切实减轻困难群众就医负担；全面开展医保政策宣传，进一步提升群众知晓率；持续开展医保业务培训，提升人员的业务素养、履职能力和服务水平，为医保事业持续向好发展夯实基础。

2021年11月25日，按照《中共郑州市金水区委机构编制委员会关于郑州市金水区医疗保障事务中心更名的通知》，金水区医疗保障事务中心更名为金水区医疗保障基金稽核中心，隶属区医疗保障局管理，变更后单位性质、机构规格保持不变。

【服务优化】　金水区作为全市医保大厅日均接待量和业务总量最多的县区，业务办理量占全市医保系统业务总量一半以上。2021年，大厅共接受群众咨询4万余人次、现场办理业务11万余件、网上办理业务14万余件。医保局始终坚持强化管理“小窗口”提升效能“大服务”，通过落实“五制”“四公开”“三亮明”工作制度，不断提升服务能力和办事效率。在工作中落实“首问负责、全程代理、一次性告知、限时办结和责任追究”五项制度，并根据需求开设“绿色通道”。实行延时办公，在保持“全窗口开放”“全员办公、周末不休”的基础上，全天业务不办结不下班，最大限度提高工作效率、满足群众办事需求。办事“四公开”实现“五零”目标。做到办事程序公开、办事依据公开、办事时限公开、办事结果公开，实现服务群众“零距离”、业务受理“零推诿”、业务经办“零差错”、服务对象“零投诉”和政策宣传“零死角”的工作目标，让群众只进一扇门，最多跑一次。在医保大厅实行“亮明身份、亮明承诺、亮明标准”制度，在每个工作台摆放公示牌，公示工作人员照片、姓名、工作岗位和业务办理标准流程等信息，并在大厅设立群众咨询台、党员先锋岗，推行“金小二”帮办代办服务，方便群众办事的同时接受群众监督，不断提升服务水平和服务质量。

【基金监管】　以《医疗保障基金使用监督管理条例》实施为契机，以定点医药机构协议管理为抓手，依托“打击欺诈骗保回头看”专项行动，展开医保基金监管各项工作。《医疗保障基金使用监督管理条例》（以下简称《条例》）自5月1日起正式实施，为贯彻落实上级工作部署，区医保局于4月开展《条例》集中宣传月活动，印制宣传手册、宣传彩页、宣传品等3万余份，动员相关区直单位、街道和定点医药机构齐头并进开展宣传活动，先后共组织开展1次大型集中宣传、4次进社区宣传活动，并通过聘任监督员、在街道和定点医药机构张贴《条例》宣传海报、制作横幅、LED屏播放《条例》宣传片等方式，扩大宣传覆盖面，加强舆论引导和正面宣传，推动宣传常态化、长效化。规范定点医药机构协议管理。为保证定点医药机构准入管理的质量和水平，区医保局组织工作人员并聘请专家成立验收组，对全区医药机构新增准入进行实地验收，以充分保障参保群众就医权益。截至年底，组织金水辖区内定点医药机构续签医疗保障服务协议156家；受理新增申请定点医药机构235家，验收合格197家，已公示并签订协议。同时，已完成931家两定机构、37942名医护人员的全量赋码工作，实现对医师、护士、药师、药品、耗材等信息实行动态管理，为现阶段国家医保信息平台上线打下了良好的基础。持续加大基金监管力度。区医保局在持续开展“打击欺诈骗保、维护基金安全”和“打击欺诈骗保回头看”专项行动的基础上，通过自查自纠专项治理、飞行检查等方式，织密医保基金监管网，守好百姓“救命钱”。截至年底，打击欺诈骗保“回头看”专项行动已对50家定点医药机构进行现场检查，拒付、追回医保违规费用共计580.1万元，日常监督检查共计160家，约谈整改5家，暂停3家医院和4家药店的定点协议。截至年底，1家医疗机构迫于金水区基金监管已停业注销，节约医保基金3千万元。

【保障民生】　为有效缓解困难群众“因病致贫、因病返贫”问题，医保局充分发挥医疗救助的救急救难作用，确保实现及时救助、应救尽救，扎实做好医疗救助工作。

2021年，全区在医院“一站式”结算救助1773人次，救助金额151.52万元；通过手工报销救助困难群众155人次，救助金额30.27万元，最大限度减轻困难群众医疗支出负担。职工医疗（生育）保险方面，2021年度城镇职工、灵活就业人员医保、生育保险合计征收18.2亿元；全区机关事业单位在职人员参保率达100%。居民医疗保险方面，全区2021年度城乡居民基本医疗保险参保缴费人数为42.4万人，居民医保参保率长期保持在98%以上。为管好、用好医保基金，保护广大参保人的利益，区医保局进一步规范待遇审核流程。2021年，职工医保手工审核报销1583人次、872万元；居民医保手工审核报销2356人次、903.5万元。

【“7·20”特大暴雨灾害应急处置及灾后重建】 在防汛救灾方面，金水区医保局全体党员干部第一时间落实上级决策部署，下沉到东风路街道办事处锦华苑社区，在社区统一调配下参与防汛救灾工作。

【新冠肺炎疫情防控】 在疫情防控方面，为做好各项疫情防控工作，保障辖区群众平安健康，医保局全体党员干部下沉杜岭办事处张砦街社区，协助社区做好居民出入扫码登记、测温、办理出入证及核酸检测等工作。

（撰稿：刘　凡　审阅：宋小康）

科教园区

【概况】 郑州金水科教园区位于郑州市东北部，南接郑东新区龙湖和龙子湖区域，北至黄河南岸，西起中州大道，东至京港澳高速辅道，规划面积62.7平方千米，内含2个街道、16个行政村，规划人口45万。2021年，科教园区内生产总值完成48.1亿元，同比增长4%；固定资产投资完成121亿元；公共财政预算收入完成8.9亿元，同比增长15%；全部企业营业收入达到141亿元，同比增长12%；市场主体、规上企业和从业人员分别达到4177家、105家和1.82万人。先后组织承办了“2021金水科创大会”“2021世界数字产业博览会”等大型招商活动。

【招商引资】 2021年，科教园区新签约引进项目90个，其中包含36氪华中区域总部、河南信大网御科技有限公司、中电云科信息技术有限公司、郑州信大壹密科技有限公司、武汉智菱物联科技有限公司等重点项目49个，总投资达28.08亿元。重点在谈安恒信息技术股份有限公司中原总部、绿盟科技华中区域总部、奇安信中原区域总部、天融信中原区域总部、用友软件中北大区总部、金山云中原区域总部、创兴动力总部、新华三信安公司第二总部及鹏城实验室国家网络安全靶场项目、一亿中流总部基地、北京宾果智能华中研发运营总部、杭州宇链科技华中总部等项目30家。

【项目建设】 科教园区正在推进的产业项目共27个，其中已建成或部分建成投用项目12个，累计投用面积96.8万平方米；在建项目9个，河南外包产业园二期、新科技市场二期三期等已实现大部分主体封顶；已拿地未开工项目6个，其中太极文化健康产业园、榕基软件园2个项目已取得建规证，北大国际创业孵化中心、“863”物流软件与电商孵化器2个项目已取得土地证，正在进行修改审核；金科智慧城一期、郑州华中科技园2个项目已拿地；前期项目5个，正在加快前期各项手续办理。

【集群打造】 2021年，先后编制完成《金水科教园区产业发展十四五规划》《郑州市网络安全教育技术产业融合发展试验区建设工作方案（2021—2023年）》《郑州金水科教园区关于河南省软件名园建设方案》，并参与国务院督查激励战略性新兴产业基础材料撰写，全面纳入省、市产业集群建设范围，围绕信息安全产业补链强链，新增金冠同利等信息安全骨干及链条企业19家，信息安全产业主营业务及关联产业规模达到45.2亿元，信息安全产业集群活力迸发。

【科技创新】 2021年，新增众诚软件等科技型备案企业51家，累计达到330家；信大网御等高新技术企业40家，累计达到122家；培育山谷网安等河南省技术创新示范企业2家；河南普华基因等专精特新企业12家，中电云科等省级以上“专精特新小巨人”企业3家。在创新载体建设方面，新增河南省信息安全产业基地市级孵化器1家，聚方孵化器获批国家小型微型企业创业创新示范基地，市级以上孵化器（众创空间）累计达到14家；新获批新科技产业园等郑州市小微企业园4家。在创新平台搭建方面，新增省级以上试点示范项目15个，其中国家级试点示范项目4个；新增市级以上研发平台14个，研发平台累计达到111个（国家级18个、省级52个、市级41个）；在创新成果涌现方面，4个项目分别获得2021数博会领先科技成果“优秀项目”称号及河南省科技进步一等奖和河南省科技进步三等奖；区内企业新增知识产权963件，新增技术合同交易额3.2亿元。

【基础设施】 截至年底，共完成新庄街等雨污水管道21.6千米，马林路、宝瑞路等16条道路主路面10.1千米；完成鸿宝路等4条道路下穿京广高铁项目完成垃圾土方清运12000立方米；龙津路与连霍高速互通立交工程高速已基本建成。明理路、鸿苑路下穿连霍高速保通辅道建设完工。着力提升金科智慧城核心片区硬件设施。鸿宝路、宣礼路、观礼路完成雨污水管线或附属管线施工；宝瑛路正在加快推进附属物清理工作；宝瑞路、宣礼路、马头岗街、崇礼路已完成施工图设计，目前正在进行施工图预算评审。完成崇礼路、明哲路等14条道路行道树栽植4200棵；完成宣礼路生态廊道绿化、慧城大道甩项绿化，新增绿化面积4万平方米。沿黄科创带芯基地项目周边的环境进行综合提升改造，栽植草坪4000平方米，绿篱2000株。金水区郊野公园32米次峰土方消纳基本完成，正在进行56米主峰土方消纳，累计消纳土方457万立方米。公共配套设施逐步完善。周庄小学二期已竣工验收，马林小学、任庄学校、金水一中装饰装修完成90%。金达变电站主体完成，公厕正在进行施工监理招标评审。兴达路、杨金路管廊热力管线已基本敷设完成；东三环以西片区完成管道敷设4千米，东三环以东片区完成管道敷设0.8千米。

鸿宝路（宣礼路–马头岗街）绿化工程（2021年，郑州金水科教园区/供图）

【合村并城】 2021年，科教园区紧盯目标推进安置区建设和群众回迁。杨槐一期、新庄一期、马林安置区西地块、徐庄等10个安置区项目已实现群众回迁，回迁人数约2.61万余人；小贺庄安置区项目已完成房屋分配，分配人数约1800余人；马头岗二期、杨槐二期、河村西地块、周庄一期4个安置区项目已封顶。2021年，马头岗安置用地、北录庄安开混合用地2宗178.08亩完成土地供应前期手续办理工作，任庄小金庄开发区、马头岗开发区2宗地块236.73亩完成土地供应前期手续办理工作，可供应土地共414.81亩。

【规划编制】 2021年，科教园区主要对接市自然资源和规划局郑东新区北部区域概念性总体规划（2014—2030年）（金水科教园区部分）落入郑州市国土空间总体规划工作。金科智慧城核心板块、智慧城居住片区、31高中、103高中、兴达路产业园、艺术高中、小贺庄开发区、中原高速住宅地块、军事监狱等控规方案已批复。高铁南片区、新庄开发区、河南省地质技校、省高速房地产项目控规方案已修改完善，待报市政府批复。小微企业园、郑州三强公司科研生产基地、金水飞地经济总部产业园、天涯若比邻、北大国际、金城大道北新型工业用地片区正在编制控规方案。金科智汇谷项目调整论证报告已编制完成，待报市局进行调整程序。

【土地报批】 2021年，科教园区注重建设发展要素，土地报批、供应工作取得新突破。开展9个项目的土地报批工作，已取得批复1个，完成土地报批305亩，土地征收351.6亩，土地供应807.647亩，收取土地出让金约58.3567亿元。马头岗安置用地、北录庄安开混合用地2宗178.08亩完成土地供应前期手续办理工作，任庄小金庄开发区、马头岗开发区2宗地块236.73亩完成土地供应前期手续办理工作，可供应土地共414.81亩。

（撰稿：赵　佳　审阅：王文靖）

河南科技园区

【概况】 河南科技园区（原河南科技市场）建成于1993年，是由金水区政府兴办的中部地区最大的集科贸为一体的大型常设技术市场。所辖区域东至文博东路，南至白庙路，西至信息学院路，北至文劳路，总面积0.98平方千米。经过28年发展，累计投资25亿元，占地260亩，建筑面积26万平方米，其中营业面积18.6万平方米，从业人员3.2万人，入驻市场主体6375家，法人单位4531家，其中规上企业171家、科技型企业153家、高新技术企业27家、新三板企业7家、技术研究中心18个。园区范围内现有智汇城（建筑面积4.28万平方米）、百脑汇（建筑面积6.35万平方米）、数码港（建筑面积4.28万平方米）、硅谷广场（建筑面积13.7万平方米）等商务楼宇。企业多数以电子信息产业为主营业务，例如众诚科技、金鹏信息、京硕信息、创元网络等实力强的企业，为助推金水区经济发展贡献了力量。

河南科技园区依托改造，推进空间拓展和内涵提升，助力智汇城芯互联、众诚科技等企业做大做强，创新展示、体验等线上线下互动模式，超前布局新材料、大数据等前沿科技领域，推动5G与虚拟现实、互联网和人工智能融合发展，带动传统信息技术产业优化升级，巩固提升中西部电子信息产品交易展示中心地位，努力打造全国有竞争力的电子信息产业集聚区的产业定位和目标任务。

2021年，河南科技园区主营业务收入突破187亿元，同比增长11.3%；服务业企业总营业收入45.7亿元，同比增长10.8%；税收收入5亿元，同比增长12.1%；规上（规模以上）企业营收59.7亿元，同比增长10%。技术合同登记额6.1亿元，同比增长35.5%。

【编制规划】 编制《河南科技园区电子信息产业中长期发展规划》，积极打造电子信息产业一条街，与东风路综合提升工程、地铁建设有机结合，设计思路、街景建设、特色街标识、氛围营造凸显信息产业特色；明确园区功能定位为具有交流、交易、展示、体验、教育、孵化等功能的郑州中央数字区（CDD）·中西部电子信息产业会客厅，推动“两中心一基地”建设。

建设中国智能消费电子产品新零售中心。在园区的推动下，芯互联实业和中国电子商会下属基金公司达成共识，计划推动成立产业发展引导基金，投资中小企业。5月8日，2021中西部消费电子博览会暨第12届中西部IT展在郑州国际会展中心成功举办，展会为期三天。展馆面积3万平方米，吸引1500余家企业，并将每年的4月中旬定为中西部IT展固定开展日，为园区企业提供了展示交流交易平台。建设中部地区电子信息产业孵化中心。园区现有创新创业载体10家，国家级孵化器3家，孵化面积2.3万立方米。在孵企业600余家，累计毕业企业120家。打造河南虚拟现实体验基地。依托河南省虚拟现实产业联盟，利用两大平台形成产业聚集。虚拟现实联盟理事会达21家。与华北水利水电大学、煤科院等产学研单位合力打造虚拟现实展厅，正在草拟协议。

【“万人助万企”工作】　成立“万人助万企”工作领导小组，实地走访421家企业，统计、上报、协调解决企业提出问题124个。加大头部企业首位度，积极推动众诚科技在创业板上市。邀请专家采取讲座、集会指导、宣讲等形式，解读人才、科技创新等政策，加强银企对接服务，多渠道为企业提供融资渠道，依据政策为11家企业提供种子资金1800万元，引导企业争取各级经费补助1250万元。

【人才服务】　精准施策做好人才服务，对园区“四上”单位用工情况和需求进行统计掌握分析，积极宣传2021年郑州市重点产业急需紧缺人才认定政策。在智汇城多次举办“2021年大型人才招聘会”，100多家知名企业提供21670个岗位。7月17日，园区在智汇城举办“万人助万企　我们在行动”大型人才招聘会。根据企业需求累计引进高端人才24人，金水区认定“金水区创新创业人才”42人。

【创新招商模式】　在园区的推动下，与芯互联实业联合成立产业园区招商运营公司——河南创芯智城产业园服务有限公司，开展园区产业招商、资源对接、引进落地，引进郑州盾建轨交配件制造有限公司等15家企业入驻园区，北京数字政通公司就中部区域总部入驻园区已选好办公地。

（撰稿：刘志成　审阅：刘　昭）

7月17日，河南科技园区举办“万人助万企　我们在行动”大型人才招聘会

（河南科技园区/供图）

国家知识产权创意产业试点园区

【概况】　金水区国家知识产权创意产业试点园区（以下简称创意园区）位于金水区国基路与东风渠交汇处东北域，是国家知识产权局批准建设的全国唯一一家知识产权创意产业专业类服务园区，是国家知识产权服务业集聚发展示范区、河南省知识产权创意产业核心区。金水区委、区政府坚持落实习近平总书记“保护知识产权就是保护创新”的重要指示精神，在市委、市政府的正确领导和各级知识产权部门的大力支持下，充分发挥知识产权制度在促进地方经济转型升级、创新发展中的重要作用，以知识产权保护运营改革为切入点，集聚发展知识产权服务和创意设计产业，有力推动了金水“中优”战略的实施，打造了一张具有知识产权特色的“金名片”，为提升区域产业发展能级提供了有力支撑。

2021年，创意园区荣获“2021年度中国设计产业100强十佳设计园区”“第三届全国知识产权快速协同保护业务竞赛优秀奖（2021年10月）”“2021年全国工会职工书屋示范点”“河南省‘十佳’科普教育基地河南省优秀科普教育基地”“郑州市‘五快’专业园区”等。

【知识产权运营服务】　填补知识产权高端服务空白，利用世界知识产权组织（WIPO）技术与创新支持中心（TISC）技术优势，拓展了特定检索、技术监测、预警导航、分析评议、专利价值评估、知识产权托管等高端服务，为郑州市创新主体提供获取全球信息服务的渠道；创新知识产权金融服务，运用信托产品“知识产权创意壹号”“知识产权创新券”、知识产权拍卖、知识产权质押融资等多元化知识产权金融工具，为市场创新主体发展注入源头活水；建立完善“科学家知识产权经纪人”服务模式，即科学家专注于研发，知识产权经纪人为科学家提供要素支撑、产业落地、市场开拓等合伙人级别的聚合服务，构建了高价值专利产品化、商品化、渠道化、资本化的知识产权运营服务链条，知识产权经纪人“陪跑”科学家，各司其职全力推动知识产权成果转化。

【知识产权保护】　针对电商“维权难”问题，推进新兴领域维权方式创新，参与办理阿里巴巴“淘宝”电商平台专利侵权案件，在小家电、服装、服饰、家居产品等领域，通过快维中心外观设计专利检索D系统比对分析，线上办理，出具电商专利侵权判定意见书，保护了“电商平台+小微卖家”新兴市场主体合法权益。

【发展新路径】　主动挖掘释放内生动力，推进“一区多园”和“线上虚拟园区”建设，UFO·WORK优享分园挂牌运营，盘活城市空间存量资产，放大园区“国”字头品牌输出效应，努力走出了一条不占地、园区轻资产运营、企业轻资产入驻、以知识产权引领带动城区经济转型升级的发展新路子。

【营商环境】　全国率先组建了知识产权服务官队伍，为各类创新主体开展知识产权“私人定制”高端服务。当好服务企业“金小二”，帮助企业解决实际困难。主动靠前融入金水“1+N+X”产业扶持政策体系，全区首批出台创意十条及实施细则奖补政策，领先释放政策红利，扶持企业发展壮大。强力推进知识产权创造、运用、保护、服务、管理等多平台建设，拓宽服务受众，提升服务能级，打造具有知识产权特色的最优营商环境高地。

（撰稿：韩祎梦　审阅：王　刚）

金水自贸区块

【概况】　中国（河南）自由贸易试验区郑州片区管理委员会金水区办事处是为进一步加强对中国（河南）自由贸易试验区郑州片区金水区块建设工作协调管理，于2017年7月成立。

河南自贸试验区郑州片区金水区块位于郑州中心城区北部核心区，西至花园北路、南至柳林东路、北至新龙路、东至中州大道，面积0.28平方千米，是郑州自贸片区三大板块之一，也是唯一一个新开发、新建设、新运营的板块，并列入郑洛新国家自主创新示范区范围。

【总体思路和战略定位】　金水自贸区块按照“强化双自联动、聚焦三大重点、推进四创融合、构建五个体系”的总体思路，着力打造“一区三中心”。即：强化自贸试验区和自主创新示范区“双自联动”协同发展，聚焦政府管理改革、主导产业培育和区块开发建设三大重点工作，大力推进制度创新、产业创新、科技创新和开放创新相互融合，积极构建政务服务体系、国际贸易运行体系、科技创新生态体系、知识产权运营体系和新经济发展体系，着力打造总部经济集聚区和“一带一路”经贸交流中心、知识产权运营保护中心、国际协同创新中心，培育产业发展新引擎，促进经济结构转型升级，为内陆地区扩大开放探索新模式，为国家全面深化改革积累新经验，发挥示范带动、服务全国的积极作用。

【总体布局】 为充分发挥自贸试验区溢出效应，促进区块内外联动发展，按照三个层次进行功能布局。核心区，依托国家批复的金水自贸区块0.28平方千米范围，积极推进制度创新和政策创新，营造国际一流的营商环境，搭建国际经贸合作平台，培育发展新技术、新产业、新业态、新模式，打造总部经济集聚核心区。联动发展区，在金水科教园区、国家知识产权创意产业试点园区、河南科技园区等范围内，大力发展信息技术、服务外包、知识产权服务等产业，与核心区建立联动发展合作机制，为核心区提供产业、空间和功能支撑。辐射带动区，以自由贸易试验区建设为契机，在全区探索地方政府管理体制创新，进一步优化政务环境和营商环境，全面提升对外开放水平，推动产业结构调整升级。

【规划建设】 经国际招标，由哈工大设计院院长、全国工程勘察设计大师梅洪元领衔开展项目规划设计，形成以“时代门户、龙腾金水”为主题的设计方案。方案按照绿色建筑、LEED认证、国际AAAAA等标准，通过东西向下沉广场和空中廊桥，将20多栋现代化楼宇串联为一体，形成起伏跌宕的天际线，塑造腾起的巨龙形态。整体设计以“垂直空间、多层地表”为特色，通过引入生态绿谷、垂直庭院、共享平台等元素，实现建筑、环境、功能的立体交叉与互动交融。2021年，项目控规批复、城市设计、土地出让、EPC招标已全部完成，涉及的13基16回路高压线塔已完成入地10基7回路。由省（豫资集团）、市（郑发投集团）、区（金达公司）三级国有公司合资设立的郑州金贸投资发展有限公司正加快实施开发建设，全年累计完成投资约36亿元，清运土方约260万立方米，力争2023年年底总部经济产业园竣工投用，2024年全面建成投用。

【制度创新】 区内注册+区外运营，以制度创新破解发展空间难题。按照“边规划建设、边招商运营”工作思路，在全省率先出台企业集群注册办法，创新“一址多照”模式，探索实施“区内注册、区外运营”的企业集群注册新模式，累计注册企业超过2000家，注册资金超200亿元。

线上平台+线下窗口，以服务提升促进营商环境优化。上线运行金水自贸企业综合服务平台，集成“申请—入驻—审批—服务”事项，并建立入驻企业画像，精准推送惠企政策和便利服务。在金水政务服务大厅设立自贸区企业服务专区，探索企业登记注册审批权下沉，开设注册登记、税务登记、印章刻制、银行开户、政策咨询等综合服务业务，实现线上一链办理，线下一站办结。

财政扶持+金融创新，以政策保障支撑高质量发展。对标国内一流自贸试验区，出台金水自贸“产业十条”和“人才十条”扶持办法，设立3亿元金水自贸专项资金池，打造新兴产业集聚高地和人才政策创新高地。同时，发起设立河南金科创业投资联盟，与中原再担保合作设立1亿元融资担保资金池，先后为河南天一文化等近6000家企业提供10亿元融资担保支持，为企业提供全方位、全金融产业链的一站式服务。

核心区块+联动园区，以一区多园打造特色产业集群。充分发挥自贸试验区溢出效应，整合辖区闲置办公资源，在高标准规划建设郑州国际金贸港项目的同时，积极在全区拓展布局联动发展园区，设立金水“一带一路”经贸产业园，获批省市两级电子商务示范基地；柳东路自贸创新产业园入驻15家总部型龙头企业，2021年园区产值超过100亿元。2022年再挂牌运营国际钢铁交易产业园和金水自贸“新经济”产业园2个自贸区联动园区，逐步打造“全域自贸”的发展格局。

【对外开放与国际合作】 金水“一带一路”经贸产业园是中国（河南）自由贸易试验区·郑州国际金贸港联动园区，园区总面积1.7万平方米，重点吸引国际贸易、跨境电商、外贸综合服务企业集聚发展，推动对外贸易转型升级。已入驻120家优质跨境贸易企业，其中从事一般进出口贸易企业54家，跨境电商企业36家，对外贸易服务企业30家。2021年，园区整体产值20亿元，完成一般贸易进出口额9亿元，跨境电子商务交易额6亿元。

打造特色产品出口基地。探索“电商平台+产业基地”合作模式，依托河南纵横、双利化工、云天起重等园区重点出口企业，加快培育陶瓷、化工、起重设备、户外用品等河南优势产品出口升级，打造河南特色产品跨境电商出口基地。

设立“一带一路”出海联盟。创新“线上外综服平台+线下产业园区”模式，整合悦海报关行、中远海运物流等园区重点服务企业资源，对接跨境运营、海外商事、跨境结算、物流报关、海外仓储等外贸综合服务平台，建立本土化服务联盟，提供高效率、低成本的外贸通关、物流、外汇、金融、财税等跨境贸易全链条服务。

搭建海外运营服务体系。整合企业海外运营资源，搭建“海外园区+海外办事处+海外仓”三位一体海外运营体系，目前已依托园区企业在“一带一路”沿线国家及RCEP成员国家累计设立4个海外园区（工厂）、30个海外办事处，并联运行海外仓突破43万平方米，有效降低企业海外运营成本。

打造跨境人才培训基地。园区与河南工业大学等7所院校开展校企合作，设立5个大学生实训基地项目，并联合郑州商学院共建“郑州商学院“一带一路”经贸产业学院”，累计培养跨境电商人才2000余人，定向输送毕业大学生500余人，形成跨境电商全链条人才孵化。

（撰稿：徐　琳　审阅：杨宁可）

丰庆路街道

【概况】　丰庆路街道位于金水区西北部，南临北三环快速路，北靠大学城，西依省体育中心，东接国基路街道，总面积13.8平方千米。户籍人口11.4万户，常住人口24.8万人。辖陈砦村、庙李村、西史赵村、张家村、二十里铺村、琉璃寺村、杲村7个行政村和中方园、瑞丰、北晨、四月天、安泰、丰庆佳苑、普罗旺世、水晶城、泰和、瀚宇、呈祥、九锦台、泰苑、天悦城、青年城、观澜苑16个社区。北三环快速路、国基路、三全路、连霍高速横穿东西，东风渠路、文化北路、丰庆路、索凌路纵贯南北，贾鲁河与东风渠双河环绕。

2021年，丰庆路街道生产总值完成70亿元，一般公共预算收入8.4亿元，全社会固定资产投资77.6亿元，建筑业总产值136.3亿元，社会消费品零售总额54.5亿元。“四上企业”（规模以上工业企业、资质等级建筑业企业、限额以上批零住餐企业、国家重点服务业企业）入库完成15家，已申报1个五亿元以上招商项目，省、市、区重点项目投资完成117亿元；辖区新增高新技术企业20个、新增科技型企业27个。完成技术合同成交额4448.7万元，全社会研发投入1.1亿元；2021年，辖区引进域外境内投资13.6亿元，实际吸收外资1800万美元，外贸进出口完成4.1亿元，跨境电商交易额完成3.3亿美元，服务外包执行额完成410万美元。新签约项目签约额完成25亿元，新开工项目投资额完成15亿元。

【产业项目培育】　丰庆路街道围绕构建现代产业体系目标，持续做好产业项目培育。与喜来登、雅乐轩签订品牌协议，庙李商业综合体项目正在洽谈，招商美景芳境苑商业项目和瀚宇天悦8号院商业项目完成前期手续办理。完成入库申报28亿元。通过助企活动，解决问题60余件，兑付帮扶资金40.3万元。3个特色街区（商圈）已基本完成，共完成投资1.45亿元，入驻品牌385个，3座特色楼宇入驻特色企业均已达到50%。

【城区品质建设】　立足城区品质提升，持续做好道路综合改造。北环、三全路、国基路段3条示范道路建筑完成整治提升。北环沿线改造店招门头50处，面积510平方米，围墙整治长度685米，整治面积1712.5平方米；三全路沿线改造店招门头284处，违建拆除74处

8000余平方米，空调移机2953台，外立面粉刷57771平方米，围墙整治长度1762.8米，整治面积4407平方米。完成渠东路、园田路、滨河路和索凌路道路建设工作，已实现通车。高皇路、黄埔路、洛阳路、宏明西路已进场施工。新建游园5个，公园1个，微景观6处，省（市）园林单位（小区）已验收3个，持续开展辖区河长制工作，累计巡河1801次，拆除河湖四乱3处。

蜜雪冰城股份有限公司答谢“万人助万企”活动　（2021年，丰庆路街道/供图）

【民生服务】　枈村、二十里铺村党群服务中心和枈村、观澜苑养老服务中心建设有序推进。九锦台社区日间照料中心已建成，泰苑社区日间照料中心正在推进。枈村卫生服务中心建成并投入使用。庙李、二十里铺幼儿园正进行内部装修。全年完成新增就业1470人，新增居民基本养老185人。完成小微企业创业担保贷款550万元。向辖区7120户居民征缴契税1.9亿元，发放契税补贴3805万元。

【营商环境】　推进党群服务中心规范建设，进一步完善设施配置和窗口配置。加强服务标准化建设，实现71项业务在办事大厅办理；定期维护、更新、完善相关政务公开信息，做好依申请公开工作，及时回应群众关切问题；深入开展“万人助万企”活动，通过助企活动解决问题60余件，兑付帮扶资金40.3万元；组织党员干部学法用法，面向辖区群众开展普法宣传。成立公职律师办公室，设置公职律师，聘请村（居）民委员会法律顾问协助开展工作；持续开展环境污染防治攻坚行动，大气环境质量明显改善，重污染天气大幅减少。严格落实工地扬尘治理“8个100%”标准，督促工地做到湿法作业，加强排查巡查产废企业，全面推进危险废物整治工作。

丰庆路街道观澜苑社区养老服务中心一览　（2021年，丰庆路街道/供图）

【平安建设】　积极开展平安建设创建工作，以“三零”（零上访、零案件、零事故）社区创建为抓手，系统推进反电信诈骗、“最多跑一地、一码解纠纷”矛盾多元化解机制建设，定期排查安全隐患，动态管控风险点、危险源、矛盾点，持续强化综合治理，加强巡防队伍建设，队伍、硬件、备勤基本达标；做好信访工作，持续加大重点案件、重点领域排查化解和依法处置工作，全年办理各类信访案件531件；抓牢安全生产，持续开展小区楼院、商场市场、加油站、工贸企业和人员密集场所安全生产、消防安全检查，检查各类生产经营单位3886家，排查整改隐患2341处，组织安全教育培训31场，应急演练42场。深入推进消防安全“五个专项活动”，出动人员4211人次，清理杂物2883处，清理占道电动车和飞线充电3057辆，检查高层建筑457栋，检查“九小”场所及沿街门店3867家次，排查整改隐患6045处；做好新冠肺炎疫情防控，严格落实常态化防控和应急处置机制，做好重点行业和人员管控。全年完成8轮、160万人次全员核酸检测，累计完成新冠疫苗接种383266人次。

【基层党建】 2021年，丰庆路街道聚焦党史学习教育，组织开展主题宣讲38场，党史主题活动60余场，“庆祝中国共产党成立100周年”主题活动200余次，惠及党员群众20余万人。在4个无主管楼院推行多元共治机制，实现居民公约上墙，强化党组织引领作用。打造2个“红色物业”示范点，创建市级无疫社区村1个。党员干部带头深入辖区企事业单位和楼院，累计走访群众4369户，认领并完成“我为群众办实事”项目60项，圆满完成居民代表票选的6件民生实事项目。

（撰稿：冯世营　审阅：薛劲云）

国基路街道

【概况】 国基路街道位于郑州市金水区北部，辖区总面积12.48平方千米，常住人口13.1万人，辖沙门、柳林、路砦、高皇寨、刘庄、杓袁、杨君刘7个行政村，21世纪、风雅颂、新田、琥珀名城、金印阳光、魏河、康苑居、国基、新龙、宏康10个社区，党组织41个。

2021年，国基路街道公共财政收入完成6.4亿元；全社会固定资产投资完成85.7亿元，增速75.6%；社会消费品零售总额完成145.9亿元，同比增长2.5%；重点项目投资完成139.8亿元，实现增速88.2%。

【城市品质提升】 加快安置房建设进度。2021年，杓袁村完成网签1345户，四证已办理；路砦村安置房一期、刘庄村安置房一期完成房屋分配任务，共分配房屋4094套；杨君刘村安置区主体已完工，门窗及外墙涂料基本完成；沙门村安置房项目已完工；高皇寨村、柳林村安置房建设有序推进。

大力完善基础设施。辖区长安路等5条新建道路建成通车，新建公厕5座，新建停车场泊位数520个；全面配合启动并完成三全路、花园路等4条道路改造提升工作。

持续改善人居环境。以文明、卫生城市双迎复审为契机，对社区楼院、集贸市场、建筑工地、“六小”门店、交通干道等重要点位开展专项整治，辖区城市管理及功能品质全面提升。全年共开展“全城清洁”行动36次，清理整治占道经营及突店经营5150处，清理垃圾5980立方米，拆除违法建设31万平方米。

加强生态环境建设。长期开展建筑工地扬尘、餐饮油烟、汽修及散、乱、污企业等专项治理工作，常态化抓好大气污染防治各项工作；督促辖区341家餐饮门店对油烟净化器进行清洗、更换；积极推进园林绿化，新建绿地80130平方米，新建游园2处。全面推行河长制，深入开展河道综合治理工作，排查整治河道排污口6处。

已建成的刘庄安置房　（2021年，国基路街道/供图）

【民生事业】　围绕各项为民实事办理，统筹推进各项民生事业，切实打通服务群众最后一公里。2021年，金水区第八、第九两所公立幼儿园全部建成并开始招生，杓袁幼儿园已完成交付，辖区居民子女入园难问题得到明显改善；郑品书舍宏康港湾、3个社会足球场投入使用；新田等3个社区原有健身路径完成更换；街道养老服务中心建设已与运营方达成初步协议；香山路农贸市场主体建设完毕，已投入运营。

【安全监管】　大力开展扫黑除恶、防电诈、禁毒、防溺亡等综合治理工作，有效确保辖区群众人身财产安全。加大信访事项办理力度，及时化解各类矛盾纠纷。调解农民工工资纠纷事件209起，涉及金额1816万余元。全面夯实安全监管责任。深入开展安全隐患“大排查、大整治”活动，累计排查单位1028家，发现隐患问题981处，已整改到位950处，限期整改31处。

【基层党建】　健全完善联席会议制度。共召开党建联席会40余次，辖区企事业单位参与理论宣讲、文卫创建、疫情防控等活动900余人次。推进“红色物业”创建活动，组建物业公司党组织4家；有序推进无疫社区（村）创建活动，已申报7个村、3个社区；结合新型城镇化建设，制定“一村一策”发展方案，7个村集体经济收入均达10万元以上。严把发展党员入口关。2021年发展党员17名；围绕理论、时政、意识形态等内容，分层分级分类培训党员干部1500余人次；村、社区党建经费及村干部报酬（补助）落实到位，改建提升村（社区）活动场所3个。拓展提升社区阵地服务功能。坚持“党建引领、区域联动”理念，探索建立社区、社会组织、居民、驻社区企业等多元互动共治的新格局。设立社区发展治理（慈善）基金，并通过共享方式完成21世纪社区党群服务中心升级改造。

（撰稿：许　晴　审阅：王在福）

4月17日，国基路街道组织党员参观豫西抗日纪念馆　（国基路街道/供图）

经八路街道

【概况】　经八路街道位于金水区中南部，始建于1954年，是河南省委、省军区及众多省直机关办公、生活所在地。辖区东起花园路，与丰产路街道、花园路街道相邻；西至东三街、黄河北街，与大石桥街道、南阳路街道相连；北承红专路，与文化路街道相依；南临金水河，与杜岭街道相望。总面积3.44平方千米，共有11个社区、53个网格，居住人口86899人。辖区公共单位80个，两新党组织53家，自管党员3139名，流动党员450名。

经八路街道地理位置优越、金水河由西至东流经辖区南部；交通便利、出行便捷，金水路、花园路、文化路、黄河路等25条市主、次干道交错构成辖区道路交通网，38条公交线路穿梭其中。

2021年，郑州市青年人才公寓文化苑项目累计完成投资30050万元，占年度目标任务的100.17%，颐嘉经纬丽园项目累计完成投资7200万元，占年度目标任务的100.15%；全年完成财政收入54924万元，社会消费品零售额

49.96亿元；深入推进“万人助万企”，组建11个工作组分组走访221家四上企业，及时汇总、解决企业诉求；成立街道营商服务中心，组建营商服务红盟会，为企业的设立、发展提供“一站式”服务，进一步优化辖区营商服务环境。

【城市管理】 全力推进“三项工程、一项管理”（城市道路综合改造、老旧小区综合改造、城乡接合部综合改造、改进城市管理）。在配合完成花园路和金水路主干道综合提升及纬一路、纬五路支路综合改造提升工作的基础上，整合资源统筹配建经纬市集、长者餐厅，增加绿化游园，设置沿街景观和文化长廊，探索建立路院共治模式，提升道路功能性；33个2021年中央资金补贴楼院全部改造完成，组织拆除院内违建252处2.5万余平方米，着力打造了文化路5号院、经八路21~25号院和纬一路9号院多院连片等示范楼院。

改造前的文化路5号院 （2021年，经八路街道/供图）

改造后的文化路5号院 （2021年，经八路街道/供图）

【为民服务】 开展“进万家门、访万户情、聚万民心”活动。建立“6+N”走访入户工作队，摸排郑州“7·20”特大暴雨受灾情况，累计走访26920户，收集居民需求6594条，共排查、慰问帮扶、困难群众1283户，发放慰问物资总额12万余元，发放慰问金7.5万元；帮助4家工业企业申请补贴392万元、向73家受灾商户发放帮扶救助资金73000元。

完善困难群众救助工作。按照郑州市城镇居民最低生活保障工作要求，根据动态管理的原则，做到应保尽保。2021年，点亮希望救助49人，救助金额4.9万元；“两癌”救助21人，救助金4.2万元；中秋节慈善安老救助8人，共计8000元；守护天使救助36人，救助金额18000元；因洪灾救助11人共计22000元。

加大就业援助工作力度。2021年，开展大型户外招聘会4场，提供就业岗位13000余个，到场求职的有8000余人，达成就业求职意向2000余人，同时建立岗位信息库，托底安置就业困难群众。“一年十一万就业计划”任务量2100人，实际完成2952人，占目标的140.5%。

组织开展“五个专项整治行动”。联合社区、消防、公安对辖区“九小”场所、群租房、电动自行车、彩钢板房芯材、违规使用液化气罐等重点对象开展隐患大排查大整治专项行动。排查“九小”场所沿街门店6106个（次），发现火灾隐患4384处、已消除4361处，清理违规留宿人员46人；辖区内高层建筑97栋，各单位已完成自查自纠96栋，发现隐患113处、已整治隐患110处；排查整改电动自行车消除隐患961处，清理违规停放电动自行车1062辆，处罚个人2人次；截至年底，正在使用彩钢板的单位有49处，其中使用阻燃材料的单位有40处、使用泡沫可燃材料的有9处，已整改拆除7处、正在整改中2处；对辖区内的2家养老机构河南颐养乐福福乐居养老服务有限公司、金水总医院南院区养老院进行了消防安全检查，共查出12个问题（南院区5个、颐养乐福7个），对查出的问题已全部下发整改通知书。

【基层党建】　组织开展党史学习教育。联合省委办公厅、省总工会等21个共建单位和部分“两新”组织共同开展多种形式的学习教育活动；组织参观学习2次，开展专题党史课10次，1500人次参与，开展系列主题活动20余场。在防汛抗疫中坚持党建引领。通过“五个一”筑牢防汛抗疫一线的主阵地，充分发挥党员先锋模范带头作用，累计已成立楼院（片区）临时党支部56个。推进“红色物业”创建工作。加强对已成立党组织的物业服务企业进行业务指导，加大未成立党组织的物业服务企业党组织建设力度，做实“三方联动”机制，真正让物业服务企业在党组织的引领下有序开展社区治理工作。

志愿者帮助小区居民扫健康码　　（2021年，经八路街道/供图）

【新冠肺炎疫情防控】　第一时间全民动员。成立“一办五组四专班”，对225个楼院合并为174个卡点，设置志愿先锋岗，广泛动员各类志愿者共计1167人。从快从细做好全员核酸检测工作。设置11个社区检测点24小时为辖区常住人口和流动人口进行核酸检测，每个检测点秉承“一个点位、一个专班、一套方案，专人负责、专人管理”的原则，按照“多通道、细编组、快实施”的思路，合理设置采样通道、配备有关人员，高效有序开展采样工作，按照“戴口罩、一米线、单向流动”的标准，强化现场组织管理。

（撰稿：章　艳　审阅：房建设）

文化路街道

【概况】　文化路街道位于金水区中北部，辖区面积约5.57平方千米，辖14个社区居民委员会，1个行政村即关虎屯村，常住人口12.6万人，流动人口7.4万人。辖区内有河南省农业农村厅等16家省直单位和河南省农业科学院等8家省科研所；郑州市动物园等5家市直单位；郑州大学工学院等8所大中专院校；拥有9所中小学、12所幼儿园，河南省职工医院和文丰社区卫生服务中心，是金水区科研文教中心。

2021年，文化路街道完成地方公共财政收入17.3亿元，同比增长1.7%；社会消费品零售总额89.04亿元，同比增长4.7%；规模以上工业总产值达4.52亿元；省、市、区重点项目完成投资9.35亿元。

【经济建设】 重点项目建设。辖区内省、市、区重点项目完成9.4亿元。361街坊片区改造项目安置房1号、2号楼已封顶，3号楼建至13层。经五路17号院街坊片区改造项目11月完成土地摘牌，正在办理土地证等相关手续。截至年底，轨道交通8号线已完成东风路站房屋征收与拆除工作，正在积极建设中。

特色街区建设。全力推动花园路商圈建设，不断美化亮化街区风貌，延长商家夜间经营时间，倾力打造全天候消费特色街区。

优化入企服务效能。全面深化“三送一强”“一联三帮”“四项对接”等服务活动，深入开展“万人助万企”活动，全年走访辖区企业191家，召开座谈会40次，为企业解决问题40个，上报上级部门问题38个，精准对接企业需求。

助力城乡小商户复工复产。积极落实发放金水区城乡小商户帮扶救助资金，街道12家限额以上贸易企业（简称限上企业）已核查发放完毕，共发放资金53.32万元；7家限额以下贸易企业（简称限下企业）、148家小商户，共发放资金29.45万元。

【城市管理】 提升街区品貌。强化对主次道路及背街小巷等重点部位的清洁密度和管控力度，全年累计清理“四乱”（乱占、乱采、乱堆、乱建）1万余处，垃圾190余车，处置数字化平台案件3.7万起。

长效维护路面秩序。全面开展交通秩序整治专项行动，对夜市占道经营，机动车、非机动车乱停乱放进行集中整治，处理乱停乱放非机动车近4000辆，新增智慧停车泊位500余处，切实保障道路通行顺畅。

优化道路质量。推进“一环十纵十横”道路改造，以花园路和农业路为重点，拆除违章建筑3000余平方米、道路铺装1.9万平方米、绿化5348平方米。同时对丰产路、政七街、白庙路等较差路段进行了基础性整治，对文博西路进行了卓越路段提升。

生态环境保护。严格对照中央督察组交办案件进行整改，扎实推进油烟污染整治和“河长制”工作，不断深化燃气锅炉低氮改造和在线监控工作，严格落实施工工地“六个到位”“八个百分之百”标准，高质量完成6批案件整改任务。

【民生事业】 政务服务。编制“最多跑一次”清单，实行一口受理、“一站式”办结工作模式，健全“适老化”服务机制，“便民、快捷、高效”服务宗旨不断深化。

党群服务中心亲民化建设。以标准化升级改造社区党群服务中心建设为基础，完成4个社区亲民化升级改造，3个社区正在积极推进。校外培训机构排查。全面摸排无证经营的校外机构，联合消防、教育、公安等检查培训机构105家，对无经营资质机构强制关停，后期通过验收复课32家。

社区建设。按照建设任务，指导3个社区开展规范化社区、示范化社区创建工作，融入城市大脑智慧社区项目。

民生保障服务。推进民政、卫计、劳保等民生实事落地见效，街道为2379名老人发放高龄津贴83.85万元，完成小额担保贷款300万元，实现就业2680人。

老旧小区改造。文化路街道纳入改造计划有30个楼院，其中29个改造楼院已完工。高标准完成柳林乡政府家属院、农业路10号老财院、丰产路47号院三个老旧小区改造示范院建设，其中，丰产路47号院合院改造项目被确定为“老旧小区改造市级示范院”，并代表河南省在全国“我为群众办实事”实践活动城镇老旧小区改造项目经验交流视频会上作经验交流。

【平安建设】 社会治理临危不乱，多维发力共创平安。推进综治宣传。开展防灾减灾、安全生产和法律援助等宣传57次，发放宣传品2700余份。信访源头治理。坚持早安排、早部署，精准掌握信访重点人员动向，用好联席会议制度和领导接访制度，累计接待来访群众7批、170余人次，排查铁路预警人员10人次，协调信访案件10余起。坚决守好安全生产底线。开展各类安全隐患排查，组织安全应急救援演练，累计检查生产经营单位1655家，整改安全隐患55处。精准落实防汛工作。在郑州“7·20”特大暴雨发生后，文化路街道为2.3万名受灾群众发放救援物资，疏散群众6000余人，转移安置危房居住群众58人，救出受困群众1人。全面做好“两通一排”，及时协调解决119个停电小区、152个停水小区恢复供水供电，清运垃圾3000余立方米。做好新冠肺炎疫情防控。2021年，街道疫情专班累计落实居家隔离537人，健康监测396人，完成核查4781人次。全年组织物业、志愿者、下沉委局、街道干部职工等1000余人参与全民核酸检测工作，累计检测居民50余万人次；2021年，文化路街道在郑州大学（北校区）、河南农业大学、蓝天宾馆建立临时接种点，累计接种新冠疫苗第一针9万余人，第二针8万余人。严格按照“健康郑州　无疫社区（村）”创建标准，上报了12个创建社区，通过积极宣传、细化责任等方式，切实筑牢了街道联防联控、群防群治的第一道防线。

【基层党建】　开展“我为群众办实事”实践活动。结合街道工作职能，第一时间确定了52项事关民生福祉的惠民实事，形成“我为群众办实事”项目清单和工作台账，发挥党员模范带头作用，助推项目落地。

巩固基层党组织建设。优化和充实村（社区）党组织班子，完成15个村、社区党组织换届选举工作，实现年龄、学历“一降一升”目标。

开展“百年伟绩践初心　风华正茂新征程”为主题的建党100周年系列庆祝活动，累计组织2400余人次重温入党誓词，为辖区190名老党员颁发“光荣在党50年”纪念章，组织党员志愿服务活动160余次，参与党员志愿者2000余人次。

组织辖区党员发挥模范作用。充分发挥区域化党建优势，成立15个临时党支部，整合辖区各级党组织和志愿者力量，积极投身街道防汛救灾、疫情防控、老旧小区改造等重点工作。

（撰稿：李若辰　审阅：陶奇昌）

人民路街道

【概况】　人民路街道位于金水区和管城回族区的交界处，由辖区主干道人民路而得名。辖区面积1.516平方千米，有常住人口3.5万余人。下辖9个社区居民委员会，分别为：人民路社区、紫荆山路社区、工人新村社区、顺河路第一社区、顺河路第二社区、顺河路第三社区、水文局社区、东里路社区和金紫伊苑社区。辖区内驻国家直属单位有水利部黄河水利委员会；驻省属单位有河南省中医学院第一附属医院、河南省中医药研究院、河南省话剧团、河南歌舞演艺集团有限公司、河南省文化厅幼儿园、河南黄河河务局等；驻市属单位有郑州市升达艺术馆、郑州市十一中、郑州市第六中学（回民中学）、郑州市第一按摩医院、郑州市公安局交巡警一大队、紫荆山百货有限公司、郑州歌舞剧院、丹尼斯百货有限公司等。辖区交通便利、基础设施完善，北依紫荆山公园和金水滨河公园，是比较理想的人居地带。2021年，人民路街道完成财政收入4.7亿元，同比增长1.5%；完成建筑业总产值111.11亿元，同比增长99%；完成固定资产投资4.45亿元，同比增长8.2%；完成社会消费品零售总额182.86亿元，同比增长5.6%；完成重点项目投资2.15亿元，占全年任务100%。

【重点项目建设】　城北路打通及棚户区改造项目。主体已封顶，楼内二次结构已完成，水电气暖配套设施已安装，正在进行外墙墙面施工。民族饭店老旧小区改造项目。控规设计已公示批准，院内建筑物基本拆除完毕，正在编制项目改造方案。东里路34号院危旧房改造项目，基坑防护施工已完成。

【城区环境提升】　辖区28条道路

打造优秀路段24条，完成2021年改造的4个老旧小区及紫荆山路主干道综合改造工作；深入开展爱国卫生运动及“四乱”问题治理，累计清理各类垃圾1300余处、1100余车；充分挖掘辖区资源，缓解停车难问题，新增公共停车场2处、泊位数170个；高标准推进全域增绿扩绿，完成新建绿地14800平方米、街头微景观建设1处；积极开展灾后重建及防疫消杀，清运道路淤泥500立方米、楼院垃圾1410立方米，完成323个点位、面积4.8万平方米的消杀作业。

【社会治理】 完成新增劳动力1761人，占全年任务的103%，失业转就业203人，完成全年任务的78%，就业困难人员转就业49人，完成全年任务的122%，完成大病救助23人次，低保、低收入家庭年审核覆盖率达到100%以上，完成慈善救助43人次。扎实推进“五个一”“四个三”重点工作，公办幼儿园、社区卫生服务中心、黄河生活广场打造高标准农产品超市已完成；街道党群服务中心总建筑面积2200平方米，地上5层，正在进行室内装修；2000余平方米街道养老服务中心运营单位已通过评审确定，即将进场装修施工；3个示范楼院、3条示范道路、3个特色街区（商圈）已完成；排查化解矛盾纠纷案件30起，化解率100%，深入推进安全生产专项整治3年行动，签订消防安全及安全生产责任书924份，重点对高层建筑、易燃彩钢板房、托老站、学校、幼儿园、教育培训机构、九小场所及沿街门店消防安全、电动车飞线充电等五个方面进行全面排查，排查隐患832个，整改率达到100%，全力以赴守牢辖区安全稳定底线。

【基层党建】 2021年，人民路街道完成为民办实事85件，组织“亮赛比”活动4次，梳理整改各类问题60余项，成立集中攻坚“临时党支部”，高标准完成紫荆山路、城东路改造提升工作和28个老旧小区综合改造，积极推进无主管楼院实现党组织、居民自治组织和志愿服务组织等队伍全覆盖，2200平方米街道级党群即将投入使用，9个社区党群总面积由800余平方米提升至6000余平方米。人民路街道党工委被授予“市级先进基层党组织”荣誉称号。

【“7·20”特大暴雨灾害应急处置及灾后重建】 面对“7·20”特大暴雨灾害，街道快速反应，成立9个防汛救灾临时党支部，充分发挥基层党组织战斗堡垒及党员先锋模范作用，全力以赴抗汛救灾，共转移群众665人，累计发动各类志愿者2000余人次参与救灾工作，辖区4500余户受灾群众得到临时救助，一周之内“两通一排”“两清一消”工作基本完成，辖区22处地下空间积水、67个停水楼院、64个停电楼院全部修复，辖区社会生活秩序基本全面恢复，全力保障辖区经济社会稳步发展。

【新冠肺炎疫情防控】 面对新冠肺炎疫情，街道扛稳守牢辖区安全防线，核酸检测方面，在十轮全员核酸检测工作中，累计采样26万余人次，学校核酸采集4.1万余人次，重点人群核酸检测7661人次，疫苗接种方面，累计组织居民接种新冠疫苗12万剂次，其中，第一针4.5万剂次，第二针4.7万剂次，加强针1.4万剂次，持续加快构建免疫屏障，齐心协力打赢了疫情防控阻击战；深入开展“万人助万企”活动，走访企业82家，解决问题30条，发放帮扶救助资金260万元，有序推进复工复产，为辖区经济平稳发展打下坚实基础。

（撰稿：王鹏飞　审阅：张晓戈）

花园路街道

【概况】 花园路街道辖区东起东明路，西至花园路，南起金水河，北至黄河路，面积3平方千米，户籍人口60919人，常住人口47604人。辖区有省人大、省政协等公共单位63家，其中，中央驻豫单位1家，省直机关单位34家，市直机关单位10家，央企2家，省直企业6家，科研院所1家，初中2所，小学3所，幼儿园4所。下辖10个社区即省供销社社区、通信花园社区、省卫生厅社区、甲院社区、农业院社区、工业院社区、省民航社区、戊院社区、省水利厅社区、省银行社区。

花园路街道位于省直单位行政区，地理位置特殊，土地稀缺，可利用资源少，辖区经济以第三产业为主，各项基础设施和城市功能比较完善，金融、商务、商业等现代服务业和生活性服务业有机交融。辖区内有省建设银行、省人保等金融、保险机构总部，各类商业银行分支、网点密集分布。广汇国贸、经纬大厦、新闻大厦等一批商务楼宇业务发达，对辖区经济发展起到了十分重要的支撑作用。

2021年，花园路街道地区生产总值完成123.71亿元，同比增长4.7%；地方一般公共预算收入完成4.23亿元，同比增长32.3%；社会消费品零售总额完成43.63亿元，同比增长18%。

【重点项目建设】 2021年，花园路街道辖区共有省、市、区重点项目4个。郑州嘉里中心及雅颂居建设项目：1期“雅颂居”住宅项目1号、2号、3号楼已封顶；商业部分（2期香格里拉酒店、3期郑州嘉里中心）正在进行地下施工。郑州市轨道交通2号线1期工程黄河路站安置项目正常施工推进。河南省接待办公室汽车队拆迁改建项目（金瑞家园老旧小区迁建项目）：正在办理相关建设审批手续。中州宾馆3号楼排危改造项目：主楼外立面已完工，主楼水电暖已完工95%，东配楼土建已完工50%，总工程量完工75%。

【城市精细化管理】 城市道路综合改造。主干道改造：辖区“一环十横十纵”道路综合改造3期工程，金水路（花园路—东明路）、花园路（紫荆山路—黄河路）已全部完成。支路背街改造：辖区12条支路背街改造工程除政三街（政二街至政一街）暂时停工，纬二路（花园路至东明路）正在优化设计方案，其余支路背街综合改造工作已全部完成。2021年，共整治外立面64300平方米、新铺人行道砖35600平方米、新增路缘石10735米、新增台阶420平方米、拆除违建2430平方米、拆除围墙400平方米、外封1200平方米、改造门头1300平方米，纠改违规改变房屋使用性质60余处、新增街景绿化200平方米。

老旧小区改造。2021年改造楼院14个，建筑面积11.76万平方米，56栋楼，居民1548户。

大气污染防治。做好建筑工地扬尘污染治理工作，辖区共有建筑工地2处、老旧小区改造工程施工工地27处、“一环十纵十横”道路提升工程施工工地2处、金水支路背街项目改造工程施工工地12处。共出具《整改通知书》540份。圆满处置辖区居民投诉12起，中央、市、区交办案件246起。

安全隐患排查。对辖区1200余家生产经营单位实行安全生产网格化管理，通过日巡查、周排查、月检查、季度考核、年度考评等措施，实施精准管理。2021年，共排查安全隐患868处，整改到位866处，正在整改2处。消防安全“五个专项”整治工作开展以来对辖区1140余家“九小场所”及沿街门店、84处高层建筑、116个家属院区进行了全部排查，拆除易燃可燃彩钢板房530平方米，双重预防体系建设已完成9家，推进安装独立式感烟火灾探测报警器24处。

平安建设。在8个社区30个居民楼院，安装监控探头148个；联合区委政法委在省直干休所、省直物业小区共安装人脸识别系统7套；已在辖区所有道路路口、学校、单位、重点部位安装视频监控系统，达到监控全覆盖，该网已并入金水区视频监控中心，实现互联互通。

【民生保障】 残疾人工作。辖区享受重度残疾人护理补贴163人，享受困难残疾人生活补贴57人，享受重度残疾人特殊生活补贴27人，享受低保家庭精神病患者医疗救助26人，享受听力、视力、言语通信补贴118人，关爱卡办理13人，新办证29人，在阳光家园享受居家托养服务21人，技能培训2人，为27位重度精神病患者发放补助金81000元。

最低生活保障、困境儿童等社

会救助工作。辖区新增符合最低生活保障居民2户、3人，2021年共有低保户74户、90人，共计发放最低生活保证金76.78万元。有事实无人抚养儿童4人，发放事实无人抚养生活费6.07万元。有特困人员2人，发放集中供养生活金2.19万元。受理困难群众医疗救助11人次，申请临时救助和救急难21人次。慈善“善行金水，关爱女性”“春节慈善救助”等各类救助申请66人次。

4月26日，花园路街道组织开展老年大学读书会活动　（花园路街道/供图）

老年服务工作。辖区60岁以上老年人有13681人，80岁以上老年人有2820人，100岁以上老人4人。“实行80岁以上老人高龄津贴制度”是重点民生实事，2021年受理新申请高龄津贴248人，累计发放高龄津贴29943人次。

公租房审核。2021年受理公租房动态审核303户。

就业工作。实现新增城镇就业再就业2914人，其中失业人员再就业377人，就业困难人员88人，职业技能培训完成400人，高技能人才培训完成60人，失业人员技能培训完成141人。组织招聘4场，参加企业50家，305个招聘岗位，成功录用35人。符合申请灵活就业社保补贴条件人员审核、输机、申报共计16人。

社保工作。辖区企业参保1256人，企业停保682人，灵活就业参保686人，灵活就业停保354人，企业和个人变更信息83件，企业开户16件，跨县转移62人，打印凭证和查询单463人，失业待遇申请86人，接待咨询484人次。办理居民医保参保537人，办理医保卡140张，办理居民养老参保16人。

【基层党建】　带头落实支部工作联系点制度，全年谋划共建项目96个、党建实事100件。建立周例会、月交流、季观摩跟踪问效机制，坚持逐社区观摩和社区书记“亮赛比”制度，在全市“十佳书记”评比中，荣获社区组第一名，在全区两次“亮赛比”活动中，荣获1次第一、1次第三。坚持“第一议题”制度，结合党史学习教育，开展“五个一百”行动，确保周周有活动，月月有提升。全年，党工委专题研讨14次、专题宣讲40场，组织各类宣传、会演活动42场，组织集中学习280次。成立全省首个街道级“红色物业服务联

6月24日，通信花园社区举办“学党史　听党话　感党恩”展示交流活动
（花园路街道/供图）

盟”，29个无主管楼院全部建立物业收费机制。10个社区党群服务中心全部达到1000平方米以上。首创社区社会组织孵化平台，培育社区社会组织101支。持续推进“两项制度、两项机制”，成功创建全市首批星级人大代表联络站，将居民议事会议制度向楼组延伸。依托“有事好商量”载体，打造街道“委员之家”协商平台。全面推行“1+3+N”居民自治模式，畅通居民参与社区事务的渠道。

【“7·20”特大暴雨灾害应急处置及灾后重建】　“7·20”郑州特大暴雨灾害后，辖区组织动员各方力量，实现4日全域排除险情，6日全域通水通电，全域人员零伤亡。组织出动防汛救灾人员5500余人次，铲车10台次，洒水车700台次，清理道路淤泥及垃圾8400立方米，挪移道路泡水车辆130余台，清除倒塌树木19棵，修补道路坍塌200余处约1000平方米。配合区保障办对以往台账上存在安全隐患的27个项目进行逐一排查。对接区保障办做好辖区电梯维修补助资金申请发放工作，共完成申请发放57部电梯维修补助资金，申请发放资金90500元。做好汛期常态化防范工作，落实楼院防汛、工地防汛及日常防汛物资贮备。落实房屋专项整治工作，做好彩钢房安全隐患专项整治活动、群租房专项整治活动、郑州市建筑安全隐患排查整治专项行动。

【新冠肺炎疫情防控】　核酸检测。2021年，共计核酸检测8次，累计检测369854人。疫苗接种。接种第一针剂62004人，第二针剂60433人，第三针剂4210人，加强针剂10475人。

常态化疫情防控。坚持党建引领，发动广大党员、群众，织密联防联控，群防群治的疫情防控网络。成立疫情防控常态化管理专班，采取一专班两小组的方式，全面负责疫情防控常态化管理工作。做好数据分析核查报送，街道实行24小时疫情防控制值班值守，第一时间将区防控部门推送数据进行详细核实、上报，针对境外返郑州、国内中高风险地区和中高风险关联地区返郑州情况进行核查、统计、汇总及上报，对返郑州人员按照上级要求进行管控和追踪管理。做好生活保障，针对困难户、孤寡老人等特殊群体，免费发放口罩、酒精等防护物资，定期买粮、送菜、买药，满足各项基本生活需求。

（撰稿：程子涵　审阅：王晓峰）

杜岭街道

【概况】　杜岭街道位于郑州市繁华的商业中心地带，是金水区的南大门。辖区东至人民路、西至铭功路、南至西太康路、北至金水河，呈不规则的多边形，辖区总面积0.9平方千米，有大小街道9条，楼院及平房区46个，居民户数5097户，居住的人口数16050人。

辖区内有公共单位18家，其中包括郑州市政协、郑州市公安局、金水公安分局、金水区人防办、郑州幼儿师范高等专科学校、郑州师范学院附属小学、金水区新建幼儿园、郑州百货大楼、郑州市购书中心、广州大酒店、天河大酒店等。

2021年，杜岭街道完成公共财政收入3.05亿元；固定资产投资3.71亿元，同比增长13%；社会消费品零售总额23.95亿元，同比增长8.5%；第三产业增加值36.58亿元，同比增长3.1%；地区生产总值36.98亿元，同比增长2.4%。

【重点项目建设】　引进的爱马仕项目、洲际酒店项目已进入开业筹备阶段；新田360盒马鲜生项目、“这有山”文旅综合体项目正在洽谈。市重点项目：太康路旧城改造安置项目已启动回迁安置，安置协议签订达95%；区重点项目：张砦街片区改造项目安置地块正在进行基坑支护工作。

【城市精细化管理】　现代化城区建设水平提升。全年组织干部职工、22个公共单位、辖区志愿者队伍等5800人次，全面清理整治辖区42个楼院的卫生。在创文创卫工作中，发动辖区群众11000人次，参与维护交通秩序、治理乱停乱放、清理乱贴乱画等，群众自我维护市容市貌更主动、更积极。“五个一”已完成4个项目建设，1个规范化街道卫生服务中心已完成选址工作，正进行土地手续变更。“四个三”已完成以现代商贸为主导行业的和邦商务楼宇打造，现入驻企业23家。正在着力打造以科技型企业为主导的青商会大厦，已入驻企业5家。

【民生保障事业】 辖区享受低保政策家庭58户70人，发放低保金56.82万元，发放电费、天然气费、取暖费等临时性补贴共3.71万元；防洪防疫期间累计慰问困难群众215人次，发放慰问金4.31万元；办理慈善各类救助6项，涉及困难补贴49人、共5.6万元；为30名困难残疾人和85名重度残疾人发放两项补贴共计15.62万元；高龄津贴发放6964人次，共计80.88万元；发放特殊生活补贴33人，共计26.77万元；为63名视力、听力、言语残疾人发放通讯补贴2.22万元；低保家庭精神病患者医疗救助7人，共计8400元。新增城镇就业完成1482人，完成率148%，下岗失业人员再就业完成158人，完成率100%。

【社会管理服务】 全年共开展安全检查80余次，联合检查执法20余次，累计检查生产经营单位共计527次，检查并整改一般安全隐患239处，遗留消防安全隐患5处。开展燃气安全专项检查8次，检查燃气使用企业门店83家（次），对寄宿制学校和培训机构专项检查6次，开展老旧小区改造工程检查20余次，开展安全警示宣传、教育培训15次。加强信访矛盾纠纷排查，共接访辖区群众200人次，受理信访件23件，化解21起，化解率91%，调解矛盾纠纷362件，调解率99%，评出区级优秀卷宗48本，街道级优秀卷宗48本。

【基层党建】 开展“庆祝中国共产党成立100周年”系列活动24场，参与党员3420人次、群众16800人次。开展“我为群众办实事”，办理居民微实事50件、解决问题122个，广受群众好评。组织召开街道“两优一先”表彰大会暨庆祝中国共产党成立100周年文艺会演，结合辖区先进基层党组织7家，先进共建单位12家，优秀共产党员35名，优秀党务14名。组织开展党史学习教育宣讲活动共计46场次，“四史”主题宣教23场次，共计发放党史学习图书资料430余套，学习笔记本800余本，在社区楼院播放红色电影16场次，组织街道党政班子、辖区老党员、优秀企业代表等下社区、进企业开展“学党史、讲党课”活动，共讲授专题党课40余场次，参与党员600余人次。先后为辖区党龄达到50年以上101位老共产党员颁发“光荣在党50年”纪念章。

7月，“杨根思部队”帮助阳光社区修护铁路沿线坍塌区域　（杜岭街道/供图）

【新冠肺炎疫情防控】 2021年，街道组织开展全员核酸检测及重点人群核酸检测8轮，完成核酸检测12万余人，核查各类数据32530条，居家隔离297人，集中隔离67人，健康检测255人，境外返郑州管控14人；完成第一剂次接种23310人次，完成率162.13%，第二剂次实际接种22612人次，完成率157.28%，第三剂次接种1301人次，加强针接种1189人次，完成率111.43%；3~11岁疫苗接种1724

人次，完成率为75.2%。

（撰稿：申　航　审阅：鲁晓华）

南阳路街道

【概况】　南阳路街道位于金水区西部，东三街北段16号，因临近辖区主干道南阳路而得名。辖区东至黄河北街，西至二环道及朱屯以东，南至岗杜街北至寺坡村、孟砦南街，面积3.42平方千米，地势西北高、东南低。

辖区共有10个社区，159个居民楼院，常住人口87353人，流动人口11469人。有回、满、壮、土家、蒙古、瑶、朝鲜、布依、侗族9个少数民族。有河南省红十字血液中心、郑州市政管理处、郑州市环卫处等公共单位。辖区有南阳路、沙口路、黄河路、卫生路等大小街道21条，交通便利，22路、23路、27路、30路、32路、41路、67路、71路、83路、91路、202路公交车从中通过。

2021年，南阳路街道完成税收1.92亿元；全社会固定资产投资完成11.2亿元；社会消费品零售总额完成17.93亿元，同比增长7.9%；省、市、区重点项目投入7.1亿元；引进域外境内资金10.9亿元；完成建筑业产值3.56亿元。

【重点项目建设】　寺坡、六里屯“城中村”及连片改造项目：两村安置房回迁及网签已完成；连片安置房已完工，已完成715户居民的回迁及网签。王府坟“城中村”改造项目：正在走土地收储程序，1号、2号楼建至主体28层，3号、4号楼建至主体7层，5号楼建至主体11层。大孟砦城中村改造项目：已成立问题楼盘化解工作组，深入评估核算项目资金情况，做好信访维稳工作，多方推动项目盘活。中原信托等金融机构为盘活项目决定引进第三方开发企业，组建重整方，并于豫森城售楼部正式挂牌“豫森城楼盘问题化解第三方工作组”。断头路打通项目：5条“断头路”打通任务已完成孟砦南街、红专路、孟砦环路3条，海滩街违建清零处于扫尾阶段，已完成工程进度的60%，孟砦路北段已完工。

【城市高品质建设和管理】　坚持“优化环境、完善功能、提升形象、便民利民”思路，结合实际对2021年改造的26个老旧楼院针对性地开展整治提升，同时针对辖区95个无主管楼院特征，扎实推进无主管楼院长效管理机制建设，形成党组织领导有力、楼院充分自治、居民广泛参与、驻区单位全力协同的共建共治共享治理格局。

开展辖区支路背街全面整治。组织交通联合整治210余次，纠正违法行驶机动车辆1万余辆，劝导非机动车乱停乱放行为12000多人次；规划非机动车停车线5万余米，合理增加非机动车停车位550余处；以迎接全国文明城市复审为契机，按照“地域相近、便于活动、易于服务”的原则，通过“查、治、改、管”等一系列行动，构建城市管理新体系，打造靓丽城区。

【污染防治攻坚】　全面提升散尘污染治理水平。针对辖区10个建筑工地建立24小时巡查机制，确保出现扬尘问题第一时间发现、治理和上报。全年共收到中央、省级环保督察交办问题5处，区级下发督导案件310余件，已全部处理完毕办结。推进工地扬尘智慧监管建设，完成4家规模以上工地进行智慧化工地申报、安装视频监控、车辆识别装置、喷淋控制装置、电量监测装置等，实现工地远程监控管理；同时完成30台非道路移动机械在河南省生态环境厅非道路移动机械监控平台编码登记。

“散、乱、污”企业持续动态清零。实施“淘汰一批、整合一批、提升一批”工作方式，持续开展对辖区疑似“散乱污”企业的排查治理。全年共出动人员280余人次，建立完善常态化巡查机制，防止疑似“散乱污”企业死灰复燃，全年未发现辖区“散乱污”企业，完成了持续动态清零的目标。

餐饮油烟治理。对辖区各单位（门店）的油烟净化器安装使用情况进行排查并登记造册，更新台账，促成餐饮企业均已录入金水区油烟在线监控平台，及时开展线上督促，及时对油烟净化装置清理；

同时在郑纺机监测点周边4个老旧小区安装油烟净化装置，设置集中排烟管道，进一步优化监测点周边环境质量。2021年，辖区PM_{10}数值78微克/米³、$PM_{2.5}$数值41微克/米³、综合指数4.68，全年优良天数235天，均完成了市、区下达的空气质量目标。

【民生实质性改善】 坚持以人为本、惠民利民、共建共享，确保人民幸福稳定。民生实事落实到位。把办好6项票选民生实事项目作为群众最紧迫、最重要、最关注的民生工程来抓，强化措施，落实责任，确保民生实事的顺利进展。保障基础建设到位。2021年，南阳路街道党群服务中心、郑大二附院社区卫生服务中心、街道养老服务中心、郑纺机幼儿园、京沙农贸市场均建成使用，为辖区居民配齐公共服务资源。完成了黄鹤小区、黄河路230号院、东三街北段4号院3个示范楼院，创建了黄河路、京广路、北仓北里3条精品道路，培育了好易家家具商圈、合立大厦现代商贸特色楼宇，塑造整洁有序城市风貌。就业工作服务到位，加强就业创业与失业管理。实现新增城镇就业再就业2637人，完成全年任务的146.2%；实现失业人员转就业370人，完成全年目标任务；完成25个返乡创业农民工任务及辖区失业人员技能培训400人的任务。

【平安建设】 安全生产。全面落实安全生产责任。签订《安全、消防日标责任书》2000余份，带队检查80余次，对辖区1802家单位、商户排查隐患1018处。集中开展安全生产整治，“九小场所”及重点行业发现隐患1399处，已整改1330处，整改率95%；72栋高层建筑进行了自查自纠，整治隐患问题58处；易燃可燃夹芯彩钢板整治排查出彩钢板建筑面积共3145平方米，排查整改电动车消防隐患644处。积极组织培训宣教活动。开展各项安全生产培训、应急救援演练30余次，开展消防宣传活动65次，发放宣传电动自行车资料1364份，提高相关单位负责人及辖区居民群众的应急处置能力，参与人员达到2000余人。

信访工作。全年共接访近250人次，受理信访案件5起，当场解决案件2起；受理办结各类网上交办、来信来访的信访案件及矛盾纠纷698件，已办结691件，有效把上访群众稳定在基层。

攻坚化解突出问题。接市交办案件23起，全部签订“五包一”，签订率100%。五包一领导与信访人见面率100%，共终结化解案件17起，化解率73.91%。排查化解矛盾纠纷。上级通过河南信访系统平台交办豫森城信件400余件已全部办结；国务院河南郑州“7·20”特大暴雨灾害调查组驻郑州以来，共接调查组交办件7批次、36件，已全部办结。

【组织建设】 举行“光荣在党50年”纪念章颁发仪式，召开“两优一先”表彰大会，激励广大党员干部以先进典型为榜样；扎实开展党史学习教育，举行宣讲活动2次，召开主题研讨会58次，集中收听收看庆祝中国共产党成立100周年大会，重温中国共产党百年奋斗的恢宏史诗，汲取前进力量。

【“7·20”特大暴雨灾害应急处置及灾后重建】 面对“7·20”特大暴

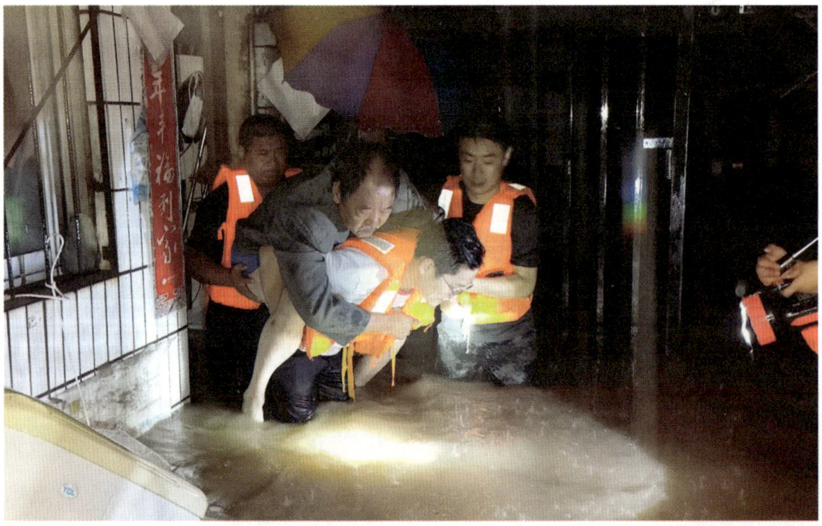

7·20特大暴雨期间转移受灾群众　（南阳路街道/供图）

雨汛情，街道第一时间安排部署、紧急行动，出动工作人员361名、志愿者287人、调集应急水泵127台、配发沙袋2.3万个、转移安置群众715人、排查险情289处、修复路面塌陷149处。通过军民互助、部门联通，48小时内实现了二环支路铁路护坡、青少年公园东三街道路近千平方米塌陷的急速恢复。

【新冠肺炎疫情防控】　严格按照“全力圈住、封死、扑灭疫情”的要求，扎实做好疫情防控“排查、管控、核检、接种”4个到位，实现了辖区“零感染”。疫情期间，第一时间成立10个临时党支部，组成500余人的一线服务队伍，在177个楼院设立155个卡点；完成8轮52万人次的核酸检测。

（撰稿：轩冰冰　审阅：任红伟）

大石桥街道

【概况】　大石桥街道位于金水区西南部，东与经八路街道办事处接壤，南隔金水河与二七区相接，西与中原区相望，北与南阳路街道办事处为邻，办公地址设在优胜南路3号院11号楼。面积约1.9平方千米，呈不规则的东西长方状，下设9个社区。

2021年，大石桥街道地区生产总值完成62.39亿元，同比增长4.9%，地方一般公共预算收入完成1.84亿元；固定资产投资累计完成3.29亿元，同比增长13.7%；社会消费品零售总额累计完成30.25亿元，同比增长13.8%，省、市、区重点项目累计上报2.32亿元，超目标任务3382万元。

【城市管理】　高标准改进城市管理。对辖区非机动车、共享单车进行每日巡查，规范辖区非机动车停放秩序；建立精细化工作机动组，排查、清理辖区沿街杂物、小广告。安排环卫开展道路、沿街门店、公共设施冲洗行动，确保路见本色，组织社区开展沿街商户五星评定工作，并评比出年度五星商户。

老旧小区改造、危房改造。街道共承担辖区13个楼院的改造任务，已完工8个楼院，2021年新增5个已完工楼院，13个楼院改造任务全部完成；采取社区自查、街道复查的方式，对辖区危旧房屋安全隐患进行摸排，建立24小时工作制，对存在安全隐患的房屋进行不间断巡查，并联合9个社区采取投亲靠友、入住旅店等临时过渡安置措施，妥善安置危房群众，针对条件困难、无法自行解决的群众，街道进行就近集中安置。共排查出危房35处，转移人员44户，共计129人。

【民生实事】　提升服务品质，新增党群服务中心建设面积2800平方米，全部完成500平方米以下社区党群服务中心的升级达标；抓好社会治理，重点围绕“一老一小”，加快构建养老服务和普惠性学前教育服务体系，推进街道社区养老（助老）服务中心建设协作共建，已投入运营社区居家养老服务站5家，新增3家已基本建设完工，已完成一所公办幼儿园建设；开展校外培训机构专项治理行动，抓住学生、教师、培训机构三个关键，标本兼治，推进“双减”政策落实到位；推进农贸市场建设，新建1个高标准农产品超市，保障群众的菜篮子。街道全年拆除违建11处，维修、更换无主管楼院窨井盖42座，完成4条背街支路线缆入地改造、9个楼院老旧小区改造和3个省级规范化社区创建初验，进一步优化了人居环境。

保障弱势群体基本生活。发放各类救助金315.06万元。落实灵活就业、养老、医疗保险补贴等各项优惠政策，继续拓宽就业渠道，实现城镇新增就业、再就业2430人，发放小额担保贷款600万元。保障性住房工作稳步推进。社区服务社会化运营全面覆盖。大力推进社保业务“就近办”，共办理社保业务2000多件。政务服务网上受理并办结982件，办件率100%。

【安全工作】　着重抓好“两节”、两会、国庆等重大节日和重要节点安保工作，加大矛盾纠纷排查化解力度，全力维护社会稳定。按照“党政同责、一岗双责”“三管三必须”原则，明确班子成员、全体中层安全生产责任，进一步完善落实应急响应联动机制，着力提升应急管理能力和水平。

加快推进“三零”创建及“最多跑一地，一码解纠纷”矛盾纠纷多元化化解机制工作，已初步建立街道“三零”创建平台库和街道“最多跑一地，一码解纠纷”矛盾多元化解平台，完成辖区“三零”创建平台输入900余家，受理纠纷39起。

【大气污染防治】 重点区域管控。道路扬尘采取湿扫和路面冲洗相结合的方式进行，对人行道旁容易积存尘土的空调室外机进行加高，保证冲洗时不留死角，严查辖区工地渣土车运输情况，对工地上使用的渣土车严格把关，逐一检查，严把“冲洗关”，逐一登记，保证工地上不出现“黑渣土车”。对全辖区楼顶积存物品进行定期清理，对国控点和街道办事处微型站周边楼顶每周巡查一次，发现问题及时清理。

餐饮业、汽修行业等重点领域监管。加强辖区186家餐饮企业的管理，严格落实准入制度，在推动复产复工的同时加强对油烟净化器安装不到位的企业的督查，建立日常巡察制度，及时督促其对油烟净化装置进行日常保养。加强汽修行业监管，杜绝一切不合格汽修企业存在，对危险废物进行全流程监控，保证危险废物合法处理。完成14家企事业单位和大型餐饮企业油烟净化在线监控系统安装工作，利用科技手段监测油烟净化设备使用情况。联合执法中队、市场监管、城管等部门开展执法行动85次，下达整改文书121份。

【市政工程】 督促沙口村改造项目安置房建设。沙口村一期四栋楼主体已封顶，砌体完成，街道办及时跟进室内外装饰装修工程施工进度，确保如期交付；沙口村二期四栋楼主体封顶，砌体完成，正在进行室内外装饰装修工程施工。拆除优胜南路4号院1号楼房屋。该房屋在轨道交通节点工程大石桥站的征收项目范围内，总面积510.56平方米，经协调于10月15日拆除完毕。

【组织建设】 把党史学习教育与街道重点工作相结合，突出群众需求导向，深入开展“我为群众办实事”实践活动，已完成32项实事项目，推动基层治理和群众满意度双提升。深入开展“逐社区观摩、整街道推进”“亮赛比”活动，激发“头雁效应”，构建起“街道党工委统筹、各党组织联动”的党建格局。

在实现无主管楼院党组织全覆盖的基础上，探索形成社区党组织、业委会、物业公司、商户多方协同机制，帮助解决群众最关心的重难点问题，逐步实现从“无主管”向“有人管”到“规范管”的转变，营造居民参与自治的良好氛围，提高基层党组织为民服务的能力，46个无主管楼院已全部实现党组织覆盖，助力提升无主管楼院治理水平。

【“7·20”特大暴雨灾害应急处置及灾后重建】 “7·20”特大暴雨灾害期间，街道连夜抢险救援石桥西一街、西二街等危险点受困群众，共疏散、转移避险3000余人，解救受困群众50多人，妥善安置群众35人，转移危房住户44户，共计129人，最大程度确保辖区群众生命财产安全。组织灾后重建。面对灾情迅速启动恢复重建工作，最短时间完成“四通一排”保障任务；发放救援物资，统计申报综治救灾保险413户；开展灾后防疫消杀，杜绝灾害疫情；救助受灾企业及个体工商户39家，发放救灾补助32.35万元；加快推进灾后房屋修缮加固进度，维修危房18处；排查化解灾后矛盾纠纷。

【新冠肺炎疫情防控】 开展全民核酸检测。街道全民核酸检测点合理设置、调度有方，有序、高效、超额完成8轮（8月5轮、11月3轮）近32万人次的全民核酸检测及1万余人次重点人群核酸检测任务。重点人员管控和重点场所管理。对中高风险、次密接、时空伴随者、境外返郑州等重点人群分类管理、及时处置，确保管理不漏人、管控措施全覆盖。加强重点场所、重点机构疫情防控管理，落实属地、部门、单位、个人“四方防控责任”。落实社区疫情防控措施。将辖区94个楼院优化整合为53个疫情防控卡口，标准化执行扫码、测温、戴口罩、排查、隔离人员管控等程序。严格落实“五包一”社区防控责任制，加强跟踪督导，用责任和担当坚决打赢疫情防控攻坚战。8月9日，街道党员志愿者、工作人员在七中核酸检测点现场开展工作。

（撰稿：杨　崇　审阅：赵　炜）

南阳新村街道

【概况】　南阳新村街道位于金水区西北部，因1956年郑州市铁路局在火车北站的南阳路一带兴建铁路家属院聚集地“南阳新村”而得名。街道成立于1961年10月，位于金水区西北部，东至丰庆路，与文化路街道相邻；南至太极公馆小区南墙，与南阳路街道接壤；西至嵩山路北段，与西开发区石佛乡乌龙口村相连；北至兴隆铺热电厂刘寨工业园区南墙，与惠济区相接，呈不规则的南北长方块状。京广铁路、沙口路、南阳路、丰乐路、天明路纵贯南北，农业路横穿东西，总面积7.5平方千米，交通便捷。现辖12个社区，共213个楼院，80%为无主管楼院，辖区居民13万余人，43426户，其中常住人口126019人，流动人口约11026人。

2021年，南阳新村街道地区生产总值完成82.12亿元，同比增长2.5%；地方一般公共预算收入完成1.58亿元；社会消费品零售额完成20.43亿元，同比增长5.2%；固定资产投资完成5.72亿元；建筑业总产值完成28.98亿元；服务业营业收入完成4.90亿元，增速16.4%。引进亿元以上优势产业“百宝科技”项目1个，项目已进资1000万。

【城市管理】　迎接国家卫生城市复审。共发动1900余人，对辖区重、难点部位进行整治，累计清理小广告3100处，清扫垃圾1672立方米，清理杂物2140处，整改鼠饵洞306处，整治沿街门店占道突店经营175处。开展堆土整治工作。对堆土进行全面排查，建立台账，开展联合整治，清理大型堆土5处376立方米。对辖区内燃气安全开展地毯式排查，排查416家，安全隐患已全部整改到位。开展“全城清洁”行动43次，清理垃圾797余立方米，清除乱堆杂物844余处，卫生死角519余处，清扫道路2.81万平方米。依法拆除违章建筑。累计拆除55处，拆除面积2338.5平方米。

【大气污染防治】　做好生态环境污染防治的源头监管治理，工地、老旧小区改造楼院扬尘治理及22家汽修企业日常巡查、监管、问题督改，各级环境督查交办的问题督改回复。2021年，核查整改12369群众举报件8件，市环境督导组交办4件，郑纺机专责组、区控尘办交办问题70余件，$PM_{2.5}$专家组问题90余件，督查辖区工地创卫复审达标整治并督改问题20余处。巡查辖区“散、乱、污”企业保持动态清零。

【社会安全稳定】　积极做好重要节点、重点部位的安全生产工作，办理系统案件35件；做好“安全生产月”系列宣传活动，组织专题知识讲座8场；开展“九小”专项治理工作，排查沿街门店1923家，发现隐患1701处，整改率98%；对辖区已建成投入使用的高层建筑、易燃可燃夹芯材料彩钢板开展排查，发现问题责令限时整改。

开展平安建设宣传月、防范网络诈骗宣传活动，有效提高群众的防范意识；整合技防资源提升工作效率，现有监控室2个、监控探头346个全部正常运行；加大巡逻密度，保证辖区重点区域安全；大力开展排查非法种植罂粟或其他毒品原植物活动。

受理各类纠纷340件，调处成功率达100%；对45名社区服刑人员、85名在册安置帮教对象组织谈话教育5次、集中点验7次、线上学习2次、社工“一对一”回访6人次。持续开展法律援助和宣传工作，共开展法治讲座18次、法制宣传活动30余次，完成其他行政备案行为432件。

【社会保障和民生实事】 受理廉租房年审、公租房动态审核等问题件652件；为184户、247人落实最低生活保障待遇，发放低保金242.72万元；为10331人次发放高龄津贴306.17万元。城镇居民奖扶人员累计申请8114人，涉及资金908.77万元；申报独生子女死亡或伤残特别扶助对象146名；办理生育服务证939个，独生子女光荣证105本。城镇新增就业2376人，占全年任务132%；帮助6家企业申请贷款1700万；共收集用工单位112家，用工岗位670个，提供职业介绍117余人次；接管省、市央企退管人员14470名；新增城乡居民基本养老74人，办理全民医保2247人；更新辖区企业台账1732家。4个社区完成500平方米以下社区党群服务中心建设，5个社区完成社区党群服务中心面积1000平方米以上；2个社区完成升级规范社区建设。

【党政工作】 2021年，党群服务中心共开展各类活动5248场，接待服务居民约6万余人，日接待量最高达500余人次。建立7个微信居民群，间接服务群众达12000余人；开展特色项目“初心加油站”党建活动86场，“志愿新村”志愿活动65场，“人人主题汇”特色活动31场，“公益学堂”活动975场，“便民零距离”日常文化活动3150场，“精英直通车”活动18场；政务服务大厅开展便民服务活动8场，服务办事群众和市场主体3000余人；志愿者“爱心时间银行”储户11456人；益惠卡商户已合作94家。在政务服务工作方面，建成社区级政务服务便民服务站12个，总面积600余平方米，建成街道级政务服务便民服务大厅1个，面积约60平方米，设置7个窗口，配备工作人员4人，受理事项3000余件。各便民服务站均配备有LED显示屏、叫号机、查询机、电脑、打印机、复印机、座椅、助残工具、雨伞等便民设施，有居民办理社保、计生、民政、党建等服务事项入驻。

【“7·20”特大暴雨灾害应急处置及灾后重建】 6月初，制定完善《南阳新村街道防汛工作应急预案》，全面做好汛期预防、抢险救灾准备。“7·20”特大暴雨期间，排查受损房屋321处，总面积约1519平方米，已全部修复；因灾停电小区34个、停水小区178个，7月27日，全部恢复正常供水供电；截至7月23日，19条主次干道积水点全部完成抽排；截至7月26日，完成76个地下空间和1处基坑积水抽排；辖区路面损毁48处，面积约456平方米，已全部修复；树木倒伏63棵，均已处置完毕；广泛开展雨后病媒防治工作，累计动员消杀人员3151人次，灾后消杀4472余处，对232个点位进行消杀防治，累计投放鼠药150.5千克，蚊蝇类药物56千克，防治面积93.97万平方米。

【新冠肺炎疫情防控】 制作各类宣传条幅900条，张贴宣传页2.4万余张，利用425块电子显示屏全天滚动播放疫情防控宣传内容；协查区防控部门反馈大数据434人，境外返郑州核查人员218余人次；科学有序做好新冠病毒疫苗接种工作，7、8、9月份三类人员共接种18591人，自5月6日郑州市开展大规模新冠病毒疫苗接种以来，街道有序组织，安全高效完成疫苗接种任务，完成目标的108%；妥善组织开展8轮全员核酸检测，共检测93万人次。

（撰稿：窦希艳　审阅：王帅亮）

丰产路街道

【概况】 丰产路街道位于郑州市城区东北部，辖花园路、政七街以东，东风渠、农业路以南，中州大道以西，黄河路、纬五路以北，东与郑东新区相连，南临花园路街道，西接文化路街道，北连北林路街道。截至年底，辖区共有主次干道及背街小巷23条，总面积4.4平方千米。下辖17个社区、1个常砦行政村和7个自然村，总人口18万余人。辖区拥有河南省财政厅、省粮食局、省质量技术监督局、河南报业集团等50余家省直单位。综合服务设施完善，拥有中国工商银行河南省分行、国家开发银行、农业发展银行河南省分行等众多金融机构和省人民医院、省胸科医院、黄河路第三小学、34中、61中等科教文卫设施。以省人民医院为中心的医疗科技商务服务商圈、以UFO·WORK（为创新企业提供全栈式办公服务和企业服务）优享分园为中心的金成时代广场众创商圈、以省财政厅周边楼宇为中心的财富广场金融业商圈容纳和服务了众多的大型企业和中小创业公司，极大地激发和促进了街道经济的增长潜力。

2021年，丰产路街道累计完成地区生产总值215.68亿元，同比增长2.9%；财政收入累计完成10.64亿元，同比增长4.4%，总量位居全区第二，增速位居全区第六；固定资产投资累计完成671474万元，同比增长8.3%，总量位居全区第四，增速位居全区第八；社消零总额累计完成684499万元，同比增长5.4%，总量位居全区第五，增速位居全区第十一；规模以上工业增加值累计同比增长17.5%，增速位居全区第三（全区7个办事处涉及此项指标）；建筑业总产值累计完成124.42亿，同比增长7.19%，总量位居全区第三，增速位居全区第九；重点项目建设累计完成年度投资569101万元，占全年目标115.5%。

【招商引资】 2021年，丰产路街道引进市外企业上海山椒品牌管理有限公司，对辖区索克大厦进行旧房改造，并将项目命名为新东意SPACE项目。该项目位于东明路红专路西南角，改造面积20000平方米，地上共10层，地下1层，计划打造一个酒店办公综合体，2~5层为商业办公区，1层和6~10层为希尔顿惠庭酒店，计划总投资1.5亿元。项目改造部分投资2000万元拆除原有老旧外立面，对其进行大幅度形象提升，改善了老旧办公楼的破旧印象，重新树立了新办公项目的新时代标杆；招商阶段已进驻企业近20家，涉及餐饮、创业孵化、创意设计、素质培养、装饰设计、医疗、服装设计、金融产业等多类行业，预计项目运营后能提供就业岗位1500余个，年产值可达2.5亿元，为辖区提供财税收入可达1500余万元。

【社会服务体系建设】 2021年，丰产路街道以“五个一、四个三”为抓手，建成1个高标准街道党群服务中心；建成丰产路常砦社区卫生服务中心、丰产路东明路社区卫生服务中心及丰产路林科路社区服务中心3个规范化街道社区卫生服务中心；改造提升1个标准化农贸市场多之彩市场和新建1个农贸市场经一路农贸市场；建成1个街道养老服务中心；完成1个公办幼儿园建设任务。另外，“四个三”工程中，以省财政厅周边楼宇为中心的现代金融服务业商圈、以省人民医院为中心的医疗科技商务服务商圈、以UFO·WORK优享分园为中心的金成时代广场众创商圈已经初具规模，基本覆盖街道辖区全境，共容纳企业2750家；3个综合改造老旧社区（省测绘局家属院、省地震局家属院、省水利厅家属院）、3条综合改造示范道路（黄河路、经三路、政七街）都已经全部完成，3座特色楼宇（经三路北32号财富广场2号楼、黄河路1号璞丽中心A座、姚砦路133号金成时代广场6号楼）均已完成初步筛选，特色企业共202家，面积46000余平方米，占比楼宇面积近50%。

【“三项工程、一项管理”经验】 2021年，丰产路街道围绕“三项工程、一项管理”，建成垃圾分类站5处、垃圾分类亭60个；拆除违法建设116处、3970平方米；整治政六街、政七街等背街支路沿街门头260处、2800平方米；整治建筑工地围挡5600平方米；规范省医周边、花园路、经三路沿线等非机动车乱停乱放5处；完成经三路、花园路、黄河路等11处占压人行道的变电箱迁移，恢复了主干道人行道的通行功能。实施老旧小区改造楼院44个，辖区老旧楼院基础设施得到完善。

【民生服务】 丰产路街道建立建设多个包括押砦社区、姚砦社区、常砦社区、金龙社区养老照料中心，保障辖区高龄居民“老有所养，老有所依”。推进社保业务“就近办”，提高政务服务水平，打通服务群众的“最后一公里”，社会民生补贴津贴严格依规惠民，就业再就业任务超前完成计划目标，社会保障工作在积极的政策宣传引导下新增和续缴人数持续增长。街道便民服务中心积极推进受理关口前移，认真做好四级联动工作协调和配合等工作，37项为民服务业务均纳入便民服务中心窗口办理，同时加强窗口人员的学习培训，群众办事满意度逐步提高。

【社会稳定】 丰产路街道坚持工作例会和督查快报制，定期将工作中的问题情况进行点对点通报，落实领导包案责任制，分包领导和社区党组织将工作落到平时，入院入户，提前介入化解矛盾，倾听群众诉求，提升化解社会重大风险的能力水平。同时，丰产路街道加强安全生产工作，严格落实安全生产管理“一岗双责”领导责任制、消防安全责任制，加大对楼宇企业、居民楼院、建筑工地等场所的安全隐患排查处置力度，集中开展多次安全生产大排查大整治工作，坚决杜绝重大安全事故发生，全面提升突发事件应急处置能力。按照“五个专项”安全生产整治行动要求，排查和整治“九小”场所、高层建筑等重点领域安全隐患579处；清理违规使用地下空间430处、清退留宿人员1100余人；拆除违规使用泡沫彩钢板360平方米。丰产路街道辖区2021年未发生安全生产事故。

【党建工作】 夯实社区（村）党组织战斗堡垒。加大干部培训力度，对新一届“两委”成员开展集中培训1次。结合逐社区观摩，围绕基层党建重点任务、党史学习教育等重点工作，组织社区（村）党组织书记开展“亮赛比”活动4次，形成书面材料52篇。聚焦常砦村软弱涣散党组织问题症结，制定“一村一策”整顿方案，完成软弱涣散村级党组织整顿，同时深入实施“三年强村计划”，2021年常砦村集体经济收入约4906万元。坚持党建引领，基本完成老旧小区改造楼院44个。深化无主管楼院“一核多元 融合共治”，组建10个社区无主管楼院党支部、42个自管会及1个业委会、43个志愿服务队，实现全覆盖，同时建立完善共商机制和居民公约，形成“三位一体”的管理模式。坚持把物业服务管理融入党建工作，着力打造姚砦、明宏2个“红色物业”示范社区建设，同时把“无疫社区（村）”创建工作同灾后恢复重建相结合，持续推进辖区消毒消杀和卫生整治，阻断病毒传播途径，目前已通过无疫社区验收1个。持续优化营商环境。不断深化“党建引领 亲商强企”大行动，实现各项经济指标稳步增长。开展“万人助万企”活动，走访企业231家，累计新成立非公企业党组织10个。推进区域化党建工作的全面、有效融合。以社区党组织为支撑点，开展驻区单位到社区“参加一次主题党日活动、确定一个服务项目”活动10余次，推动城市党建从“独唱”变“合唱”。坚持把重点任务的落实作为发挥党组织战斗堡垒和党员先锋模范作用的试金石、磨刀石，建立14个抗疫先锋岗、组建18支战疫党员先锋队、36支抗洪救灾志愿队，开展抗洪救灾、灾后重建、疫情防控等工作。突出“品牌效力”，按照“12+X”标准完成街道党群服务中心建设，累计迎接省、市、区观摩团观摩40余次，围绕群众需求开展大型文体活动11场，公益课120余次，接待服务群众30500人。

【新冠肺炎疫情防控】 2021年，丰产路街道全面落实“三级包保”和“五包一”工作制度，从区级领导到科级干部，再到社区书记和一般人员，明确职责，织密社区防疫网络，确保“查”和“防”管控全面到位，落细社区联防联控各项措施，做到宣教、排查、管控、督导、关爱“五个到位”，形成有效的疫情防控工作合力，筑牢疫情防线。

2021年，排查省外返郑州人员13960人，共核查境外人员返郑州人员1146人，核查接收密接、次密人员662人，集中隔离658人，有4人在指定酒店集中隔离。对于居家隔离的人员，社区及时上门落实居家隔离管控措施，居家隔离1589户、3981人。对于自我健康监测的人员，社区及时联系告知其尽量减少外出，“点对点”进行核酸检测，如有特殊情况及时向社区报备，健康监测人员906户、1659人，解除健康监测906户、1659人。

（撰稿：杨　洋　审阅：姚文波）

东风路街道

【概况】　东风路街道位于金水区西北部，东临渠西路，南到双铺路，西至南阳路，北接北三环，辖区总面积6.5平方公里。街道成立于2002年8月9日，辖17个社区，3个村，155个居民楼院，人口约15.7万。辖区有中央单位1个，中国地震局地球物理勘探中心，省直机关3个，河南省煤炭总医院、河南省中医学院第二附属医院、河南省康复教育研究中心，市直机关2个，郑州市环城绿化管理队、郑州市绿文广场管理中心，央企3个，中化地质矿山总局河南地质局、郑州华润燃气股份有限公司管网运行部北区管线所、郑州华润燃气股份有限公司丰庆路天然气汽车加气站，科研院所1个，郑州市农业科技教育中心，另有大中专院校11所，中小学9所，规范性幼儿园4所，大型商超5个，楼宇10幢。是金水区科研、文化、信息、物流相对聚集的区域，也是中共金水区委、区人民政府、金水区人民检察院等区级机关所在地。

2021年，全年共完成公共财政预算收入3.6亿元，同比增长2.8%；固定资产投资12.9亿元，同比下降28.5%；社会消费品零售总额75.1亿元，同比增长3.5%。

【项目建设】　小铺村项目安置房均已封顶，正在办理土地收储手续；姜砦村连片项目及大铺村连片二期项目改造方案已经市相关部门评审，正在进行调整；十二里屯城中村改造项目A-04地块土地分割相关事宜正在与自然资源和规划局对接；地铁8号线白庙站枢纽工程，地面遗留建筑拆迁纠纷已妥善化解，拆迁合同已签订，土地已移交轨道公司；丰庆路站星河家园1号楼业主征迁协议签订完毕，楼体拆除完成招标；科技市场地面建筑已全部拆除，垃圾已清运完毕，场地已移交指挥部。

【城区建设与管理】　完成老旧小区改造13个，其中文雅小区被确立为“市级示范楼院”；建成养老服务中心1处，培育特色商圈1处，培育缴纳本年区级税收100万元以上楼宇4幢，辖区楼宇入驻率达95.2%，自主招商引进北京数字政通科技股份有限公司、迪安诊断技术集团股份有限公司等企业11家。完成东风路颐乐养老服务中心项目建设，已与小铺、大铺开发公司签订2所幼儿园建设协议，街道党群服务中心建设进入立项阶段。

通过整治工地违规施工，排查清退不合格非移车辆，加强对餐饮油烟及42家存在室外喷涂、切割、焊接的商户日常管理，确保“散乱污”问题动态清零。不断完善交通基础设施建设，重新施划非机动车停车线1637处、27398米，制作各类非机动车引导指示牌23处，完成增设停车泊位725个。加大对占道经营、违章建筑的查处力度，全年开展联合执法58次，拆除各类违建20余处。

【民生事业】　强化共建共治，实现辖区47个无主管楼院居民自治组织全覆盖，党群服务中心面积全部达到500平方米以上，其中1000平方米以上8个。实现城镇新增就业人数2762人，失业人员再就业451人，均超额完成目标，城镇登记失业率控制在4%以内，城镇“零就业家庭”动态为零；累计受理拖欠劳动者工资案件50余件，为70余名劳动者挽回拖欠工资、社会保险等各类经济损失达30余万元。

对现有低保80户、108人，累计发放资金1188755元；推进老龄化服务工作，全年完成高龄津贴申请163份，共1171人领取高龄津贴，共发放高龄津贴1409800元，辖区建成养医结合的养老院2家，医养融合的养老院1家，创建市级老年友善医疗机构2家，便利老年人进行健康管理。通过“两癌妇女”“守护天使”等项目救助104人，为低保和困难儿童发放救灾物资1273件，民生短板不断补齐。

【社会稳定】 按照“三管三必须”全面落实安全生产责任制，对社区、行政村、公共单位、企业、个体商户层层签订《安全生产、消防安全目标责任书》3000余份，深入推进消防安全“五个专项”整治，强化对私拉电线、杂物堆放、违规堵塞消防通道日常治理，摸排隐患5520处，整改5487处，登记“群租房”104处，11处集体宿舍已整改，整治附属物占压燃气管道6处，彩板房6处，890平方米。

弘润幸福里等问题楼盘遗留问题化解稳步推进，网上办结信访案件136起，33件信访突出问题六大攻坚案件，化解27件，化解率82%。

【新冠肺炎疫情防控】 2021年，新冠肺炎疫情发生期间，东风路街道先后8次组织开展全员核酸检测共计139万人次，设17个核酸检测点位，共检测139万人次。全力做好常态化疫情防控，对重点场所、重点人群、重点部位、居民小区严格落实社会防控责任，实行闭环管理，减少人员流动，阻断病毒传播路径，持续总结经验，探索建立常态化疫情防控工作机制，持续完善应急预案，做到平急转换无缝衔接，不断夯实疫情防控基层防线。

（撰稿：刘　晨　审阅：郝书文）

未来路街道

【概况】 未来路街道位于郑州市城区中东部，与郑东新区CBD隔路相望，承东接西，联南贯北，是金水区的东大门，是郑州中优布局的重要地带。中州大道、金水路、未来路三条交通大动脉在辖区交汇，地铁1号线、5号线、6号线可便捷换乘，33条道路构筑的交通微循环较为顺畅，东邻郑州东站、京港澳高速，距离郑州航空港区仅25分钟车程，交通十分便利。辖区总面积5.2平方千米，辖1个行政村、5个自然村和11个社区，总人口约13.6万，其中常住人口6.7万人，暂住人口6.9万人。

2021年，未来路街道地区生产总值完成161.1亿元，同比增长4.4%；地方一般公共预算收入完成9.54亿元，同比增长26.2%；重点项目建设完成28.86亿元，占全年目标任务141.9%；固定资产投资完成28.03亿元，同比增长36.6%，占全年目标任务126.2%；社会消费品零售总额完成62.89亿元，同比增长6%。

【营商环境】 持续开展“创新发展微论坛”活动，邀请政策制定方、专业服务机构和企业三方聚集到一起，由政府讲政策、专家做解读、企业提需求、机构定方案，切实做到“一对一”“点对点”服务，让服务方式更精准，服务内容更精确，让政府政策红利真正惠及辖区企业，已累计举办4期，惠及企业100余家。为辖区市场主体提供便捷、高效、优质服务，积极整合辖区市场监督、税务、银行、金融服务机构、第三方公司等资源，创新打造全区首家街道“一站式”企业服务驿站，为企业提供证照办理、税务申报、金融贷款等系列服务。扎实开展“万人助万企”活动，街道共包联企业169家，包联项目5个，共抽调36人，成立11个工作组，开展走访调研，协调解决问题16件。同时，大力宣传“1+N+X”产业扶持政策及省市区加快灾后重建若干政策，助力企业灾后重建和复工复产，增强企业发展信心。通过成立工作专班，强化主动服务意识，大力开展企业走访活动，扎实做好辖区企业汛后复工复产、安全生产等各项工作。协调解决企业用工、用电等问题20余件，发放消毒液1.5吨，消杀机器7台，背负式消杀喷雾器30个。累计帮助148家城乡小商户和规上企业申报、发放城乡小商户帮扶救助资金66.81万元。做好商品房契税补贴工作，让政策红利惠及广大群众。累计办理契税补贴1058件，契税缴纳税款4432万元。

【项目建设】 明确“5+4+3+X”

（5即五个核心板块：金融服务、医疗康养、慢生活街、人文科教、旧城复兴；4即四个百亿级产业集群：金融服务、数字经济、北斗新兴、5G新技术；3即三个特色街区（商圈）：百花里、金水升龙广场、唐人街文化广场；X即多个特色楼宇和多个总部企业）产业经济发展思路，进一步细化产业发展举措，推动产业转型步伐。利用中国广电河南网络有限公司在金水区未来路104号独栋楼宇资源，引进投资10亿元以上高质量项目1个，即5G（河南）联合创新中心暨郑州市金水5G微园区项目，同时，依托该项目招引5G相关产业链企业29家落户园区，快速汇聚5G产业资源与要素，加速5G产业在金水融合创新；引进折扣牛全国总部、巴奴毛肚火锅全国总部入驻辖区；引进行业龙头企业航天宏图信息技术有限公司落户辖区，持续形成全员抓招商、重招商的浓厚氛围，打造招商引资“金名片”。培育年缴纳区级税收100万元以上楼宇23幢；培育年缴纳区级税收亿元以上楼宇6幢；打造金融特色楼宇4幢；跟进老旧楼宇升级改造2幢，在建、拟建商务楼宇2幢；引进知名企业5家，持续提升楼宇经济发展。

9月，未来路街道开展黄河文化月系列活动　（未来路街道/供图）

【民生服务】　落实各项奖扶政策。2021年，为18周岁以下独生子女申请奖扶752人，发放补贴15万元；办理60岁以上独生子女父母奖扶3819人，发放补贴427万余元；养老保险107人，发放金额5.7万元；计生特扶21户、35人。为61户、73名低保人员发放低保金80余万元；为满80周岁及以上1161名老年人发放高龄津贴，金额达到150余万元；推行“重度精神病人以奖代补”，残疾人特殊生活补助不断提高，进一步推进残疾人各项优惠政策和保障措施落实。辖区城镇居民医保新增参保1246人，养老保险新增参保83人，确保各项利益导向政策落实率、制度覆盖率100%。

为民服务体系建设。全力推进民生服务阵地及设施建设。3月，与河南省老干部医院共建合作的“智慧健康驿站”开业，服务周边居民群众，跟踪管理“治未病”，当好群众家门口的“健康守门人”，全力推进“健康未来”计划的具体落实。积极推进省级规范化社区建设。以基层党建为引领，以服务群众为目标，全力推进和指导康复社区争创了省级规范化社区。积极引入专业社工服务机构，2021年面向社会招标购买党史学习教育、社区治理、文化进社区、托幼等5个专业化社工服务项目，不断拓宽辖区服务群众渠道。

【城市管理】　按照洁化、序化、绿化、亮化工作路径，完成对金水路主干道和纬四路、纬五路2条支路背街的城市道路综合改造工作，并对基础差的路段进行全面整治提升。全年规范、施划非机动车停车线25424米，对市政道路及重点部位规划非机动车停车区域869处，完成对启新里、燕黑路等8条路段进行线缆入地改造工作，打造出整洁靓丽、功能完善、特色鲜明的道路。

全年新增绿化面积60139平方米，新植月季等花灌木5000余株，园林绿化目标完成率100%。（其中，街道宏光协和城邦小区、绿城水岸小区、金林公馆3个小区荣获市级园林小区，银基花园荣获省级园林小区）。

全年共开展垃圾分类大型专题宣传活动36次。完成辖区内143个垃圾房选址，打造出天平小区、银基花园（第一、二期）两个环保宣传示范社区。

加快辖区非机动车（共享单车）停放管理工作，严格落实好相关管理要求，有效解决共享单车有序投放和便民出行的问题，治理率达到100%。

【平安建设】 7月20日郑州发生特大暴雨以来，街道第一时间投入抢险救灾科室、村（社区）工作人员、党员、志愿者共计1730余人、抽水泵20余台，投入雨衣、雨鞋、救生衣、沙袋、冲锋舟等各类防汛物资；协调20余家酒店作为临时安置点，发放水、食物等生活用品；协调9家加油站做好救援设备设施的能源供应，全力保障了辖区群众生命财产安全。

以“救早、灭小和三分钟到场”为目标，积极探索保障城市安全的新思路和新方法，率先提出打造“3分钟应急救援体系”。构建了“1+4+N”的安全应急救援网（“1”指未来云智慧平台，“4”指4座应急站，“N”指社区（村）、经营单位的微型消防站消防控制室），创新绘制辖区“安全图谱”，205个安全区域实行蓝黄橙红四色管理。

创新警巡联动，建立街道巡防队员与派出所民警一体化治安巡逻联动机制，共同做好辖区治安防范整治工作。以三年集中整治为契机，持续推进安全生产及消防安全工作。成立消防安全专组13个，保证三分之一的力量开展消防安全隐患排查整改，深入开展九小场所、高层建筑、彩钢板治理等“六大行动”，开展检查5308次，消除隐患2000多处。

全面推进“最多跑一地、一码解纠纷”矛盾纠纷多元化解工作机制，依托三级矛盾纠纷多元化解中心和矛盾纠纷多元化解信息平台，实行“线下联席，协同进驻”“线上联动，闭环处置”“多方参与，多元化解”和“规范程序，依法终结”，把矛盾纠纷解决在基层、把安全隐患消除在萌芽、把创建主体吸附在当地。全年共处理信访案件289起，依托各类平台发现问题86836起，处置85416起，处置率99%；积极开展辖区企业、工地日常巡查，调解劳资纠纷234起，追回被拖欠工资1093.4万余元。

【基层党建】 完成村（社区）党组织和村（居）委会换届选举工作，扎实开展“六个一”活动和“八个一”履行启航行动；在38个无主管楼院成立临时党支部、自管会和志愿者服务队，实行联建机关分包干部机制；通过成立党组织、交叉任职及选派党建指导员等方式推进“红色物业”创建，推动“红色物业”创建小区10个，示范社区1个；依托楼宇、商圈成立三个联合党委，组建新兴领域党组织5个，新建非公企业党组织3个，吸纳35家涉企单位，成立助企赋能党建联盟，打造企业服务驿站，组建12支惠企小分队，为辖区212家企业提供“一站式”服务。成立防汛救灾临时党支部23个，深入开展“进万家门 访万户情 聚万民

7月24日，辖区锦江社区第一片区临时党支部为受灾群众发放物资

（未来路街道/供图）

心”活动，解决各类问题1390个；疫情期间成立疫情防控片区临时党支部26个，有序开展核酸检测、楼院值守等工作，完成燕庄村和11个社区“健康郑州　无疫社区（村）”创建。

【新冠肺炎疫情防控】　全面夯实疫情防控“保障线”。全年累计接种140541人次，其中第一剂次70277人次，第二剂次60032人次，加强针7218人次，疫苗接种工作持续高效。顺利完成辖区八轮全员核酸检测任务，通过合理选址设立14个核酸检测点，检测点医疗物资配备到位，并确保每个检测点不少于20人，社区、片警、消防、消防、巡防队员全员上岗做好保障。全力推动人员到岗、物资到位、宣传动员、有序采集、样品检测、标本转运等各项工作有序推进。分别于8月完成了五轮全员核酸检测550631人次，七轮中高风险地区人员核酸检测51317人次；11月完成了三轮全员核酸检测299054人次，七轮中高风险地区人员核酸检测24420人次，共计检测925422人次，用实际行动携手夯实疫情防控“防线”。

（撰稿：张　鑫　审阅：尹凤章）

北林路街道

【概况】　北林路街道位于金水区城区东北部。所辖区域为北环路、八一路以南，东风渠以北、以东，中州大道以西，东西长、南北窄，呈不规则扇形，花园路、经三路、环城快速路交错其间，交通便利，素有郑州北大门之誉。辖区面积6.7平方千米，辖区11个社区居民委员会，1个行政村（马李庄村），4个自然村（马李庄、桑园、徐砦、黄家庵）；共有河南省电视台、省畜牧局、省工商银行等公共单位35个，华北水利水电大学、河南牧业经济学院、河南省理工学校等大中专院校14所；人口149198人，属省级文明单位。

2021年，北林路街道完成一般公共预算收入4.5亿元，增速6%；社会消费品零售总额65.5亿元、规模以上工业增加值1亿元，同比分别增长5%、54.63%；完成固定资产投资25亿元。

【经济建设】　2021年，北林路街道经济发展上铆足干劲，促转型创特色。3个特色街区、4座特色楼宇聚集效应逐步凸显，成为街道区域经济高质量发展新支撑。“四上”服务业、建筑业研发企业有研发平台15个，其中，郑州市省级以上工程技术研究中心9个，郑州市省级重点实验室3个，郑州市市级重点实验室3个，有研发经费13家，会计科目建立申报率已达到100%。限上限下享受省级研发补助的企业33家，补贴金额高达120万元。坚持“项目为王”的理念，主动打好项目建设之仗，科学布局10个续建、谋划项目，乡村振兴产业园、再盛丽景大厦、吉利领克“4S”店3个产业项目已落地生效；2个高标准农贸市场均已建成并投入使用；“金水北林企业服务中心”已于10月启动运行。

【城市环境治理】　环境整治重拳出击。对辖区24个施工工地落实“8个100%”“两个禁止”情况及落实各级管控措施、调度指令情况进行每天至少2次巡查，对辖区450家餐饮油烟单位不定期进行拉网式排查，投资约1100万元，对银行学校国控站点重点区域内7个老旧小区进行油烟治理改造。银行学校国控站点年度综合指数4.51，全市排名第三；$PM_{2.5}$浓度49微克/米^3，全市排名第一；优良天数231天，同期增长17天。

城市面貌有机更新。花园路等3条综合改造示范道路已全部完工。在完成奥克路、索克路断头路打通工作的基础上，结合徐砦城中村改造，超前谋划广电南路断头路打通工作，保障有序施工。新增游园景观、绿地休闲广场8处，11.06万平方米；升级改造法制、消防主题公园2个，3.2万平方米；与辖区单位、沿街商户签订《金水区北林路街道城市管理门前“五包”责任书》2500份；开展专项行动集中治理，铲除小广告13400张、清运垃圾5000余立方米、治理突店经营700余处、整治门头50余处、拆除违建7处，清理捆扎架空电缆1000余处、维修更换污水窨井盖53个、清理死树枯枝180处、增设市政垃圾桶150个；率先完成16个生活垃圾分类房、13个可回收箱房建设；全面完成全年停车场建设任务。

【民生服务】 服务水平稳步提高。推行“三个一”服务模式，通过四级联动系统办理办结业务，网上办理服务满意度100%，初步建成了5个“一口式”受理窗口，实现居民一个窗口办所有事。社会救助不断完善。企业新增养老1123人，企业新增医保1177人，灵活就业养老新增405人，灵活就业医保新增303人，灵活跨县医疗保险参保凭证42人。完成城镇新增就业共1713人，失业人员再就业完成239人，困难人员再就业80人，社会化管理服务共接收省、市、央企退休人员1918人；办理居民养老保险新参保41人，养老保险转移12人，异地认证634人。

教育改革有力推进。排查辖区内校外培训机构共128家，其中证照齐全7家，有照无证的84家（其中营业执照合格25家），无证无照37家，结合排查结果，联合教育、消防、民政、市场监管等部门对相关培训机构进行关停。

防汛抗洪全力以赴。汛情期间街道通过各类居民群、物业群、党员群发布警示、提示120余条，共计入户走访群众3万余户，涉及10万余人，帮扶受困群众500余人，组织各类救援、志愿、抢险队伍20余支，各类志愿者300余人参与防汛救灾，累计疏散转移群众438人，处置行道树倒塌7处，处置道路30厘米以上积水点9处，真正当好人民群众生命财产的“守夜人”。

疫情防控慎终如始。全年累计核酸检测1014125人次，疫苗接种189159针，其中加强针接种18226针，全区排名第一。

【平安建设】 严格落实“日排查，日报告，周汇总”制度，2021年，接收信访系统案件73件，按期办结率100%，参评率和对信访部门的满意度均为100%；开展“三零”创建，推动“四治融合”，对涉及暴雨、疫情、安置房建设、社会保障、环境保护、婚姻家庭等事关群众利益的矛盾排查化解，并形成台账每月进行上报，坚决防止因决策不当损害群众利益的情况发生，全年共排查各类风险隐患1449处。

安全生产常抓不懈。坚持以查补漏、纠治并举，形成街道统揽、社区主抓、上下联动、齐抓共管的良好局面，突出对安全生产责任制落实，安全生产法律法规、标准规程执行，隐患排查整改和重大危险源监控，应急管理和安全基础工作教育培训情况的检查，提高了安全生产专项行动的针对性和有效性，全年重点抽查80家企业，社区检查1480家，确保隐患治理扎实有效。

数字赋能社会治理。结合数字郑州“城市大脑”项目建设，围绕“数智金水”要求，依托“郑好办”App矛盾纠纷多元化解信息平台建立矛盾纠纷多元化解中心，将社区网格员和三官一师两员、心理咨询师等“6+N”人员共121人录入人才库，制定多元化解方案和工作机制，全年共办理案件802件，其中群众扫码提交矛盾55件，司法平台接入747件；坚持开展“法制讲堂”活动。每月邀请律师为辖区居民和调解员讲法制课，共举办讲座9期，受教育群众累计达1500余人次。

（撰稿：贾晨莹　审阅：李　科）

凤凰台街道

【概况】 凤凰台街道位于郑州市金水区东南部，东靠中州大道，北到熊耳河，西南至管城区界，与未来路相接，郑汴路穿境而过，总面积4.5平方千米，常住人口7.4万人。下辖8个社区（英协社区、省检察院社区、南航新村社区、建业城市花园社区、凤凰城社区、张庄社区、王庄社区、凤凰台社区）、3个行政村（张庄村、王庄村、凤凰台村）。辖区有河南省人民检察院、河南出入境边防检查总站、郑州市公安局特殊警务支队、未来路派出所4家公共单位；有建业外国语中学、郑州新栋外国语学校、金水区凤凰台双语小学、金水区第四幼儿园等19所幼儿园、中小学；有郑州市建材大世界、凤凰城建材家居市场、金泰成灯具广场、凤凰茶城、陈砦花卉市场5家大型专业批发市场；有印象汇、幸福城、上悦城、永辉超市、建业艾美酒店5家大型休闲、购物场所；有升龙环球大厦（全口径亿元楼宇）、英协广场A座（区级千万楼宇）等15栋商务楼宇、86家四上单位。

2021年，凤凰台街道全社会固定资产投资完成8.68亿元，同比增长33.2%。建筑业产值完成18.47亿元，同比增长16.1%。社会消费品零售总额完成48.47亿元，同比增长6.1%。省市区重点项目投资完成13.08亿元，占目标132.69%。

【经济建设】　加强招商引资力度。通过主动招商、小分队招商等方式，力争招大商、引强商。2021年，新增注册资本500万元以上企业25家，正在跟进4个投资亿元以上项目：博境商业综合体项目计划投资20亿元，已完成拆迁补偿、土地收储；燕凤路、青年路地下空间开发项目计划投资6.7亿元，已取得“建设用地规划许可证”“不动产权证书”，正在进行高压线入地工作；武汉欧亚达控股集团有限公司计划投资5.5亿元建设郑州欧亚达建材家居项目，正在实地选址；凤凰城南城升级改造项目计划投资5亿元，正在进行商户安置工作。依托“万人助万企”、助企九条等政策，为辖区企业发放帮扶救助资金46.7万元。

【城市管理】　坚持顶层设计，抓细节、重管理，提升精细化管理水平。抓好辖区外环境，开展卫生城市复审、“一环十横十纵”道路综合改造、老旧小区综合改造等工作，完成福元路、陇海路等12段精品路段打造工作，共查处占道经营和突店经营违章现象700余起，拆除违法建（构）筑物27处（95710平方米）、清理大型广告6处；老旧小区3个楼院已改造完成，其中1处正在二次提升收尾阶段。重视污染防治，加强对餐饮油烟、建筑工地、垃圾分类等的宣传及管理，建筑工地累计清洁面积3万平方米、覆盖裸露黄土2万平方米；实现255家餐饮店油烟在线监控全覆盖；成功处理中央、市、区环境督导组等各类平台交办案件111起。

【民生服务】　倾听民生，传递温暖。持续优化省级社工服务站，对硬件设置及规范化救助工作等方面进行优化提升，同时注重发挥社会组织及公益企业等方面的作用，引导其纾困解难。2021年，街道拥有专职社工及志愿者1587人，培育社区社会组织19个，累计服务居民群众51万人次。3月，全国政协调研组前来调研，并给予充分肯定。开展走访慰问，对孤寡老人、重病重残等特殊群体进行救助关爱；共发放低保金38.37万元；实现就业再就业1155人；小额担保贷款工作完成申报900万；为56名优抚对象发放优抚金；规范化运营凤凰台助农商城，不断完善运营模式、制度等，实现优质资源互通，和商城连接的农产品番茄售出一万斤。

维护稳定，保障安全。持续推进安全生产专项整治三年行动、“三问三提升”等工作，共计排查九小场所、沿街门店、寄宿制学校等场所2365个，发现并消除火灾隐患800余处。

【党的建设】　建立居民议事会制度，共商辖区发展；打造建业“红色物业”，探索党建引领、社区掌舵、物业扬帆、居民参与的社区治理工作体系；新建王庄村、凤凰台村党群服务中心（1000平方米以上），完成建业、凤凰台、南航3个社区党群服务中心提升改造。

（撰稿：樊一迪　审阅：李朝欣）

杨金路街道

【概况】　杨金路街道位于中州大道以东，连霍高速以北，贾鲁河以南，石武高铁以西，东临兴达路街道，总面积22.28平方千米，常住人口约2.8万人，基层党组织27个，党员1403名。辖区中州大道贯通南北、杨金路金城大道连接东西，贾鲁河自西向东横穿境内。下辖杨槐、河村、新庄、徐庄、马林、周庄、马头岗、大贺庄、小贺庄9个行政村。

2021年，杨金路街道完成地区生产总值31亿元；地方一般公共预算收入3.96亿元；规模以上工业增加值同比增长2.0%；固定资产投资同比增长9.3%；社会消费品零售总额3.89亿元。

【重点项目建设】 杨金路街道承担的34个省、市、区重点项目中，河南信息安全产业示范园9栋楼、新科技市场二期已投用，截至年底，中科院过程所郑州分所一期已封顶，正在进行装修，河南省地理信息导航产业园10栋楼已封顶，1栋楼已具备投用条件。地理信息导航园、外包产业园二期等项目建设进展顺利，基本形成了以信息安全、软件服务业为主导的产业集群。

【大棚户区改造】 完成马头岗村、大河村的安置回迁工作，共回迁安置1141户、5847人，房屋4050套，累计35.6万平方米；徐庄开发区、新庄开发区、周庄开发区等新开地块已开工建设，进展迅速；同步抓好7个村拆迁遗留问题，累计拆除遗留户11户。

【平安建设】 高度重视谨慎应对7月20日暴雨灾害天气，其间严密部署，杨金路等主要路段及时疏通积水点，水深地方设置禁行标识，贾鲁河防汛24小时巡逻。严格落实安全生产“一岗双责”责任制，认真做好暴雨灾害季、党代会、双节期间安全隐患排查整治，街道巡防队在日常巡防中及时扑灭小型火情28次，辖区大局基本保持安全稳定。

【城乡接合部综合治理】 加大对金城大道以北村民散居点、建筑工地、工厂周边环境卫生整治力度，强化街面秩序综合整治，强力拆除金城大道以北违法建设及彩板房，拆除34万余平方米，占总面积的80%，累计清理占道经营3120余起，灯箱广告4760余处，规范停放非机动车5220辆，环境卫生有效提升。开展生态环境综合整治，加强辖区61个建筑工地扬尘源头管控、非道路移动机械污染管控，常态化开展“散乱污”排查整治，累计排查非移机械车辆400余台，清退车辆30余台，巡查工地1200余处，发现问题460处，全部完成整改。

【民生事业】 聚焦辖区群众生活、教育、养老需求，积极与相关部门对接，以安置房建设为契机推动各项民生设施建设，街道卫生服务中心、新庄党群服务中心投入运营；杨金路养老服务中心完成建设；纬五路一小大河校区、金科艺术小学、金水区实验小学（科教园校区）、金水区第十幼儿园等学校，丹尼斯、郑亿优选生鲜超市等综合性服务超市陆续投入使用，切实提高了辖区群众生活质量。

严格落实各项疫情管控措施，有序组织辖区村民先后开展全民核酸检测8轮324738人次；积极推动新冠疫苗接种，已累计接种第一针26606人，第二针25428人，第三针1354人，加强针766人，3~11岁第一针2282人次，有效筑牢了辖区群众的免疫屏障。

（撰稿：李伟霞　审阅：李彦松）

兴达路街道

【概况】 兴达路街道位于金水区东北部，北到黄河、南临连霍高速公路，东至郑东新区杨桥办事处、西与金水区杨金路办事处、惠济区花园口镇相邻。下辖7个行政村、19个自然村，2个社区，常住人口2.69万人，区域面积45平方千米。

2021年，兴达路街道公共财政预算收入完成4.94亿元；固定资产投资完成25.43亿元；重点项目完成41.70亿元；建筑业总产值完成6.73亿元；社会消费品零售总额完成4.04亿元；引进域外境内资金完成10.65亿元。

【美丽乡村建设】 按照“政府投资搞基建、群众筹资建庭院、平台公司引产业、社会各方助发展”的模式，统筹推进黄河战略、乡村振兴战略，倾力打造黄河沿岸未来乡

“金水稻”项目试验田　　（2021年，兴达路街道/供图）

村聚落。

紧扣黄河战略和乡村振兴战略，统筹考虑承接金水科教园区产业拓展外溢，结合水安全全面打造、水资源集约利用、水生态综合治理，依托优越的区位交通优势和自然生态基底，确立总体发展理念：乡愁、乡容、乡风“三乡”共建；科创、文创、农创“三创”共融；高颜值乡村风貌、高价值生态涵养、高品质设施建设“三高”共谋，强力推动从“美丽乡村”向“未来乡村”的迭代演进，着力打造黄河流域生态保护和高质量发展新样板、乡村振兴战略全国标杆、全域乡村旅游示范区。

成立美丽乡村临时党支部，坚持宣传造势、全面动员贯穿工作全过程，运用“四议两公开一监督”工作机制和微信群、挂条幅、大喇叭等载体，宣讲政策、凝聚共识，通过发动党员带头拆、联动推进依法拆、齐心合力安全拆，累计用时42天，73万平方米违建全部拆除。

聚焦“服务更便民、环境更有序、设施更完善”的工作总要求，拉细建设任务清单，采取项目式推进、台账化管理等措施，全力全速推进。基础配套优先。水厂南路、石沟河北路、振兴路西段建设提升完成。振兴路东段、黄岗庙村道、黄岗庙环村路提速建成通车。新建扩建来童寨、黄岗庙等4座污水处理厂。完成雨污水管网建设2.24万米；完成通信管线建设1.2万米。水电气配套工程正在同步推进。加快项目建设。来童寨、黄岗庙村南示范区主体完工，黄岗庙北部示范区正在开挖地基，已与金发投对接后期装修和产业导入等事宜，确保达到“交付即运营”的标准；美丽庭院、精品庭院改造开工72户，其中完工62户，正在施工10户；新建庭院共117户，开建56户。完善惠民设施。建成投用马渡乡愁广场、群众健身广场、村民办事大厅等一批便民设施。来童寨、黄岗庙卫生服务中心、养老服务中心主体完工。

结合差异化产业定位，流转土地928亩；设立产业扶持资金，拟定《马渡梦想科创小镇专项扶持办法》；按照“一村一特色、三村联动、同步推进”的思路，精准定位产业发展方向，“金水稻”项目、马渡梦想科创小镇首批26家公司已落户，黄河青少年研学实践基地已落地并完成地探，已和正星科技、胖哥食品等签订意向投资协议，和河南农业大学、河南财经政法大学、郑州经贸职业学院签订大学研学基地协议。

【基础设施建设】　截至年底，姚店堤合村并城项目商业安置地块取得用地证、土地证，规划证正在办理中。省道S312项目已于5月1日通车；姚店堤西路、金槐路（创科路—杨金路）、金城大道（东三环—高发路）、高发路（金城大道—慧科环路）通车；纬五路第一小学东岳校区以及金水区第十一、十二、十三幼儿园实现招生，鸿兴路中学主体已完工。

【生态环境改善】　兴达路街道抽调力量组成大气污染防治专班，加大力度24小时不间断巡查，对辖区“散、乱、污”企业坚决取缔，杜绝辖区“散、乱、污”现象。加强建筑工地扬尘源头管控，狠抓日常巡查和零点夜查，共巡查工地

500余次，查处工地320余处，约谈工地负责人10余次。建立由包村干部分级负责的工作体系，将区级下沉力量、办事处干部职工和村组党员干部“全员混编”，组成“突击队”，对存在的卫生死角、积存垃圾、旱厕等开展综合整治。2021年，清运各类积存垃圾20余万立方米；旱厕199处全部清理完成。切实推进户厕改造，马渡村、南来童寨已全部完成改造，北来童寨已改造90户，黄岗庙村已改造130户。

【社会治理】 “7·20”特大暴雨发生后，兴达路街道积极抢险救灾，对因暴雨导致房屋受损居民进行转移安置，协调支援队伍对辖区停水停电小区进行抢修，5天内完成水电恢复；向7个行政村、2个社区派发救灾物品，受捐助群众516户、2064人；建立消杀队伍56支，消杀人员173名，消杀面积累计达40万平方米；累计监督检查地下水井饮用水15处，水质均合格。立足沿黄生态保护和实现“北静”定位，全力打造“三分钟应急救援圈”，新建3座微型消防站，把街道应急连、各村民兵排、辖区工地、仓储物流物业等各类应急救援力量和设备，统一纳入街道应急管理体系，定期开展消防、防汛等应急演练，实现平时服务、急时应急。开展信访突出问题化解攻坚专项活动。2021年，共接访179起166批次，涉及721人，深入开展矛盾纠纷排查化解工作，化解率100%。

【新冠肺炎疫情防控】 2021年，兴达路街道共接种45873人，其中第一剂接种22448人，第二剂接种21936人，第三剂接种1158人、加强针331人。3~11岁儿童共接种2234人。夏季共进行五轮全民核酸检测，检测181804人次；冬季进行三轮全民核酸检测，共检测98452人次。

（撰稿：新国庆　薛王颖
审阅：路　莹）

组织机构

中共金水区委

书 记　张红伟
副书记　魏 东（7月免）
　张艳华（女）
　杨 晋（10月任）
　杨 洁（7月任）
常 委　张红伟
　魏 东（7月免）
　张艳华（女）
　杨 晋（10月任）
　杨 洁
　杨 林（7月免）
　付建峰（7月免）
　卢书选（1月免）
　曹可艳（3月免）
　牛满仓（7月任）
　胡光程（7月任）
　李 力（3月任）
　唐莉军（女，7月任）
　陈 勇（3月任）
　高国全
　黄国彦（7月任）
　张 超（7月任）
　李明刚（7月任）

区委工作机构

区委办

主 任　曹可艳（3月免）
　黄国彦（7月任）
常务副主任　刘智勇
副主任　和 琛（女，12月免）
　拜 祎（12月免）
　王 飞（12月免）
机要保密局局长
　王建锋（12月免）
机要保密局副局长
　郭 磊（女）
机要保密局副局长
　吴 巍（女）

督查事务中心

主 任　刘英杰
副主任　苏 鹏
　于 鹏

党史研究室

主 任　拜 祎（12月任）
副主任　崔雅男（女，12月任）

综合目标考评服务中心

主 任　曹晓燕（女，12月任）
副主任　曹晓燕（女，12月免）
　赵佑之（12月任）

组织部

部 长　陈 勇（3月任）
常务副部长　周纪斌（7月免）
副部长　任拉拉（女）

王大勇（12月任）
魏虎山
绩效办主任 周 丹（女）
区大村办主任
张 浩
区人才办工作办公室主任
瓮翔宇（12月免）
区人才工作服务中心副主任
张兴学（12月任）
区干部信息管理中心主任
王大勇（12月免）
牛晓帆（12月任）
区电教中心主任
刘 茜（女）
干部监督室主任
王洁莹（女）
区公务员办主任
彭新建
区绩效办副主任
张 静（女）
区干部信息管理中心副主任
牛晓帆（12月免）

宣传部

部 长 杨 林（7月免）
牛满仓（7月任）
常务副部长 赵伟峰
副部长 王珺洁（女）
李志强
余志贞（女，12月任）
区文产办主任
王志勇
区互联网宣传指导中心主任
董湘芸（女，12月任）
区融媒体中心主任
刘宇晓（12月任）
区文产办副主任
张 爽
区互联网宣传指导中心副主任
史忠华（12月任）
区精神文明建设指导中心主任
尹瑞山（12月任）
区融媒体中心副主任
董 礼（女，12月任）

统战部

部 长 付建峰（7月免）
黄国彦（7月任）
常务副部长 沈建忠
副部长 杨洁琛（女）
陶建莉（女，回族，12月免）
李 莉（女）
归国华侨联合会主席
陶建莉（女，回族，12月任）
归国华侨联合会副主席
马 静（女，12月任）
蔡理超（12月任）

政法委

书 记 卢书选（1月调离）
李 力（3月任）
副书记 潘夕泉（12月免）
姬松洲
黄昌平
李朝辉（7月调离）
郭文洋（12月任）
政工科主任 禹建伟
督促检查室主任
付 嵩
巡防办主任 朱 华
巡防办副主任
刘琳琳
燕 勇
原综治办副主任
王 熠

区委机构编制委员会办公室

主 任 刘 敏（女）
副主任 陈占胜
耿恩强

区委老干部局

局 长 张 敏（女）
副局长 郑福海
曾笑卫（女，12月任）
关工委办公室主任
岳子琳（女）

城乡社区发展治理委员会

主 任 陈 勇（3月任）
常务副主任 袁小培（女）
区社区公共服务中心主任
袁小培（女，12月免）
区数字城市运行管理中心主任
王建锋（12月任）
副主任 敖 娜（女）
李 成
区数字城市运行管理中心副主任
李彦坤（12月任）
陶 冶（女，12月任）

中共郑州市金水区纪律检查委员会、郑州市金水区监察委员会

纪委书记 胡光程（7月任）
监委主任 胡光程（10月任）
纪委副书记、监委副主任

刘建伟（7月免）
张红梅（女,7月免）
刘艳萍（女,7月任）
魏建鹏（7月任）
纪委常委、监委委员
段建飞（7月免）
纪委常委 赵建英(女,7月免)
黄利华(女,7月免)
胡 睿（7月任）
曹 振（7月任）
刘洪超（7月任）
韦丽云（7月任）
监委委员 刘艳萍（女,7月免）
胡 睿
曹 振
李安明（12月任）
崔华伟（12月任）
纪检监察调研法规室主任
李安明（12月免）
党风政风监督室主任
郑军伟（12月免）
信访室主任 吕志坡（12月免）
办公室主任 张春霞（女）
组织部部长、正科级纪检监察员
徐丽敏（女）
宣传部部长 王美琪（女,12月免）
区纪检监察电化教育中心主任
王美琪（女,12月任）
纪检监察干部监督室主任、正科级纪检监察员 姚战丽（女）
第一纪检监察室主任（正科级）
丁海骧
第二纪检监察室主任、正科级纪检监察员 王明军
第三纪检监察室主任
杨 楠
第四纪检监察室主任
韩 洁
第五纪检监察室主任
洪 涛
第六纪检监察室主任
崔华伟（12月免）
区纪委监委信息技术保障室主任
吴英超（女,12月免）
区纪检监察信息技术保障中心主任
吴英超（女,12月任）
党风政风监督室副主任
徐晶晔（女,12月免）
区纪检监察信息技术保障中心副主任 徐晶晔（女,12月任）
区纪检监察综合事务服务中心主任
张凤玲（女,12月任）
驻中共金水区委统战部纪检监察组组长 张凤玲（女,12月免）
驻中共金水区委办公室纪检监察组组长（正科级）
任海霞（女）
驻中共金水区委组织部纪检监察组组长 刘东洋
驻中共金水区委宣传部纪检监察组组长 李田中
驻中共金水区委政法委员会纪检监察组组长 柴丽萍（女）
驻金水区人大常委会机关纪检监察组组长 刘利辉（女）
驻金水区人民政府办公室纪检监察组组长 牛曼丽（女）
驻政协金水区委员会机关纪检监察组组长 王 轶
驻金水区发展和改革委员会纪检监察组组长 刘亚蕾（女）
驻金水区教育局纪检监察组组长
王昳方
驻金水区财政局纪检监察组组长
陈 琳
驻金水区人力资源和社会保障局纪检监察组组长
谷 健（女）
驻金水区住房和城乡建设局纪检监察组组长 吴亚红（女）
驻金水区城市管理局纪检监察组组长 来 涛
驻金水区卫生健康委员会纪检监察组组长 聂晓玥（女）
驻金水区市场监督管理局纪检监察组组长 常浩锋
驻金水区人民法院纪检监察组组长
吴深磊
驻金水区人民检察院纪检监察组组长 赵 宇（女）

中共金水区委巡察工作领导小组办公室

中共金水区委巡察工作领导小组办公室主任 孟培武（7月免）
段建飞（7月任）
四级调研员 孟培武（7月任）
中共金水区委巡察组正科级巡察专员 张军伟
武巧玲（女）
孙志立
孙 辉
郑军伟（7月任）
中共金水区委巡察工作领导小组办公室副主任 张可歌
中共金水区委巡察组副科级巡察专员

杨　光
吴艺钦（女）
汪　琳（女）
王　洋
陈　娟（女）
徐正皓
崔　巍

区委直属各单位

党　校

校　长　张艳华（女，7月免）
杨　洁（7月任）
常务副校长　秦历源（女，12月免）
瓮翔宇（12月任）
副校长　马国卿（女）

残疾人联合会

党组书记、理事长
席秀卿（女）
副理事长　江　涛
党组专职副书记
青小丽（女）

档案馆

馆　长　和　琛（女，12月任）
副馆长　孙俊美（女，12月任）
王爱红（女，12月任）

科学技术协会

党组书记、主席
冯晓翠（女）
副主席　李军霞（女）
党组成员、副主席
刘　欣（女）
党组成员　左献伟
王　娜（女）

金水区人大常委会

党组书记、主任
薛　燕（女）
副主任　李贻忠
赵高翔（10月当选）
杜艳洁（女）
张　涛
竟新宇（10月当选）
闵武杰（10月当选）
许贵舟（7月辞）
燕建华（7月辞）
党组成员　冯景义
杨　旗

区人大常委会工作机构

办公室

主　任　李慧敏（女）
副主任　陈　冰（女）
朱治斌

财经工作委员会

主　任　单广州
副主任　梁新宇

法制工作委员会

主　任　林宇峰
副主任　赵　炜

城建工作委员会

主　任　李军彦

代表联络工作委员会

主　任　臧跃鹏
副主任　马　骅（女）

教科文卫工作委员会

主　任　李　涛
副主任　田　森

信访办公室

主　任　周淑娟（女）
副主任　单丽霞（女）

老干部服务中心

主　任　邱　媛（女）
副主任　李建生

金水区人民政府

区　长　魏　东（7月免）
张艳华（女，10月任）
常务副区长　杨　洁（7月免）
张　超（7月任）
副区长　赵高翔（7月免）
李明刚（8月任）
赵德武
竟新宇（7月免）
张　川（女，回族，7月免）
闵武杰（7月免）
冉建军（8月任）
王政英（8月任）
王志鸿（8月任）
吴怀广
毛新辉（12月任）

区政府工作机构

区政府办公室

主　任　杨宇峰
党组专职副书记
史慧丽（女）
副主任　高媛媛（女，兼）

单丙星
张 申
邹会芳（兼）
吕 馨（女,兼）
刘宇晓
李 剑

地方史志办公室

主 任 向天燕
副主任 冯丽萍（女）

督促检查室

主 任 王松洋
副主任 陈 华
王 红（女）

电子政务中心

主 任 武丽娜（女）
副主任 （空缺）

金融工作服务中心

主 任 赵子名（5月任）
副主任 杨涵媛（女）
吴周水

区政务服务办公室

党组书记 黄国建（10月免）
孙艳丽（女,10月任）
主 任 黄国建（12月免）
孙艳丽（女,12月任）
区政务服务中心主任
刘洪超（7月免）
王 飞（12月任）
党组成员、副主任
王燕平
李书乐
区政务服务中心副主任
杨彦峰
赵佳滨（女）

区信访局

党组书记、局长
单红杰
区矛盾纠纷排查调处中心主任
李洪星
党组成员、副局长
杨增伟
吴小芳（女）
郑 洁
区矛盾纠纷排查调处中心副主任
王 博
副科级专职信访督查专员
秦喜娥（女）
区矛盾纠纷排查调处中心副主任
娄 航

区发展和改革委员会

区发改委党组书记、主任
段亚丽（女）
党组成员、副主任
王松乾
马映军
党组成员 刘 粤（女）
重点项目服务中心主任
范新芳（女）
重点项目服务中心副主任
王 沛（女）
价格成本监测所所长
樊江涛
价格认定服务中心主任
张 娜（女）

区统计局

党组书记、局长
刘 兵
党组成员、专职副书记
李遂山
副局长 王伯渠
党组成员、副局长
贺淑霞（女）
党组成员 贾 佳（女）
普查调查中心主任
丛东雷

区教育局

党组书记、局长
政府教育督导室主任
李 正
党组专职副书记
田彩霞（女）
党组成员、副局长
王德峰
高德圆
胡培林
政府教育督导室副主任
李荣成
高招办主任 曹鹏举

区科技局

党组书记、局长
郝庆丰
党组专职副书记
杨 琳（女）
副局长 张 戈
党组成员、副局长
陈贞希（女）
李 洋

金水区外国专家局局长

王　博

区工业和信息化局

局　长　李　敏（女）

党组书记　吴红梅（女）

党组专职副书记

罗春阳（女）

党组成员、副局长

宋有军

崔　英（女）

区民政局

党组书记、局长

刘　楠

二级调研员　刘　冰

党组成员、副局长

王建德

副局长　赵学峰

社区服务中心主任

范　雷

社会工作发展中心副主任

阮晓祥

区司法局

党组书记、局长

郭　冰

党组成员、副局长

黄敬胜（12月免）

陈　瑜（女,12月免）

薛永明（12月免）

副局长　鲍红丽（女,12月免）

区依法治区办公室副主任

张新建

区财政局

党组书记、局长

袁先锋

党组专职副书记

袁志刚

党组成员、副局长

齐慧茹（女）

党组成员、副局长、金水投资公司经理　余志钦

党组成员、副局长

胡　昕（女）

总会计师　轩兆伟

区国库集中收付中心主任

赵俊平（女）

区国有资产监督管理办公室主任

魏　欣（女）

区税源办公室主任

周艳红（女）

区收费服务中心主任

娄保霞（女）

区国有资产监督管理办公室副主任　刘晓静（女）

区国库集中收付中心副主任

乔延杰

区税源办公室副主任

王　臻（女）

区税源办公室副主任

张　杰

区收费服务中心副主任

李晓杰

区政府采购管理办公室主任

郁　凯

区财务投资管理办公室主任

张大勇

区国库集中收付中心副主任

江发林

区国有资产监督管理办公室副主任

王晶晶（女）

区人社局

党组书记、局长

鞠　卫

党组副书记　郑湘梅（女）

副局长　张志刚

张　颖（女）

常小飞（女）

区住房和城乡建设局

党组书记、局长

刘　辉

副局长　王华杰

张爱民

荆云亮

区保障性住房管理办公室

住建局党组副书记、保障性住房管理办公室主任

弓　俊

保障性住房管理办公室副主任

周琰伟

贾　慧（女）

杨　华

区交通运输局

党组书记、局长

郭　峰（12月免）

刘晓龙（12月任）

党组专职副书记

王　峥

副局长　靳爱花（女）

刘晓南（女）

苑春营

道路运输服务中心主任
万建奇
公路事业发展中心主任
孟慧勇

区城市管理局

党组书记、局长
王延军
党组专职副书记
马喜才
党组成员、执法大队队长
张家俭
党组成员、副局长
录军胜
党组成员、副局长
邢爱玲
党组成员、副局长
史　进
金水区市容环境卫生管理队队长
聂思民
金水区市政设施管理养护所所长
刘红旗
金水区市容环境卫生管理队
副队长　张永庆
金水区绿化管理所所长
韩宏强

区城市综合执法局

金水区城市管理局副局长、城市管理执法大队大队长
张家俭
金水区城市管理执法大队
副大队长　李化付
高延军
金水区城市管理执法大队
工会主席　曹俊华（女）

区农业农村工作委员会

区农委党组书记、主任
张福敏（10月免）
黄国建（10月任）
区农委党组专职副书记
李会建
区农委副主任
程俊红（女）
胡广华（女）
李俊锋
区农开办主任
周　军
区农开办副主任
屈泽华
区绿化办副主任
苏　攀
区水资办主任
魏建平（女）

区商务局

党组书记、局长
赵　蔚（女）
党组专职副书记
邵　燕（女）
副局长　刘慧文（女）
马　超（回族）
张金萍（女）

区文化旅游体育局

党组书记、局长
许孔安
副书记　胡长卿
副局长　周新忠
宋柯薇（女）
郭小红（女）
区文化馆馆长
海　静（女，回族）
区图书馆馆长
贺秋艳（女）
区广电中心主任
俎姗姗（女）
区综合执法大队队长
庞　礴

区卫生健康委员会

党组书记、主任
李　东
党组专职副书记
张　龙
副主任　高俊杰
白志霞（女,5月辞）
刘常红（女）
袁瑞辰（女）
金水区总医院党委书记、院长
屈燕鸣（女）
金水区妇幼保健所所长
石俊阁（女）
金水区卫生监督所所长
石　华（女）
金水区疾病预防控制中心主任
王慧敏
金水区医疗保健委员会办公室主任
窦春燕（女）
金水区计划生育协会会长
陈晓清（女）

区退役军人事务局

党组书记、局长
解小杰
党组副书记、副局长
周法宪
季向东

区应急管理局

党组书记、局长
库光耀
党组专职副书记
邢宝丽（女）
党组成员、副局长
孙朝阳
杨中军
王金祥
监察大队大队长
王金州

区审计局

党组书记、局长
黄　涛
专职副书记　代红梅（女）
副局长　马晓辉（5月辞）
巴成杰（回）
经责办主任　牛秋沣（女）

区市场监督管理局

党组书记　李国强
局　长　彭　涛
党组专职副书记
李红霞（女）
副局长　胥亚鹏
赵　阳
卢建国
耿德涛
赵　凯

区医疗保障局

党组书记、局长
吕志献
党组成员、副局长
白利民
宋小康（女）

区人民防空办公室

主　任　周志伟
党组书记　刘艳亮（女）
党组专职副书记
岳彦华
党组成员、副主任
高海歌（女）
许春颖（女）

区政府直属事业单位

区城市改造服务中心

党组书记、主任
高媛媛（女，12月免）
李　剑（12月任）
专职副书记　马自芹（女）
党组成员、副主任
高　珂
狄淦龙
张　舰

区爱卫办

主　任　芦燕宇（女）
副主任　庾蔓莉（女）
徐海伟

区房屋征收与补偿办公室

党组书记、主任
王林伟
副主任　李鸿涛
张小涛（女）

区楼宇经济服务中心

主　任　李保超（8月免）
李朝辉（8月任）
副主任　于若雨（女）
宋广森

区直属机关事务管理局

党组书记、局长
谢　丹
专职副书记　李宏建
副局长　宋海军
范红浩

区智慧城市管理中心

党组书记　主任
吕　馨（女）
副书记　张耀伟
副主任　李士秀
杨伟生
张　燕（女）

郑州市金水建设综合开发有限公司

党委书记、董事长
王　项
党委副书记、总经理
夏伏军
党委组织委员、副总经理
吴　颖（女）
党委宣传委员、副总经理
吴　坤
党委纪检委员、财务总监
张晓晶（女）

郑州金达建设发展有限公司

经　理　邹会芳
副经理　赵志浩
张报峰

区接待办

党组书记、主　任
谢　丹

党组成员、副主任
赵俊涛
赵灵妮（女）

区政府采购中心

党组书记、主任
王　丽（女）
专职副书记　缑花梅（女）
副主任　岳　娜（女）
陈泽辉

区政府投资评审中心

党组书记、主任
周保民
党组副书记　孙　奎
党组成员、副主任
孟保英（女）
任宗军

区粮食流通中心

主　任　沈百栋
副主任　陈　丽（女）
李培岩

中国（河南）自由贸易试验区郑州片区管理委员会金水区办事处

主　任　刘文奇
副主任　杨宁可（女）

政协金水区第九届委员会

主　席　余遂盈
党组副书记　黄国彦（7月任）
付建峰
副主席　张　华（7月免）
王居良
王　静（女）
王　浩（女）
党组成员　徐建军
李劲松（女）
秘书长　张书林

区政协工作机构

办公室

主　任　张学亮
副主任　高超新

城建环保委员会

主　任　彭　英（女）
副主任　常　春（女）

民主法制委员会

主　任　赵竞生（回族）
副主任　王雁玲（女）

经济科技委员会

主　任　徐　工（5月免）
副主任　魏华亮

学习文史提案委员会

主　任　王彩虹（女）
副主任　王　瑜（女）

港澳台侨委员会

主　任　邢惠娟（女，6月退）
赵建英（女，7月任）

委员管理联络委员会

主　任　王建伟（女）
副主任　宋　林

文教卫生委员会

主　任　白平坤
副主任　臧学庆

老干部服务中心

主　任　袁永平（女，3月任）
副主任　田　恬（女，3月任）

金水区人民武装部

部　长　刘　岩
政治委员　高国全
军事科科长　付欣文
政工科科长　许程威
保障科科长　王　星
国防教育服务中心主任
王选锋

区人民检察院

党组书记、检察长
王　青（女）
党组副书记、副检察长
谷伟东
党组成员、副检察长
王　水（女）
李　斌
梁运芳
党组成员、区纪委监委派驻区检察院纪检监察组组长
赵　宇（女）
专职检委会委员
甄菁华（女）
孙　刚

区人民法院

党组书记、院长
蔡理亮

党组副书记、常务副院长
王　琴（女）
党组成员、副院长
常　青（女）
赵　阳
李春强
党组成员、政治部主任
邓现民
党组成员、执行局局长
张启明
审判委员会专职委员
王松鹤
张春尧
崔　雷

群众团体

区总工会

党组书记、主席
李劲松（女，满族）
党组成员、常务副主席
原晓青（女）

共产主义青年团郑州市金水区委员会

书　记　王　倩（女，10月免）
马　邈（10月任）
副书记　沈季惠（女）

区妇女联合会

党组书记　刘　泉（女）
主　席　马晓宇（女）
副主席　王　晓（女）
区妇儿工委办主任
程钰娇（女）

区工商联

主　席　李江波
党组书记　张祖卿（女）

区红十字会

会　长　张　川（女，回族，7月免）
常务副会长　王　炜（蒙古族，11月免）
党组成员、常务副会长
王　倩（女，11月任）
张红丽（女）

派出机构

郑州金水科教园区管理委员会

党工委书记　魏　东（7月免）
党工委副书记、管委会主任
张艳华（7月免）
党工委书记、管委会主任
唐莉军（7月任）
党工委委员、管委会副主任
杜保民（10月退）
唐成山
钟　雨
段亚丽（女，7月任）
董青丽（女，7月任）
郝俊昌
副县级干部　时军亮
国家知识产权创意产业试点园区管委会副主任　高学锋
党工委委员　徐　工（5月免）
规划建设局局长
杨建军
招商科技局局长
录青霞（女）
招商科技局副局长
索艳钊
产业发展办公室主任
崔　琦
产业发展办公室副主任
庞　浩（回族）
企业服务中心主任
孙建力
企业服务中心副主任
刘晓攀（7月任）
张铁军（5月免）
韩　宁（女）
张宇飞（挂职，10月免）
市政环保局副局长
张国辉

河南科技园区管理委员会

党工委书记、主任
张双喜
金水区国家知识产权创意产业试点园区副主任　崔文修
党工委副书记、常务副主任
梁振国
副主任　何　剑（回族）
刘　昭（回族）
张成军
综合科科长　王永飞
科技技术交易科科长
吴运峰
硬件建设管理科科长
魏　婧（女）

区国家知识产权创意产业试点园区管理委员会

党工委书记、管委会主任
王爱辉（女）
党工委委员、管委会副主任
刘运泽

王友光
高学峰
崔文修
办公室主任　史金奎
知识产权服务局局长
郝国胜
招商局局长　许士柯
产业发展局局长
朱振华（女）
中国郑州（创意产业）知识产权快速维权中心主任
姚　琳（女）
办公室副主任
王　刚
招商局副局长
张　鹤
产业发展局副局长
肖会珍（女）
中国郑州（创意产业）知识产权快速维权中心副主任
吴　洋
杨　帆

丰庆路街道

党工委书记　郑迎波（10月免）
党工委副书记、办事处主任
乔战峰
党工委副书记
胡香荣（女）
人大工委主任
刘启锋
纪工委书记　史金霞（女）
办事处副主任
王天柱
牛建民
谢晓飞
毛慧洁（女，3月任）
党工委委员　王　震
张笑倩（女）
党工委委员、武装部部长
郭　伟

国基路街道

党工委副书记、办事处主任
孙大志
党工委副书记
田　波
人大工委主任
王德峰
纪工委书记、监察专员办公室主任
王建华
办事处副主任
靳战峰
张　柯
田宇飞
党工委委员　刘春光
刘俊莉（女，3月任）
鲁庆华（7月免）
党工委委员、武装部部长
孙立中
司法所所长　张龙娟
食药所所长　李　凯
执法中队队长
赵永刚

经八路街道

党工委书记　李　华（女，7月免）
办事处主任　赵　聪
副书记　冯　燕（女）
人大工委主任
赵建凌
纪工委书记　钱东方（女）
副主任　袁书强
王利伟
姚　淼
党工委委员　王　燕（女）
党工委委员、武装部部长
胡志爽
党工委委员　姚丽华（女）
冯世铮（3月任）
司法所所长　张婷婷（女）

文化路街道

党工委书记　王麟乐（7月免）
党工委副书记、办事处主任
杨正杰
党工委副书记
谭　丽（女）
郑梦赫（3月任）
人大工委主任
田保松
纪工委书记　王雪萍（女）
办事处副主任
吴　颖（女，5月免）
办事处副主任
李一丁
方雅蕾（女）
党工委委员　张士朝
贾江华
党工委委员、武装部部长
沈　辉
司法所所长　梁俊丽（女）
执法中队队长
张　超

人民路街道

党工委书记

董青丽（女，回族，7月免）

党工委副书记、办事处主任

徐峰杰

党工委副书记

邵金安

人大工委主任

王青峰

纪工委书记　赵　亮

办事处副主任

陈志立

陈东洲

丁　剑

党工委委员、武装部部长

张晓戈（女）

党工委委员　谈振丽（女）

刘国民

马文静（女，3月任）

花园路街道

党工委书记　张俊英（10月免）

党工委副书记、主任

曾　辉

党工委副书记

崔海东

人大工委主任

曹建刚

纪工委书记　师建义

办事处副主任

宋延军

孟　云

荆小娣（女）

李潇潇（女，挂职，7月任）

党工委委员　刘立平（女）

张统晓（3月任）

王明明（3月任）

杜岭街道

党工委书记　花　磊（10月免）

杨　晋（10月任）

党工委副书记、办事处主任

鲁晓华（女）

党工委副书记

朱其明

人大工委主任

王　莉（女）

纪工委书记　史卫萍（女）

办事处副主任

金　凤（女）

杨晏涛

王爱东（女）

李　洋（3月任）

党工委委员　周宝芝（女）

刘　楠

党工委委员、武装部长

段咏鹏

南阳路街道

街道党工委书记

李国梁

街道党工委副书记、办事处主任

吴　昊

街道党工委副书记

李　杰

人大街道工委主任

王　莉（女）

纪工委书记　关　磊

办事处副主任

杨顺利

池晓东

李俊霞（女）

党工委委员　王艳平（女）

郑　宏（女）

党工委委员、武装部部长

祁　帅

党工委委员　梁　鹏（3月任）

大石桥街道

党工委书记　刘继峰

党工委副书记、主任

李存保（女，4月免）

李　鹏（4月任）

党工委副书记

赵子名（5月免）

人大工委主任

宋　锋

纪工委书记　张静燕（女）

副主任　方　亮

宋永胜

王　静（女，挂职，7月任）

党工委委员　沈　荣（女）

邓森赫

陈宇旸

司法所所长　蔡松伟

南阳新村街道

党工委书记　连　卿

党工委副书记、办事处主任

王　东

党工委副书记

李　昕

人大街道工委主任

李宗昌

纪工委书记　郑顺英（女）
办事处副主任
　　徐清朴
党工委委员、人武部部长
　　张进福
办事处副主任
　　贾建立
党工委委员　赵　宇（女）
办事处副主任
　　李建强
党工委委员　孟马成
司法所所长　胡品晶（女）
街道党工委委员
　　唐冰妍（女,3月任）

丰产路街道

党工委书记　王　展
党工委副书记、办事处主任
　　郭俊伟
党工委副书记
　　王　喆（回族）
人大工委主任
　　吉智勇
纪工委书记　胡传雷
办事处副主任　白新国
　　沙广森
　　李浩楠
党工委委员、组织委员
　　汪亚琴
党工委委员、宣传委员
　　徐新峰
党工委委员、武装部部长
　　翟　凯
司法所所长　闵岩锋

执法中队中队长
　　韩栓柱
工商质监所所长
　　黄　猛

东风路街道

党工委常务副书记
　　梁振国
党工委副书记、办事处主任
　　王　栋
党工委副书记　王广敏
人大工委主任
　　周桂荣（女）
纪工委书记　郝书文
办事处副主任　黄振营
　　史　锘（女）
　　张成军（挂职）
党工委委员、武装部长
　　王　勇
党工委委员　董丽霞（女）
　　付庆彬
司法所所长　李湧涛
执法中队长　耿　亚

未来路街道

党工委书记　聂思军
党工委副书记、办事处主任
　　汪守景
党工委副书记
　　任景刚
　　韩剑威（3月任）
人大工委主任
　　魏　航
纪工委书记　韦丽云（女,7月免）
驻街道监察专员办公室主任
　　韦丽云（女）

办事处副主任
　　钱其旺
　　葛　宁（女）
　　张卫民
街道党工委委员
　　岳振华
街道党工委委员、人武部部长
　　李　占
街道党工委委员
　　刘　倩（女）
街道司法所所长
　　华　凯（女）
执法中队长　庞少军
市场监督所所长
　　杨亚斐

北林路街道

党工委书记　牛　易
党工委副书记、办事处主任
　　石中亮
党工委副书记
　　王建锋
人大工委主任
　　孙士先
纪工委书记　刘雅丽（女）
办事处副主任
　　张云丽（女）
　　吴焕军
　　廖　啸
党工委委员　李　科（女）
　　徐　洋
党工委委员、武装部长
　　许小伟

凤凰台街道

党工委书记　翟俊杰

党工委副书记、办事处主任
魏建鹏（8月免）
党工委副书记
李朝欣
鲍熠璠（女,3月任）
人大工委主任
杨立伟
纪工委书记　刘　冲
办事处副主任
周　凯
张　波
杨永杰
党工委委员　贾海涛
樊文广
冯　雷
司法所所长　闫　寒

杨金路街道

党工委书记　（空缺）
党工委常务副书记
秦　伟
党工委副书记、办事处主任
王　刚
党工委副书记
李彦松
人大工委主任
韦　伟
纪工委书记　杨关勤
办事处副主任
武明辉
杨伟松
李坚明
党工委委员、武装部长
姚伟强
党工委委员　邢慧敏（女）
马　焜

兴达路街道

党工委书记　孔之见
党工委副书记、办事处主任
崔　辉
党工委副书记
路　莹（女）
人大工委主任
夏伏军（6月免）
纪工委书记　李　鹏
副主任　杨　振
姚国庆
副主任、政法委员
刘晓攀（8月免）
副主任　李军胜（3月任）
鲁庆华（8月任）
李晓辉（挂职，8月任）
周亚辉（挂职，8月免）
党工委委员　姚建永
王　莉（女）
党工委委员、武装部部长
冯可攀
司法所所长　张伟奇
执法中队中队长
李　华
食药所所长　刘奎斌（1月免）

垂直管理单位

国家税务总局郑州市金水区税务局

党委书记、局长
焦豫安（12月免）
周永胜（12月任）
党委副书记、副局长
王丁虎（12月免）
党委委员、副局长
李红卫
李伟锋（回族）
李　莉（女）
陈建新
丁郑强
薛新辉
王国胜
张春晖（女）
党委委员、纪检组长
巴　郁（回族）
党委委员　黄海清（女）

郑州市自然资源和规划局金水分局

党组书记、局长
梁新生
党组专职副书记
陈伯磊
党组成员、副局长
张志峰
陈晓霞（女）
党组成员、绿化工作服务中心主任　弓鸿勋（6月任）
区规划服务中心主任
张　鹏（6月任）
党组成员、执法监察队队长
齐瑞鹏
党组成员、区土地储备中心主任
冯建敏
区规划服务中心副主任
申冰文

郑州市生态环境局金水分局

党组书记、局长　胡　冰（女）

党组专职副书记　彭金亮

党组成员、副局长

袁永忠

王留政

王东亮

郑州市市场发展中心金水市场分中心

主　任　贾大志

书　记　贾大志（4月免）

李　刚（4月任）

副主任　张　伟

刘　生

郑州市公安局金水分局

党委书记、局长

何汝伟

党委副书记　陈建平

党委委员、纪委书记

周　斌

党委委员、副局长

毛保国

张建威

朱孝斌

刘　恒

郑州市金水区消防救援大队

教导员　李伟峰

大队长　刘　冬

荣　誉

2021年度全区各单位获奖情况

一、经八路街道

先进基层党组织（广电社区党委）（中共郑州市委）

二、花园路街道

全国先进基层党组织（通信花园社区党委）（中国共产党中央委员会）

最美志愿服务社区（通信花园）（全国学雷锋志愿服务“四个100”先进典型宣传推选活动组委会）

全国模范司法所（花园路司法所）（司法部）

侨胞之家（戌院社区）（河南省归国华侨联合会）

优秀志愿服务项目（老年大学志愿服务项目）（河南省精神文明建设指导委员会）

2020年度郑州市文明社区（省卫生厅社区）（中共郑州市委、郑州市人民政府）

先进基层党组织（民航社区党委）（中共郑州市委）

三、人民路街道

河南省“青少年零犯罪零受害社区（村）”试点单位（工人新村社区）（共青团河南省委员会、中共河南省委政法委员会、河南省关心下一代工作委员会）

2020年度老旧小区综合改造工程先进单位（中共郑州市委、郑州市人民政府）

先进基层党组织（街道党工委）（中共郑州市委）

先进基层党组织（顺河路第三社区党总支）（中共郑州市委）

四、杜岭街道

河南省抗击新冠肺炎疫情青年志愿服务先进集体（共青团河南省委员会）

“爱国卫生杯”先进单位（郑州市人民政府）

五、大石桥街道

“永远跟着党走”庆祝建党100周年敬老助老原创文艺作品和节目征集活动金奖、银奖（中共河南省委宣传部、河南省文学艺术界联合会、河南省敬老助老总会）

先进基层党组织称号（同乐社区党支部）（中共郑州市委）

六、南阳路街道

河南省“青少年零犯罪零受害社区（村）”试点单位（亨利社区）（共青团河南省委员会、中共河南省委政法委员会、河南省关心下一代工作委员会）

污染防治攻坚战三年行动计划先进单位（中共郑州市委、郑州市人民政府）

七、南阳新村街道

河南省2020年度省级充分就业社区（小孟砦社区）（河南省人社厅）

河南省民主法治示范社区（富田社区）（河南省司法厅、河南省民政厅）

先进基层党组织（群英社区党委）（中共郑州市委）

八、丰产路街道

河南省五星规范化司法所（河南省司法厅）

九、东风路街道

全省优秀法治宣传教育基地（宋砦法治展览馆）（中共河南省委宣传部、河南省司法厅、河南省住房和城乡建设厅）

先进基层党组织（轻院社区党总支）（中共郑州市委）

十、北林路街道

第五批国家级充分就业社区名单（鑫苑社区）（中华人民共和国人力资源和社会保障部）

2020年度郑州市文明社区（广电社区）（中共郑州市委、郑州市人民政府）

污染防治攻坚战三年行动计划先进单位（中共郑州市委、郑州市人民政府）

先进基层党组织（广电社区党总支）（中共郑州市委）

十一、未来路街道

河南科普教育基地（党群服务中心）（河南省科学技术协会）

河南工会示范性户外劳动者驿站（河南省总工会）

先进基层党组织（街道党工委）（中共郑州市委）

十二、凤凰台街道

2021年文化和旅游领域学雷锋志愿服务先进典型–最美志愿服务社区（建业城市花园社区）（中华人民共和国文化和旅游部）

优秀星级人大代表联络站（河南省人民代表大会常务委员会）

河南省“青少年零犯罪零受害社区（村）”试点单位（建业城市花园社区）（共青团河南省委员会、中共河南省委政法委员会、河南省关心下一代工作委员会）

十三、丰庆路街道

2021年度全国示范性老年友好型社区（普罗旺世）（国家卫生健康委员会、全国老龄工作委员会办公室）

河南省“青少年零犯罪零受害社区（村）”试点单位（杲村）（共青团河南省委员会、中共河南省委政法委员会、河南省关心下一代工作委员会）

第二批河南省示范“四组一队”（杲村）（河南省妇女联合会）

先进基层党组织（杲村党委）（中共郑州市委）

2020年度全市消防工作先进单位（郑州市人民政府）

十四、国基路街道

先进基层党组织（新田社区党支部）（中共郑州市委）

十五、兴达路街道

2021年黄河秋讯防御工作先进单位（郑州市人民政府）

十六、杨金路街道

河南省第二次全国污染源普查先进集体（河南省第二次全国污染源普查领导小组）

先进基层党组织（马林村党委）（中共郑州市委）

十七、区委办公室

2020年度郑州市综合工作先进单位（中共郑州市委、郑州市人民政府）

郑州市文明单位（中共郑州市委、郑州市人民政府）

十八、区人大常委会机关

2021年度河南省人大宣传工作先进单位（河南省人大常委会办公厅）

十九、区政府办公室

2020年度政法决策研究优秀成果（郑州市人民政府）

2020年度国务院督查激励突出贡献单位（区）（郑州市人民政府）

二十、区政协机关

2021年度《纵横》宣传工作先进单位（全国政协《纵横》杂志社）

二十一、区纪委监委

全国第一批节约型机关（国家机关事务管理局、中共中央直属机关事务管理局、中华人民共和国国家发展和改革委员会、中华人民共和国财政部）

二十二、区人武部

2021年度全面建设先进武装部（河南省军区）

2021年度先进基层党组织（河南省军区）

二十三、区委宣传部

2021年度中国优秀政务新媒体（金水发布）（中国信息化研究与促进网、中国优秀政务平台推荐及综合影响力评估组、国衡智慧移动大数据联盟）

二十四、区委统战部

中央台办“两刊”对台宣传工作先进单位（中共中央台湾工作办公室宣传局）

全国第一批节约型机关（工商联）（国家机关事务管理局、中共中央直属机关事务管理局、中华人民共和国国家发展和改革委员会、中华人民共和国财政部）

2021年度调查点工作先进基层单位（中华全国工商业联合会）

2020–2021年度全国“五好”县级工商联（中华全国工商业联合会）

河南省党史暨涉台知识网络大赛优秀组织奖（中共河南省委对台工作领导小组办公室）

二十五、区委政法委

2020年度平安建设工作先进集体（区）（中共郑州市委、郑州市人民政府）

二十六、区总工会

全国第一批节约型机关（国家机关事务管理局、中共中央直属机关事务管理局、中华人民共和国国家发展和改革委员会、中华人民共和国财政部）

2020年度基层职工互助保障工作考核优秀单位（中国职工保险互助会）

全省工会“七五”普法先进集体（河南省总工会）

二十七、区人民法院

第六届平安河南“三微”比赛暨优秀政法文化作品集评选活动中视频片《误解》、《新时代的芳华》

获百部优秀作品（中共河南省委政法委、河南省委网信办）

二十八、区人民检察院

第20届全国青年文明号（共青团中央）

检察机关依法惩治危险废物污染环境犯罪典型案例（河南省郑州市史谋等13人污染环境案）（最高人民检察院）

最高检第二十七批指导性案例规范办理涉罪未成年人附条件不起诉案件（检例第105号）（最高人民检察院）

省院检察信息直报点先进单位（河南省人民检察院）

河南省检察机关第三届未成年人检察精品案件（吕某等人诈骗、传授犯罪方法案）（河南省人民检察院）

办理非法种植毒品原植物案件典型案例（张延岭涉嫌非法种植毒品原植物不起诉公开听证案）（河南省人民检察院）

经济金融犯罪典型案例（河南省人民检察院）

郑州市平安建设人民满意的政法单位（中共郑州市委、郑州市人民政府）

二十九、区委编办

全国第一批节约型机关（国家机关事务管理局、中共中央直属机关事务管理局、中华人民共和国国家发展和改革委员会、中华人民共和国财政部）

三十、区委老干部局

全国第一批节约型机关（国家机关事务管理局、中共中央直属机关事务管理局、中华人民共和国国家发展和改革委员会、中华人民共和国财政部）

河南省“我爱母亲河”云上教育活动优秀组织奖（河南省关心下一代工作委员会）

第九届“讲好黄河故事　传承黄色基因”素质教育手抄报活动优秀组织奖（河南省关心下一代工作委员会）

三十一、团区委

全国第一批节约型机关（国家机关事务管理局、中共中央直属机关事务管理局、中华人民共和国国家发展和改革委员会、中华人民共和国财政部）

三十二、区妇联

全国第一批节约型机关（国家机关事务管理局、中共中央直属机关事务管理局、中华人民共和国国家发展和改革委员会、中华人民共和国财政部）

百名女大学生讲述100个党史故事——矗立百年，二七纪念塔仍是城市图腾（作为河南省唯一进入全国发布报道）（“中国妇女报”、中国妇女网、“学习强国学习平台”）

《逆路花开“疫”路同行》入围全国巾帼志愿服务关爱行动微电影大赛展播（中华全国妇女联合会）

三十三、区残联

全国第一批节约型机关（国家机关事务管理局、中共中央直属机关事务管理局、中华人民共和国国家发展和改革委员会、中华人民共和国财政部）

全国残疾人工作先进单位（国务院残疾人工作委员会）

第五届全国残联专职委员知识竞赛组织奖（中国残疾人联合会）

三十四、区科协

全国第一批节约型机关（国家机关事务管理局、中共中央直属机关事务管理局、中华人民共和国国家发展和改革委员会、中华人民共和国财政部）

2021年度全国科普日活动优秀组织单位（中国科协办公厅）

2021年度河南省全国科普日优秀特色活动（河南省科协）

河南省全民科学素质工作先进集体（河南省全民科学素质工作领导小组办公室）

2020年度十佳科技志愿服务项目（“i科普”科技志愿服务）（河南省精神文明建设指导委员会办公室、河南省科学技术协会）

三十五、区档案馆

全国第一批节约型机关（国家机关事务管理局、中共中央直属机关事务管理局、中华人民共和国国家发展和改革委员会、中华人民共和国财政部）

三十六、区红十字会

2020—2021年度新闻宣传报道工作先进单位（农村金融时报河南记者站）

三十七、国家知识产权创意产业试点园区管委会

2021年中国设计产业100强十

佳设计园区（中国工业设计协会）

第三届全国知识产权快速协同保护业务竞赛优秀奖（国家知识产权局保护司）

2021年全国工会职工书屋示范点（中华全国总工会宣传教育部）

河南省“十佳”科普教育基地（河南省科学技术协会）

河南省优秀科普教育基地（河南省科学技术协会）

三十八、区发改委

2020年落实有关重大政策措施真抓实干成效明显地方予以督查激励的通报（国务院办公厅）

2019-2020年度全省价格认定工作先进单位（河南省价格认证中心）

第二次全国污染源普查表现突出的集体（河南省第二次全国污染源普查领导小组）

2020年重点企业节能减排竞赛先进单位（河南省总工会、河南省发展和改革委员会、河南省生态环境厅）

2020年度郑州市重点项目建设先进集体（郑州市人民政府）

2020年度郑州市生态建设工作先进集体（郑州市人民政府）

郑州市“十四五”规划编制工作先进集体（郑州市人民政府）

三十九、区统计局

河南省第七次全国人口普查宣传活动优秀组织奖（河南省第七次全国人口普查办公室）

四十、区教育局

2019、2020年度全国青少年校园足球工作优秀试点县区（全国青少年校园足球工作领导小组办公室）

2019年全国青少年校园足球工作优秀满天星训练营（全国青少年校园足球工作领导小组办公室）

全国中小学中华优秀传统文化传承学校（郑州市第三十四中学、郑州市第七十六中学、金水区艺术小学）（中华人民共和国教育部）

全国奥林匹克教育示范学校（金燕小学）（中华人民共和国教育部、北京2022年冬奥会和冬残奥会组织委员会）

2020年全国足球特色幼儿园（金水区第五幼儿园）（中华人民共和国教育部）

义务教育课后服务有关创新举措和典型经验（中华人民共和国教育部）

河南省2021年义务教育集团化办学改革县（市、区）典型案例（河南省教育厅）

全省中小学生课后服务工作县区典型案例（河南省教育厅）

河南省幼小衔接实验区（河南省教育厅）

河南省教材建设奖教材建设先进集体（中共河南省委高校工委、河南省教育厅）

庆祝中国共产党成立100周年“同唱一首歌　歌声献给党”大型线上活动优秀组织奖（河南省妇女联合会）

河南省教育系统关心下一代工作先进集体（河南省教育厅关心下一代工作委员会）

全省2020年度生源地信用助学贷款工作绩效评价优秀单位（区）（河南省教育厅、国家开发银行河南省分行）

四十一、区科技局

全国第一批节约型机关（国家机关事务管理局、中共中央直属机关事务管理局、中华人民共和国国家发展和改革委员会、中华人民共和国财政部）

河南省第三届军民科技协同创新成果推介洽谈会优秀组织单位（河南省科技厅、中共河南省委军民融合发展委员会办公室、河南省军区办公室）

四十二、区民政局

河南省婚俗改革示范区（河南省民政厅）

四十三、区司法局

全国模范司法所（花园路司法所）（中华人民共和国司法部）

2021年中国普法微信公众号“党内法规专项答题”活动优秀组织奖（全国普及法律常识办公室）

全省优秀法治宣传教育基地（宋砦法治展览馆）（河南省委宣传部、河南省司法厅、河南省普法教育工作领导小组办公室）

河南省五星规范化司法所（丰产路司法所、南阳新村司法所）（河南省司法厅）

2020年度河南省法治县（市、区）创建活动先进单位（区）（河南省普法教育工作领导小组）

全省优秀人民调解委员会（金

水区联合人民调解委员会）（河南省司法厅）

2020年度郑州市平安建设工作人民满意的政法单位（中共郑州市委、郑州市人民政府）

四十四、区财政局

全国第一批节约型机关（国家机关事务管理局、中共中央直属机关事务管理局、中华人民共和国国家发展和改革委员会、中华人民共和国财政部）

四十五、区人社局

全省人力资源和社会保障系统先进单位（河南省人社厅）

河南省劳动人事争议仲裁先进单位（河南省人社厅）

2020年度根治拖欠农民工工资工作先进集体（劳动监察大队）（河南省人社厅）

基层人才交流服务工作先进集体（人才人力资源管理服务中心）（河南省人才交流服务中心）

2021年招才引智工作先进集体（区）（郑州市人民政府）

失业保险援企稳岗工作先进单位（郑州市人民政府）

构建和谐劳动关系工作先进单位（区）（郑州市人民政府）

四十六、区住建局

全国第一批节约型机关（国家机关事务管理局、中共中央直属机关事务管理局、中华人民共和国国家发展和改革委员会、中华人民共和国财政部）

四十七、区住房保障服务中心

2020年度改进城市管理与改善人居环境工作先进单位（区）（中共郑州市委、郑州市人民政府）

四十八、区交通局

全国第一批节约型机关（国家机关事务管理局、中共中央直属机关、中华人民共和国国家发展和改革委员会、中华人民共和国财政部）

四十九、区城管局

全国第一批节约型机关（国家机关事务管理局、中共中央直属机关事务管理局、中华人民共和国国家发展和改革委员会、中华人民共和国财政部）

先进基层党组织（金水区市政设施管理养护所党支部）（中共郑州市委）

五十、区执法大队

2021年度执法队伍规范化建设模范单位（河南省住房和城乡建设厅）

全省服务型行政执法典型案例三等奖（引导辖区商贩合法有序经营）（河南省法治政府建设领导小组）

依法行政示范单位（郑州市人民政府）

五十一、区农委

全国第一批节约型机关（国家机关事务管理局、中共中央直属机关事务管理局、中华人民共和国国家发展和改革委员会、中华人民共和国财政部）

2020年度河长制工作先进集体（区）（郑州市人民政府）

五十二、区商务局

全国第一批节约型机关（国家机关事务管理局、中共中央直属机关事务管理局、中华人民共和国国家发展和改革委员会、中华人民共和国财政部）

2020—2021年全国商业街行业先进集体（中国城市商业网点建设管理联合会）

五十三、区文化旅游体育局

第十四届运动会2017—2020年度全国群众体育先进单位（国家体育总局）

河南省第十四届群星奖集体组织奖（河南省文化和旅游厅）

河南省文化志愿服务乡村行—寻找村宝活动最佳组织奖单位（河南省文化和旅游厅）

庆祝中国共产党成立100周年河南省群众合唱展演先进集体（河南省文化和旅游厅）

五十四、区卫健委

全国第一批节约型机关（国家机关事务管理局、中共中央直属机关事务管理局、中华人民共和国国家发展和改革委员会、中华人民共和国财政部）

河南省青春健康项目工作先进集体（河南省计划生育协会）

五十五、区退役军人事务局

双拥创建先进单位（区）（中共郑州市委、郑州市人民政府、郑州警备区）

五十六、区应急管理局

第十三届“中建安装·安全河南杯”知识竞赛活动优秀组织单位（河南省安全生产委员会办公室）

2020年度安全生产工作先进

单位（区）（郑州市人民政府）

2020年度全市消防工作先进单位（区）（郑州市人民政府）

2021年黄河秋讯防御工作先进单位（郑州市人民政府）

依法行政示范单位（郑州市人民政府）

五十七、区市场监督管理局

2020年度全省市场主体年报工作先进集体（河南省市场监督管理局）

五十八、区医疗保障局

全国第一批节约型机关（国家机关事务管理局、中共中央直属机关事务管理局、中华人民共和国国家发展和改革委员会、中华人民共和国财政部）

五十九、区信访局

2020年度全省问题楼盘化解攻坚工作先进单位（区）（河南省信访工作联席会议办公室）

2020年度全省集中治理重复信访化解信访积案专项工作先进单位（区）（河南省信访工作联席会议办公室）

2020年度全市信访工作先进单位（区）（中共郑州市委、郑州市人民政府）

六十、区政务服务办公室

省级公共资源交易中心社会管理和公共服务标准化示范单位（河南省市场监督管理局）

六十一、区接待办

全国第一批节约型机关（国家机关事务管理局、中共中央直属机关事务管理局、中华人民共和国国家发展和改革委员会、中华人民共和国财政部）

六十二、区事管局

全国第一批节约型机关（国家机关事务管理局、中共中央直属机关事务管理局、中华人民共和国国家发展和改革委员会、中华人民共和国财政部）

六十三、区楼宇经济服务中心

全国第一批节约型机关（国家机关事务管理局、中共中央直属机关事务管理局、中华人民共和国国家发展和改革委员会、中华人民共和国财政部）

2021年度楼宇经济发展特别推动奖（成都市楼宇经济促进会、锦楼智库）

六十四、市自然资源和规划局金水分局

存量建设用地核查工作被全省通报表扬（区）（河南省自然资源厅办公室）

2020年度郑州市林业生态市建设先进集体（郑州市人民政府）

黄河郑州段突出生态环境问题专项整治工作先进集体（区）（郑州市人民政府）

2021年区人大常委会文件

金水区人民代表大会常务委员会关于接受柴栓庆同志辞去郑州市第十五届人民代表大会代表职务的决定

金人常〔2021〕1号

2021年1月18日

金水区人民代表大会常务委员会关于接受崔正明同志辞去郑州市第十五届人民代表大会代表职务的决定

金人常〔2021〕2号

2021年1月18日

金水区人民代表大会常务委员会关于接受李金鹏同志辞去郑州市第十五届人民代表大会代表职务的决定

金人常〔2021〕3号

2021年1月18日

金水区人民代表大会常务委员会关于接受赵惠玲同志辞去郑州市第十五届人民代表大会代表职务的决定

金人常〔2021〕4号

2021年1月18日

金水区人民代表大会常务委员会关于接受时博同志辞去郑州市第十五届人民代表大会代表职务的决定

金人常〔2021〕5号

2021年1月18日

金水区人民代表大会常务委员会关于柴栓庆等5名同志辞去郑州市第十五届人民代表大会代表职务的报告

金人常〔2021〕6号

2021年1月18日

金水区人民代表大会常务委员会关于补选汪勇同志为金水区出席郑州市第十五届人民代表大会代表

的报告

金人常〔2021〕7号

2021年1月18日

金水区人民代表大会常务委员会关于印发《金水区人大常委会2021年工作要点》的通知

金人常〔2021〕8号

2021年3月25日

金水区人民代表大会常务委员会关于批准金水区人民政府2021年政府投资项目年度计划的决议

金人常〔2021〕9号

2021年3月25日

金水区人民代表大会常务委员会关于确定2021年度向区人大常委会述职并接受评议的我区选举产生的郑州市十五届人大代表的决定

金人常〔2021〕10号

2021年3月25日

金水区十三届人大常委会第三十四次会议对区政府《关于〈中华人民共和国老年人权益保障法〉和〈河南省老年人权益保障条例〉实施情况的报告》的审议意见

金人常〔2021〕11号

2021年5月27日

金水区十三届人大常委会第三十四次会议对区政府《关于〈河南省物业管理条例〉实施情况的报告》的审议意见

金人常〔2021〕12号

2021年5月27日

金水区十三届人大常委会第三十四次会议对区政府《关于金水区科技型企业培育发展情况的报告》的审议意见

金人常〔2021〕13号

2021年5月27日

金水区人民代表大会常务委员会关于接受魏东同志辞去金水区人民政府区长职务的决定

金人常〔2021〕14号

2021年7月29日

金水区人民代表大会常务委员会关于接受杨洁同志辞去金水区人民政府副区长职务的决定

金人常〔2021〕15号

2021年7月29日

金水区人民代表大会常务委员会关于接受赵高翔同志辞去金水区人民政府副区长职务的决定

金人常〔2021〕16号

2021年7月29日

金水区人民代表大会常务委员会关于接受竟新宇同志辞去金水区人民政府副区长职务的决定

金人常〔2021〕17号

2021年7月29日

金水区人民代表大会常务委员会关于接受张川同志辞去金水区人民政府副区长职务的决定

金人常〔2021〕18号

2021年7月29日

金水区人民代表大会常务委员会关于接受闵武杰同志辞去金水区人民政府副区长职务的决定

金人常〔2021〕19号

2021年7月29日

金水区人民代表大会常务委员会关于接受赵惠玲同志辞去金水区监察委员会主任职务的决定

金人常〔2021〕20号

2021年7月29日

金水区人民代表大会常务委员会关于接受许贵舟同志辞去金水区人大常委会副主任职务的决定

金人常〔2021〕21号

2021年7月29日

金水区人民代表大会常务委员会关于接受燕建华同志辞去金水区人大常委会副主任职务的决定

金人常〔2021〕22号

2021年7月29日

金水区人民代表大会常务委员会任命名单

金人常〔2021〕23号

2021年7月29日

金水区人民代表大会常务委员会任命名单

金人常〔2021〕24号

2021年7月29日

金水区十三届人大常委会关于批准金水区2020年度财政决算的决议

金人常〔2021〕25号

2021年7月29日

金水区十三届人大常委会第三十五次会议对区人民政府《关于金水区2021年上半年国民经济和社会发展计划执行情况的报告》的审议意见

金人常〔2021〕26号

2021年7月29日

金水区十三届人大常委会第三十五次会议对区人民政府《关于金水区2020年度财政决算和2021年上半年财政收支预算执行情况的报告》的审议意见

金人常〔2021〕27号

2021年7月29日

金水区十三届人大常委会第三十五次会议对区人民政府《关于金水区2020年度本级预算执行和其他财政收支的审计工作报告》的审议意见

金人常〔2021〕28号

2021年7月29日

金水区十三届人大常委会第三十五次会议对区人民政府《关于〈中华人民共和国公共文化服务保障法〉实施情况的报告》的审议意见

金人常〔2021〕29号

2021年7月29日

金水区人民代表大会常务委员会免职名单

金人常〔2021〕30号

2021年8月18日

金水区人民代表大会常务委员会任命名单

金人常〔2021〕31号

2021年8月18日

金水区人民代表大会常务委员会任命名单

金人常〔2021〕32号

2021年8月18日

金水区人民代表大会常务委员会关于批准金水区人民政府调整2021年度民生实事项目的决议

金人常〔2021〕33号

2021年10月15日

金水区十三届人大常委会第三十七次会议对区人民政府《关于金水区2020年度国有资产管理情况的综合报告》的审议意见

金人常〔2021〕34号

2021年10月15日

金水区十三届人大常委会第三十七次会议对区人民法院《民事诉讼程序繁简分流改革工作情况的报告》的审议意见

金人常〔2021〕35号

2021年10月15日

金水区十三届人大常委会第三十七次会议对区人民检察院《服务保障民营经济发展工作情况的报告》的审议意见

金人常〔2021〕36号

2021年10月15日

金水区十三届人大常委会第三十七次会议对区人民政府《关于金水区美丽乡村精品村建设工作情况的报告》的审议意见

金人常〔2021〕37号

2021年10月15日

金水区十三届人大常委会第三十七次会议对区人民政府《关于金水区食品药品安全监督管理工作情况的报告》的审议意见

金人常〔2021〕38号

2021年10月15日

金水区人民代表大会常务委员会关于批准金水区人民政府调整2021年度财政收支预算的决议

金人常〔2021〕39号

2021年12月30日

金水区十三届人大常委会第三十八次会议对《金水区人大常委会执法检查组关于检查国务院〈优化营商环境条例〉和〈河南省优化营商环境条例〉贯彻执行情况的报告》的审议意见

金人常〔2021〕40号

2021年12月30日

金水区十三届人大常委会第三十八次会议对区人民政府《关于金水区招商引资工作情况的报告》的审议意见

金人常〔2021〕41号

2021年12月30日

金水区人民代表大会常务委员会任命名单

金人常〔2021〕42号

2021年12月30日

金水区人民代表大会常务委员会任免名单

金人常〔2021〕43号

2021年12月30日

金水区人民代表大会常务委员会任命名单

金人常〔2021〕44号

2021年12月30日

金水区人民代表大会常务委员会任免名单

金人常〔2021〕45号

2021年12月30日

金水区人民代表大会常务委员会任免名单

金人常〔2021〕46号

2021年12月30日

郑州市地方志工作规定

第一条 为了继承和发扬中华民族优秀文化传统，全面、客观、系统地编纂地方志，规范和加强地方志管理，科学、合理开发利用地方志资源，发挥地方志服务经济社会发展的作用，根据国务院《地方志工作条例》和《河南省地方志工作规定》，结合本市实际，制定本规定。

第二条 本市行政区域内地方志的组织编纂、管理、开发利用和宣传推广工作，适用本规定。

第三条 本规定所称地方志，是指市、县（市、区）、乡镇（街道）编纂的地方志书和地方综合年鉴。

地方志书，是指全面客观系统记述本行政区域自然、政治、经济、文化和社会的历史与现状的资料性文献。

地方综合年鉴，是指系统记述本行政区域自然、政治、经济、文化和社会等方面情况的年度资料性文献。

第四条 市、县（市、区）人民政府应当加强对本行政区域地方志工作的领导，将地方志工作纳入国民经济和社会发展规划、政府年度工作任务，所需经费列入本级财政预算。

第五条 市、县（市、区）地方史志编纂委员会由本级有关领导及相关部门负责人组成，负责本行政区域地方志工作的统筹规划、组织协调、督促指导。

市、县（市、区）地方史志工作机构在本级地方史志编纂委员会的领导下，主管本行政区域的地方志工作，负责对承担编纂任务的单位进行业务指导和督查。

第六条 市、县（市、区）地方史志工作机构应当根据省地方志编纂总体工作规划，拟定本行政区域地方志编纂工作规划，经本级人民政府批准后组织实施，并报上一级地方史志工作机构备案。

市、县（市、区）地方史志工作机构按照本行政区域地方志编纂工作规划制定编纂方案，确定编纂体例、编写分工、资料收集等内容。

第七条 以市、县（市、区）行政区域名称冠名的地方志书、地方综合年鉴，由本级地方史志工作机构组织编纂，其他组织和个人不得编纂。地方志书每二十年编纂一次，地方综合年鉴每年编纂一次，均应公开出版。

以乡镇（街道）行政区域名称冠名的地方志书、地方综合年鉴，由乡（镇）人民政府、街道办事处适时组织编纂。

第八条 按照编纂方案承担编纂任务的国家机关、人民团体、企事业单位和其他社会组织，应当将地方志工作列入年度工作计划，明确负责编纂工作的机构和人员，保障工作条件。

承担编纂任务的单位，应当在规定的时间内按照要求完成地方志初稿编纂任务，并对所编纂的地方志稿件的质量负责。

第九条 编纂地方志应当全面客观，存真求实。地方志书、地方综合年鉴应当观点正确、体例严谨、资料翔实、文风端正。

第十条 地方志编纂人员实行专兼职相结合。专职编纂人员应当具备相应的专业知识和文字能力，并可以依照国家规定参加专业技术职称评定。兼职编纂人员应当由有关方面专家、学者和其他适合从事地方志编纂的人员担任。专职兼职编纂人员应当经过地方志编纂业务培训。

科研单位、高等院校和其他组织应当支持科研人员、专家学者参与地方志编纂。

第十一条　地方志的编纂内容和过程应当公开。

地方史志工作机构应当广泛听取公民、法人和非法人组织对地方志编纂工作的意见、建议。

地方志的编纂内容涉及争议事项的，地方史志工作机构应当征求有关专家、学者或者单位的意见，提出修改方案，报本级人民政府审定。

第十二条　以市、县（市、区）行政区域名称冠名的地方志书，由本级地方史志工作机构组织评审，报上一级地方史志工作机构审查验收合格后，方可公开出版。乡镇（街道）志由乡（镇）人民政府、街道办事处组织评审，经县（市、区）地方史志工作机构审查验收合格后，方可公开出版。

以市、县（市、区）、乡镇（街道）行政区域名称冠名的地方综合年鉴，经本级人民政府批准后方可公开出版。

第十三条　已通过审查验收的地方志书和经批准的地方综合年鉴，未经审查验收机构或者批准机关同意，任何组织和个人不得擅自更改。

第十四条　地方志书、地方综合年鉴应当在出版后三个月内向上一级地方史志工作机构备案，并向市、县（市）方志馆无偿提供馆藏书。

第十五条　鼓励国家机关、人民团体、企事业单位和其他社会组织编纂部门志、行业志、专业志及相应年鉴。市、县（市、区）地方史志工作机构应当给予业务指导。

部门志、行业志、专业志及相应年鉴应当在出版后三个月内向本级地方史志工作机构备案。

鼓励有条件的村（社区）编纂村（社区）志书、年鉴。村（社区）志书、年鉴由乡（镇）人民政府、街道办事处负责组织评审，报县（市、区）地方史志工作机构审查验收。

第十六条　市、县（市、区）人民政府应当建立地方志资料年报制度和大事月报制度。

市、县（市、区）地方史志工作机构负责确定地方志资料年报和大事月报承报单位，并根据工作需要进行调整。

第十七条　地方志资料年报和大事月报承报单位，应当按照有关规定，向市、县（市、区）地方史志工作机构报送相关资料。

地方志资料年报承报单位提供的地方志年报资料，应当包括主体资料、人物资料、专题资料、图片资料和附录资料等，资料内容应当客观真实、全面系统。

大事月报承报单位提供的月报资料，应当包括自然、经济、政治、文化、社会等方面发生的月度大事、要事。

第十八条　市、县（市、区）地方史志工作机构可以向国家机关、人民团体、企事业单位和其他社会组织以及个人征集文字、图表、照片、音像、电子文本、实物等各种地情资料，有关单位和个人应当对所提供资料的真实性负责。

征集的资料应当由市、县（市、区）地方史志工作机构集中统一管理，妥善保存。

第十九条　市、县（市、区）地方史志工作机构应当将已出版的地方志通过网络、电视、广播、报刊等媒体向社会推介。

市、县（市、区）地方史志工作机构应当建立本级地情网站和地方志数据库，开拓社会用志途径。

公民、法人和非法人组织可以免费利用地情网站、数据库查阅地方志资料。

第二十条 市、县（市）人民政府应当建立方志馆，用于地方志和其他地情文献的收藏保护、展览展示、信息服务、宣传教育、文化交流等，并将其纳入本级公共文化服务体系，向社会免费开放。

鼓励单位和个人向方志馆捐赠地情资料。

第二十一条 在地方志工作中作出突出成绩和贡献的单位和个人，根据国家、省政府有关规定给予表彰和奖励。

地方志成果可以依照有关规定参与优秀社会科学成果评奖。

第二十二条 市、县（市、区）地方史志工作机构应当建立健全目标考核责任制度和督查通报制度，对本行政区域地方志工作进行考核和督查，并通报考核和督查情况。

第二十三条 违反本规定，有下列行为之一的，由本级人民政府地方史志工作机构督促限期改正；逾期不改正的，由本级人民政府通报批评：

（一）承担编纂任务的单位不按照规定完成编纂任务的；

（二）承担资料年报、大事月报任务的单位不按照规定完成任务的；

（三）擅自编纂、出版地方志书和地方综合年鉴的；

（四）未按规定将已出版的志书、年鉴报送备案的。

第二十四条 地方史志工作机构及其工作人员违反本规定，有下列行为之一的，由所在单位或者其他有权机关责令改正，对直接负责的主管人员和其他直接责任人员依法给予行政处分：

（一）故意在地方志编纂中加入虚假资料的；

（二）故意将征集的地方志资料和编写的地方志文稿据为己有的；

（三）将地方志稿作为个人著作发表的；

（四）地方志书和地方综合年鉴经审查验收合格后，擅自更改其内容的。

第二十五条 郑州航空港经济综合实验区、郑东新区、郑州经济技术开发区、郑州高新技术产业开发区等区域内地方志的组织编纂、管理、开发利用和宣传推广工作，由其管理委员会参照本规定执行。

第二十六条 市、县（市、区）地方史志工作机构应当将地方史编写纳入工作范畴，统一规划、统一管理。地方史的编写工作，参照本规定执行。

第二十七条 本规定自2017年12月22日起施行。

索　引

说　明

1. 本志索引采用主题分析法编制。

2. 全部标引词按首字的汉语拼音音序排列，同音字按声调排列，首字相同按第二音序排列，以此类推。

3. 标引词后的阿拉伯数字表示内容所在的页码。

A

爱国卫生 ······ 235

安全生产 ······ 187、203

安全生产工作 ······ 198

安全生产扩大会议 ······ 104

安全生产责任 ······ 191

安全生产责任制 ······ 172

安全生产整治 ······ 212

安全生产重点领域隐患排查整治工作专题会议 ······ 104

安全工作 ······ 150、263

安全监管 ······ 251

安全稳定工作 ······ 224

安委会全体（扩大）电视电话会议 ······ 101

安置房建设 ······ 213

安置房建设工作推进会 ······ 74

安置房群众回迁 ······ 213

安置房网签 ······ 213

案件化解工作 ······ 127

B

办公用房、公务用车管理 ······ 123

帮扶机制建设 ······ 137

保障和改善民生 ······ 175

保障民生 ······ 239

编制规划 ······ 243

便民措施 ······ 154

便民服务 ······ 189

不动产登记 ······ 202

C

财政管理改革 ······ 174

财政监督检查 ······ 176

财政审计 ······ 193

财政收支预算执行情况 ······ 174

残疾人服务 ······ 145

残疾人社会保障 ······ 144

产业发展情况 ······ 179

产业培育工作 ······ 167

产业项目培育 ······ 248

产业转型升级 ······ 57

常委会议军会议 …………………………… 75
承灾体调查 ……………………………… 207
城改工作会议 …………………………… 106
城区环境提升 …………………………… 255
城区建设与管理 ………………………… 269
城区路网打通 …………………………… 203
城区品质 ………………………………… 60
城区品质建设 …………………………… 248
城市高品质建设和管理 ………………… 261
城市管理 …… 252、254、263、265、271、275
城市管理工作 …………………………… 236
城市环境治理 …………………………… 273
城市精细化管理 ……………… 257、259
城市开发 ………………………………… 219
城市品质提升 …………………………… 250
城市提升 ………………………………… 204
城市运营 ………………………………… 220
城乡接合部综合改造 …………………… 164
城乡接合部综合治理 …………………… 276
城镇就业再就业 ………………………… 229
创卫复审工作 …………………………… 185
创新创业服务 …………………………… 221
创新平台建设 …………………………… 221
创新评审方法 …………………………… 195
创新招商模式 …………………………… 244
垂直管理单位 …………………………… 292
促进消费 ………………………………… 169

D

打防犯罪 ………………………………… 150
大棚户区改造 …………………………… 276
大气污染防治 ……… 186、197、211、264、265
大气污染防治攻坚 ……………………… 208
大学生创业园建设 ……………………… 230
“大干一百天 奋力保全年”工作会议 …… 107
“大棚房”问题专项整治清理行动 ……… 162
代表议案及建议办理情况 ……………… 91
党的建设 ………………………………… 275
党风廉政建设工作视频会议 …………… 73
党建工作 ……………… 76、81、155、178、268
党群服务中心建设 ……………………… 88
党史工作 ………………………………… 65
党史学习教育第二次专题集中学习研讨会 ………………………………………… 70
党史学习教育动员大会 ………………… 68
党史学习教育专题集中学习研讨会 …… 69
党政工作 ………………………………… 266
档案查阅利用 …………………………… 81
档案工作 ………………………………… 64
档案馆新馆建设 ………………………… 81
档案馆业务建设 ………………………… 81
档案宣传工作 …………………………… 81
地形地貌 ………………………………… 54
第六次全体会议 ………………………… 69
电话会议 ………………………………… 119
电视电话会 ……………………… 106、120
电子政务工作 …………………………… 100
调度会 …………………………………… 118
动员会 …………………………………… 118
动员视频会 ……………………………… 102
督查工作 ………………………… 65、100
队伍建设 ……………… 133、151、152、177、189
队伍整顿 ………………………………… 155
队站建设 ………………………………… 190
对外开放与国际合作 …………………… 246
多层次资本市场 ………………………… 127
多样化便利服务 ………………………… 122

E

2020粮食安全区县（市）长责任制考核 …… 171
2020年度党建工作责任制述职评议会 …… 68
2021年区人大常委会文件 ……………… 299
2021年深化以案促改工作暨廉政谈话会 …… 68

F

发展观摩讲评活动 ……………………… 75
发展健康服务 …………………………… 228
发展新路径 ……………………………… 245

法律援助 …………………………………… 156
法制工作 …………………………………… 155
法治化营商环境 …………………………… 150
法治政府建设工作 ………………………… 100
反邪教宣传教育 …………………………… 143
防范金融风险 ……………………………… 127
防汛工作会商调度会 ……………………… 110
房地产经济运行 …………………………… 207
房屋安全 …………………………………… 206
房屋征收工作 ……………………………… 214
房屋租赁 …………………………………… 206
非公经济领域人士统战工作 ……………… 79
服务基层 …………………………………… 87
服务实体经济 ……………………………… 127
服务优化 …………………………………… 239
辐射事故零发生 …………………………… 208
妇联组织建设 ……………………………… 140
妇女儿童发展规划 ………………………… 140

G

改革创新 …………………………………… 220
改革开放创新 ……………………………… 98
改革强警 …………………………………… 151
改善投资营商环境 ………………………… 143
干部队伍建设 ……………… 80、85、124、125
干部队伍建设工作 ………………………… 77
干部教育 …………………………………… 86
干部教育培训 ……………………………… 176
岗位练兵 …………………………………… 189
港澳台工作 ………………………………… 80
高端讲堂 …………………………………… 70
高质量发展 ………………………………… 98
耕地与基本农田保护 ……………………… 202
工作计划完善 ……………………………… 172
工作流程规范化 …………………………… 159
工作推进会 ………………………………… 110
公共法律服务 ……………………………… 156
公共机构节能建设 ………………………… 123
公共事业 …………………………………… 220
公共文化服务体系建设 …………………… 225
公文处理 …………………………………… 64
公务接待 …………………………………… 126
公益诉讼检察 ……………………………… 152
公有房屋管理 ……………………………… 207
公租房后期管理 …………………………… 207
供餐和课后服务 …………………………… 224
构建和谐劳动关系 ………………… 137、230
规范城市立体空间秩序 …………………… 209
规范土地出让金管理 ……………………… 175
规划编制 …………………………………… 243
规划建设 …………………………………… 246
国防动员 …………………………………… 158
国防教育 …………………………………… 159
国家安全 …………………………………… 65
国家卫生城市复审 ………………………… 234
国家卫生城市复审工作推进会 …………… 102
国家卫生城市复审推进工作会 …………… 102
国土绿化工作 ……………………………… 202
国有资产管理 ……………………………… 176

H

合村并城 …………………………………… 242
河长制工作 ………………………………… 163
核心案件处置 ……………………………… 216
红十字“救在身边” ……………………… 146
红十字宣传 ………………………………… 148
环境保护宣传 ……………………………… 209
环境卫生精细化管理 ……………………… 210
黄河防汛工作总结会 ……………………… 113
黄河流域生态保护和高质量发展核心示范区 …………………………………… 181
回购安置房用作租赁住房 ………………… 206
会议 ……………… 71、73、74、106、108、120
惠民便民服务 ……………………………… 223
活动推进会 ………………………………… 112
火灾防控 …………………………………… 190
“火炬创业导师郑州行”活动 …………… 112

J

机构编制管理 ……………………………… 84

机构编制监督检查 …………………………… 85
机关后勤保障建设 …………………………… 124
机关食堂建设 …………………………………… 123
机要保密 ………………………………………… 65
基层创建 ………………………………………… 127
基层党建 ………………… 250、251、253、255、256、258、260、272
基层建设 ………………………………………… 158
基层组织建设 …………………………………… 138
基础设施 ………………………………………… 242
基础设施建设 …………………………………… 277
基金监管 ………………………………………… 239
疾病防控 ………………………………………… 227
集群打造 ………………………………………… 241
纪念景观 ………………………………………… 56
技能培训 ………………………………………… 230
既有住宅电梯加装 ……………………………… 206
暨“永远跟党走·奋进新征程”主题党日活动 …………………………………………………… 71
驾培市场整治 …………………………………… 199
建党百年宣传文化活动 ………………………… 89
建言资政 ………………………………………… 129
建置沿革 ………………………………………… 55
建筑业市场管理 ………………………………… 204
交通发展新理念 ………………………………… 199
交通秩序综合治理 ……………………………… 211
教育督导检查 …………………………………… 224
教育工作专题会议 ……………………………… 121
教育活动 ………………………………………… 70
教育及就业培训工作 …………………………… 145
教育教学质量 …………………………………… 222
教育信息化 ……………………………………… 223
教育宣传工作 …………………………………… 224
教育资源优化配置 ……………………………… 223
结对帮扶 ………………………………………… 165
金水区“1+N+X”产业政策统筹工作专题会议 …………………………………………………… 121
金水区“两优一先”表彰大会 ………………… 71
金水区防汛工作调度会 ………………………… 72
金水区防汛救灾工作会议 ……………………… 72
金水区全面依法治区委员会第三次会议 …… 74
金水区人大常委会 ……………………………… 282
金水区人民武装部 ……………………………… 287
金水区人民政府 ………………………………… 282
金水区委常委会扩大会议 ……………… 70、74
金水区委审计委员会第三次会议 …………… 194
金水区新冠肺炎疫情防控领导小组会议 …… 68
“巾帼建新功”行动 …………………………… 140
“巾帼暖人心”行动 …………………………… 140
“巾帼心向党”行动 …………………………… 140
“金质”营商环境 ……………………………… 57
禁养区排查整治 ………………………………… 163
经济发展 ………………………………………… 59
经济建设 ……………………… 254、273、275
经济平稳运行 …………………………………… 167
经济运行分析工作会 …………………………… 119
经济责任审计 …………………………………… 194
精品路段创建 …………………………………… 216
精神文明建设 ……………………………… 79、123
精细化管理 ……………………………………… 99
就业创业 ………………………………………… 238

K

开放创新高地 …………………………………… 57
康复工作 ………………………………………… 145
会计业务管理 …………………………………… 176
科技创新 ………………………………………… 242
科技企业培育 …………………………………… 221
科普教育 ………………………………………… 143
科研咨政 ………………………………………… 87
控告申诉检察 …………………………………… 152

L

老干部发挥作用 ………………………………… 84
老干部活动中心 ………………………………… 83
老干部生活待遇 ………………………………… 83
老干部政治待遇 ………………………………… 83
老旧小区综合改造 ……………………………… 205
廉政建设 ………………………………………… 199
练兵备战 ………………………………………… 158

亮点工作 …………………………… 139、144
“两个队伍”建设 ……………………… 130
临时交办工作 ………………………… 195
旅游产业 ……………………………… 226

M

美丽乡村建设 ……………… 138、164、276
民商事审判 …………………………… 153
民生保障 ……………………………… 257
民生保障和民政服务 ………………… 232
民生保障事业 ………………………… 260
民生服务 …… 227、249、267、271、274、275
民生福祉 ……………………………… 61
民生福祉保障 ……………………… 57、99
民生实事 ……………………………… 263
民生实质性改善 ……………………… 262
民生事业 ………………… 251、254、269、276
民事行政检察 ………………………… 152
民主法治建设 ………………………… 62
目标考评 ……………………………… 65

N

内部审计 ……………………………… 194
年度考评工作 ………………………… 172
农产品质量安全监管 ………………… 165
农村“三资”专项检查 ……………… 165
农村公路建管养 ……………………… 197
农村合作经济 ………………………… 165
农村人居环境整治 …………………… 164
农贸市场建设 ………………………… 191
农业龙头企业培育 …………………… 162
农业生产工作 ………………………… 162
农资行业监管 ………………………… 165
“能力作风建设年”活动动员部署会议 ……… 76

P

派出机构 ……………………………… 288
平安建设 …… 249、254、262、272、274、276
评审业务 ……………………………… 195

Q

其他市场服务 ………………………… 192
企业信用信息公示 …………………… 186
气候降水 ……………………………… 54
侨务工作 ……………………………… 80
青少年科学素质 ……………………… 142
青少年思想引领 ……………………… 138
区安委会第五次全体（扩大）会议 ………… 117
区级储备粮销售出库任务 …………… 171
区纪委十二届一次全会 ……………… 133
区纪委十一届六次全会 ……………… 133
区名故事 ……………………………… 56
区人大常委会工作机构 ……………… 282
区人民法院 …………………………… 287
区人民检察院 ………………………… 287
区委安全稳定专题会议 ……………… 74
区委常委会（扩大）会议 …………… 73
区委常委会扩大会议 ………………… 75
区委工作会 …………………………… 73
区委工作机构 ………………………… 279
区委全面深化改革委员会第七次会议 ……… 69
区委审计委员会第三次会议 ………… 71
区委十一届十二次全会暨区委经济工作会议
…………………………………………… 67
区委直属各单位 ……………………… 282
区政府常务会议 ………………… 108、114
区政府党组（扩大）会议 ……… 105、110、113
区政府第二次全体（扩大）会议 …………… 101
区政府第三次全体（扩大）会议召开 ……… 111
区政府工作机构 ……………………… 282
区政府召开党组（扩大）会议 ……………… 116
区政府直属事业单位 ………………… 286
区政协工作机构 ……………………… 287
全国城镇燃气安全排查整治动员部署会议
…………………………………………… 119
全面从严治党 ………………………… 62
全区安全生产、消防安全和防汛工作调度会
…………………………………………… 110
全区安全生产和信访工作推进会 …………… 112

全区安全生产暨消防工作会议 …………………… 103
全区安全生产暨信访工作调度会 ……………… 118
全区安全生产暨信访工作调度会 ……………… 119
全区防汛工作会 ………………………………… 71
全区防汛工作会议 ……………………………… 73
全区防汛救灾工作调度会 ……………………… 72
全区经济运行分析会 ………………… 105、117
全区九月份经济运行暨重点项目推进会 …… 110
全区欠薪治理暨安全生产信访工作会议 ……………………………………………… 119
全区统筹灾后全面恢复重建和疫情防控工作会 ………………………………………………… 72
全区新冠肺炎疫情常态化防控指挥部工作例会 ………………………………………………… 113
全区新冠肺炎疫情防控工作会议 …………… 112
全区新冠肺炎疫情防控领导小组工作例会 ……………………………………………… 113
全区疫情防控工作会议 ………………………… 74
全区政务服务工作暨优化营商环境工作专题会议 ……………………………………… 118
全体会议 ……………………………………… 70
"全国科普日"系列活动 …………………… 142
"全国科技工作者日" ……………………… 143
群众团体 ……………………………………… 288
"千企万户"支持计划启动仪式 …………… 103

R

人才服务 ……………………………… 230、244
人才工作 ……………………………………… 77
人才体系构建 ………………………………… 221
人大常委会会议 ……………………………… 93
人大代表视察活动 …………………………… 91
人大和社会监督 ……………………………… 176
人大全体会议 ………………………………… 92
人道救助 ……………………………………… 147
人防宣传教育 ………………………………… 160
人民调解 ……………………………………… 156
人民来信来访 ………………………………… 186
人事管理 ……………………………………… 230
荣誉 …………………………………………… 294

S

扫黑除恶专项工作 …………………………… 199
思想理论建设 ………………………………… 78
思想政治引领 ………………………………… 79
"三零"平安单位创建 ……………………… 149
"三献"工作 ………………………………… 147
"三项工程、一项管理"经验 ……………… 267
送文化进基层 ………………………………… 225
索引 …………………………………………… 305
商贸市场提质发展 …………………………… 192
社会安全稳定 ………………………………… 265
社会保障 ……………………………………… 231
社会保障和民生实事 ………………………… 266
社会服务体系建设 …………………………… 267
社会工作 ……………………………………… 232
社会管理服务 ………………………………… 260
社会稳定 ……………………………… 268、270
社会治理 ……………………………… 256、278
社区发展治理（慈善）基金建设 …………… 89
社区科普工作 ………………………………… 142
社区楼院整治提升 …………………………… 88
社区社会组织培育发展 ……………………… 89
"社工+义工+军休军工"三级联动 ………… 238
涉农行政审批 ………………………………… 165
涉水生态建设项目 …………………………… 163
深化改革 ……………………………………… 64
审批服务 ……………………………………… 205
生态环境改善 ………………………………… 277
生物资源 ……………………………………… 54
省级食品安全示范区创建 …………………… 184
师资队伍 ……………………………………… 223
实体平台建设 ………………………………… 121
市场安全监管 ………………………………… 185
市场规范化管理 ……………………………… 191
市场监管执法 ………………………………… 185
市交办风险防控信访案件专题推进会 ……… 111
市容环境整治 ………………………………… 211
市政工程 ……………………………………… 264
事业单位登记管理 …………………………… 85

事业单位重塑性改革 …………………………… 85
“十四五”规划编制工作 ……………………… 179
收听收看国家和省市安全生产电视电话会议 …………………………………………… 104
收听收看国务院第四次廉政工作电视电话会议 ……………………………………… 103
收听收看全国疫情防控工作电视电话会议 …………………………………………… 100
收听收看全省全市黄河防汛视频会议 ……… 111
收听收看全省全市疫情防控工作电视电话会议 ……………………………………… 101
收听收看全市“双减”工作会议 …………… 115
收听收看全市防汛调度会议 ………………… 109
收听收看全市防汛工作电视电话会 ………… 108
收听收看全市防汛工作调度会 ……………… 107
收听收看全市防汛救灾工作调度会 ………… 105
收听收看全市火灾隐患排查整治推进会议 …………………………………………… 114
收听收看全市疫情防控工作电视电话会 …… 107
收听收看市安委会第五次全体（扩大）会议 …………………………………………… 115
收听收看市政府第三次全体（扩大）会议 … 109
数智管理 ……………………………………… 172
“数智金水”建设 …………………………… 88
双拥工作 ……………………………………… 237
双拥共建 ……………………………………… 159
“双创”工作 ………………………………… 182
“双减”工作 ………………………………… 222
水产养殖 ……………………………………… 162
水旱灾害防御及应急处置工作 ……………… 164
水污染防治攻坚 ……………………………… 208
水系资源 ……………………………………… 54
水资源管理制度 ……………………………… 163
税源管理 ……………………………………… 175

T

淘汰国三及以下排放标准营运柴油货车 …… 199
特色街、商圈建设 …………………………… 170
特色培育 ……………………………………… 172
体卫艺工作 …………………………………… 222
体育事业发展 ………………………………… 226
体制改革 ……………………………………… 134
统计调查工作 ………………………………… 183
统计法治建设 ………………………………… 183
统计基础建设 ………………………………… 184
投融资工作 …………………………………… 176
图书馆工作 …………………………………… 226
土地报批 ……………………………………… 243
土地规划等手续办理 ………………………… 213
土地执法监察 ………………………………… 202
土地资源 ……………………………………… 201
土壤污染防治攻坚 …………………………… 208
推进会 ………………………………………… 120
推进整改清零 ………………………………… 135
退役军人服务工作 …………………………… 238

W

外事工作 ……………………………………… 64
完善养老服务体系 …………………………… 231
完善优质中小企业梯度培育体系 …………… 168
危险废物规范化处置 ………………………… 208
违法建设拆除 ………………………………… 212
维护群众利益 ………………………………… 134
为民服务 ……………………………………… 252
文化发展 ……………………………………… 79
文秘政研 ……………………………………… 63
文物古迹 ……………………………………… 56
文物及非遗保护 ……………………………… 226
问题楼盘 ……………………………………… 205
污染防治攻坚 ………………………………… 261
物业管理 ……………………………………… 206
“万人助万企”工作 ………………………… 244
“万人助万企”活动 ………………………… 167
“无疫社区（村）”创建 …………………… 89

X

项目规划服务 ………………………………… 201
项目建设 ……………………………… 241、269、270
项目用地服务 ………………………………… 202
消防安全责任 ………………………………… 188

消防隐患排查整治工作推进会 …………………… 114
消防隐患排查整治暨安全生产工作视频调度会 …………………………………………………… 118
消防隐患排查整治暨疫情防控工作视频调度会 …………………………………………… 114、116
消费维权 ………………………………………… 186
新的社会阶层人士统战工作 …………………… 80
新冠肺炎疫情防控工作推进会 ………………… 113
新冠肺炎疫情防控工作专题会 ………………… 72
新闻宣传 ………………………………………… 157
信访工作推进会 ………………………………… 107
信访突出问题化解 ……………………………… 165
信息调研工作 …………………………………… 100
信息工作 ………………………………………… 64
刑事检察 ………………………………………… 151
刑事审判 ………………………………………… 153
行业监管 ………………………………………… 204
行政区划 ………………………………………… 55
行政审判 ………………………………………… 153
行政审批 ………………………………………… 199
行政执法保障 …………………………………… 212
宣传培训 ………………………………………… 190
宣传引导 ………………………………………… 78
学前教育 ………………………………………… 223
学习 …………………………………………… 69、75
学校安全工作专题会议 ………………………… 104
巡察成果运用 …………………………………… 135

Y

研发投入 ………………………………………… 222
研讨会 …………………………………………… 71
夜间经济 ………………………………………… 170
一体推进“三不” ……………………………… 135
“一中心两站”建设 …………………………… 238
依法行政 ………………………………………… 214
依法治区 …………………………………… 155、214
移交安置 ………………………………………… 238
议案提案办理工作 ……………………………… 100
疫情防控工作电视电话会 ……………………… 105
疫情防控工作领导小组专题会 ………………… 74
意识形态工作 …………………………………… 78
应急处置 ………………………………………… 66
应急防汛工作视频调度会 ……………………… 107
应急管理体系和能力建设 ……………………… 188
应急救护培训 …………………………………… 147
迎接国家卫生城市复审工作推进会 …………… 103
营商环境 ……………………… 172、245、249、270
营商环境优化 ……………………………… 125、209
优化营商环境 ………………… 127、151、154、170、180、184
优势产业 ………………………………………… 172
舆情处置 ………………………………………… 211
预算绩效管理 …………………………………… 175
运输服务业 ……………………………………… 199
运营推广妇联金品牌 …………………………… 141

Z

在区委十二届三次全会上关于区委常委会2021年工作的报告 ………………………………… 1
早期人防工程安全管理 ………………………… 159
增绿扩绿 ………………………………………… 209
招商引资 ……………………… 169、227、241、267
招商引资工作推进会 …………………………… 111
征收工作 ………………………………………… 214
整改落实工作专题会 …………………………… 75
郑州市人民政府令 ……………………………… 302
政策功能发挥 …………………………………… 125
政策体系方面 …………………………………… 181
政法队伍教育整顿动员部署会议 ……………… 68
政法队伍整顿 …………………………………… 150
政府采购廉政建设 ……………………………… 125
政府工作报告 …………………………………… 9
政府投资审计 …………………………………… 193
政府信息公开 …………………………………… 186
政务服务改革 …………………………………… 121
政协常委会会议 ………………………………… 130
政协金水区第九届委员会 ……………………… 287
政协全体会议 …………………………………… 130
政治监督 ………………………………………… 134
政治建设 ………………………………………… 128

知识产权 …………………………………… 186
知识产权保护 ………………………………… 245
知识产权运营服务 …………………………… 245
执法规范化建设 ……………………………… 212
执行工作 ……………………………………… 154
职工思想引导 ………………………………… 136
志愿服务 ……………………………………… 146
制度创新 ……………………………………… 246
智慧城管建设 ………………………………… 216
智慧税务 ……………………………………… 177
中共金水区委 ………………………………… 279
中共金水区委外事工作委员会召开第二次会议 …………………………………………………… 71
中共金水区委巡察工作领导小组办公室 …… 281
中共郑州市金水区纪律检查委员会、郑州市金水区监察委员会 …………………………… 280
中国共产党郑州市金水区第十二次代表大会 …………………………………………………… 72
重大动物疫病防控 …………………………… 163
重大项目建设 ………………………………… 57
重点工程项目 ………………………………… 218
重点领域改革 ………………………………… 121
重点人群核酸检测工作推进会 ……………… 105
重点项目 ……………………………………… 217
重点项目保障 ………………………………… 175
重点项目建设 ……… 255、257、259、261、276
重点项目建设情况 …………………………… 180
重点项目推进会 ……………………………… 106
重点做好政府十件实事 ……………………… 141
助残工作 ……………………………………… 145
助企服务 ……………………………………… 168
助企工作 ……………………………………… 181
助企惠企 ……………………………………… 171
住房保障 ……………………………………… 206
资产管理 ……………………………………… 220
自身建设 ……………………………………… 77
综合协调 ……………………………………… 65
总体布局 ……………………………………… 246
总体思路和战略定位 ………………………… 245
组织建设 ………………………… 136、262、264
组织收入 ……………………………………… 177
作风建设 ……………………………………… 134
作风整治 ……………………………………… 178